소비자 전문상담사

2급 필기 | 기출문제해설

머리말

현대사회에서 생산자와 소비자의 경계가 허물어지면서 소비자의 권리는 점차 강화되어 가고 있습니다. 세계 각국은 변화하는 대내외적 사회 · 경제변화에 적극 대응하기 위해 국가나 기업 차원에서 인력을 효율적으로 양성 · 관리 · 활용하기 위한 노력을 하고 있습니다. 또한 급속한 기술변화에 따라 가속화되는 직업세계의 변화에 탄력적으로 대응하기 위해 평생직업능력계발을 돕기 위한 직업교육훈련을 강화하고 있습니다. 이뿐만 아니라 국가적 수준에서 질 높은 인력을 개발하고 개인의 직업능력을 객관적이고 효율적으로 평가하기 위한 시스템으로서 자격제도를 구축 · 운영해 가고 있습니다.

이러한 현상에 따라 국내 유수 기업들은 1차적인 생산이나 2차적인 마케팅보다 중요한 것이 소비자 관련 부서라는 것을 인식하고 그에 대한 투자를 아끼지 않고 있습니다. 생산자인 개인 역시 보유하고 있는 잠재능력을 최대한 계발 · 활용할 것이 절실히 요구되고 있습니다. 이러한 차원에서 소비자전문상담사는 시대와 사회변화에 가장 민감히 대처할 수 있는 새로운 유망직종입니다.

소비자의 입장에서도 수많은 종류의 제품, 수많은 기업 등에 대한 정보가 쏟아지고 있지만 오히려 너무 많은 정보로 인하여 혼란을 느끼게 되고 그에 따른 부작용도 발생하고 있기 때문에 이에 대한 전문적인 상담사의 필요성이 절실히 요구되고 있습니다.

본서는 이처럼 그 중요성이 날로 증가하고 있는 소비자전문상담사 시험을 준비하는 수험생들의 보다 효율적인 학습에 도움을 주고자 출간되었습니다.

본서를 통해 수험준비를 하는 모든 수험생들의 합격을 진심으로 기원합니다.

SD문제출제연구소

시험안내

⋯→ 다음 사항은 2022년 11월 현재, Q-net에 게시된 소비자전문상담사 2급 자격정보를 바탕으로 작성된 것으로, 정확하고 자세한 확인을 위해 시험 전 최신 공고사항을 반드시 확인하시기 바랍니다.

소비자전문상담사란?

현대사회에서는 기업들이 제공하는 다양한 형태의 제품과 서비스에 대한 소비자의 의견을 수렴하고 소비자들이 가지는 불만과 문제점을 해결하는 등 소비자 권익 보호에 대한 관심이 높아지고 있다. 이에 따라 유사한 피해를 예방해 기업의 매출 증대와 이미지 제고에 기여하고자 2003년 신설된 국가자격제도로서의 소비자전문상담사는 소비자가 제기하는 다양하고 복잡한 문제들을 상담으로 원활히 해결하는 전문인력을 말한다.

소비자전문상담사의 주요 업무

기업 및 소비자단체, 행정기관의 소비자 관련 부서에서 물품과 용역 등에 관한 소비자 불만 및 피해상담, 모니터링, 소비자교육프로그램의 기획 및 실시, 소비자조사 등 소비자 복지향상을 유도하는 직무를 수행한다.

우대현황

구분	내용
자 격	• 시험위원의 자격 • 군무원 경력경쟁채용시험 신규채용 • 직업능력개발훈련교사 • 기업부설연구소 등의 연구시설 및 연구전담요원 • 국회의 동종직무에 관한 자격증소지자에 대한 경력경쟁채용 • 국가 비상사태 시 인력자원 • 연구직 및 지도직 공무원의 경력경쟁채용 시험 등의 응시 • 지방공무원 경력경쟁시험 등의 임용
우 대	• 공공기관 등 채용 • 교원 임용 • 군 부사관
가점 · 가산	• 교육감 소속 지방 5급 이하 공무원, 연구사 및 지도사 • 국가공무원 채용시험 • 지방공무원 6급 이하 공무원 신규임용 필기시험 • 지방공무원 5급 이하 공무원 연구사 및 지도사
기 타	중소기업의 해당 직종과 관련 분야에서 신기술에 기반한 창업의 경우 지원

시험안내

소비자전문상담사의 진로

- 기업의 고객상담센터, 고객만족실, 콜센터 등에 취업할 수 있다.
- 한국소비자원, 소비자단체, 행정기관 등으로 진출할 수 있다.
- 국가기술자격법에 의해 공공기관 및 일반기업 채용 시, 보수, 승진, 전보 및 신분보장 등에 있어서 우대받을 수 있다.

소비자전문상담사 자격은?

소비자전문상담사 2급은 특별한 자격요건 없이 누구나 응시할 수 있으며, 자격을 취득한 후 소비자상담 실무경력 2년 이상인 자에게 소비자전문상담사 1급의 자격이 주어진다.

시행처 및 시험수수료

구 분	시행처	시험수수료
필 기	한국산업인력공단	19,400원
실 기		20,800원

출제경향

소비자 불만 및 물품 · 서비스 등의 구매, 사용방법 등을 상담할 수 있는 능력 및 시장조사 및 각종 정보를 수집하고 보고서를 작성할 수 있는 능력 평가

시험일정(2022년 기준)

회 별	필기시험 원서접수 (인터넷)	필기시험	필기시험 합격자 발표	실기시험 원서접수 (인터넷)	실기시험	최종합격자 발표
제1회	1월 중	3월 중	3월 중	4월 중	5월 중	6월 중
제2회	3월 중	4월 중	5월 중	6월 중	7월 중	9월 중
제3회	6월 중	7월 중	8월 중	9월 중	10월 중	11월 중

※ 정확한 시험일정은 시행처인 한국산업인력공단(Q-net)의 확정공고를 필히 확인하시기 바랍니다.

시험과목 및 합격기준

구 분	시험과목	합격기준
필 기	1. 소비자상담 및 피해구제 2. 소비자관련법 3. 소비자교육 및 정보제공 4. 소비자와 시장	매 과목 40점 이상, 전과목 평균 60점 이상
실 기	소비자상담 실무	60점 이상

연도별 응시인원 및 합격률

연 도	필 기			실 기		
	응 시	합 격	합격률(%)	응 시	합 격	합격률(%)
2021	680	380	55.9%	395	169	42.8%
2020	710	374	52.7%	414	226	54.6%
2019	1,012	452	44.7%	522	134	25.7%
2018	868	549	63.2%	530	190	35.8%
2017	904	553	61.2%	512	299	58.4%
2016	666	436	65.5%	605	250	41.3%
2015	1,231	823	66.9%	795	285	35.8%
2014	1,053	538	51.1%	624	240	38.5%
2013	1,056	611	57.9%	1,058	55	5.2%
2012	1,460	1,049	71.8%	1,281	438	34.2%
2011	1,618	1,036	64.0%	1,089	195	17.9%
2010	970	799	82.4%	840	223	26.5%
2009	837	638	76.2%	775	105	13.5%
2008	730	619	84.8%	695	158	22.7%
2007	1,075	811	75.4%	848	138	16.3%
2006	928	825	88.9%	768	166	21.6%
2005	839	634	75.6%	813	214	26.3%
2004	1,279	939	73.4%	1,192	318	26.7%
2003	4,157	2,985	71.8%	2,073	161	7.8%
소 계	**22,073**	**15,051**	**68.2%**	**15,829**	**3,964**	**25.0%**

도서특징 및 구성

빨리보는 간단한 키워드

제1과목 **소비자상담 및 피해구제**

01 소비자상담의 전개과정

- 상담의 원리 : 중간목표와 최종목표를 구별하여 중간목표를 달성한 후 최종목표를 달성

> 문제 직시 및 상담의 필요성에 대한 인식 → 촉진적 관계의 형성 → 문제해결 노력 → 사고·감정 및 태도의 변화

02 민간소비자단체의 소비자상담사의 역할

- 소비생활에 관련된 정보제공자로서의 역할
- 소비자피해 등 소비자문제 해결사로서의 역할
- 소비자행정의 문제점 탐색 및 이를 소비자 정책수립에 반영하는 역할
- 기업과 소비자 사이의 의사소통 통로로서의 역할

03 상담기술

- 상담 시 가장 큰 영향을 미치는 비언어적 의사소통기술 : 얼굴표정 및 몸짓
- 전문용어 사용이 가장 효과적인 경우 : 소비자와 기업의 입장을 중재하는 입장에 있을 때
- 대면상담 시 숙지하여야 할 기법 : 상담의 진행을 위해 유도성 질문도 하여야 함
- 교섭능력 : 상담사의 능력을 인간적 능력과 전문적 능력으로 구분할 때 전
- 적극적 경청을 위한 전략 : 자신의 단어로 다시 바꾸어 말하기, 필요한 내

04 단계별 상담기술

- 구매 전
  - 소비자의 사용목적과 경제상태에 맞추어 구매를 할 수 있도록 상담 및
  - 복잡·다양화되어 가는 소비생활의 문제점을 해결하고 더 나은 소비생
  - 소비자의 구매선택에 도움을 줄 수 있는 관련 정보 제공
  - 많은 대체안에 따른 가격과 판매점 등의 시장정보를 제공
- 구매단계
  - 소비자의 구매심리 파악, 기존소비자를 유지할 수 있는 능력, 판매 증인
  - 소비자의 욕구를 확인하고 효과적인 구매가 이루어지도록 구매제품 선정
- 구매 후 : 불만처리, 피해구제, 기타 상담

STEP 1

빨리보는 간단한 키워드

필수적으로 학습해야 하는 중요 키워드를 출제기준에 맞춰 수록했습니다. 시험에 반드시 출제되는 핵심적인 내용만으로 구성했으므로, 시험보기 전 간단하게 학습했던 내용을 상기시킬 수 있습니다.

Consumer Adviser Junior

24

단호한 유형의 소비자와의 상담전략
- 질문에 직접적이고 간결하며 사실적인 대답을 한다.
- 변명하지 말고 설명을 간결하게 하고 해결책을 제공한다.
- 목표를 향해 똑바로 나아가고 적절하게 상호작용의 결론을 내림으로써 시간을 의식시킨다.
- 대안적으로 적은 양의 정보를 제공한다.
- 상황의 해결을 목표로 한 구체적인 질문을 하고 서비스한다.
- 고객이 말할 기회를 제공한다.

25

② 청중이 사전 정보를 많이 가지고 있을수록 일면적 주장에 의하여 설득될 가능성은 낮아지고 양면적 주장에 의하여 설득될 가능성은 증가한다.
① 상황에 따라 달라질 수 있으므로 논리적 호소와 정서적인 호소 중에서 어느 것이 더 효과적인 설득방법인가에 관해서는 분명한 결론을 내리기 어렵다.
③ 소비자의 사전태도가 설득자의 주장과 같은 방향일 때 설득자의 설득이 더 효과적일 수 있다.
④ 구매상담의 경우 소비자에게 영향을 미칠 수 있는 개인의 경험을 말해주는 것이 통계자료를 제시하는 것보다 효과적일 수 있다.

더 알아보기

의사소통의 효과를 증대시키는 요인
- 의사소통의 원천 : 신뢰성, 매력도 등
- 설득 표현의 구성방법 : 정서적인 호소, 개인적 경험, 양면적 주장, 의견 제시의 순서, 의견 차이의 정도 등
- 소비자 특성 : 자존심, 설득메시지를 접할 때의 소비자의 마음 상태, 소비자의 자유감 등

제2과목 **소비자관련법**

26

부당한 표시·광고 행위의 금지(표시·광고의 공정화에 관한 법률 제3조)
- 거짓·과장의 표시·광고
- 기만적인 표시·광고
- 부당하게 비교하는 표시·광고
- 비방적인 표시·광고

27

소비자의 범위(소비자기본법 제2조 및 동법 시행령 제2조)
- 사업자가 제공하는 물품 또는 용역(시설물을 포함한다)을 소비생활을 위하여 사용(이용을 포함한다)하는 자
- 제공된 물품 또는 용역을 최종적으로 사용하는 자. 다만, 제공된 물품 등을 원재료(중간재를 포함한다), 자본재 또는 이에 준하는 용도로 생산활동에 사용하는 자는 제외한다.
- 제공된 물품 등을 농업(축산업을 포함한다) 및 어업활동을 위하여 사용하는 자. 다만, 원양산업발전법에 따라 해양수산부장관의 허가를 받아 원양어업을 하는 자는 제외한다.

28

개별 약정의 우선(약관의 규제에 관한 법률 제4조)
약관에서 정하고 있는 사항에 관하여 사업자와 고객이 약관의 내용과 다르게 합의한 사항이 있을 때에는 그 합의 사항은 약관보다 우선한다.

29

약관의 작성 및 설명의무 등(약관의 규제에 관한 법률 제3조 제2항)
사업자는 계약을 체결할 때에는 고객에게 약관의 내용을 계약의 종류에 따라 일반적으로 예상되는 방법으로 분명하게 밝히고 고객이 요구할 경우 그 약관의 사본을 고객에게 내주어 고객이 약관의 내용을 알 수 있게 하여야 한다. 다만, 다음의 어느 하나에 해당하는 업종의 약관에 대하여는 그러하지 아니하다.
- 여객운송업
- 전기·가스 및 수도사업
- 우편업
- 공중전화 서비스 제공 통신업

30

③ 정책위원회의 사무를 처리하기 위하여 공정거래위원회에 사무국을 두고 그 조직·구성 및 운영 등에 필요한 사항은 대통령령으로 정한다(소비자기본법 제24조 제7항)

2021년 제3회 정답 및 해설 327

STEP 2

최신 개정법령 반영

2023년 시험을 대비해 최신 개정법령을 전격 반영했습니다. 빨리보는 간단한 키워드뿐만 아니라 2018~2021년 기출문제 해설에 적용한 개정법령 내용도 함께 학습하세요.

제1회 2021년 2급 필기 기출문제

소비자전문상담사 Consumer Adviser Junior

제1과목 소비자상담 및 피해구제

01 민간 소비자단체에 대한 설명으로 틀린 것은?

① 소비자가 원하면 피해구제를 해야 한다.
② 세금만으로 운영되는 곳으로 소비자입장을 대변한다.
③ 소비자피해구제를 위해 공정한 합의안을 권고한다.
④ 정보제공을 통해 소비자의 권익실현 및 알 권리를 충족시킨다.

02 상품 구매 후 불만을 표출하는 소비자를 응대하는 방법으로 가장 거리가 먼 것은?

① 사업자는 불평을 진지하게 생각하여 소비자에게 진심어린 사과를 한다.
② 사업자는 소비자에게 무상으로 모든 것을 주어야 한다.
③ 사업자는 가격을 인하하거나 적당한 경우에 소비자의 지불해
④ 사업자는 앞으로 실시할 가격 인하를 위한 쿠폰 등을 소비자에

03 비용 대비 효율성이 가장 높은 소비자상담 채널은?

① 현장방문
② 전 화
③ 이메일
④ FAQ

STEP 3
최신기출문제

2018~2021년도에 출제된 필기 기출문제를 총 9회분 수록했습니다. 가장 최근에 출제된 기출문제들을 풀어보면서 출제경향을 파악할 수 있습니다. 실제 기출문제를 시간에 맞춰 풀어보면서 시간 배분과 실전감각을 키워 보세요.

제1회 2021년 정답 및 해설

소비자전문상담사 Consumer Adviser Junior

2021년 제1회 정답 및 해설

01	02	03	04	05	06	07	08	09	10	11	12	13	14	15
②	②	④	④	②	②	②	③	④	①	②	③	④	①	③
16	17	18	19	20	21	22	23	24	25	26	27	28	29	30
④	④	②	②	③	③	④	④	④	④	④	①	④	④	③
31	32	33	34	35	36	37	38	39	40	41	42	43	44	45
③	②	④	②	②	④	①	①	③	①	②	③	③	④	④
46	47	48	49	50	51	52	53	54	55	56	57	58	59	60
①	①	①	①	①	③	②	③	①	②	③	④	②	①	④
61	62	63	64	65	66	67	68	69	70	71	72	73	74	75
③	③	②	①	③	②	④	②	①	③	①	②	①	③	④
76	77	78	79	80	81	82	83	84	85	86	87	88	89	90
②	④	①	③	①	③	②	①	③	④	②	②	④	④	②
91	92	93	94	95	96	97	98	99	100					
①	①	③	②	④	②	②	③	②	④					

제1과목 소비자상담 및 피해구제

01

② 국가 또는 지방자치단체는 등록소비자단체의 건전한 육성·발전을 위하여 필요하다고 인정될 때에는 보조금을 지급할 수 있다(소비자기본법 제32조).

02

② 구매 후 소비자 문제나 피해를 해결하기 위한 상담이 필요하다. 소비자의 불만 접수와 구제방법을 제시하는 것이 중요하지만, 무상으로 모든 것을 제공할 필요는 없다.

불만족한 소비자상담의 상담기법
- 소비자가 만족할 수 있는 방법 및 대체안 제시
- 소비자 불만에 대한 공감적 경청
- 개방형 질문
- 충분한 배려
- 전문기관 알선
- Yes, but 화법으로 말하기
- 미소와 낮은 목소리

04

④ 소비자와 사업자 간의 상호교섭에 의한 소비자피해구제는 자율적 피해구제에 해당한다.

2021년 제1회 정답 및 해설 289

STEP 4
기출문제 해설

최신기출문제에 대한 자세한 해설을 수록해 부족했던 부분을 보충학습하고, 실력을 탄탄하게 다질 수 있습니다. 어떤 부분이 부족했는지 체크해보고 해당 부분에 대해 집중적으로 학습하면 합격에 더욱 가까워질 것입니다.

이 책의 차례

소비자전문상담사

PART 1

빨 · 간 · 키
빨리보는 간단한 키워드

기출지문을 바탕으로 작성된

빨리보는 간단한 키워드

제1과목 소비자상담 및 피해구제

01 소비자상담의 전개과정

• 상담의 원리 : 중간목표와 최종목표를 구별하여 중간목표를 달성한 후 최종목표를 달성

문제 직시 및 상담의 필요성에 대한 인식 → 촉진적 관계의 형성 → 문제해결 노력 → 사고·감정 및 태도의 변화

02 민간 소비자단체의 소비자상담사의 역할

• 소비생활에 관련된 정보제공자로서의 역할
• 소비자피해 등 소비자문제 해결사로서의 역할
• 소비자행정의 문제점 탐색 및 이를 소비자 정책수립에 반영하는 역할
• 기업과 소비자 사이의 의사소통 통로로서의 역할

03 상담기술

• 상담 시 가장 큰 영향을 미치는 비언어적 의사소통기술 : 얼굴표정 및 몸짓
• 전문용어 사용이 가장 효과적인 경우 : 소비자와 기업의 입장을 중재하는 입장에 있을 때
• 대면상담 시 숙지하여야 할 기법 : 상담의 진행을 위해 유도성 질문도 하여야 함
• 교섭능력 : 상담사의 능력을 인간적 능력과 전문적 능력으로 구분할 때 전문적 능력에 해당하는 것
• 적극적 경청을 위한 전략 : 자신의 단어로 다시 바꾸어 말하기, 필요한 내용 질문하기, 피드백하기

04 단계별 상담기술

• 구매 전
  – 소비자의 사용목적과 경제상태에 맞추어 구매를 할 수 있도록 상담 및 조언
  – 복잡·다양화되어 가는 소비생활의 문제점을 해결하고 더 나은 소비생활을 할 수 있는 상담
  – 소비자의 구매선택에 도움을 줄 수 있는 관련 정보 제공
  – 많은 대체안에 따른 가격과 판매점 등의 시장정보를 제공
• 구매단계
  – 소비자의 구매심리 파악, 기존소비자를 유지할 수 있는 능력, 판매 중인 상품 및 서비스에 대한 지식 필요
  – 소비자의 욕구를 확인하고 효과적인 구매가 이루어지도록 구매제품 선정
• 구매 후 : 불만처리, 피해구제, 기타 상담

05 단계별 상담의 주요내용

• 구매 전
  – 대체안의 제시와 특성의 비교, 가격과 판매점에 관한 정보제공, 대체안 평가방법에 대한 정보제공
  – 다양한 판매방법에 관한 정보제공, 사용방법, 관리방법에 대한 정보제공
• 구매 시
  – 소비자의 구매계획과 예산목표 파악
  – 효과적인 대화과정 조절
  – 구매대안 제시
  – 구매결정과 계약서 작성

06 구매 시 상담의 역할

• 소비자측면
  – 소비자의 구매의사결정을 도와주는 역할, 소비자에게 필요한 정보를 제공하는 역할
  – 소비자에게 친절한 서비스를 제공하는 역할, 소비자문제·불만사항의 해결을 돕는 역할
• 기업측면 : 소비자의 정보제공, 이윤창출, 기존 소비자 유지, 새로운 소비자 확보

07 욕구파악을 위한 질문기법

• 개방형 질문
  – 문제의 원인이나 배경에 대해 새로운 정보를 얻을 때
  – 소비자들의 보편적인 사고방식에 대한 기존 정보가 없을 때
  – 편견 없이 가능한 한 다양하고 많은 정보를 모아야 할 때
• 패쇄형 질문 : 여러 대안 중 소비자의 최종 결정사항을 확인하고자 할 때

08 소비자 유형별 상담기법

• 표현적인 형
  – 의사결정을 촉진할 인센티브 제공, 사람 지향적
  – 고객의 생각을 인정하고 긍정적인 피드백, 감정에 호소, 개방형 질문
  – 고객에게 마음에 드는 점을 직접 말하게 하고 친숙함을 표시 : "이 제품(서비스)을 어떤 면에서 좋아하시나요?"
• 합리적인 형
  – 평화와 안정을 원함
  – 표현을 간략하게 하므로 정보를 이끌어 내기 위해 개방형 질문을 사용
• 우유부단형 : 상담사가 의사결정과정을 조금 앞서서 안내하되 최종결정은 스스로 했다는 인식을 갖도록 하게 함

• 호기심이 많은 형
- 혼자서 하는 여가활동을 선호
- 회사와 자신의 개인생활을 분리시킴
- 자신의 감정을 표현하기보다 관련 있는 질문을 구체적으로 함
- 전화나 직접적인 접촉보다 우편을 통한 교류를 선호
- 상담전략
ⓐ 결정을 강요하지 마라.
ⓑ 감정이 아닌 사실과 연관시켜라.
ⓒ 제품과 서비스에 관한 단계, 과정, 세부사항 등의 개요를 구체적으로 말하고 정확성과 효율성에 대한 고객의 욕구에 초점을 맞춰라(고품질, 고효율, 정확성을 원함).
• 단호한 형 : 시간과 돈을 절약하기를 원함
• 무리한 보상을 요구하는 형
- 상담자를 바꾸어 가면서 설득
- 과거의 실례를 들어 설득
- 여러 대안 제시

09 전화상담

• 언제 어디서나 상담사와 즉시 상담할 수 있어 시간절약과 신속한 해결의 효과가 있으나, 상담사와의 의사소통 오류 및 장애가 생길 수 있으므로 복잡한 상담내용일 경우 이해와 설득이 쉽지 않음
• 전화상담 시 유의사항 : 어조를 과장하여 억양에 변화를 주는 것이 바람직하며, 지나치게 천천히 말하는 것은 좋지 않음
• 일반상담 시 유의사항 : 소비자와 말하는 속도를 맞추는 것이 중요하며 가능한 한 천천히 말하도록 함

10 인바운드와 아웃바운드의 비교

구 분	인바운드	아웃바운드
판매활동	• 상품지식 문의 • 상품 수주 • 재고 문의	• 상품발주 권유 • 판매지원 • 직접 판매 • 신상품 안내
고객서비스	• 문의사항 • 독 촉 • 클레임 제기 • 각종 정보제공	• 확인전화 및 사후관리 • 감사전화 및 예고전화 • 서비스 전화 • 정보제공 • 상품도착 · 불만 확인전화

시장조사	• 소비자 의견 수집 • 제품에 대한 의견조사 • 구매성향 조사	• 소비자 의견 수집 • 앙케이트 콜 • 광고효과 측정 • 구매예측 조사
고객관리	• 고객리스트 관리 • 고객정보 파악 • 구매통계 관리	• 주소 및 전화번호 확인 • 휴면고객 활성화 • 정기적인 정보갱신 • 각종 재테크 정보 안내

11 에드워드 홀의 공간적 영역

- 사회적 거리(2~6m) : 판매원이 소비자를 대할 때 또는 소비자가 서비스맨에게 이야기 할 때와 같이 주로 대인 업무를 수행할 때 사용되는 거리(에드워드 홀의 정의)
- 공간적 관계와 의사소통에서 친밀한 거리는 일반적으로 0~45cm, 개인적 거리는 45cm~2m가 적당함

12 온라인상담

- 인터넷상담
  - 전화상담에 비해 데이터베이스화된 프로그램을 통하여 24시간 상담서비스가 가능
  - 이메일상담은 익명성이 보장되나 (공개)게시판상담은 상담내용의 비밀성이 보장되지 않는 단점이 있음
  - 상담 시 좋지 않은 방법 : 상담을 신청한 소비자의 신원을 밝히도록 하여, 익명성으로 인한 안정감을 위협하는 행위
- 데이터베이스를 이용한 상담
  - FAQ와 같은 원리로 이해
  - 언제든지 자료조회 가능
  - 상담원 없이도 상담의 효과 가능
  - 지속적인 업데이트 가능

13 소비자단체

- 직접적인 소비자상담 업무를 하지 않는 기관 : 법원
- 행정기관에서 소비자상담을 제공해야 하는 필요성
- 사적자치의 한계 : 대량생산에서 결함 발생 시 대량의 소비자피해가 생기고, 소비자피해를 재판으로 해결하려면 시간·비용이 많이 듦(개인소비자는 사업자와 충분한 교섭 능력을 갖기 힘듦)
- 소비자단체들의 활동 중 가장 비중이 큰 것 : 소비자상담과 피해구제
- 소비자단체의 역할이 아닌 것 : 관련 법률 및 제도 개선
- 소비자단체들의 소비자상담 활동에서 나타나고 있는 문제점 : 구매 후 상담에 치중하는 것, 정보 부족, 전산화 부족, 지역중심상담 부족, 비전문화 등

14 피해구제 및 피해보상

1. 한국소비자원의 피해구제 절차
   - 소비자상담 : 피해구제신청 전 선상담
   - 소비자상담으로 해결되지 않을 경우 피해구제신청
   - 해당 사업자에게 피해구제 접수사실 통보
   - 서류검토, 시험검사, 현장조사 등을 통해 사실조사
   - 공정하고 객관적으로 양 당사자에게 합의 권고
   - 합의가 이루어지지 않는 경우 소비자분쟁조정위원회에 조정 신청

한국소비자원의 피해구제대상이 아닌 것 : 사업자의 부도, 폐업 등으로 연락이 불가능하거나 소재 파악이 안 되는 경우, 신청인(소비자)의 주장을 입증(입증서류 미제출 포함)할 수 없는 경우 등

2. 소비자분쟁해결기준
   - 소비자분쟁해결기준과 다른 법령의 보상기준이 일치하지 않으면 소비자분쟁해결기준이 무조건 우선적용되는 것이 아니고 소비자에게 유리한 것이 먼저 적용됨
   - 효력 : 합의 또는 권고의 기준(법적 강제력 없음)
   - 소비자분쟁해결기준의 항목 : 대상품목, 품목별 보상기준, 품목별 품질보증기간 및 부품보유기간, 품목별 내용연수표
   - 소비자분쟁해결기준의 대상품목 중 공공서비스에 해당하는 것 : 전기, 전화, 가스(아닌 것 : 수도)

15 품질보증 · 부품보유기간 및 분쟁해결기준

1. 일반적 소비자분쟁해결기준
   - 품질보증기간 동안의 수리 · 교환 · 환급에 드는 비용은 사업자가 부담한다. 다만, 소비자의 취급 잘못이나 천재지변으로 고장이나 손상이 발생한 경우와 제조자 및 제조자가 지정한 수리점 · 설치점이 아닌 자가 수리 · 설치하여 물품 등이 변경되거나 손상된 경우에는 사업자가 비용을 부담하지 아니한다.
   - 수리는 지체 없이 하되, 수리가 지체되는 불가피한 사유가 있을 때는 소비자에게 알려야 한다. 소비자가 수리를 의뢰한 날부터 1개월이 지난 후에도 사업자가 수리된 물품 등을 소비자에게 인도하지 못할 경우 품질보증기간 이내일 때는 같은 종류의 물품 등으로 교환하거나 환급하고, 품질보증기간이 지났을 때는 구입가를 기준으로 정액 감가상각하고 남은 금액에 품목별 소비자분쟁해결기준에서 정하는 일정금액을 더하여 환급한다.
   - 물품 등을 유상으로 수리한 경우 그 유상으로 수리한 날부터 2개월 이내에 소비자가 정상적으로 물품 등을 사용하는 과정에서 그 수리한 부분에 종전과 동일한 고장이 재발한 경우에는 무상으로 수리하되, 수리가 불가능한 때에는 종전에 받은 수리비를 환급하여야 한다.
   - 교환은 같은 종류의 물품 등으로 하되, 같은 종류의 물품 등으로 교환하는 것이 불가능한 경우에는 같은 종류의 유사물품 등으로 교환한다. 다만, 같은 종류의 물품 등으로 교환하는 것이 불가능하고 소비자가 같은 종류의 유사물품 등으로 교환하는 것을 원하지 아니하는 경우에는 환급한다.

- 할인판매된 물품 등을 교환하는 경우에는 그 정상가격과 할인가격의 차액에 관계없이 교환은 같은 종류의 물품 등으로 하되, 같은 종류의 물품 등으로 교환하는 것이 불가능한 경우에는 같은 종류의 유사물품 등으로 교환한다. 다만, 같은 종류의 물품 등으로 교환하는 것이 불가능하고 소비자가 같은 종류의 유사물품 등으로 교환하는 것을 원하지 아니하는 경우에는 환급한다.
- 환급금액은 거래 시 교부된 영수증 등에 적힌 물품 등의 가격을 기준으로 한다. 다만, 영수증 등에 적힌 가격에 대하여 다툼이 있는 경우에는 영수증 등에 적힌 금액과 다른 금액을 기준으로 하려는 자가 그 다른 금액이 실제 거래가격임을 입증하여야 하며, 영수증이 없는 등의 사유로 실제 거래가격을 입증할 수 없는 경우에는 그 지역에서 거래되는 통상적인 가격을 기준으로 한다.
- 물품 등에 대한 피해의 보상은 물품 등의 소재지나 제공지에서 한다. 다만, 사회통념상 휴대가 간편하고 운반이 쉬운 물품 등은 사업자의 소재지에서 보상할 수 있다.

2. 품질보증기간과 부품보유기간
   - 품질보증기간과 부품보유기간은 해당 사업자가 품질보증서에 표시한 기간으로 한다. 다만, 사업자가 정한 품질보증기간과 부품보유기간이 품목별 소비자분쟁해결기준에서 정한 기간보다 짧을 경우에는 품목별 소비자분쟁해결기준에서 정한 기간으로 한다.
   - 사업자가 품질보증기간과 부품보유기간을 표시하지 아니한 경우에는 품목별 소비자 분쟁해결기준에 따른다. 다만, 품목별 소비자분쟁해결기준에 품질보증기간과 부품보유기간이 정하여져 있지 아니한 품목의 경우에는 유사품목의 품질보증기간과 부품보유기간에 따르며, 유사품목의 품질보증기간과 부품보유기간에 따를 수 없는 경우에는 품질보증기간은 1년, 부품보유기간은 해당 품목의 생산을 중단한 때부터 기산하여 내용연수에 해당하는 기간으로 한다.
   - 중고물품 등에 대한 품질보증기간은 품목별 분쟁해결기준에 따른다.
   - 품질보증기간은 소비자가 물품 등을 구입하거나 제공받은 날부터 기산한다. 다만, 계약일과 인도일(용역의 경우에는 제공일을 말함)이 다른 경우에는 인도일을 기준으로 하고, 교환받은 물품 등의 품질보증기간은 교환받은 날부터 기산한다.
3. 주요 품목별 품질보증기간 및 부품보유기간

※ 부품보유기간의 기산 : 사업자가 해당 제품의 생산을 중단한 시점 ⇒ 해당 제품의 제조일자(제조연도 또는 제조연월만 기재된 경우 제조연도 또는 제조월의 말일을 제조일자로 봄)를 기산점으로 한다. 다만, 자동차는 동일한 형식의 자동차를 최종 판매한 날부터 기산한다.

품 목	품질보증기간	부품보유기간
모터사이클	1년 이내(다만 주행거리가 1만km를 초과한 경우에는 기간이 만료된 것으로 함)	7년(단, 성능·품질상 하자가 없는 범위에서 유사부품 사용가능)
보일러	2년	8년
에어컨	2년	8년
시스템에어컨	1년	8년
TV, 냉장고	1년	9년
세탁기	1년	7년
전구류	• 1개월(형광등, 백열전구) • 6개월(LED전구)	

가 발	• 6개월(인모) • 1년(인공모)	
별도의 기간을 정하지 않은 경우	• 유사품목에 따를 수 있는 경우 : 유사품목에 따름 • 유사품목에 따를 수 없는 경우 : 1년	• 유사품목에 따를 수 있는 경우 : 유사품목에 따름 • 유사품목에 따를 수 없는 경우 : 해당 품목의 생산을 중단한 때부터 기산하여 5년

16 소비자상담

- 상담의 원리 : 중간목표와 최종목표를 구별하여 중간목표를 달성한 후 최종목표를 달성
- Waddell의 SOFTEN 상담테크닉
  - S : 정면으로 정직하게(Squarly)
  - O : 개방된 자세(Open)
  - F : 몸을 앞으로 숙임(Forward)
  - T : 상담자의 이야기를 눈과 귀로 감지하여 몰두(Total)
  - E : 눈을 마주침(Eye)
  - N : 고개를 끄덕임(Nodding)
- 소비자상담의 정의 : 오직 소비자와의 상담이므로 제품 구매정보를 제공하는 것이지 판매원과 고객과의 판매가격, 대금 지불조건 등을 상의하는 것은 아님
- 현대에는 외부고객 뿐만 아니라 직원도 내부고객이라는 새로운 사고를 도입하여 내부고객의 만족이 선행되어야 외부고객을 위한 서비스가 만족스럽게 된다고 봄(고객을 대면하는 부서의 근무자를 중시하고 문제해결의 권한을 위임하여 신속한 보상을 제도화해야 함)
- 고객과 기업 간에 이루어지는 커뮤니케이션의 순간 : 고객접점
- 고객서비스 부서를 기능에 따라 혼합적으로 운영하는 형태 : 고객부분의 기능 중 불만처리의 운영은 지점이나 영업소 등 판매 제1선에 이관하고 그의 관리지도와 유지기능의 운영은 경영자의 스태프진으로 본사의 고객담당 부서가 담당하는 형태
- 기존고객 유지의 중요성 : 비용절감, 구매량의 증대, 구전효과, 가격 프리미엄 등(아닌 것 : 가격 디스카운트)
- 기업의 구매 후 상담 : 제품사용에 따른 소비자 피해에 관한 기업측의 해명
- 한국소비자원 상담 시 피해구제 처리대상이 아닌 것
  - 국가 또는 지방자치단체가 제공한 물품 등으로 인하여 피해가 발생한 경우
  - 전문성이 요구되는 분야의 분쟁조정기구에 피해구제가 신청된 경우
  - 사업자의 부도, 폐업 등으로 연락이 불가능하거나 소재파악이 안 되는 경우
  - 신청인의 주장을 입증할 수 없는 경우
  - 소비자와 사업자 사이의 분쟁이 아닌 경우
  - 법원에 소송 진행 중인 경우 등

- 문서작성을 방해하는 요인을 줄이는 방법
  - 방해가 되지 않는 적절한 소음을 활용하라.
  - 불필요한 이동을 최소화하는 사무실 분위기를 만들어라.
  - 전화를 받지 마라. 다시 전화할 것을 약속하라.
  - 문서작성을 자신과의 약속으로 생각하라.
- 소비자상담 전략
  - 질문 시 간결, 직접적, 사실적인 질문을 하라.
  - 대안으로 적은 양의 정보를 제공하라.
  - 상황해결을 목표로 한 구체적 질문을 하고 서비스하라.

17 기타 사항

- 기업에서 고객만족을 위해 고객서비스를 중요하게 고려하여야 하는 이유 : 제품의 물리적 품질에 큰 차이가 없으면 소비자들은 고객서비스를 통해 전체 품질을 평가하기 때문
- 앙케이트 콜 : 아웃바운드 텔레마케팅을 시장조사업무에 활용한 것
- 인터넷 쇼핑몰에서 계약해제 및 손해배상청구를 할 수 있는 피해유형이 아닌 것 : 허위・과장광고에 의해 계약을 체결한 경우(계약해제만 가능하고 손해배상청구는 할 수 없음)

제2과목 소비자관련법

01 민 법

1. 민법총칙

- 민법의 의의 : 일반사법, 행위규범이며 재판규범
- 민법의 법원
  - 법률, 관습법, 조리의 순서로 적용한다.
  - 민사에 관하여 법률에 규정이 없으면 관습법에 의하고 관습법이 없으면 조리에 의한다(법 제1조).
- 관습민법
  - 예 : 관습법상의 법정지상권, 분묘기지권, 동산의 양도담보, 미분리과실과 수목 집단의 명인방법 등
  - 효력 : 보충적 효력설(판례)
- 신의성실의 원칙과 권리남용금지의 원칙 : 신의성실의 원칙에 반하는 것 또는 권리남용은 강행규정에 위배되는 것이므로 당사자의 주장이 없더라도 법원은 직권으로 판단 가능
- 사람은 19세로 성년에 이르게 된다(법 제4조).
- 실종선고
  - 부재자의 생사가 5년간 분명하지 아니한 때에는 법원은 이해관계인이나 검사의 청구에 의하여 실종선고를 하여야 한다(법 제27조 제1항).
  - 전지에 임한 자, 침몰한 선박 중에 있던 자, 추락한 항공기 중에 있던 자, 기타 사망의 원인이 될 위난을 당한 자의 생사가 전쟁종지 후 또는 선박의 침몰, 항공기의 추락 기타 위난이 종료한 후 1년간 분명하지 아니한 때에도 제1항과 같다(법 제27조 제2항).
  - 실종선고를 받은 자는 전조의 기간이 만료한 때에 사망한 것으로 본다(법 제28조).
- 법인의 설립등기는 법인의 성립요건이고, 이사는 법인의 사무에 관하여 각자 법인을 대표한다.
- 의사표시는 도달주의가 원칙이며 예외적으로 발신주의를 취한다.
- 강행법규에 위반된 행위는 무효이다.
- 진의 아닌 의사표시
  - 의사표시는 표의자가 진의 아님을 알고 한 것이라도 그 효력이 있다. 그러나 상대방이 표의자의 진의 아님을 알았거나 이를 알 수 있었을 경우에는 무효로 한다(법 제107조 제1항).
  - 전항의 의사표시의 무효는 선의의 제삼자에게 대항하지 못한다(법 제107조 제2항).
- 통정한 허위의 의사표시
  - 상대방과 통정한 허위의 의사표시는 무효로 한다(법 제108조 제1항).
  - 전항의 의사표시의 무효는 선의의 제삼자에게 대항하지 못한다(법 제108조 제2항).
- 착오로 인한 의사표시
  - 의사표시는 법률행위의 내용의 중요부분에 착오가 있는 때에는 취소할 수 있다. 그러나 그 착오가 표의자의 중대한 과실로 인한 때에는 취소하지 못한다(법 제109조 제1항).
  - 전항의 의사표시의 취소는 선의의 제삼자에게 대항하지 못한다(법 제109조 제2항).

- 사기·강박에 의한 의사표시
  - 상대방 있는 의사표시에 관하여 제3자가 사기나 강박을 행한 경우에는 상대방이 그 사실을 알았거나 알 수 있었을 경우에 한하여 그 의사표시를 취소할 수 있다(법 제110조 제2항).
  - 의사표시의 취소는 선의의 제3자에게 대항하지 못한다(법 제110조 제3항).
- 복대리 : 민법상 대리인이 그의 권한 내에서 대리인 자신의 이름으로 선임한 본인의 대리인
- 표현대리
  - 대리권수여의 표시에 의한 표현대리(법 제125조)
  - 권한을 넘은 표현대리(법 제126조)
  - 대리권소멸 후의 표현대리(법 제129조)
- 소멸시효
  - 의의 : 민사상 거래에서 권리를 일정기간 동안 행사하지 않은 자의 권리를 소멸시킴으로써 사회질서의 안정을 도모하는 제도
  - 소멸시효에 걸리는 권리 : 채권, 손해배상청구권, 전세권, 채권적 청구권
  - 소멸시효에 걸리지 않는 권리 : 점유권, 담보물권, 소유권, 형성권, 비재산권

2. 채권편

- 계 약
  - 의의 : 채권발생을 목적으로 하는 서로 대립하는 두 개 이상의 의사표시(청약과 승낙)의 합치로 성립하는 법률행위
  - 청약은 그 의사표시가 상대방에게 도달한 때에 그 효력이 생기며, 상대방을 꾀어 청약을 하게 하려는 행위인 청약의 유인과 구별된다.
- 전형계약
  - 증여 : 당사자 일방이 무상으로 재산을 상대방에 수여하는 의사를 표시하고 상대방이 이를 승낙함으로써 그 효력이 생긴다(법 제554조).
  - 매매 : 당사자 일방이 재산권을 상대방에게 이전할 것을 약정하고 상대방이 그 대금을 지급할 것을 약정함으로써 그 효력이 생긴다(법 제563조).
  - 교환 : 당사자 쌍방이 금전 이외의 재산권을 상호이전할 것을 약정함으로써 그 효력이 생긴다(법 제596조).
  - 소비대차 : 당사자 일방이 금전 기타 대체물의 소유권을 상대방에게 이전할 것을 약정하고 상대방은 그와 같은 종류, 품질 및 수량으로 반환할 것을 약정함으로써 그 효력이 생긴다(법 제598조).
  - 사용대차 : 당사자 일방이 상대방에게 무상으로 사용, 수익하게 하기 위하여 목적물을 인도할 것을 약정하고 상대방은 이를 사용, 수익한 후 그 물건을 반환할 것을 약정함으로써 그 효력이 생긴다(법 제609조).
  - 임대차 : 당사자 일방이 상대방에게 목적물을 사용, 수익하게 할 것을 약정하고 상대방이 이에 대하여 차임을 지급할 것을 약정함으로써 그 효력이 생긴다(법 제618조).
  - 고용 : 당사자 일방이 상대방에 대하여 노무를 제공할 것을 약정하고 상대방이 이에 대하여 보수를 지급할 것을 약정함으로써 그 효력이 생긴다(법 제655조).
  - 도급 : 당사자 일방이 어느 일을 완성할 것을 약정하고 상대방이 그 일의 결과에 대하여 보수를 지급할 것을 약정함으로써 그 효력이 생긴다(법 제664조).
  - 현상광고 : 광고자가 어느 행위를 한 자에게 일정한 보수를 지급할 의사를 표시하고 이에 응한 자가 그 광고에 정한 행위를 완료함으로써 그 효력이 생긴다(법 제675조).

- 위임 : 당사자 일방이 상대방에 대하여 사무의 처리를 위탁하고 상대방이 이를 승낙함으로써 그 효력이 생긴다(법 제680조).
- 임치 : 당사자 일방이 상대방에 대하여 금전이나 유가증권 기타 물건의 보관을 위탁하고 상대방이 이를 승낙함으로써 효력이 생긴다(법 제693조).
- 조합 : 조합은 2인 이상이 상호출자하여 공동사업을 경영할 것을 약정함으로써 그 효력이 생기며, 출자는 금전 기타 재산 또는 노무로 할 수 있다(법 제703조).
- 종신정기금 : 당사자 일방이 자기, 상대방 또는 제3자의 종신까지 정기로 금전 기타의 물건을 상대방 또는 제3자에게 지급할 것을 약정함으로써 그 효력이 생긴다(법 제725조).
- 화해 : 당사자가 상호양보하여 당사자 간의 분쟁을 종지할 것을 약정함으로써 그 효력이 생긴다(법 제731조).

※ 여행계약 : 당사자 한쪽이 상대방에게 운송, 숙박, 관광 또는 그 밖의 여행 관련 용역을 결합하여 제공하기로 약정하고 상대방이 그 대금을 지급하기로 약정함으로써 효력이 생긴다(법 제674조의2).

• 채무불이행
- 이행지체 : 채무가 이행기에 있으면 그 이행이 가능함에도 불구하고 채무자가 그의 귀책사유로 인하여 채무의 내용에 좇은 이행을 하지 않는 것
- 이행불능 : 채권이 성립한 후에 채무자에게 책임 있는 사유로 이행이 불능으로 되는 것
- 불완전이행 : 채무자가 채무의 이행으로서 이행행위를 하였으나 그것이 채무내용에 좇은 완전한 이행이 아니라 하자있는 불완전한 이행이었기 때문에 채권자에게 손해가 생기는 경우의 채무불이행

• 동시이행항변권의 요건
- 의의 : 쌍무계약의 당사자 일방은 상대방이 그 채무이행을 제공할 때까지 자기의 채무이행을 거절할 수 있다. 그러나 상대방의 채무가 변제기에 있지 아니하는 때에는 그러하지 아니하다.
- 요건 : 쌍방의 채무가 서로 대가적 의미가 있을 것, 쌍방의 채무가 변제기(이행기)에 있을 것, 상대방이 채무의 이행이나 이행의 제공 없이 이행을 청구할 것(단순청구)

• 계약해제권의 발생사유
- 당사자의 약정, 불완전이행, 이행지체
- 계약해제의 효과 : 원상회복청구권, 손해배상청구권, 법적 구속의 해방
- 해제권에는 제척기간은 있어도 소멸시효는 없음
- 해지는 소급효가 없으므로 원상회복의 문제가 발생하지 않음

• 담보책임
- 전부 타인의 권리에 있어서는 매수인의 선·악을 불문하고 해제권이 인정된다(법 제570조).
- 일부 타인의 권리에 있어서는 매수인의 선·악을 불문하고 대금감액청구권이 인정된다(법 제572조 제1항).
- 저당권·전세권에 의하여 매수인이 소유권을 취득할 수 없거나 또는 취득한 소유권을 잃은 때에는 매수인은 선·악을 불문하고 계약해제권과 손해배상을 청구할 수 있다(법 제576조 제1항, 제3항).
- 물건의 하자담보책임에 있어서 특정물의 매매, 불특정물의 매매의 경우에는 매수인이 그 사실을 안 날로부터 6월 이내에 행사하여야 한다.

• 손해배상
- 손해배상은 일시 배상이 아니어도 됨
- 태아는 손해배상청구권에 대해 이미 출생한 것으로 봄
- 불법행위로 인한 손해배상은 통상의 손해를 그 한도로 함
- 고의의 불법행위로 인한 채무에 대하여 채무자는 상계로 채권자에게 대항하지 못함

02 소비자기본법

1. 소비자기본법
   - 소비자기본법상 소비자의 권리
     - 물품 또는 용역으로 인한 생명·신체 또는 재산에 대한 위해로부터 보호받을 권리
     - 물품 등을 선택함에 있어서 필요한 지식 및 정보를 제공받을 권리
     - 물품 등을 사용함에 있어서 거래상대방·구입장소·가격 및 거래조건 등을 자유로이 선택할 권리
     - 소비생활에 영향을 주는 국가 및 지방자치단체의 정책과 사업자의 사업활동 등에 대하여 의견을 반영시킬 권리
     - 물품 등의 사용으로 인하여 입은 피해에 대하여 신속·공정한 절차에 따라 적절한 보상을 받을 권리
     - 합리적인 소비생활을 위하여 필요한 교육을 받을 권리
     - 소비자 스스로의 권익을 증진하기 위하여 단체를 조직하고 이를 통하여 활동할 수 있는 권리
     - 안전하고 쾌적한 소비생활 환경에서 소비할 권리
   - 소비자단체
     - 소비자의 권익을 증진하기 위하여 소비자가 조직한 단체
     - 소비자의 불만 및 피해를 처리하기 위한 상담·정보제공 및 당사자 사이의 합의의 권고 가능
     - 국가 또는 지방자치단체는 등록소비자단체의 건전한 육성·발전을 위하여 필요하다고 인정될 때에는 보조금을 지급할 수 있음
   - 단체소송의 소송허가요건
     - 물품 등의 사용으로 인하여 소비자의 생명·신체 또는 재산에 피해가 발생하거나 발생할 우려가 있는 등 다수 소비자의 권익보호 및 피해예방을 위한 공익상의 필요가 있을 것
     - 소송허가신청서의 기재사항에 흠결이 없을 것
     - 소제기단체가 사업자에게 소비자권익 침해행위를 금지·중지할 것을 서면으로 요청한 후 14일이 경과하였을 것
2. 한국소비자원
   - 한국소비자원의 설립
     - 소비자권익 증진시책의 효과적인 추진을 위하여 한국소비자원을 설립
     - 한국소비자원은 법인으로 함
     - 한국소비자원은 공정거래위원회의 승인을 얻어 필요한 곳에 그 지부를 설치할 수 있음
     - 한국소비자원은 그 주된 사무소의 소재지에서 설립등기를 함으로써 성립
   - 한국소비자원의 업무
     - 소비자의 권익과 관련된 제도와 정책의 연구 및 건의
     - 소비자의 권익증진을 위하여 필요한 경우 물품 등의 규격·품질·안전성·환경성에 관한 시험·검사 및 가격 등을 포함한 거래조건이나 거래방법에 대한 조사·분석
     - 소비자의 권익증진·안전 및 소비생활의 향상을 위한 정보의 수집·제공 및 국제 협력
     - 소비자의 권익증진·안전 및 능력개발과 관련된 교육·홍보 및 방송사업
     - 소비자의 불만처리 및 피해구제
     - 소비자의 권익증진 및 소비생활의 합리화를 위한 종합적인 조사·연구
     - 국가 또는 지방자치단체가 소비자의 권익증진과 관련하여 의뢰한 조사 등의 업무
     - 「독점규제 및 공정거래에 관한 법률」에 따라 공정거래위원회로부터 위탁받은 동의의결의 이행관리

- 그 밖에 소비자의 권익증진 및 안전에 관한 업무
- 한국소비자원의 임원 및 임기
  - 원장 · 부원장 및 소비자안전센터의 소장 각 1인을 포함한 10인 이내의 이사와 감사 1인을 둠
  - 원장 · 부원장 · 소장 및 대통령령이 정하는 이사는 상임, 그 밖의 임원은 비상임
  - 원장은 임원추천위원회가 복수로 추천한 사람 중에서 공정거래위원회 위원장의 제청으로 대통령이 임명
  - 부원장, 소장 및 상임이사는 원장이 임명
  - 비상임이사는 임원추천위원회가 복수로 추천한 사람 중에서 공정거래위원회 위원장이 임명
  - 감사는 임원추천위원회가 복수로 추천하여 공공기관운영위원회의 심의 · 의결을 거친 사람 중에서 기획재정부장관의 제청으로 대통령이 임명
  - 원장의 임기는 3년, 부원장, 소장, 이사 및 감사의 임기는 2년
- 임원의 직무
  - 원장은 한국소비자원을 대표하고 한국소비자원의 업무를 총괄
  - 부원장은 원장을 보좌하며, 원장이 부득이한 사유로 직무를 수행할 수 없는 경우에 그 직무를 대행
  - 소장은 원장의 지휘를 받아 소비자안전센터의 업무를 총괄하며, 원장 · 부원장 및 소장이 아닌 이사는 정관이 정하는 바에 따라 한국소비자원의 업무를 분장
  - 원장 · 부원장이 모두 부득이한 사유로 직무를 수행할 수 없는 때에는 상임이사 · 비상임이사의 순으로 정관이 정하는 순서에 따라 그 직무를 대행
  - 감사는 한국소비자원의 업무 및 회계를 감사

03 약관의 규제에 관한 법률

1. 목적 및 해석
- 약 관
  - 그 명칭이나 형태 또는 범위에 상관없이 계약의 한쪽 당사자가 여러 명의 상대방과 계약을 체결하기 위하여 일정한 형식으로 미리 마련한 계약의 내용
  - 판례에서는 약관은 단순히 계약의 초안에 불과하기 때문에 구속력을 갖기 위해는 이를 계약에 편입시켜야 한다고 봄(계약설)
- 약관의 명시 · 교부 의무가 면제되는 업종
  - 여객운송업
  - 전기 · 가스 및 수도사업
  - 우편업
  - 공중전화 서비스 제공 통신업
- 개별약정의 우선 및 약관의 해석
  - 약관에서 정하고 있는 사항에 관하여 사업자와 고객이 약관의 내용과 다르게 합의한 사항이 있을 때에는 그 합의 사항은 약관보다 우선
  - 약관은 신의성실의 원칙에 따라 공정하게 해석되어야 하며 고객에 따라 다르게 해석되어서는 아니 됨
  - 약관의 뜻이 명백하지 아니한 경우에는 고객에게 유리하게 해석

2. 불공정약관 및 표준약관
- 불공정약관의 추정가능 조항
  - 고객에게 부당하게 불리한 조항
  - 고객이 계약의 거래형태 등 관련된 모든 사정에 비추어 예상하기 어려운 조항
  - 계약의 목적을 달성할 수 없을 정도로 계약에 따르는 본질적 권리를 제한하는 조항
- 일부무효의 특칙
  - 약관의 전부 또는 일부의 조항이 계약의 내용이 되지 못하는 경우나 무효인 경우 계약은 나머지 부분만으로 유효하게 존속
  - 다만, 유효한 부분만으로는 계약의 목적 달성이 불가능하거나 그 유효한 부분이 한쪽 당사자에게 부당하게 불리한 경우에는 그 계약은 무효
- 표준약관
  - 사업자 및 사업자단체는 건전한 거래질서를 확립하고 불공정한 내용의 약관이 통용되는 것을 방지하기 위하여 일정한 거래 분야에서 표준이 될 약관의 제정・개정안을 마련하여 그 내용이 이 법에 위반되는지 여부에 관하여 공정거래위원회에 심사를 청구할 수 있음
  - 소비자기본법에 따라 등록된 소비자단체 또는 같은 법 제33조에 따라 설립된 한국소비자원은 소비자 피해가 자주 일어나는 거래 분야에서 표준이 될 약관을 제정 또는 개정할 것을 공정거래위원회에 요청할 수 있음
  - 공정거래위원회는 표준약관의 사용을 활성화하기 위하여 표준약관 표지를 정할 수 있고, 사업자 및 사업자단체는 표준약관을 사용하는 경우 공정거래위원회가 고시하는 바에 따라 표준약관 표지를 사용할 수 있음
  - 사업자 및 사업자단체는 표준약관과 다른 내용을 약관으로 사용하는 경우 표준약관 표지를 사용하여서는 아니 됨

3. 약관 분쟁조정협의회
- 의 의
  - 불공정약관조항과 관련된 분쟁을 조정하기 위하여 한국공정거래조정원에 약관 분쟁조정협의회를 둠
  - 공정거래위원회, 고객 또는 사업자는 조정이 성립된 사항과 같거나 비슷한 유형의 피해가 다수 고객에게 발생할 가능성이 크다고 판단한 경우로서 대통령령으로 정하는 사건에 대하여는 협의회에 일괄적인 분쟁조정(집단분쟁조정)을 의뢰하거나 신청할 수 있음
- 조 정
  - 약관 분쟁조정협의회는 분쟁당사자에게 분쟁조정사항을 스스로 조정하도록 권고하거나 조정안을 작성하여 이를 제시할 수 있음
  - 약관 분쟁조정협의회는 분쟁조정사항의 조정이 성립된 경우 분쟁당사자 간에 조정 조서와 동일한 내용의 합의가 성립된 것으로 봄

▌04 방문판매 등에 관한 법률 ▌

1. 총 칙

- 용어의 정의
  - 방문판매자 : 방문판매를 업으로 하기 위하여 방문판매조직을 개설하거나 관리 · 운영하는 자와 방문판매업자를 대신하여 방문판매업무를 수행하는 자
  - 전화권유판매 : 전화를 이용하여 소비자에게 권유를 하거나 전화회신을 유도하는 방법으로 재화 등을 판매하는 것
  - 다단계판매자 : 다단계판매를 업으로 하기 위하여 다단계판매조직을 개설하거나 관리 · 운영하는 자와 다단계판매조직에 판매원으로 가입한 자
  - 계속거래 : 1개월 이상에 걸쳐 계속적으로 또는 부정기적으로 재화 등을 공급하는 계약으로서 중도에 해지할 경우 대금 환급의 제한 또는 위약금에 관한 약정이 있는 거래
- 방문판매 등에 관한 법률의 적용 제외
  - 사업자(다단계판매원, 후원방문판매원 또는 사업권유거래의 상대방은 제외)가 상행위를 목적으로 재화 등을 구입하는 거래. 다만, 사업자가 사실상 소비자와 같은 지위에서 다른 소비자와 같은 거래조건으로 거래하는 경우는 제외
  - 금융소비자 보호에 관한 법률에 따른 금융상품판매업자와 예금성 상품, 대출성 상품, 투자성 상품 및 보장성 상품에 관한 계약을 체결하기 위한 거래
  - 개인이 독립된 자격으로 공급하는 재화 등의 거래로서 대통령령으로 정하는 거래(가공되지 아니한 농산물 · 수산물 · 축산물 · 임산물, 방문판매자가 직접 생산한 재화 등)
- 다른 법률과의 관계
  - 방문판매, 전화권유판매, 다단계판매, 후원방문판매, 계속거래 및 사업권유거래(이하 특수판매)에서의 소비자보호와 관련하여 이 법과 다른 법률이 경합하여 적용되는 경우에는 이 법을 우선 적용
  - 다만, 다른 법률을 적용하는 것이 소비자에게 유리한 경우에는 그 법률을 적용

2. 방문판매 및 전화권유판매

- 방문판매업자 등의 신고
  - 방문판매업자 또는 전화권유판매업자(방문판매업자 등이라 한다)는 상호, 주소, 전화번호, 전자우편주소(법인인 경우에는 대표자의 성명, 주민등록번호 및 주소를 포함), 그 밖에 대통령령으로 정하는 사항을 대통령령으로 정하는 바에 따라 공정거래위원회 또는 특별자치시장 · 특별자치도지사 · 시장 · 군수 · 구청장(자치구의 구청장)에게 신고하여야 한다.
  - 다만, 방문판매원 또는 전화권유판매원(방문판매원 등이라 한다)을 두지 아니하는 소규모 방문판매업자 등 대통령령으로 정하는 방문판매업자 등과 규정에 의하여 등록한 다단계판매업자 및 후원방문판매업자는 그러하지 아니하다.
- 계약체결 전의 정보제공(설명사항)
  - 방문판매업자 등의 성명(법인인 경우에는 대표자의 성명을 말한다), 상호, 주소, 전화번호 및 전자우편주소
  - 방문판매원 등의 성명, 주소, 전화번호 및 전자우편주소. 다만, 방문판매업자 등이 소비자와 직접 계약을 체결하는 경우는 제외함
  - 재화 등의 명칭, 종류 및 내용
  - 재화 등의 가격과 그 지급의 방법 및 시기

- 재화 등을 공급하는 방법 및 시기
- 청약의 철회 및 계약의 해제의 기한・행사방법・효과에 관한 사항 및 청약철회 등의 권리 행사에 필요한 서식으로서 총리령으로 정하는 것
- 재화 등의 교환・반품・수리보증 및 그 대금 환불의 조건과 절차
- 전자매체로 공급할 수 있는 재화 등의 설치・전송 등과 관련하여 요구되는 기술적 사항
- 소비자피해 보상, 재화 등에 대한 불만 및 소비자와 사업자 사이의 분쟁 처리에 관한 사항
- 거래에 관한 약관
- 그 밖에 소비자의 구매 여부 판단에 영향을 주는 거래조건 또는 소비자피해 구제에 필요한 사항으로서 대통령령으로 정하는 사항

• 청약철회
- 계약서를 받은 날부터 14일. 다만, 그 계약서를 받은 날보다 재화 등이 늦게 공급된 경우에는 재화 등을 공급받거나 공급이 시작된 날부터 14일 이내에 그 계약에 관한 청약철회 등을 할 수 있음
- 소비자는 재화 등의 내용이 표시・광고의 내용과 다르거나 계약 내용과 다르게 이행된 경우에는 그 재화 등을 공급받은 날부터 3개월 이내에, 그 사실을 안 날 또는 알 수 있었던 날부터 30일 이내에 청약철회 등을 할 수 있음
- 청약철회 등을 서면으로 하는 경우에는 청약철회 등의 의사를 표시한 서면을 발송한 날에 그 효력이 발생
- 위의 규정은 다단계판매의 방법으로 재화 등의 판매에 관한 계약을 체결하는 경우에 준용
- 소비자는 청약철회 등을 한 경우에는 이미 공급받은 재화 등을 반환하여야 함

05 할부거래에 관한 법률

1. 총 칙

• 할부계약

계약의 명칭・형식이 어떠하든 재화나 용역(일정한 시설을 이용하거나 용역을 제공받을 수 있는 권리를 포함)에 관한 다음의 계약(선불식 할부계약에 해당하는 경우는 제외)
- 직접할부계약 : 소비자가 사업자에게 재화의 대금이나 용역의 대가를 2개월 이상의 기간에 걸쳐 3회 이상 나누어 지급하고, 재화 등의 대금을 완납하기 전에 재화의 공급이나 용역의 제공을 받기로 하는 계약
- 간접할부계약 : 소비자가 신용제공자에게 재화 등의 대금을 2개월 이상의 기간에 걸쳐 3회 이상 나누어 지급하고, 재화 등의 대금을 완납하기 전에 사업자로부터 재화 등의 공급을 받기로 하는 계약

• 적용제외
- 사업자가 상행위를 위하여 재화 등의 공급을 받는 거래. 다만, 사업자가 사실상 소비자와 같은 지위에서 다른 소비자와 같은 거래조건으로 거래하는 경우는 적용함
- 성질상 이 법을 적용하는 것이 적합하지 아니한 것으로서 대통령령으로 정하는 재화 등의 거래

2. 할부계약의 서면주의

할부거래업자는 총리령으로 정하는 바에 따라 다음의 사항을 적은 서면(전자문서를 포함)으로 할부계약을 체결하여야 한다. 다만, 여신전문금융업법에 따른 신용카드회원과 신용카드가맹점 간의 간접할부계약의 경우 ④, ⑤ 중 지급시기 및 ⑪의 사항을 적지 아니할 수 있다.

① 할부거래업자·소비자 및 신용제공자의 성명 및 주소
② 재화 등의 종류·내용 및 재화 등의 공급 시기
③ 현금가격
④ 할부가격
⑤ 각 할부금의 금액·지급횟수·지급기간 및 지급시기
⑥ 할부수수료의 실제연간요율
⑦ 계약금
⑧ 재화의 소유권 유보에 관한 사항
⑨ 청약철회의 기한·행사방법·효과에 관한 사항
⑩ 할부거래업자의 할부계약의 해제에 관한 사항
⑪ 지연손해금 산정 시 적용하는 비율
⑫ 소비자의 기한의 이익 상실에 관한 사항
⑬ 소비자의 항변권과 행사방법에 관한 사항

3. 청약의 철회

① 소비자는 다음의 기간(거래당사자가 그 보다 긴 기간을 약정한 경우에는 그 기간을 말한다) 이내에 할부계약에 관한 청약을 철회할 수 있다.

㉠ 법 제6조 제1항에 따른 계약서를 받은 날부터 7일. 다만, 그 계약서를 받은 날보다 재화 등의 공급이 늦게 이루어진 경우에는 재화 등을 공급받은 날부터 7일

㉡ 다음의 어느 하나에 해당하는 경우에는 그 주소를 안 날 또는 알 수 있었던 날 등 청약을 철회할 수 있는 날부터 7일

• 법 제6조 제1항에 따른 계약서를 받지 아니한 경우
• 할부거래업자의 주소 등이 적혀 있지 아니한 계약서를 받은 경우
• 할부거래업자의 주소 변경 등의 사유로 위 ㉠의 기간 이내에 청약을 철회할 수 없는 경우

㉢ 법 제6조 제1항에 따른 계약서에 청약의 철회에 관한 사항이 적혀 있지 아니한 경우에는 청약을 철회할 수 있음을 안 날 또는 알 수 있었던 날부터 7일

㉣ 할부거래업자가 청약의 철회를 방해한 경우에는 그 방해 행위가 종료한 날부터 7일

② 소비자는 다음의 어느 하나에 해당하는 경우에는 위 ①에 따른 청약의 철회를 할 수 없다. 다만, 할부거래업자가 청약의 철회를 승낙하거나 소비자가 청약을 철회하는 것을 방해받지 아니하도록 일정한 조치를 하지 아니한 경우에는 ㉡부터 ㉣까지에 해당하는 경우에도 청약을 철회할 수 있다.

㉠ 소비자에게 책임있는 사유로 재화 등이 멸실되거나 훼손된 경우. 다만, 재화 등의 내용을 확인하기 위하여 포장 등을 훼손한 경우는 제외

㉡ 사용 또는 소비에 의하여 그 가치가 현저히 낮아질 우려가 있는 것으로서 대통령령으로 정하는 재화 등을 사용 또는 소비한 경우

㉢ 시간이 지남으로써 다시 판매하기 어려울 정도로 재화 등의 가치가 현저히 낮아진 경우

㉣ 복제할 수 있는 재화 등의 포장을 훼손한 경우

㉤ 그 밖에 거래의 안전을 위하여 대통령령으로 정하는 경우

4. 소비자의 기한의 이익 상실

• 할부금을 다음 지급기일까지 연속하여 2회 이상 지급하지 아니하고 그 지급하지 아니한 금액이 할부가격의 100분의 10을 초과하는 경우

• 국내에서 할부금 채무이행 보증이 어려운 경우로서 대통령령으로 정하는 경우(생업에 종사하기 위하여 외국에 이주하는 경우, 외국인과의 혼인 및 연고관계로 인하여 외국에 이주하는 경우)

5. 소비자의 항변권

소비자는 다음의 어느 하나에 해당하는 사유가 있는 경우에는 할부거래업자에게 그 할부금의 지급을 거절할 수 있음

• 할부계약이 불성립·무효인 경우
• 할부계약이 취소·해제 또는 해지된 경우
• 재화 등의 전부 또는 일부가 재화 등의 공급 시기까지 소비자에게 공급되지 아니한 경우
• 할부거래업자가 하자담보책임을 이행하지 아니한 경우
• 그 밖에 할부거래업자의 채무불이행으로 인하여 할부계약의 목적을 달성할 수 없는 경우
• 다른 법률에 따라 정당하게 청약을 철회한 경우

06 전자상거래 등에서의 소비자보호에 관한 법률

1. 총 칙

• 목적 : 전자상거래 및 통신판매 등에 의한 재화 또는 용역의 공정한 거래에 관한 사항을 규정함으로써 소비자의 권익을 보호하고 시장의 신뢰도를 높여 국민경제의 건전한 발전에 이바지함을 목적으로 한다.
• 정 의
  – "전자상거래"란 전자거래(「전자문서 및 전자거래 기본법」 제2조 제5호에 따른 전자거래를 말한다. 이하 같다)의 방법으로 상행위를 하는 것을 말한다.
  – "통신판매"란 우편·전기통신, 그 밖에 총리령으로 정하는 방법으로 재화 또는 용역(일정한 시설을 이용하거나 용역을 제공받을 수 있는 권리를 포함한다. 이하 같다)의 판매에 관한 정보를 제공하고 소비자의 청약을 받아 재화 또는 용역(재화 등이라 한다)을 판매하는 것을 말한다. 다만, 「방문판매 등에 관한 법률」 제2조 제3호에 따른 전화권유판매는 통신판매의 범위에서 제외한다.

2. 전자상거래 및 통신판매

• 사이버몰의 운영

  전자상거래를 하는 사이버몰의 운영자는 소비자가 사업자의 신원 등을 쉽게 알 수 있도록 다음의 사항을 총리령으로 정하는 바에 따라 표시하여야 한다.
  – 상호 및 대표자 성명
  – 영업소가 있는 곳의 주소(소비자의 불만을 처리할 수 있는 곳의 주소를 포함)
  – 전화번호·전자우편주소
  – 사업자등록번호
  – 사이버몰의 이용약관
  – 그 밖에 소비자보호를 위하여 필요한 사항으로서 대통령령으로 정하는 사항
• 금지행위
  – 거짓 또는 과장된 사실을 알리거나 기만적 방법을 사용하여 소비자를 유인 또는 소비자와 거래하거나 청약철회 등 또는 계약의 해지를 방해하는 행위

- 청약철회 등을 방해할 목적으로 주소, 전화번호, 인터넷도메인 이름 등을 변경하거나 폐지하는 행위
- 분쟁이나 불만처리에 필요한 인력 또는 설비의 부족을 상당기간 방치하여 소비자에게 피해를 주는 행위
- 소비자의 청약이 없음에도 불구하고 일방적으로 재화 등을 공급하고 그 대금을 청구하거나 재화 등의 공급 없이 대금을 청구하는 행위
- 소비자가 재화를 구매하거나 용역을 제공받을 의사가 없음을 밝혔음에도 불구하고 전화, 팩스, 컴퓨터통신 또는 전자우편 등을 통하여 재화를 구매하거나 용역을 제공받도록 강요하는 행위
- 본인의 허락을 받지 아니하거나 허락받은 범위를 넘어 소비자에 관한 정보를 이용하는 행위
- 소비자의 동의를 받지 아니하거나 총리령으로 정하는 방법에 따라 쉽고 명확하게 소비자에게 설명·고지하지 아니하고 컴퓨터프로그램 등이 설치되게 하는 행위

• 본인이 허락 없이도 소비자에 관한 정보를 이용할 수 있는 경우
- 재화 등의 배송 등 소비자와의 계약을 이행하기 위하여 불가피한 경우로서 대통령령으로 정하는 경우
- 재화 등의 거래에 따른 대금정산을 위하여 필요한 경우
- 도용방지를 위하여 본인 확인에 필요한 경우로서 대통령령으로 정하는 경우
- 법률의 규정 또는 법률에 따라 필요한 불가피한 사유가 있는 경우

3. 소비자 권익의 보호

• 전자상거래 등에서의 소비자보호지침의 제정 등
- 공정거래위원회는 전자상거래 또는 통신판매에서의 건전한 거래질서의 확립 및 소비자보호를 위하여 사업자의 자율적 준수를 유도하기 위한 지침을 관련 분야의 거래당사자, 기관 및 단체의 의견을 들어 정할 수 있음
- 사업자는 그가 사용하는 약관이 소비자보호지침의 내용보다 소비자에게 불리한 경우에는 소비자보호지침과 다르게 정한 약관의 내용을 소비자가 알기 쉽게 표시하거나 고지하여야 함

• 소비자피해보상보험계약 등

통신판매업자는 선지급식 통신판매를 할 때 소비자가 결제대금예치의 이용 또는 통신판매업자의 소비자피해보상보험계약 등의 체결을 선택한 경우에는 소비자가 결제대금예치를 이용하도록 하거나 소비자피해보상보험계약 등을 체결하여야 한다. 다만, 소비자가 다음의 어느 하나에 해당하는 거래를 하는 경우에는 적용하지 아니한다.
- 여신전문금융업법에 따른 신용카드로 재화 등의 대금을 지급하는 거래. 이 경우 소비자가 재화 등을 배송받지 못한 때에는 여신전문금융업법에 따른 신용카드업자는 구매대금 결제 취소 등 소비자피해의 예방 및 회복을 위하여 협력하여야 함
- 정보통신망으로 전송되거나 제3자가 배송을 확인할 수 없는 재화 등을 구매하는 거래
- 일정기간에 걸쳐 분할되어 공급되는 재화 등을 구매하는 거래
- 다른 법률에 따라 소비자의 구매안전이 충분히 갖추어진 경우 또는 위의 규정과 유사한 사유로 결제대금예치 또는 소비자피해보상보험계약 등의 체결이 필요하지 아니하거나 곤란하다고 공정거래위원회가 정하여 고시하는 거래

• 소비자피해 분쟁조정기구
- 소비자분쟁조정위원회
- 전자거래분쟁조정위원회
- 콘텐츠분쟁조정위원회
- 그 밖에 소비자보호 관련 법령에 따라 설치·운영되는 분쟁조정기구

07 표시 · 광고의 공정화에 관한 법률

• 부당한 표시 · 광고의 내용
  – 거짓 · 과장의 표시 · 광고 : 사실과 다르게 표시 · 광고하거나 사실을 지나치게 부풀려 표시 · 광고하는 것
  – 기만적인 표시 · 광고 : 사실을 은폐하거나 축소하는 등의 방법으로 표시 · 광고하는 것
  – 부당하게 비교하는 표시 · 광고 : 비교 대상 및 기준을 분명하게 밝히지 아니하거나 객관적인 근거 없이 자기 또는 자기의 상품이나 용역을 다른 사업자 또는 사업자단체나 다른 사업자 등의 상품 등과 비교하여 우량 또는 유리하다고 표시 · 광고하는 것
  – 비방적인 표시 · 광고 : 다른 사업자 등 또는 다른 사업자 등의 상품 등에 관하여 객관적인 근거가 없는 내용으로 표시 · 광고하여 비방하거나 불리한 사실만을 표시 · 광고하여 비방하는 것
• 공정거래위원회의 임시중지명령
  – 부당한 표시 · 광고행위의 금지규정을 위반한다고 명백하게 의심되는 경우
  – 그 표시 · 광고 행위로 인하여 소비자나 경쟁사업자에게 회복하기 어려운 손해가 발생할 우려가 있어 이를 예방하기 위하여 긴급히 필요하다고 인정되는 경우
• 손해배상책임
  – 사업자 등은 부당한 표시 · 광고 행위를 함으로써 피해를 입은 자가 있는 경우에는 그 피해자에 대하여 손해배상의 책임을 진다.
  – 손해배상의 책임을 지는 사업자 등은 고의 또는 과실이 없음을 들어 그 피해자에 대한 책임을 면할 수 없다.

08 제조물 책임법

• 제조업자의 손해배상
  제조업자는 제조물의 결함으로 생명 · 신체 또는 재산에 손해(그 제조물에 대하여만 발생한 손해는 제외)를 입은 자에게 그 손해를 배상하여야 한다.
• 면책사유
  – 제조업자가 해당 제조물을 공급하지 아니하였다는 사실
  – 제조업자가 해당 제조물을 공급한 당시의 과학 · 기술 수준으로는 결함의 존재를 발견할 수 없었다는 사실
  – 제조물의 결함이 제조업자가 해당 제조물을 공급한 당시의 법령에서 정하는 기준을 준수함으로써 발생하였다는 사실
  – 원재료나 부품의 경우에는 그 원재료나 부품을 사용한 제조물 제조업자의 설계 또는 제작에 관한 지시로 인하여 결함이 발생하였다는 사실

제3과목 소비자교육 및 정보제공

01 소비자교육

• 학교 소비자교육 : 가장 단계적이고 체계적으로 실시할 수 있고 교육의 사회적 형평성도 살릴 수 있는 교육
• 메이어(Mayer)가 제시한 능력에 기초한 소비자교육 접근방법 : 소비자교육 방안 중 학습자를 개별화시켜 학습자 자신에게 맞는 속도로 소비자 능력을 개발시키는 접근방안
• 가정에서의 소비자교육 방안
 – 자녀의 용돈관리 지도에 있어서는 절약정신을 강조해야 함
 – 자녀가 좋은 성적을 얻거나 가사 일을 도울 때 보상으로서 금전만을 활용하는 것은 비교육적임
• 고객패널 : 소비자조사를 위해 사용되는 방법 중에서 소수의 고객을 대상으로 정기적이고 장기적인 관리를 통해 정보를 제공하는 방법
• 소비자사회화
 – 소비자능력을 향상시킴
 – 개인이 소비자역할을 수행하는 데에 필요한 소비자능력(지식, 기능, 태도)을 학습하는 과정으로서 부모, 동료집단, 대중매체, 학교의 영향에 의해 이루어짐
 – 대개 연령이 증가하면서 부모보다는 대중매체, 동료집단, 학교의 영향을 많이 받게 됨
• 소비자교육의 교육방법 선정원리 : 다양성의 원리, 적절성과 효율성의 원리, 현실성의 원리(아닌 것 : 통합성의 원리)
• 소비자교육 프로그램 설계 시 가장 먼저 이루어져야 할 것 : 교육대상의 선정

02 효과 및 욕구분석 단계

• 소비자교육의 실시효과
 – 사회적 측면
  ⓐ 생산성 증가, 국민생활의 질 향상, 건전한 사회 구성
  ⓑ 소비자와 사업자 사이에 힘의 균형을 이루게 함
 – 개인적 측면 : 소비자피해 예방, 소비자주권 향상, 소비자책임 확대
 – 기업측면 : 기업경영비용 감소, 마케팅효과 증대, 건전한 기업으로 육성
 – 가계측면 : 가계의 소득과 소비의 균형, 가계구성원의 복지 향상, 가계구성원의 욕구 최대화
• 소비자교육 요구분석의 단계

 – 문제의 파악 → 해결사항 대안 파악 → 해결전략의 설정 → 실행 → 성과의 효율성 평가
 – 상황평가 → 요구분석의 목적결정 → 목적에 입각한 기법과 도구의 선정 → 전체 요구분석을 위한 시안과 일반적인 계획의 개발 → 단계별 계획의 개발 → 요구분석 결과의 커뮤니케이션

• 상황평가
  – 소비자교육의 내용에 대한 요구분석을 수행할 때 가장 먼저 이루어져야 할 절차
  – 학습자와 지역사회에 대한 충분한 정보를 파악

03 소비자교육 프로그램의 설계과정

소비자의 특성 및 학습능력분석 → 수업목표 진술 → 교수방법, 매체, 자료의 선정 → 선정한 매체와 자료의 활용 → 학습자 참여요구 → 평가 및 수정

04 소비자교육 프로그램의 원리

• 계열성
  – 교육대상자의 연령과 학습능력이 발전함에 따라 교육 프로그램의 내용도 수준을 높여 가면서 소비자의 능력을 개발시킬 수 있도록 수직적으로 내용을 구성하는 것이 바람직함
  – 타일러(Tyler)가 제시한 학습방법이며 수직적 조직에 요구되는 것으로 점차적으로 경험의 수준을 높여서 깊이 있고 다양한 학습경험을 할 수 있도록 조직하는 원리
  – 단순함 → 복잡함, 구체적 → 개념적, 부분 → 전체
• 계속성 : 학습경험의 수직적 조직에 요구되는 원리로서 중요한 경험요소를 어느 정도 계속해서 반복되도록 조직하는 것
• 통합성
  – 학습경험의 수평적 조직에 요구되는 원리로 각 학습경험을 제각기 단편적으로 구획하는 것이 아니라 횡적으로 상호보충·보강되도록 조직해야 학습효과를 높일 수 있으며 종합적이고 전체적인 안목을 가질 수 있음
  – 여러 소비자교육 프로그램의 내용이 중복되거나 누락될 수 있고 교육내용이 불균형적이거나 상반된 가치를 전달하는 프로그램이 될 수 있으므로 유의

05 성인 소비자에 대한 소비자교육 방안 수립 시 고려해야 할 유의사항

• 자발학습의 원리, 자기주도적 학습, 상호학습의 원리, 현실성의 원리, 다양성의 원리, 능률성의 원리, 참여교육의 원리, 유희·오락성의 원리
• 자발적인 동기참여와 주체적인 자기학습 강조, 평생교육의 맥락에서 수행
• 교육대상을 세분화하여 대상별로 적절한 교육내용 마련
• 소비자교육 주최기관의 성격에 부합하는 내용 중시
• 사회경제적 특성상 그 집단의 성격을 하나로 규정하기 어려우므로 대상을 세분화하고 대상별로 구체적, 현실적 교육내용을 마련해야 함
• 아닌 것 : 소비자교육의 기본영역과 관계된 내용 중시

06 노인 및 학교소비자교육

- 노인 소비자의 교육
  - 교육시간은 장기간으로 계획하여야 함(충분한 시간을 두어야 함)
  - 제한된 자료를 제공하고 실험집단과 통제집단을 설정하여 사전사후검사를 실시
- 학교소비자교육의 일반적인 목표를 구성하는 하위 차원 : 소비자가치교육 차원, 구매교육 차원, 시민의식교육 차원(아닌 것 : 인성교육 차원)

07 소비자정보

- 소비자정보의 특성
  - 비소비성, 비대칭성, 비귀속성, 누적효과성(결합성), 공공재적 특성
  - 정보이용자의 능력에 따른 효용성(아닌 것 : 경합성, 귀속성, 이전성)
- 정보평가기준의 유형 : 적합성(적절성), 정확성, 적시성, 관련성, 진실성(신뢰성), 검증가능성
- 소비자정보의 검증가능성의 유용성 요건 : 소비자정보가 유용성을 갖기 위해서는 이미 정확하다고 알려져 있는 정보와 비교하거나 데이터로부터 정보를 추적하여 정보의 정확성을 확인할 수 있어야 함

08 소비자정보시스템

- 아닌 것 : 마케팅시스템
- 소비자정보시스템 구축 : 개별적으로 분산되어 있는 소비자정보를 통합하여 소비자로 하여금 효율적으로 정보를 이용할 수 있도록 하기 위해 가장 우선적으로 필요한 것
- 소비자정보시스템의 구성을 위해 선행되어야 할 것 : 정보의 분석
- 경영정보시스템 : 소비자정보의 각 단위시스템이 연결되어야 하는 연계시스템
- R-F-M 공식
  - 기업의 입장에서 가장 바람직한 고객을 선정하기 위해 구매시기, 빈도, 구매금액에 관한 소비자정보를 얻는 데 활용하는 시스템
  - 구매기간의 범위, 구매의 횟수, 구매금액의 정도 등을 뜻하며 분기별로 고객이 구매한 횟수, 양에 따라 설정된 시스템은 이것의 가장 간단한 형태
- 확장된 R-F-M 시스템 : 기업에서 소비자정보를 활용하는 방법 중에서 최근에 고객이 구매한 것은 미래에 구매할 것에 영향을 미친다고 보는 고객 데이터베이스 관리시스템
- 고객정보관리시스템 : 신규고객 및 기존고객의 정보와 행태, 주문처리, 고객응대처리, DM관리, 구매실적 등의 데이터를 관리·분석하는 소비자정보시스템

고객정보관리시스템에 포함되어야 할 파일 : 고객신상정보파일, 고객생애가치파일, MCIF
(아닌 것 : 고객 설문조사 분석파일)

• 고객콜센터시스템 : 고객의 주문과 불만이나 의견 등을 처리하고 데이터화하여 관리하며 텔레마케팅과 사후마케팅을 수행
• 성과분석시스템
  – 조직의 생산성, 효율성, 활동의 수익성, 고객만족도 등을 측정
  – 근래에 들어서 성과분석시스템은 분석의 측면을 탈피해 차별적 방법들이 시도되고 있음
  – 성과분석시스템은 활동결과를 수치화하여 분석해 앞으로의 활동전략을 개선할 수 있는 기능을 담당

09 기타 사항

1. 정보 및 제품
  • 일반적인 고객정보관리 과정

전략수립 → 정보의 생성 → 정보의 축적 → 정보의 공유 → 정보의 활용

  • 중독구매성향 소비자 : 지나치게 구매에 이끌려 필요하지도 않은 구매를 한 후 불안감과 죄책감을 느끼는 소비자유형
  • 현대적 의미의 소비자역할 : 획득자, 배분자, 구매자, 사용자, 처분자(아닌 것 : 판매자)
  • 표시정보(표시제도) : 상품에 대한 기본적인 정보로 정부에서는 각종 제품에 대한 일정사항을 제조자가 의무적으로 소비자에게 정보를 제공하도록 하고 있으며 보통 제품의 용기나 포장에 그 제품의 특성상 기본적으로 제공해야 하는 정보 혹은 제도(아닌 것 : 품질보증제도)
  • 제품의 속성
    – 신용재 : 상품을 구매한 후에도 품질을 쉽게 알 수 없는 재화나 서비스
    – 신뢰재 : 사용 후에도 그 특성이나 질을 평가하기 어려운 제품
    – 경험재 : 자동차, 가전제품 등과 같이 소비자가 제품을 사용한 후에만 제품의 품질이나 성능에 관한 정보를 얻을 수 있는 재화 유형으로 어떤 제품을 사용해 보기 전에는 그 제품에 대한 특성이나 품질을 평가할 수 없는 제품
    – 편의품 : 소비자에게 필요하긴 하지만 구매를 위해 많은 시간과 노력을 기울일 용의를 보이지 않는 상품
    – 탐색재 : 소비자가 어떤 제품을 구매하기 전에 제품의 특성이나 질을 평가할 수 있는 제품
  • 민간 소비자단체의 일반적 업무 : 소비자상담, 출판사업, 국제적 연계활동(아닌 것 : 기업체 견학)
2. 소비자문제 및 권리
  • 정보화 시대의 소비자문제 : 정보과잉, 정보불평등, 프라이버시 침해(아닌 것 : 특정매개체로의 집중문제)
  • POS(Point Of Sale)
    – 전략경영정보관리시스템과 연동하여 급변하는 유통정보와 시대에 대처할 수 있는 시스템
    – 매장에서 발생하는 현금매출, 신용매출, 특판매출, 직원매출, 할인매출, 매출취소, 입금 등 거래정보에 관한 사항을 즉시 파악
    – 매장에서 발생하는 정보를 메인컴퓨터에 연결하여 매입, 매출, 회계정보를 추출 가능
    – 아닌 것 : 매장에서 매출이 발생함과 동시에 판매원에 의해 중앙컴퓨터로 전송처리되는 오프라인시스템으로 수작업을 필요로 함

- 국제소비자기구에서 정한 소비자의 권리
  - 건강, 생명, 재산 등을 위협하는 위험한 상품, 서비스로부터 안전할 권리
  - 상품 및 서비스 구매 시 어디에서 무엇을 어떻게 선택할지를 자유롭게 결정할 권리
  - 아닌 것 : 소비자권익과 관련된 정책기관에 소비자의사를 반영할 권리
- 소비자의 8대 법적 권리
  - 안전할 권리, 알 권리, 선택할 권리, 의사를 반영할 권리(케네디의 소비자 4대 권리)
  - 소비자교육을 받을 권리(존슨)
  - 보상받을 권리, 단결권 및 단체행동권, 쾌적한 환경에서 살 권리

3. 소비자교육 및 연구

- 소비자교육의 목표(시민의식교육 차원) : 소비자책임의 각성, 소비자권리의 수혜 참여, 소비자불만의 처리능력 함양, 실천행위의 동기 부여
- 목적과 목표 : 목적은 최종적으로 도달하여야 할 장기적이고 광범위한 교육활동의 방향성을 제시하는 것이고, 목표는 목적을 달성하기 위하여 단계별로 성취하여야 할 단기간의 소범위 교육활동을 의미한다. 따라서 소비자교육 프로그램 설계시 기본적으로 고려해야 할 사항은 목표가 아니라 목적이다.
- 소비자의 기능 : 소비자능력의 구성요소 중 실천적 영역으로서 지식의 응용 및 실제 행위에 해당하는 개념
- 연구방법
  - 결정적 사건 접근법
    - ⓐ 필요한 관찰과 평가를 하기 위해서 가장 적절한 지위에 있는 사람으로부터 특정한 행동과 그렇지 못한 행동들을 잘 판별해 줄 수 있는 결정적인 사건들이 수집된다면 교육문제에 있어서 매우 유용한 방법
    - ⓑ 특히 교육행정가나 교사의 자질문제 평가에 적합
  - 조사연구법
    - ⓐ 질문지와 면접을 통하여 가장 널리 쓰이는 방법
    - ⓑ 비교적 짧은 시간에 대규모집단의 특성을 기술하는 데 유용
    - ⓒ 비용이 적게 듦
  - 비형식적 분석방법 중 비활동적 측정
    - ⓐ 과거의 행동을 조사하는 물리적 흔적의 예, 기록물의 예, 관찰의 예(아닌 것 : 현재 상황분석의 예)
    - ⓑ 일상적인 접촉과정을 통해 요구에 관한 정보를 수집할 수 있음
  - 능력분석 : 전문가들이 확인한 것과 결정된 능력수준 사이의 차이가 내용을 선정하고 프로그램 설계를 개발하는 데에 필요한 기초가 됨
  - 델파이법
    - ⓐ 전문가의 직관이나 판단이 미래의 발생가능성을 예측하는 데 효과적
    - ⓑ 객관적인 정보를 얻을 수 없는 상황에 적합
    - ⓒ 의견을 개진할 때 타인의 영향을 받지 않고 동등한 의견제시가 가능
    - ⓓ 지리적, 시간적 한계로 일정한 장소에 모일 수 없는 사람들이 참여할 수 있음
  - 면접법 : 일상적인 접촉과정을 통해 요구에 관한 정보를 수집
- 듀퐁의 소비자능력습득에 영향을 미치는 4가지 학습요인 : 소비자생활주기의 단계, 소비자사회화 수준, 인지발달의 수준, 도덕발달의 수준

4. 소비자평가
   - 후기산업기 소비자
     - 소비자주의가 생활의 중심적 가치로 급부상하며, 소비자권리와 책임에 대한 인식도가 높음
     - 양보다 질을 추구하며 재화·용역의 기능성을 중요하게 여김
   - 라이프스타일에 의한 소비자유형 : 개성적 현대인형 소비자, 소극적 소시민형 소비자, 전통적 한국인형 소비자, 절충적 현실중시형 소비자, 충동적 현실중시형 소비자
   - 평 가
     - 상대평가 : 비교를 위한 평가, 기준지향적 평가, 경쟁심 강조, 채용 상벌 대상 결정 등에 효과적, 전통적 교육관, 소수 엘리트 선발 위주
     - 절대평가 : 목표달성도 측정, 목표지향적 평가, 긍정적 성취의욕 유발, 각종 면허자격시험에 효과적, 새로운 교육관, 다수에 보다 좋은 교육
     - 가치화 또는 가치화적 판단행동이 완전히 배제되고 순수한 경험적·실증적 접근에 의해서만 프로그램을 평가하면 그 의의는 대단히 낮을 수밖에 없음
   - 보편적인 대다수의 소비자들에게 공통적으로 필요한 소비자정보의 요소 : 가격정보, 품질정보, 환경 관련 정보, 신용정보, 위해정보
5. 정보검색
   - 가장 핵심적인 가격정보(아닌 것 : 품질정보)에 대해서도 이제는 몇 번의 클릭으로 어떠한 상점이 최저의 가격으로 특정상품을 판매하고 있는지에 대한 가격검색을 할 수 있고, 경매의 방식을 통하여 보다 저렴한 가격에 상품을 구입하거나 처분하려는 물건을 손쉽게 판매할 수도 있음
   - 연결판매 : 고객이 무엇을 구입했는가를 근거로 해서 관련된 제품이나 용역을 보다 용이하게 판매하는 방법
   - 정보검색과정
     - 추적과정 : 찾고자 하는 정보가 저장되어 있는 곳, 즉 시스템이나 데이터베이스까지 연결해 나가는 것을 의미
     - 탐색과정 : 선택된 시스템이나 데이터베이스에서 필요한 정보를 찾아내는 것으로서 정보내용을 분석하고 중요개념을 추출한 다음 키워드나 분류기호 등의 색인어를 추출하고 이들 색인어를 연산자를 이용하여 조합함으로써 선택적으로 필요한 정보를 찾아내는 과정
   - 유행의 주기 : 독특성단계, 모방단계, 대중유행단계, 쇠퇴단계
   - 소비자재무설계의 목표 : 인생의 만족발견, 소득과 자산의 극대화, 효율적인 소비의 실행, 은퇴와 유산상속을 위한 부의 축적(아닌 것 : 효율적인 생산의 실행)

제4과목 소비자와 시장

01 마케팅

- 개 념
  - 생산과 소비를 연결해주는 활동이며 시장과 관련된 사람의 활동
  - 생산자로부터 소비자에 이르는 상품과 서비스의 용역의 흐름을 규제하는 기업활동의 수행
  - 개인이나 단체가 가치 있는 상품이나 서비스를 창조하여 제공하고 교환함으로써 필요한 욕구를 충족시키는 사회적 관리과정
  - 아닌 것 : 필요한 욕구로 충족시키기 위하여 주어지는 제품의 생산과 관련된 활동
- 마케팅믹스
  - 마케팅목표를 달성하기 위하여 기업들이 활용하는 수단으로 가격, 제품, 촉진, 유통 등을 의미
  - 마케팅믹스를 구성하는 4P : 가격결정, 제품개발, 유통관리, 판촉 홍보・광고활동
  - 마케팅믹스의 개념 : 제품, 가격, 유통, 마케팅 커뮤니케이션
  - 마케팅 제품정책에 해당되는 요소 : 상표개발
- 공급과잉현상 : 개별기업의 마케팅관점이 제품을 판매하는 전략으로부터 잠재소비자의 요구충족수단인 제품을 생산하고 판매하는 전략으로 변화하게 된 주요배경

02 의사결정

- 구매의사결정과정에서 접할 수 있는 위험
  - 재무적 위험 : 구매가 잘못되었거나 서비스가 제대로 수행되지 않았을 때 발생할 수 있는 금전적인 손실
  - 심리적 위험 : 특정서비스의 구매로 인해 구매자의 자존심이 손상 받을 위험
  - 사회적 위험 : 특정서비스의 구매로 인해 구매자의 사회적인 지위가 손상 받을 위험
- 지속 가능한 소비
  - 지속 가능한 소비를 통해서 소비자에게는 동일한 최적수준의 서비스를 제공하면서 환경파괴와 자원낭비를 감소시키는 것이 목적
  - 기본원칙 : 사전예방, 공동책임, 오염자 부담(아닌 것 : 소비억제, 사후처리원칙)
  - 미래세대의 요구를 희생시키지 않고 현세대의 욕구를 충족시키는 소비를 의미
  - 지속 가능한 소비유형으로 변화시키기 위한 경제적 유인책 : 보조금 지급, 예치금 환불, 차등세금 부과제도(아닌 것 : 환경기준의 설정)
- 소비자의사결정이론 중 행동주의적 접근
  - 경제학적 접근과 달리 행동주의적 접근은 여러 개념과 변수를 하나의 이론적 틀로 체계화시킨 모델
  - 소비자의사결정을 설명함에 있어 심리적 측면을 포함하고 있음

- 관여도
  - 의사결정에서 관여도에 영향을 미치는 요인 : 소비자 개인의 성향, 제품의 특성, 상황적 요인(아닌 것 : 인지활동)
  - 관여도의 차이 : 특성상황에서 어떤 대상에 대해 개인이 지각하는 중요성에 따라 소비자의사결정과정, 정보처리과정, 태도형성과정 등이 달라지는 이유
  - 고관여(몰입)제품의 특성 : 개인의 이미지와 깊은 관련을 지닌 제품
  - 저관여제품의 특성 : 구매에 대한 위험부담이 적은 제품, 일상적으로 자주 구매되는 제품, 제품 간의 특성이 크게 차이가 나지 않는 제품

03 소비행동유형

- 밴드웨건 효과
  - 다른 사람의 소비성향을 무조건 좇아가는 것
  - 소비자 자신의 구매욕구보다 다른 사람의 소비패턴에 따르는 현상
  - 비교효용과 값의 고저에 대한 비교과정이 생략되는 현상
- 베블렌 효과 : 부의 증거가 되는 과시소비를 위하여 재화를 구입하는 현상
- 터부 효과 : 능력이 허락해도 사회적으로 금기시하는 재화의 구입을 자제하는 현상
- 외부불경제 효과 : 어떤 한 개인의 경제행위가 제3자에게 의도하지 않은 손해를 입히고도 그에 대한 대가를 치르지 않는 것
- 스놉 효과 : 고가의 명품의 선호현상
- 카토나 행동경제학이론 : 사람들이 미래에 대한 확신이 없을 때는 비록 소득이 적을지라도 소비를 줄이고 저축을 많이 함(저축은 소득의 함수를 부정함)

04 소비자 이론

- 소비자행동에 관한 이론
  - 신고전학파의 경제학적 접근법에 의한 소비자수요이론에서는 소비행동 및 소비선택 시 효용극대화를 전제로 하는 합리적 선택을 제시하고 있음
  - 미국에서 시작된 제도학파의 관리의 소비자행동이 경제적 요인 이외에도 그 소비자가 속한 사회, 주변환경, 문화, 심리적 측면 등 복잡한 요인에 의해 영향을 받는다는 점을 강조
  - 심리학적 접근에 의한 소비자행동모델은 소비자들의 비합리성이나 실제적 소비행동을 포괄적으로 설명할 수 있음
- 니코시아모델 : 기업과 잠재고객간의 상호작용에 초점을 두며 기업의 메시지에 의거한 소비자태도, 제품탐색과 평가, 구매행위, 피드백의 4단계로 설명되는 소비자행동모델
- 특성이론 : 소비자의 선택을 결정하는 요인이 소득이나 가격 등 경제적 요인 뿐만 아니라 그의 속성 때문이라는 경제이론

05 상 표

• 상표 : 그 제품의 좋고 나쁨을 평가할 수 있는 기준으로 고려해도 좋음
 – 기업에게 판매촉진전략으로 활용
 – 소비자에게 정보제공과 품질보증기능 제공
 – 자사의 상품을 경쟁사의 상품과 식별시키기 위해 사용
 – 아닌 것 : 누가 생산했는가를 표시하는 이름
• 상표이미지 : 소비자가 느끼는 심상 내지 느낌으로 특정한 기업이 생산하고 판매하는 제품에 대해서 소비자가 특정상표와 관련시키는 모든 감정적, 심리적 품질
• 상표애호적 의사결정
 – 관여도가 높은 제품 구매 시 과거의 만족스러웠던 구매경험에 비추어 동일한 상표를 구매하는 의사결정
 – 소비재 중 가장 강한 상표애호도를 갖는 것 : 편의품(아닌 것 : 전문품)

06 유통과 소비

• 유 통
 – 유통경로의 4가지 효용 : 소유권, 장소, 시간, 형태
 – 유통경로가 다양할수록 제품의 최종가격은 낮아짐
 – 중간상의 개입으로 인해 제조업자의 총거래수를 감소시킬 수 있어 제조업자와 소비자에게 실질적인 거래비용을 감소시켜 줌

유통의 단점
• 생산자가 직접 유통경로를 개척하는 것은 경제적인 것이 아님
• 생산자가 직접 판매하는 것보다 중간상이 개입하면 전문점의 판매는 저하됨

• 소 비
 – 합리성 : 소비자가 시장활동을 할 때 마음속으로 어떤 등급체계가 있는 선호에 따라 일관성 있게 행동을 한다면 그 결과는 소비자에게 가장 큰 이익을 가져온다고 설명하는 개념(아닌 것 : 효율성)
 – 쾌락적 접근모형에서 소비와 소비자에 대한 기본관점 : 소비자는 제품의 주관적 상징을 소비
 – 신용카드로 상품을 구매하고 철회하고자 할 때 신용카드 결제일 이전에 취소전표를 작성하여 해당 카드사에 이를 확인

07 시 장

• 시 장
  – 판매자와 소비자, 상품이 집결하는 장소
  – 상품을 판매하려는 측과 구매하려는 측의 힘이 대립되면서 경쟁과 충돌이 일어나 정보의 자율적 교환과 자율적 매매가 일어나는 체제
  – 아닌 것 : 상품을 판매하려는 측과 구매하려는 측의 힘이 조화되어 서로 협동하는 체제
• 초기 자본주의 사회에 있어 소비가 갖는 의미 : 교환가치의 창조(아닌 것 : 이미지를 산출하는 의미 작용, 자신과 타인을 구별하는 사회적 행위, 끊임없는 욕구의 창조)
• 과점시장
  – 카르텔, 시장 내의 기업들 사이에 강한 상호의존성이 존재
  – 가격이 경직적이며, 비가격적 경쟁이 치열
  – 기업들 간의 협조적인 행동을 취함, 새로운 기업의 시장진입이 어려움
• 점 포
  – 편의점
    ⓐ 근린형 소형 소매업 형태
    ⓑ 대부분 프랜차이즈 체인형식으로 운영
    ⓒ 입지, 시간, 구색 측면의 편리성 제공
    ⓓ 판매회전율이 높은 상표와 제품만을 취급
  – 대형 할인점의 유형 : 디스카운트 스토어, 하이퍼마켓, 회원제 할인점(아닌 것 : 슈퍼마켓)
  – 무점포 유통업태 : 방문판매, 텔레마케팅(아닌 것 : 카테고리킬러)

Tip

카테고리킬러 : 한 가지 상품군을 방대하게 갖추고 할인점보다 훨씬 낮은 가격에 판매하는 점포유형

  – 점포를 평가하는 기준 : 접근의 편의성, 가격수준, 점포의 이미지(아닌 것 : 점포의 광고)
• 친환경농산물
  – 정의 : 합성농약, 화학비료 및 항생・항균제 등 화학자재를 사용하지 않거나 사용을 최소화하고 농업・축산업・임업 부산물의 재활용 등을 통하여 농업생태계와 환경을 유지 보전하면서 생산된 농산물
  – 친환경농산물의 종류 : 생산방법과 사용자재 등에 따라 유기농산물(유기축산물), 무농약농산물(무항생제축산물)로 분류
    ⓐ 유기농산물 : 유기합성농약과 화학비료를 사용하지 않고 재배한 농산물
    ⓑ 무농약농산물 : 유기합성농약은 사용하지 않고 화학비료는 권장시비량의 1/3 이하로 사용하여 재배한 농산물

[국립농산물품질관리원(http://www.naqs.go.kr) 참조]

08 소비자구매

- 보상구매(보상소비)
  - 주로 스트레스, 실망, 좌절, 자율성 상실, 자아존중감 결핍 등에 대한 보상으로 소비를 하게 되는 것
  - 형 태
    ⓐ 자신의 충족되지 못한 욕구를 의식하나 적절한 충족수단인 자원의 부족으로 다른 가능한 대체자원으로 보상행동을 하는 것
    ⓑ 자신의 충족되지 못한 욕구에 대한 의식이 결핍되어 진정한 객관적 욕구 자체를 의식치 못하고 거짓욕구로 대체되어 보상행동에 의한 부적절한 욕구충족이 되는 것
- 소비자의 구매 후 부조화를 감소시키기 위한 방안 : 대안의 재평가, 새로운 정보탐색, 태도의 변화(아닌 것 : 문제의 의식)
- 인지부조화 감소 방안 : 마케터 등이 소비자의 구매 후를 겨냥한 강화광고나 구매에 대한 감사의 뜻을 담은 서신이나 팸플릿을 보내거나 전화 등을 함

09 기타 사항

1. 시장환경
   - 소득수준이 높을수록 평균소비성향은 작아짐. 소득이 증가한 만큼 소비도 증가하는 것은 아니기 때문임
   - 현대 시장환경의 특징
     - 국가 간의 수입·수출의 불균형으로 인한 무역마찰의 야기
     - 경제효율성을 높일 수 있는 경영 필요
   - 과점기업이 당면하는 수요곡선이 굴절수요곡선인 이유 : 경쟁기업의 가격대책 때문에
   - 과점시장에서 가격이 비교적 안정적인 이유 : 수요곡선이 굴절되어 있기 때문에
   - 자연독점 : 극심한 자유경쟁의 결과 기업이 집중 또는 결합됨으로써 독점이 생기며 그 독점은 여러 가지로 나누어 볼 수 있음
   - 독점적 경쟁의 특징 : 최적 이하의 규모에서 최적 이하의 가동
   - 유행수용이론
     - 트리클업 이론 : 낮은 사회경제적 계층에서 출발하여 보다 높은 계층으로 올라간다는 유행수행이론
     - 트리클다운 이론 : 유행주기가 여러 사회경제적 계층에 따라 아래로 흐른다는 이론
     - 트리클업크로스 이론 : 여러 사회계층을 가로질러 동시에 이동한다는 유행수행이론
2. 마케팅과 서비스
   - 마케팅관리과정 : 시장의 설정, 시장의 전문화, 근로자의 후생복리관리, 목표시장의 진출과 평가
   - 시장진출과 평가로서의 마케팅관리요소 : 시장점유율, 현재 및 미래의 규모 추정, 구매력의 평가
   - 서비스의 본질 : 무형성, 소멸성, 비분리성, 변동성, 비보존성, 소비자의 참여
   - 서비스의 분류
     - 무형적 서비스 : 법률서비스, 컨설팅, 광고대행 등
     - 유형적 서비스 : 택배, 애프터서비스, 포장이사, 인력제공서비스

- 서비스전략교육
  - 수요측면 : 소비자의 가격차별화로 우대서비스, 심야할인제도, 조조할인서비스, 비성수기의 할인제도
  - 공급측면 : 비수기와 성수기를 구분하고 서비스요원을 적절히 배치, 고객의 차별화·세분화
- 현대 소비사회에서 소비자는 상처받기 쉽고 피해에 잘 노출되는 위치에 있는 약자이지만 의식향상, 능력개발의 가능성과 잠재력을 가지고 있음
- 소비자문제가 사회적인 문제로 등장하기 위한 2가지 요소 : 소비자피해와 소비자의 자각(우선적으로 소비자의 피해가 있어야 하고 이러한 소비자피해를 구제받기 위해 소비자 자각을 해야 함)
- 소비자문제가 실제적으로 등장한 시기 : 산업혁명 후
- 소비자운동의 본격적인 출발 : 제1차 경제개발 5개년 계획에 의하여 공업화가 이뤄지는 과정
- 소비자문제 발생의 경제적 측면의 원인 : 인플레이션과 물가상승
- 소비자주의의 유형 : 자유주의적 소비자주의, 간섭주의적 소비자주의, 사회주의적 소비자주의
- 컨슈머리즘 : 소비자의 권익을 보호하기 위한 사회운동
- 우리나라의 소비자보호운동은 정부의 지원이 있기는 하지만 미약한 수준이며 대부분 재정적으로 취약, 소비자권리는 강조되어 왔으나 소비자책임은 소홀히 다루어졌음

3. 무차별곡선과 의사결정공포증
   - 무차별곡선이론 : 파레토, 힉스, 슬루츠키
   - 정보가 불충분한 상태에서 결정한 의사결정은 소비자에게 좌절감이나 혼돈을 자아내며 일반적으로 20%의 추가비용이 더 들어감(스나이더)
   - 의사결정공포증
     - 학자인 체함 : 더 중요한 문제에 부딪치지 않기 위해 사소한 문제나 목적에 신경을 쓰는 경향
     - 마니교 : 흑백논리
     - 맹목적인 성실 : 소속되어 있는 집단 의견을 맹종하여 자기 스스로 선택하지 않으면서 단지 집단의 의견을 따르거나 소속되어 있다는 느낌
     - 표류 : 모든 것을 우연에 맡기거나 또는 대다수 사람들을 따르는 경향
     - 결혼 : 기본적으로 함께 가야 하기 때문에 배우자를 희생양으로 이용하거나 배우자에게 모든 것을 완전히 의지하고 잘못된 결과에 대해서 책임을 지우는 경향
4. 소비자의 의사결정
   - 정보탐색 : 어떤 구매를 하고 싶을 때에는 소비자는 곧바로 자기의 경험이나 자기가 갖고 있는 정보를 회상하여 검토하는 과정을 거침
   - 소비자의 비인식비용
     - 쇼핑이나 상점을 방문할 때에 정신적·육체적 노력이 소모되는데 인식하지 못하고 있는 비용
     - 이 시간을 다른 일에 더 사용했다면 좀 더 좋은 성과를 얻을 수 있다는 것

Tip

인식비용 : 컴퓨터나 인터넷으로 구매품목을 확인했다면 통신비용이 들어감

• 소비자의사결정의 영향요인 중 환경적 요인에는 문화, 사회계층, 준거집단, 가족 등이 있음
• 소비자가 지불하려 하는 최저가격보다 높은 가격이 시장에 존재할 수 없음
• 소비자의 의사결정의 원칙 : 소비자가 제품을 선택할 때 어떤 대안을 평가하거나 태도를 형성할 때에 사용하는 선택전략
• 가정 내 구매자의 특성
  – 혁신적인 가격을 의식
  – 용모나 쇼핑행동에 개방적인 개성이 짙음

Tip

개성 : 소비자가 여러 가지 상황에 일관성 있게 반응하도록 하는 내부심리적 특성

  – 모범적이고 자신감을 가짐
  – 우편 또는 전화에 의한 구매위험인식이 낮음
• 동 기
  – 어떤 자극이 반응이나 행동으로 나오기까지 유기체 내에서 진행되는 정신적 과정
  – 어떤 목표물을 향해 행동방향을 인식, 촉진, 가속화시키는 내적 상태
  – 어떤 목표를 향해 행동을 지속적이고 활발하게 촉진시키는 내적 원동력으로 욕구가 행동으로 표출되는 중간과정

5. 비이성적 소비행동
• 충동구매의 종류
  – 순수충동구매 : 가장 중요한 구매형태. 신기함 내지 회피의 이유로 구매하는 것
  – 회고충동구매 : 제품에 의한 이전의 지식이나 경험을 통해서 집에 재고가 떨어졌거나 부족하다는 생각이 들었을 때 제품의 광고를 본 생각을 하면서 제품을 사고 싶은 마음이 일어나는 것
  – 암시충동구매 : 소비자가 어떤 제품을 처음 본 후 그 제품에 대한 사전지식을 가지고 있고 제품의 품질, 기능 등은 구매 시에 결정되는 것
  – 계획된 충동구매 : 어떤 소비자가 특별히 구매하려고 상점에 들어갔을 경우에도 가격인하판매나 쿠폰 등과 같은 상품구매조건에 근거하여 구매하는 것

Tip

로크와 호크
• 충동구매는 갑작스럽게 행동하려는 욕구에 의하여 발생되며 비이성적, 감정적 상태를 수반하기 때문에 제품에 대한 인지적 평가가 감소됨
• 충동구매는 구매시점에서 저관여 수준에 이르며 행동양식은 반사적, 충동적으로 갈등을 해소하려는 어떤 근거에 의해 발생하는 구매형태를 뜻함
• 충동구매에 대한 실용적 개념의 중요성을 강조한 사람 : 베링거

- 과시소비
  - 경제적 또는 사회적으로 남보다 앞선다는 것을 여러 사람들 앞에서 보여주려는 본능적 욕구에서 나오는 소비
  - 인간이 무엇을 창조하고 약탈하고 지배하려는 본능적 욕구의 발현으로 '지배본능'과 '존재가치의 과시'라는 인간의지의 내면의 측면에서 이를 파악할 수 있음
  - 자신의 능력을 남들이 알아줄 기회가 별로 없는 경우나 보이지 않는 경쟁이 치열한 사회일수록 전시적이고 과시적인 소비를 하게 됨
- 보상구매
  - 자신의 충족되지 못한 욕구를 의식하나 적절한 충족수단 자원 부족에 따른 다른 가능한 대체자원으로 보상행동을 하는 것
  - 자신의 충족되지 못한 욕구에 대한 의식이 결핍되어 진정한 객관적 욕구자체를 의식하지 못하고 거짓욕구로 대체되어 보상행동에 의한 부적절한 욕구충족이 되는 것

6. 소비자와 지속가능한 소비
- 지속가능소비를 위한 5대 과제
  - 환경기술과 녹색상품의 개발
  - 재생불능자원 이용의 억제
  - 오염자부담의 원칙 확립
  - 환경 친화적 교통체계의 수립
  - 쓰레기발생량의 감축
- 지속가능한 소비의 기본원칙
  - 사전예방의 원칙 : 환경오염발생 이후 대응하고 처리하는 것이 아니라 환경오염을 미리 예상하고 방지하는 것
  - 공동책임의 원칙 : 정부, 기업, 가계가 공동으로 협조하고 참여해야 함
  - 오염자부담의 원칙 : 환경을 파괴한 사람이 파괴한 몫만큼 부담해야 함
- 지속가능한 소비를 위한 정부의 역할
  - 법적규제 : 환경보호관련법 제정, 환경기준의 설정, 자원할당의 최고한도 설정 등
  - 경제적 유인책 : 세금, 부담금, 예치금환불, 차등세금부과, 보조금 등
  - 사회적 수단 : 국민의 환경의식을 제고하고 교육 및 홍보활동을 통하여 소비생활 태도 및 행동의 변화를 설득하는 것. 지속가능한 소비에 대한 가치관과 소비생활 방식을 증진시키고 환경파괴행위와 습관을 변화시키는 데 초점을 둠

소비자전문상담사

PART 2

2021년 2급 필기 기출문제

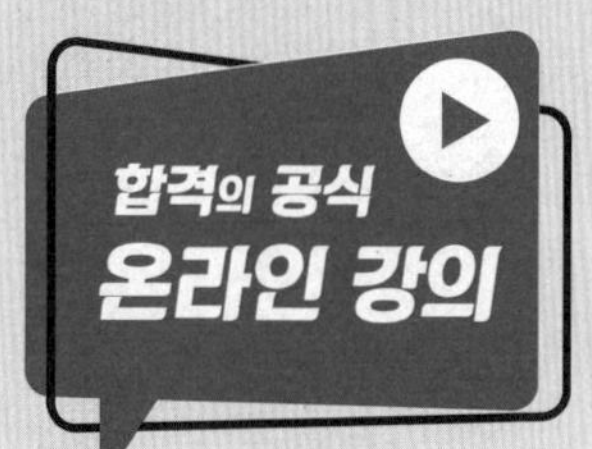

합격의 공식
온라인 강의

잠깐!

제 1 회 2021년 2급 필기 기출문제

소비자전문상담사 Consumer Adviser Junior

제1과목 소비자상담 및 피해구제

01 민간 소비자단체에 대한 설명으로 틀린 것은?

① 소비자가 원하면 피해구제를 해야 한다.
② 세금만으로 운영되는 곳으로 소비자입장을 대변한다.
③ 소비자피해구제를 위해 공정한 합의안을 권고한다.
④ 정보제공을 통해 소비자의 권익실현 및 알 권리를 충족시킨다.

02 상품 구매 후 불만을 표출하는 소비자를 응대하는 방법으로 가장 거리가 먼 것은?

① 사업자는 불평을 진지하게 생각하여 소비자에게 진심어린 사과를 한다.
② 사업자는 소비자에게 무상으로 모든 것을 주어야 한다.
③ 사업자는 가격을 인하하거나 적당한 경우에 소비자의 지불책임을 면제한다.
④ 사업자는 앞으로 실시할 가격 인하를 위한 쿠폰 등을 소비자에게 발급한다.

03 비용 대비 효율성이 가장 높은 소비자상담 채널은?

① 현장방문
② 전 화
③ 이메일
④ FAQ

04 타율적 피해구제와 가장 거리가 먼 것은?

① 소비자단체의 중재에 의한 소비자피해구제
② 행정기관·공공기관에 의한 소비자피해구제
③ 법원에 의한 소송 및 명령에 의한 소비자피해구제
④ 소비자와 사업자 간의 상호교섭에 의한 소비자피해구제

05 기업의 소비자상담실의 업무 내용으로 가장 거리가 먼 것은?

① 소비자의 불만 및 피해사항의 접수 및 처리
② 기업을 대표로 한 홍보 및 여론몰이
③ 소비자문제 해결의 효율적 방안에 대한 사내교육
④ 소비자불만 혹은 피해의 원인을 규명하고 해당 부서에 통보

06 VOC 고도화 방향과 관련한 설명 중 다음 내용에 해당하는 프로세스 영역은?

- VOC의 유형별 자동·수동 처리 프로세스 관리
- VOC의 유형별 처리 조직 R&R 정의를 통한 신속·정확한 응대구현
- VOC 처리현황의 실시간 모니터링 및 직관적 VOC 흐름 파악

① VOC 수집·분류
② VOC 처리
③ VOC 분석·활용
④ VOC 활성화

07 소비자상담에 활용할 수 있는 소비자행동 스타일에 대한 설명과 가장 거리가 먼 것은?

① 소비자가 선호하는 방식으로 서비스를 제공하기 위해 행동 스타일을 이해해야 한다.
② 단호한, 호기심 많은, 합리적인, 표현적인 유형으로 구분할 수 있고, 이를 행동경향의 절대적인 지표로 사용한다.
③ 소비자가 각자 보유한 고유한 기질이 있으므로 행동 스타일을 이해하는데 선입관이나 편견 없이 수용한다.
④ 자기평가 설문지를 통해 자신의 경향을 파악하여 비슷한 소비자의 성향을 파악하고 이해하는데 활용한다.

08 '1372 소비자상담센터'의 특징과 가장 거리가 먼 것은?

① 전국 단일 소비자상담을 위한 전국 대표번호
② 모범상담 DB제공으로 고품질 상담자료 제공
③ 상담의 전문성 확보를 위한 소비자정보의 상담기관별 개별적 관리
④ 사업자와의 신속한 연결을 통해 상담 및 피해구제 서비스 개선

09 구매 전 소비자상담의 주요 내용이 아닌 것은?

① 대체안의 존재와 특성에 대한 정보
② 대체안 평가방법 및 평가 기준에 대한 정보
③ 판매방법, 구매방법, 지불방법에 대한 정보
④ 다양한 생활상담, 법률 및 세무 관련 정보

10 소비자상담기법 중 의견구하기 기법에 해당하는 것은?

① 예를 하나 들어주시겠습니까?
② 그것은 정말 화가 나는 일이네요.
③ 당신이 말하고자 하는 바는 이런 것이군요.
④ 그런 일이 내게 일어났다면 너무 화가 났을 거예요.

11 구매 후 소비자상담에 포함되는 내용과 가장 거리가 먼 것은?

① 피해구제 절차나 보상기준 설명
② 상품의 사용방법에 대한 정보제공
③ 전문기관 및 타기관 알선
④ 사업자의 피해보상기구 안내

12 일반적 소비자분쟁해결기준에서 설명하고 있는 내용과 가장 거리가 먼 것은?

① 품질보증기간 동안 수리·교환·환급에 드는 비용은 사업자가 부담한다.
② 교환은 같은 종류의 물품 등으로 하되, 같은 종류의 물품교환이 불가능한 경우 유사물품으로 교환한다.
③ 사업자는 물품의 판매 시에 품질보증기간, 부품보유기간, 수리·교환·환급 등 보상방법, 계약의 해제 기간 등을 표시한 품질보증서를 교부하여야 한다.
④ 사업자의 귀책사유로 인한 소비자피해의 처리과정에서 발생하는 운반비용, 시험·검사비용 등의 경비는 사업자가 부담한다.

13 정액 감가상각에 의한 현금보상액을 산정하기 위해 필요한 정보가 아닌 것은?

① 구입가격
② 내용연수
③ 사용연수
④ 품질보증기간

14 소비자상담사가 동료 전화를 대신 받았을 때, 통화내용으로 가장 거리가 먼 것은?

① ○○씨에게 급한 일이 생겨 어디 좀 나갔습니다.
② ○○씨는 지금 회의중입니다.
③ ○○씨는 잠시 자리를 비웠습니다.
④ ○○씨는 지금 전화를 받을 수 없습니다.

15 비언어적 의사소통 기술에 관한 설명으로 가장 적합한 것은?

① 대면 상담 시 비언어적 요소는 상담에 별 도움이 되지 않는다.
② 말의 속도, 음조, 음색 동의 음성적 요소는 언어적 요소에 비해 중요하지 않다.
③ 상담 효과를 증대시키기 위해서는 비언어적 요소가 필수적이다.
④ 전화상담 시 신체의 움직임은 의사소통과 무관하다.

16 기업 소비자상담사의 상담태도와 가장 거리가 먼 것은?

① 기업의 잘못에 대해서는 소비자와 의견에 공감하면서 정중히 사과한다.
② 불만을 제기하는 소비자의 말을 끝까지 경청한다.
③ 불만을 제기한 부분에 대해 적절한 해결방안 및 대안을 제시한다.
④ 소비자가 문제를 제기할 때마다 상담사의 의견을 피력한다.

17 부당광고로 인한 소비자피해를 예방하고 구제하는 방법이 아닌 것은?

① 부당광고를 한 사업자는 부당한 광고에 대한 정정광고를 내보낸다.
② 부당광고로 인해 피해를 입은 경우 그 피해자에 대해 손해배상의 책임이 있다.
③ 회복하기 어려운 손해가 발생할 우려가 있는 경우 공정거래위원회는 임시중지명령을 내린다.
④ 부당광고로 인하여 손해를 입은 경우 소비자는 부당광고를 통한 사업자의 과실을 실증해야 한다.

18 **소비자가 제품을 구매할 때 기업의 소비자상담사가 해야 할 가장 적합한 역할은?**

① 경쟁기업의 상술에 대해 주의를 주고 자사제품의 우수성만을 설명한다.
② 객관적인 의견과 전문적인 지식에 근거하여 능동적인 대화로 상품 정보를 제공한다.
③ 기업의 이익을 창출하기 위해 소비자를 현혹시킬 수 있는 대화기법을 개발한다.
④ 기업에 유리한 지불결제방법을 소비자가 선택하도록 권유한다.

19 **약관으로 인해 발생할 수 있는 소비자문제에 대한 설명으로 약관의 규제에 관한 법률에서 정하고 있는 내용과 다른 것은?**

① 고객에게 부당하게 과중한 지연 손해금을 부담시키는 약관 조항은 무효이다.
② 약관 조항의 불공정여부는 한국소비자원과 소비자단체를 통해 심의·의결되며, 심사를 요청할 수 있는 청구인은 사업자단체이다.
③ 고객의 대리인에 의해 계약이 체결된 경우 고객이 그 의무를 이행하지 않을 경우 대리인에게 그 의무의 전부 또는 일부를 이행할 책임을 지우는 내용의 약관 조항은 무효이다.
④ 약관은 신의성실의 원칙에 따라 공정하게 해석되어야 하며 고객이 따라 다르게 해석되어서는 아니 된다.

20 **품목별 소비자분쟁해결기준상 피해유형별 보상기준이 틀린 것은?**

① 사업자의 귀책사유로 인한 산후조리원 입소 전 계약 해제 – 계약금 환급 및 계약금의 100% 배상
② 하자 없이 촬영한 필름인화 의뢰 시 현상과정에서의 하자로 정상적인 사진인화 불가 – 사진 촬영 시 소요된 비용 및 손해배상
③ 사용자가 수리 의뢰한 스포츠용품(품질보증기간 경과 후)을 사업자가 분실 – 정액감가상각한 금액 환급
④ 전화요금 이중청구 또는 착오로 인한 이중납부 – 환급 또는 차액차감정산

21 **성공적인 전화상담을 위한 '스크립트'에 대한 설명으로 가장 거리가 먼 것은?**

① 말할 내용을 연극의 각본처럼 미리 준비해 두는 것을 의미한다.
② 전화상담 상황별로 필요하다고 예상되는 내용을 미리 연습하기 위해 작성해 놓은 문장이다.
③ 스크립트를 이용한 전화상담은 대면상담 상황에서도 활용 가능한 다양한 언어적·비언어적 기법들을 모두 포함한다.
④ 상담사는 스크립트를 효과적으로 활용하고 익숙하게 구사할 수 있도록 사전 연습과 훈련이 필수적이다.

22 보험업법의 청약철회 제도에 대한 설명이다. ( )에 알맞은 기간은?

> 보험회사는 일반보험계약자로서 보험회사에 대하여 대통령령으로 정하는 보험계약을 청약한 자가 보험증권을 받은 날부터 (㉠)일(거래 당사자가 (㉡)일보다 긴 기간으로 약정한 경우에는 그 기간) 이내에 대통령령이 정하는 바에 따라 청약 철회의 의사를 표시하는 경우에는 특별한 사정이 없는 한 이를 거부할 수 없다. 다만, 청약을 한 날로부터 (㉢)일을 초과한 경우에는 그러하지 아니하다.

① ㉠ 7 ㉡ 7 ㉢ 14
② ㉠ 7 ㉡ 7 ㉢ 30
③ ㉠ 14 ㉡ 14 ㉢ 30
④ ㉠ 15 ㉡ 15 ㉢ 30

23 할부거래에 관한 법률에서 정한 소비자가 신용카드사에 항변권을 행사할 수 있는 사유가 아닌 것은?

① 할부계약이 무효, 취소 또는 해제된 경우
② 할부거래업자의 채무불이행으로 인해 계약의 목적을 달성할 수 없는 경우
③ 매도인이 하자담보책임을 이행하지 않는 경우
④ 상행위를 목적으로 할부거래 또는 일시불거래를 한 경우

24 소비자상담 시 활용되는 비언어적 의사소통기법에 대한 설명으로 가장 거리가 먼 것은?

① 신체언어는 의사소통에서 높은 비중을 차지하므로 신체언어를 긍정적으로 사용한다.
② 팔장을 끼거나 주먹을 움켜지는 등의 행동은 폐쇄적이고 긴장감을 줄 수 있으므로 피한다.
③ 소비자의 말에 동의한다는 긍정적인 동작을 표현하기 위해 가끔 고개를 끄덕인다.
④ 소비자가 말할 때에는 소비자의 눈을 시종일관 똑바로 쳐다보고 있는 것이 좋다.

25 기업이 소비자상담실 운영을 위해 갖추어야 할 필수조건이 아닌 것은?

① 고충처리시스템의 구축
② 전문성을 갖춘 직원의 선발
③ 업무수행에 필요한 각종 표준서식의 확보
④ 소비자조사와 출판물 발간을 위한 체계 구축

제2과목 소비자관련법

26 민법상 매도인의 담보책임 내용에 포함되지 않는 것은?

① 계약해제권
② 대금감액청구권
③ 손해배상청구권
④ 하자보수청구권

27 할부거래에 관한 법률상 여신전문금융업법에 따른 신용카드회원과 신용카드가맹점 간의 간접할부계약의 경우 소비자가 그 내용을 이해할 수 있도록 할부거래업자가 표시하여야 할 사항은?

① 재화 등의 종류 및 내용
② 할부가격
③ 각 할부금의 금액・지급횟수 및 지급시기
④ 계약금

28 소비자기본법상 결함정보의 보고의무제도에서 중대한 결함의 내용을 보고하여야 하는 사업자에 해당하지 않는 자는?

① 물품 등을 제조・수입 또는 제공하는 자
② 물품에 성명・상호 등을 부착함으로써 자신을 제조자로 표시한 자
③ 대통령령이 정하는 대규모점포를 설치하여 운영하는 자
④ 소규모 소매업자

29 할부거래에 관한 법률의 적용대상이 될 수 있는 것은?

① 의약품
② 보 험
③ 부동산
④ 상조업

30 **전자상거래 등에서의 소비자보호에 관한 법률상 틀린 것은?**

① 이 법률은 전자상거래뿐만 아니라 통신판매에도 적용된다.
② 사업자 간의 거래라 하더라도 거래 일방이 사실상 소비자와 같은 지위에서 다른 소비자와 같은 거래조건으로 거래하는 경우에는 이 법률을 적용한다.
③ 소비자보호에 관하여 이 법률이 우선 적용되므로 소비자는 다른 법률의 적용을 주장할 수 없다.
④ 통신판매업자는 공정거래위원회 또는 특별자치시장, 특별자치도지사, 시장, 군수, 구청장에게 신고하여야 한다.

31 **할부거래에 관한 법률상 소비자가 할부거래업자에게 할부금의 지급을 거절할 수 없는 경우는?**

① 할부계약이 불성립・무효인 경우
② 할부계약이 취소・해제 또는 해지된 경우
③ 소비자에게 책임 있는 사유로 할부계약의 목적을 달성할 수 없는 경우
④ 할부거래업자가 하자담보책임을 이행하지 아니한 경우

32 **방문판매 등에 관한 법률에서 금지하고 있는 사행적 판매원 확장행위에 해당하지 않는 것은?**

① 판매원에게 재화 등을 그 취득가격이나 시장가격보다 10배 이상과 같이 현저히 높은 가격으로 판매하면서 후원수당을 지급하는 행위
② 판매원 또는 판매원이 되려는 자에게 하위판매원 모집 자체에 대하여 경제적 이익을 지급하지 아니하거나 정당한 사유 없이 후원수당 외의 경제적 이익을 지급하지 아니하는 행위
③ 판매원에 대하여 상품권을 판매하는 행위로 판매업자가 소비자에게 판매한 상품권을 다시 매입하거나 다른 자로 하여금 매입하도록 하는 행위
④ 판매원을 모집하기 위한 것이라는 목적을 명확하게 밝히지 아니하고 취업・부업 알선, 설명회, 교육회 등을 거짓 명목으로 내세워 유인하는 행위

33 **전자상거래 등에서의 소비자보호에 관한 법률상 공정거래위원회가 행할 수 있는 시정조치의 내용이 아닌 것은?**

① 해당 위반행위의 중지
② 소비자피해 예방 및 구제에 필요한 조치
③ 시정조치를 받은 사실의 공표
④ 손해배상명령

34 **소비자기본법상 중앙행정기관의 장이 취할 수 있는 결함상품의 수거·파기에 관한 설명으로 틀린 것은?**

① 위해물품을 제공한 사업자에 대하여 당해 물품 등의 수거·파기를 권고할 수 있다.
② 수거·파기의 권고를 받은 사업자가 그 권고를 수락할 경우에는 소관 중앙행정기관에 대한 통지를 생략할 수 있다.
③ 수거·파기의 권고를 받은 사업자가 정당한 사유 없이 그 권고를 따르지 아니하는 때에는 사업자가 권고를 받은 사실을 공표할 수 있다.
④ 소비자의 생명·신체 또는 재산에 긴급하고 현저한 위해를 끼칠 경우로서 그 위해의 발생 또는 확산을 방지하기 위하여 불가피한 경우에는 대통령령이 정한 절차를 생략할 수 있다.

35 **약관의 규제에 관한 법률에 의해 무효가 되는 경우가 아닌 것은?**

① 고객의 의사표시의 형식이나 요건에 대하여 부당하게 엄격한 제한을 두는 조항
② 상당한 기한 내에 의사표시를 하지 아니하면 의사표시가 표명되거나 표명되지 아니한 것으로 본다는 뜻을 명확하게 따로 고지한 경우
③ 고객의 이익에 중대한 영향을 미치는 사업자의 의사표시가 상당한 이유 없이 고객에게 도달된 것으로 보는 조항
④ 고객의 이익에 중대한 영향을 미치는 사업자의 의사표시 기한을 부당하게 길게 정하거나 불확정하게 정하는 조항

36 **민법상 절대적 무효에 해당되지 않는 것은?**

① 의사무능력자의 법률행위
② 강행법규에 위반하는 법률행위
③ 반사회질서의 법률행위
④ 통정한 허위의 법률행위

37 **약관의 규제에 관한 법률상 약관을 명시하여야 하는 업종에 해당하는 것은?**

① 여행업
② 우편업
③ 여객운송업
④ 공중전화 서비스 제공 통신업

38 **약관의 규제에 관한 법률상 공정거래위원회가 사업자 및 사업자단체에 대하여 표준이 될 약관의 제정·개정안을 마련하여 심사 청구할 것을 권고할 수 있는 경우가 아닌 것은?**

① 소비자의 요청이 있는 경우
② 등록된 소비자단체의 요청이 있는 경우
③ 일정한 거래 분야에서 여러 고객에게 피해가 발생하는 경우에 약관이 없는 경우
④ 법률의 제정·개정·폐지 등으로 약관을 정비할 필요가 발생한 경우

39 **표시·광고의 공정화에 관한 법률상 중요정보의 고시 제도에 대한 설명으로 틀린 것은?**

① 표시 ·광고를 하지 아니할 경우에는 소비자의 생명·신체상의 위해가 발생할 가능성이 있는 사항은 중요정보에 해당된다.
② 표시·광고를 하지 아니하여 소비자의 피해가 자주 발생하고 있는 사항은 중요정보에 해당된다.
③ 소비자가 상품 등의 중대한 결함이나 기능상의 한계 등을 정확히 알지 못하여 구매 선택을 하는 데에 결정적인 영향을 미치게 되는 경우는 중요정보로 보지 않는다.
④ 중요정보의 고시 제도에서 규정하고 있는 중요정보를 표시하지 않는 광고라 하더라도 기만광고에 해당되는지의 여부는 별도로 심의가 필요하다.

40 **다음 (　) 안에 들어갈 내용으로 옳은 것은?**

> 소비자기본법은 소비자의 권익을 증진하기 위하여 소비자의 권리와 책무, 국가·지방자치단체 및 사업자의 책무, 소비자단체의 역할 및 (㉠)에서 소비자와 사업자 사이의 관계를 규정함과 아울러 (㉡)의 종합적 추진을 위한 기본적인 사항을 규정함으로써 소비생활의 향상과 (㉢)에 이바지함을 목적으로 한다.

① ㉠ 자유시장경제, ㉡ 소비자정책, ㉢ 국민경제의 발전
② ㉠ 자본주의경제, ㉡ 소비자정책, ㉢ 소비생활의 합리화
③ ㉠ 자본주의경제, ㉡ 소비자보호, ㉢ 국민경제의 발전
④ ㉠ 자유시장경제, ㉡ 소비자보호, ㉢ 소비생활의 합리화

41 **전자상거래 등에서의 소비자보호에 관한 법률상 전자적 대금지급에 관한 설명으로 틀린 것은?**

① 사업자는 전자적 대금지급이 이루어지는 경우 소비자가 입력한 정보가 소비자의 진정 의사표시에 의한 것인지를 확인함에 있어 고지한 사항에 대한 소비자의 확인절차를 마련하여야 한다.
② 사업자는 전자적 대금지급이 이루어진 경우 전자문서의 송신 등의 방법에 따라 소비자에게 그 사실을 통지하고, 통신판매업자의 동의절차를 통해 자료를 열람할 수 있도록 하여야 한다.
③ 사업자와 소비자 사이에 전자적 대금지급과 관련하여 다툼이 있는 경우 전자결제업자 등은 대금지급 관련 정보의 열람을 허용하는 등 대통령령이 정하는 바에 따라 당해 분쟁의 해결에 협조하여야 한다.
④ 사이버몰에서 사용되는 결제수단으로서 법령이 정하는 결제수단의 발행자는 당해 결제수단의 신뢰도의 확인과 관련된 사항, 사용상의 제한이나 그 밖의 주의 사항 등을 표시 또는 고지하여야 한다.

42 **소비자기본법상 소비자단체소송에 관한 설명으로 틀린것은?**

① 단체소송의 소는 피고의 주된 사무소 또는 영업소가 있는 곳, 주된 사무소나 영업소가 없는 경우에는 주된 업무담당자의 주소가 있는 곳의 지방법원 본원 합의부의 관할에 전속한다.
② 단체소송의 원고는 변호사를 소송대리인으로 선임하여야 한다.
③ 단체소송을 허가하거나 불허가하는 결정에 대한 항고는 결정일 이후 1개월이 경과하여야 한다.
④ 단체소송에 관하여 동법에 특별한 규정이 없는 경우에는 민사소송법을 적용하고 단체소송의 절차에 관하여 필요한 사항은 대법원규칙으로 정한다.

43 **다음 (   )안에 들어갈 내용으로 옳은 것은?**

> 전자상거래 등에서의 소비자보호에 관한 법률상 통신판매업자는 소비자가 청약을 한 날로부터 (㉠) 이내에 재화 등의 공급에 필요한 조치를 하여야 하고, 소비자가 재화 등을 공급하기 전에 미리 재화 등의 대금을 전부 또는 일부 지급하는 통신판매의 경우에는 소비자가 그 대금을 전부 또는 일부 지급한 날부터 (㉡) 이내에 재화 등의 공급을 위하여 필요한 조치를 하여야 한다.

① ㉠ 7일, ㉡ 7영업일
② ㉠ 7영업일, ㉡ 7일
③ ㉠ 7일, ㉡ 3영업일
④ ㉠ 7영업일, ㉡ 3일

44 **민법상 청약에 대해 상대방이 조건을 붙이거나 변경을 가해서 승낙한 경우의 효과로 옳은 것은?**

① 청약을 거절한 것으로 본다.
② 아무런 효과도 생기지 않는다.
③ 청약을 승낙하고 동시에 다른 청약을 한 것으로 본다.
④ 청약을 거절하고 동시에 새로 청약을 한 것으로 본다.

45 **제조업자가 제조물의 결함을 알면서도 그 결함에 대하여 필요한 조치를 취하지 아니한 결과로 발생한 생명 또는 신체상 중대한 손해에 대해 법원의 제조물 책임법 배상액을 정할 때 고려해야 할 사항이 아닌 것은?**

① 해당 제조물의 결함으로 인하여 발생한 손해의 정도
② 해당 제조물의 공급으로 인하여 제조업자가 취득한 경제적 이익
③ 제조업자가 피해구제를 위하여 노력한 정도
④ 피해 소비자의 자산 상태

46 **방문판매 등에 관한 법률에 대한 설명으로 틀린 것은?**

① 방문판매 등에 관한 법률에서는 방문판매와 전화권유판매, 다단계판매, 통신판매, 계속거래 및 사업권유거래를 규제하고 있다.
② 방문판매 등에 관한 법률은 거래유형에 따라 소비자의 청약철회 및 계약 해지를 규정하고 있다.
③ 재화 등의 내용을 확인하기 위하여 포장 등을 훼손한 경우를 제외하고, 소비자에게 책임이 있는 사유로 재화 등이 멸실되거나 훼손된 경우에는 청약철회를 할 수 없다.
④ 방문판매 등에 관한 법률과 다른 법률의 적용이 경합하는 경우에는 방문판매 등에 관한 법률을 우선 적용하되, 다른 법률을 적용하는 것이 소비자에게 유리한 경우에는 그 법을 적용한다.

47 **표시 · 광고의 공정화에 관한 법률상 손해배상에 관한 설명으로 옳은 것은?**

① 손해배상의 책임을 지는 사업자는 그 피해자에 대하여 과실이 없음을 들어 그 책임을 면할 수 없다.
② 피해자의 손해배상청구권은 공정거래위원회의 시정조치가 확정된 후가 아니면 이를 재판상 주장할 수 없다.
③ 손해액을 증명하는 것이 사안의 성질상 곤란한 경우 법원은 손해액을 인정하지 않는다.
④ 손해배상청구권은 시효에 의하여 소멸되지 않는다.

48 다음 (　)에 들어갈 가장 알맞은 것은?

> 표시·광고의 공정화에 관한 법률상 공정거래위원회는 부당한 표시·광고를 한 사업자 등에 대하여 법령에서 정하는 매출액에 (　)을(를) 곱한 금액을 초과하지 않는 범위 안에서 과징금을 부과할 수 있다.

① 100분의 2
② 100분의 3
③ 100분의 4
④ 100분의 5

49 거래유형별로 청약철회기한을 바르게 설명한 것은?

① 통신판매 7일, 선불식 할부거래 14일
② 방문판매 14일, 통신판매 14일
③ 통신판매 7일, 전자상거래 14일
④ 선불식 할부거래 7일, 통신판매 14일

50 할부거래에 관한 법률상 소비자의 기한이익이 상실되는 사유로 틀린 것은?

① 할부계약 체결에 따른 계약서를 소비자에게 발급하지 아니한 경우
② 생업에 종사하기 위해 외국에 이주하는 경우
③ 외국인과의 결혼으로 외국에 이주하는 경우
④ 할부금을 다음 지급기일까지 연속하여 2회 지급하지 아니하고 그 지급하지 아니한 금액이 할부가격의 10%를 초과하는 경우

제3과목 소비자교육 및 정보제공

51 교육수준이 낮은 소비자에 대한 효율적인 소비자교육방법과 가장 거리가 먼 것은?

① 교육자료는 단순하고 쉬워야 한다.
② 멀티미디어, 만화교재 등을 활용하는 것이 좋다.
③ 정보원으로서 문서를 주로 활용하는 것이 좋다.
④ 교육자와 피교육자 간의 신뢰감 있는 관계를 형성해야 한다.

52 소비자주권의 개념을 가장 잘 표현한 것은?

① 다양한 소비 대안이 제공되어 소비자에게 선택의 자유가 보장된다.
② 소비자의 자유로운 선택권이 시장구조를 통해 무엇이 생산되는지 결정한다.
③ 풍요로운 사회에서 소비자의 욕구수준이 상승하고 부의 축적이 이루어진다.
④ 민주사회에서 소비자가 정치적 주권과 권리를 가지고 있다.

53 한국소비자원에서 제공하는 정보가 아닌 것은?

① 소비자 법령
② 피해구제절차
③ 안티사이트
④ 위해정보

54 정보가 소비자정보로서의 기능을 다하기 위해서 갖추어야 하는 바람직한 특성이 아닌 것은?

① 다양성
② 적시성
③ 신뢰성
④ 의사소통의 명확성

55 소비자정보 관리의 과정으로 옳은 것은?

① 전략의 수립 → 노력의 집중 → 정보의 축적과 공유 → 정보의 생성 → 정보의 활용
② 전략의 수립 → 노력의 집중 → 정보의 생성 → 정보의 축적과 공유 → 정보의 활용
③ 전략의 수립 → 정보의 생성 → 노력의 집중 → 정보의 축적과 공유 → 정보의 활용
④ 노력의 집중 → 전략의 수립 → 정보의 생성 → 정보의 축적과 공유 → 정보의 활용

56 **소비자 안전교육 시 고려사항 중 틀린 것은?**

① 대상과 목표를 분명히 한다.
② 소비자안전규제와 병행되어야 한다.
③ 저연령 집단만을 대상으로 실시해야 한다.
④ 예방적 차원의 교육이 중요하다.

57 **민간 소비자단체의 일반적 업무와 가장 거리가 먼 것은?**

① 소비자상담
② 출판사업
③ 국제적 연계활동
④ 기업체 견학

58 **소비자의 소비생활향상을 위한 정보를 제작할 때 고려해야 될 점으로 틀린 것은?**

① 소비자의 생활향상을 위해 제공되는 소비자정보는 실질적으로 소비자의 생활과 관련하여 중요한 정보여야 한다.
② 제공되는 소비자정보는 교육적으로 유용성이 있어야 하며, 소비자수준에 상관없이 일률적으로 제공되어야 한다.
③ 제공되는 소비자정보는 사실에 토대를 둔 내용이어야 한다.
④ 제공되는 소비자정보는 소비자에게 재미있고 참신해야 한다.

59 **현대사회에서 소비자들이 화폐투표(Dollar Votes)를 통해 소비자주권을 행사하는 예로 가장 적합한 것은?**

① 품질이 낮고 불량한 상품을 구매하지 않고 가족이나 친구들에게도 사지 않도록 권유한다.
② 판매자에게 "소비자는 왕"임을 상기시키고 소비자를 존중할 것을 요구한다.
③ 불량상품을 구매한 경우 해당 회사나 민간 소비자단체 등에 연락하여 적극적으로 문제를 해결한다.
④ 소비자의 의무를 다하기 위해 판매자의 횡포를 당국에 고발한다.

60 **소비자사회화의 개념을 설명한 것으로 가장 거리가 먼 것은?**

① 일반적인 사회화의 하위개념이다.
② 개인이 소비자로서의 역할을 수행하는 데 필요한 지식, 태도, 기능을 습득해나가는 과정이다.
③ 소비생활에서 소비자로서의 변화하는 상황에 적합하게 개발시켜 나가는 전생애에 걸친 과정이다.
④ 합리적인 거래나 재무관리, 소비자 권리행사, 윤리적인 소비를 위해 갖추어야 할 소비생활 실천태도이다.

61 **소비자조사방법 중 관찰법의 장점으로 옳은 것은?**

① 의사결정과정에서 타인의 영향력을 배제할 수 있다.
② 자연적 상황에서의 관찰일 때 외재적 변수의 통제가 쉽다.
③ 언어로 자기 의사를 제대로 표현하지 못하는 대상의 요구도를 파악할 수 있다.
④ 대량의 응답자들을 대상으로 짧은 기간 동안 노력과 비용을 적게 들이고 조사할 수 있다.

62 **편리성이 큰 만큼 소비자문제의 발생가능성도 높은 디지털사회에서 발생하는 소비자문제로 가장 거리가 먼 것은?**

① 과다한 정보와 결함이 있는 정보로 인한 피해가 발생한다.
② 모든 소비자가 정보를 동등하게 공유할 수 없으며 이들의 격차가 심해진다.
③ 통신망으로 전송할 수 있는 매체가 멀티미디어 위주로 전달하게 되자 네트워킹의 문제가 발생한다.
④ 정보통신서비스가 이용되면서 이를 악용한 신종 범죄가 발생한다.

63 **소비자정보의 유형에 대한 설명으로 틀린 것은?**

① 정책적 소비자정보 – 정부에서 소비행동에 필요한 정보를 제공하고 있다.
② 품질정보 – 소비자가 가격을 비교하기 어려운 품목에 대하여 상품의 가격을 단위당으로 표시하고 있다.
③ 객관적 소비자정보 – 편견이 개입되지 않으므로 신뢰할 수 있는 정보이다.
④ 주관적 소비자정보 – 자신의 경험이나 준거집단을 통해 획득하는 정보이다.

64 **소비자교육 프로그램의 목표를 달성하기 위하여 교육내용을 설계할 때 고려해야 할 원리로서 옳은 것은?**

① 계속성, 계열성, 통합성
② 전문성, 계열성, 통합성
③ 단련성, 다양성, 계통성
④ 전문성, 다양성, 통합성

65 **소비자교육 프로그램의 실행방법을 선정할 때 고려해야 할 원리가 아닌 것은?**

① 다양성의 원리 : 내용과 대상에 따라 다양한 방법 적용
② 적절성과 효율성의 원리 : 시간적, 경제적으로 적절하고 효율적인 방법 선정
③ 최적성의 원리 : 대다수의 소비자들에게 적은 비용으로 시행할 수 있는 방법 선정
④ 현실성의 원리 : 지역과 시대상황, 문화적 현실에 맞는 방법 선정

66 **소비자교육 프로그램의 목표를 설정할 때 고려해야 할 사항이 아닌 것은?**

① 목표는 학습자의 교육적 요구를 정확히 파악하여 충족시킬 수 있도록 해야 한다.
② 목표에는 계획하고 있는 수업의 절차나 방법이 기술되어야 한다.
③ 목표에는 기대되는 행동의 결과가 일정수준에 도달하였는지를 알 수 있는 기준이 제시되어야 한다.
④ 목표는 지역사회와 국가 사회적 요구에 합치될 수 있어야 한다.

67 **소비자교육 프로그램의 평가에 대한 설명으로 가장 거리가 먼 것은?**

① 활동의 과정 속에서 일어난 여러 다양한 사상들이 바람직한지를 평가한다.
② 교육상황 속에서 문제를 발견, 진단, 해결은 물론 문제를 예방하는 활동까지 포함한다.
③ 차후의 의사결정이나 정책수립을 촉진하기 위한 출발점이 된다.
④ 시간적, 경제적 효율성 측면을 고려하여 단기적으로 평가한다.

68 **소비자권리와 책임을 이해하고, 문제해결을 위한 법과 제도를 적용하여 자신만의 라이프 스타일을 정립하며, 소비자시민으로서의 역할을 잘 수행하는 등의 내용을 포괄하는 소비자교육모형의 세부차원으로 가장 적합한 것은?**

① 소비생활의 기본 이해
② 새로운 소비문화 형성
③ 합리적 의사결정과 기술개발
④ 시장경제의 이해

69 **노인 소비자교육 시 주의사항으로 가장 거리가 먼 것은?**

① 노인 소비자와 일반 소비자를 구분하지 않고 함께 소비자교육을 하는 것이 바람직하다.
② 학습자의 참여를 권장하는 것이 필요하다.
③ 학습에 필요한 시간을 길게 계획하는 것이 바람직하다.
④ 시각과 청각매체를 함께 이용하는 것이 바람직하다.

70 **가격비교 사이트를 통해 정보를 얻으려고 할 때 유의해야 할 사항이 아닌 것은?**

① 구입상품을 먼저 정한 후 가격비교 사이트를 검색해 본다.
② 다른 사람들이 쇼핑 경험담을 올린 사이트에서 정보를 획득한 다음 가격비교 사이트를 검색해 본다.
③ 다른 쇼핑몰에 비해 낮은 가격을 제공하는 사이트를 찾은 후에는 다른 구매조건은 비교해보지 않는다.
④ 구입하고자 하는 상품의 최저가격을 찾은 후 해당 쇼핑몰의 사이트를 검색하여 상품정보를 확인해 본다.

71 **소비자정보원천 중 상업적 정보원천에 관한 설명으로 가장 적합한 것은?**

① 사업자의 편견이 게재될 가능성이 있다.
② 정보가 주관적이어서 정확성이 떨어진다.
③ 정보비용이 높고 정보를 이해하는데 어느 정도 지적 기술이 요구된다.
④ 공경하고 신속한 정보를 얻을 수 있다.

72 **1960년 케네디 전 미국대통령이 제시한 소비자의 4대 권리가 바르게 짝지어진 것은?**

① 욕구충족의 권리, 알 권리, 안전할 권리, 선택할 권리
② 안전할 권리, 알 권리, 선택할 권리, 의사를 반영할 권리
③ 안전할 권리, 알 권리, 선택할 권리, 보상을 받을 권리
④ 안전할 권리, 알 권리, 선택할 권리, 소비자교육을 받을 권리

73 **다음에서 설명하는 것은?**

기업에서 소비자에 대한 정보를 수집하고, 수집한 정보를 분석한 후 효과적으로 활용함으로써 고객을 적극적으로 관리하고, 유지하며 고객의 가치를 극대화시키기 위한 마케팅활동

① CRM
② 소비자정보마케팅
③ SCM
④ CSR

74 저소득층 소비자에 대한 정보제공 방법으로 가장 거리가 먼 것은?

① 저소득층 소비자는 정보원으로서 문서를 잘 활용하지 않기 때문에 구두설명을 하거나 실제자료를 활용한다.
② 저소득층 소비자는 정보획득에 투자할 시간과 비용의 여유가 없기 때문에 복지회관, 직장단위의 무료 정보제공이나 반상회 등을 통한 정보 제공이 바람직하다.
③ 저소득층 소비자들에게 꼭 필요한 정보만을 수집하여 문서로 제작한 자료를 제공하는 것이 가장 효율적이다.
④ 저소득층 소비자들에게는 TV나 라디오 같은 대중매체를 통해 정보를 제공하는 것이 효과적이다.

75 아동 소비자의 특성과 가장 거리가 먼 것은?

① 자유재량 소비액의 증가
② 소비욕망 절제력의 부족
③ 대중매체에 대한 과다한 노출
④ 가계구매에 대한 영향력의 미비

제4과목 소비자와 시장

76 다음 상황이 해당하는 소비자의 구매의사결정과정 단계는?

> 김소비 양은 처음 통계학 수업에 들어갔는데, 숙제를 하기 위해서는 전자계산기가 필요하다는 것을 깨달았다.

① 구매행동
② 문제의 인식
③ 정보의 탐색
④ 대안의 평가

77 다음에서 설명하는 것은?

> 사전에 계획 없이 매장 내에 진입하여 자극상황에 노출되었을 때 욕구의 환기에 의해 필요성을 인식하는 데서 출발하며, 구매시점에서 관여수준이 상대적으로 높지만 반사적·충동적으로 갈등을 해소하려는 근거를 가지고 발생하는 구매형태

① 중독구매
② 서비스구매
③ 상징구매
④ 충동구매

78 **자발적으로 간소화한 생활양식(Voluntary Simplicty Lifestyle)에 대한 설명으로 가장 적합한 것은?**

① 물질주의적 생활양식에 대한 대안적・생활양식
② 현대사회 중・하류층의 주류 소비생활양식
③ 기존의 어떤 종교적 가치와도 전혀 다른 새로운 생활양식
④ 물질의 부족함으로부터 기인된 생활양식

79 **구매단계별 마지막 단계인 제품 처분대안이 아닌 것은?**

① 당분간 보관
② 재생산
③ 보상교환구매
④ 아무에게나 줌

80 **시장구조들의 형태를 구분하는 기준이 아닌 것은?**

① 시장에 상품을 공급하는 기업의 종류
② 비가격경쟁의 존재
③ 시장가격의 지배능력
④ 상품의 동질성 또는 유사성

81 **효율적 정보탐색에 관한 설명으로 옳은 것은?**

① 제품의 가격과 질은 언제나 정비례 관계에 있다.
② 정보탐색의 양과 구매이득은 언제나 정(+)의 상관관계에 있다.
③ 정보탐색비용을 고려할 경우, 정보탐색 양이 달라진다.
④ 사용 후기는 제품에 대한 정확한 정보를 가장 잘 알려준다.

82 **상표(Brand)에 대한 설명으로 틀린 것은?**

① 기업에게 판매촉진전략으로 활용된다.
② 누가 생산했는가를 표시하는 이름을 말한다.
③ 소비자에게 정보제공과 품질보증 기능을 한다.
④ 자사의 상품을 경쟁사의 상품과 식별시키기 위해 사용된다.

83 비이성적 소비행동에 대한 설명 중 가장 거리가 먼 것은?

① 과시소비는 모두 보상소비 때문에 이루어진다.
② 보상소비와 중독구매는 모두 충동이나 강박성을 가진다.
③ 보상구매는 의존성이 없다.
④ 중독구매는 지나치게 구매에 이끌리고 구매행동을 억제하지 못하는 특성을 가지고 있다.

84 소비자의사결정과정에 대한 설명 중 단계가 다른 하나는?

① 이웃집의 새로 산 승용차에 부러움을 느꼈다.
② 빵집을 지나가다가 갓 구운 빵을 보고 시장기를 느꼈다.
③ 구매한 휴대폰의 카메라 성능이 좋지 않음을 친구에게 이야기한 후 다시는 구매할 생각이 없어졌다.
④ 승용차를 운전하다 갑자기 타이어가 터져 가장 가까운 타이어 상점에 가야할 필요가 생겼다.

85 마케팅이 갖는 영향력에 대한 논란과 관련한 내용으로 가장 거리가 먼 것은?

① 마케팅시스템이 문화적 오염을 만들어낸다는 비판이 있다.
② 마케팅에 대한 비판 중 계획적 진부화는 사회적으로 많은 논란의 대상이다.
③ 경제적 지불능력이 있는 소비자의 욕망이 과대평가되어 제한된 자원의 배분을 왜곡시키다.
④ 마케팅으로 기업이 판매하는 사적 재화가 증가할수록 공공재가 더 적게 필요하게 된다.

86 시장구조의 결정요인으로 가장 거리가 먼 것은?

① 시장진입과 탈퇴의 자유
② 상품의 종류와 거래장소
③ 재화의 공급자수
④ 판매자와 소비자의 시장정보 보유 정도

87 다음에서 설명하는 개념은?

> 소비자가 시장 활동을 할 때 마음속으로 어떤 등급체계가 있는 선호에 따라 일관성 있게 행동을 한다면 그 결과는 소비자에게 가장 큰 이익을 가져 온다.

① 효율성
② 합리성
③ 한계효용론
④ 비효율성

88 소비자의 의사결정과정에서 문제인식에 대한 설명 중 틀린 것은?

① 문제인식은 의사결정의 첫 단계이다.
② 문제인식이 의사결정과정을 거쳐 구매로 이어지기 위해서는 그 문제가 매우 중요한 것이어야 하며, 문제해결을 위한 수단이 경제적으로나 시간적으로 가능해야 한다.
③ 소비자가 실제 상태와 바람직한 상태 간에 차이를 지각하게 되면 욕구가 인식되고 의사결정과정이 시작된다.
④ 문제를 인식한 소비자는 문제 인식정도와 상관없이 문제를 해결하기 위하여 즉시 구매를 한다.

89 다음에서 설명하는 것은?

> 소비자 자신의 욕구보다 주변 사람들의 소비패턴에 의존하려는 성향으로서 다른 사람의 소비성향을 무조건 따라가는 것을 의미하는 것

① 베블렌 효과(Veblen Effect)
② 터부 효과(Taboo Effect)
③ 스노브 효과(Snob Effect)
④ 밴드웨건 효과(Bandwagon Effect)

90 서비스의 특성과 가장 거리가 먼 것은?

① 무형성
② 저장성
③ 비분리성
④ 변동성

91 소비자선택의 효율성(Efficiency)에 관한 설명으로 틀린 것은?

① 등급체계가 있는 선호에 따라 일관성 있게 행동한다.
② 최소의 비용으로 최대의 효과를 얻는 경제성을 의미한다.
③ 주어진 자원 내에서 최대의 소비수준을 획득하는 것이다.
④ 동일한 결과를 얻기 위해 최소한의 자원을 사용하는 것이다.

92 소비자의사결정의 합리성(Rationality)에 관한 설명으로 가장 적합한 것은?

① 소비자의 선호가 내적으로 완전하고 일관성이 있다면 합리적이라고 할 수 있다.
② 가능한 최소의 투입으로 최대의 결과를 얻을 때 달성된다.
③ 효율성과 같은 개념이다.
④ 구매이득과 소비자만족이 결합된 개념이다.

93 편의품과 관련한 내용으로 틀린 것은?

① 제품의 비교나 구매에 적은 노력을 투입하여 쉽게 자주 구매한다.
② 광고 지출이 많고 판매촉진이 빈번하다.
③ 일상적 문제해결과정을 거쳐 구매되는 경향이 있고, 선택적 유통을 택하는 경우가 많다.
④ 소비자가 상품에 대한 충분한 지식을 가지고 있다.

94 어떤 한 개인의 경제행위가 제3자에게 의도하지 않은 손해를 입히고도 그에 대한 대가를 치르지 않는 것은?

① 밴드웨건 효과
② 외부불경제 효과
③ 공해 효과
④ 터부 효과

95 판매촉진과 인적판매에 대한 설명이 바르게 연결된 것은?

① 판매촉진 – 효과의 속도가 완만하다.
② 판매촉진 – 모방이 어렵다.
③ 인적판매 – 많은 정보를 제공하기 어렵다.
④ 인적판매 – 비용이 많이 든다.

96 기업의 판매증가를 위한 마케팅 전략에 해당하지 않는 것은?

① 후원사업
② 현금거래촉진 전략
③ 단수가격
④ 매장 내 음악 선별

97 다음에서 설명하는 것은?

소비자가 의사결정에 드는 노력을 최소화하기 위해 완전한 정보를 바탕으로 합리성에 근거한 평가방식을 채택하는 대신, 큰 노력을 들이지 않고 빠르게 판단할 수 있는 일종의 어림셈법식의 평가방법을 진행하는 것

① 사후판단편향(Hindsight Bias)
② 휴리스틱(Heuristic)
③ 자기교정(Self-Correction)
④ 평균으로의 회귀(Regression to the Mean)

98 소비자정보의 내용 및 유용성을 기준으로 상품을 분류할 때 이에 대한 설명으로 틀린 것은?

① 탐색재란 제품구매 전에 정보를 획득하고 있으면 그 제품의 특성과 질을 쉽게 평가할 수 있는 제품을 말한다.
② 음료, 자동차, 가전제품 등과 같이 제품 사용 후에야 비로소 소비자가 그 특성을 평가할 수 있는 제품을 경험재라고 한다.
③ 의약품, 화장품, 영양제 등과 같이 제품의 특성과 질을 평가하기 용이한 제품을 신뢰재라고 한다.
④ 제품 사용 후에도 소비자가 그 특성과 질을 평가할 수 없는 제품의 경우, 품질보증정보라고 할 수 있는 자격증제, 인가제 등을 시행하고 있다.

99 유통분야에서 나타나고 있는 마케팅의 특징으로 가장 거리가 먼 것은?

① 자체상표(Private Brand)의 확산
② 유통업체에 대한 제조업체의 지배력 지속
③ 유통업체와 제조업체 간의 전략적 동맹
④ 오픈프라이스(Open Price)제의 확산

100 과점시장이 가지는 특징으로 틀린 것은?

① 과점시장 내의 기업들 사이에는 강한 상호의존성(Interdependence)이 존재한다.
② 과점시장 내의 가격은 경직적이며 비가격경쟁이 치열하게 일어난다.
③ 기업들이 담합, 기업연합 등과 같이 경쟁제한행위를 통해 독점력을 행사하려는 성격이 강하게 나타난다.
④ 과점시장에서의 생산시설의 규모는 매우 작지만, 시장진입에는 막대한 자본이 소요되기 때문에 신규기업의 시장진입을 어렵게 만든다.

제 2 회

2021년 2급 필기 기출문제

소비자전문상담사 Consumer Adviser Junior

제1과목 소비자상담 및 피해구제

01 고객관계관리(CRM ; Customer Relationship Management)에 대한 설명 중 틀린 것은?

① 선별된 고객으로부터 수익을 창출하고 장기적인 고객관계를 가능케 하는 마케팅을 말한다.
② 경영환경의 변화 그리고 정보기술의 발전에 따라 고객에 대한 가치가 변화되어 나타나게 되었다.
③ 모든 고객은 동일한 고객이라는 전제에서 출발한다.
④ 고객과 관련된 기업의 내・외부 자료를 분석・통합하고 고객특성에 기초한 마케팅활동을 계획, 지원, 평가하는 과정이다.

02 정부기관의 소비자상담정책의 방향과 가장 거리가 먼 것은?

① 소비자피해구제의 강화
② 소비자지원 확대
③ 지역 중심적 소비자상담 확대
④ 정부규제의 완화

03 품목별 소비자분쟁해결기준상 모터싸이클의 부품보유기간으로 옳은 것은?(단, 성능・품질상 하자가 없는 범위 내에서 유사부품 사용 가능)

① 1년
② 3년
③ 5년
④ 7년

04 다음의 경우, 소비자분쟁해결기준에 따른 해결기준으로 가장 적합한 것은?

> 미용상의 이유로 가발 제작을 의뢰하고 계약 시에 제품가격 전액을 지불하였다. 그러나 가발 착용에 대한 주변 친지들의 의견을 들은 후 가발 제작 이전임을 확인하고, 다음날 해지하고자 하였다.

① 제품가격의 30% 공제 후 환급
② 제품가격의 10% 공제 후 환급
③ 실손해 배상
④ 계약 취소

05 소비자분쟁해결기준에 대한 설명 등 가장 거리가 먼 것은?

① 소비자분쟁해결기준은 소비자가 상품・용역을 사용하는 과정에서 사업자와 분쟁이 발생할 경우 그 분쟁의 실질적인 해결기준이 되는 규정이다.
② 일반적 소비자분쟁해결기준은 대통령령으로 사업자가 제공한 물품 등의 하자 발생 시 수리・교환・환급의 방법 등 분쟁해결을 위한 일반적 기준을 제시하고 있다.
③ 품목별 소비자분쟁해결기준은 소비자기본법 제16조에 따라 공정거래위원회에서 고시하므로 법적 강제력이 있다.
④ 소비자분쟁해결기준은 분쟁당사자 사이에 분쟁해결방법에 관한 별도의 의사표시가 없는 경우에 적용하여 소비자단체, 한국소비자원 등에서 분쟁조정 또는 해결의 기준으로 널리 활용되고 있다.

06 기업소비자상담 조직의 특성과 가장 거리가 먼 것은?

① 소비자상담실에서는 친절한 응대, 신속한 처리, 공정한 보상의 원칙을 가지고 운영하고 있다.
② 소비자상담운영에 소극적 대응기업은 전담인력을 두지 않으므로 부서를 사장 직속부서로 배치하여 운영하고 있다.
③ 소비자상담실 내 설비 및 조직은 많은 발전을 이루며 수신자부담전화, 이메일 등 다양한 상담채널이 준비되어 있다.
④ 소비자상담실을 운영하기 위해서는 상담을 수행하는 주체인 상담사, 상담사들의 업무를 지원하는 시스템이 필수요소이다.

07 구매 후 상담과 관련한 내용으로 가장 거리가 먼 것은?

① 소비자이익 추구의 직접적인 방법으로 중요하다.
② 소비자정보자료를 수집, 정리하여 제작한 뒤 배포한다.
③ 불만이 해소되지 않은 경우 사회적 비용이 높아지게 된다.
④ 구매 후 상담에 만족하지 않은 소비자는 법적 해결을 시도한다.

08 **구매 시 상담의 내용으로 가장 거리가 먼 것은?**

① 구매계획 및 목표 파악
② 다른 상품들과의 비교평가
③ 지급수단에 대한 장단점 설명
④ 적절한 피해구제 방법 제시

09 **소비자상담센터의 주요기능과 그 설명이 틀린 것은?**

① 자율상담처리 – 계층별 맞춤서비스로 상담정보 등을 자율적으로 제공
② 상담 응대용 업무 프로그램 – 모든 상담원이 상담내용을 입력하고, 축적된 정보를 함께 공유하는 프로그램
③ 통계시스템 – 소비자상담 과정에서 생성되는 상담정보를 저장조건에 따라 통계조회가 가능한 시스템
④ 지능적 전화연결 시스템 – 전국 단일의 대표번호를 통해 상담기관 혹은 상담원에서 전화를 신속히 연결

10 **소비자상담을 원하는 소비자의 일반적인 욕구와 가장 거리가 먼 것은?**

① 관심과 정성을 원한다.
② 적시에 서비스를 제공받기 원한다.
③ 자신의 문제를 공유하는 것 자체가 목적이다.
④ 유능하고 책임 있는 일처리를 기대한다.

11 **구매자의 단순한 변심에 따른 청약철회기간이 가장 짧은 것은?(단, 계약서 교부 등의 사업자의 계약체결 전 정보제공 및 계약서 교부의무 등은 모두 이행된 것으로 가정한다)**

① 전화를 이용하여 소비자에게 권유하여 할인회원권 계약을 체결한 소비자
② 호텔 등 전시장을 단기(3개월 미만) 임차하여 판매하는 곳에서 건강식품을 구매한 소비자
③ 다단계판매 방법으로 재화 등의 구매에 관한 계약을 체결한 다단계판매원
④ 백화점에서 그릇세트(40만원)를 신용카드 6개월 할부 결제로 구입한 소비자

12 **일반상담과 달리 소비자상담이 갖는 특성으로 옳은 것은?**

① 법적 해결을 최종목표로 한다.
② 주로 방문을 통한 면접형식으로 이루어진다.
③ 상담고객의 정서적 지원이 중요시된다.
④ 객관적이고 정확한 정보제공을 목적으로 한다.

13 **한국소비자원의 피해구제에 대한 설명으로 가장 거리가 먼 것은?**

① 소비자는 물품 등의 사용으로 인한 피해구제를 한국소비자원에 신청할 수 있으며, 국가, 지방자치단체 또는 소비자단체는 피해구제 신청을 받은 경우 한국소비자원에 그 처리를 의뢰할 수 있다.
② 사업자가 소비자와의 피해구제를 의뢰한 경우 한국소비자원은 일정한 요건을 갖춘 때에 한하여 이를 처리한다.
③ 한국소비자원의 피해구제 처리 절차 중 법원에 소를 제기한 사실을 알게 되어도 피해구제절차를 진행한다.
④ 한국소비자원에 피해구제 신청을 하고 금융감독원에 피해구제를 제기한 경우에도 한국소비자원은 피해구제 절차를 진행할 수 있다.

14 **일반적 소비자분쟁해결기준상 품질보증기간 및 부품보유기간의 기준에 관한 설명으로 틀린 것은?**

① 품질보증기간 및 부품보유기간은 해당 사업자가 품질보증서에 표시한 기간으로 한다.
② 품질보증기간은 소비자가 물품을 구입하거나 제공받은 다음 날부터 기산한다.
③ 사업자가 품질보증기간 및 부품보유기간을 표시하지 않은 경우에는 품목별 소비자분쟁해결기준에 따른다.
④ 판매일자를 확인하기 곤란한 경우에는 해당 물품의 제조일이나 수입통관일부터 3월이 지난 날부터 품질보증기간을 기산한다.

15 **전화상담 시 주의해야 할 사항으로 가장 거리가 먼 것은?**

① 소비자(상대방)가 전화를 끊은 다음 수화기를 놓는다.
② 전화로 받은 주요한 용건이나 숫자일 경우 복창하여 확인한다.
③ 소비자의 말을 경청하는 동안 적당한 응대의 말을 진행한다.
④ 의사소통의 이해를 돕기 위해 의식적으로 너무 느리다는 느낌이 들도록 천천히 말한다.

16 **다음에서 설명하는 것은?**

> 전자상거래 시, 거래의 안정성을 확보하기 위한 제도로서 거래대금 입・출금을 은행 등의 공신력 있는 제3자가 관리하는 제도

① 소비자피해보상보험 계약제도
② 결제대금피해방지 제도
③ 에스크로 제도
④ 상품보증 제도

17 **소비자의 입장에서 소비자상담이 필요한 이유로 가장 거리가 먼 것은?**

① 소비생활 전반에 대한 의사결정의 어려움
② 소비자불만에 적절히 대응하는 고객만족경영의 도입
③ 소비시장의 거대화 및 복잡화 현상에 따른 구매지식 부족
④ 상품에 대한 불만이 생겼을 때 해결방안에 대한 도움 필요

18 **분쟁조정기구 중 조정성립의 효력이 다른 것은?**

① 소비자기본법에 따른 소비자분쟁조정위원회
② 금융위원회의 설치 등에 관한 법률에 따른 금융분쟁조정위원회
③ 콘텐츠산업 진흥법에 따른 콘텐츠분쟁조정위원회
④ 전자거래기본법에 따른 전자거래분쟁조정위원회

19 **소비자가 제품을 구매하기 전에 기업이 제공하여야 할 소비자정보가 아닌 것은?**

① 소비자가 원하는 재화와 서비스의 가격 및 판매점에 대한 정보
② 소비자가 과거에 구매한 제품에 대한 소비자불만족에 대한 정보
③ 소비자가 제품과 상표를 파악하는 데 사용하는 평가 기준에 대한 정보
④ 소비자의 사용목적과 경제 상태에 적합한 대체안의 특성과 장단점에 대한 정보

20 **아웃바운드 상담에 대한 관리방법으로 가장 거리가 먼 것은?**

① 전화연결이 되지 않은 고객들에 대해서는 SMS 발송을 통해 아웃바운드의 완료율을 향상시킨다.
② 기존의 상담이력을 참고하여 고객접촉 시 관심을 유도하는 맞춤멘트를 활용한다.
③ 업무지식을 매뉴얼로 만들어 상담사가 매뉴얼과 똑같이 정확한 내용으로 상담할 수 있도록 교육을 강화한다.
④ 상품유치 성공을 위해 고객의 구매능력을 감안한 상품구매를 유도한다.

21 **소비자상담의 전개과정을 바르게 나열한 것은?**

A. 문제 직시 및 상담의 필요성에 대한 인식
B. 문제해결의 노력
C. 사고, 감정 및 태도의 변화
D. 촉진적 관계의 형성

① A → D → B → C ② C → A → B → D
③ B → C → D → A ④ D → C → A → B

22 **불만을 가진 소비자와 상담할 때, 고려해야 할 사항이 아닌 것은?**

① 화가 난 소비자를 충분히 이해하고 공감하면서 경청하고 있음을 전달한다.
② 화가 난 상대방이 큰 소리로 말할 때, 상대적으로 목소리를 낮추고, 차분하게 대응한다.
③ 가능한 문제해결 방법 중에서 최선을 다하고 있음을 전달한다.
④ 사소한 문제에 대해서는 반응하지 않는 편이 좋다.

23 **소비자상담을 수행하는 원리에 대한 설명으로 가장 거리가 먼 것은?**

① 관심 기울이기 – 효율적인 관심 기울이기는 소비자와 상담사 간의 친밀한 관계(Rapport)를 형성해 주는 데 도움을 준다.
② 공감적 이해 – 상담사가 소비자의 말을 주의 깊게 듣고 관심사를 이해하려고 노력하며 이해한 내용을 소비자와 함께 나누는 것을 의미한다.
③ 경청 – 상대방을 한 인간으로 존중하며 그의 감정, 사고, 행동을 평가하거나 비판하지 않고 그대로 받아들이는 것을 의미한다.
④ 진실성 – 소비자와의 관계 속에서 경험한 감정, 사교, 태도 등을 솔직하고 정확하게 인식하여 표현하는 것을 의미한다.

24 **소비자상담사의 메시지 전달 방법 중 틀린 것은?**

① 메시지의 내용, 목소리, 신체언어를 일치시킨다.
② 두 가지 상반되는 의미를 동시에 전달하는 이중메시지를 피한다.
③ 대화할 때 몸을 약간 앞쪽으로 기울이는 게 좋다.
④ 하고 싶은 말을 질문형태로 하는 것이 효과적이다.

25 **소비자상담사가 고객을 응대하는 경우 가져야 할 태도로 적합하지 않은 것은?**

① 인내심
② 공유의식
③ 공감적 이해
④ 부정적 태도

제2과목 소비자관련법

26 **계약의 한쪽 당사자로서의 '고객'을 정의하는 법률은?**

① 소비자기본법
② 방문판매 등에 관한 법률
③ 할부거래에 관한 법률
④ 약관의 규제에 관한 법률

27 **전자상거래 등에서 소비자보호에 관한 법률상 다음의 ( ) 안에 들어갈 내용으로 옳은 것은?**

> 통신판매업자는 청약을 받은 재화 등을 공급하기 곤란하다는 것을 알았을 때에는 (ㄱ) 그 사유를 소비자에게 알려야 하고, 선지급식 통신판매의 경우에는 소비자가 그 대금의 전부 또는 일부를 지급한 날부터 (ㄴ) 이내에 환급하거나 환급에 필요한 조치를 하여야 한다.

① ㄱ : 지체없이, ㄴ : 3일
② ㄱ : 지체없이, ㄴ : 3영업일
③ ㄱ : 3일 이내, ㄴ : 3일
④ ㄱ : 3일 이내, ㄴ : 3영업일

28 **할부거래에 관한 법률상 소비자가 할부거래업자에게 그 할부금의 지급을 거절할 수 있는 항변 사유가 아닌 것은?**

① 할부계약이 취소된 경우
② 할부거래업자가 하자담보책임을 이행하지 아니한 경우
③ 할부거래업자가 불법행위를 한 경우
④ 재화의 일부가 그 공급시기까지 소비자에게 공급되지 않은 경우

29 **표시·광고의 공정화에 관한 법률에 따른 손해배상에 대한 설명 중 틀린 것은?**

① 사업자 등은 부당한 표시·광고 행위를 함으로써 피해를 입은 자가 있는 경우 그 피해자에 대하여 손해배상 책임을 진다.
② 손해배상의 책임을 지는 사업자는 고의 또는 과실이 없음을 들어 그 피해자에 대한 책임을 면할 수 없다.
③ 사업자가 공정거래위원회의 시정조치를 받은 경우 손해배상청구권은 시정조치가 확정된 후가 아니면 이를 재판상 주장할 수 없다.
④ 손해가 발생된 사실은 인정되나 그 손해액을 증명하는 것이 사안의 성질상 곤란한 경우 법원은 변론 전체의 취지와 증거조사의 결과에 기초하여 상당한 손해액을 인정할 수 있다.

30 **제조물책임법상 다음의 경우에 해당되는 것은?**

> 제조물 책임법상 제조업자의 제조물에 대한 제조・가공상의 주의의무의 이행여부에 불구하고 제조물이 원래 의도한 설계와 다르게 제조・가공됨으로써 안전하지 못하게 된 경우

① 제조상의 결함
② 설계상의 결함
③ 표시상의 결함
④ 경고상의 결함

31 **약관의 규제에 관한 법률상 약관의 심사를 청구할 수 있는 주체와 심사기관이 바르게 짝지어진 것은?**

① 소비자기본법에 의하여 등록된 소비자단체 - 공정거래위원회
② 소비자기본법에 의하여 등록된 소비자단체 - 한국소비자원
③ 사업자단체 - 소비자기본법에 의하여 등록된 소비자단체
④ 법률상 이익이 없는 자 - 한국소비자원

32 **할부거래에 관한 법률상 청약철회기간에 관련한 내용으로 (   ) 안에 알맞은 것은?**

> **직접할부, 간접할부** - 계약서에 청약의 철회에 관한 사항이 적혀 있지 아니한 경우에는 청약을 철회할 수 있음을 안 날 또는 알 수 있었던 날부터 (㉠), 할부거래업자가 청약의 철회를 방해한 경우에는 그 방해 행위가 종료한 날부터 (㉡)
> **선불식할부** - 계약서에 청약의 철회에 관한 사항이 적혀 있지 아니한 경우에는 청약을 철회할 수 있음을 안 날 또는 알 수 있었던 날부터 (㉢), 선불식 할부거래업자가 청약의 철회를 방해한 경우에는 그 방해 행위가 종료한 날부터 (㉣)

① ㉠ 7일 ㉡ 7일 ㉢ 7일 ㉣ 7일
② ㉠ 7일 ㉡ 7일 ㉢ 14일 ㉣ 14일
③ ㉠ 7일 ㉡ 30일 ㉢ 7일 ㉣ 30일
④ ㉠ 7일 ㉡ 30일 ㉢ 14일 ㉣ 30일

33 **전자상거래 등에서의 소비자보호에 관한 법률상 전자상거래를 행하는 사업자 또는 통신판매업자의 금지행위가 아닌 것은?**

① 거짓 또는 과장된 사실을 알리거나 기만적인 방법을 사용하여 소비자를 유인 또는 소비자와 거래하는 행위
② 청약철회 등을 방해할 목적으로 주소·전화번호·인터넷 도메인 이름 등을 변경하거나 폐지하는 행위
③ 분쟁이나 불만처리에 필요한 인력 또는 설비의 부족을 상당기간 방치하여 소비자에게 피해를 주는 행위
④ 소비자의 청약에 따라 대금청구서를 먼저 보낸 후 물품을 공급한 행위

34 **다음의 ( ) 안에 들어갈 기간으로 옳은 것은?**

- 사업자가 품질보증기간을 표시하지 아니했으며, 품목별 소비자분쟁해결기준에 동일한 품목이 없고, 유사품목의 품질보증기간을 따를 수 없는 경우 품질보증기간은 (㉠)으로 한다.
- 민법상 하자담보책임은 소비자가 하자의 존재를 안 날로부터 (㉡) 안에 행사하여야 한다.

① ㉠ 1년, ㉡ 6개월
② ㉠ 2년, ㉡ 1년
③ ㉠ 2년, ㉡ 6개월
④ ㉠ 2년, ㉡ 1년

35 **할부거래에 관한 법률상 소비자의 항변권과 관련된 내용으로 틀린 것은?**

① 할부거래업자가 하자담보책임을 이행하지 아니한 경우, 항변권 사유가 된다.
② 소비자가 항변권의 행사를 서면으로 하는 경우 그 효력은 서면을 발송한 날에 발생한다.
③ 할부거래업자는 소비자 항변권이 항변권요건에 해당되지 않는 경우, 소비자의 항변을 서면으로 수령한 날부터 5영업일 이내, 신용제공자는 7영업일 이내에 서면으로 항변을 받아들일 수 없음을 통지하여야 한다.
④ 30만원 이하인 경우는 소비자항변권이 제한된다.

36 **전자상거래 등에서 소비자보호에 관한 법률상 통신판매중개에 대한 설명 중 틀린 것은?**

① 통신판매중개자는 자신이 통신판매의 당사자가 아니라는 사실을 소비자가 쉽게 알 수 있도록 미리 고지하여야 한다.
② 통신판매업자인 통신판매중개자는 통신판매중개를 의뢰한 자가 사업자인 경우에는 그 성명(사업자가 법인인 경우에는 그 명칭과 대표자의 성명) · 주소 · 전화번호 등을 확인하여 청약이 이루어지기 전까지 소비자에게 제공하여야 한다.
③ 통신판매중개자는 사이버몰 등을 이용함으로써 발생하는 불만이나 분쟁의 해결을 위하여 그 원인 및 피해의 파악 등 필요한 조치를 신속히 시행하여야 한다.
④ 통신판매중개자가 소비자에게 사업자의 정보 또는 정보를 열람할 수 있는 방법을 제공하지 아니하거나 제공한 정보가 사실과 달라 소비자에게 발생한 재산상 손해에 대하여 통신판매중개자가 아닌 통신판매중개의뢰자가 책임을 진다.

37 **표시 · 광고의 공정화에 관한 법률상 부당한 표시 · 광고 행위가 아닌 것은?**

① 다른 사업자의 상품에 대한 국가검증기관의 발표 내용 중 불리한 사실만을 골라 비방하는 표시 · 광고
② 사실 은폐, 축소하는 등의 방법에 의한 표시 · 광고
③ 비교대상 및 기준을 명시하지 않고 비교하는 표시 · 광고
④ 일부 사실만을 반복, 강조하는 표시 · 광고

38 **소비자기본법상 한국소비자원에 관한 설명으로 옳은 것은?**

① 한국소비자원은 공정거래위원회의 승인을 얻어 필요한 곳에 지부를 설치할 수 있다.
② 원장은 소비자문제에 관하여 학식과 경험이 풍부한 자 중에서 기획재정부장관의 제청으로 대통령이 임명한다.
③ 한국소비자원의 감사는 기획재정부장관이 임명한다.
④ 부원장은 원장의 지휘를 받아 소비자안전센터의 업무를 총괄한다.

39 **1월 12일 다단계판매의 방법으로 물품구매계약을 체결하여 그 날 계약서와 재화를 수령한 소비자가 아래의 달력상 청약철회를 할 수 있는 최종일은?(단, 계약서는 기재하여야 할 사항이 모두 기재되었으며, 재화는 계약의 내용에 적합한 것임)**

1월

월	화	수	목	금	토	일
12	13	14	15	16	17	18
19	20	21	22	23	24	25
26	27	28	29	30	31	

① 1월 18일
② 1월 19일
③ 1월 25일
④ 1월 26일

40 **다음 중 약관의 불명확성에 대한 책임을 사업자에게 지우는 약관 해석의 원칙은?**

① 객관해석 원칙
② 축소해석 원칙
③ 개별약정 우선 원칙
④ 작성자불이익 원칙

41 **전자상거래 등에서의 소비자보호에 관한 법률상 사업자 또는 통신판매업자에게 · 금지된 행위로서 이른바 스팸메일과 관련된 금지내용은?**

① 허위 또는 과장된 사실을 알리거나 기만적 방법을 사용하여 소비자를 유인 또는 거래하거나 청약철회, 또는 계약의 해지를 방해하는 행위
② 청약철회 등을 방해할 목적으로 주소 · 전화번호 · 인터넷 도메인 이름 등을 변경 또는 폐지하는 행위
③ 분쟁이나 불만처리에 필요한 인력 또는 설비의 부족을 상당기간 방치하여 소비자에게 피해를 주는 행위
④ 소비자가 재화를 구매하거나 용역을 제공받을 의사가 없음을 밝혔음에도 불구하고 전화, 팩스, 컴퓨터통신 또는 전자우편 등을 통하여 재화를 구매하거나 용역을 제공받도록 강요하는 행위

42 다음의 경우에서 乙이 甲에 대하여 부담하는 하자담보책임은?

甲이 乙 소유의 X소재 주택을 매수하였는데 그 주택에 균열이 있다. 그러나 그 균열은 저렴한 비용으로 쉽게 보수할 수 있다.

① 완전물급부청구권
② 대금감액청구권
③ 계약해제권
④ 손해배상청구권

43 계약의 효력에 관한 설명으로 옳은 것은?

① 만 19세라도 직업이 있는 경우는 부모의 동의 없이 계약을 체결하여도 이를 취소할 수 없다.
② 중요한 부분의 착오로 이루어진 계약이라도 계약을 체결한 이상 그 계약은 취소할 수 없다.
③ 피한정후견인 선고를 받은 사람이 법정대리인의 동의를 얻어서 한 계약은 확정적으로 유효하다.
④ 방문판매원의 위압적인 자세 때문에 어쩔 수 없이 체결한 계약의 경우 고객은 그 계약을 취소할 수 없다.

44 약관의 규제에 관한 법률상 개별 약정 우선의 원칙에 관한 설명으로 틀린 것은?

① 개별약정은 서면으로만 하여야 한다.
② 계약체결 후 계약의 변경 또는 보충으로 약관과 다른 약정이 이루어진 경우에는 그 약정이 우선한다.
③ 개별약정을 우선적으로 계약의 내용으로 편입하는 이유는 약관보다는 개별적 합의가 당사자의 의사에 더 가깝기 때문이다.
④ 어떤 사유로 인하여 개별약정이 효력을 잃거나 당사자의 합의로 개별약정을 철회하는 경우 개별약정으로 인하여 적용이 배제되었던 약관조항은 다시 부활하게 된다.

45 방문판매 등에 관한 법률상 규제하고 있는 거래 형태가 아닌 것은?

① 전화권유판매
② 다단계판매
③ 계속거래
④ 통신판매

46 **할부거래에 관한 법률상 할부계약에 관한 설명으로 틀린 것은?**

① 할부거래업자는 할부계약을 체결하기 전에 할부계약의 내용을 이해할 수 있도록 일정한 사항을 표시하고 이를 소비자에게 알려야 한다.
② 할부계약에서 대금을 3개월 이상의 기간에 걸쳐 2회 이상 분할하여 지급하여야 할부거래에 관한 법률이 적용된다.
③ 할부계약은 원칙적으로 서면주의를 취한다.
④ 원칙적으로 사업자가 상행위를 목적으로 할부계약을 체결하는 경우에는 적용하지 않는다.

47 **표시・광고의 공정화에 관한 법률상 표시・광고 실증제도에 대한 설명으로 틀린 것은?**

① 표시・광고 실증 운영고시안에서 실증요청대상으로 규정하고 있는 광고내용에 대해서는 광고를 하기 전에 실증자료를 가지고 있어야 한다.
② 규제기관으로부터 실증자료 요청이 있고난 이후에 실증자료를 생산하여도 무방하다.
③ 표시・광고에서 주장한 내용이 사실인지의 여부에 대한 자료는 사업자가 작성하여야 한다.
④ 공정거래위원회는 소비자가 잘못 아는 것을 방지하기 위하여 필요한 경우 실증자료를 소비자에게 공개할 수 있다.

48 **소비자기본법상 소비자단체의 업무가 아닌 것은?**

① 지방자치단체의 소비자단체 지원 의무 이행요구
② 국가 및 지방자치단체의 소비자의 권익과 관련된 시책에 대한 건의
③ 물품 등의 규격・품질・안전성・환경성에 관한 시험・검사 및 가격 등을 포함한 거래조건이나 거래방법에 관한 조사・분석
④ 소비자문제에 관한 조사・연구

49 **방문판매 등에 관한 법률상 규정하는 용어의 정의로 틀린 것은?**

① 후원방문판매자 : 후원방문판매를 업으로 하기 위한 조직을 개설하거나 관리・운영하는 자와 후원방문판매조직에 판매원으로 가입한 자
② 후원수당 : 판매수당, 알선수수료, 장려금, 후원금 등 그 명칭 및 지급형태와 상관없이 판매업자가 소속 판매원에게 지급하는 경제적 이익
③ 계속거래 : 1개월 이상에 걸쳐 계속적으로 또는 부정기적으로 재화 등을 공급하는 계약으로서 중도에 해지할 경우 대금환급의 제한 또는 위약금에 관한 약정이 있는 거래
④ 전화권유판매 : 우편・전기통신 등의 방법으로 재화 또는 용역의 판매에 관한 정보를 제공하고 소비자의 청약을 받아 재화 또는 용역을 판매하는 것

50 한국소비자원과 관련한 내용으로 가장 거리가 먼 것은?

① 정부의 출연으로 설립된 특수공익법인
② 소비자의 권익증진·안전 및 능력개발과 관련된 교육·홍보 및 방송사업
③ 불공정약관조항에 대한 시정조치
④ 소비자보호관련 제도 및 정책의 연구·건의

제3과목 소비자교육 및 정보제공

51 제품사용설명서의 제작원칙과 가장 거리가 먼 것은?

① 사용자의 입장에서 제작한다.
② 제품의 구조와 성능에 대한 이해를 극대화시킨다.
③ 편집과 인쇄의 질을 높여 제품에 대한 이미지를 제고한다.
④ 제품의 효용에 대한 핵심정보를 제공하고 다른 대체안과 비교하여 제품의 우수성을 강조한다.

52 광고가 아동 소비자에게 미치는 영향에 대한 설명으로 가장 적합한 것은?

① 아동 소비자들의 광고에 대한 반응은 인지발달 단계보다는 생체발달 단계를 반영한다.
② 아동 소비자에 대한 TV 광고의 영향은 선생님의 중재 정도에 따라 달라질 수 있다.
③ 경품과 사은품 제공에 관한 광고는 아동 소비자들의 건전한 소비행동에 문제를 일으키기도 한다.
④ 아동 소비자들이 광고에 대하여 즉각적으로 반응을 일으켜 사달라고 조르는 상품은 주로 장난감 종류인 것으로 밝혀졌다.

53 소비자들의 정보탐색활동의 영향 요인에 대한 설명으로 볼 수 없는 것은?

① 구매하려는 제품의 특성에 따라 외적 탐색의 정도가 달라질 수 있다.
② 소비자의 개인적 특성으로 사전지식, 경험, 관여도, 연령, 교육수준, 소득수준 등이 있다.
③ 시장의 특성으로 대체안의 수, 가격분포의 상태, 정보의 이용가능성 등이 있다
④ 상황의 특성으로 가격수준, 제품차별화의 정도, 제품군의 안정성이 있다.

54 인터넷에서 소비자정보를 검색하기 위하여 검색엔진을 활용할 때 적합한 방법이 아닌 것은?

① 검색옵션을 확인한다.
② 가능하면 짧은 키워드를 사용한다.
③ 다양한 부가서비스를 활용한다.
④ 전문검색 엔진을 이용한다.

55 **미국 소비자교육의 역사에 대한 설명으로 가장 거리가 먼 것은?**

① 1930년대 소비자교육에 대한 정규과정이 중·고등학교 수준에서 개설되었다.
② 1940년대에 케네디(Kennedy) 대통령의 특별교서에 소비자권리가 표명되었다.
③ 1950년대에 「소비자생활」이라는 중·고등학교 교과서가 발행되었다.
④ 1960년대 닉슨(Nixon) 대통령의 구매자권리 개념을 반영한 소비자교육이 자리잡게 되었다.

56 **소비자교육 내용의 범위를 고려했을 때, 교육내용의 성격이 다른 하나는?**

① 자 원
② 욕구와 욕망
③ 가치와 목표
④ 지출계획

57 **소비자교육 프로그램 설계의 과정이 옳은 것은?**

① 교육주체 선정 → 교육대상 선정 → 교육요구도 분석 → 교육목적 및 기대효과 진술 → 교육내용 설계 → 교육과정모델 설계
② 교육대상 선정 → 교육주체 선정 → 교육요구도 분석 → 교육목적 및 기대효과 진술 → 교육내용 설계 → 교육과정모델 설계
③ 교육대상 선정 → 교육주체 선정 → 교육목적 및 기대효과 진술 → 교육요구도 분석 → 교육내용 설계 → 교육과정모델 설계
④ 교육주체 선정 → 교육대상 선정 → 교육목적 및 기대효과 진술 → 교육요구도 분석 → 교육내용 설계 → 교육과정모델 설계

58 **소비자교육 내용구성을 위해 사용하는 요구분석방법과 가장 거리가 먼 것은?**

① 질문지를 통해 소비자들의 의견, 기호도, 사실에 대한 지각 등을 수집하는 질문지법
② 개인적으로 요구를 결정하고 기록하는 데 이용되는 개별적 소개법
③ 관찰자가 관찰대상의 행동이나 사회현상을 현장에서 직접 보거나 듣고 필요한 정보나 상황을 알아내는 관찰법
④ 주어진 실험실 내 상황에서 소비자의 의견, 선호 등을 파악하는 실험실 조사법

59 **성인 소비자교육의 원리와 가장 거리가 먼 것은?**

① 자발적 학습의 원리
② 상호학습의 원리
③ 현실성의 원리
④ 지시적 학습의 원리

60 **일반적으로 소비자에게 제공할 정보를 선정할 때 고려해야 할 사항과 가장 거리가 먼 것은?**

① 제공정보의 중요성
② 정보의 전문성
③ 교육적 효용성
④ 수준의 적절성

61 **청소년 소비자의 소비행동 특성과 가장 거리가 먼 것은?**

① 수동적, 소극적 특성이 있다.
② 과시소비 성향이 있다.
③ 충동구매 성향이 있다.
④ 또래집단의 영향력이 크다.

62 **아동을 위한 소비자교육 프로그램의 내용 선정준거인 학습자, 학문, 사회를 고려하는 선정원칙으로 가장 거리가 먼 것은?**

① 경제적 인지발달 단계에 맞게 이해 가능하도록 구체적이어야 한다.
② 구매자로서의 관심, 요구 및 문제와 관련이 있는 내용을 다루어 능동적으로 학습에 참여하도록 한다.
③ 미래사회에 맞는 소비자의식을 가질 수 있도록 과거의 구매형태나 소비자활동 자료가 제시되어야만 한다.
④ 소비자교육의 근간이 되는 핵심적인 내용에 초점을 맞추어 전이효과가 높고 지속되도록 구성되어야 한다.

63 **소비자권리와 이에 대한 기업의 소비자책임이 가장 올바르게 짝지어진 것은?**

① 알 권리와 사용설명서의 알기 쉬운 표현
② 선택할 권리와 애프터서비스
③ 의견을 반영할 권리와 제조물 책임 수행
④ 의견을 반영할 권리와 에너지 효율 표시

64 **소비자능력의 구성요인으로 옳은 것은?**

① 소비자지식, 소비자욕구, 소비자이해력
② 소비자역할 태도, 소비자기능, 소비자욕구
③ 소비자지식, 소비자역할 태도, 소비자기능
④ 소비자이해력, 소비자목표, 소비자기능

65 소비자정보 특성에 대한 설명으로 거리가 먼 것은?

① 소비자정보는 아무리 사용해도 소진되지 않으므로 반복해서 계속적으로 사용할 수 있다.
② 거래 당사자 중 한 사람이 가지고 있는 정보는 다른 사람도 정확하게 파악할 수 있다.
③ 정보가 일단 공급되면 모든 사람이 공동으로 활용할 수 있다.
④ 소비자의 능력정도에 따라 구매의사결정에 필요한 정보를 적절한 방법으로 탐색하여 획득하는 데 격차가 나타난다.

66 소비자정보격차 문제의 대응방향으로 틀린 것은?

① 지역편중 없는 정보통신 인프라의 꾸준한 정비
② 소비자정보 이용능력의 함양
③ 소비자정보 이용료 상향을 통해 정보서비스 확충
④ 정보통신기기, 소프트웨어의 조작 단순화

67 다음에서 설명하는 것은?

> 소비자정보시스템 중 고객의 주문, 제안, 불만, 불평 등 고객의 생생한 소리를 직접 처리하고 데이터로 관리하며 텔레마케팅과 애프터 마케팅 기능까지 하는 것으로 고객관리는 물론 무점포 판매 및 의사결정지원 기능까지 담당하는 시스템

① 고객정보관리시스템
② 고객콜센터시스템
③ 성과분석시스템
④ 우수고객분석시스템

68 소비자교육을 선정하여 실시하려고 할 때 고려해야 할 원리가 아닌 것은?

① 적절성과 효율성의 원리
② 다양성의 원리
③ 현실성의 원리
④ 통합성의 원리

69 소비자교육의 효과 중 성격이 다른 것은?

① 공공의 이익에 대한 관심을 불러일으켜 사회적 비용을 줄인다.
② 소비자불만과 불평을 감소시키고 소비자만족을 증대시킴으로써 궁극적으로 이익이 증가된다.
③ 만족한 소비자가 구전으로 만족한 상품과 기업명을 널리 알리게 된다.
④ 소비자에게 필요한 정보를 충분히 제공함으로써 소비자선택에 도움을 줄 수 있다.

70 소비자와의 전화모니터링을 위한 상담원 교육프로그램의 내용으로 가장 거리가 먼 것은?

① 전화상담의 듣기 기법
② 비언어적 의사소통 기법
③ 전화상담의 말하기 기법
④ 전화상담의 단계별 상담전략

71 다음에서 설명하는 것은?

> 소비자교육에 대한 소비자의 요구를 분석하는 방법 중 합의된 전문가들의 의견을 이끌어 냄으로써 소비자의 요구를 파악할 수 있는 방법

① 델파이법(Delphi Method)
② 조사연구법(Survey Method)
③ 관찰법(Observation Method)
④ 사례조사법(Case Study Method)

72 소비자정보의 관리과정에 해당되지 않는 것은?

① 전략의 수립 – 이미 알고 있는 정보를 확인하는 것과 장기계획을 위해 필요한 정보가 무엇인가를 살펴보는 것이다.
② 노력의 집중 – 고객을 알기 위한 노력의 집중이 요구된다.
③ 정보의 생성 – 고객에 관한 정보를 수집하는 것뿐만 아니라 수집된 정보에 기초하여 기업의 활동이나 다양한 목적에 맞는 자료를 만드는 것이다.
④ 정보의 선별 – 기업의 의사결정과 전략 구축 시 필요한 정보를 선별하는 것이다.

73 카탈로그의 효과를 높이기 위한 전략이 아닌 것은?

① 회사 제품의 소개를 상세히 하여 설득력 있게 만든다.
② 예상고객에게 제품의 기능, 특징, 가격, 디자인 등을 설명하여 판매촉진에 도움을 주도록 한다.
③ 창의적인 내용이 중요하므로 디자인이나 편집에 신중을 기해야 할 필요는 없다.
④ 기업의 방침 및 기업의 제품에 대해 충분히 검토하여 이해를 마친 상태에서 제작되어야 한다.

74 **다음에서 설명하는 형태의 정보기술로 가장 적합한 것은?**

> 소비자의 디지털 정보관리에 필요한 기술로서 통신의 개방성과 편리성을 유지하면서도 철저한 보안을 이루기 위한 보안관련 기술

① 하드웨어 및 소프트웨어 운용에 관한 소비자 관련 정보기술
② 정보의 교환이 이루어지는 네트워크 관련 정보기술
③ 정보 또는 상거래방법을 제공하는 서버 및 소프트웨어에 관한 공급자 관련 정보기술
④ 홈페이지 제작과 관련한 정보기술

75 **중 · 고등학교 단계에서의 소비자교육에 대한 설명으로 틀린 것은?**

① 소비생활을 적극적으로 영위해 나갈 수 있는 힘을 기르고, 구체적인 처리능력을 갖출 수 있도록 지도해야 한다.
② 인지발달의 미성숙과 생활주체로서의 제약을 고려하여 소비생활 환경에 대한 초보적인 체험적 이해에 중점을 둔 교육목표를 설정해야 한다.
③ 간단한 생활문제는 스스로 의사결정을 하도록 하며, 제한된 범위에서 사회적으로 합의된 가치의 실현을 위한 행동 동기화가 이루어지도록 한다.
④ 소비생활에 대한 총체적이고 체계적인 이해에 중점을 두고, 응용적인 행동기능의 숙달을 목표로 비판적인 사고와 행동의지를 갖출 수 있도록 한다.

제4과목 소비자와 시장

76 **소셜 미디어와 관련한 다양한 소비자유형 중 온라인상의 의견 선도자(Opinion Leader)의 특성에 대한 설명으로 가장 거리가 먼 것은?**

① 혁신적이고 새로운 방법으로 인터넷을 활용한다.
② 인터넷에 자주 접속하며 활동시간이 일반인보다 길다.
③ 인터넷에 대한 많은 지식을 갖고, 숙련되게 사용할 줄 안다.
④ 인터넷을 통해 제품을 가장 먼저 구입하고 평가한 후 주변의 제품에 대한 정보를 알려준다.

77 **희소성을 지닌 것으로써, 남들이 갖지 않은 다른 것을 구매하려는 소비현상으로 가장 적합한 것은?**

① 베블렌 효과
② 밴드웨건 효과
③ 과시 효과
④ 스놉 효과

78 다음의 ( ) 안에 들어갈 내용으로 옳은 것은?

> TV, 냉장고, 승용차, 주택 등의 내구재와 의복, 신발, 악세서리 등 개인의 이미지 구축과 관련된 제품은 일반적으로 소비자의 (㉠)이/가 높은 제품으로 분류되고 있으며 이들 제품과 관련한 문제해결방식은 (㉡) 문제해결방식을 취한다.

① ㉠ 소비자주의, ㉡ 저관여
② ㉠ 소비자주권, ㉡ 배타적
③ ㉠ 소비자충성도, ㉡ 일상적
④ ㉠ 관여도, ㉡ 포괄적

79 베블렌 효과, 밴드웨건 효과, 스놉 효과와 가장 관련 있는 비이성적 소비행동은?

① 충동구매
② 과소비
③ 중독구매
④ 과시소비

80 제품수명주기상 성장기에 수익이 증대하는 이유로 틀린 것은?

① 단위 생산비용이 감소하기 때문이다.
② 경쟁자가 아직 매출을 갉아먹지 않기 때문이다.
③ 매출의 증대가 이뤄지기 때문이다.
④ 처음부터 높은 가격을 책정했기 때문이다.

81 시장의 개념과 가장 거리가 먼 것은?

① 판매자와 소비자(구매자), 상품이 집결하는 장소
② 수요와 공급에 관한 정보가 교환되고 매매가 이루어지는 매개체
③ 상품을 판매하려는 측과 구매하려는 측의 힘이 조화되어 서로 협동하는 체제
④ '보이지 않는 손'에 의해 사회의 복지를 향상시키고 가장 효율적으로 자원을 배분하는 체계

82 소비자의사결정 단계 중 문제인식에 대한 설명으로 틀린 것은?

① 의사결정과정의 첫 번째 단계로 욕구를 인식함으로써 시작된다.
② 실제 상태와 바람직한 상태 간의 차이를 지각하는 것이다.
③ 문제인식의 크기와 중요성에 상관없이 구매의사결정과정이 진행되어 구매로 이어진다.
④ 문제 발생이 예상되지도 않고 즉각적으로 해결할 필요가 없는 문제를 점진적인 문제라고 한다.

83 **소비자의사결정에 영향을 미치는 사회계층에 대한 설명으로 틀린 것은?**

① 사회계층은 시간의 경과에 따라 이동이 가능하다.
② 하위계층은 상위계층의 소비행태를 모방함으로써 소비욕구를 충족시킨다.
③ 사회계층은 구성원끼리의 접촉빈도나 친밀감이 높아, 의사결정에 가장 큰 영향을 끼친다.
④ 소비자는 실제 사회계층의 이동이 일어나지 않아도 소비를 통해 상위계층으로의 이동에 대한 욕구를 충족시킨다.

84 **제품을 계획적으로 진부화시키는 전략과 가장 거리가 먼 것은?**

① 제품의 실질적 기능을 개선해 소비자들의 생활수준을 향상시킨다.
② 제품을 차별화시키기 위해 스타일을 바꾼다.
③ 파손되기 쉬운 자재를 사용하여 제품의 물리적 수명을 단축시킨다.
④ 제품의 기능적 특징을 조금씩 개선해 소비자들이 신제품을 구매하도록 한다.

85 **내구재 구매 시 중요하게 고려해야 할 사항으로 가장 거리가 먼 것은?**

① 사용기간이 길기 때문에 유행에 민감하지 않은 제품을 선택하는 것이 바람직하다.
② 사용 중의 관리방법 및 능력에 따라 내구성이 달라질 수 있다.
③ 감가상각이 발생한다.
④ 외적 탐색보다는 내적 탐색이 효과적이다.

86 **구매하고자 하는 제품의 대금 지불 시 신용카드를 사용하는 장점이 아닌 것은?**

① 고가의 제품을 할부로 구입할 수 있다.
② 소득세 공제를 받을 수 있다.
③ 가계 금전관리의 융통성을 줄 수 있다.
④ 이용 가능한 가처분소득이 증가한다.

87 **소비트렌드에 대한 설명 중 가장 거리가 먼 것은?**

① 기술, 경기, 소비문화로부터 소비의 표층영역까지를 모두 포괄한다.
② 단순히 제품트렌드를 의미하는 것이 아니라 소비자의 소망의 지도를 그리는 것이다.
③ 개인의 개성 발현에서 집단의 보편성 추구로 변화되어 가고 있다.
④ 개별적인 제품 트렌드를 결정하기는 하지만 결코 하나의 제품에서만 나타나는 것은 아니다.

88 서비스 품질 평가 기준이 되는 주요 속성은?

① 신뢰성
② 내구성
③ 사용편리성
④ 내충격성

89 시장형태에 대한 설명으로 틀린 것은?

① 독점시장에서 기업은 가격통제력을 가진다.
② 완전경쟁시장에서는 상품이 동질적이다.
③ 독점적 경쟁시장에서는 비가격경쟁이 활발히 일어난다.
④ 과점시장에서는 상품이 완전히 차별화되어 있다.

90 환경문제의 특징에 대한 설명으로 틀린 것은?

① 인과관계의 시차성
② 문제의 자기증식성
③ 지엽성과 가역성
④ 오염요인 간의 상승작용

91 경쟁상태에 따른 시장형태를 결정하는 요인은?

① 제품의 생산량
② 제품의 공급자와 수요자 수
③ 제품의 거래장소
④ 제품의 종류

92 일반적으로 충동구매를 할 확률이 가장 낮은 거래 형태는?

① 일시불 현금 거래
② 모바일 결제
③ 신용카드 결제
④ 할부 거래

93 **유통경로의 4가지 효용으로 옳은 것은?**

① 형태, 기관, 장소, 소유권
② 소유권, 장소, 시간, 형태
③ 장소, 전시, 가격인하, 공급창출
④ 시간, 소유권, 가격인하, 형태

94 **판매촉진에 대한 설명으로 틀린 것은?**

① 제품이나 서비스 판매를 촉진하기 위한 비교적 단기적인 동기부여 수단이다.
② 바로 지금 시점에 구매할 이유를 제시해 단기적 매출 증대가 목적이다.
③ 제품에 대해 충성도 높은 소비자에게 이에 대한 적절한 보상을 제공하여 관계를 강화한다.
④ 소비자의 욕구를 충족시키는 다양한 효용을 창출하여 소비자에게 제공한다.

95 **소비자의사결정과 관련하여 합리성에 대한 설명으로 틀린 것은?**

① 수단적 합리성은 일관성과 동일한 의미를 가진다.
② 합리성을 개인의 효용극대화 측면에서 보는 것이 동기적 합리성이다.
③ 자기 이익이 무엇인지 알고 그것을 효과적으로 달성할 수 있는 기본적인 수단을 스스로 강구할 수 있는 최소한의 능력이 목적적 합리성이다.
④ 수단적 합리성이란 합리적 선택이론의 경제인이 가지고 있는 도구주의적 합리성원칙에 입각한 합리성이다.

96 **점포 및 상표 선택에 관한 설명으로 틀린 것은?**

① 상표애호도가 높을 때 – 좋아하는 상표에 따라 점포가 결정된다.
② 점포애호도가 낮을 때 – 필요한 품목의 상표에 근거하여 점포를 선택하는 경향이 높다.
③ 제품관여도가 높을 때 – 구매결정이 점포 내에서 이루어지기보다 사전에 미리 계획을 세운다.
④ 제품정보가 충분할 때 – 점포특성이 매우 중요하다.

97 **신세대의 소비문화에 대한 설명 중 가장 거리가 먼 것은?**

① 신세대들은 남들과 같아지려는 소비스타일을 회피하고 개별화・차별화를 추구한다.
② 신세대는 정보기기를 이용하여 정보를 수집・활용하는 데 매우 적극적이다.
③ 신세대는 타인과 함께 있기보다는 오히려 혼자 있으려고 하는 대인접촉기피 증후군을 조금씩 나타낸다.
④ 신세대는 새로운 유행의 선도자라기보다는 유행의 추종자적 성격이 강하다.

98 소비자의사결정에 영향을 미치는 요인 중 환경적 영향요인으로만 짝지어진 것은?

① 문화, 사회계층
② 소득, 라이프스타일
③ 가족, 개성
④ 준거집단, 연령

99 특정 상황이나 시기에 국한하여 정상가격을 할인해 판매하는 형태는?

① 상설염가판매
② 균일가판매
③ 오픈프라이스
④ 가격할인

100 다음의 (   ) 안에 들어갈 내용으로 옳은 것은?

- 제품에는 소비자가 탐색으로만 그 품질을 평가할 수 없는 제품, 예를 들면 가전제품 또는 참치캔과 같은 것이 있다.
- 이러한 제품들은 소비자가 구매를 한 후 경험을 통해서 그 품질을 평가할 수 있는데, 이런 제품의 경우 (   )라고 한다.

① 신뢰재
② 경험재
③ 정상재
④ 탐색재

제3회 2021년 2급 필기 기출문제

소비자전문상담사 Consumer Adviser Junior

제1과목 소비자상담 및 피해구제

01 기업의 소비자상담실에서 불만족한 소비자상담의 상담기법으로 틀린 것은?

① 소비자의 불만에 대해 공감적 경청을 한다.
② 상담사의 목소리는 소비자에 비해 상대적으로 높여주는 것이 바람직하다.
③ 문제해결이 만족스러웠는가를 확인하는 점검과정이 필요하다.
④ 가능한 문제 해결 방법 중에서 최선을 다하고 있음을 소비자에게 전달한다.

02 일반적 소비자분쟁해결기준에 대한 설명으로 틀린 것은?

① 품질보증기간 동안의 수리, 교환, 환급에 소요되는 비용은 사업자가 부담한다.
② 수리를 의뢰한 날로부터 1개월이 경과한 후에도 사업자가 물품을 소비자에게 인도하지 못한 경우는 신제품으로 교환 또는 환급한다.
③ 교환은 동일제품으로 하되 동일제품으로의 교환이 불가능할 때는 환급하여야 한다.
④ 환급금액 산정에 있어 실거래가격을 입증할 수 없는 경우에는 당해 지역에 거래되는 통상가격을 기준으로 한다.

03 기업의 소비자지향적 상담을 위한 요건 중 가장 거리가 먼 것은?

① 기업 홍보성
② 소비자 편리성
③ 친절성 및 적극성
④ 상담 및 업무의 전문성

04 **고객만족경영의 목표와 가장 거리가 먼 것은?**

① 고객의 만족도를 지표화하는 경영
② 경영자 주도의 고객만족 경영문화를 창조하는 경영
③ 기존의 프로세스를 유지하는 경영
④ 고객과 기업과의 접점을 관리하는 관리자가 주체적으로 판단하고 실행하는 경영

05 **국내 민간 소비자단체에서의 소비자상담이 정부나 기업에 의한 소비자상담과 다른 점을 가장 잘 설명한 것은?**

① 소비자교육이나 소비자운동과 밀접한 관계를 맺고 행해진다.
② 소비자피해를 사전에 방지하기 위한 사전적 구제방법에 초점을 둔다.
③ 주로 양당사자에 대한 중재나 조정 등 법률적인 수단에 의존한다.
④ 소비자의 문제나 피해를 해결하여 소비자의 제품애호도를 높이는 데 초점을 둔다.

06 **소비자분쟁해결기준에서 정하고 있는 일반적 보상기준이 아닌 것은?**

① 사업자가 품질보증서에 품질보증기간을 표시하지 아니하였거나 해당 품목에 대한 품질보증기간이 소비자분쟁해결기준에 없는 경우 유사제품의 품질보증기간을 적용한다.
② 별도의 품질보증서를 교부하기가 적합하지 아니한 경우 소비자기본법에 따른 소비자분쟁해결기준에 따라 피해를 보상한다는 내용만을 표시할 수 있다.
③ 할인판매기간에 할인된 가격으로 구입한 제품의 환급은 구입 당시의 가격을 기준으로 환급한다.
④ 물품 등에 대한 피해의 보상은 물품 등의 소재지나 제공지에서 하지만, 사회통념상 휴대가 간편하고 운반이 쉬운 물품 등은 소비자의 소재지에서 보상할 수 있다.

07 **내용증명과 관련한 내용으로 틀린 것은?**

① 내용증명을 분실한 경우 특정기간 내에 우체국에 내용증명의 사본을 청구하여 받을 수 있다.
② 소송 등의 법적 절차를 시작하기 전에는 반드시 내용증명을 우편으로 보내야 할 필요는 없다.
③ 법률적 분쟁이 발생하였을 경우 받는 사람에게 어떠한 내용을 보냈다는 사실을 증명할 수 있다.
④ 모든 경우에 내용증명은 받은 사람이 일정기간 동안 회신을 하지 않으면 보낸 사람의 주장을 인정한 것으로 간주된다.

08 **가전제품의 경우, 품질보증기간 이내에 동일한 하자로 3회까지 수리를 하였음에도 불구하고 동일한 하자가 다시 발생했을 시 보상기준이 아닌 것은?**

① 제품교환
② 구입가에 해당하는 액수의 환불
③ 무상 설치
④ 계속 수리

09 **기업 소비자상담의 역할과 가장 거리가 먼 것은?**

① 소비자불만 접수 및 피해구제
② 소비자상담 자료 정리, 분석 및 보고
③ 소비자정책 동향 파악 및 대응책 마련
④ 소비자보호와 관련된 정책의 연구 및 건의

10 **소비자분쟁해결기준상 의복류의 치수(사이즈)가 맞지 않거나 디자인, 색상에 불만이 있을 경우에 교환 또는 환급이 가능한 기간은 구입 후 며칠 이내인가?(단, 제품에 손상이 없는 경우)**

① 5일
② 7일
③ 10일
④ 14일

11 **민간 소비자단체에서의 소비자상담사의 역할과 가장 거리가 먼 것은?**

① 소비생활에 관련된 정보제공자로서의 역할
② 소비자를 만족시켜 재구매를 창조하는 역할
③ 소비자피해 등 소비자문제 해결자로서의 역할
④ 소비자행정의 문제점에 관한 정보수집 및 소비자정책수립에 반영시키는 역할

12 **부모 동의 없이 18세 된 고등학생 자녀가 학교 앞에서 영어교재를 구입하기 위해 계약하였을 때 상담내용으로 틀린 것은?**

① 미성년자가 법정대리인의 동의 없이 체결한 계약이므로 조건 없이 취소할 수 있다.
② 법정대리인인 부모가 계약취소를 할 수 있다.
③ 해약의사를 서면으로 작성하여 우체국에서 해당업체로 내용증명을 발송한다.
④ 계약취소에 따른 위약금은 지급하여야 한다.

13 **기업의 소비자상담사에게 요구되는 전문적인 역량과 가장 거리가 먼 것은?**

① 기업경영에 대한 전반적인 이해와 마케팅지식
② 불만을 제기하는 소비자의 상황에 대한 공감 능력
③ 자사상품 및 새로운 상품 거래방법에 대한 지식
④ 기업과 소비자의 의사소통을 통한 소비자 욕구의 반영

14 **구매 단계별 소비자상담 내용에 대한 설명으로 틀린 것은?**

① 구매 전 소비자상담 - 대체안 평가방법, 구매방법, 지불방법에 대한 정보
② 구매 전 소비자상담 - 다양한 구매방법 및 가격에 관한 정보
③ 구매 시 소비자상담 - 상담사의 주관이나 의견 제시
④ 구매 후 소비자상담 - 사용에 관한 문의, 불만처리 및 피해구제, 타 기관 알선 등

15 **구매단계별 소비자상담의 내용으로 가장 거리가 먼 것은?**

① 구매 전 소비자상담은 소비자의 합리적 선택을 도와주므로 중요하다.
② 구매 시 소비자상담은 소비자접점에서 소비자문제 및 피해를 예방할 수 있다는 측면에서 매우 중요하다.
③ 구매 시 소비자상담의 성패는 기업의 이익창출 여부를 결정하므로 소비자상담사의 역할이 중요하다.
④ 구매 전 상담을 활성화하기 위해 소비자상담사 스스로가 정보를 수집, 정리하여 상담하고 상담자료를 구축한다.

16 **소비자상담사의 의사소통능력을 제고하기 위한 "잘 듣기" 기술에 방해가 되는 것은?**

① 피드백
② 명료화하기
③ 바꾸어 말하기
④ 마음 읽기

17 **소비자상담 시 효율적인 경청방법은?**

① 평가적 경청
② 여과적 경청
③ 동정적 경청
④ 공감적 경청

18 **소비자상담사에 의한 구매 전 상담과 가장 거리가 먼 것은?**

① 상품정보제공으로 합리적인 구매선택을 돕는다.
② 소비자가 지불한 화폐가치를 획득하도록 돕는다.
③ 제품의 판매현장에서 직접 구매를 권유하는 상담이다.
④ 소비생활 전반에 대한 다양한 정보도 제공된다.

19 **다음의 사례에서 소비자분쟁해결기준상 소비자가 반환받을 수 있는 금액은?**

> 소비자 A씨는 상조회원에 가입하면서 100만원을 현금으로 지급한 후 추후에 장례가 발생하면 나머지 100만원을 추가로 납입하기로 하였으나 A씨의 개인적인 사유로 계약을 해지하고자 함

① 90만원 ② 85만원
③ 80만원 ④ 70만원

20 **소비자의 구체적인 욕구를 알아내기 위한 개방형 질문에 대한 설명으로 구성된 것은?**

① 소비자의 욕구 확인하기, 동의얻기, 배경자료 발견하기
② 소비자의 욕구 확인하기, 많은 정보 모으기, 배경자료 발견하기
③ 소비자의 욕구 확인하기, 주문 체결하기, 정보를 명확하게 하기
④ 소비자의 욕구 확인하기, 동의얻기, 정보를 명확하게 하기

21 **내용증명에 대한 설명 중 틀린 것은?**

① 내용증명은 채권 또는 채무관계의 존재 자체를 증명해 주는 효력이 있다.
② 우체국에서 공적으로 증명해주는 우편제도이다.
③ 내용증명 내용 중에 발신인의 성명과 주소, 수신인의 성명과 주소가 반드시 들어가야 한다.
④ 3년간 우체국에 내용증명의 열람이나 증명을 청구할 수 있다.

22 **인바운드와 아웃바운드 상담에 대한 설명 중 틀린 것은?**

① 인바운드 상담은 고객주도형으로 판매나 주문으로 연결시키기 쉽다.
② 아웃바운드 상담은 잠재 소비자에게 전화를 걸어 신규고객창출, 상품판매 및 서비스 이용, 반복구매나 계약연장 유도 등 다양하게 활용된다.
③ 인바운드 상담은 기업의 소리를 직접 소비자에게 전달하여 소비자들의 반응을 파악하는 마케팅 백업 시스템이다.
④ 아웃바운드 상담은 공격적인 마케팅이어서 목표지향이 뚜렷하며, 결과에 대한 성과지향에 대해서도 뚜렷한 목표를 가진다.

23 품목별 소비자분쟁해결기준에 대한 설명 중 틀린 것은?

① 자동차(중고자동차 제외) - 차량인도일로부터 1개월 이내에 주행 및 안전도 등과 관련한 중대한 결함이 3회 이상 발생하였을 경우에는 제품 교환 및 구매가 환급이 가능하다.
② 자전거 - 구입일로부터 1개월 이내 정상적인 사용 상태에서 발생한 성능, 기능상의 하자로 중요한 수리를 요할 때에는 제품교환 또는 구매가 환급이 가능하다.
③ 애완동물(개, 고양이에 한함) - 소비자의 중대한 과실이 없음에도 불구하고 15일 이내 폐사한 경우 동종의 애완동물로 교환 또는 구매가 환급이 가능하다.
④ 공연업(영화 및 비디오상영업 제외) - 관객이 환급을 요구할 때 공연 당일 공연시작 전까지는 90% 공제 후 환급이 가능하다.

24 시간과 돈을 절약하고자 하는 단호한 유형의 소비자에게 적합한 소비자상담 전략은?

① 개방형 질문을 통해 많은 양의 정보를 제공한다.
② 시간절약을 위해 고객이 말할 기회를 제한한다.
③ 변명하지 않고 간결한 설명위주로 사실적인 해결방법을 제시한다.
④ 소비자의 질문에 대해 직접적이고 사실적인 대답을 유보한다.

25 소비자를 효율적으로 설득하기 위한 전략을 설명한 내용으로 옳은 것은?

① 정서적인 호소보다는 논리적인 호소가 더 효과적이다.
② 소비자가 사전정보를 많이 가지고 있으면, 설득자의 양면적 주장이 더 효과적이다.
③ 소비자의 사전태도가 설득자의 주장과 반대방향이면, 설득자의 일면적 주장이 더 효과적이다.
④ 개인의 경험제시보다는 논리적인 통계자료가 더 효과적이다.

제2과목 소비자관련법

26 표시 · 광고의 공정화에 관한 법률상 부당한 표시 · 광고행위에 해당하지 않는 것은?

① 허위 · 과장의 표시 · 광고
② 사실을 은폐하거나 축소하는 등의 방법으로 한 표시 · 광고
③ 객관적인 근거로 다른 사업자의 상품과 비교하는 표시 · 광고
④ 비방적인 표시 · 광고

27 소비자기본법상 소비자의 개념과 가장 거리가 먼 것은?

① 제공된 물품 등을 과수원 경작을 위해 사용하는 자
② 제공된 물품 등을 연근해에서 어업을 위해 사용하는 자
③ 제공된 물품 등을 축산업을 위해 사용하는 자
④ 제공된 물품 등을 개인택시 사업을 위해 사용하는 자

28 약관과 개별약정이 다를 경우, 약관의 규제에 관한 법률에서 정한 적용에 관한 설명으로 옳은 것은?

① 약관에 따른다.
② 약관과 개별약정 모두가 적용된다.
③ 개별약정이 약관보다 우선한다.
④ 고객에게 유리한 내용을 따른다.

29 약관의 규제에 관한 법률상 약관의 명시 · 교부의무가 면제되는 업종이 아닌 것은?

① 금융업
② 우편업
③ 가스사업
④ 여객운송업

30 우리나라 소비자정책의 추진체계에 관한 설명으로 틀린 것은?

① 공정거래위원회는 3년마다 기본계획을 수립하고, 매년마다 종합시행계획을 수립하여야 한다.
② 관계 중앙행정기관의 장은 매년 10월 31일까지 중앙행정기관별 시행계획을 수립하여야 한다.
③ 공정거래위원회에 소비자정책위원회를 두고, 공정거래위원회 지방사무소에 지방소비자정책위원회를 두어야 한다.
④ 기본계획과 종합시행계획 모두 소비자정책위원회의 심의 · 의결을 거쳐야 한다.

31 **전자상거래 등에서의 소비자보호에 관한 법률상 청약철회에 대한 설명과 가장 거리가 먼 것은?**

① 원칙적으로 계약내용에 관한 서면을 받은 날부터 7일 이내에 청약을 철회할 수 있다.
② 재화의 내용을 확인하기 위하여 포장 등을 훼손한 경우 청약철회를 할 수 없다.
③ 서면을 받은 때보다 재화 등의 공급이 늦은 경우에는 재화 등을 공급받은 날로부터 7일 이내에 청약을 철회할 수 있다.
④ 청약철회 등을 서면으로 하는 경우에는 그 의사표시가 적힌 서면을 발송한 날에 그 효력이 발생한다.

32 **할부거래에 관한 법률의 적용에 관한 설명으로 옳은 것은?**

① 농산물·수산물·축산물의 거래에는 어떠한 경우에도 적용되지 않는다.
② 보험업법에 의한 보험거래에는 어떠한 경우에도 적용되지 않는다.
③ 고등학생이 독서실 이용권을 구입하는 경우에는 적용될 수 없다.
④ 상행위 목적의 할부계약에는 어떠한 경우에도 적용되지 않는다.

33 **방문판매 등에 관한 법률상 청약철회의 효과로 틀린 것은?**

① 소비자는 청약철회 등을 한 경우에는 이미 공급받은 재화 등을 반환하여야 한다.
② 방문판매자 등은 재화 등의 대금을 환급함에 있어 신용카드 등으로 재화 등의 대금을 지급한 때에는 지체없이 당해 결제업자로 하여금 대금청구를 정지 또는 취소하도록 요청하여야 한다.
③ 소비자는 방문판매자 등이 정당한 사유없이 결제업자에게 대금을 환급하지 않는 경우에는 환급받을 금액에 대하여 결제업자에게 당해 방문판매자 등에 대한 다른 채무와 상계할 것을 요청할 수 있다.
④ 청약철회할 수 있는 요건이 발생한 경우는 이미 재화 등이 사용 또는 일부 소비된 경우에 방문판매자 등은 소비자가 얻은 이익 또는 그 재화 등의 공급에 소요된 비용에 상당하는 금액을 소비자에게 청구할 수 없다.

34 **방문판매 등에 관한 법률상 청약철회의 효과와 가장 거리가 먼 것은?**

① 방문판매자는 재화를 반환 받은 날로부터 3영업일 이내에 이미 지급받은 재화의 대금을 환급하여야 한다.
② 방문판매자는 재화의 대금을 환급함에 있어 신용카드 등으로 재화의 대금을 지급한 때에는 지체없이 당해 결제업자로 하여금 대금청구를 정지 또는 취소하도록 요청하여야 한다.
③ 방문판매자로부터 재화의 대금을 환급 받은 결제업자는 3영업일 이내에 소비자에게 이를 환급하거나 환급에 필요한 조치를 취하여야 한다.
④ 방문판매자 등은 소비자에게 청약철회 등을 이유로 위약금 또는 손해배상을 청구할 수 없으나, 이미 재화 등이 사용 또는 일부 소비된 경우에 방문판매자 등은 소비자가 얻은 이익 또는 그 재화 등의 공급에 소요된 비용에 상당하는 금액을 소비자에게 청구할 수 있다.

35 **약관의 규제에 관한 법률상 표준약관제도에 대한 설명과 가장 거리가 먼 것은?**

① 사업자 및 사업자단체는 표준약관을 마련하여 공정거래위원회에 심사를 청구할 수 있다.
② 비영리민간단체는 소비자피해가 빈번한 거래 분야의 표준약관을 마련할 것을 공정거래위원회에 요청할 수 있다.
③ 공정거래위원회가 표준약관의 심사청구를 받은 때에는 심사청구를 받은 날부터 60일 이내에 심사결과를 신청인에게 알려야 한다.
④ 사업자 및 사업자 단체는 표준약관과 다른 내용을 약관으로 사용하는 경우 표준약관표지를 사용해서는 아니 된다.

36 **다음 (   ) 안에 들어갈 내용으로 옳은 것은?**

> 전자상거래 등에서의 소비자보호에 관한 법률 및 방문판매 등에 관한 법률상 재화의 내용이 표시·광고내용과 다르거나 계약내용과 다르게 이행된 경우에는 당해 재화를 공급받은 날부터 (㉠) 이내, 그 사실을 안 날 또는 알 수 있었던 날부터 (㉡) 이내에 청약철회를 할 수 있다.

① ㉠ – 7일, ㉡ – 14일
② ㉠ – 3월, ㉡ – 30일
③ ㉠ – 14일, ㉡ – 30일
④ ㉠ – 30일, ㉡ – 3월

37 **소비자기본법상 소비자단체에 관한 설명으로 틀린 것은?**

① 물품 등의 거래조건이나 거래방법에 관한 조사·분석을 하고 그 결과를 공표할 수 있다.
② 소비자의 불만 및 피해를 처리하기 위한 상담·정보 제공 및 당사자 사이의 합의의 권고를 할 수 있다.
③ 국가 또는 지방자치단체는 모든 소비자단체에 대하여 그 업무수행에 필요한 최소한의 보조금을 지급할 의무가 있다.
④ 소비자단체는 업무상 알게 된 정보를 소비자의 권익을 증진하기 위한 목적 이외의 용도에 사용할 수 없다.

38 **할부거래에 관한 법률상 소비자의 항변권에 대한 설명으로 다음의 (   ) 안에 들어갈 알맞은 것은?**

> 소비자는 간접할부계약인 경우 할부계약이 불성립 · 무효인 경우의 사유가 있으면 할부가격이 대통령령이 정한 금액 이상인 경우에만 신용제공자에게 할부금의 지급거절의사를 통지한 후 그 지급을 거절할 수 있다. 여기서 대통령령으로 정한 금액이라 함은 (㉠)만원을 말한다. 다만, 여신전문금융업법에 의한 신용카드를 사용하여 할부거래를 하는 경우에는 (㉡)만원을 말한다.

① ㉠ – 5, ㉡ – 15
② ㉠ – 10, ㉡ – 20
③ ㉠ – 15, ㉡ – 20
④ ㉠ – 20, ㉡ – 30

39 **할부거래에 관한 법률상 할부거래계약의 체결에 관한 설명으로 옳은 것은?**

① 할부계약에는 재화의 종류 및 내용, 현금가격, 할부가격, 할부수수료의 실제연간요율 등을 표시하여야 한다.
② 여신전문금융업법에 의한 신용카드가맹점과 신용카드회원 간의 간접할부계약의 경우 할부가격과 계약금 등을 표시하여야 한다.
③ 할부계약은 대금의 분할납부에 관한 내용이 포함된 서면에 의하면 충분하고 계약서작성방식 등에 대하여는 제한이 없다.
④ 할부계약이 계약의 요건을 갖추지 못하였거나 내용이 불확실한 경우에는 소비자와 할부거래업자 간의 특약이 있어도 소비자에게 불리하게 해석할 수 없다.

40 **민법상 법률행위의 무효와 취소에 대한 설명 중 틀린 것은?**

① 무효인 법률행위는 추인하여도 그 효력이 생기지 않는 것이 원칙이다.
② 무효인 법률행위에 대하여 당사자가 무효임을 알고 추인한 때에는 소급하여 효력이 생긴다.
③ 미성년자가 행한 취소할 수 있는 법률행위는 미성년자가 단독으로 취소할 수 있다.
④ 취소된 법률행위는 처음부터 무효인 것으로 본다.

41 **할부거래에 관한 법률상 할부계약에 의한 청약의 철회를 할 수 없는 재화에 해당하지 않는 것은?**

① 「선박법」에 따른 선박
② 「항공안전법」에 따른 항공기
③ 「자동차관리법」에 따른 자동차
④ 「약사법」에 따른 의약품

42 다음의 ( ) 안에 들어갈 내용으로 옳은 것은?

방문판매 등에 관한 법률상 후원방문판매업자가 후원방문판매원에게 공급한 재화 등의 ( ) 이상을 판매원 아닌 소비자에게 판매한 경우에는 소비자피해보상보험계약 등의 체결이 강제되어 있지 않다.

① 100분의 50
② 100분의 60
③ 100분의 70
④ 100분의 80

43 표시 · 광고의 공정화에 관한 법률상 사업자가 부당한 표시 · 광고행위를 하는 경우에 공정거래위원회가 명할 수 있는 시정조치가 아닌 것은?

① 사과광고
② 정정광고
③ 해당 위반행위의 중지
④ 시정명령을 받은 사실의 공표

44 제조물 책임법상 손해배상책임을 지는 자가 입증하여야 할 면책사유로 틀린 것은?

① 제조업자가 당해 제조물을 공급하지 아니한 사실
② 제조업자가 당해 제조물을 공급한 때의 과학 · 기술수준으로는 결함의 존재를 발견할 수 없었다는 사실
③ 제조물의 결함이 제조업자가 당해 제조물을 공급할 당시의 법령이 정하는 기준을 준수하지 않음으로써 발생한 사실
④ 원재료 또는 부품의 경우에는 당해 원재료 또는 부품을 사용한 제조물 제조업자의 설계 또는 제작에 관한 지시로 인하여 결함이 발생하였다는 사실

45 표시 · 광고에 대해 공정거래위원회로부터 표시 · 광고의 공정화에 관한 법률상 실증자료 제출을 요청받은 사업자는 원칙적으로 요청받은 날로부터 며칠 이내에 그 실증자료를 제출하여야 하는가?

① 10일
② 15일
③ 20일
④ 25일

46 **전자상거래 등에서의 소비자보호에 관한 법률상 통신판매업자의 의무와 가장 거리가 먼 것은?**

① 계약체결 전 거래조건 등의 표시·광고 또는 고지 의무
② 청약을 받은 재화 등의 공급이 곤란한 경우, 지체 없이 통지할 의무
③ 계약내용에 관한 서면 교부 의무
④ 판매원 명부 작성 의무

47 **전자상거래 등에서의 소비자보호에 관한 법률에서 정하고 있는 용어에 대한 설명과 가장 거리가 먼 것은?**

① "통신판매"에는 방문판매 등에 관한 법률상의 전화권유판매도 포함된다.
② "전자상거래"란 전자거래의 방법으로 상행위를 하는 것을 의미한다.
③ "소비자"란 사업자가 제공하는 재화 등을 소비생활을 위하여 사용하는 자와 사실상 소비자와 같은 지위 및 거래조건으로 거래하는 자 등 대통령령으로 정하는 자를 말한다.
④ "사업자"란 물품을 제조(가공 또는 포장을 포함한다)·수입·판매하거나 용역을 제공하는 자를 말한다.

48 **민법상 계약의 해지에 관한 설명으로 옳은 것은?**

① 매도인의 책임있는 사유로 목적물이 멸실된 경우 매수인은 매매계약을 해지할 수 있다.
② 계약해지와 별도로 손해배상을 청구할 수 없다.
③ 계약해지의 효력은 계약성립 당시에 소급한다.
④ 당사자의 일방 또는 쌍방이 다수인 경우 계약의 해지는 그 전원으로부터 또는 전원에 대하여 하여야 한다.

49 **전자상거래 등에서의 소비자보호에 관한 법률에 따른 사이버몰 운영자의 신원 등 표시방법과 가장 거리가 먼 것은?**

① 전자상거래를 하는 사이버몰의 운영자는 사업자의 신원 등의 사항을 소비자가 알아보기 쉽도록 사이버몰의 초기화면에 표시하여야 한다.
② 사이버몰의 이용약관은 소비자가 연결화면을 통하여 볼 수 있도록 할 수 있다.
③ 전자상거래를 하는 사이버몰의 운영자는 사업자의 신원 등을 표시한 사항의 진위여부를 소비자가 쉽게 확인할 수 있도록 법령에 따라서 정보를 공개하는 사업자정보 공개페이지를 사이버몰의 초기 화면에 연결하여야 한다.
④ 전자상거래를 하는 사이버몰의 운영자로서 출력에 제한이 있는 휴대전화 등과 같은 기기를 이용하여 거래하는 사업자는 신원 등의 사항 중 대표자 성명, 사업자등록번호 및 사이버몰의 이용약관 등은 표시하지 않아도 된다.

50 다음의 계약 중 부부 간 일상가사 대리권과 가장 거리가 먼 것은?

① 배우자의 이름으로 가사에 사용하기 위해 쌀, 소금 등의 식료품을 구입하는 행위
② 배우자의 이름으로 자녀의 생일 파티를 위한 음식점을 예약하는 행위
③ 배우자의 이름으로 자녀의 교육을 위한 교재를 구입계약하는 행위
④ 사업자금을 마련하기 위해 배우자 명의의 부동산을 담보로 제공하는 행위

제3과목 소비자교육 및 정보제공

51 소비자트렌드 분석방법 중 비교적 잘 알려져 있지 않은 문제에 대한 소비자조사 방법으로 가장 거리가 먼 것은?

① 브레인스토밍
② 소비자 관찰법
③ 일대일 심층면접법
④ 문화기술적 면접법

52 소비자정보가 유용성을 갖기 위한 요건들로 묶여진 것으로 틀린 것은?

① 관련성, 적시성
② 정확성, 적시성
③ 검증가능성, 최신성
④ 진실성, 암시성

53 다음에서 설명하는 것은?

> 소비자요구조사를 위해 여러 차례에 걸쳐 앙케이트를 반복 실시하여 전문가들의 의견검토 및 분산 상황을 조사하여 현상을 예측하는 자료수집 방법

① 면접법
② 델파이법
③ 관찰법
④ 사례조사법

54 다음의 소비자정보 유형 중 그 특징이 다른 하나는?

① 가격정보
② 품질정보
③ 신용정보
④ 구매후기 정보

55 기업의 소비자교육에 대한 설명이 틀린 것은?

① 기업이 소비자에게 정보를 제공하고 교육하는 것은 자발적으로 행해지는 기업활동이다.
② 기업이 실시하는 소비자교육의 핵심은 의사결정의 기본이 되는 정보의 제공이다.
③ 기업이 소비자에게 다른 제품 범주 내에서 상품 비교를 하도록 한다.
④ 기업이 소비자교육에 투자하는 것은 상표 충성도를 유지하는 하나의 방법이 된다.

56 다음에서 나타내는 가격정보는?

품 목	내용량	10mL당 가격(원)	판매가격(원)
참기름	300mL	160	4800

① 한계가격표시제
② 생산가격표시제
③ 판매가격표시제
④ 단위가격표시제

57 노인 소비자와 관련된 설명 중 틀린 것은?

① 우리나라는 2000년에 UN이 분류한 '고령사회'에 진입하게 되었는데, 노인인구의 증가는 평균수명 증가, 보건의료 기술의 발달로 지속되고 있다.
② 노인 소비자란 생애주기상 노년기 또는 독거기에 있는 사람으로 시장에서 구매의사 결정에 참여하거나 실제 구매력을 가진 사람을 의미한다.
③ 노인 소비자는 위험회피 의식이 강하고 안전, 건강욕구가 강하며 과거 향수 지향의식이 강하다.
④ 노인 소비자는 소극적, 수동적, 내성적이며 사기・기만에 희생당하기 쉬우며, 동질적인 시장패턴을 지닌 소비자층은 아니다.

58 **소비자교육의 구체적인 실행방법으로 가장 거리가 먼 것은?**

① 소비자정보 제공
② 소비자운동
③ 소비자정책
④ 소비자상담

59 **소비자역량의 구성요인에 대한 설명으로 가장 거리가 먼 것은?**

① 소비자지식은 소비자역량을 구성하는 요소 중 정의적 영역으로 대상에 대한 반응이다.
② 소비자지식은 사실, 개념, 사상의 흡수 및 이해를 지칭한다.
③ 소비자기능은 실천적 영역으로 지식의 응용 및 실제 행위에 해당하는 개념이다.
④ 소비자기능은 금전관리와 구매의 두 가지 차원의 기능으로 크게 구분될 수 있다.

60 **소비자정보의 유용성을 평가하기 위한 기준이 아닌 것은?**

① 관련성 : 의사결정에 꼭 필요한 정보인가?
② 제한성 : 아무나 수집할 수 없는 중요한 정보인가?
③ 정확성 : 오류가 없는 정확한 정보인가?
④ 최신성 : 변화한 현실에 맞는 새로운 정보인가?

61 **청소년 소비자에 대한 설명 중 틀린 것은?**

① 청소년 소비자들은 부모에게 의존했던 구매행동이 청소년기에 들어서면서 독립적으로 이루어지는 경향이 크지만, 입시위주의 교육 및 생활이라 적극적인 소비생활이 위축되어 있어 성인소비자에 비해서는 소비자문제를 적게 경험하게 된다.
② 청소년의 생활양식은 물질적인 것에 강한 집착과 높은 가치를 부여하고 있어, 인기 연예인 및 상류층의 과시소비풍조를 모방하는 경향이 있고 충동적이다.
③ 청소년 소비자들은 소비자능력이 완전히 형성되지 않은 상태에서 시장에서의 소비자역할이 커지므로 다양한 유형의 많은 소비자문제를 경험하게 된다.
④ 청소년의 건전한 소비문화 형성을 위해 학교교육을 통한 청소년 소비자의 소비자교육이 적극 실시되어야 하며, 이론 중심이 아닌 생활현장 중심의 경제교육이 실시되어야 한다.

62 **소비자교육에 대한 요구분석의 계획에 대한 설명으로 가장 거리가 먼 것은?**

① 요구분석의 목적 및 결정 - 학습자와 지역사회에 대한 충분한 정보 파악이 필요하다.
② 교육기법과 도구의 선정 - 요구분석에 영향을 미치는 가장 적절한 기법과 도구를 선정한다.
③ 단계별 계획의 개발 - 단계별로 해야 할 것을 정확하게 이해하고, 실행할 수 있도록 세부적으로 계획하고 개발한다.
④ 결과에 대한 커뮤니케이션 - 요구분석을 실시하는 과정 및 실시한 뒤의 결과, 두 가지 수준을 모두 고려해야 한다.

63 **소비자교육을 위한 요구분석의 계획과정에서 가장 먼저 이루어져야 할 절차는?**

① 상황평가
② 요구분석의 목적 결정
③ 기법과 도구의 선정
④ 단계별 계획의 개발

64 **정부의 정보공개정책에 따라 특정상품에 대해 품질을 사정하여 판정등급을 포장에 부착함으로써 소비자에게 제공되도록 하는 정보는?**

① 등급사정정보
② 품질비교정보
③ 품질인증정보
④ 표 시

65 **소비자요구분석을 전화를 활용한 조사연구에 의해 행할 때 얻기 어려운 자료는?**

① 의 견
② 기호도
③ 사실에 대한 지각
④ 특정한 행동에 대한 기록

66 **인터넷 정보검색 등 최근의 소비생활 변화와 가장 거리가 먼 것은?**

① 양방향 의사소통으로 정보가 풍부해졌다.
② 소비자와 생산자 간의 정보비대칭성을 해소시켰다.
③ 정보수집, 처리와 가공, 전송, 분배, 이용 등이 자유로워졌다.
④ 정보처리비용이 증가되었다.

67 **소비자정보시스템 구축의 최종 점검단계 시 체크해야 할 사항이 아닌 것은?**

① 사용자의 비효율성 제거
② 시스템의 안정성
③ 데이터베이스의 간편성
④ 자산 보안성

68 **경제구조로 인해 발생하는 소비자와 생산자의 불균형을 조정하기 위해 가장 필요한 것은?**

① 소비자교육
② 소비자행동
③ 소비자방송
④ 소비자경제

69 **장애인 소비자교육을 실시할 때 고려해야 할 사항으로 가장 거리가 먼 것은?**

① 장애 유형
② 장애 수준
③ 생애주기단계
④ 라이프스타일

70 **소비자정보의 전달매체와 그 특징으로 틀린 것은?**

① 웹사이트 : 오프라인 정보를 온라인으로 옮겨 정보를 제공해주며 다양한 고객지향활동들을 수행한다.
② 브로슈어 : 기업 이미지 및 상품 광고의 대체 역할을 할 수 있다.
③ 카탈로그 : 특정 사업내용이나 상품 등에 대한 소개를 집중적으로 부각시킬 때 사용하며, 고객에게 부담 없이 접근하기에 용이하고 비용이 상대적으로 저렴하다.
④ 제품사용설명서 : 제품의 소비자계층을 정확하게 파악하여 그들의 수준에서 쉽게 이해할 수 있도록 제품설명서를 작성한다.

71 **청소년 소비자의 특성에 대한 설명으로 가장 거리가 먼 것은?**

① TV 광고에 무방비 상태로 영향을 받는다.
② 또래집단이 미치는 영향력이 크다.
③ 부모로부터 독립된 소비자행동을 보인다.
④ 가치관 혼란에서 오는 과시적인 소비행동을 보인다.

72 **소비자교육 프로그램의 평가기준으로 가장 거리가 먼 것은?**

① 얼마나 많은 소비자가 참여했는가?
② 내용이 참신하면서도 실용적이었는가?
③ 교육내용이 피교육자에게 잘 전달되었는가?
④ 프로그램이 피교육자의 수준에 적합했는가?

73 다음의 특성을 갖는 소비자정보 원천은?

- 공정하고 사실적인 정보임
- 불완전한 정보일 가능성이 높음
- 정보의 최신성이 결여될 가능성이 높음

① 소비자에 의한 정보
② 중립적 매체에 의한 정보
③ 판매원에 의한 정보
④ 광고에 의한 정보

74 국제품질인증기구를 의미하는 것은?

① ISO
② IMO
③ BSI
④ CS

75 다음 중 마지막 다섯 번째의 목표는?

- 국제소비자 연맹(IOCU)은 1984년 오슬로 회의에서 오늘날 소비자단체가 추구하는 소비자교육을 통해 달성해야 할 5가지 목표들을 제시하였다.
- 첫째, 비판적 사고, 둘째, 공정거래를 확보하기 위한 능동적 행동, 셋째, 불이익 집단이나 약자집단을 위한 소비자 영향을 인식하는 사회적 책임, 넷째, 환경에 대한 관심들이다.

① 이성적 소비자로서의 태도를 기르는 것
② 자신의 욕구를 확실하게 알고 상품의 선택자로서 경제적 역할을 수행하는 것
③ 소비자선택을 위한 지식과 기술을 획득하는 것
④ 소비자의 권익과 보호를 촉진시킬 수 있는 영향력을 기르기 위해 서로 연대하는 것

제4과목 소비자와 시장

76 백화점의 층별 매장 배치와 관련한 마케팅 전략에 대한 설명으로 가장 거리가 먼 것은?

① 매출비중이 클수록 소비자가 접근하기 쉬운 낮은 층에 배치된다.
② 백화점 층별 매출기준으로 볼 때 층별 배치는 피라미드 구조를 갖는다.
③ 계획구매를 주로 하는 가전, 유아, 가구 등의 매장은 분수효과를 얻을 수 있도록 배치한다.
④ 백화점 식품매장이 지하에 배치되는 것은 지하에 배치된 식품매장은 긴요도가 높은 식품류를 통해 다른 매장의 방문 가능성을 높이기 위한 것이다.

77 기업이 제품의 계획된 진부화를 시도하는 이유로 가장 적합한 것은?

① 내구성 향상 시도
② 제품의 수명단축
③ 기술의 촉진
④ 자원의 효율적 사용

78 소비자의사결정과정 중 구매단계에서 필요한 비용과 가장 거리가 먼 것은?

① 금전적인 비용
② 비금전적인 비용
③ 유지비용
④ 기회비용

79 미국의 케네디 대통령이 소비자권리를 최초로 선언하며 의회에 보낸 '소비자의 권익보호에 관한 특별교서'에서 제시한 4대 소비자권리가 아닌 것은?

① 안전할 권리
② 알 권리
③ 선택할 권리
④ 피해보상을 받을 권리

80 **다음에서 설명하는 것은?**

> 소비자의 선택을 결정하는 요인이 소득이나 가격 등 경제적 요인뿐만 아니라 그 제품의 속성 때문이라는 경제이론

① 소비자수요이론
② 무차별곡선이론
③ 한계효용이론
④ 특성이론

81 **마케팅 목표를 달성하기 위하여 기업들이 활용하는 수단으로 가격, 제품, 촉진, 유통 등을 의미하는 것은?**

① 제품 차별화
② 포지셔닝 전략
③ 마케팅 믹스
④ 머천다이징

82 **농수산물에 대한 유통구조상의 특성에 대한 설명으로 가장 거리가 먼 것은?**

① 농수산물 생산자가 소규모 다수로서 여러 지역에 분포되어 있다. 이로 인해 유통단계가 복잡하다.
② 농수산물은 기후, 외부여건 등의 변화에 의해 공급 변동이 심하다. 이는 가격변동 및 불안정의 원인이 된다.
③ 농수산물의 생산은 소규모 다수 생산구조로 인해 유통 경로가 짧다.
④ 농수산물의 생산은 계절적이므로 저장 또는 재고상품이 발생한다. 이는 가격변동의 원인이 된다.

83 **우리나라 소비문화에 관련된 설명으로 가장 거리가 먼 것은?**

① 과시소비나 남에게 뒤지지 않으려고 하는 속물효과로 인해 심리적 박탈감이나 좌절감을 느끼게 된다.
② 지속가능한 소비에 대한 관심의 증가는 자기 성찰적이고 적정한 소비를 지향하는 윤리적 소비에 관심이 증대되었다.
③ 가격이 비싼 재화에 대한 소비가 사회적으로 높은 지위를 상징하는 것으로 인식되는 경향이 있다.
④ 경제발전으로 인한 풍요는 생존을 위한 소비의 비중이 지속적으로 증가하고 있음을 나타낸다.

84 소비자들이 정보탐색 중 외부탐색을 하게 되는 경우와 가장 거리가 먼 것은?

① 필요로 하는 정보가 있다고 생각할 때
② 선호하는 스타일을 찾을 수 있다고 인식할 때
③ 탐색의 가치가 탐색비용보다 적다고 인식할 때
④ 낮은 가격으로 정보를 얻을 수 있다고 인식할 때

85 준거집단에 대한 설명으로 가장 거리가 먼 것은?

① 한 개인이 자신의 신념, 태도, 가치 및 행동성향을 결정하는 기준이 된다.
② 개인행위 기준을 설명할 뿐 아니라 자신 및 타인행위를 평가하는 기준을 제공한다.
③ 열망집단은 언젠가 자신이 닮고 싶고 본받기를 원하는 집단을 의미한다.
④ 회피집단은 개인이 속해 있으면서 자신이 그 집단에 있다는 것을 부인하는 집단이다.

86 바람직한 소비문화를 형성하기 위한 노력으로 가장 거리가 먼 것은?

① 상류계층을 모방한 소비
② 공동체적 삶을 위한 소비
③ 자기성찰적 소비
④ 건전한 여가생활 소비

87 가치소비를 추구하는 소비자의 특성과 가장 거리가 먼 것은?

① 제품을 구매할 때 감성중심의 제품이나 서비스에 관심을 갖는다.
② 제품에 담긴 이야기나 자신만의 감성을 자극하는 제품을 선택한다.
③ 소비에서 얻는 만족과 기회비용을 비교해서 가장 큰 만족을 가져오는 선택을 한다.
④ 소비의 다양화·개성화·분산화 경향에 따라 선택하는 행동을 보인다.

88 금융상품 선택의 일반적인 구매의사결정에 대한 설명으로 가장 거리가 먼 것은?

① 금융상품에 대한 설명서, 보증서, 영수증 등을 잘 보관한다.
② 금융상품은 적립기간이나 예치기간에 따라 수익률과 불입방식이 다르기 때문에 자금운용기간과 금액을 정확히 파악해서 골라야 한다.
③ 일반적으로 금리 하락기에는 단기 확정금리 상품을, 상승기에는 장기 변동금리 상품을 선택하는 것이 유리하다.
④ 그 상품으로부터 기대하는 것이 무엇인지를 확실히 알아야 한다.

89 독점적 경쟁시장의 조건과 가장 거리가 먼 것은?

① 많은 수의 기업이 존재하며 차별화된 상품을 생산하고 있다.
② 특정 기업의 공급량이 전체시장의 총공급량에 비해 비교적 적다.
③ 비가격경쟁에 비하여 가격경쟁이 활발하게 일어난다.
④ 새로운 기업의 시장진입과 기존기업의 시장탈퇴가 비교적 자유롭다.

90 시장의 경쟁구조를 결정하는 요인이 아닌 것은?

① 국가의 경제규모
② 제품의 동질성 정도
③ 정부의 역할
④ 공급자와 수요자의 수

91 지속가능한 소비를 위한 기본원칙으로 가장 거리가 먼 것은?

① 사전예방 원칙
② 공동책임 원칙
③ 오염자부담 원칙
④ 사후처리 원칙

92 제품별 선택을 살펴볼 때, 소비자가 선택한 제품 성격이 나머지와 다른 것은?

① 변호사로부터 법률상담을 받았으나, 상담 내용이 어려워 아직 정확하게 이해를 할 수 없다.
② 병원에서 간단한 수술을 받았으나 수술이 잘 되었는지는 아직 잘 모르겠다.
③ 화장품의 성분은 잘 모르겠지만 평소에 피부에 잘 맞았던 화장품을 선택하여 구매했다.
④ 자동차 수리 시 정비사로부터 엔진오일에 대한 교체를 권유받아 엔진오일을 교체했다.

93 소비자의 일반적인 정보탐색행동에 대한 설명으로 가장 거리가 먼 것은?

① 일상적이고 정형적인 구매행동의 경우에 내부탐색만으로 구매결정을 하는 경향이 있다.
② 과거의 구매결과가 만족스러웠을 경우, 내부탐색을 하는 경향이 있다.
③ 외부탐색의 정도는 소비자의 개인적 특성과는 무관하다.
④ 구매결정에 연루된 지각된 위험이 클수록 외부탐색을 하는 경향이 증가한다.

94 **한계효용체감의 법칙에 해당하는 경우는?**

① 나는 아이스크림이 좋아서 아무리 먹어도 질리지 않는다.
② 부모님께 받은 용돈 내에서 합리적이고 효율적으로 구매하였다.
③ 짬뽕도 먹고 싶었지만 자장면이 더 먹고 싶었으므로 자장면을 먹었다.
④ 배가 너무 고파서 세 그릇이라도 먹을 수 있을 것 같았지만 두 그릇을 먹으니 더 이상 먹고 싶지 않았다.

95 **후기 자본주의사회에서 등장한 소비의 특성을 묘사한 것과 가장 거리가 먼 것은?**

① 상품의 이미지에 자신을 투영하려 한다.
② 풍요가 끊임없이 새로운 욕구를 창출한다.
③ 사물의 사용가치보다 기호가치를 추구한다.
④ 경제적 가치의 교환에 대한 욕구가 높다.

96 **소비자의사결정에 대한 관여도의 영향에 대한 설명으로 가장 거리가 먼 것은?**

① 인식과 신념, 태도형성 후 행동에 이르는 신중한 의사결정 관여도가 높을 경우 소비자는 인식과 신념 단계를 거쳐 태도형성 후 행동에 이른다.
② 관여도는 높지만 소비자가 상표들 간의 차이를 거의 인식하지 못할 경우 이전 행동을 반복한다.
③ 관여도가 낮을 경우 소비자는 행동이 먼저 이루어지고 태도 형성 후 인식이 생긴다.
④ 관여도가 낮으면서 소비자가 상표들 간의 차이를 거의 지각하지 않을 때 상표에 대한 상표 태도가 형성되지 않는다.

97 **바람직한 소비문화 형성을 위한 소비자의 태도로 가장 거리가 먼 것은?**

① 소비자는 단기적인 효용의 극대화뿐만 아니라 소비자의 일생을 고려한 장기적 효용의 개념과 사회적인 비용을 고려하여 행동해야 한다.
② 재화의 구매와 소비에 있어 구입가치보다는 재화의 사용으로 얻어지는 실질적인 가치를 확보하도록 노력해야 한다.
③ 사회공동체에서의 책임 행사보다 소비자로서의 권리실현을 위해 노력해야 한다.
④ 욕구의 균형을 유지하는 소비자의 소비균형감각과 함께 개인적인 만족뿐만 아니라 타인과 사회, 나아가 미래세대의 풍요를 동시에 고려하여야 한다.

98 온라인마케팅의 특징만을 모두 고른 것은?

> ㄱ. 공간적 · 시간적인 제약이 없다.
> ㄴ. 단방향 커뮤니케이션 수단이다.
> ㄷ. 저렴하고 강력한 마케팅 수단이다.
> ㄹ. 보수적이고 안정적인 마케팅 수단이다.

① ㄱ, ㄴ
② ㄱ, ㄷ
③ ㄱ, ㄷ, ㄹ
④ ㄴ, ㄷ, ㄹ

99 과점시장의 특성에 대한 설명으로 가장 거리가 먼 것은?

① 새로운 기업의 시장진입에 장벽이 존재한다.
② 기업들 사이에서 강한 상호의존성이 존재한다.
③ 소비자나 기업이 경제적, 기술적 정보를 모두 가지고 있다.
④ 가격경쟁보다는 비가격경쟁이 일어난다.

100 소비자의사결정에 영향을 미치는 요인 중 개인적 요인의 역할에 대한 설명으로 가장 거리가 먼 것은?

① 소비자는 광고 등의 외부 자극에 대해 자신이 필요로 하는 부분만 선택적으로 지각한다.
② 구매한 제품에 대한 소비자의 만족도가 높을수록 그 제품에 대한 학습은 긍정적으로 강화되며 반복구매의 가능성이 높아진다.
③ 합리적인 구매 동기는 소비자 스스로 필요성을 인식하는 것보다 기업의 판매전략에 의해서 유발된다.
④ 소비자 자원은 일반적으로 소득과 시간으로 구성되며 구매 대체안 결정 시 예산제약 및 시간제약으로 작용하게 된다.

소비자전문상담사

PART 3

2020년 2급 필기 기출문제

제1 · 2회 기출문제

제3회 기출문제

제 1·2 회 2020년 2급 필기 기출 문제

소비자전문상담사 Consumer Adviser Junior

제1과목 소비자상담 및 피해구제

01 소비자가 방문상담을 위해 내방한 경우 소비자가 말하는 것을 효과적으로 경청하기 위한 상담사의 자세로 가장 적합한 것은?

① 상담사의 상체를 약간 뒤쪽으로 젖히고 앉음으로써 상담사를 처음 대하는 소비자의 심적 부담을 덜어준다.
② 소비자의 말에 대해 상담사는 고개를 끄덕여 보임으로써 소비자의 의사가 잘 전달되고 있음을 알린다.
③ 상담사는 화려하고 현재 유행하는 복장을 갖추어 개성을 나타내도록 한다.
④ 상담사의 눈은 자연스럽게 소비자의 두 손 부분에 고정함으로써 소비자의 비언어적 의사소통에 집중한다.

02 다음에서 설명하고 있는 경청의 유형은?

- 자신의 판단이나 충고를 가지고 대화에 끼어들기 없이 소비자의 말뿐만 아니라 비언어적인 메시지와 감정 등 완전한 메시지에 주의를 기울이는 것
- 상담사는 이해했다는 사실을 소비자에게 알릴 수 있도록 하는 것

① 적극적 경청　② 수동적 경청
③ 동정적 경청　④ 평가적 경청

03 한국소비자원의 소비자 피해구제에 관한 설명 중 틀린 것은?

① 한국소비자원 원장은 피해구제신청의 당사자에 대하여 피해보상에 관한 합의를 권고할 수 있다.
② 국가·지방자치단체 또는 소비자단체는 소비자로부터 피해구제의 신청을 받은 때에는 한국소비자원에 그 처리를 의뢰할 수 있다.
③ 소비자는 물품 등의 사용으로 인한 피해가 발생할 경우 소비자단체의 피해처리를 거쳐야만 한국소비자원에 피해구제를 신청할 수 있다.
④ 한국소비자원의 피해구제 처리절차 중에 법원에 소를 제기한 당사자는 그 사실을 한국소비자원에 통보하여야 한다.

04 소비자분쟁해결기준상 인터넷 콘텐츠업의 분쟁유형별 해결기준으로 틀린 것은?

① 법정대리인의 동의 없는 미성년자 계약 – 계약취소
② 허위, 과장광고에 의한 이용계약 – 계약해제 및 이용료 전액환급
③ 실제 이용한 시간보다 초과하여 이용요금 청구 – 초과분 환급
④ 사전고지하지 않은 4시간 이상의 서비스 중지·장애로 인한 피해 – 서비스 중지·장애시간만큼 무료연장

05 상담 시 소비자가 일반적으로 원하는 것과 가장 거리가 먼 것은?

① 책임 있는 상담업무의 처리
② 적시에 서비스를 제공받기
③ 관심과 정성이 담긴 서비스 제공받기
④ 자신의 잘못된 소비 행동에 대해 지도받기

06 도전적인 고객에 대한 설명 중 가장 적절하지 않은 것은?

① 문제를 명료화하고 관련된 변수를 파악하기 위해 질문법을 이용한다.
② 도전적인 고객을 관리하는 좋은 방법은 그냥 무시하는 것이다.
③ 고객의 시간을 존중하는 것은 도전적인 고객을 만들지 않는 한 방법이다.
④ 고객이 무엇을 경험했는가를 이해하는 등의 감정이입을 하는 것이 좋다.

07 **소비자분쟁해결기준상 품질보증기간에 대한 설명으로 틀린 것은?**

① 품질보증기간은 사업자가 품질보증서에 표시한 기간으로 한다.
② 중고제품은 품질보증기간이 없다.
③ 품질보증기간은 소비자가 물품을 구입한 날로부터 기산한다.
④ 품질보증기간이 정해지지 않은 경우에는 1년으로 본다.

08 **구매의사결정의 단계별로 소비자상담을 구분할 때 한국소비자원과 소비자단체에서의 소비자상담 중 비중이 가장 큰 것은?**

① 비(非)구매 상담
② 구매 전 상담
③ 구매 시 상담
④ 구매 후 상담

09 **다음은 기업 소비자상담부서의 역할변화를 도식화한 것이다. ㉠, ㉡, ㉢, ㉣에 들어갈 각 내용으로 알맞은 것은?**

과 거	현 재
비용센터	수익센터
㉠	㉡
㉢	㉣
분 산	통 합
판매, 판매보조	마케팅 핵심역할
고객서비스	고객접촉과의 관계

① ㉠ : 콜관리, ㉡ : 관계관리(CRM), ㉢ : 상품·서비스 중심, ㉣ : 고객 중심
② ㉠ : 관계관리(CRM), ㉡ : 콜관리, ㉢ : 상품·서비스 중심, ㉣ : 고객 중심
③ ㉠ : 콜관리, ㉡ : 관계관리(CRM), ㉢ : 고객 중심, ㉣ : 상품·서비스 중심
④ ㉠ : 관계관리(CRM), ㉡ : 콜관리, ㉢ : 고객 중심, ㉣ : 상품·서비스 중심

10 기업의 소비자상담에 관한 내용 중 틀린 것은?

① 사업자는 소비자로부터 제기되는 의견이나 불만 등을 기업경영에 반영하고, 소비자의 피해를 신속하게 처리하기 위한 소비자상담기구를 설치하여야 한다.
② 사업자 및 사업자단체는 소비자의 불만 또는 피해의 상담을 위하여 국가기술자격법에 따른 관련 자격이 있는 자 등 전담직원을 고용·배치하도록 적극 노력하여야 한다.
③ 중앙행정기관의 장은 사업자 또는 사업자단체에게 소비자상담기구의 설치·운영을 권장하거나 그 설치·운영에 필요한 지원을 할 수 있다.
④ 공정거래위원회는 소비자상담기구의 설치·운영에 관한 권장기준을 정하여 고시할 수 있다.

11 소비자분쟁해결기준에 규정되어 있지 않는 것은?

① 품목별 내용연수표
② 과태료 부과기준
③ 분쟁유형 및 해결기준
④ 품질보증기간 및 부품보유기간

12 소비자중심경영(CCM ; Consumer Centered Management)에 대한 설명 중 틀린 것은?

① 소비자중심경영의 평가체계는 리더십, 시스템, 성과라는 세 가지 관점에서 이루어진다.
② 소비자중심경영의 운영기관은 공정거래위원회이며, 인증기관은 한국소비자원이다.
③ 소비자중심경영은 제품 및 서비스의 기획에서부터 개발, 생산, 판매에 이르기까지 가치 창출의 주요활동들이 소비자 관점에서 이루어지는 경영활동을 말한다.
④ 소비자중심경영의 운영은 운영준비, 구축 및 운영, 평가와 인증, 유지와 개선의 4단계로 이루어진다.

13 **소비자상담사에게 요구되는 다양한 지식을 바르게 설명한 것은?**

종 류	설 명
일반적 지식	㉠
제품에 대한 지식	㉡
제품시장에 대한 지식	㉢
소비자의 구매심리에 대한 지식	㉣

① ㉠ : 일반 취급상품에 관한 구별 및 상품의 기능, 용도, 사용방법, 조작, 유용성 및 상품의 장단점과 가치 등
② ㉡ : 소비자의 소비성향, 구매행동, 구매심리에 대한 지식 및 소비자를 대하는 지식 등
③ ㉢ : 관련제품에 관한 내용 및 구매자의 사회통계학적 특성을 파악, 구매목적에 관한 지식 등
④ ㉣ : 회사에 대한 지식, 업계의 동향 및 일반 경제에 관한 지식, 다양한 제품에 관한 지식

14 **공공기관의 소비자상담 추진방향으로 가장 거리가 먼 것은?**

① 양적 성장을 바탕으로 하는 산업별 조직체계 구축
② 소비자상담센터(1372) 및 전문상담원의 활성화
③ 지역특성에 맞는 지방소비자상담의 활성화
④ 공공기관 및 소비자단체 간의 유기적 협조

15 **소비자기본법상 소비자분쟁해결기준에 대한 설명 중 틀린 것은?**

① 품목별 소비자분쟁해결기준에서 해당 품목에 대한 분쟁해결기준을 정하고 있지 아니한 경우에는 같은 기준에서 정한 유사품목에 대한 분쟁해결기준을 준용할 수 있다.
② 소비자와 사업자 사이에 발생하는 분쟁을 원활하게 해결하기 위하여 소비자분쟁해결기준을 제정할 수 있다.
③ 소비자분쟁해결기준은 분쟁당사자 사이에 분쟁해결방법에 관한 별도의 의사표시가 없는 경우에 한하여 분쟁해결을 위한 합의 또는 권고의 기준이 된다.
④ 품목별 소비자분쟁해결기준에서 동일한 피해에 대한 분쟁해결기준을 두 가지 이상 정하고 있는 경우에는 사업자가 선택하는 해결기준에 따른다.

16 소비자 입장에서 소비자상담이 필요한 이유와 가장 거리가 먼 것은?

① 소비자문제의 심화
② 소비자의식의 향상
③ 소비자선택의 어려움
④ 거래상지위의 균등

17 상담 시 소비자의 욕구를 파악하기 위한 질문 중 성격이 다른 하나는?

① 자동차의 어떤 성능을 원하십니까?
② 제가 들은 것이 확실하다면 휴대폰을 켜실 때 문제가 생기는 거죠?
③ 이전에 저희 회사 서비스를 이용하신 적이 있다고 하셨는데, 맞습니까?
④ 이 셔츠는 지금 입고 계신 셔츠의 소재와 동일합니다. 이 제품으로 포장해 드릴까요?

18 인터넷상담의 특징에 대한 설명 중 틀린 것은?

① 상담 장소, 시간 등에 구애받지 않고 상담을 수시로 할 수 있다.
② 상담내용을 공개할 수 있어 유사한 내용의 반복을 줄일 수 있다.
③ 소비자상담 사례 및 관련 정보를 축적하기 수월하다.
④ 1:1 상담만 가능하다.

19 소비자단체에서 수행하는 소비자상담의 성격과 가장 거리가 먼 것은?

① 제품 및 서비스에 대한 소비자피해구제를 통한 개별 소비자의 권익옹호
② 소비자들의 의식 제고와 소비자교육 및 상담 프로그램의 개발
③ 소비자상담 결과에 기초한 소비자문제에 관한 조사・연구
④ 소비자상담 결과를 활용한 기업의 이미지 향상을 위한 정보제공

20 **구매단계별 소비자상담의 내용으로 틀린 것은?**

① 기업의 구매 전 상담 : 자사 제품과 관련된 정보제공 또는 제품의 구매 선택에 관한 설명
② 소비자단체의 구매 전 상담 : 제품의 구매선택에 직접적으로 도움을 주는 정보 및 소비생활 전반에 관한 정보 제공
③ 구매 시 상담 : 소비자가 목표 상품을 정하지 않을 경우 가격 또는 수요에 맞는 상품을 선택할 수 있도록 조력하는 것
④ 구매 시 상담 : 소비자가 빠른 시간 내에 구매의사를 결정할 수 있도록 상담자의 주관적 판단 제공

21 **소비자단체의 일반적인 소비자상담 처리순서로 가장 적합한 것은?**

① 상담내용 접수 → 해결 가능한 소비자문제인지 확인 → 상담사건 분류 → 상담진행과정 기록 → 실제제품 확인 또는 검사의뢰
② 상담내용 접수 → 상담사건 분류 → 해결 가능한 소비자문제인지 확인 → 상담진행과정 기록 → 실제제품 확인 또는 검사의뢰
③ 해결 가능한 소비자문제인지 확인 → 상담내용 접수 → 상담사건 분류 → 상담진행과정 기록 → 실제제품 확인 또는 검사의뢰
④ 해결 가능한 소비자문제인지 확인 → 상담내용 접수 → 상담사건 분류 → 실제제품 확인 또는 검사의뢰 → 상담진행과정 기록

22 **한국소비자원의 불만처리 및 피해구제에 대한 설명으로 틀린 것은?**

① 다른 법률의 규정에 따라 설치된 전문성이 요구되는 분야의 분쟁조정기구에 신청된 피해구제로서 대통령령이 정하는 피해구제는 그 처리대상에서 제외한다.
② 국가 또는 지방자치단체가 제공한 물품으로 인하여 발생한 피해구제는 그 처리대상에서 제외한다.
③ 사업자는 소비자로부터 피해구제의 신청을 받은 날부터 15일이 경과하여도 합의에 이르지 못하는 경우에는 그 처리를 의뢰할 수 있다.
④ 피해구제신청사건을 처리함에 있어서 당사자 또는 관계인이 법령을 위반한 것으로 판단되는 때에는 관계기관에 이를 통보하고 적절한 조치를 의뢰하여야 한다.

23 **매체별 소비자상담의 특성 중 가장 거리가 먼 것은?**

① 대면상담은 전화 혹은 인터넷 상담에 비하여 비언어적 요소를 통하여 소비자의 감정까지도 이해할 수 있다.
② 인터넷상담은 문자를 통해서만 의사소통을 해야 하기 때문에 일상적인 언어표현과 다른 통신언어가 발달하고 있다.
③ 문서상담은 전화나 인터넷으로 상담하기에는 내용이 길고 복잡하여 상담에 필요한 자료 등을 자세하게 제공하기 위한 방법으로 이용된다.
④ 전화상담을 통한 의사소통의 기본요소는 말하기와 듣기, 비언어적 요소로 구성된다.

24 **소비자분쟁해결기준에 따른 신용카드 관련 분쟁유형과 해결기준이 틀린 것은?**

① 분실·도난 신고를 통지한 날로부터 60일 전후에 소비자의 귀책사유 없이 제3자가 부정사용한 경우 – 전액보상
② 발급카드 수령 전 제3자에게 전달되어 부정사용된 경우 – 전액보상
③ 카드위변조로 비밀번호가 유출되어 사용된 경우 – 전액보상
④ 10만원의 할부 결제 후 항변권을 행사하였으나 거절하는 경우 – 전액보상

25 **기업의 소비자상담 결과활용에 관한 설명으로 가장 적합한 것은?**

① 불만고객의 욕구를 인정하여 모든 소비자가 원하는 것을 해결해 주어야 한다.
② 고객의 욕구를 최고경영자에게 알려 경영에 반영하는 것이 중요하다.
③ 불만고객에 대한 정보는 소비자상담 부서에서만 처리할 업무이다.
④ 소비자가 제품에 대해 만족할 수 없으므로 효율적인 불만 처리에 집중한다.

제2과목 소비자관련법

26 **방문판매 등에 관한 법률에서 규정하고 있는 판매방법이 아닌 것은?**

① 통신판매
② 다단계판매
③ 계속거래
④ 전화권유판매

27 **방문판매 등에 관한 법률상 다단계판매와 관련한 설명으로 틀린 것은?**

① 다단계판매원은 언제든지 다단계판매업자에게 탈퇴의사를 표시하고 탈퇴할 수 있다.
② 「사립학교법」에 의한 교원은 다단계판매원으로 등록할 수 있다.
③ 다단계판매원은 일정한 요건에 따라 다단계판매업자에게 청약철회를 할 수 있다.
④ 다단계판매원으로부터 재화를 구입한 소비자는 우선적으로 다단계판매원에게 청약철회를 하여야 한다.

28 **약관의 규제에 관한 법률상 약관 분쟁조정협의회의 분쟁조정제도에 대한 설명으로 틀린 것은?**

① 집단분쟁조정제도를 규정하고 있다.
② 불공정약관으로 인해 피해를 입은 사업자는 분쟁조정을 신청할 수 있다.
③ 약관의 무효판정을 요구하는 사건은 분쟁조정을 신청할 수 없다.
④ 협의회는 조정을 신청 또는 의뢰받은 날부터 30일이 경과하여도 조정이 성립되지 아니한 경우에는 조정절차를 종료하여야 한다.

29 **'시장의 자유롭고 공정한 경쟁의 유치'에 해당되는 소비자의 권리는?**

① 안전의 권리
② 알 권리
③ 선택의 권리
④ 의견 반영의 권리

30 **전자상거래 등에서의 소비자보호에 관한 법률상 공정거래위원회의 시정조치가 아닌 것은?**

① 해당 위반행위의 중지
② 전자상거래 등에서의 소비자보호에 관한 법률에 규정된 의무의 이행
③ 통신판매업 신고의 직권 말소
④ 시정조치를 받은 사실의 공표

31 **할부거래에 관한 법률상 소비자가 할부금의 지급에 대한 기한의 이익을 주장하지 못하는 경우는?**

① 할부금 미지급이 연속하지 아니하고 그 지급하지 아니한 금액이 할부가격의 5%인 경우
② 할부금을 다음 지급기일까지 연속하여 2회 지급하지 아니하고 그 지급하지 아니한 금액이 할부가격의 5%인 경우
③ 할부금을 다음 지급기일까지 지급하지 아니하고 그 지급하지 아니한 금액이 할부가격의 10%인 경우
④ 할부금을 다음 지급기일까지 연속하여 2회 지급하지 아니하고 그 지급하지 아니한 금액이 할부가격의 20%인 경우

32 **민법상 미성년자가 단독으로 유효한 법률행위를 할 수 없는 경우는?**

① 채무면제를 받는 계약의 체결
② 법정대리인이 범위를 정하여 처분을 허락한 재산의 처분
③ 경제적으로 유리하지만 의무를 부담하는 계약
④ 법정대리인으로부터 허락을 받은 특정한 영업에 관한 미성년자의 행위

33 **전자상거래 등에서의 소비자보호에 관한 법률상 소비자보호지침을 정할 수 있는 기관은?**

① 산업통상자원부 ② 공정거래위원회
③ 한국소비자원 ④ 금융감독원

34 표시 · 광고의 공정화에 관한 법률상 표시 · 광고 내용의 실증에 대한 설명으로 틀린 것은?

① 사업자 등은 자기가 행한 표시 · 광고 중 사실과 관련한 사항에 대하여는 이를 실증할 수 있어야 한다.
② 공정거래위원회는 사업자 등이 부당한 표시 · 광고 행위의 금지에 관한 규정을 위반할 우려가 있어 사업자의 실증이 필요하다고 인정되는 경우에는 그 내용을 구체적으로 밝혀 해당 사업자 등에게 관련 자료의 제출을 요청할 수 있다.
③ 공정거래위원회로부터 실증자료의 제출을 요청받은 사업자 등은 요청받은 날부터 7일 이내에 그 실증자료를 제출하여야 한다.
④ 공정거래위원회는 상품 등에 관하여 소비자가 잘못 아는 것을 방치하거나 공정한 거래질서를 유지하기 위하여 필요하다고 인정되는 경우에는 사업자 등이 제출한 실증자료를 갖추어 두고 일반이 열람할 수 있게 할 수 있다.

35 약관의 규제에 관한 법률에서 명시적으로 규정한 목적에 해당하지 않는 것은?

① 소비자보호
② 국민생활을 균형 있게 향상시키는 것
③ 불공정한 내용의 약관을 규제함으로써 건전한 거래질서 확립
④ 공정하고 자유로운 경쟁을 촉진시키는 것

36 민법상 성년의 연령으로 옳은 것은?

① 18세 ② 19세
③ 20세 ④ 21세

37 할부거래에 관한 법률상 할부계약에 의한 할부대금채권의 소멸시효는?

① 1년 ② 3년
③ 5년 ④ 10년

38 **방문판매 등에 관한 법률상 다단계판매원이 될 수 있는 자는?**

① 법 인
② 국가공무원
③ 학습지 교사
④ 다단계판매업자의 임직원

39 **표시 · 광고의 공정화에 관한 법률상 사업자단체가 당해 사업자단체에 가입된 사업자에 대하여 표시 · 광고를 제한하는 행위를 할 수 있는 경우가 아닌 것은?**

① 법령에 따르는 경우
② 사업자단체의 계속적인 존속을 위한 경우
③ 공정거래위원회가 공정한 거래질서를 유지하기 위하여 필요하다고 인정하는 경우
④ 공정거래위원회가 소비자의 이익을 보호하기 위하여 필요하다고 인정하는 경우

40 **전자상거래 등에서의 소비자보호에 관한 법률상 통신판매업자와 재화 등에 구매에 관한 계약을 체결한 소비자가 행사할 수 있는 청약철회권에 관한 설명 중 옳은 것은?**

① 계약내용에 관한 서면을 교부받은 날부터 14일 이내에 행사해야 한다.
② 계약내용에 관한 서면을 교부받은 때보다 재화 등의 공급이 늦게 이루어진 경우에는 재화 등의 공급을 받거나 공급이 개시된 날부터 7일 이내에 행사하여야 한다.
③ 통신판매업자의 주소 등이 기재되지 아니한 서면을 교부받은 경우 그 주소를 안 날로부터 14일 또는 알 수 있었던 날부터 30일 이내에 행사하여야 한다.
④ 소비자는 재화 등의 내용이 표시 · 광고 내용과 다르거나 계약내용과 다르게 이행된 경우에는 당해 재화를 공급받은 날부터 1월 이내에 행사하여야 한다.

41 **제조물 책임법상 손해배상책임을 지는 자가 입증하여 그 책임을 면할 수 있는 사유가 아닌 것은?**

① 제조업자가 해당 제조물을 공급하지 아니하였다는 사실
② 제조업자가 해당 제조물을 공급한 당시의 과학·기술 수준으로는 결함의 존재를 발견할 수 없었다는 사실
③ 제조물의 결함이 제조업자가 해당 제조물을 제조할 당시의 법령이 정하는 기준을 준수함으로써 발생한 사실
④ 원재료 또는 부품의 경우에는 해당 원재료 또는 부품을 사용한 제조물 제조업자의 설계 또는 제작에 관한 지시로 인하여 결함이 발생하였다는 사실

42 **소비자기본법상 집단분쟁조정에 대한 설명 중 옳은 것은?**

① 사업자단체는 소비자분쟁조정위원회에 집단분쟁의 조정을 의뢰할 수 있다.
② 집단분쟁조정에 이해관계가 있는 당사자들은 그중 3명 이하를 대표당사자로 선임할 수 있다.
③ 집단분쟁조정의 효력은 당사자가 수락한 경우 재판상의 화해의 효력이 있다.
④ 집단분쟁조정의 내용을 수락한 사업자는 반드시 보상계획서를 작성하여 조정위원회에 제출하여야 한다.

43 **할부거래에 관한 법률상 신용카드 가맹점과 신용카드회원 간에 간접할부계약의 경우 할부거래업자가 할부계약 서면에 반드시 기재하지 않아도 되는 사항은?**

① 현금가격
② 할부수수료의 실제연간요율
③ 목적물의 소유권 유보에 관한 사항
④ 지연손해금 산정 시 적용하는 비율

44 음식료의 채권에 대한 소멸시효기간은?

① 1년 ② 3년
③ 5년 ④ 10년

45 소비자기본법상 법원에 소비자권익침해행위의 금지·중지를 구하는 소송을 제기할 수 있는 단체가 아닌 것은?

① 법정요건을 갖춘 소비자단체
② 법정요건을 갖춘 비영리민간단체
③ 대한상공회의소 및 중소기업협동조합중앙회
④ 사업자로부터 직접적 권익침해를 받은 50인 이상의 피해자모임

46 방문판매 등에 관한 법률상 '영업장소'의 개념을 설명한 것으로 틀린 것은?

① 소유 또는 임차하거나 점용허가를 받은 고정된 장소에서 3개월 이상 계속적으로 영업할 것
② 판매에 필요한 시설을 갖출 것
③ 영업 중에는 소비자가 자유의사에 따라 출입할 수 있을 것
④ 소비자의 자유의사에 따라 재화 또는 용역을 처분할 수 있을 것

47 표시·광고의 공정화에 관한 법률상 임시중지명령에 관한 설명 중 틀린 것은?

① 사업자의 표시·광고행위가 부당한 표시·광고행위에 해당할 수 있다고 명백히 의심되는 경우 공정거래위원회는 그 사업자에게 임시중지명령을 명할 수 있다.
② 소비자단체는 사업자 등의 표시·광고행위가 임시중지명령요건을 충족한다고 인정할 때에는 서면으로 공정거래위원회에 그 표시·광고행위의 일시중지를 명하도록 요청할 수 있다.
③ 임시중지명령을 받은 자가 그 명령에 불복하고자 할 경우, 그 명령을 받은 날로부터 14일 이내에 공정거래위원회에 이의를 제기할 수 있다.
④ 임시중지명령에 대한 이의신청을 받은 공정거래위원회는 지체 없이 서울고등법원에 그 사실을 통보하여야 하며, 통보를 받은 서울고등법원은 비송사건절차법에 따라 재판한다.

48 **전자상거래 등에서의 소비자보호에 관한 법률상 선불식 통신판매에 있어서 통신판매업자가 결제대금 예치제(에스크로) 또는 소비자피해보상보험계약 등을 체결하여야 하는 경우는?**

① 소비자가 대금 5만원을 현금으로 지급한 거래
② 신용카드로 재화 등의 대금을 지급하는 거래
③ 정보통신망에 의해 전송되는 거래
④ 일정기간에 걸쳐 분할되어 공급되는 재화 등을 구매하는 거래

49 **소비자기본법상 소비자단체의 업무로 규정한 것이 아닌 것은?**

① 소비자의 교육
② 국가 및 지방자치단체의 소비자의 권익증진과 관련된 시책에 대한 건의
③ 물품 등의 규격·품질·안정성·환경성에 관한 시험·검사 및 가격 등을 포함한 거래조건이나 거래방법에 관한 조사·분석
④ 소비자권익 증진·안전 및 소비생활의 향상을 위한 정보의 수집·제공 및 국제협력

50 **약관의 규제에 관한 법률상 무효인 약관조항이 아닌 것은?**

① 계약의 해제·해지로 인한 사업자의 원상회복의무나 손해배상의무를 부당하게 경감하는 조항
② 상당한 이유로 사업자가 이행하여야 할 급부를 일방적으로 중지할 수 있게 하거나 제3자에게 대행할 수 있게 하는 조항
③ 고객의 의사표시의 형식이나 요건에 대하여 부당하게 엄격한 제한을 두는 조항
④ 고객에게 부당하게 불리한 소송제기 금지조항 또는 재판관할의 합의 조항

제3과목 소비자교육 및 정보제공

51 기업이 소비자교육을 담당해야 하는 이유로 가장 적합한 것은?

① 기업은 생산하는 상품과 서비스에 대한 정보를 독점하고 시장에서 전문가이기 때문에
② 기업은 지식과 정보가 열등한 소비자를 개발시킬 수 있는 입장에 있기 때문에
③ 기업이 추구한 이윤을 문화사업에 투자하여 사회에 환원해야 하기 때문에
④ 기업이 소비자를 설득하여 구매를 유도해야 이윤을 얻을 수 있기 때문에

52 소비자주권에 관한 설명으로 틀린 것은?

① 법적, 도덕적으로 소비자에게 보장되어야 하는 이상적인 상태로서 소비자가 기대 또는 요구할 수 있는 구체적인 조항으로 표현된다.
② 소비자 개개인의 자유롭고 자주적인 선택권으로 시장 구조를 통해서 궁극적으로 생산자들이 어떤 제품을 생산하게 할 것인가를 결정하는 개념이다.
③ 소비는 모든 생산의 유일한 목적이며 생산자의 이익은 소비자의 이익을 증진시키는 범위 안에서 고려되어야 한다.
④ 소비자의 선택이 시장을 통하여 사회 전체의 자원배분을 결정한다.

53 소비자정보 제공의 내용을 선택, 재무관리, 구매법, 소비자시민성의 4대 영역으로 구분할 때 소비자 권리와 책임, 환경 및 제품안전문제가 속하는 영역은?

① 선택 영역
② 구매법 영역
③ 재무관리 영역
④ 소비자시민성 영역

54 인터넷상에서의 소비자정보제공 사이트에 대한 소비자들의 신뢰를 높이는 방법으로 가장 거리가 먼 것은?

① 사이트 내에서의 정보탐색을 용이하게 한다.
② 사이트에 사업자 신원정보를 공개한다.
③ 이메일 등 사업자와의 접촉통로를 제공한다.
④ 소비자보호 관련 정책을 공개한다.

55 **노인 소비자의 특성으로 볼 수 없는 것은?**

① 다양한 경험과 풍부한 인간관계를 통해 새로운 정보를 잘 알고 있다.
② 경제적 자원이 불충분하여 구매력이 낮다.
③ 신체기능의 저하로 비효율적 구매를 하기 쉽다.
④ 심리적 고립과 소외감으로 인해 개인적 접촉을 이용하는 구매에 노출되기 쉽다.

56 **다음 중 소비자교육 프로그램의 평가요소로 옳은 내용을 모두 고른 것은?**

ㄱ. 소비자 수준과 요구에 적합한 내용인가
ㄴ. 소비자교육 프로그램의 진행은 적절한가
ㄷ. 소비자교육 목표는 달성되었는가
ㄹ. 소비자의 반응은 어떠한가

① ㄱ, ㄴ
② ㄱ, ㄷ
③ ㄴ, ㄷ, ㄹ
④ ㄱ, ㄴ, ㄷ, ㄹ

57 **소비자정보의 특성이 아닌 것은?**

① 이전성
② 비귀속성
③ 비대칭성
④ 누적효과성

58 **청소년 소비자에 대한 일반적인 설명으로 틀린 것은?**

① 가치관 혼란에서 오는 소비행동
② 구매에 대한 영향력 감소
③ 외국제품의 선호, 과시소비
④ 충동구매

59 아동 소비자의 특성으로 틀린 것은?

① TV 등 대중매체에의 과다한 노출
② 가계의 구매의사결정에 미치는 영향력 증가
③ 또래집단 소비행동의 영향력이 가장 큰 시기
④ 가계소득의 증가와 함께 자유재량 소비액의 증가

60 소비자의 요구파악을 위한 '조사연구'방법의 장점은?

① 많은 대상자를 짧은 시간에 조사할 수 있다.
② 조사자의 응답상황을 정확하게 이해할 수 있다.
③ 다른 방법에 비해 연구결과를 일반화하기 어렵다.
④ 어린이나 장애자를 대상으로 한 조사에 적합하다.

61 소비자교육 프로그램의 평가와 관련하여 가장 거리가 먼 것은?

① 소비자교육 프로그램의 목적과 관련하여서는 교육의 방향이 명확히 제시되었는가를 파악한다.
② 소비자교육 프로그램의 내용구성과 관련하여서는 참신하면서도 실용성 있는 내용이었는가를 평가한다.
③ 교육사례의 진행과 관련하여서는 자료의 준비와 활용이 잘 되었는가를 평가한다.
④ 소비자의 반응과 관련하여서는 교육대상이 되는 소비자의 지적 수준이 적절하였는지를 평가한다.

62 정보검색과정에서 추적과정의 설명이 옳은 것은?

① 필요한 정보가 집합되어 있는 시스템이나 데이터베이스까지 연결해 나가는 과정
② 선택된 시스템이나 데이터베이스에서 필요한 정보를 찾아내는 과정
③ 정보내용을 분석하여 중요개념을 추출한 다음 키워드나 분류기호와 같은 색인어를 추출하는 과정
④ 색인어를 연산자를 이용하여 조합함으로써 선택적으로 필요한 정보를 찾아내는 과정

63 **성인기 소비자교육 중 자녀의 용돈교육 내용으로 적합하지 않은 것은?**

① 적은 금액을 정기적으로 준다.
② 집안일을 도운 대가로 용돈을 주지 않는다.
③ 용돈기록장을 쓰게 한다.
④ 미안한 마음을 물질적으로 보상하지 않는다.

64 **소비자를 위한 정보제공 자료 제작 시 내용구성에 대한 설명으로 가장 거리가 먼 것은?**

① 교육적으로 유용성이 있어야 한다.
② 소비자에게 스스로 활용하려는 동기를 부여하는 것이 무엇보다도 중요하다.
③ 내용은 전문성을 갖추어야 하므로 반드시 전문가의 검증을 갖추어야 한다.
④ 시각, 청각적 자료를 적절히 배합하여 소비자의 흥미를 유발할 수 있어야 한다.

65 **소비자교육 방안 중 학습자를 개별화시켜 학습자 자신에게 맞는 속도로 소비자능력을 개발시키는 접근 방안은?**

① 디킨슨(Dickinson)의 발달적 접근방법
② 에드워즈(Edwards)의 공공정책 접근방법
③ 허만(Herrmann)의 역사적 접근방법
④ 메이어(Mayer)의 능력에 기초한 소비자교육 접근방법

66 **Kaufman&English의 체계적인 접근방법(1972)에 의한 소비자교육 요구분석을 위한 단계로 옳은 것은?**

㉠ 요구에 기초한 문제 파악
㉡ 해결 전략 설정
㉢ 해결사항 대안 파악
㉣ 실 행
㉤ 성과의 효율성 평가

① ㉠ - ㉡ - ㉢ - ㉣ - ㉤
② ㉠ - ㉡ - ㉣ - ㉤ - ㉢
③ ㉠ - ㉡ - ㉢ - ㉤ - ㉣
④ ㉠ - ㉢ - ㉡ - ㉣ - ㉤

67 **소비자정보 제작 시 내용의 선정원칙이 아닌 것은?**

① 제공정보의 중요성
② 흥미성과 참신성
③ 교육적 효용성
④ 정보의 일반성

68 **일반적인 고객정보관리의 과정의 나열이 옳은 것은?**

① 전략수립 → 정보의 활용 → 정보의 축적 → 정보의 공유 → 정보의 생성
② 전략수립 → 정보의 생성 → 정보의 축적 → 정보의 공유 → 정보의 활용
③ 전략수립 → 정보의 생성 → 정보의 공유 → 정보의 축적 → 정보의 활용
④ 전략수립 → 정보의 활용 → 정보의 공유 → 정보의 생성 → 정보의 축적

69 **소비자교육 프로그램에 관한 설명으로 틀린 것은?**

① 소비자교육 프로그램의 목적에서는 교육을 통해 기대되는 행동의 변화나 바람직한 방향 등에 대해 진술되어야 한다.
② 소비자교육 프로그램의 목적은 학습자의 교육적 요구·개인적 요구뿐만 아니라 사회적 요구에도 합치되게 설정되어야 한다.
③ 소비자교육 프로그램 내용의 선정준거로는 합목적성, 즉 교육내용은 목적이 지시하는 내용이어야 한다.
④ 한 가지 내용은 한 가지 목적과 관련되어 계속적인 학습이 이루어질 수 있도록 프로그램이 선정되어야 한다.

70 **비형식적 분석방법에 대한 설명으로 가장 적합한 것은?**

① 개인적으로 요구를 결정하고 기록하는 데에 이용되는 방법이다.
② 일상적인 접촉과정을 통해 요구에 관한 정보를 수집할 수 있다.
③ 서로 얼굴을 맞대고 직접 자료를 수집 및 평가하는 방법이다.
④ 요구를 파악하는 데 가장 널리 쓰이는 방법이다.

71 **소비자교육과 소비자정보의 설명 중 틀린 것은?**

① 소비자교육은 소비자행동을 변화시키기 위한 활동이다.
② 소비자교육은 가치지시적이다.
③ 소비자정보는 귀납적이다.
④ 소비자정보는 자료의 사실의 제시를 주된 목적으로 한다.

72 **소비자사회화 개념에 대한 설명으로 옳은 것은?**

① 소비자의 역할을 올바르게 수행할 수 있도록 소비자지식, 태도, 기능을 습득해가는 과정
② 소비자만족 증대를 통한 이익 증대를 도모하는 과정
③ 소비자정책 개발을 위한 소비자를 양성하는 과정
④ 공공의 이익에 대한 관심을 높여 사회적 비용을 줄이기 위한 과정

73 **기업의 소비자정보 활용에 대한 설명으로 틀린 것은?**

① 대부분의 기업들은 자원, 기술, 경영능력이 한정되어 있기 때문에 소비자정보는 자사의 능력에 적합한 세분시장을 구분할 수 있게 한다.
② 소비자정보는 소비자가 제품에 대해서 원하는 효익을 파악하게 해주므로 기업이 소비자가 원하는 것을 제공할 수 있도록 한다.
③ 표적소비자집단의 가격지각에 대한 정보를 토대로 전략을 수립할 수 있다.
④ 기업의 광고 효과를 측정할 수 있다.

74 소비자교육과 소비자정보의 관계로 가장 적합한 표현은?

① 소비자교육과 소비자정보는 보완재의 관계이다.
② 소비자교육과 소비자정보는 대체재의 관계이다.
③ 소비자교육과 소비자정보는 정상재의 관계이다.
④ 소비자교육과 소비자정보는 열등재의 관계이다.

75 소비자교육 프로그램의 목표를 달성하기 위하여 교육내용을 조직할 때 고려해야 할 원리 중 다음 내용이 의미하는 것은?

> 교육대상자의 연령과 학습능력이 발전함에 따라 교육 프로그램의 내용도 수준을 높여 가면서 소비자의 능력을 개발시킬 수 있도록 수직적으로 내용을 구성하는 것이 바람직하다.

① 계속성
② 계열성
③ 통합성
④ 체계성

제4과목 소비자와 시장

76 묶음가격의 효과에 관한 설명으로 틀린 것은?

① 기업은 핵심제품 또는 서비스에 대한 수요를 더욱 증대시킬 수 있다.
② 기업은 부수적인 제품 또는 서비스의 수요를 창출할 수 있다.
③ 기업은 묶음가격을 통한 시너지 효과로 보다 높은 가격으로 제품 또는 서비스를 제공할 수 있다.
④ 소비자는 보다 많은 제품 또는 서비스에 대한 정보를 얻을 수 있다.

77 유통업체의 가격전략 중 다음이 설명하는 것은?

> 프린터와 프린터잉크, 카메라와 필름, 컴퓨터와 소프트웨어 등의 완전보완재의 경우 주 품목의 가격은 저렴하게, 부 품목의 가격은 비싸게 책정하는 판매방식이다.

① 선도가격전략
② 구속가격전략
③ 묶음가격전략
④ 유동가격전략

78 개별 기업의 마케팅관점이 제품판매 전략에서 소비자지향적 전략으로 변화하게 된 주요 배경으로 가장 적합한 것은?

① 제품차별화 전략
② 공급의 과잉
③ 규격표준화 제도
④ 생산자중심 현상

79 다음에서 설명하는 것은?

> 소비자는 광고, 세일판매 등 외부 구매자극에 모두 지각하여 반응하는 것은 아니며, 기업이 끊임없이 제공하는 무한한 정보 중 소비자 자신이 필요로 하는 부분에 대해서만 지각한다.

① 선택적 지각
② 차이 식역
③ 절대 식역
④ 절대적 지각

80 다음의 특징이 가장 두드러지는 시장 구조는?

> • 생산량 증가에 따라 지속적으로 평균비용이 감소하는 규모의 경제가 작용하는 경우
> • 사용자가 증가할수록 편익이 증가하는 네트워크 외부성을 가진 경우

① 완전경쟁시장
② 독점시장
③ 과점시장
④ 독점적 경쟁시장

81 다음에서 설명하는 것은?

> 사람이 많이 다니는 역이나 터미널에서 독서실태 조사 또는 피부미용 마사지 무료제공 등을 빌미로 소비자를 일정 장소로 유인하여 물품구입을 권유하는 기만적인 판매상술

① 캐취세일(Catch Sale)
② 네거티브 옵션(Negative Option)
③ 홈파티(Home Party)
④ 피라미드상술

82 상품수명주기 단축으로 인해 나타나는 현상으로 옳은 것은?

① 소비자의 의사결정이 용이해진다.
② 소비자 문제 발생의 가능성이 줄어든다.
③ 기업의 마케팅 비용이 줄어든다.
④ 소비를 촉진시킨다.

83 미래 소비문화 코드로 가장 적합한 것은?

① 지속가능한 소비, 스마트한 소비
② 환경친화적 소비, 지속가능한 소비
③ 스마트한 소비, 프로슈머
④ 환경친화적 소비, 프로슈머

84 마케터들이 소비자의 구매 후를 겨냥한 강화광고나 구매에 대한 감사의 뜻을 담은 서신, 팸플릿, 전화 등을 하는 이유로 가장 타당한 것은?

① 시장환경에 대한 정보를 제공하기 위해서
② 인지부조화를 감소시키기 위해서
③ 제품의 사용방법을 알려주기 위해서
④ 신규고객을 모집하기 위해서

85 **상품 또는 서비스 구매 시 실제적 가격분산과 인지적 가격분산이 모두 클 경우에 소비자의 탐색특성과 구매의사결정의 효율성과 관련한 내용으로 옳은 것은?**

① 많은 탐색이 필요하며, 탐색의 효율성에 따라 이익 또는 손해를 본다.
② 필요 이하로 탐색하며, 소비자들은 필요 이상으로 가격을 지불하여 손해를 본다.
③ 필요 이상으로 탐색하며, 소비자들은 매우 낮은 가격으로 구매할 가능성이 높다.
④ 아주 적은 탐색이 필요하며, 소비자들은 매우 낮은 가격으로 구매하여 이익을 본다.

86 **가격분산이 큰 시장의 조건으로 가장 적합한 것은?**

① 소비자의 구매 빈도가 높고 재화의 가격이 낮은 시장
② 소비자가 가격차이가 많이 난다고 인지한 시장
③ 소비자 시장규모가 작은 시장
④ 판매자의 시장진입과 퇴출이 활발한 시장

87 **한국소비문화의 특성으로 가장 거리가 먼 것은?**

① 돈을 중시하지 않는다.
② 이중적 성향을 보이고 있다.
③ 과시적 소비를 보이고 있다.
④ 물질주의 가치관을 보이고 있다.

88 소비자의사결정에 영향을 미치는 개인적 요인으로 가장 거리가 먼 것은?

① 개 성
② 학 습
③ 라이프 스타일
④ 문 화

89 한계효용에 대한 설명으로 옳은 것은?

① 한계효용이 가장 큰 경우는 총효용이 가장 큰 경우에 해당한다.
② 소비량이 증가함에 따라 한계효용은 증가한다.
③ 재화 한 단위를 추가적으로 소비할 때마다 변화하는 총효용의 증가분을 뜻한다.
④ 포화점에 도달하면 한계효용은 증가한다.

90 다음의 내용을 고려한 공정무역의 원칙과 가장 거리가 먼 것은?

> 공정무역은 제3세계의 소외된 생산자와 노동자에게 보다 좋은 무역 조건을 제공하며 대화와 투명성, 상호 존중에 입각한 무역협력이다.

① 최저 판매가격 제시
② 생산자들로부터 직접 구매
③ 투명하고 장기적인 거래관계
④ 노동자에게 사회적 초과이익 지불

91 다음의 빈칸에 들어갈 내용으로 알맞은 것은?

> 접근–접근 갈등, 접근–회피 갈등, 회피–회피 갈등 등은 (　　　　　)을(를) 유발시키기 위한 판매전략이다.

① 소비자구매동기　　② 라이프 스타일
③ 개 성　　④ 지 각

92 의사결정의 과정과 관련된 설명으로 틀린 것은?

① 소비자가 실제 상태와 바람직한 상태 간의 차이를 지각하면 욕구가 인식되어 의사결정과정이 시작된다.
② 소비자의 기억 속에 충분한 정보가 저장되어 회상할 수 있게 되면 바로 외적 탐색을 수행한다.
③ 소비자의 기억 속에는 의도적 혹은 비의도적으로 타인에 의해 수집된 정보가 저장되어 있는 경우가 많다.
④ 대안평가는 정보탐색과 별개의 과정으로 이루어지기보다는 동시에 이루어지는 경우가 많다.

93 주택구매 시 고려해야 할 사항이 아닌 것은?

① 구매하고자 하는 주택의 소유권에 문제가 없는지 확인하기 위하여 등기부등본을 열람했다면 현장조사를 꼭 할 필요는 없다.
② 반드시 등기부상의 소유주와 계약을 체결해야 한다.
③ 구매하고자 하는 주택이 속한 시, 구, 군, 읍사무소에서 부지증명을 교부받아 도시계획법에 의한 계획으로 제한되어 있지 않은가를 확인한다.
④ 소비자가 구매하려고 하는 주택의 유형과 크기에 따라 주택시장에 매매하려고 나온 상품은 어떠한 것이 있는가를 조사한다.

94 다음에서 설명하는 것은?

> 청년기, 사회초년생, 결혼, 자녀출산 및 육아, 자녀교육, 자녀결혼, 신분과시, 퇴직 등 인생의 여러 단계에서 소비자가 각 단계와 조화를 이루는 상품을 통하여 자아를 추구하는 현상을 일컫는 용어

① 라이프사이클(Life Cycle) 효과
② 디드로(Diderot) 효과
③ 칵테일(Cocktail) 효과
④ 스놉(Snob) 효과

95 바람직한 소비문화의 형성 방향과 관련한 내용으로 가장 거리가 먼 것은?

① 신소비자문화의 창달
② 가정에서의 건전한 소비문화 형성
③ 소비에서 절약 우선원칙
④ 지속가능한 소비 지향

96 구매의 합리성(Rationality)과 효율성(Efficiency)의 비교 설명으로 옳은 것은?

① 합리적 구매를 했을 경우 효율적 구매일 가능성은 높아진다.
② 합리적 구매를 했을 경우 반드시 효율적 구매를 했다고 볼 수 있다.
③ 합리적 구매는 구매 후 경제적 이득은 물론 심리적 만족도 수반하는 구매이다.
④ 효율적 구매는 개인의 주관적 가치관, 기호를 바탕으로 한 논리적이고 계획적인 구매이다.

97 제품의 수명주기에 대한 설명으로 가장 거리가 먼 것은?

① 도입기 : 판매자의 판매촉진 활동이 활발하다.
② 성장기 : 판매량과 이익이 증가한다.
③ 성숙기 : 기업의 품질개선전략으로 구매를 유도한다.
④ 쇠퇴기 : 일반적으로 구매의 최적기이다.

98 **관여도에 따른 구매의사결정 유형에 대한 설명으로 틀린 것은?**

① 복잡한 의사결정 : 소비자는 적극적으로 정보를 탐색하고 평가기준을 이용해 여러 상표들을 평가한다.
② 상표애호적 의사결정 : 소비자가 제품을 여러 번 구매한 후에는 습관적으로 특정 상표를 반복적으로 구매한다.
③ 제한적 의사결정 : 관여도가 높지 않더라도 신제품의 등장은 소비자의 호기심으로 시험 삼아 구매가 이루어질 수 있다.
④ 관성적 의사결정 : 지속적인 재구매가 이루어지면서 경쟁상표가 가격할인 등을 하더라도 소비자는 상표전환을 하지 않는다.

99 **충동구매에 대한 설명으로 가장 거리가 먼 것은?**

① 자극에 노출되기 전까지는 구매의도를 느끼지 못하다가 자극에 노출되는 순간 즉흥적으로 구매가 이루어지는 경우가 해당된다.
② 정상적인 구매행태에서 벗어나 신기함 내지 회피의 이유로 구매를 하는 경우가 해당된다.
③ 지나치게 구매에 이끌리고 구매하지 못하면 잠을 자지 못하여 치료가 요구될 정도로 구매 욕구를 억제하지 못하는 경우가 해당된다.
④ 가격인하판매나 쿠폰지급과 같은 판촉행사에 영향을 받아 구매를 하는 경우가 해당된다.

100 **소비자의사결정과정 중 소비자가 외부탐색 시 외부탐색의 정도를 좌우하는 요소로 가장 거리가 먼 것은?**

① 제품적 특성 ② 공공적 특성
③ 상황적 특성 ④ 개인적 특성

제 3 회 2020년 2급 필기 기출문제

소비자전문상담사 Consumer Adviser Junior

제1과목 소비자상담 및 피해구제

01 소비자상담사가 갖추어야 할 기초능력과 가장 거리가 먼 것은?

① 의사소통능력
② 문제해결능력
③ 대인관계능력
④ 기업 중심적 사고능력

02 소비자상담 시 말하기에 대한 기법으로 효과적인 방법과 거리가 먼 것은?

① 소비자가 사용하는 언어를 사용한다.
② 소비자와 공감을 갖기 위해 장황하게 이야기한다.
③ 부정적인 단어사용을 삼간다.
④ 상담의 진행을 위하여 유도성 질문을 이용한다.

03 국가고객만족지수(NCSI ; National Customer Satisfaction Index)에 대한 설명으로 가장 거리가 먼 것은?

① 기업을 비롯하여 산업, 경제부문, 국가 차원의 품질경쟁력을 향상시키려는 목적으로 만들어졌다.
② 구성요소 간의 인과관계를 종합적으로 분석할 수 있어 신뢰도와 완성도가 높은 반면, 고객만족도의 변화와 수익성에 대한 상관관계 분석이 불가능하다.
③ 고객만족을 추구하고 관리하기 위한 것으로 정확한 고객만족도를 특정할 수 있는 지표를 제공하며 나아가 기업의 성과도를 측정할 수 있는 중요한 수단이다.
④ 최소측정 단위는 개별기업이 생산하는 제품 또는 제품군이며, 측정결과는 개별기업, 산업, 경제부문, 그리고 국가 단위로 발표된다.

04 **소비자관련법 중 국가 및 지방자치단체가 소비자의 기본적 권리 실현을 위해 필요한 행정조직의 정비 및 운영 개선의 책무가 있다고 규정한 것은?**

① 민 법
② 소비자기본법
③ 소비자분쟁해결기준
④ 약관의 규제에 관한 법률

05 **콜센터가 지향해야 할 역할 및 기능에 대한 설명으로 가장 거리가 먼 것은?**

① 상품이나 서비스에 대해 고객의 요구를 해결해 주거나 정보서비스를 제공해준다.
② 고객을 관리하고, 자사 수익을 올릴 수 있도록 유도할 수 있는 마케팅 일선창구이다.
③ 전화응답센터 기능 수행을 위해 궁극적으로 인건비나 유통망의 구축비용 절감 중심으로 운영해야 한다.
④ 이미지나 동영상을 통해 정보를 제공하는 멀티미디어 기능이 추가되어 운영되어야 한다.

06 **콜센터의 아웃바운드 상담활동으로 가장 적합한 것은?**

① 주문접수 및 A/S 접수
② 주문, 예약, 예매 처리 업무
③ 우량고객에 대한 고객 리마인드 콜
④ 고객 불만사항에 대한 접수 및 처리

07 **소비자가 방문판매로 제품을 구매했을 경우, 청약철회와 관련한 내용으로 틀린 것은?**

① 제공받은 제품을 개봉하고 사용하여 그 가치가 현저히 낮아져도 14일 이내에 청약철회를 할 수 있다.
② 사업자 주소가 변경된 경우 주소를 알 수 있었던 날로부터 14일 이내에 청약철회를 할 수 있다.
③ 계약서를 받은 날로부터 14일 이내에 청약철회를 할 수 있다.
④ 계약 내용과 다르게 이행된 경우 그 재화 등을 공급받을 날부터 3개월 이내, 그 사실을 안 날로부터 30일 이내에 청약철회를 할 수 있다.

08 **국내 콜센터의 특징으로 가장 거리가 먼 것은?**

① 콜센터에서 처리하는 콜의 유형은 대부분이 인바운드 콜이다.
② 콜센터를 아웃소싱하는 경우가 증가하고 있는 추세이다.
③ 우리나라는 영국, 미국 등과 비교해봤을 때 콜센터 산업이 충분히 성숙된 상태이다.
④ 콜센터 인바운드의 주요업무는 불만상담, 서비스 문의응대, 상품상담 등이다.

09 **소비자상담결과가 기업경영에 반영되기 위해서 기업의 소비자전담부서에 주어져야 할 권한과 기능에 대한 설명 중 가장 거리가 먼 것은?**

① 소비자불만이나 문제를 해결 및 관리할 수 있는 권한이 주어져야 한다.
② 사회적 목표가 아닌 기업 내부의 목표에 따라 활동과 업적을 평가해야 한다.
③ 정책 수립 시 소비자를 대변하여 마케팅 프로그램에 대해 독자적 평가를 할 수 있어야 한다.
④ 소비자의 제품 만족도를 파악하고 소비자불만요소를 탐색할 수 있는 정보시스템이 있어야 한다.

10 **고객과의 의사소통에서 메시지 전달에 가장 큰 영향을 미치는 비언어적 의사소통기술은?**

① 사용하는 단어　　② 언어의 높낮이와 속도
③ 얼굴표정 및 몸짓　　④ 상대방과의 거리

11 **소비자와 사업자가 체결한 계약에 관한 설명으로 가장 거리가 먼 것은?**

① 계약의 해제는 계속적 계약에 있어서 계약의 효력을 장래에 향하여 소멸시키는 계약당사자의 일방적 의사표시이다.
② 계약취소에서 무능력자, 하자 있는 의사표시를 한 소비자와 대리인 또는 승계인은 취소권자로서 취소할 수 있다.
③ 청약철회권은 민법상 계약의 원칙에 의하면 성립되지 않지만 소비자관련법에서는 예외적으로 청약철회권을 규정하고 있다.
④ 계약의 무효란 계약이 성립된 때부터 법률상 그 효력이 발생하지 않는 것을 의미한다.

12 **방문판매 등에 관한 법률상 다단계판매업자의 의무가 아닌 것은?**

① 소비자단체에 등록할 의무
② 설명 또는 표시할 거래조건을 신의에 좇아 성실히 이행할 의무
③ 계약내용의 설명 의무
④ 계약서 작성 교부 의무

13 **세탁서비스와 관련된 피해구제 내용 중 가장 거리가 먼 것은?**

① 소비자가 투피스, 양복처럼 한 벌 옷 중 일부만을 세탁소에 맡긴 후 의류가 손실된 경우, 한 벌을 기준으로 손해배상받도록 되어있다.
② 세탁업자가 세탁물을 찾아가라고 서면으로 통지한 후 30일이 지나도 소비자가 찾아가지 않으면 업자는 책임지지 않도록 되어 있다.
③ 세탁물을 세탁한 후 소비자피해가 발생하였는데 그 원인이 의류제조자의 책임인 것으로 나타난 경우 제조자가 피해보상을 해야 한다.
④ 세탁업자는 세탁물 인수 시 세탁물의 하자여부를 서면으로 확인하고 명시하지 않을 경우 분쟁발생 시 세탁업자가 배상의무를 지도록 되어 있다.

14 **소비자분쟁해결기준상의 부품보유기간에 대한 설명으로 틀린 것은?**

① 사업자가 해당 제품의 생산을 중단한 시점으로부터 기산한다.
② 원칙적으로 해당 제품의 제조일자를 기산점으로 한다.
③ 자동차는 동일한 형식의 자동차를 최종 판매한 날부터 기산한다.
④ 사업자가 부품보유기간을 표시하지 아니한 경우에는 품목별 소비자분쟁해결기준에 따른다.

15 **소비자와 사업자 사이에 발생하는 분쟁을 원활하게 해결하기 위하여 대통령령이 정하는 바에 따라 소비자분쟁해결기준을 제정하는 기관은?**

① 공정거래위원회
② 식약처
③ 소비자안전센터
④ 한국소비자원

16 **구매 전 소비자상담의 내용과 가장 거리가 먼 것은?**

① 구매계약서 작성방법
② 제품의 중요 부품설명
③ 판매점 등의 각종 시장정보
④ 다양한 판매방법 및 지불방법 정보

17 **해외구매 대행 사이버몰을 이용하여 물품을 구매할 경우에 대한 주의점에 대한 설명으로 가장 거리가 먼 것은?**

① 해외배송 등을 이유로 주문취소, 반품, 환불이 되지 않는다고 사전 고지하는 경우 국제법이 적용되어 청약철회가 인정되지 않으므로 주의해야 한다.
② 단순변심 등 소비자의 사정으로 인한 반품 시 왕복국제 운송료 등(많은 경우 구매대금의 40~60%)을 부담하여야 하므로 신중한 선택이 필요하다.
③ 외국제품들은 국내제품과 치수 기준이 다르고, 디자인 및 브랜드에 따라서도 치수 차이가 있을 수 있으므로 사이즈가 맞지 않아 반품하는 것은 단순변심에 의한 청약철회에 해당된다.
④ 환율변동, 관세율표 개정, 전산시스템 오류 등으로 인해 소비자가 지불한 금액과 구매대행 통신판매업자가 실제 사용한 비용의 차이가 발생하는 경우에 결제대금의 ±5% 오차범위를 초과하는 경우 사후 정산을 요구할 수 있다.

18 **소비자상담 및 피해구제 방법을 기관에 따라 분류할 때 소비자피해구제를 위한 가장 최종적인 방법이자 해결의 기준으로 제시될 수 있는 것은?**

① 법원에 의한 피해구제
② 사업가에 의한 피해구제
③ 소비자단체에 의한 피해구제
④ 한국소비자원에 의한 피해구제

19 **다양한 상담기관과 해당 기관의 소비자상담 역할에 대한 설명으로 가장 적합하지 않은 것은?**

① 기업 : 소비자가 적절한 피해보상을 받을 수 있는 바람직한 구제방법을 모색한다.
② 소비자단체 : 소비자들에게 다양한 정보를 제공하고, 지역사회 발전에 기여하도록 한다.
③ 한국소비자원 : 마지막 피해구제를 받을 수 있는 곳으로 소송을 통한 해결방법을 모색한다.
④ 법원 : 소비자피해구제를 위한 궁극적인 방법으로 사법절차를 통한 해결방법이 있다.

20 **소비자의 행동스타일별 일반적인 행동경향으로 틀린 것은?**

① 단호한 행동스타일 - 즉각적인 욕구충족을 추구하며, 제한된 비언어적 표현을 사용함
② 호기심 많은 행동스타일 - 친근감 있는 태도를 보이며, 구체적이고 완전한 설명을 추구함
③ 합리적인 행동스타일 - 갈등을 회피하고 화를 내지 않으며, 말보다는 주로 듣고 관찰함
④ 표현적인 행동스타일 - 활발하게 말하며, 개방적인 신체언어나 몸짓을 사용함

21 **소비자상담이 필요한 배경에 대한 설명 중 가장 거리가 먼 것은?**

① 소비자 측면에서 복잡한 경제구조 속에서 소비자의 선택과 의사결정의 조력자 필요
② 기업 측면에서 고객 지향적으로 소비자와 기업 간의 통로기능 필요
③ 소비자 측면에서 복잡한 시장 환경으로 예산수립 정보탐색, 대안평가, 구매에 대한 정보가 다방면으로 필요
④ 기업 측면에서 소비자보호를 위한 정책적이고 제도적 장치의 필요

22 **소비자상담사에게 요구되는 전문적인 능력과 가장 거리가 먼 것은?**

① 공정하고 객관적인 판단 능력
② 의사소통기법
③ 문제해결에 필요한 지식
④ 상담의 핵심원리의 이해도

23 **인터넷을 통한 소비자상담의 활성화를 위해 수행해야 할 과제로 가장 거리가 먼 것은?**

① 인터넷상담 화면의 적절한 구성
② 세분화된 상담 홈페이지의 개발
③ 인터넷상 유관 기관과의 활발한 협조
④ 홈페이지 내 전문상담 내용의 고정화

24 **기업의 고객만족조사를 하는 본질적인 목적과 가장 거리가 먼 것은?**

① 고객감소의 원인 파악
② 기업의 수익성 증가
③ 일부 직원의 동기화 유도
④ 기존 고객유지를 위한 정보 획득

25 **소비자분쟁해결기준상의 품목별 소비자분쟁해결기준에 대한 설명으로 틀린 것은?**

① 도서나 음반류는 파손이 되어 있거나 녹음 및 녹화 상태가 불량일 경우 교환이 가능하다.
② 자동차의 경우 차량인도일로부터 2개월 이내에 중대한 결함이 발생한 경우 교환이 가능하다.
③ 스포츠 및 레저용품의 경우 품질보증기간 이내에 정상적 사용 상태에서 발생한 기능상의 하자는 무상수리를 받을 수 있다.
④ 가전제품의 경우 구입 후 1개월 이내에 정상적 사용 상태에서 발생한 기능상의 하자로 중요한 수리를 요하는 경우 제품교환이 가능하다.

제2과목 소비자관련법

26 약관의 규제에 관한 법률상 표준약관에 관한 설명으로 틀린 것은?

① 한국소비자원은 소비자 피해가 자주 일어나는 거래 분야에서 표준이 될 약관을 제정 또는 개정할 것을 공정거래위원회에 요청할 수 있다.
② 공정거래위원회는 표준약관을 공시하고 사업자 및 사업자단체에 표준약관을 사용할 것을 권장할 수 있다.
③ 공정거래위원회로부터 표준약관과 다른 약관을 사용하는 경우 표준약관과 다르게 정한 주요 내용을 고객이 알기 쉽게 표시하여야 한다.
④ 표준약관을 사용하지 않는 사업자가 표준약관 표지를 사용하는 경우 그 약관의 전체 내용은 무효로 한다.

27 표시·광고의 공정화에 관한 법률상 현재까지 제정된 고시 또는 기준이 아닌 것은?

① 부당한 표시·광고행위의 유형 및 기준 지정고시
② 환경관련 표시·광고에 대한 심사지침
③ 금융상품 등의 표시·광고에 관한 심사지침
④ 어린이 대상 표시·광고에 관한 심사지침

28 민법상 법률행위의 효력이 무효인 것은?

① 착오에 의한 법률행위
② 사기에 의한 법률행위
③ 반사회질서인 법률행위
④ 행위무능력자가 단독으로 한 법률행위

29 **전자상거래 등에서의 소비자보호에 관한 법률상 소비자가 계약체결 전에 재화 등에 대한 거래조건을 정확하게 이해하고 실수 또는 착오 없이 거래할 수 있도록 통신판매업자가 적절한 방법으로 표시·광고하거나 고지하여야 할 내용이 아닌 것은?**

① 소비자피해보상에 관한 사항
② 거래에 관한 약관
③ 재화의 교환·반품·대금환불의 조건 및 절차
④ 통신판매중개자의 성명 및 주소

30 **소비자기본법에서 규정하고 있는 소비자의 기본적 권리가 아닌 것은?**

① 물품 또는 용역으로 인한 생명·신체 또는 재산에 대한 위해로부터 보호받을 권리
② 물품 또는 용역을 사용함에 있어서 거래상대방·구입장소·가격 및 거래조건 등을 자유로이 선택할 권리
③ 소비자 스스로의 권익을 증진하기 위하여 단체를 조직하고 이를 통하여 활동할 수 있는 권리
④ 물품 또는 용역을 사용할 때의 지시사항이나 경고 등 표시할 내용과 방법의 기준을 정할 권리

31 **할부거래에 관한 법률상 매수인의 철회권에 관한 설명으로 틀린 것은?**

① 매수인의 의사표시에 아무런 하자가 없어도 숙고기간 내에는 원칙적으로 철회권이 인정된다.
② 계약서를 교부받은 날보다 재화 등의 공급이 늦게 이루어진 경우 계약서를 교부받은 날부터 7일 이내에 철회할 수 있다.
③ 청약의 철회를 하고자 할 때에는 그 의사표시가 기재된 서면을 발송하여야 한다.
④ 신용제공자가 있는 경우 신용제공자에게도 철회의 의사표시가 기재된 서면을 발송하여야 한다.

32 **전자상거래 등에서의 소비자보호에 관한 법률상 통신판매중개업에 대한 설명 중 틀린 것은?**

① 통신판매중개는 사이버몰의 이용을 허락하거나 그 밖에 법령이 정하는 방법에 의하여 거래 당사자 간의 통신판매를 알선하는 행위를 말한다.
② 통신판매 거래의 알선 방법에는 자신의 명의로 통신판매를 위한 광고수단을 제공하거나 그러한 광고수단에 자신의 이름을 표시하여 통신판매에 관한 정보의 제공이나 청약의 접수 등 통신판매의 일부를 수행하는 것도 있다.
③ 통신판매중개자의 고의 또는 과실로 소비자에게 재산상 손해가 발생한 경우 사업자인 통신판매중개의뢰자는 원칙적으로 책임을 부담하지 않는다.
④ 통신판매중개를 업으로 하는 자는 통신판매의 중개를 의뢰한 사업자의 성명, 주소, 전화번호 등의 사항을 확인하여 청약이 이루어지기 전까지 소비자에게 제공하여야 한다.

33 **방문판매 등에 관한 법률상 방문판매에 대한 설명으로 틀린 것은?**

① 방문판매원을 두지 않는 소규모 방문판매업자는 공정거래위원회에 신고하여야 한다.
② 방문판매업자는 소비자피해를 방지하거나 구제하기 위하여 소비자가 요청하면 언제든지 소비자로 하여금 방문판매원의 신분을 확인할 수 있도록 하여야 한다.
③ 방문판매의 방법으로 재화 등의 구매에 관한 계약을 체결한 소비자는 계약서를 받은 날부터 14일 이내에 그 계약에 관한 청약철회를 할 수 있다.
④ 방문판매자 등은 재화 등을 반환받은 날부터 3영업일 이내에 이미 지급받은 재화 등의 대금을 환급하여야 한다.

34 **방문판매 등에 관한 법률상 소비자권익의 보호 장치가 아닌 것은?**

① 소비자보호지침　　② 소비자피해보상보험계약
③ 방문판매 표준약관의 보급　　④ 공제조합

35 **제조물 책임법상 제조물 책임에 관한 내용으로 틀린 것은?**

① 제조물 책임은 일반적 불법행위책임의 일종이다.
② 결함 발생에 제조업자의 고의·과실 여부를 고려하지 않는다.
③ 당해 제조물에 대해서만 손해가 발생한 경우에는 적용되지 않는다.
④ 결함과 손해와의 인과관계가 존재해야 한다.

36 **약관의 의의에 관한 설명으로 옳은 것은?(단, 법령에서 규정하지 않은 것은 판례에 따른다)**

① 구체적인 거래에서 당사자 쌍방이 개별적으로 합의한 내용은 약관이 아니다.
② 약관은 해당 명칭과 조문을 갖고 있어야 한다.
③ 단일 또는 소수의 특정계약을 위해 준비된 것도 약관에 해당한다.
④ 사업자와 고객의 교섭에 의해 변경된 약관조항도 약관에 해당한다.

37 **전자상거래 등에서의 소비자보호에 관한 법률상 적용제외대상에 관한 설명 중 틀린 것은?**

① 사업자라 하더라도 사실상 소비자와 같은 지위에서 다른 소비자와 같은 거래조건으로 거래하는 경우에는 이 법이 적용된다.
② 통신판매업자가 아닌 자 사이의 통신판매중개를 하는 통신판매업자에 대하여는 청약철회 규정(제18조)을 적용하지 아니한다.
③ 대통령령으로 정하는 금융회사 등이 하는 금융상품거래에 대하여는 통신판매업신고(제12조) 규정을 적용하지 아니한다.
④ 방문판매 등에 관한 법률상 다른 방법에 의한 계약서 교부의무가 규정되어 있는 경우 이 법의 서면 교부의무에 관한 규정은 적용하지 아니한다.

38 **소비자기본법상 소비자단체소송의 원고적격에 해당하는 기관이 아닌 것은?**

① 한국공정거래조정원
② 대한상공회의소
③ 중소기업협동조합중앙회
④ 한국무역협회

39 **할부거래에 관한 법률상 여신전문금융업법에 따른 신용카드가맹점과 신용카드회원 간의 간접할부 계약 체결 시 서면에 포함하지 않아도 되는 사항은?**

① 각 할부금의 지급시기
② 재화 등의 종류·내용 및 재화 등의 공급시기
③ 소비자의 항변권과 항변권 행사방법에 관한 사항
④ 재화의 소유권 유보에 관한 사항

40 **방문판매 등에 관한 법률상 방문판매자의 금지행위가 아닌 것은?**

① 본인의 허락하에 소비자에 관한 정보를 제3자에게 제공하는 행위
② 계약의 해지를 방해할 목적으로 소비자를 위협하는 행위
③ 거짓 또는 과장된 사실을 알리거나 기만적 방법을 사용하여 소비자를 유인하는 행위
④ 청약의 철회를 방해할 목적으로 주소 등을 변경하는 행위

41 **표시·광고의 공정화에 관한 법률상 규정하고 있는 부당한 표시, 광고행위 중 사실과 다르게 표시·광고하거나 사실을 지나치게 부풀린 표시·광고를 의미하는 것은?**

① 거짓·과장의 표시·광고
② 기만적인 표시·광고
③ 부당하게 비교하는 표시·광고
④ 비방적인 표시·광고

42 **다음에서 설명하는 것은?**

> 민법상 대리인이 그의 권한 내에서 대리인 자신의 이름으로 선임한 본인의 대리인을 의미함

① 표현대리
② 무권대리
③ 복대리
④ 능동대리

43 표시·광고의 공정화에 관한 법률상 과징금을 부과하는 4가지 고려사항이 아닌 것은?

① 위반행위의 언론기사 내용
② 사업자 등이 소비자의 피해를 예방하거나 보상하기 위하여 기울인 노력의 정도
③ 위반행위의 기간 및 횟수
④ 위반행위로 인하여 취득한 이익의 규모

44 할부거래에 관한 법률상 할부계약에서의 소비자의 권리에 대한 설명으로 옳은 것은?

① 계약서에 청약의 철회에 관한 사항이 적혀있지 아니한 경우에는 청약을 철회할 수 있음을 안 날 또는 알 수 있었던 날로부터 14일 이내에 청약을 철회할 수 있다.
② 기한이 도래하기 전에 소비자가 할부금을 일시에 지급할 경우에는 나머지 할부금에 할부수수료를 합산한 금액을 지급하여야 한다.
③ 소비자가 항변권을 행사하여 신용제공자에게 지급을 거절할 수 있는 금액은 할부금의 지급을 거절한 당시에 소비자가 신용제공자에게 지급하지 아니한 나머지 할부금으로 한다.
④ 신용카드를 이용한 할부계약에서 소비자의 항변권이 성립되는 경우 할부가격이 10만원 이상인 경우에 한하여 신용제공자에게 지급거절의사 통지 없이 지급을 거절할 수 있다.

45 다음 내용 중 틀린 것은?

① 단체소송제도는 소비자피해의 사전예방기능을 강화하기 위한 제도로 소비자피해의 사후구제의 효율성을 제고하기 위한 제도로 법원을 통해 이루어진다.
② 집단소송제도는 소비자피해의 사후구제의 효율성을 제고하기 위한 제도로 법원을 통해 이루어진다.
③ 집단분쟁조정제도는 소비자피해의 사전예방기능을 강화하기 위한 제도로 소비자기본법에서 도입하고 있다.
④ 소비자기본법에서 집단소송제도는 도입되지 않았다.

46 다음 빈칸에 들어갈 내용으로 옳은 것은?

> 물품이나 서비스로 당할 수 있는 피해사례 중 (㉠)(이)란 상품에 흠이 있어 상품 자체에 문제가 있는 경우이며 (㉡)(이)란 상품의 안정성에 문제가 있어 피해가 생기는 경우를 말한다.

① ㉠ : 결함, ㉡ : 하자
② ㉠ : 하자, ㉡ : 결함
③ ㉠ : 불법행위책임, ㉡ : 하자
④ ㉠ : 결함, ㉡ : 불법행위책임

47 할부거래에 관한 법률상 소비자의 항변사유에 해당하지 않는 것은?

① 할부계약이 불성립・무효인 경우
② 할부계약이 취소・해제 또는 해지된 경우
③ 다른 법률에 따라 정당하게 청약을 철회한 경우
④ 할부거래업자가 하자담보책임을 이행한 경우

48 약관의 규제에 관한 법률상 약관의 해석에 관한 설명으로 틀린 것은?

① 신의성실의 원칙에 따라 공정하게 해석되어야 한다.
② 고객에 따라 다르게 해석되어서는 아니 된다.
③ 개별약정은 약관보다 우선적으로 해석되어서는 아니 된다.
④ 약관의 뜻이 명확하지 않으면 고객에게 유리하게 해석하여야 한다.

49 **전자상거래 등에서의 소비자보호에 관한 법률상 전자상거래를 행하는 사업자 또는 통신판매업자의 금지행위가 아닌 것은?**

① 거짓 또는 과장된 사실을 알리거나 기만적 방법을 사용하여 소비자를 유인 또는 소비자와 거래하거나 청약철회 등 또는 계약의 해지를 방해하는 행위
② 청약철회 등을 방해할 목적으로 주소·전화번호·인터넷도메인 이름 등을 변경하거나 폐지하는 행위
③ 분쟁이나 불만처리에 필요한 인력 또는 설비의 부족을 상당기간 방치하여 소비자에게 피해를 주는 행위
④ 재화 등의 거래에 따른 대금정산을 위하여 허락받은 범위를 넘어 소비자에 관한 정보를 이용하는 행위

50 **민법상 행위능력과 법률행위에 관한 설명으로 옳은 것은?**

① 피성년후견인과 미성년자의 행위능력은 동일하다.
② 단독행위와 계약은 법률행위이다.
③ 의사무능력자의 법률행위와 미성년자의 법률행위는 무효이다.
④ 상대방 있는 의사표시의 효력발생은 발신주의가 원칙이다.

제3과목 소비자교육 및 정보제공

51 **소비자주의에 대한 설명으로 틀린 것은?**

① 1962년 케네디 대통령이 특별교서에서 처음 사용한 말이다.
② 최초의 소비자주의는 1844년 영국의 로치데일에서 시작되었다.
③ 소비자주의에 대한 기업의 시각은 부정적이다.
④ 소비자문제를 해결하기 위한 조직적인 소비자운동이 경제영역에 국한하지 않으면 소비자주의와 그 의미가 비슷하다.

52 **소비자재무관리와 관련된 정보제공 시 고려해야 할 사항과 가장 거리가 먼 것은?**

① 소비자의 경제적 자원을 효율적으로 관리하는 데 필요한 정보를 제공해야 한다.
② 소비자들을 대상별로 구별하지 않고 소비자재무관리와 관련된 정보를 제공해야 한다.
③ 복잡한 경제 환경에 처한 소비자들이 재무관리에 필요한 지식을 습득할 수 있도록 해야 한다.
④ 부유층뿐만 아니라 서민들도 손쉽게 이용할 수 있는 소비자재무상담서비스도 포함되어야 한다.

53 **기업경영에 필요한 소비자정보와 가장 거리가 먼 것은?**

① 직접구매 활동과 관련된 정보
② 소비자성향 분석 자료
③ 경쟁력 확보를 위한 정보
④ 경영기반 확립을 위한 정보

54 **다음 중 사업자가 다양한 서비스를 제공할 때 기본적인 계약 내용을 서면을 통해 소비자에게 제시하는 정보는?**

① 약관 정보
② 내용 정보
③ 표시 정보
④ 품질인증 정보

55 **소비자교육의 요구분석을 위해 전문가의 직관이나 판단에 의존하는 분석방법은?**

① 조사 연구
② 관찰법
③ 델파이법
④ 능력 분석법

56 **포털사이트 평가에 있어서 화면의 조화나 전체사이트 구조파악의 용이성, 사이트 디자인 등이 해당되는 평가차원은?**

① 정 보　② 안정성
③ 의사소통　④ 사용자 편의성

57 **기업의 소비자정보시스템에 대한 설명으로 틀린 것은?**

① 고객과의 커뮤니케이션을 최적화하는 시스템적 사고 방법이다.
② 고객으로 하여금 비판적인 사고능력을 개발하여 사업자와 힘의 균형을 유지하는 방법이다.
③ 고객과의 장기적인 관계를 구축하고 기업의 경영성과를 개선하기 위한 경영정보관리 방식이다.
④ 소비자에 대한 분산된 정보들을 효율적으로 통합・관리하는 기법이다.

58 **"어떠한 속력으로 운전하더라도 자동차는 안전하지 못하다"라는 책을 발간하는 등 미국의 소비자운동을 보다 적극적이고 능동적인 방향으로 전환시킨 사람은?**

① 랄프네이더　② 죤에프 케네디
③ 체이스와 슐린크　④ 캐플로비치

59 **노인 소비자교육의 특성과 프로그램 구성방법으로 가장 적합한 것은?**

① 노인 소비자를 위한 교육 요구분석은 별로 필요하지 않다.
② 교육대용으로 에너지, 세금, 주택유지 관련 서비스 등은 피해야 한다.
③ 공통점이 많으므로 학습 속도를 통일시키는 것이 좋다.
④ 노인 소비자들이 있는 현장에서 교육을 실시하는 것이 바람직하다.

60 **소비자교육 프로그램을 시행한 이후 그 효과를 종합적으로 평가할 때 가장 중요한 요인은?**

① 소비자지식의 변화
② 소비자태도의 변화
③ 소비자기능의 변화
④ 소비자능력의 변화

61 **아동 소비자교육의 주요 주제로 가장 거리가 먼 것은?**

① 도덕성 및 기본생활교육
② 돈의 가치 및 중요성
③ 용돈교육
④ 시장경제 원리

62 **소비자교육 프로그램의 내용선정 시 준거기준과 관련한 설명으로 가장 거리가 먼 것은?**

① 경제적 인지발달 단계에 맞게 이해 가능하도록 구체적이어야 한다.
② 학습자의 욕구와 흥미에 대한 적절성으로 학습내용과 방법에 학습자의 관점, 장점, 욕구, 흥미 등을 충족시키거나 개발할 수 있어야 한다.
③ 세부적이고 자세한 목표를 위한 준비로 학습자가 여러 유형의 학습에 능동적으로 참여할 수 있는 기회를 증진시켜야 한다.
④ 합목적성 및 목표와의 일관성을 유지하고, 교육내용은 목표가 지시하는 내용을 담아야 한다.

63 **소비자교육의 요구분석 방법에 대한 설명으로 옳은 것은?**

① 관찰법 - 요구를 파악하는 데 가장 널리 쓰이는 방법이다.
② 조사 연구 - 개인적으로 요구를 결정하고 기록하는 데 주로 이용되는 방법이다.
③ 결정적 사건 접근법 - 필요한 관찰과 평가를 하기 위해 가장 적절한 지위에 있는 사람으로부터 특정한 행동에 대한 기록을 얻어내는 것이다.
④ 개별적 소개법 - 조사 대상자를 현장에서 직접 보거나 들어서 필요한 정보나 상황을 알아내는 방식이다.

64 **다음에서 설명하는 소비행동은?**

> 청소년 소비자의 소비행동으로서 대표적인 것이 타인에게 자신의 부유함을 표현하려는 브랜드 선호임

① 모방소비 ② 과시소비
③ 강박적 소비 ④ 충동적 소비

65 **용어에 대한 설명으로 틀린 것은?**

① RFM 공식은 구매기간 범위, 구매빈도의 정도, 구매한 고객을 말한다.
② 데이터웨어하우징은 여러 곳에 흩어져 있는 정보를 의미 있게 재구성하여 별도로 저장하는 작업이다.
③ ERP는 기업자원관리로 기업 내 통합정보시스템을 구축하는 것을 말한다.
④ 고객정보관리시스템은 고객정보파일, 고객생애가치 등 축적된 고객정보와 고객행태를 관리하고 분석하는 시스템이다.

66 **정보관리시스템의 활용이 효율적으로 이루어지기 위한 구성요소가 옳게 짝지어진 것은?**

① 정보 수집・축적・검색 등의 시스템
② 정보 수집・생산・검색 등의 시스템
③ 정보 수집・배분・컴퓨터 등의 시스템
④ 정보 생산・서비스・컴퓨터 등의 시스템

67 **기업이 소비자교육을 실시함으로써 기대할 수 있는 효과와 가장 거리가 먼 것은?**

① 소비자의 신뢰도 강화
② 새로운 고객의 획득
③ 구매의도 증가
④ 불만처리업무 비용의 증대

68 **소비자교육을 통한 신소비문화 형성과 관련된 교육 내용과 관련성이 가장 적은 것은?**

① 쓰레기를 줄이고 재활용하는 소비생활양식을 선택하고 실천하기
② 지속가능한 소비, 국경 없는 소비자 등 각종 글로벌 소비환경 이슈를 알고 행동하기
③ 나눔의 문화 등 바람직한 소비문화를 인식하고 개발하기
④ 국민총생산, 인플레이션, 금융정책 등 거시경제 원리 이해하기

69 **소비자교육 중에서 가장 단계적, 체계적, 조직적으로 실시할 수 있는 형태는?**

① 가정 소비자교육
② 학교 소비자교육
③ 소비자단체의 소비자교육
④ 정부의 소비자교육

70 **다음은 기업에서 활용하고 있는 소비자정보시스템의 관리과정이다. ( ) 안에 들어가기에 알맞은 것은?**

전략수립 → 노력 집중 → 정보 생성 → ( ) → 정보의 활용

① 정보의 인지와 분석
② 정보의 분석과 획득
③ 정보의 인지와 획득
④ 정보의 축적과 공유

71 **소비자교육 프로그램의 평가에서 고려해야 할 사항 중 가장 거리가 먼 것은?**

① 프로그램 평가는 지속적이고 종합적으로 전개되어야 평가목적을 성취할 수 있다.
② 프로그램 평가는 현재 실천되고 있는 교육활동 상황 속에서 문제를 발견, 진단, 치료는 물론 예방하는 활동까지 포함한다.
③ 프로그램 평가는 일어난 여러 다양한 사상 또는 상태들에 대한 가치판단이 개입되어서는 안 된다.
④ 프로그램 평가는 차후 의사결정 또는 정책수립촉진의 출발점이므로 방향성을 분명히 밝혀야 한다.

72 **노인 소비자의 교육 내용으로 틀린 것은?**

① 교육내용은 노인 소비자의 실태와 요구를 정확히 파악하여 구성되어야 한다.
② 생산적인 소비자로서의 역할을 수행하도록 여가 시간 해결 중심의 교육을 강화해야 한다.
③ 국가나 지방자치단체의 차원에서 장기적이고 종합적인 노인 교육서비스를 제공해야 한다.
④ 노인 소비자를 위한 소비자교육을 뒷받침할 수 있는 소비자정책의 수립과 시행이 필요하다.

73 **소비자정보 중 다음의 내용이 해당되는 것은?**

인터넷 블로그에서 제공되는 타인 소비자의 소비경험

① 객관적 소비자정보
② 주관적 소비자정보
③ 한계적 소비자정보
④ 중립적 소비자정보

74 **인터넷 광고로서 고객을 웹사이트로 안내하는 역할을 하며 이를 클릭하면 추가적인 정보를 얻게 하는 것은?**

① 틈새 광고
② 배너 광고
③ E-mail 광고
④ 후원형 광고

75 **각국의 소비자교육 현황에 대한 설명 중 틀린 것은?**

① 미국의 소비자교육은 소비자보호 행정에 의한 사회교육에서 선도하여 진행되어 왔다.
② 일본의 소비자교육은 주부를 대상으로 정보제공, 전시회, 강습회 등 사회교육에서 시작되어 정착되어 왔다.
③ 한국의 소비자교육은 소비자단체들을 중심으로 사회교육으로서의 소비자교육이 시작되었다.
④ 미국, 일본, 한국 중 미국은 소비자교육에 가장 먼저 관심을 가지고 활동한 나라이다.

제4과목 소비자와 시장

76 녹색소비가 실천되지 못하는 장애요인으로 가장 거리가 먼 것은?

① 분수에 넘치는 과소비 혹은 낭비
② 소비자들의 고정관념
③ 남을 무비판적으로 따라하는 모방소비
④ 판매원의 유혹에 넘어가는 맹종소비

77 소비자의사결정에 관한 이론 중 경제학적 접근에 대한 설명으로 틀린 것은?

① 대표적으로 소비자수요이론, 특성이론이 있다.
② 소비자가 항상 합리적인 판단을 하는 것으로 전제하고 있다.
③ 소비자행동의 동기나 소비자의 심리를 이해하는 데 유용하다.
④ 소비자의 최적선택은 예산제약과 무차별곡선이 만나는 점이다.

78 비이성적 소비행동의 유형으로 가장 거리가 먼 것은?

① 할부구매
② 충동구매
③ 중독구매
④ 과시구매

79 소비자가 시장에서 당면하는 경제문제 중 합리성에 대한 설명으로 옳은 것은?

① 최소의 희생으로 최대의 효과를 얻는다.
② 주관적인 선호순서 간에 내적 일관성이 있는지의 여부로 판단한다.
③ 한정된 자원 안에서 최대의 소비수준을 획득하는 구매이득과 관련된 것이다.
④ 측정을 위해 소비자가 시장활동에서 받은 것과 준 것에 대한 상층관계를 분석해야 한다.

80 **지속가능한 소비를 위하여 소비자가 취할 수 있는 방법으로 가장 거리가 먼 것은?**

① 환경마크 상품 구입
② 재활용품의 사용
③ 자원·에너지 절약적인 소비생활
④ 환경상품 불매

81 **일반적으로 소비자들이 이해하는 효용의 극대화라는 개념과 가장 거리가 먼 것은?**

① 소비의 사회적 비용
② 소비의 개인적 비용
③ 소비자의 취향
④ 기회비용

82 **소비자가 선택대안을 평가하기 위해 적용하는 방법에 대한 설명으로 옳은 것은?**

① 소비자가 자신이 가장 중요시하는 평가기준에서 최상으로 평가되는 상표를 선택하는 방식을 보상적 방식이라 한다.
② 소비자가 특히 중요한 한두 가지 속성에서 최소한의 수용기준을 정하여 그 기준을 만족시키는 대안을 선택하는 방식을 사전편찬식이라고 한다.
③ 소비자가 중요하게 생각하는 특정 속성의 수준이 최소 어느 정도는 되어야 한다는 수용기준을 정하고, 평가기준의 중요도에 따라 그 속성에서 수용기준을 만족시키지 못하는 상표를 차례로 제거해 나가는 방식을 비결합식이라고 한다.
④ 소비자가 상표의 수용을 위한 최소한의 수용기준을 모든 속성에 관하여 마련하고, 각 상표별로 모든 속성의 수준이 최소한의 수용기준을 만족시키는가에 따라 평가하는 방식을 결합식이라고 한다.

83 **시장구조의 결정요인에 대한 설명으로 틀린 것은?**

① 시장참여자의 수에 따라 경쟁의 정도가 달라지고 시장에 대한 지배력과 영향력 등이 달라지므로 공급자와 수요자의 수에 따른 결정요인
② 서로 동질적인 제품(쌀, 계란, 육류, 채소생산)은 거의 완전한 대체제이므로 가격경쟁이 치열해지게 되는 제품의 유사성 또는 동질성의 정도에 따른 결정요인
③ 자동차시장과 부동산시장 또는 동대문시장과 남대문시장과 같은 상품의 종류와 거래장소에 따른 결정요인
④ 소비자와 판매자가 시장에 대해 완전한 정보를 갖는다면 판매자가 가격차별을 하거나 소비자에 의한 상품차별화가 일어나지 못하는 것과 같은 정보의 보유정도에 따른 결정요인

84 **기만적인 판매상술의 유형으로 틀린 것은?**

① 불법은 아니지만 시장 내에서의 공정치 못한 행위
② 소비자의 기만 의도는 없었지만 소비자를 오도시킨 행위
③ 사실과 다르게 말하거나 적절한 내용을 빠뜨리는 행위
④ 소비자의 경계심을 늦추고 신뢰를 이용하여 물건구입을 권유하는 행위

85 **다음 준거집단의 규범 제공적 영향 중 영향력이 가장 큰 것은?**

① 공공장소에서 사용되는 사치품
② 개인적으로 사용되는 사치품
③ 공공장소에서 사용되는 필수품
④ 개인적으로 사용되는 필수품

86 **전자상거래의 특징에 대한 설명으로 가장 거리가 먼 것은?**

① 가상공간에서 이루어지므로 거래 당사자의 실체가 드러나지 않는다.
② 전자상거래에서는 지불과 소비자신상정보와 관련한 보안의 문제가 있다.
③ 전자상거래는 물리적인 모습을 쉽게 감추거나 위장할 수 있어 단속이 쉽지 않다.
④ 전자상거래에서 소비자는 사업자에 대한 정보를 필요한 만큼 탐색할 수 있다.

87 **완전경쟁시장의 특징에 관한 설명으로 틀린 것은?**

① 가격 형성에 인위적 제한이 없다.
② 수요자와 공급자는 시장에 대한 완전한 정보를 가지고 있지 않다.
③ 동종동질의 상품에 대한 수요자와 공급자가 다수 존재한다.
④ 기업이나 상품의 자유로운 이동이 보장된다.

88 **제품의 특성상 소비자정보를 가장 많이 필요로 하는 상품은?**

① 신용상품 ② 경험상품
③ 탐색상품 ④ 저관여상품

89 **과시소비의 배경으로 가장 거리가 먼 것은?**

① 기업이 발신하는 메시지를 받아들이는 대다수의 소비자가 제품을 지위상징으로 인식하는 경향이 많아졌다.
② 각종 사회활동이 활발해짐으로써 다른 사람들과 함께 하는 활동이 전보다 많아졌다.
③ 상표를 상품품질의 대표적인 지표로 믿게 됨으로써 유명상표 선호심리가 만연하게 되었다.
④ 높은 가격 자체를 그 상품의 매력으로 받아들여 고가상품 구매를 통한 상대적 우월감을 느끼게 되었다.

90 **소비자의사결정 과정 중 정보탐색에 관한 설명으로 틀린 것은?**

① 마케터 주도적 원천의 정보에는 광고, 각종 매체, 신문기사 등이 포함된다.
② 정보탐색은 일반적으로 내적 탐색에서 시작하여 외적 탐색으로 이어진다.
③ 소비자 주도적 원천의 정보는 신뢰할 수 있으나 객관성이 결여된다.
④ 정보탐색에 드는 비용이 탐색 이득과 같거나 작을 때 탐색활동을 계속하게 된다.

91 소비자에게 부정적인 영향을 주는 시장의 구조적 문제와 가장 거리가 먼 것은?

① 독과점적 시장구조
② 시장기능의 실패
③ 시장개방
④ 제한적 소비자선택의 시장 구조

92 도매업과 비교하여 소매업이 가지는 장점으로만 묶인 것은?

① 가격인하, 다양한 구색, 상품의 선별
② 다양한 구색, 제품의 소량화, 상품의 선별
③ 고객에 대한 맞춤서비스, 다양한 구색, 재고품 보유
④ 애프터서비스 및 신용 제공, 제품의 소량화, 가격인하

93 초기 고가전략이 가장 효과적일 수 있는 경우는?

① 소비자가 가격과 품질이 반비례한다고 인식하는 경우
② 소비자들이 다른 상품과 유사하다고 인식하는 경우
③ 소비자들이 가격에 민감한 경우
④ 다른 경쟁자 없이 독보적인 위치에 있는 경우

94 건전한 소비문화 정착을 위한 행동과 가장 거리가 먼 것은?

① 경제적 합리성 추구
② 자아정체감의 확립
③ 지속가능한 소비 추구
④ 편의지향적 소비 추구

95 다음에서 설명하는 것은?

상품수명주기의 단계에 있어서 진입한 제품에다 약간의 변화를 준 후 신제품으로 소비자의 구매를 유도하기 때문에 소비자의 주의가 필요한 단계

① 도입기
② 성장기
③ 성숙기
④ 쇠퇴기

96 다음에서 설명하는 것은?

기업이 소비자의 상이한 욕구, 행동, 특성을 반영하여 특정 소비자집단을 분리하여 이들 집단 간의 중요한 차이를 기준으로 자사 제품이나 서비스를 판매하고자 하는 활동

① 제품차별화
② 시장세분화
③ 제품표준화
④ 마케팅믹스

97 소비자가 제품과 구매에 대해 더 많은 것을 알기 위해 행하는 의도적인 노력 중 성격이 다른 하나는?

① 시장이나 광고와 같은 외부환경으로부터 정보탐색을 결정함
② 보유하고 있는 정보량과 회상능력에 따라 정보탐색을 결정함
③ 언론기관 발행물, 신문, 잡지, 뉴스 등을 통해 정보탐색을 결정함
④ 가족, 친지, 동료 등 개인적 보유하고 있는 정보원천을 통해 정보탐색을 결정함

98 **소비자가 상표대안을 평가하는 비보상적 평가방식에 속하지 않는 것은?**

① 결합식
② 순차제거식
③ 순차연결식
④ 사전편찬식

99 **다음의 경우가 해당하는 평가기준의 결정요인은?**

> 자신이 사용하기 위해 물건을 살 때는 유명상표보다는 실용성과 가격을 고려하게 되고, 남에게 선물을 하기 위해 물건을 구매할 때는 상표명을 중요하게 생각한다.

① 상황적 요인
② 구매동기
③ 상대적 중요성
④ 평가기준의 수

100 **저관여상황하에서 소비자의사결정에 관한 설명이 아닌 것은?**

① 일반적으로 일상적인 문제해결방식을 이용한다.
② 소비자의 상표충성도가 약하여 상표전이가 쉽게 일어난다.
③ 외적 정보탐색이 내적 정보탐색에 비하여 자주 일어난다.
④ 탐색의 비용이 혜택보다 크기 때문에 정보탐색의 동기부여가 약하다.

소비자전문상담사

PART 4

2019년 2급 필기 기출문제

제 1 회 2019년 2급 필기 기출문제

소비자전문상담사 Consumer Adviser Junior

제1과목 소비자상담 및 피해구제

01 효율적인 소비자상담을 진행하기 위해 필요한 언어적 의사소통 전략에 대한 설명으로 가장 거리가 먼 것은?

① 가급적 의문형의 문장을 진술문으로 바꿔 대화할 수 있도록 한다.
② 형용사나 부사구와 같은 수식어구를 빈번하게 사용하여 소비자의 환심을 산다.
③ 평가, 비난, 비판의 의미를 담지 말고 객관적인 사실만을 말하도록 한다.
④ 상담내용을 정확히 파악하기 위해 대화내용을 상담사의 말로 바꾸어 물어보면서 확인과정을 거친다.

02 기업의 소비자상담실 운영의 장점이 아닌 것은?

① 고객의 구체적인 관심사항 파악
② 소비자 불만이나 피해확산의 예방
③ 신상품 아이디어 획득 및 소비자수요 파악
④ 고객유지율 확대를 통한 마케팅 비용의 증가

03 소비자상담 시 전화응대의 특성이 아닌 것은?

① 음성만으로 의사를 전달하는 인간관계
② 신체에 밀착된 기계를 매체로 한 인간관계
③ 순간의 판단이 지배적인 민감한 인간관계
④ 사전예약에 의해서만 형성되는 인간관계

04 정부 행정기관이 수행하는 소비자상담의 특성으로 가장 거리가 먼 것은?

① 다양한 분야의 전문위원회를 설치하여 분쟁을 조정한다.
② 소비생활 태도 개선을 위한 캠페인 업무에 주력한다.
③ 상담을 통해 기업과 소비자 사이에서 중재자 및 최종 해결자로서의 역할을 수행한다.
④ 지방자치단체는 소비자보호를 위한 조례제정, 필요한 행정조직 정비, 시책수립 및 소비자조직 활동을 지원하고 육성할 책임이 있다.

05 일반심리상담과 소비자상담의 차이점 중 소비자상담에 대한 설명과 가장 거리가 먼 것은?

① 소비자의 불만내용 등을 듣는 것이 중요하다.
② 상담하는 과정에서 문제내용을 확인한다.
③ 상담하는 과정에서 개방적 신뢰관계, 피해소비자의 자기이해가 중요하다.
④ 문제를 해결할 수 있는 구체적인 행동이나 정보제공을 하여야 한다.

06 방문판매에 대한 소비자상담내용으로 가장 거리가 먼 것은?

① 재화 등의 내용을 확인하기 위하여 포장 등을 훼손한 경우에는 원칙적으로 청약철회가 제한되지 않는다.
② 방문판매자 등은 재화 등의 판매에 관한 계약의 체결을 강요하거나 청약철회 등 또는 계약해지를 방해할 목적으로 소비자를 위협하는 행위를 하여서는 아니 된다.
③ 계약내용과 다르게 이행된 계약은 그 재화 등을 공급받은 날부터 2개월 이내에, 그 사실을 안 날부터 20일 이내에 청약철회 등을 할 수 있다.
④ 구입한 제품에 하자가 있는 경우에는 청약철회기간 이후에도 품목별 분쟁해결기준에 의해 교환이나 수리 등이 가능하다.

07 소비자단체가 수행하는 소비자상담에 대한 설명으로 틀린 것은?

① 소비자단체는 이해관계나 정치적 목적 등을 떠나 소비자의 입장에서 처리방안을 모색한다.
② 소비자단체에서는 방문 및 전화상담을 주로 하고 인터넷상담을 하지 않고 있다.
③ 피해 관련 내용을 기업이나 정부에 시정을 요청하거나 피드백할 수 있다.
④ 소비자단체는 구매 후 피해구제뿐만 아니라 구매 전 소비자상담활동도 하고 있다.

08 **전자상거래 등에서의 소비자보호에 관한 법률에 따라 선불식 통신판매를 통해 거래한 소비자의 구매안전을 위해 도입되어 시행 중인 제도가 아닌 것은?**

① 결제대금예치
② 보험업법에 의한 보험계약
③ 금융기간과의 채무지급보증계약
④ 환불보증금 공탁제도

09 **소비자상담의 필요성이 계속 증가하는 이유와 가장 거리가 먼 것은?**

① 사업자의 새로운 부당판매행위 증가
② 예측이 어려운 새로운 형태의 상품 증가
③ 집약적 소량소비로 인한 소비자불만 감소
④ 새로운 유통, 판매방법의 변화로 소비자의 대처능력 미흡

10 **방문판매의 청약철회에 대한 설명으로 옳은 것은?**

① 방문판매로 인한 청약철회기간은 계약서를 교부받은 날로부터 7일 이내이다.
② 청약철회를 한 경우 방문판매자는 재화를 반환받은 날로부터 3영업일 이내에 지급받은 대금을 환급해야 한다.
③ 청약철회 시 공급받은 재화의 반환에 필요한 비용은 소비자가 부담한다.
④ 밀봉된 음반, 비디오물 및 소프트웨어를 사용한 경우에도 반드시 청약철회가 가능하다.

11 **소비자와의 전화상담 시 주의사항에 해당되지 않는 것은?**

① 변명을 하지 않는다.
② 소비자의 입장을 공감한다.
③ 문제파악을 명확히 한다.
④ 소비자를 존중하기 위해 계속 침묵한다.

12 **신용카드로 할부결제 하였는데 가맹점 관련 피해가 발생한 경우 카드사를 상대로 행사할 수 있는 법적 권한은?**

① 항변권 ② 구상권
③ 항소권 ④ 구속권

13 **자동차에 대한 소비자피해유형에 따른 분쟁해결기준에 대한 설명으로 틀린 것은?**

① 자동차의 재질이나 제조상의 결함으로 고장이 발생했을 때 일차적으로 유상수리를 원칙으로 한다.
② 탁송과정 중 발생한 차량하자의 경우는 보상, 무상수리, 차량교환 또는 구입가 환불이 가능하다.
③ 옵션용품이 품질보증기간 내에 하자가 발생한 경우 무상수리, 구입가 환급 및 교환이 가능하다.
④ 품질보증기간 이내에 부품 미보유로 수리가 불가능하고 사용상 과실이 발생한 경우 감가상각비 공제 후 구입가 환급이 가능하다.

14 **소비자불만유형 중 악덕 소비자로 보기 가장 어려운 유형은?**

① 성적으로 모욕을 주는 발언을 하거나 음란사진, 메시지 등을 발송하는 소비자
② 고의로 음식에 이물질을 넣거나 상품을 스스로 파손하는 등 거짓으로 손해를 주장하는 소비자
③ 상담업무담당자에게 폭언이나 욕설을 하는 소비자
④ 기업의 고객상담실에 불만을 접수하고 소비자단체나 소비자원에 불만을 제기하는 소비자

15 **할부거래에 대한 상담내용과 가장 거리가 먼 것은?**

① 2개월 이상의 기간에 걸쳐 3회 이상 분할하여 지급하는 경우가 할부거래에 해당된다.
② 할부거래계약의 청약철회를 하고자 하는 경우에는 계약일로부터 7일 이내에 내용증명을 발송하도록 한다.
③ 할부가격이 30만원인 제품을 구매한 소비자는 청약철회를 제한받는다.
④ 신용카드 등 결제업자는 할부계약 당사자가 아니라 하더라도 내용증명을 사업자에게 보낼 때 같이 보내도록 한다.

16 **불만고객을 응대하는 소비자상담의 기본원칙과 가장 거리가 먼 것은?**

① 불평불만을 끝까지 잘 경청해 줌
② 화가 풀릴 때까지 아무 반응을 보이지 않음
③ 불평불만의 정확한 원인을 판단하고 분석함
④ 불평을 받아들일 수 있는 시스템을 제도화함

17 **소비자중심경영(Consumer Centered Management ; CCM)인증에 대한 설명으로 틀린 것은?**

① 공정거래위원회는 인증기관으로 인증서 교부, 인증제도사업의 승인주체이다.
② 한국소비자원은 운영기관으로 인증제도사업의 실행주체로 평가위원 및 인증심의위원회 등을 운영한다.
③ CCM인증은 소비자기본법에 근거를 두고 있으며 기업 내 소비자 지향적인 경영문화 확산을 주된 목적으로 한다.
④ CCM인증마크는 모든 과정이 소비자중심으로 이루어지는 기업은 반드시 의무적으로 승인받아야 하는 강제마크이다.

18 **소비자상담유형 중 비교적 상황을 알기 쉽고 불만상품이나 계약서 등 관계 자료를 가지고 상담하므로 직접 합의 주선처리를 시작하는 것이 가능한 것은?**

① 방문상담　　② 문서상담
③ 팩스상담　　④ 전화상담

19 **구매 후 상담에 관한 내용으로 가장 적합한 것은?**

① 불만처리, 피해구제방법 상담, 피해구제기관 정보 제공
② 불만처리, 피해구제방법 상담, 구매계획 파악
③ 불만처리, 해당 피해구제기관 알선, 다른 상품들과의 비교평가
④ 피해구제방법 상담, 해당 피해구제기관 알선, 지급수단에 대한 장단점 설명

20 **소비자분쟁해결기준에 따른 인터넷 쇼핑몰업 분쟁유형에 대한 해결기준으로 가장 거리가 먼 것은?**

① 부당한 대금이 청구되었을 경우 청구취소 또는 부당대금을 환급해야 한다.
② 계약해제의 경우 소비자가 선급한 금액에 대한 환급은 해제일로부터 5영업일 이내에 받을 수 있다.
③ 배송과정에서 훼손되거나 다른 물품 및 용역이 공급된 경우 제품교환 또는 구입가 환급이 가능하다.
④ 인터넷상에서 대금을 지불하고 제품을 구입하였으나 배송이 지연되는 경우 소비자는 계약해제를 할 수 있다.

21 **소비자불만을 처리하기 위한 소비자상담이 필요한 이유로 가장 거리가 먼 것은?**

① 시장환경의 급격한 변화로 인한 적절한 소비자정보제공이 필요함
② 소비자불만 및 피해 증가로 인한 소비자상담의 요구도가 상승함
③ 기업 측면에서 소비자불만은 비용유발요인이므로 상담을 통해 이를 제거함
④ 소비자불만 및 피해 증가는 자원배분의 효율성을 저해하는 요인으로 주요 정책대상임

22 **소비자의 구체적 욕구를 알아내기 위한 방법으로 가장 적합한 것은?**

① 똑같은 정보를 부정적으로 질문해야 구체적 욕구를 알아낼 수 있다.
② 시간과 노력을 절약하기 위해 정보에 대해 구체적으로 질문할 필요는 없다.
③ 구체적 욕구를 끌어내기 위해서는 소비자가 질문한 것에 대해 비판하지 않는다.
④ 소비자가 질문한 것에 대하여 좋은 방법을 제시하기 위해서는 비판적으로 표현해야 한다.

23 **기업이 기존 고객을 유지함으로써 얻을 수 있는 효과와 가장 거리가 먼 것은?**

① 수익창출도구로 작용
② 긍정적인 구전효과로 신규고객 유치
③ 고객이 지불하는 해당 회사제품과 서비스에 대한 프리미엄 가격 감소
④ 고객관리비용의 감소

24 **구매단계별 소비자상담에 관한 설명으로 가장 적합한 것은?**

① 구매 전 상담 - 1960년대 이후 줄곧 이루어져 온 소비자단체의 주된 상담유형이다.
② 구매 전 상담 - 주로 판매원이 맡고 있기 때문에 객관적인 문제가 제기될 수 있다.
③ 구매 후 상담 - 소비자문제 및 피해를 효과적으로 구제하고 보상할 수 있다.
④ 구매 후 상담 - 소비자피해를 예방하기 위함이 중요한 목적이다.

25 **구매 전 소비자상담에 대한 설명으로 가장 거리가 먼 것은?**

① 소비자들이 제품에 대한 지식이 부족하므로 소비자선택에 도움을 준다.
② 정확하고 충분한 상품의 정보제공에 초점을 맞추는 것이 중요하다.
③ 상품의 판매와 직결시키기 위해 소비자들의 욕구, 기대 및 취향 파악이 필요하다.
④ 충동구매 및 비계획적 구매 등의 문제를 해결할 수 있다.

제2과목 소비자관련법

26 **민법상 무효사유가 아닌 것은?**

① 선량한 풍속, 기타 사회질서에 위반한 사항을 내용으로 하는 법률행위
② 강박에 의한 의사표시
③ 당사자의 궁박, 경솔 또는 무경험으로 인하여 현저하게 공정을 잃은 법률행위
④ 상대방과 통정한 허위의 의사표시

27 **약관의 규제에 관한 법률상 약관의 일부 조항이 무효인 경우 계약의 효과에 대한 설명으로 옳은 것은?**

① 원칙적으로 계약 전부가 무효로 된다.
② 유효한 부분만으로는 계약의 목적달성이 불가능하거나 그 유효한 부분이 한쪽 당사자에게 부당하게 불리한 경우에는 그 계약은 무효로 한다.
③ 계약은 언제나 나머지 부분만으로 유효하게 존속한다.
④ 약관 조항의 유효한 부분이 한쪽 당사자에게만 부당하게 불리한 경우에는 유효하다.

28 소비자기본법에서 정한 소비자중심경영인증의 취소에 대한 설명으로 틀린 것은?

① 거짓이나 부정한 방법으로 소비자중심경영인증을 받은 경우 그 인증을 취소하여야 한다.
② 소비자중심경영인증의 기준에 적합하지 아니하게 된 경우 그 인증을 취소할 수 있다.
③ 소비자중심경영인증이 취소된 사업자에 대하여 그 인증이 취소된 날부터 5년간 소비자중심경영인증을 하여서는 아니 된다.
④ 소비자의 생명·신체 또는 재산의 보호 등에 관한 법률을 위반하여 중앙행정기관으로부터 시정명령 조치를 받은 경우 그 인증을 취소할 수 있다.

29 우리나라 소비자정책의 추진체계에 관한 설명으로 틀린 것은?

① 공정거래위원회는 3년마다 기본계획을 수립하고 매년마다 종합시행계획을 수립하여야 한다.
② 관계 중앙행정기관의 장은 매년 10월 31일까지 중앙행정기관별 시행계획을 수립하여야 한다.
③ 공정거래위원회에 소비자정책위원회를 두고 공정거래위원회 지방사무소에 지방소비자정책위원회를 두어야 한다.
④ 기본계획과 종합시행계획 모두 소비자정책위원회의 심의·의결을 거쳐야 한다.

30 다음과 같은 상황에서 옳은 설명은?

> 방문판매로 제품을 구매한 소비자가 사업자로부터 교부받은 계약서에서는 청약철회기간이 20일로 표기되어 있었다. 소비자가 물품수령 후 16일째 단순 변심으로 청약철회를 발송하자 판매업자는 방문판매법상 청약철회기간이 경과되었다고 한다.

① 방문판매 등에 관한 법률이 우선 적용되어 청약철회기간은 14일이다.
② 당사자 간의 약정한 기간이 법률에 우선한다.
③ 소비자의 청약철회 의사표시는 도달한 날부터 효력이 발생한다.
④ 공급받은 재화 등의 반환에 필요한 비용은 소비자가 부담한다.

31 **약관의 규제에 관한 법률에 따라 약관의 명시·교부의무가 면제되는 업종을 모두 나열한 것은?**

A. 수도사업
B. 여객운송업
C. 건물임대업
D. 금융업
E. 우편업
F. 공중전화 서비스 제공 통신업
G. 전기·가스사업

① A, B, C, D, E ② A, B, E, F, G
③ B, C, D, E, F ④ C, D, E, F, G

32 **할부거래에 관한 법률에 따른 소비자의 항변권에 관한 설명으로 틀린 것은?**

① 소비자는 할부계약이 무효인 경우 할부거래업자에게 그 할부금의 지급을 거절할 수 있다.
② 소비자가 항변권의 행사를 서면으로 하는 경우 그 효력은 할부거래업자가 서면을 수령한 날에 발생한다.
③ 할부거래업자는 소비자의 항변을 서면으로 수령한 경우 지체 없이 그 항변권의 행사사유에 해당하는지를 확인하여야 한다.
④ 할부거래업자는 소비자의 항변권 행사에 관하여 통지를 하지 아니한 경우에는 소비자의 할부금 지급 거절의사를 수용한 것으로 본다.

33 **방문판매 등에 관한 법률에 따른 청약철회 등의 효과와 관련하여 틀린 것은?**

① 청약철회를 서면으로 한 경우 그 서면을 발송한 날부터 그 효력이 발생한다.
② 재화 등의 내용이 계약내용과 다르게 이행된 경우 청약철회는 당해 재화 등을 공급받은 날로부터 14일 이내에 가능하다.
③ 소비자가 재화를 일부 사용한 경우에는 방문판매자 등은 소비자에게 일정한 범위의 금액을 지급할 것을 청구할 수 있다.
④ 공급받은 재화의 반환에 필요한 비용은 방문판매자 등이 부담한다.

34 **할부거래에 관한 법률상 청약의 철회에 관한 내용 중 틀린 것은?**

① 할부거래업자의 주소 등이 적혀 있지 아니한 계약서를 받은 경우는 그 주소를 안 날 또는 알 수 있었던 날로부터 7일 이내에 청약을 철회할 수 있다.
② 소비자가 청약을 철회할 경우 할부거래업자에게 청약을 철회하는 의사를 구두 또는 서면으로 표시하여야 하며 서면으로 하는 경우에는 청약철회 등의 의사표시가 기재된 서면을 발송한 날에 그 효력이 발생한다.
③ 소비자가 할부거래업자에게 간접할부계약에 관한 청약을 철회한 경우 신용제공자에게 청약을 철회하는 의사표시가 적힌 서면을 발송하여야 한다.
④ 할부거래업자는 소비자가 청약을 철회한 경우 공급받은 재화 등의 반환에 필요한 비용을 부담하며 소비자에게 청약의 철회를 이유로 위약금 또는 손해배상을 청구할 수 없다.

35 **표시 · 광고의 공정화에 관한 법률상 부당한 표시 · 광고에 대한 공정거래위원회의 행정조치가 아닌 것은?**

① 임시중지명령
② 시정조치
③ 피해구제명령
④ 과징금

36 **전자상거래 등에서의 소비자보호에 관한 법률에서 정한 소비자피해 분쟁조정기구가 아닌 것은?**

① 유통산업발전법에 의해 설립된 유통분쟁조정위원회
② 콘텐츠산업진흥법에 의해 설립된 콘텐츠분쟁조정위원회
③ 전자거래기본법에 의해 설립된 전자거래분쟁조정위원회
④ 소비자기본법에 의해 설립된 소비자분쟁조정위원회

37 **약관의 규제에 관한 법률상 불공정한 약관내용으로 무효가 되는 조항이 아닌 것은?**

① 상당한 이유 없이 사업자가 부담하여야 할 위험을 고객에게 이전시키는 조항
② 사업자가 업무상 알게 된 고객의 비밀을 정당한 이유 없이 누설하는 것을 허용하는 조항
③ 고객에게 부당하게 과중한 지연손해금 등의 손해배상의무를 부담시키는 조항
④ 사업자에게 법률에서 규정하고 있는 해제권 또는 해지권을 부여하는 조항

38 **할부거래에 관한 법률상 소비자가 할부거래업자에게 할부금의 지급을 거절할 수 있는 경우가 아닌 것은?**

① 할부계약이 불성립・무효인 경우
② 할부계약이 취소・해제 또는 해지된 경우
③ 할부거래업자가 하자담보책임을 이행하지 아니한 경우
④ 외국인과의 혼인 및 연고관계로 인하여 외국에 이주하는 경우

39 **제조물 책임법에 관한 설명으로 틀린 것은?**

① 제조물 책임법은 소비자피해와 관련한 강행법규이다.
② 제조물 책임법은 제조물의 결함에 관한 행정법규에 해당한다.
③ 제조물 책임법은 민사특별법이다.
④ 제조물 책임법은 계약책임법에 해당하지 않는다.

40 **전자상거래 등에서의 소비자보호에 관한 법률상 사업자의 금지행위가 아닌 것은?**

① 할부금을 연속해서 3회 이상 지급하지 않은 소비자에 대해 할부금을 일시에 청구하는 행위
② 청약철회를 방해할 목적으로 주소・전화번호・인터넷도메인 이름을 변경 또는 폐지하는 행위
③ 분쟁이나 불만처리에 필요한 인력의 부족을 상당기간 방치하여 소비자에게 피해를 주는 행위
④ 소비자의 청약이 없음에도 불구하고 일방적으로 재화를 공급하고 그 대금을 청구하는 행위

41 **계약이 성립한 경우에 해당하는 것은?**

① 건설시행사인 갑의 상가분양 안내문을 받아보고 을이 분양신청서를 작성하여 접수한 때
② 주차장 사업자인 갑의 주차장에 을이 주차한 때
③ 건물을 1억원에 임대하겠다는 갑의 의사표시에 대해 을이 8천만원이면 임차하겠다고 한 경우
④ 갑이 1주일 내에 회답이 없으면 승낙한 것으로 본다는 내용을 첨가하여 을에게 청약한 경우 그 기간이 도과하였을 때

42 방문판매 등에 관한 법률상 방문판매자의 금지행위가 아닌 것은?

① 방문판매원에게 다른 방문판매원을 모집하도록 의무를 지게 하는 행위
② 청약철회, 계약의 해지를 방해할 목적으로 주소·전화번호 등을 변경하는 행위
③ 분쟁이나 불만처리에 필요한 인력 또는 설비의 부족을 충분히 보완하여 소비자에게 대응하는 행위
④ 소비자가 재화를 구매하거나 용역을 제공받을 의사가 없음을 밝혔음에도 불구하고 전화, 팩스, 컴퓨터통신 등을 통하여 재화를 구매하거나 용역을 제공받도록 강요하는 행위

43 소비자기본법상 소비자중심경영의 인증에 관한 설명으로 틀린 것은?

① 공정거래위원회는 물품의 제조·수입·판매 또는 용역 제공의 모든 과정이 소비자 중심으로 이루어지는 경영을 하는 사업자에 대하여 소비자중심경영에 대한 인증을 할 수 있다.
② 소비자중심경영인증을 받은 사업자는 법령으로 정하는 바에 따라 그 인증의 표시를 할 수 있다.
③ 공정거래위원회는 소비자중심경영에 관하여 전문성이 있는 기관 또는 단체를 법령으로 정하는 바에 따라 소비자중심경영인증기관으로 지정하여 소비자중심경영인증에 관한 업무를 수행하게 할 수 있다.
④ 소비자중심경영인증의 유효기간은 그 인증을 받은 날부터 1년으로 한다.

44 표시·광고의 공정화에 관한 법률에서 규정하고 있는 부당한 표시·광고행위의 유형이 아닌 것은?

① 거짓·과장의 표시·광고행위
② 부당하게 비교하는 표시·광고행위
③ 기만적인 표시·광고행위
④ 광고주를 밝히지 아니하는 표시·광고행위

45 **전자상거래 등에서의 소비자보호에 관한 법률에 대한 설명으로 틀린 것은?**

① 전자상거래 및 통신판매 등에 의한 재화 또는 용역의 공정한 거래에 관한 사항을 규정한다.
② 일상 생활용품, 음식료 등을 인접지역에 판매하기 위한 거래에 대하여는 청약철회 등과 관련한 규정을 적용하지 아니한다.
③ 전자상거래 또는 통신판매에서의 소비자보호에 관하여 이 법과 다른 법률의 규정이 경합하는 경우에는 항상 이 법을 우선 적용한다.
④ 공정거래위원회는 통신판매업자의 상호 등에 관한 사항 및 거래조건에 대한 표시 · 광고 및 고지의 방법을 정하여 고시할 수 있다.

46 **민법상 계약의 성립에 관한 설명으로 틀린 것은?**

① 계약의 청약은 이를 철회하지 못한다.
② 승낙의 기간을 정한 계약의 청약은 청약자가 그 기간 내에 승낙의 통지를 받지 못한 때에는 그 효력을 잃는다.
③ 격지자 간의 계약은 승낙의 통지를 수신한 때에 성립한다.
④ 당사자 간에 동일한 내용의 청약이 상호 교차된 경우에는 양 청약이 상대방에게 도달한 때에 계약이 성립한다.

47 **표시 · 광고의 공정화에 관한 법률상 손해배상에 관한 설명 중 틀린 것은?**

① 사업자 등은 표시 · 광고의 공정화에 관한 법률 규정에 위반하여 부당한 표시 · 광고행위를 함으로써 피해를 입은 자가 있는 경우에는 당해 피해자에 대하여 손해배상의 책임을 진다.
② 손해배상의 책임을 지는 사업자 등은 그 피해자에 대하여 고의 또는 과실이 없음을 들어 그 책임을 면할 수 없다.
③ 손해가 발생된 사실은 인정되나 그 손해액을 증명하는 것이 사안의 성질상 곤란한 경우 법원은 변론 전체의 취지와 증거조사의 결과에 기초하여 상당한 손해액을 인정할 수 있다.
④ 손해배상청구권은 표시 · 광고의 공정화에 관한 법률규정에 의한 시정조치가 확정된 후가 아니면 이를 재판상 주장할 수 없다.

48 할부거래에 관한 법률의 내용에 대한 설명으로 틀린 것은?

① 소비자가 나머지 할부금을 미리 지급하려면 할부거래업자의 승인을 받아야 한다.
② 할부대금채권은 3년간 행사하지 않으면 소멸시효가 완성한다.
③ 할부거래에 관한 법률이 아닌 다른 법률에 근거하여 정당하게 청약을 철회한 경우에도 할부금의 지급을 거절할 수 있다.
④ 할부거래업자는 영업정지기간 중에도 청약철회에 관한 업무를 계속하여야 한다.

49 소비자관련법에 규정한 소비자의 청약철회기간으로 틀린 것은?

① 선불식 할부거래판매 : 계약서를 받은 날로부터 14일
② 다단계판매 : 계약서를 받은 날로부터 30일
③ 인터넷쇼핑몰판매 : 계약내용에 관한 서면을 받은 날로부터 7일
④ 방문판매 : 계약서를 받은 날로부터 14일

50 전자상거래 등에서의 소비자보호에 관한 법률상 통신판매업자가 소비자에게 적절한 방법으로 표시·광고 또는 고지해야 할 사항이 아닌 것은?

① 거래에 관한 약관(그 약관의 내용을 확인할 수 있는 방법 포함)
② 소비자에게 표시·광고한 거래조건을 신의에 따라 성실하게 이행해야 할 사업자의 의무
③ 선불식 통신판매에서 소비자가 원하는 경우 결제대금 예치의 이용을 선택할 수 있다는 사항
④ 미성년자와 계약을 체결할 경우 미성년자 본인 및 그 법정대리인의 계약취소권

제3과목 소비자교육 및 정보제공

51 **소비자교육 프로그램의 평가에 관한 설명으로 옳은 것은?**

① 프로그램은 가치판단을 배제하고 경험이나 실증에 의해 평가하여야 한다.
② 프로그램을 평가할 때에는 수행된 각 활동을 통합하지 않고 분리해야 한다.
③ 프로그램의 평가대상은 현재 교육활동에 대한 것이며 예방활동은 포함되지 않는다.
④ 프로그램을 평가할 때에는 활동과정에 나타난 다양한 사상이나 상태가 바람직한지를 다루어야 한다.

52 **다음에서 설명하는 정보통신망에서의 소비자피해 유형은?**

> 악성코드에 감염된 PC 조작을 통해 금융소비자정보를 탈취하여 소비자에게 금전적인 손해를 입힐 수 있다.

① 보이스피싱(Voice Phishing)
② 사이버스토킹(Cyber Stalking)
③ 스미싱(Smishing)
④ 파밍(Pharming)

53 **소비자정보시스템 구축의 필요성을 증가시킨 이유가 아닌 것은?**

① 고객욕구의 다양화
② 데이터베이스 마케팅의 확대
③ 고객관계마케팅의 강화
④ 대량생산시대의 도래

54 **성인 소비자의 소비자교육과 가장 거리가 먼 것은?**

① 급격한 사회변화에 적절한 대응을 위한 목적으로 행한다.
② 도시와 농촌 등 지역적인 차이를 고려한 소비자교육내용이 필요하다.
③ 평생교육의 개념으로 교육의 기회가 다수에게 주어지도록 한다.
④ 가치정립이 불안한 시기이므로 소비가치교육에 중점을 둔다.

55 **성인에 대한 소비자교육 프로그램을 작성하고자 할 때 고려하여야 하는 방향과 가장 거리가 먼 것은?**

① 소비자교육의 기본 영역과 관계된 이론 중시
② 사회적 · 문화적 변화와 관계된 내용 중시
③ 연령, 지역, 경제적 상태에 적합한 내용 중시
④ 소비자교육 주최 기관의 성격에 부합하는 내용 중시

56 **신규고객 및 기존고객의 정보와 행태, 주문처리, 고객응대처리, DM관리, 구매실적 등의 데이터를 관리하고 분석하는 가장 핵심적인 소비자정보시스템은?**

① 고객정보관리시스템
② 고객콜센터시스템
③ 성과분석시스템
④ 온라인마케팅시스템

57 **소비자교육 프로그램의 각 개발과정과 개발된 결과물의 연결이 틀린 것은?**

① 평가단계 - 교육효과
② 개발단계 - 교수설계안
③ 요구분석단계 - 교육목적
④ 직무과제분석단계 - 학습내용

58 **고령 소비자의 소비자교육 프로그램에 대한 내용으로 가장 거리가 먼 것은?**

① 은퇴 후의 소득관리, 소득획득 문제와 관련된 내용이 포함되어야 한다.
② 스스로 교육장소를 찾아오도록 고려되어야 한다.
③ 에너지 절약, 세금, 주택유지와 관련된 서비스 등과 같은 문제에 초점을 맞추어야 한다.
④ 자신의 생활을 통제할 수 있다고 느낄 수 있도록 고안되어야 한다.

59 **소비자교육 프로그램의 교수-학습 자료에 대한 설명으로 옳은 것은?**

① 웹기반 자료는 시간과 공간의 제약을 받지 않으며 멀티미디어 기능을 다양하게 활용할 수 있다.
② 교수자와 학습자, 학습자와 학습자 간의 다양한 상호작용이 가능한 것은 파워포인트 자료이다.
③ 인쇄 자료는 경제적이지만 제작과 활용이 비교적 까다롭다.
④ 파워포인트 자료는 반복 사용할 수 있으나 제작비용이 비교적 높다는 단점이 있다.

60 **환경문제에 대한 소비자교육을 할 때 고려되어야 할 사항이 아닌 것은?**

① 일차적 경험을 중시한다.
② 학제적으로 접근한다.
③ 정의적 차원보다는 인지적 차원을 강조한다.
④ 모든 연령집단을 대상으로 실시한다.

61 **소비자입장에서 소비자교육을 통해 얻을 수 있는 효과로 가장 거리가 먼 것은?**

① 선택에 관한 비판적인 사고능력을 개발하고 촉진한다.
② 소비자만족을 증대시키고 소비자불만과 불평을 감소시킬 수 있다.
③ 폭넓게 여러 입장에서 가치를 받아들이는 능력을 개발한다.
④ 질이 높은 풍요로움을 실감할 수 있는 소비생활에 대한 기술을 준비한다.

62 **가정에서의 소비자교육에 대한 설명으로 가장 거리가 먼 것은?**

① 아동기부터 건전한 소비습관을 길러줘야 한다.
② 용돈관리지도를 중점적으로 실시해야 하며 용돈 크기는 적을수록 좋다.
③ 부모들이 먼저 실천해 보여주는 것이 중요하다.
④ 소비자사회화 측면에서 가정 소비자교육은 중요하다.

63 **다음에서 설명하는 것은?**

> 소비자정보관리에서 가망고객 추출, 가망상품 추출, 이탈고객 점수화/감지, 이탈영업직원 감지, 시장바구니 분석, 악구전 행동의 추적을 위해서 사용하는 데이터 분석 기법

① Data Mining
② OLAP
③ CTI
④ DB 정비

64 **다음 ( ) 안에 들어갈 가장 알맞은 것은?**

> Tyler는 소비자교육 프로그램 내용설계 시 고려해야 할 원리를 제시하였다. 그중 (A)은 학습내용의 단순반복이 아닌 점차로 경험의 수준을 높여 더욱 깊이 있고 다양한 학습경험을 할 수 있도록 조직하는 것이며, (B)은 각 학습경험을 횡적으로 상호 보충・보강되도록 조직하는 것이다.

① A - 계열성, B - 통합성
② A - 계속성, B - 계열성
③ A - 통합성, B - 계속성
④ A - 계열성, B - 계속성

65 **대학생 소비자를 대상으로 한 소비자교육의 내용과 방법에서 유의해야 할 내용으로 가장 거리가 먼 것은?**

① 금전관리, 신용관리 및 재무설계에 대한 구체적이고 실질적인 교육프로그램이 필요하다.
② 컴퓨터와 이동통신과 같은 정보기술에 능숙하지만 그런 기술을 활용하는 거래와 실제 이용에 있어서 소비자권익과 관련된 정보와 지식은 매우 부족하다.
③ 유행을 주도하며 다른 세대의 소비활동에도 큰 영향을 미치기에 건전한 소비관과 물질관을 가질 수 있고 바람직한 소비문화를 형성할 수 있는 가치관교육이 반드시 필요하다.
④ 물질적 빈곤 속에서 성장하였으므로 소비에 대한 올바른 가치관을 정립하도록 해야 한다.

66 **인터넷 정보검색 시 검색엔진 선택에 있어서 고려해야 할 사항과 가장 거리가 먼 것은?**

① 검색결과의 정확성
② 광범위한 검색옵션 제공
③ 확보한 데이터의 양
④ 검색량에 따른 검색속도

67 **일반적인 고객정보관리 과정을 바르게 나열한 것은?**

① 소비자정보의 수집 → 전략의 수립 → 소비자정보의 생성 → 정보의 축적과 공유 → 정보의 활용
② 전략의 수립 → 소비자정보의 수집 → 소비자정보의 생성 → 정보의 활용 → 정보의 축적과 공유
③ 전략의 수립 → 소비자정보의 수집 → 소비자정보의 생성 → 정보의 축적과 공유 → 정보의 활용
④ 소비자정보의 수집 → 전략의 수립 → 소비자정보의 생성 → 정보의 활용 → 정보의 축적과 공유

68 **소비자정보의 평가에 대한 설명으로 틀린 것은?**

① 다양한 사상 또는 철학적 사고가 정보로서 바람직한지가 필연적으로 평가되어야 한다.
② 정보는 시간이 흐를수록 가치가 떨어지는 것이 일반적이지만 정보요구자의 상황에 따라 시간적 가치가 달리 평가된다.
③ 소비자에게 주어지는 정보는 올바른 해석과 선택을 할 수 있는 정확한 것이어야 한다.
④ 정보로서의 유용한 역할을 하기 위해서는 소비자의 상황과 특성에 맞게 적절하게 제공되어야 한다.

69 **소비자역량 구성요인이 아닌 것은?**

① 소비자기능
② 소비자태도
③ 소비자역할
④ 소비자지식

70 **소비자교육 프로그램 설계 시 가장 먼저 이루어져야 할 단계는?**

① 교육주체 선정
② 교육목적 및 기대효과의 진술
③ 교육요구도 분석
④ 교육대상의 선정

71 **기업에서 고객들의 불만에 대한 커뮤니케이션을 주로 하는 소비자상담실 홈페이지를 제작하고자 할 때 홈페이지 제작과정을 바르게 나열한 것은?**

A. 홈페이지 기획
B. 웹문서 디자인
C. 웹문서 내용구축
D. 웹 관련 프로그래밍
E. 도메인 등록
F. 서버 업로드

① B → A → C → D → E → F
② A → C → B → D → F → E
③ A → F → E → C → B → D
④ A → B → D → C → F → E

72 **소비자의 기본 권리 중 다음에서 설명하는 것은?**

소비자 기본 권리 중 가장 중요한 권리로서 생명 · 신체상의 위해를 받지 않고 안전한 소비생활을 영위할 권리

① 알 권리
② 안전할 권리
③ 선택할 권리
④ 의사를 반영할 권리

73 **소비자교육의 특징이 아닌 것은?**

① 쌍방통행적
② 가치지시적
③ 연역적
④ 주체적

74 소비자정보제공을 위한 자료를 설계할 때 고려해야 할 점을 모두 선택한 것은?

A. 연한 색체로부터 진한 색체의 순으로 제작한다.
B. 단순한 내용에서부터 복잡한 내용 순으로 제작한다.
C. 쉬운 내용에서부터 어려운 내용 순으로 제작한다.
D. 일반적인 내용에서부터 예외적인 특수한 내용 순으로 제작한다.

① A, B
② B, D
③ C, D
④ B, C, D

75 개인의 입장에서 본 소비자교육의 효과가 아닌 것은?

① 선택에 관한 비판적인 사고능력을 개발하고 촉진할 수 있게 된다.
② 현재의 자신과 미래의 후손을 위하여 생활의 질을 개선하고 향상시킬 수 있게 된다.
③ 구매를 잘하는 것이 기술이라는 틀을 뛰어넘어 세계의 시민으로서 함께 살아가는 데 동참하는 능력을 개발할 수 있게 된다.
④ 소비자정책과 소비자기본법을 효과적으로 시행할 수 있게 된다.

제4과목 소비자와 시장

76 다음에서 설명하고 있는 판매상술은?

• 신제품 설명회나 공장 견학과 같이 상품판매와 상관없이 선심을 제공하는 것처럼 하여 사람들을 모으고 분위기를 만들어 소비자가 물건을 구입하도록 하는 상술이다.
• 예를 들면 시골에 있는 노인이나 주부들을 관광버스를 이용하여 멀리 있는 생산현장에 데려가 식사도 대접하는 등의 선심을 제공한 후 도자기나 건강식품 등을 구입하도록 유인하는 경우가 이에 해당한다.

① 캐치세일상술
② 부업상술
③ 추첨상술
④ 최면상술

77 **완전경쟁시장의 조건으로 가장 거리가 먼 것은?**

① 소비자와 공급자가 완전한 정보를 가짐
② 시장에 진입과 탈퇴가 용이함
③ 제품의 동질함
④ 특정 공급자가 시장 가격에 영향을 미침

78 **비쌀수록 구매한다는 식의 비합리적 소비행태를 설명하기에 가장 적합한 이론은?**

① 베블렌 효과
② 스놉 효과
③ 밴드웨건 효과
④ 트리클다운 효과

79 **소비자의 디지털 구매행동에 대한 설명으로 가장 거리가 먼 것은?**

① 온·오프라인을 넘나들며 구매하는 등의 옴니채널을 이용한 소비패턴 경향을 보임
② 오프라인 매장에서 제품을 보고 온라인으로 구매하는 쇼루밍 행동을 보임
③ 온라인에서 정보를 검색한 후 오프라인 매장에서 구매하는 웹루밍 경향이 있음
④ 오프라인에서 제품을 체험한 후 모바일에서 구매하는 역쇼루밍 행동을 보임

80 **제품구매를 할 때 상점 선정의 기준으로 작용하는 요인으로 가장 거리가 먼 것은?**

① 접근편의성
② 제품구색
③ 라이프스타일
④ 타인의 소비성향

81 **완전경쟁시장의 경제적 효과와 가장 거리가 먼 것은?**

① 소비자 주권이 강하게 작용한다.
② 유휴생산능력이 존재하고 생산비용이 증가한다.
③ 희소한 생산자원을 최적의 상태로 사용할 수 있다.
④ 생산요소의 총비용이 최소화되며 자원배분의 효율성을 달성할 수 있다.

82 **백화점의 할인(Discount)과 관련한 불공정거래행위의 유형 사례가 아닌 것은?**

① 할인율을 과대하게 표시하기 위해 할인판매 직전에 가격을 인상하는 행위
② 이미 인하된 가격의 제품을 할인한 것처럼 표시하는 행위
③ 상당한 재고가 없음에도 대부분의 제품이 할인되는 것처럼 광고하는 행위
④ 상시적으로 최저가격을 보증하는 행위

83 **가격결정에 영향을 미치는 요인과 가장 거리가 먼 것은?**

① 제품 디스플레이
② 경쟁기업의 반응
③ 목표시장 점유율
④ 제품에 대한 시장수요

84 **지불방법 선택에 있어 고려해야 할 사항과 가장 거리가 먼 것은?**

① 신용카드로 결제하는 것은 일시금 지불에 비해 이자율 혜택을 얻을 수 있는 장점이 있다.
② 신용카드 지불은 과소비나 충동구매를 유도하는 경향이 있다.
③ 모든 할부구매에는 수수료 및 이자의 개념이 포함되어 있으므로 피하는 것이 좋다.
④ 카드결제는 소비자 신용을 사용하는 것이므로 곧 부채가 발생했음을 의미한다.

85 **소비자의사결정에 영향을 주는 사회적, 환경적 요인이 아닌 것은?**

① 라이프스타일
② 문 화
③ 사회계층
④ 준거집단

86 **지속가능한 소비를 위한 환경친화적 소비자운동의 종류와 가장 거리가 먼 것은?**

① 녹색마을 만들기
② 그린워싱 제품 구매운동
③ 녹색 광고 감시활동
④ 환경친화적 녹색 재활용

87 **합리성과 효율성에 관한 설명으로 틀린 것은?**

① 개별 소비자의 선호에 따라 선택이 이루어졌을 경우 합리적이라 할 수 있다.
② 효율성은 최소의 희생으로 최대의 효과를 얻는 경제성을 의미한다.
③ 합리성의 개념은 내적 일관성과 자기이익의 극대화라는 두 가지 의미가 포함된다.
④ 합리성과 효율성의 판단은 기본적으로 모두 객관적으로 이루어질 수 있다.

88 **소비자선택이나 소비자행동을 설명함에 있어서 신고전경제학파의 관점이 갖는 한계점이 아닌 것은?**

① 단일효용주의
② 합리주의
③ 개인주의
④ 예산제약

89 **엥겔-블랙웰-미니아드(Engel-Blackwell-Miniard) 모델에서 나타난 소비자의사결정과정의 단계가 아닌 것은?**

① 문제인식
② 시장조사
③ 정보탐색
④ 대안평가

90 **다음에서 설명하는 것은?**

> 수요의 가격탄력성이 비탄력적인 소비자집단에는 높은 가격을, 탄력적인 집단에는 낮은 가격을 부과하는 방법으로 수요의 가격탄력성이 다른 집단으로 나누어 각각 다른 가격을 부과하는 가격차별화 전략

① 1급 가격차별
② 2급 가격차별
③ 3급 가격차별
④ 이부가격제도

91 **기업의 소비자에 대한 마케팅 커뮤니케이션 수단에 대한 설명으로 가장 거리가 먼 것은?**

① 광고 – 신속한 메시지 전달 및 통제가 가능하며 대중적으로 커뮤니케이션 할 수 있는 수단임
② PR – 단순한 홍보차원이 아닌 기업과 사회의 이상적 관계정립을 위한 특별행사 기획, 간행물 발행 등의 방법을 활용함
③ 판촉 – 개별 소비자를 대상으로 진행되며 소비자의 주의를 집중하기에 용이하며 즉각적인 효과를 거둘 수 있으나 타 기업의 모방이 용이함
④ 인적판매 – 특정 제품 및 서비스를 단기적으로 구매유도하기 위해 설계된 수단으로 쿠폰, 무료시음 등의 방법이 활용됨

92 **다음 (   ) 안에 들어갈 내용을 순서대로 바르게 짝지은 것은?**

> 소비자들은 (   )을 가지고 기업들의 주요 의사결정 사항인 가격, 품질 등의 결정에 영향을 미치게 되는데 이와 같은 권한이 실현되는 경우 (   )이 실현된 것이라 한다.

① 소비자주권, 소비자이익
② 소비자선택, 소비자이익
③ 구매력, 소비자주권
④ 구매력, 소비자선택

93 **소매 유통업태의 특징에 대한 설명과 가장 거리가 먼 것은?**

① 슈퍼마켓은 일반적으로 식료품 및 일용잡화를 위주로 소비자가 직접 상품을 선택할 수 있는 시설을 갖추고 있다.
② 편의점은 일반적으로 심야영업을 통해 언제든지 구매할 수 있고 주거지 근처에 위치하여 일상적 구매를 손쉽게 할 수 있다.
③ 회원제 도매클럽은 일반적으로 회원가입 고객만을 대상으로 창고형으로 운영하며 실내장식은 거의 하지 않는다.
④ 대형할인점은 일반적으로 내구재를 중심으로 고가의 브랜드 중 유통회전이 빠른 제품을 낱개로 판매한다.

94 현대의 과시소비에 관한 설명으로 가장 거리가 먼 것은?

① 현대 소비문화에서는 호사품(명품)이 신분이나 계층의 상징이 되기도 한다.
② 과시소비에는 자신들이 상류층에 속한다는 것을 드러내려는 동기가 있다.
③ 호사품(명품)의 무분별한 구매결과로 개인 신용불량자들이 증가하고 있다.
④ 광고는 호사품(명품)구매 시에 과시소비에 대한 주의 등의 사전안내를 하고 있다.

95 소비자의 선택행동에 대한 설명으로 가장 적합한 것은?

① 100% 환불을 보장하는 제품을 구매하고도 실제 환불을 하는 소비자가 많지 않은 이유는 피크엔드 효과로 설명할 수 있다.
② 소비자 자신이 소유한 물건의 가치를 소유하지 않을 때보다 더 높게 평가하는 현상은 민감성 체감 효과이다.
③ 동일한 상황을 어떤 틀 속에서 바라보느냐에 따라 의사결정자들이 생각하는 방향과 최종선택이 달라지는 것은 구성효과 때문이다.
④ 특정한 제품구매에 대한 마지막의 기억이 좋다면 전반적인 평가 역시 긍정적인 방향으로 결정되는 것은 보유효과 때문이다.

96 과시소비성향에 대한 설명으로 가장 거리가 먼 것은?

① 구매하고 싶은 상품이 있으면 가격에 전혀 신경을 쓰지 않고 즉시 구매한다.
② 경제적 성장이 높은 지역에서 갑자기 부를 축적한 경우에 있어 과시욕구가 발현될 가능성이 높다.
③ 모방소비의 근원이 되는 것으로 널리 알려진 상표를 구매하고자 하는 심리표현이다.
④ 보다 희귀하고 독특한 것을 통해 남과 차별화하는 전략을 취하는 의사결정을 한다.

97 마케팅 믹스를 구성하는 4P의 의미는?

① 가격결정, 인사관리, 제품개발, 유통관리
② 가격결정, 제품개발, 유통관리, 광고 및 판매촉진
③ 가격결정, 구매관리, 제품개발, 유통관리
④ 생산관리, 가격결정, 제품개발, 광고 및 판매촉진

98 **제품수명주기에 영향을 미치는 요인이 아닌 것은?**

① 유통경로의 주도권
② 기술변화의 속도
③ 시장의 수용속도
④ 경쟁업자의 시장진입의 용이성

99 **비이성적 소비행동 중 다음에서 설명하는 것은?**

- Graaf, Wann, Naylor는 호사품(명품) 소비중독증을 졸부병이 아니라고 진단했다.
- 단지 물건을 마구 사는 것이 아니라 호사품(명품)을 마구 사는 행위를 의미한다.
- 이 증상은 풍요로워지기 위하여 더 많은 것을 추구한 결과의 중독 중의 하나이다.

① 밴드웨건 효과(Bandwagon Effect)
② 디드로 효과(Diderot Effect)
③ 어플루엔자(Affluenza)
④ 베블렌 효과(Veblen Effect)

100 **현대사회에서 소비의 개념변화현상과 가장 거리가 먼 것은?**

① 개인적 차원에서는 소비자의 가치가 전환되고 양보다는 질을 추구하는 현상이 심화되고 있다.
② 사회적 차원에서는 물질주의와 소비의 상징적 의미가 확대되고 있다.
③ 문화적 차원에서는 체험이나 참여보다는 단순한 관람을 중심으로 하는 소비가 확대되고 있다.
④ 생태적 차원에서는 웰빙(Well-being)의 차원을 넘어서는 지속가능한 소비가 확대되고 있다.

제 2 회 2019년 2급 필기 기출문제

소비자전문상담사 Consumer Adviser Junior

제1과목 소비자상담 및 피해구제

01 소비자상담사가 갖추어야 할 전문적 능력과 가장 거리가 먼 것은?

① 소비자상담 결과에 기초한 제품개발 아이디어 제공
② 피해구제를 위한 조사 및 문서화를 위한 정보관리능력
③ 기업과 유통시스템의 구조, 판매 및 광고활동에 대한 이해
④ 소비자기본법과 관련 제도, 소비자보호 관련 기관 등에 대한 지식

02 아웃바운드 전화상담에 해당하지 않는 것은?

① 텔레마케팅으로 고객에게 보험가입 여부 문의
② 신제품에 대한 고객반응 조사
③ 상품정보 문의 및 구매 주문
④ 고객의 생일에 전하는 축하전화

03 할인판매된 제품에 대한 소비자분쟁해결기준으로 틀린 것은?

① 교환은 동일제품으로 한다.
② 환급은 환급하는 시점의 가격으로 한다.
③ 동일제품 교환이 불가능할 때는 동종의 유사제품으로 한다.
④ 소비자가 동종의 유사제품 교환을 원하지 않을 때는 환급한다.

04 **소비자상담기법 중 비언어적 요소(바디랭귀지)가 아닌 것은?**

① 시선마주치기
② 얼굴 표정
③ 손 짓
④ 경 어

05 **정부 및 행정기관의 소비자상담 역할과 가장 거리가 먼 것은?**

① 소비자 권리 실현
② 불만상품의 직접 교환 및 환불
③ 소비생활 전반에 관련된 다양한 정보 제공
④ 생애학습으로 연결되는 소비자교육 실시

06 **기업에서 소비자상담사가 상담을 할 때 소비자 설득전략과 관련된 사항으로 가장 거리가 먼 것은?**

① 소비자의 마음상태가 편안할 때 설득의 효과가 크므로 간단한 다과를 권하면서 구매설득을 하는 것이 바람직하다.
② 소비자는 사회적 압력 등으로 자신의 자유감에 위협을 받게 되면 쉽게 설득되는 경향을 보인다.
③ 소비자가 진실로 자신을 위해 노력하고 있음을 인지할 때 소비자상담사에 대한 신뢰도가 높아진다.
④ 대부분 소비자는 통계자료보다 개인의 경험사례를 통해 쉽게 설득된다.

07 **구매 시 상담의 중요성이 점차 증가하는 이유와 가장 거리가 먼 것은?**

① 소비자와 잦은 기호변화로 인한 상품의 수명주기 단축
② 소비자 기호의 다양화로 인한 다품종 소량생산 방식의 일반화
③ 구매과정의 전산화로 소비자의 의사결정을 위한 상담원 판촉활동 의존도 증가
④ 구매정보의 전산화로 정보부족 심화 및 정보 취득비용 증가

08 **소비자피해구제의 진행순서로 가장 적합한 것은?**

① 상담 → 합의권고 → 분쟁조정 → 소송
② 상담 → 분쟁조정 → 합의권고 → 소송
③ 상담 → 합의권고 → 소송 → 분쟁조정
④ 상담 → 소송 → 합의권고 → 분쟁조정

09 **기업에서 구매 전에 고객에게 할 수 있는 소비자상담 내용만으로 구성된 것은?**

① 제품의 특성과 선택방법 및 의·식·주 전반에 걸친 생활상식
② 제품의 가격 및 판매방법, 제품의 사용 및 관리방법
③ 대금의 지불방법, 배송 관련 내용 및 제품의 불만사항에 대한 접수
④ 제품의 장·단점 설명 및 제품의 불만사항에 대한 처리

10 **다음 사례에서 소비자분쟁해결기준에 따를 경우 사업자가 소비자에게 지급해야 할 금액은 얼마인가?**

소비자는 7년 6개월 전에 1,000,000원을 지급하고 TV를 구매하여 사용하던 중 고장이 발생하여 A/S를 요청하였으나 사업자는 부품을 보유하고 있지 않으므로 수리가 불가능하다고 하였다(단, TV의 내용연수는 7년이며 부품보유기간은 9년이다).

① 0원
② 50,000원
③ 93,750원
④ 100,000원

11 **기업 소비자상담실의 활동에 대한 설명으로 가장 거리가 먼 것은?**

① 모니터링 업무
② 고객과의 의사소통 업무
③ 연구와 조사 등의 리서치 업무
④ 기업 수익경영 구축 업무

12 **서비스에 관련된 소비자분쟁해결기준으로 가장 거리가 먼 것은?**

① 부동산서비스에서 중계업자를 통해 계약이 성사된 후 당사자끼리의 계약취소가 발생할 경우 중개료는 환불되지 않는다.
② 이사서비스에서 사업자의 귀책으로 운송계약의 해제를 약정된 운송일 당일에 통보 시 사업자는 계약금 환급 및 계약금의 2배를 배상해야 한다.
③ 예식서비스에서 소비자 사정으로 인한 계약해지일 경우 소비자피해보상규정에 따르면 계약금을 돌려받을 수 없다.
④ 학원서비스에서 한 달의 수강료를 지불하고 수강등록을 하였으나 수강자 개인사정으로 수강취소를 요구하는 경우 강의개시일이 지나고 나서 수강취소를 요구하면 소비자는 강의료 환불을 받을 수 없다.

13 **소비자태도와 관련이 없는 것은?**

① 단계적 요소
② 인지적 요소
③ 감성적 요소
④ 행동의욕적 요소

14 **소비자분쟁해결기준에 대한 설명으로 가장 거리가 먼 것은?**

① 소비자와 사업자 사이에 일어날 수 있는 모든 분쟁을 원활하게 해결하기 위한 기준을 제정한 것이다.
② 사업자의 귀책사유로 인한 소비자피해의 처리과정에서 발생되는 운반비용, 시험・검사비용 등의 경비는 사업자가 부담한다.
③ 1987년 소비자피해보상기준으로 제정된 이후 현재는 소비자분쟁해결기준으로 계속적인 개정을 거치고 있다.
④ 소비자단체, 한국소비자원 등 소비자피해구제업무를 담당하는 기관에서는 이 기준에 근거하여 피해구제업무를 수행하고 있다.

15 구매단계별 소비자상담 중 구매 시 상담사의 역할로 가장 거리가 먼 것은?

① 상품과 서비스의 적절한 취급방법에 대한 정보를 제공해야 한다.
② 상품선택의 판단기준 및 이에 대한 정보를 제공해야 한다.
③ 소비자욕구에 부응하는 소비자정보를 제공해야 한다.
④ 상품 및 상품시장에 대한 지식을 제공해야 한다.

16 고객의 형태에 따른 분류상 비자격 잠재자(Disqualified Prospect)에 대한 설명으로 옳은 것은?

① 자사 제품이나 서비스가 필요하고 구매능력이 있는 자로 비록 자사의 제품을 사거나 서비스를 이용하지 않았더라도 자사의 제품, 서비스에 대해 알고 있거나 추천을 받은 자
② 자사 고객이었던 사람 중에 정기적인 구매를 할 시기가 지났는데도 더 이상 구매를 하지 않는 자
③ 구매가능자 중에서 자사 제품, 서비스에 대하여 필요성을 느끼지 못하거나 구매할 가능성이 없다고 확실하게 판단되는 자
④ 자사의 제품, 서비스를 1회 구매한 사람으로 아직은 완전한 고객이라기보다 고객이 될 수도 있고 경쟁사의 고객이 될 수도 있는 자

17 택배업 관련 소비자분쟁해결기준에 대한 설명 중 가장 거리가 먼 것은?

① 사업자가 고객의 승낙을 얻어 운송부재중 방문표를 투입하고 송하인에게 연락하는 등 충분한 후속조치를 취했더라도 사업자 귀책의 배달지연으로 인한 피해에 대해 면책되지 않는다.
② 특정일에 사용할 운송물의 경우에 배달지연으로 인한 피해에 대해서는 운송장 기재 운임액의 200%를 배상한다.
③ 운송물품이 훼손되었으나 수선이 가능한 경우에는 무상수리 또는 수리비를 보상한다.
④ 운송물의 가액을 기재하지 않은 경우 손해배상한도액은 50만원으로 하되 가액범위에 따라 할증요금을 지급하는 경우 운송가액 구간별 최고가액으로 한다.

18 **소비자분쟁해결기준상 인터넷쇼핑몰업에서 손해배상을 청구할 수 있는 피해유형에 해당하지 않는 것은?**

① 물품이나 용역을 미인도한 경우
② 지연인도로 인해 불편을 야기한 경우
③ 허위·과장광고에 의해 계약을 체결한 경우
④ 지연인도로 당해 물품이나 용역이 본래의 구매목적을 달성하지 못한 경우

19 **소비자와의 면접상담에서 고객의 소리에 귀기울이기와 가장 거리가 먼 것은?**

① 말을 도중에 끊지 않도록 한다.
② 주의가 산만하지 않도록 한다.
③ 들으면서 동시에 다른 사람에게 이야기하지 않도록 한다.
④ 설명은 가능하면 전문적인 용어를 많이 사용한다.

20 **소비자상담자의 복장과 태도로 가장 거리가 먼 것은?**

① 단정하고 청결하게 한다.
② 기관의 이미지를 고려한다.
③ 자신의 개성을 나타내면 안 된다.
④ 진심어린 반가움을 표현하는 미소로 소비자를 대한다.

21 **신용카드로 피해가 발생했을 경우 항변권을 행사할 수 없는 경우는?**

① 이미 납부한 할부금에 대한 반환을 요청하는 경우
② 신용카드로 20만원 이상을 결제했을 경우
③ 목적물이 약속된 날짜까지 인도되지 않는 경우
④ 매도인이 하자담보책임을 이행하지 않는 경우

22 **피해구제청구에 따른 처리결과에 대한 용어의 설명으로 옳은 것은?**

① 중지 – 사업자의 귀책사유 또는 개연성이 일부 인정되는 경우
② 처리불능 – 소비자기본법에 의해 한국소비자원에서의 처리가 부적합하다고 판단되는 경우
③ 취하 – 소비자가 피해구제 중지를 요청한 경우
④ 조정요청 – 청구인 스스로 자력 구제할 의사가 있으므로 한국소비자원에서 처리를 원하지 않을 경우

23 **소비자행동 및 특성에 따른 상담전략에 대한 설명 중 틀린 것은?**

① 다양한 소비자들의 행동스타일을 파악하여 적절하게 대응하는 방법을 익힌다.
② 문제 소비자를 응대할 때는 기본적인 상담원칙을 지켜야 한다.
③ 화난 소비자를 상대할 때는 감정상태를 인정하는 대화부터 시작한다.
④ 청소년이나 어린 소비자를 대할 때는 정중하지 않아도 된다.

24 **기업에서 수행하는 소비자상담의 내용과 그 목적에 관한 설명으로 가장 거리가 먼 것은?**

① 상품검사 및 정보제공 – 소비자의 건전하고 합리적인 선택 도모
② 소비자교육 및 계몽 – 대소비자 홍보 및 소비자와의 긍정적 관계 형성
③ 소비자의 기대수준 파악 – 수준에 맞는 제품제공으로 고객만족도 제고
④ 제품사용 및 제품관리에 대한 정보제공 – 소비자 과실로 인한 피해 최소화

25 **소비자상담에 적합한 상담기술로 가장 거리가 먼 것은?**

① 상담 도중 소비자와 눈맞춤을 하여야 한다.
② 소비자가 말하는 도중 가끔 고개를 끄덕인다.
③ 소비자를 향해 몸을 약간 숙이고 개방적인 자세를 취한다.
④ 소비자가 말하는 동안 다음에 자신이 무슨 말을 할 것인지 미리 생각해 두어야 한다.

제2과목 소비자관련법

26 부당한 표시·광고행위를 하는 사업자에 대하여 공정거래위원회가 그 시정을 위해 명할 수 있는 조치가 아닌 것은?

① 정정광고
② 사과광고 게재 명령
③ 해당 위반행위의 중지
④ 시정명령을 받은 사실의 공표

27 전자상거래 등에서의 소비자보호에 관한 법률과 관련한 내용으로 틀린 것은?

① 전자상거래 등에서의 소비자보호에 관한 법률에서는 사업자가 상행위를 목적으로 구입하는 거래에 관하여는 동법의 적용을 배제한다.
② 사업자라 하더라도 사실상 소비자와 같은 지위에서 다른 소비자와 같은 거래조건으로 거래하는 경우에는 전자상거래 등에서의 소비자보호에 관한 법률이 적용된다.
③ 전자상거래에서의 소비자보호에 관하여 다른 법률의 규정이 경합하는 경우에는 전자상거래 등에서의 소비자보호에 관한 법률을 우선 적용하며 다른 법률을 적용하는 것이 소비자에게 유리한 경우에도 전자상거래 등에서의 소비자보호에 관한 법률을 우선 적용한다.
④ 소비자가 이미 잘 알고 있는 약관 또는 정형화된 거래방법에 따라 수시 거래하는 경우로서 총리령으로 정하는 거래의 경우에는 총리령으로 정하는 바에 따라 계약내용에 관한 서면의 내용이나 교부의 방법을 다르게 할 수 있다.

28 약관의 특성이 아닌 것은?

① 마련의 일방성
② 상대방의 다수성
③ 작성의 사전성
④ 계약내용의 전체성

29 **두 개 이상의 서로 대립하는 의사표시에 의하여 법률효과가 발생하는 법률행위는?**

① 취 소　　② 계 약
③ 합동행위　　④ 약정해제

30 **채무의 이행이 가능한데도 불구하고 채무자가 채무를 이행하지 않는 것을 의미하는 것은?**

① 이행지체　　② 이행불능
③ 불완전이행　　④ 동시이행

31 **전자상거래 등에서의 소비자보호에 관한 법률에 따라 사업자와 전자결제업자 등이 전자적 대금지급이 이루어지는 경우 소비자의 청약의사가 진정한 의사표시에 의한 것인지를 확인하기 위하여 고지해야 할 사항이 아닌 것은?**

① 재화 등의 내용 및 종류　　② 재화 등의 가격
③ 배송업체의 정보　　④ 용역의 제공기간

32 **할부거래에 관한 법률상 소비자가 할부거래업자에게 할부금의 지급을 거절할 수 있는 사유가 아닌 것은?**

① 할부계약이 무효·취소 또는 해제된 경우
② 할부거래업자가 하자담보책임을 이행하지 아니한 경우
③ 할부거래업자의 채무불이행으로 인하여 할부계약의 목적을 달성할 수 없는 경우
④ 외국인과의 결혼 및 연고관계로 인하여 외국에 이주하는 경우

33 **할부거래에 관한 법률에 따라 할부거래업자가 소비자에게 계약을 해제하기 전에 이행할 것을 서면으로 최고하여야 하는 최소기간은?**

① 7일　　② 10일
③ 14일　　④ 30일

34 **표시 · 광고의 공정화에 관한 법령상 부당한 광고에 관한 설명으로 틀린 것은?**

① 비교대상 및 기준을 명시하지 않은 비교광고는 부당하게 비교하는 광고이다.
② 사실과 다르게 광고하는 것은 허위광고이다.
③ 사실을 지나치게 부풀려 광고하는 것은 기만적인 광고이다.
④ 다른 사업자의 상품에 관하여 객관적 근거가 없는 불리한 사실만을 광고하는 것은 비방광고이다.

35 **표시 · 광고의 공정화에 관한 법률상 손해배상에 대한 설명으로 틀린 것은?**

① 사업자 등은 부당한 표시 · 광고행위를 함으로써 피해를 입은 자가 있는 경우에는 그 피해자에 대하여 손해배상의 책임을 진다.
② 손해배상의 책임을 지는 사업자 등은 고의 또는 과실이 없음을 들어 그 피해자에 대한 책임을 면할 수 없다.
③ 피해자의 손해배상 청구권은 공정거래위원회의 시정조치가 확정된 후가 아니면 이를 재판상 주장할 수 없다.
④ 손해가 발생된 사실은 인정되나 그 손해액을 증명하는 것이 사안의 성질상 곤란한 경우 법원은 변론 전체의 취지와 증거조사의 결과에 기초하여 상당한 손해액을 인정할 수 있다.

36 **방문판매 등에 관한 법률상 방문판매에 있어 청약철회기간에 대한 설명 중 틀린 것은?**

① 계약서를 교부받은 날로부터 14일 이내. 다만 계약서를 받은 날보다 재화 등이 늦게 공급된 경우에는 재화 등을 공급받거나 공급이 시작된 날로부터 14일 이내
② 소비자에게 책임 있는 사유로 재화 등이 멸실 또는 훼손된 날로부터 14일 이내
③ 계약서를 받지 아니한 경우 방문판매자의 주소를 안 날 또는 알 수 있었던 날부터 14일 이내
④ 방문판매자의 주소가 기재되지 않은 계약서를 교부받은 경우 방문판매자의 주소를 안 날 또는 알 수 있었던 날로부터 14일 이내

37 **방문판매 등에 관한 법률상 정의된 판매방법에 관한 설명으로 틀린 것은?**

① 방문판매란 방문판매업자가 방문을 하는 방법으로 영업소, 대리점 외의 장소에서 소비자에게 권유하여 재화 또는 용역을 판매하는 것을 말한다.
② 사업권유거래란 사업자가 소득기회를 알선·제공하는 방법으로 거래 상대방을 유인하여 금품을 수수하거나 재화 등을 구입하게 하는 거래를 말한다.
③ 전화권유판매란 전화를 이용하여 소비자에게 권유를 하거나 전화회신을 유도하는 방법으로 재화 등을 판매하는 것을 말한다.
④ 다단계판매란 특정 판매원의 구매·판매 등의 실적이 그 직근 상위판매원 1인의 후원수당에만 영향을 미치는 후원수당지급방식을 가진 경우를 말한다.

38 **소비자기본법상 공정거래위원회가 소비자정책위원회의 심의·의결을 거쳐 수립하는 소비자정책에 관한 기본계획의 수립주기는?**

① 1년 ② 3년
③ 5년 ④ 10년

39 **할부거래에 관한 법률에 따른 할부계약에서 소비자의 청약철회에 관한 내용으로 틀린 것은?**

① 청약철회 시 계약서의 발급사실과 그 시기, 재화 등의 공급사실과 그 시기에 관하여 다툼이 있는 경우에는 할부거래업자가 이를 입증하여야 한다.
② 소비자의 주문에 따라 개별적으로 제조되는 재화 등의 공급을 목적으로 하는 할부계약은 청약철회를 할 수 없다.
③ 사용에 의하여 그 가치가 현저히 감소될 우려가 있는 제품은 모두 청약철회를 할 수 없다.
④ 설치에 전문인력 및 부속자재가 요구되는 전기 냉방기가 설치된 경우 청약철회를 할 수 없다.

40 **다음 경우의 법률관계에 대한 설명으로 옳은 것은?**

> 광주에 사는 甲은 서울에 사는 乙에게 그림 1점을 500만원에 팔겠다는 제의를 담은 편지를 2019년 9월 1일 발신하고 2019년 9월 20일까지 응답할 것을 乙에게 요구하였다. 그 편지는 乙에게 2019년 9월 3일 배달되었다. 乙은 그 제의를 받아들이겠다는 편지를 2019년 9월 5일 제대로 발신하였는데 甲에게 9월 25일 배달되었다.

① 甲이 乙에게 연착통지를 하지 않은 경우 매매계약은 도달주의에 의거 2019년 9월 25일에 성립한다.
② 甲은 乙에게 연착통지의무가 없다.
③ 甲의 연착통지 유무에 불구하고 乙의 승낙은 연착되었으므로 계약은 성립할 수 없다.
④ 甲의 연착통지가 있을 경우 乙의 연착된 승낙은 새로운 청약으로 볼 수 있어 甲의 의사에 따라 계약성립 여부가 결정될 것이다.

41 **약관해석의 원칙이 아닌 것은?**

① 신의성실의 원칙
② 객관적 해석 원칙
③ 면책조항 금지의 원칙
④ 작성자불이익의 원칙

42 **소비자기본법상 소비자분쟁조정위원회의 조정이 성립되는 경우가 아닌 것은?**

① 양 당사자가 소비자분쟁조정위원회의 조정안을 수락한 경우
② 소비자분쟁조정위원회의 조정안에 대해 일방은 수락하고 상대방은 수락기간 내에 수락의 의사를 표시하지 않은 경우
③ 소비자분쟁조정위원회의 조정안에 대해 양 당사자 모두 수락기간 내에 수락의 의사를 표시하지 않은 경우
④ 소비자분쟁조정위원회의 조정안에 대해 일방은 거절하고 상대방은 수락한 경우

43 **할부거래에 관한 법령에 따라 사용에 의하여 그 가치가 현저히 감소될 우려가 있어 소비자가 청약의 철회를 할 수 없는 재화가 아닌 것은?**

① 선박법에 따른 선박
② 자동차관리법에 따른 자동차
③ 전기용품 및 생활용품 안전관리법에 따른 세탁기
④ 건설기계관리법에 따른 건설기계

44 **전자상거래 등에서의 소비자보호에 관한 법률상 청약철회에 대한 내용으로 틀린 것은?**

① 소비자의 사용 또는 일부 소비로 재화 등의 가치가 현저히 감소한 경우에는 통신판매업자의 의사에 반하여 청약철회를 할 수 없다.
② 소비자에게 책임 있는 사유로 재화 등이 멸실 또는 훼손된 경우에는 청약철회를 할 수 없다.
③ 재화 등의 내용을 확인하기 위하여 포장 등을 훼손한 경우에는 소비자가 재화 등을 멸실 또는 훼손한 경우에 해당되지 않는다.
④ 재화 등의 내용이 표시・광고내용과 다르거나 계약내용과 다르게 이행된 경우에는 당해 재화 등을 공급받은 날부터 1월 이내, 그 사실을 안 날 또는 알 수 있었던 날부터 30일 이내에 청약철회 등을 할 수 있다.

45 **소비자기본법상 소비자단체에 관한 설명으로 틀린 것은?**

① 소비자단체는 소비자문제에 관한 조사・연구의 업무를 행한다.
② 소비자단체는 물품 등의 품질・성능 및 성분 등에 관한 시험・검사로서 전문적인 인력과 설비를 필요로 하는 시험・검사의 경우 그 결과를 반드시 공표하여야 한다.
③ 법정요건을 모두 갖춘 소비자단체는 공정거래위원회 또는 지방자치단체에 등록할 수 있다.
④ 국가 또는 지방자치단체는 등록소비자단체의 건전한 육성・발전을 위하여 필요하다고 인정될 때에는 보조금을 지급할 수 있다.

46 **약관의 규제에 관한 법률에 따른 약관에 대한 설명으로 틀린 것은?**

① 대법원은 약관은 단순히 계약의 초안에 불과하기 때문에 구속력을 갖기 위해서는 당사자들이 이를 계약에 편입시켜야 한다는 계약설의 입장을 받아들였다.
② 약관의 조항 중 의미가 명확하지 않으면 고객에게 유리하게 해석하여야 한다.
③ 약관에 의한 거래에 있어서 경우에 따라서는 어떤 사항에 관하여 당사자가 약관조항과는 다른 내용의 합의를 할 수도 있다.
④ 약관에 의한 계약체결에 있어서 약관의 전부나 일부가 무효인 경우에 그 계약의 효력은 이른바 전부무효의 원칙에 따라 처리되어야 한다.

47 **제조물 책임법상 제조물 책임에 대한 설명 중 옳은 것은?**

① 결함의 부존재에 관한 행정해석은 법원의 판단을 구속하지 않는다.
② 제조물 책임에 관한 면책특약은 유효하다.
③ 제조물을 제조한 날부터 10년이 지나면 책임을 지지 않는다.
④ 손해배상의 청구권은 손해배상책임을 지는 자를 안 날부터 1년간 이를 행사하지 아니하면 시효로 인하여 소멸한다.

48 **방문판매 등에 관한 법률상 방문판매자 등의 금지행위가 아닌 것은?**

① 재화 등의 판매에 관한 계약의 체결을 강요하는 행위
② 방문판매원 등에게 다른 방문판매원 등을 모집할 의무를 지게 하는 행위
③ 청약철회 등을 방해할 목적으로 주소·전화번호 등을 변경하는 행위
④ 재화 등의 거래에 따른 대금을 정산하기 위하여 소비자에 관한 정보를 제3자에게 제공하는 행위

49 **법률행위의 효력요건으로 틀린 것은?**

① 법률행위 목적의 확정성
② 법률행위 목적과 내용의 실현가능성
③ 법률행위 목적의 적법성
④ 법률행위 내용의 이해가능성

50 **전자상거래 등에서의 소비자보호에 관한 법률의 내용으로 틀린 것은?**

① 통신판매중개를 하는 자는 자신이 통신판매의 당사자가 아니라는 사실을 미리 고지를 하지 아니한 경우 통신판매중개의뢰자의 고의 또는 과실로 소비자에게 발생한 재산상 손해에 대하여 연대하여 배상할 책임을 진다.
② 소비자기본법에 따라 등록된 소비자단체는 전자상거래를 하는 사업자가 임시중지명령 사유에 해당한다고 인정될 때에는 서면으로 한국소비자원에 그 전자상거래 또는 통신판매의 전부 또는 일부에 대하여 일시중지를 명하도록 요청할 수 있다.
③ 통신판매업자, 재화 등의 대금을 받은 자 또는 소비자와 통신판매에 관한 계약을 체결한 자가 동일인이 아닌 경우에 이들은 청약철회 등에 따른 재화 등의 대금 환급과 관련한 의무의 이행에 대하여 연대하여 책임을 진다.
④ 전자게시판서비스 제공자는 해당 게시판을 이용하여 통신판매가 이루어지는 경우 이로 인해 소비자피해가 발생하지 아니하도록 통신판매를 업으로 하는 자가 이 법에 따른 의무를 준수하도록 안내하고 권고해야 한다.

제3과목 소비자교육 및 정보제공

51 **고객을 위한 사용설명서 제작 시 주의사항으로 가장 거리가 먼 것은?**

① 소비자가 제품기능과 용어를 가능한 한 쉽게 이해하고 제대로 조작할 수 있도록 작성해야 한다.
② 기획단계에서부터 마지막 인쇄단계까지 제품별 이용 소비자의 유형, 능력을 고려하여 일관성을 유지해야 한다.
③ 다양한 소비자의 요구가 반영되도록 전문가의 입장에서 제작되어야 한다.
④ 사용설명서를 통해 제품 이미지 향상을 도모하도록 편집과 인쇄의 질을 높여야 한다.

52 **다음에서 설명하는 것은?**

"내 뒷마당에는 안 된다."는 이기주의적 의미로 통용되기 시작하여 범죄자, 마약중독자, 폐기물 수용 및 처리센터나 방사능오염 쓰레기처리장 등과 같은 시설의 필요성을 인정하면서도 이 것들이 남의 뒷마당에서 이루어지길 원하는 자기중심적 공공성 결핍증상

① 노비즘(NOBYISM)
② 님비현상(NIMBY)
③ 임피현상(IMPY)
④ 핌피현상(PIMFY)

53 **신혼기 가계에 해당하는 성인부부 소비자에게 ○○은행 소비자교육지원팀이 교육을 수행하고자 할 때 소비자교육 프로그램의 전체적인 범위 중 다음의 내용이 해당하는 것은?**

- 신혼기 가계 소비자가 효율적인 가계재무계획을 수립하고 실천하여 건전한 가계재무를 운영할 수 있도록 하는 것
- 가계소득 및 자산의 증대를 위해 은행 저축상품을 이해하고 적극 활용하도록 유도하는 것

① 교육대상의 특성 파악
② 교육대상의 교육적 요구도 분석
③ 교육목적
④ 구체적인 교육내용

54 **다음에서 설명하는 분석방법은?**

전문가의 진단이나 판단이 미래사건 또는 사건의 발생가능성들을 예견하는 데 효과적일 수 있다는 인식에 기초한 것으로서 소비자교육의 목적, 관심사항, 잠재적인 요구들의 일치점을 얻기 위해 교육요구분석에 가장 많이 이용되는 방법으로, 여러 전문가의 의견을 서면으로 받아 전문가 간의 합의나 의견교환을 방지하며 의견수렴이 되지 않을 경우 여러 차례 서면을 통해 의견수렴을 유도하는 것이 원칙이다.

① 전문가관찰법
② 델파이법
③ 전문가의견법
④ 전문가결정접근법

55 **소비자교육 프로그램 평가원칙에 해당되지 않은 것은?**

① 진행과정의 파악
② 문제의 발견과 진단
③ 지속적 · 종합적 수행
④ 경험적 · 실증적 평가

56 **아동 소비자가 소비역할을 학습할 때 관련된 설명으로 거리가 먼 것은?**

① 아동기는 부모나 학교로부터 올바른 소비생활을 배워나가는 시기이다.
② 아동은 상점에 혼자 가는 데서 독립감을 느끼게 된다.
③ 아동기에 소비자로서의 경험이 많을수록 소비과정에 대한 인식을 잘 할 수 있다.
④ 아동기는 민감한 시기이기 때문에 의도적인 훈련으로써 소비자능력향상이 어렵다.

57 **제품팸플릿 제작 시 주의해야 할 사항으로 옳은 것은?**

① 제품소개를 위한 단순한 정보로 구성한다.
② 다른 제품과 차별화될 수 있도록 평이한 용어보다 전문적인 용어를 사용하는 것이 좋다.
③ 소비자에게 중요한 제품의 속성에 관한 정보와 함께 가격에 관한 정보를 포함시키는 것이 좋다.
④ 넓은 범위의 많은 소비자에게보다는 숫자가 적더라도 중요한 고객에게 전해지는 것이 좋다.

58 **소비자교육 내용을 파악하기 위한 소비자교육 요구분석의 단계를 순서대로 나열한 것으로 옳은 것은?**

㉠ 문제의 파악
㉡ 성과의 효율성 평가
㉢ 해결사항 대안파악
㉣ 해결전략의 설정
㉤ 실 행

① ㉠ → ㉡ → ㉢ → ㉣ → ㉤
② ㉠ → ㉣ → ㉢ → ㉤ → ㉡
③ ㉠ → ㉢ → ㉣ → ㉤ → ㉡
④ ㉠ → ㉣ → ㉡ → ㉢ → ㉤

59 **다음과 관련된 소비자정보의 특성은?**

소비자정보가 유용성을 갖기 위해서는 이미 정확하다고 알려져 있는 정보와 비교하거나 데이터로부터 정보를 추적하여 정보의 정확성을 확인할 수 있어야 한다.

① 관련성
② 적시성
③ 정확성
④ 검증가능성

60 다음에서 설명하는 것은?

> 기업의 소비자보호 및 고객만족활동을 보다 체계적이고 전문적으로 실천하기 위해 기업에서 소비자 업무를 관장하는 책임자들이 1984년 자발적으로 조직한 단체

① 한국소비자원
② 소비자시민모임
③ 기업소비자전문가협회
④ 한국소비자단체협의회

61 기업의 소비자정보시스템 구축의 필요성으로 가장 거리가 먼 것은?

① 고객정보의 데이터베이스를 토대로 고정고객창출을 통한 고수입 실현을 위해서
② 시장개방 및 전자상거래와 같은 시장 환경변화에 대처하기 위해서
③ 소득수준의 감소와 더불어 소비자의 높은 기대수준 및 까다로움을 충족시키기 위해서
④ 고객과의 우호적인 관계지속을 위한 고객정보의 수집 및 관리를 위해서

62 아동 소비자교육의 원리로 가장 거리가 먼 것은?

① 단순한 내용을 반복하여 학습시킨다.
② 부모가 솔선수범하여 보여주는 교육이 효과적이다.
③ 소비자교육 관련 개념들을 완벽하게 이해할 수 있도록 교육시키는 것이 좋다.
④ 추상적인 내용을 교육시키는 것보다 직접적인 경험을 할 수 있는 기회를 제공해야 한다.

63 기업적 입장에서 소비자교육의 효과와 가장 거리가 먼 것은?

① 소비자에게 해당 기업에 대한 충분하고 적절한 정보가 주어질 때 소비자는 최적의 선택과 비교검토가 가능하게 되어 만족을 극대화할 수 있다.
② 소비자의 구전으로 상품과 기업명을 알릴 수 있어 가장 효율적인 홍보수단으로 활용할 수 있다.
③ 소비자불만과 불평을 감소시키고 소비자만족을 증대시킴으로써 이익이 증가할 수 있다.
④ 시장 메커니즘을 통해 좋은 기업은 살아남고 건전한 기업이 발전할 수 있는 시장 메커니즘 환경이 준비되고 기업의 자율규제를 지원받을 수 있다.

64 소비자주권에 대한 설명이 아닌 것은?

① 무엇이 얼마나 생산되어야 하는가는 소비자들의 구매력(Money Vote)에 의해 결정된다.
② 대량생산과 대량소비 경제사회에서 본격적으로 사회문제화되었다.
③ 자본주의 경제구조에서 양 주체인 정부, 생산자의 상호관계에서 최종적인 의사결정의 힘이 정부에게 있다는 것을 의미한다.
④ 아담 스미스의 국부론의 "소비는 모든 생산의 유일한 목적이며 생산의 이익은 소비자의 이익을 증진시키는 범위 안에서 고려되어야 한다."는 것은 소비자주권의 원리를 표현한 말이라 할 수 있다.

65 소비자교육 프로그램 설계과정 중 분석단계에 해당하지 않는 것은?

① 요구분석
② 학습자분석
③ 평가도구분석
④ 직무 및 과제분석

66 소비자정보 자료제작을 위한 설계의 기본요소 구성 원칙이 아닌 것은?

① 쉬운 자료에서 어려운 자료 순으로 제공한다.
② 서지(팸플릿 등)자료, 오디오자료, 비디오자료 순으로 제공한다.
③ 단순한 자료에서 복잡한 자료 순으로 제공한다.
④ 일반적인 자료에서 특수한 자료 순으로 제공한다.

67 OLAP(Online Analytical Processing)는 무엇을 의미하는가?

① 최종 사용자가 다차원 정보에 접근하여 대화식으로 정보를 분석하고 의사결정에 활용하는 과정
② 복잡하고 분산되어 있는 대용량의 정보를 체계적으로 통합하여 저장하는 시스템
③ 데이터로부터 유용한 정보를 발견하는 프로세스의 전 과정
④ 데이터로부터 정보를 추출하기 위해 적용하는 기법

68 **다음에서 설명하는 소비자 기본 권리는?**

> 소비자들이 무엇을 구매하며 어떻게 사용할지를 결정하는 자유를 가질 수 있는 권리

① 기본적인 욕구충족의 권리　② 안전할 권리
③ 선택할 권리　④ 의사를 반영할 권리

69 **소비자정보관리 과정을 바르게 나열한 것은?**

① 전략수립 → 노력의 집중 → 정보생성 → 정보축적 → 정보공유 → 정보활용
② 전략수립 → 정보공유 → 정보축적 → 노력의 집중 → 정보생성 → 정보활용
③ 전략수립 → 정보생성 → 정보공유 → 정보축적 → 노력의 집중 → 정보활용
④ 전략수립 → 정보공유 → 노력의 집중 → 정보축적 → 정보생성 → 정보활용

70 **다음에서 설명하는 교육프로그램 내용설계 시 고려해야 할 원리는?**

> • 학습경험의 수평적 조직에 요구되는 원리이다.
> • 각 학습경험을 단편적으로 구획하는 것이 아니라 횡적으로 상호보충·보강되도록 조직하여 종합적이고 전체적인 안목을 기를 수 있도록 하기 위한 것이다.

① 계열성　② 통합성
③ 순환성　④ 계속성

71 **다음에서 설명하는 것은?**

> 학교 소비자교육의 교육과정 목표를 정할 때 학년수준이 높아짐에 따라 점차로 경험의 수준을 높여서 더욱 깊이 있고 다양한 학습경험을 할 수 있도록 하는 프로그램 내용의 조직원리

① 타당성　② 계열성
③ 계속성　④ 통합성

72 **소비자주의(Consumerism)라는 용어가 탄생된 시대적 배경에 대한 설명으로 옳은 것은?**

① 1960년대에 기업의 사명 완수를 요구하는 소비자의 수가 증가하였다.
② 1970년대에 소비자의 정치적 발언이 증가하였다.
③ 1960년대에 소비자옹호자의 증가현상에 대해 기업계는 부정적이었다.
④ 1970년대에 소비자단체의 조직적 활동에 대해 기업계는 부정적이었다.

73 **기업에서 소비자에게 정보를 효율적으로 제공하는 방법으로 가장 거리가 먼 것은?**

① 소비자정보를 모아 체계화시켜 소비자정보시스템을 구축하여야 한다.
② 지속성은 부족해도 새로운 자료가 첨부된 소비자정보를 제공하여야 한다.
③ 구매시점에서의 직접적 검토와 비교를 수월하게 할 수 있는 정보를 제공하여야 한다.
④ 소비자정보 요구를 충족시킬 수 있는 정보제공 체계에 대한 정책을 수립하여야 한다.

74 **노인 소비자교육 시 주의사항으로 가장 거리가 먼 것은?**

① 학습에 필요한 시간을 짧게 잡아야 한다.
② 시각과 청각매체를 함께 이용하여야 한다.
③ 학습자의 참여를 권장하는 것이 필요하다.
④ 제시되는 예는 일상경험에 근거한 것이 좋다.

75 **행정기관의 소비자정보 제공형태와 유형으로 가장 거리가 먼 것은?**

① 가격표시정보
② 공정거래위원회의 소비자종합정보 홈페이지
③ 한국소비자원 홈페이지
④ 지방자치단체의 소비자정책심의회

제4과목 소비자와 시장

76 다음은 대안평가단계에서 소비자가 평가기준의 중요도를 17점으로 4가지 상표에 대한 평가점수를 0~3점으로 표시한 것이다. 사전편찬식(Lexicographic Rule)에 따를 경우 선택되는 상표는?

평가기준	중요도	상 표			
		A	B	C	D
가	7	3	3	2	2
나	5	1	2	3	2
다	3	3	0	2	2
라	2	3	0	2	2

① A
② B
③ C
④ D

77 마케팅 믹스 전략에 해당하지 않는 것은?

① 제품기능과 포장에서의 제품차별화 전략
② 시장진입을 위한 적정한 가격 전략
③ 광고와 인적판매를 통한 판매촉진 전략
④ 고객세분화에 의한 시장진입과 퇴출 전략

78 소비자의 라이프스타일을 측정하는 데 사용하는 변수와 가장 거리가 먼 것은?

① 소비자의 관심
② 소비자의 행동
③ 소비자의 의견
④ 소비자의 규범

79 다음에서 설명하는 것은?

> • 품질 및 디자인의 개선, 광고 등의 수단으로 자기의 제품에 대한 수요를 증가시키기 위하여 노력하는 것
> • 가격과 품질이 평준화된 상품에 있어 가격 이외의 수단으로 경쟁하는 것

① 완전경쟁 ② 과점경쟁
③ 유효경쟁 ④ 비가격경쟁

80 소비자의사결정에 영향을 주는 요인 중 개인적 요인과 가장 거리가 먼 것은?

① 제품지식 ② 라이프스타일
③ 개 성 ④ 가 족

81 주택구입과 관련한 의사결정에 있어 지각적 위험요인과 가장 거리가 먼 것은?

① 재무적 위험 ② 사회적 위험
③ 심리적 위험 ④ 상황적 위험

82 일반적인 유통경로 설계과정을 바르게 나열한 것은?

> ㉠ 경로 대안의 평가
> ㉡ 유통경로의 목표설정
> ㉢ 주요 경로 대안의 식별
> ㉣ 고객욕구의 분석

① ㉠ → ㉡ → ㉢ → ㉣
② ㉡ → ㉢ → ㉠ → ㉣
③ ㉢ → ㉡ → ㉣ → ㉠
④ ㉣ → ㉡ → ㉢ → ㉠

83 **지속가능한 발전의 등장배경에 대한 설명으로 틀린 것은?**

① 1980년 국제연맹이 자연과 천연자원을 위한 세계적 보존전략을 제시하면서 지속가능발전 개념이 나타났다.
② 1992년 브라질에서 개최된 유엔환경개발회의에서 리우선언과 이의 실천과제로 의제 21을 채택하였다.
③ 2002년 지속가능발전 세계정상회의는 환경 뿐만이 아닌 통합적인 정책개념으로 정착되는 계기였다.
④ 2012년 지속가능발전 세계정상회의는 기후변화협약, 생물다양성협약, 산림원칙성명이 합의되었다.

84 **과시소비에 대한 설명으로 가장 거리가 먼 것은?**

① 부의 증거를 나타내고 싶은 소비
② 업적을 나타내는 수단으로서의 소비
③ 저소득 계층이 보상받고자 하는 욕구를 해소하려는 소비
④ 우월하고 싶다는 허영심의 표현으로서 소비

85 **법률서비스를 구매하고자 할 때 법률서비스를 제공하는 변호사의 의무와 가장 거리가 먼 것은?**

① 수임사무 보고의무
② 위임직무수행의무
③ 석명의무
④ 조사의무

86 **시장의 역할에 대한 설명으로 가장 거리가 먼 것은?**

① 공평한 기업의 발전
② 자원배분의 역할
③ 기술발전의 동인
④ 경쟁의 촉진을 통한 복지증진

87 구매 후 부조화를 일으키는 상황과 가장 거리가 먼 것은?

① 구매결정을 취소할 수 없을 때
② 선택하지 않은 대안이 단종되었을 때
③ 선택하고 싶은 대안들이 여러 개 있을 때
④ 구매자가 심리적 중요성을 갖고 그 결정에 개입했을 때

88 전자상거래의 특징에 관한 설명으로 틀린 것은?

① 유통과정은 복잡하나 소비자는 저렴한 가격으로 제품을 구입할 수 있다.
② 한정된 지역의 상권에서 제한된 영업시간에 거래하는 전통적인 상거래와 구분된다.
③ 인터넷 상거래는 소비자의 쌍방향통신을 통한 상호적인 마케팅 활동이다.
④ 사업비용의 감소는 제품가격을 낮추는 데 긍정적인 영향을 미쳐 소비자들은 양질의 제품을 보다 저렴하게 구입할 수 있다.

89 다음 (　　) 안에 들어갈 알맞은 것은?

> 가격결정 정책을 수립할 때 판매자는 반드시 활용 가능한 가격책정의 조건들을 모두 고려해야만 한다. 고객의 수요에 대한 고려는 (　　)가(이) 된다.

① 변동비　　② 원가경쟁
③ 가격의 범위　　④ 가격상한선

90 비차별화 마케팅전략의 특징으로 가장 거리가 먼 것은?

① 기업은 대량유통과 대량광고에 의존한다.
② 소비자의 개성에 소구하는 광고메시지를 주로 사용한다.
③ 마케팅비용의 절감효과가 있다.
④ 단일제품을 가지고 전체 시장에 표준화된 마케팅전략을 수행한다.

91 **우리나라 17~39세인 P세대의 소비문화 특성이 아닌 것은?**

① 직접적인 체험을 중시한다.
② 자신의 니즈에 맞는 제품을 능동적으로 요구한다.
③ 제품을 살 때 재미와 감성을 중요하게 생각한다.
④ 소비욕구가 안정적이고 고정적이다.

92 **소비자의사결정의 효율성에 대한 설명으로 가장 적합한 것은?**

① 효율성은 최소의 희생으로 최대의 효과를 얻는 경제성을 의미하나 효율성의 판단은 항상 주관적이다.
② 효율성이란 주어진 자원 내에서 최대의 소비수준을 획득하는 것으로 경제적 이득이 있는 구매로써 만족이 따르지 않는 소비라도 효율적인 소비에 속한다.
③ 구매의사결정과정에서의 효율성과 결과에서의 효율성은 일치한다.
④ 소비자 효율성 측정을 위해서는 구매이득측정을 위한 경제적 접근과 품질만족측정을 위한 심리적 접근이 병행되어야 한다.

93 **대금지불방법에 대한 설명으로 가장 적합한 것은?**

① 현금지불은 과소비를 줄일 수 있지만 미리 지불함으로써 항상 손해를 본다.
② 할부구입은 잔액을 3개월 이상의 기간 동안 2회 이상 나누어 지불하는 방법이다.
③ 신용카드를 이용하여 일시금 지불을 할 경우 지불연기 기간 동안의 이자율 혜택을 받을 수 있다.
④ 일반적으로 일시불로 구입하는 것보다 할부구입이 더 유리하다.

94 **주로 고가의 명품이나 외국의 유명상표 제품을 선호하여 소비하는 소비풍조는?**

① 보상소비 ② 과소비
③ 과시소비 ④ 중독소비

95 **다음에서 설명하는 에고(Ego) 소비의 특징으로서 가장 거리가 먼 것은?**

> 에고(ego) 소비란 내가 진정 원하는 것이 무엇인지 알고 지갑을 여는 소비자, 자아가 담긴 소비자를 의미한다.

① 제품의 사유화
② 소비의 자기표현
③ 생산형 소비
④ 폐쇄형 개인주의

96 **다음 (   )에 들어갈 가장 알맞은 것은?**

> 다양한 유통경로 구성원들이 서로 유기적인 협조를 하지 않는 것을 (   )(이)라고 한다.

① 전통적 유통경로(Conventional Distribution Channel)
② 수직적 마케팅 경로(Vertical Marketing System)
③ 프랜차이즈 조직(Franchise Organization)
④ 직거래화(Disintermediation)

97 **품질이 뛰어나고 희소성을 지닌 것으로 남들과 다른 것을 사려는 소비행동은?**

① 베블렌 효과
② 밴드웨건 효과
③ 스놉 효과
④ 터부 효과

98 **다음에서 설명하는 문제해결방식은?**

> 소비자가 대안을 분석하는 데 많은 시간과 노력을 쏟는 구매결정 과정으로 위험과 불확실성이 클 때 채택하는 방식이며, 내적 탐색은 물론 외적 탐색을 활발하게 하게 된다.

① 포괄적 문제해결방식
② 부분적 문제해결방식
③ 습관적 문제해결방식
④ 제한적 문제해결방식

99 **소비자가 구매하기 전에 여러 점포를 돌아다녀보고 가격, 디자인, 품질 등을 비교 평가하여 구매하는 제품은?**

① 핵심품
② 편의품
③ 선매품
④ 전문품

100 **소비자를 논리적이고 체계적인 의사결정자로 간주하는 행동과학적 관점은?**

① 쾌락적·경험적 관점
② 니코시아 관점
③ 소비자정보처리 관점
④ 하워드-세드 관점

소비자전문상담사

PART 5

2018년 2급 필기 기출문제

합격의 공식
온라인 강의

잠깐!

제 1 회 2018년 2급 필기 기출문제

소비자전문상담사 Consumer Adviser Junior

제1과목 소비자상담 및 피해구제

01 소비자를 설득하는 데 기초가 되는 법칙 중 사회적 증거의 법칙을 활용한 설득기법에 해당하지 않는 것은?

① 다수의 행동으로 설득하기
② 말대로 행동하게 하기
③ 편승효과
④ 관행을 파괴하는 메시지의 설득효과

02 소비자상담에서 소비자의 일반적인 욕구와 가장 거리가 먼 것은?

① 상담사로부터 개별 소비자에 대한 관심과 정성을 원한다.
② 서비스가 완벽하다면 서비스 제공에 걸리는 시간은 상관하지 않는다.
③ 소비자는 자신의 문제에 대해 공감을 받고 공정하게 처리되기를 바란다.
④ 유능하고 책임이 있는 일처리를 원한다.

03 소비자상담사의 역할에 대한 설명으로 가장 적합한 것은?

① 제품 사용 시 피해를 입은 소비자를 피해구제만 하면 된다.
② 소비생활에서 발생하는 문제 전반을 상담한다.
③ 소비자의 보상수준을 낮추는 부분을 상담한다.
④ 소비자상담원은 피해구제를 할 필요가 없고 소비자에게 문제인식만 심어준다.

04 **소비자상담사에 의한 구매 전 상담과 거리가 먼 것은?**

① 상품정보제공으로 합리적인 구매선택을 돕는다.
② 소비자가 지불한 화폐가치를 획득하도록 돕는다.
③ 제품의 판매현장에서 직접 구매를 권유하는 상담이다.
④ 소비생활 전반에 대한 다양한 정보도 제공된다.

05 **고객의 소리(VOC ; Voice Of Customer)의 운영절차를 바르게 나열한 것은?**

① 분석 → 수집 → 처리 → 활용
② 수집 → 분석 → 처리 → 활용
③ 처리 → 수집 → 분석 → 활용
④ 수집 → 처리 → 분석 → 활용

06 **콜센터의 인바운드 상담에 속하지 않는 것은?**

① 고객으로부터 클레임을 접수받는 것
② 고객으로부터 상품주문을 받는 것
③ 고객에게 감사전화를 거는 것
④ 고객의 문의에 답하는 것

07 **다음 판례에서 지적하는 의료인의 과실판단의 기준은?**

> 의료분쟁에 있어서 의사의 과실은 결과발생을 예견할 수 있었음에도 불구하고 그 결과발생을 예견하지 못하였고, 그 결과발생을 회피할 수 있었음에도 불구하고 결과발생을 회피하지 못한 과실이 검토되어야 한다.

① 주의의무 위반 ② 전원의무 위반
③ 설명의무 위반 ④ 명시·교부의무 위반

08 **소비자상담사의 효율적인 경청이라고 할 수 있는 것은?**

① 소비자의 말을 평가적 자세로 경청하는 평가적 경청
② 상담사의 주관적 여과장치를 통해 걸러진 내용만을 경청하는 여과적 경청
③ 소비자의 불행한 문제에 대해 상담사의 동정을 제공하면서 이루어지는 동정적 경청
④ 소비자의 문제에 대해 공감을 할 수 있도록 노력하는 공감적 경청

09 **소비자분쟁해결기준상 결혼중개업에서 회원가입계약 성립 후 사업자의 만남 개시 전에 소비자가 해지·해제한 경우 해결기준은?**

① 가입비의 100% 환급
② 가입비의 90% 환급
③ 가입비의 80% 환급
④ 가입비의 50% 환급

10 **고객상담실의 인바운드 상담업무의 전략 및 유의사항에 해당하지 않는 것은?**

① 상담을 접수할 경우 불필요한 사항을 묻지 않는다.
② 자사만이 가지고 있는 제품 서비스의 장점을 설명해준다.
③ 주가 되는 상품을 먼저 소개한 다음 부수적인 상품을 소개해야 한다.
④ 제품이나 서비스를 고객이 이해하기 쉬운 용어로 설명한다.

11 **신용카드 관련 소비자문제의 피해구제를 받을 수 있는 경우는?**

① 소비자의 과실로 비밀번호 등이 유출되어 온라인에서 사용된 경우
② 신용카드 뒷면에 서명을 하지 않은 경우
③ 신규가입을 한 후 카드를 수령하지 않았음에도 카드사용액이 청구된 경우
④ 자신의 신용카드를 친구에게 빌려주었는데 친구가 분실하여 분실신고를 한 경우

12 다음에서 설명하는 내용으로 가장 적합한 것은?

- 고객의 욕구와 기대에 부응한 결과로 상품과 서비스의 재구매가 이루어지고 고객의 신뢰감이 연속되는 상태
- 공급이 수요를 초과하고 소비자의 파워가 증대되면서 기업의 품질관리 경쟁을 가져왔고 품질 차별화가 어려워지는 환경에서 등장함

① 고객만족(Customer Satisfaction)
② 고객관계경영(Customer Relationship Management)
③ 기업의 사회적 책임(Corporate Social Responsibility)
④ 공유가치창출(Creating Shared Value)

13 소비자분쟁해결기준에서 정액 감가상각에 의한 현금보상액을 산정하기 위해 필요한 정보가 아닌 것은?

① 사용연수
② 품질보증연수
③ 내용연수
④ 구입가

14 소비자상담접수 방법과 특성이 바르게 연결되지 않은 것은?

① 문서상담 – 소비자문제의 내용을 간단명료하게 요약 정리할 수 있다.
② 문서상담 – 꼭 취급해야 할 중요문제를 표시해 놓아야 한다.
③ 방문상담 – 소비자에게 상세하게 사건의 경위를 전달받을 수 있다.
④ 방문상담 – 소비자문제의 내용을 분류하여 보존하기에 편리하다.

15 고객만족경영 관련 개념들에 대한 설명으로 옳은 것은?

① TQM(Total Quality Management) – 제품이나 서비스 품질 뿐만 아니라 경영, 업무환경, 조직구성원의 자질까지도 포괄적인 품질개념에 포함시켜 전사적으로 관리해야 한다는 것
② 능력직급제 – 효율적으로 제품과 서비스를 생산할 수 있도록 업무과정을 재조직하는 것
③ 실적급제 – 직원의 능력향상에 따라 급여를 인상하는 시스템
④ 직무충실화 – 하급자에게 부여된 재량권의 범위를 확대하는 것

16 **일반적 소비자분쟁해결기준의 내용에서 교환 및 환급에 대한 내용으로 옳지 않은 것은?**

① 할인판매된 물품 등을 교환하는 경우에는 그 정상가격과 할인가격의 차액에 관계없이 교환은 같은 종류의 물품 등으로 하되 불가능한 경우 같은 종류의 유사물품 등으로 교환한다.
② 같은 종류의 물품 등으로 교환하는 것이 불가능하고 소비자가 같은 종류의 유사물품 등으로 교환하는 것을 원하지 아니하는 경우에는 환급한다.
③ 환급금액은 거래 시 교부된 영수증 등에 적힌 물품 등의 가격을 기준으로 한다.
④ 영수증 등에 적힌 가격에 대하여 다툼이 있는 경우에는 사업자가 그 다른 금액이 실제 거래가격임을 입증하여야 한다.

17 **상담의 특성과 가장 거리가 먼 것은?**

① 상담원리는 최종목표와 중간목표를 구별하여 개방적 신뢰관계와 내담자의 자각 및 자주성 회복이라는 중간목표를 먼저 달성하도록 노력해야 한다.
② 상담자는 직접 경험하지 않고도 다른 사람의 감정을 거의 같은 내용과 수준으로 이해하는 공감적 이해가 중요하다.
③ 상담자는 수용적 존중이 필요하기 때문에 내담자 의견에 동의하지 않는 경우에도 동의하지 않는다는 사실을 분명히 전달하기보다는 온화한 태도로 내담자를 존중해야 한다.
④ 소비자상담에서는 소비자의 설명이나 주장을 충분히 듣고 객관적 입장에서 확인하며 고객의 기분을 공감하고 이해해야 한다.

18 **화난 소비자를 상담할 때의 올바른 의사소통기술이 아닌 것은?**

① 화난 소비자의 감정 상태를 인지한다.
② 소비자의 요구를 분명히 말할 수 있도록 질문을 중점적으로 한다.
③ 감정에 휘말리지 않도록 침착하게 응대한다.
④ 가능한 해결책에 대해 협의한다.

19 **일반적 소비자분쟁해결기준상 품질보증기간에 대한 설명으로 틀린 것은?**

① 사업자가 품질보증기간을 표시하지 않았거나 해당 품목에 대한 품질보증기간이 소비자분쟁해결기준에 없을 경우 유사제품의 품질보증기간을 적용한다.
② 품질보증기간은 소비자가 물품을 구입하거나 제공받은 날로부터 계산한다.
③ 제품이나 제품포장용기에 제조일이나 수입통관일이 표시되어 있지 않은 경우에는 소비자가 주장하는 제품구입일로부터 품질보증기간이 계산된다.
④ 품질보증서의 미교부 등 정확한 판매일자를 알 수 없을 경우에는 해당 물품의 제조일로부터 6개월이 경과한 날부터 품질보증기간을 계산한다.

20 **일반적 소비자분쟁해결기준에 대한 설명으로 틀린 것은?**

① 해당 품목에 대한 품질보증기간이 소비자분쟁해결기준에 없는 경우는 유사제품의 품질보증기간을 적용한다.
② 품질보증기간 산출 시 계약일과 인도일이 다른 경우에는 계약일로부터 품질보증기간이 계산된다.
③ 할인판매기간에 할인된 가격으로 구입한 제품의 환급은 구입 당시의 가격을 기준으로 환급한다.
④ 사업자의 손해배상책임에 피해로 인한 정신적 손해, 즉 위자료에 대해서는 정하고 있지 않다.

21 **한국소비자원의 분쟁조정에 관한 설명으로 옳은 것은?**

① 소비자가 원한다면 소비자와 사업자 간의 합의권고절차 없이 곧바로 분쟁조정절차를 거치는 것이 바람직하다.
② 분쟁조정은 분쟁조정요청을 받은 때로부터 6개월 이내에 이루어져야 함을 원칙으로 한다.
③ 한국소비자원의 분쟁조정위원회에서 이루어진 조정안은 법적인 효력이 발생하므로 소비자와 사업자는 거절할 수 없다.
④ 분쟁조정위원회의 위원장은 분쟁조정을 마친 때에는 지체 없이 당사자에게 그 분쟁조정의 내용을 통지하여야 한다.

22 **구매단계별 소비자상담 내용에 대한 설명으로 틀린 것은?**

① 구매 전 소비자상담 – 체계적인 소비자 정보시스템 구축 및 운영
② 구매 전 소비자상담 – 다양한 구매방법 및 가격에 관한 정보
③ 구매 시 소비자상담 – 상담사의 주관이나 의견 제시
④ 구매 후 소비자상담 – 사용에 관한 문의, 불만처리 및 피해구제, 타 기관 알선 등

23 **기업의 소비자전담 부서 설치 및 운영의 목적이 아닌 것은?**

① 소비자와의 분쟁회피를 위하여
② 기업의 사회적 책임 수행을 위하여
③ 고정 고객의 유지와 획득을 위하여
④ 기업의 이윤 추구만을 위하여

24 **문서상담 시 상담사가 유의해야 할 사항과 가장 거리가 먼 것은?**

① 꼭 해결되어야 할 중요문제를 눈에 띄게 색이 있는 펜으로 표시하여 정리한다.
② 모든 우편물에 접수번호를 부여하고 도착날짜, 소비자 이름, 연락처를 확인하여 문서접수 대장에 기록한다.
③ 소비자에게 연락하기 쉬운 전화번호나 이메일이 없는 경우 소비자에게서 다시 연락이 오기만을 기다린다.
④ 소비자로부터 문서자료를 받은 후 상담 시 필요한 자료나 부족한 부분을 표시하여 리스트를 만들어 둔다.

25 **기업이 고객관계가치를 향상시킬 수 있는 방안과 가장 거리가 먼 것은?**

① 고객의 문의에 효과적으로 대답한다.
② 고객 개인의 정보를 기록하고 활용한다.
③ 제품과 서비스의 품질과 규격을 표준화한다.
④ 제품과 서비스 품질을 향상시킨다.

제2과목 소비자관련법

26 **소비자기본법에 따라 한국소비자원의 업무수행과정에서 취득한 사실을 공표하여야 하는 사유가 아닌 것은?**

① 사업자의 영업비밀 보호 ② 소비자의 권익증진
③ 소비자피해의 확산 방지 ④ 물품 등의 품질 향상

27 **할부거래에 관한 법률의 내용에 대한 설명으로 틀린 것은?**

① 할부계약에 관한 소송은 예외적인 경우를 제외하고 제소 당시 소비자의 주소를, 주소가 없는 경우에는 거소를 관할하는 지방법원의 전속관할로 한다.
② 소비자는 1회라도 할부금의 지급을 못하고 그 금액이 할부가격의 1/10을 초과하는 경우에는 소비자는 할부금의 지급에 대한 기한의 이익을 주장할 수 없다.
③ 할부거래업자는 소비자의 대금지급의무 불이행을 이유로 계약을 해제하려면 먼저 14일 이상의 기간을 정하여 소비자에게 의무이행을 서면으로 최고하여야 한다.
④ 할부계약을 체결 시 할부거래업자가 소비자에게 고지하여야 하는 할부수수료의 실제연간요율의 최고한도는 연 100분의 25로 한다.

28 **약관의 규제에 관한 법률에 따른 표준약관에 관한 설명으로 틀린 것은?**

① 사업자 및 사업자단체는 건전한 거래질서를 확립하고 불공정한 내용의 약관이 통용되는 것을 방지하기 위하여 일정한 거래 분야에서 표준이 될 약관의 제정·개정안을 마련하여 그 내용이 이 법에 위반되는지 여부에 관하여 공정거래위원회에 심사를 청구할 수 있다.
② 공정거래위원회는 소비자단체 등의 요청이 있는 경우에 사업자 및 사업자단체에 대하여 표준이 될 약관의 제정·개정안을 마련하여 심사 청구할 것을 권고할 수 있다.
③ 공정거래위원회로부터 표준약관의 사용을 권장받은 사업자 및 사업자단체는 표준약관과 다른 약관을 사용하는 경우 표준약관과 다르게 정한 주요 내용을 고객이 알기 쉽게 표시하여야 한다.
④ 공정거래위원회는 표준약관의 사용을 활성화하기 위하여 표준약관 표지를 정할 수 있고 사업자 및 사업자단체는 표준약관을 사용하는 경우 공정거래위원회가 고시하는 바에 따라 표준약관 표지를 반드시 사용하여야 한다.

29 **소비자기본법령상 소비자분쟁해결기준에 관한 설명으로 틀린 것은?**

① 소비자분쟁해결기준에는 일반적 소비자분쟁해결기준과 품목별 소비자분쟁해결기준으로 구분된다.
② 다른 법령에 근거한 별도의 분쟁해결기준이 소비자에게 더 유리한 경우에는 그 분쟁해결기준이 우선해서 적용된다.
③ 동일한 피해에 대한 분쟁해결기준이 두 가지 이상 정해져 있는 경우에는 사업자가 선택하는 분쟁해결기준이 적용된다.
④ 해당 품목에 대한 분쟁해결기준이 없는 경우에는 같은 기준에서 정한 유사품종에 대한 분쟁해결기준이 준용될 수 있다.

30 **전자상거래 등에서의 소비자보호에 관한 법률에 따른 청약철회의 행사기간으로 옳지 않은 것은?**

① 재화 등의 제공이 계약서 교부보다 빠르거나 동일한 경우 : 사업자로부터 계약서를 받은 날부터 7일
② 사업자의 주소 등이 기재되지 않은 계약서를 받은 경우 : 사업자의 주소를 안 날 또는 알 수 있었던 날부터 7일
③ 사업자가 주소를 변경하는 등의 사유로 철회기간 내에 청약철회를 할 수 없었던 경우 : 사업자의 주소를 안 날 또는 알 수 있었던 날부터 7일
④ 재화 등의 제공은 이루어졌으나 계약내용의 서면을 받지 못한 경우 : 재화 등을 공급받거나 공급이 받은 날부터 7일

31 **약관 조항이 법에 위반되는지 여부에 관한 심사를 공정거래위원회에 청구할 수 없는 자는?**

① 약관 조항과 관련하여 법률상 이익이 되는 자
② 약관을 작성한 사업자
③ 등록된 소비자단체
④ 한국소비자원

32 **표시 · 광고의 공정화에 관한 법률에 따른 손해배상에 대한 설명으로 틀린 것은?**

① 손해배상의 책임을 지는 사업자는 고의 또는 과실이 없음을 들어 그 피해자에 대한 책임을 면할 수 없다.
② 사업자가 시정조치를 받은 경우 그 위반사항과 관련된 손해배상청구권은 시정조치가 확정된 후가 아니면 이를 재판상 주장할 수 없다.
③ 표시 · 광고 위반으로 인하여 손해가 발생된 사실은 인정되나 그 손해액을 증명하는 것이 사안의 성질상 곤란한 경우 법원은 변론 전체의 취지와 증거조사의 결과에 기초하여 상당한 손해액을 인정할 수 있다.
④ 사업자는 부당한 표시 · 광고행위를 함으로써 피해를 입은 자가 있는 경우에는 해당 피해자에 대하여 손해배상의 책임을 진다.

33 **할부거래에 관한 법률에 따른 항변권에 대한 설명 중 옳지 않은 것은?**

① 신용카드를 사용한 할부거래의 경우 20만원 이상인 경우 신용제공자에게 할부금의 지급을 거절하는 의사를 통지한 후 할부금의 지급을 거절할 수 있다.
② 소비자가 신용제공자에게 할부금의 지급을 거절한 당시에 소비자가 신용제공자에게 지급하지 아니한 나머지 할부금이 대상금액이다.
③ 신용제공자가 7영업일 이내에 소비자의 항변권을 수용할 수 없다는 의사와 항변권 행사요건에 해당하지 않는다는 사실을 통지하지 않았을 경우 소비자의 지급거절의사를 거부한 것으로 본다.
④ 소비자가 항변권 행사를 서면으로 하는 경우 그 효력은 서면을 발송한 날에 발생한다.

34 **방문판매 등에 관한 법률의 적용을 받는 것은?**

① 사업자가 사실상 소비자와 같은 지위에서 다른 소비자와 같은 거래조건으로 거래하는 경우를 제외한 상행위를 목적으로 재화 등을 구입하는 거래
② 소득기회를 알선 · 제공하는 방법으로 거래 상대방을 유인하여 재화 등을 구입하게 하는 거래
③ 보험사업자와의 보험계약체결을 위한 거래
④ 방문판매업자가 직접 생산한 재화 등을 방문판매하는 거래

35 **전자상거래 등에서의 소비자보호에 관한 법률에 따른 소비자피해보상보험계약 등에 관한 설명으로 옳지 않은 것은?**

① 공정거래위원회는 관련 사업자에게 소비자피해보상보험계약 등을 체결하도록 권장할 수 있다.
② 청약철회 등의 권리행사에 따라 발생하는 대금환급의무의 불이행 또는 재화 등의 공급의무 불이행 등으로 인한 소비자피해를 보상하는 것을 그 내용으로 한다.
③ 피보험자 또는 수혜자는 해당 소비자피해보상보험계약 등을 체결한 자가 판매하는 재화 등의 구매자로 한다.
④ 20만원 초과의 신용카드거래에 한해서 소비자피해보상보험계약이 적용된다.

36 **소비자의 단순 변심에 의한 청약철회 시 반환에 필요한 비용을 부담하는 경우는?**

① 방문판매 등에 관한 법률에 따라 방문판매로 물품을 구매한 소비자
② 할부거래법에 따라 간접할부로 물품을 구매한 소비자
③ 방문판매 등에 관한 법률에 따라 다단계판매로 물품을 구매한 다단계판매원
④ 전자상거래 등에서 소비자보호에 관한 법률에 따라 전자상거래로 물품을 구매한 소비자

37 **방문판매 등에 관한 법률에서 방문판매자 등의 금지행위에 해당되지 않는 것은?**

① 과장된 사실을 알리거나 기만적인 방법을 사용하여 거래하는 행위
② 휴업기간 또는 영업정지기간 중에도 청약철회 업무를 계속하는 행위
③ 방문판매원에게 다른 방문판매원을 모집할 의무를 지게 하는 행위
④ 청약철회를 방해할 목적으로 주소·전화번호 등을 변경하는 행위

38 **미성년자가 체결한 계약 중 취소할 수 있는 것은?**

① 부모의 동의 없이 미성년자가 이동전화를 가입한 후 사용 중에 부모가 이 사실을 알고 대금을 일부 납입해 준 경우
② 미성년자가 사술로써 사업자를 성년이라고 믿게 하거나 법정대리인의 동의가 있는 것으로 믿게 한 경우
③ 사업자가 미성년자에게 1개월 이상의 기간을 정하여 계약을 추인할 것인지에 대한 확답을 요구하고 이에 대해 미성년자가 별도의 답변을 하지 아니한 경우
④ 미성년자가 부모로 받은 용돈 범위 내에서 게임 아이템 등을 구매하는 행위를 한 경우

39 계약해제와 해지의 효과에 대한 내용으로 옳은 것은?

① 계약의 해제와 해지는 모두 계약을 체결한 시점부터 계약이 무효가 된다.
② 계약의 해제와 해지는 모두 계약을 해제 또는 해지한 시점부터 계약이 무효가 된다.
③ 계약해제는 계약을 체결한 시점부터, 계약해지는 계약을 해지한 시점부터 계약이 무효가 된다.
④ 계약해제는 해제한 시점부터, 계약해지는 계약을 체결한 시점부터 계약이 무효가 된다.

40 민법에 따른 격지자 간의 계약 성립 시기는?

① 승낙통지의 발송 시
② 승낙통지의 도달 시
③ 승낙통지의 수령 시
④ 승낙의 요지 시

41 방문판매 등에 관한 법률에서 규제하는 대상이 아닌 것은?

① 계속거래
② 통신판매
③ 전화권유판매
④ 다단계판매

42 할부거래에 관한 법률에 따른 청약의 철회에 관한 설명으로 옳지 않은 것은?

① 소비자가 청약을 철회할 경우 법에 따른 기간 이내에 할부거래업자에게 청약을 철회하는 의사표시가 적힌 서면을 발송하여야 한다.
② 청약의 철회는 서면이 도달한 날에 그 효력이 발생한다.
③ 청약철회를 위한 계약서의 발급사실과 그 시기, 재화의 공급 사실과 그 시기에 관하여 다툼이 있는 경우에는 할부거래업자가 이를 입증하여야 한다.
④ 할부거래업자는 청약을 철회할 수 없는 재화에 대하여는 그 사실을 재화 등의 포장이나 그 밖에 소비자가 쉽게 알 수 있는 곳에 분명히 표시하거나 시용(試用) 상품을 제공하는 등의 방법으로 소비자가 청약을 철회하는 것이 방해받지 아니하도록 조치하여야 한다.

43 **약관의 규제에 관한 법률상 무효로 할 수 없는 약관 조항은?**

① 소비자의 계약해제 등을 부당하게 제한한 조항
② 사업자의 부당한 면책을 포함한 조항
③ 약관의 뜻이 명백하지 아니한 조항
④ 소비자에게 부당한 손해배상액을 예정한 조항

44 **할부거래에 관한 법률상 소비자의 항변권이 인정되는 경우가 아닌 것은?**

① 할부계약이 불성립・무효인 경우
② 할부거래업자가 제품품질보증책임 이행을 위한 보험에 가입하지 않는 경우
③ 재화의 전부 또는 일부가 공급 시기까지 소비자에게 공급되지 아니한 경우
④ 할부거래업자가 하자담보책임을 이행하지 아니한 경우

45 **통신판매업자가 청약철회 등의 권리 행사가 방해받지 않도록 조치를 하였더라도 전자상거래 등에서의 소비자보호에 관한 법률상 소비자가 청약철회를 할 수 있는 경우는?**

① 재화 등의 내용을 확인하기 위하여 포장 등을 훼손한 경우를 제외하고 소비자의 사용 또는 일부 소비에 의해 재화 등의 가치가 현저히 감소한 경우
② 신선식품과 같이 시간의 경과에 의해 재판매가 곤란한 정도로 재화 등의 가치가 현저히 감소한 경우
③ 소비자의 주문에 의하여 개별적으로 생산되는 재화 등 청약철회를 인정하는 경우 통신판매업자에게 회복할 수 없는 중대한 피해가 예상되는 경우로서 사전에 당해 거래에 대해 그 사실을 고지한 경우
④ CD처럼 복제가 가능한 재화 등의 포장을 훼손한 경우

46 **소비자기본법상 소비자의 개념과 가장 거리가 먼 것은?**

① 제공된 물품 등을 과수원 경작을 위해 사용하는 자
② 제공된 물품 등을 연근해에서 어업을 위해 사용하는 자
③ 제공된 물품 등을 축산업을 위해 사용하는 자
④ 제공된 물품 등을 개인택시 사업을 위해 사용하는 자

47 **표시 · 광고의 공정화에 관한 법률에서 사용하는 용어의 설명으로 옳지 않은 것은?**

① 표시에는 사업자가 자기를 알리기 위해 회원권 등 권리를 나타내는 증서에 쓰는 것도 해당된다.
② 광고의 방법으로 영화 또는 연극에 의한 방법도 해당한다.
③ 사업자란 소비자기본법에 의한 사업자를 말한다.
④ 소비자란 사업자 등이 생산하거나 제공하는 상품 등을 사용하였거나 이용하는 자를 말한다.

48 **다음은 대법원 판례에서 나타난 광고가 소비자를 오인시킬 우려가 있는지 여부의 판단기준 중 일부이다. (　　) 안에 알맞은 것은?**

> 광고가 일반 소비자를 대상으로 하는 경우 소비자를 오인시킬 우려가 있는지 여부는 (　　)가 당해 광고를 받아들이는 전체적 · 궁극적 인상을 기준으로 하여 객관적으로 판단되어야 한다.

① 광고에 대한 전문적인 식견을 가진 전문가
② 해당 광고를 제작 의뢰한 사업자
③ 보통의 주의력을 가진 일반 소비자
④ 해당 광고로 손해를 입은 소비자

49 **제조물 책임법상 손해배상책임을 지는 자가 해당하는 사실을 입증할 경우 손해배상책임을 면하는 면책사유 중 옳지 않은 것은?**

① 제조업자가 해당 제조물을 공급하지 아니하였다는 사실
② 제조업자가 해당 제조물을 공급한 때의 과학 · 기술수준으로는 결함의 존재를 발견할 수 없었다는 사실
③ 제조물의 결함이 제조업자가 해당 제조물을 공급할 당시의 법령이 정하는 기준을 준수하지 않음으로써 발생한 사실
④ 원재료 또는 부품의 경우에는 그 원재료나 부품을 사용한 제조물 제조업자의 설계 또는 제작에 관한 지시로 인하여 결함이 발생하였다는 사실

50 **사업자가 사이버몰을 운영함에 있어 소비자를 위해 사업자의 신원 등에 관하여 쉽게 알 수 있도록 표시해야 하는 항목이 아닌 것은?**

① 상호 및 전화번호, 전자우편 주소
② 영업소 소재지 주소(소비자의 불만을 처리할 수 있는 곳의 주소를 포함)
③ 사업자의 주민등록번호
④ 사이버몰의 이용약관

제3과목 소비자교육 및 정보제공

51 **빅데이터의 개념 및 특성에 대한 설명으로 가장 거리가 먼 것은?**

① 분석과 예측에 있어서 실시간 처리 등 적시성을 요구한다.
② 구성요소로는 규모·다양성·복잡성·속도의 증가가 있다.
③ 데이터의 크기가 매우 크며 정형 데이터로만 이루어져 있다.
④ 대용량 데이터 처리 등으로 인해 처리복잡도가 높다.

52 **소비자요구분석방법 중 형식이 다른 하나는?**

① 조사연구방법은 요구를 파악하는 데 가장 널리 쓰이는 방법으로 질문지와 면접을 통해서 의견, 기호도, 사실에 대한 지각 등을 수집하는 것을 말한다.
② 비활동측정방법은 면접법이나 질문지법에서 얻을 수 없는 이용가능한 자료를 이용하는 방법으로 물리적 흔적, 기록물, 관찰 등이 그 예이다.
③ 결정적 사건접근방법은 필요한 관찰과 평가를 하기 위해 가장 적절한 지위에 있는 사람으로부터 특정한 행동에 대한 기록을 얻어내는 것으로 특히 교육문제에 있어 매우 유용하다.
④ 능력분석접근법은 전문 직업인들이 가져야 하는 최소한의 능력을 확인하기 위해서 그 분야의 전문가로부터 정보를 얻은 후 대상 집단들의 능력수준을 결정하기 위해 시험을 본다.

53 여러 곳에 흩어져 있는 정보를 의미 있게 재구성하여 별도로 저장하는 데이터 재구축 작업을 하는 것은?

① 리엔지니어링(Re-engineering)
② 리스트럭처링(Re-structuring)
③ ERP(Enterprise Resource Planning)
④ 데이터웨어하우징(Data-warehousing)

54 미국 소비자교육의 역사에 대한 설명으로 가장 거리가 먼 것은?

① 1930년대 소비자교육에 대한 정규과정이 중 · 고등학교 수준에서 개설되었다.
② 1940년대에 케네디(Kennedy) 대통령의 특별교서에 소비자권리가 표명되었다.
③ 1950년대에 소비자생활이라는 중 · 고등학교 교과서가 발행되었다.
④ 1960년대 닉슨(Nixon) 대통령의 구매자권리 개념을 반영한 소비자교육이 자리 잡게 되었다.

55 기업이 아동을 주요한 잠재고객으로서 간주하는 이유로 가장 적합한 것은?

① 아동은 구매의사 및 구매능력이 다른 연령층보다 강하기 때문이다.
② 아동기에는 광고 및 광고메세지로 인지능력이 발달되기 때문이다.
③ 아동기에 상표에 대한 인지와 상표선호도가 처음으로 형성되기 때문이다.
④ 아동은 부모를 조르는 등 구매행위에 부정적 영향력을 행사하는 집단이기 때문이다.

56 소비자정보에 대한 설명과 가장 거리가 먼 것은?

① 소비자정보제공도 소비자교육의 일부이다.
② 소비자정보와 관련해서는 무임승차자 문제가 발생하지 않는다.
③ 소비자는 합리적 의사결정을 하기 위해 소비자정보를 활용한다.
④ 소비자정보 유형에는 상품의 가격, 품질, 안전에 관한 정보 등을 포함한다.

57 **소비자능력의 구성요소와 그 필요성을 설명한 것으로 틀린 것은?**

① 소비자 지식 - 지식을 가진 소비자는 현명한 결정을 할 수 있다.
② 소비자의 도덕적 윤리 - 소비자가 청렴하고 공평하게 문제를 해결하는 것이 중요하다.
③ 소비자 기능 - 정보를 획득하고 사용하는 방법, 구매, 지불방법 등 실천적 기능이 중요하다.
④ 소비자 태도 - 소비자의 역할에 대해 지속적으로 가지는 긍정적, 부정적 태도가 중요하다.

58 **다음에서 설명하는 것은?**

> 기업에서 소비자에 대한 정보를 수집하고 수집한 정보를 분석한 후 효과적으로 활용함으로써 고객을 적극적으로 관리하고 유지하며 고객의 가치를 극대화시키기 위한 마케팅 활동이다.

① CRM
② 소비자정보마케팅
③ SCM
④ CSR

59 **소비자주권을 실현하기 위한 객관적 조건과 주체적 조건을 바르게 나열한 것은?**

① 경쟁시장, 소비자교육
② 경쟁시장, 소비자 선택능력의 제고
③ 소비자정보, 소비자 선택능력의 제고
④ 소비자정보, 소비자교육

60 **성인 소비자교육을 위한 교육방식에 대한 설명으로 가장 적절하지 않은 것은?**

① 대학의 연구와 교육에 있어 사회실현을 위해 관련 강좌를 연계하는 방안이 필요하다.
② 평생교육으로서 성인 소비자들에 대한 지속적인 교육의 노력이 요구된다.
③ 자발적인 의지에 의해 이루어지기 때문에 교육요구・라이프스타일의 파악이 필요하다.
④ 학교의 교사나 소비생활 상담자 등 고정된 교육담당자를 활용해서 교육해야 한다.

61 다음에서 설명하는 것은?

기업 등의 조직체가 전화 및 전기 통신수단을 통해 고객과 접촉하고 이를 통해 판매하는 마케팅 활동

① 데이터베이스마케팅
② 고객관계마케팅
③ 텔레마케팅
④ 다이렉트마케팅

62 품질인증의 종류와 내용이 잘못 연결된 것은?

① KS규격 – 대한민국 산업 전 분야의 제품 및 시험, 제작방법 등에 대하여 규정하는 국가 표준
② UL마크 – 영국의 소비용품의 안전성을 확보하고 소비자를 보호하기 위해 운영하는 인증제도
③ KC마크 – 안전・보건・환경・품질 등의 강제인증 분야에 국가적으로 단일화한 마크
④ Q마크 – 제조업체가 해당 분야 민간시험연구원에 신청하여 품질기준에 합격해 임의로 부착하는 마크

63 중립적 정보원에 대한 설명으로 틀린 것은?

① 중립적 정보원은 편견이 없는 정보이다.
② 중립적 정보원은 객관적인 사실에 근거한 정보이다.
③ 중립적 정보원은 친구, 가족 등으로부터 정보를 얻는 것이다.
④ 중립적 정보원은 정보비용이 상대적으로 높은 편이다.

64 소비자들의 정보탐색활동의 영향 요인에 대한 설명으로 볼 수 없는 것은?

① 구매하려는 제품의 특성에 따라 외적 탐색의 정도가 달라질 수 있다.
② 소비자의 개인적 특성으로 사전지식, 경험, 관여도, 연령, 교육수준, 소득수준 등이 있다.
③ 시장의 특성으로 대체안의 수, 가격분포의 상태, 정보의 이용가능성 등이 있다.
④ 상황의 특성으로 가격수준, 제품차별화의 정도, 제품군의 안정성이 있다.

65 **아동 소비자의 특성과 가장 거리가 먼 것은?**

① 자유재량 소비액의 증가
② 소비욕망 절제력의 부족
③ 대중매체에의 과다한 노출
④ 가계구매에 대한 영향력의 미비

66 **소비자정보에 대한 내용으로 가장 적합하지 않은 것은?**

① 소비자정보는 그 생산과 소비에 비용이 발생한다는 점에서 경제 가치를 지닌 하나의 재화로 볼 수 있다.
② 소비자정보는 이용자의 활용능력에 따라 효용이 달라진다.
③ 소비자는 의사결정 시 가능한 한 많은 정보를 확보하여 활용하는 것이 이롭다.
④ 소비자정보는 일단 획득되면 아무리 사용해도 소진되지 않는 비소비성이라는 특성을 갖는다.

67 **학교 소비자교육의 일반적 목표로 고려하여야 할 차원이 아닌 것은?**

① 특정한 소비행위의 의사결정능력 배양을 목표로 하는 구매교육의 차원
② 소비행위의 기저에 있는 소비가치의 형성을 목표로 하는 가치교육의 차원
③ 소비상황의 부당함에 대한 책임과 의무를 목표로 하는 시민의식교육의 차원
④ 사회・경제적 변화 상황에 대한 대처를 목표로 하는 성인 소비자 능력향상교육의 차원

68 **소비자교육 프로그램의 목표를 설정할 때 고려해야 할 사항이 아닌 것은?**

① 목표는 학습자의 교육적 요구를 정확히 파악하여 충족시킬 수 있도록 해야 한다.
② 목표에는 계획하고 있는 수업의 절차나 방법이 기술되어야 한다.
③ 목표에는 기대되는 행동의 결과가 일정수준에 도달하였는지를 알 수 있는 기준이 제시되어야 한다.
④ 목표는 지역사회와 국가 사회적 요구에 합치될 수 있어야 한다.

69 **소비자교육 프로그램의 평가단계로 가장 널리 활용되고 있는 Kirkpatrick의 4단계 중 다음과 같은 내용에 해당하는 것은?**

> 학습자들이 학습내용을 이해한 정도를 넘어서 학습한 내용을 실제로 생활에서 적용하는지 여부를 평가하는 단계

① 반응평가 ② 학습평가
③ 행동평가 ④ 결과평가

70 **소비자교육의 효과 중 성격이 다른 것은?**

① 공공의 이익에 대한 관심을 불러일으켜 사회적 비용을 줄인다.
② 소비자불만과 불평을 감소시키고 소비자만족을 증대시킴으로써 궁극적으로 이익이 증가된다.
③ 만족한 소비자가 구전으로 만족한 상품과 기업명을 널리 알리게 된다.
④ 소비자에게 필요한 정보를 충분히 제공함으로써 소비자 선택에 도움을 줄 수 있다.

71 **가정에서의 소비자교육에 대한 설명으로 바람직하지 않은 것은?**

① 가정에서 아동기부터 건전한 소비습관을 길러야 한다.
② 용돈 액수 결정, 즉 용돈관리지도가 가정 소비자교육의 주요 목표이다.
③ 소비자 사회화 측면에서 가정 소비자교육은 중요하다.
④ 부모들이 실천해 보여 주는 것이 중요하다.

72 **다음에서 설명하는 소비자교육 프로그램의 설계원칙은?**

> 아동 소비자에게는 재활용품 분리수거에 대해 교육하고 청소년 소비자에게는 아나바다 운동의 의의에 대해 교육하고 성인 소비자에게는 수질오염 및 대기오염에 대해 교육한다.

① 계속성 ② 일관성
③ 계열성 ④ 통합성

73 다음에서 설명하는 것은?

> 소비자에게 양질의 정확한 정보를 제공하는 수단으로 소비자에게 정보를 제공하는 상품테스트와 가격, 품질비교 등에 관한 정보를 다루고 있어 소비자의 탐색비용을 줄여 주고 있는 미국의 소비자협회가 발간하는 월간지이다.

① Consumer Report
② Consumer Information
③ Consumer Buying Guide
④ Smart Consumer

74 일반적인 소비자교육 프로그램의 설계과정을 바르게 나열한 것은?

> A. 수업목표진술
> B. 소비자의 특성 및 학습능력분석
> C. 교수방법, 매체, 자료의 선정
> D. 선정한 매체와 자료의 활용
> E. 학습자 참여요구
> F. 평가 및 수정

① A → B → C → D → E → F
② B → A → C → D → E → F
③ B → A → C → D → F → E
④ A → C → B → D → E → F

75 소비자정보관리의 과정으로 옳은 것은?

① 전략의 수립 → 노력의 집중 → 정보의 축적과 공유 → 정보의 생성 → 정보의 활용
② 전략의 수립 → 노력의 집중 → 정보의 생성 → 정보의 축적과 공유 → 정보의 활용
③ 전략의 수립 → 정보의 생성 → 노력의 집중 → 정보의 축적과 공유 → 정보의 활용
④ 노력의 집중 → 전략의 수립 → 정보의 생성 → 정보의 축적과 공유 → 정보의 활용

제4과목 소비자와 시장

76 **유통분야 시장의 변화와 관련이 없는 것은?**

① 제조업체와 유통업체의 역할분담 심화
② 유통업체 자체 상표(Private Brand) 제품의 확산
③ 제조업체에서 유통업체로의 시장 주도권 이동
④ 유통산업에서 정보시스템 등 첨단기술 활용

77 **소비자의사결정에 영향을 미치는 요인 중 환경적 영향요인으로만 짝지어진 것은?**

① 문화, 사회계층
② 소득, 라이프스타일
③ 가족, 개성
④ 준거집단, 연령

78 **소비자가 대안을 평가하는 방법 중 가장 중요한 기준에서 가장 높은 점수를 받은 상표를 선택하는 방식은?**

① 다속성 모델
② 접속규칙
③ 백과사전식 규칙
④ 순차제거식 규칙

79 **소비자의사결정에 영향을 미치는 사회계층에 대한 설명으로 옳지 않은 것은?**

① 사회계층은 시간의 경과에 따라 이동이 가능하다.
② 하위계층은 상위계층의 소비행태를 모방함으로써 소비욕구를 충족시킨다.
③ 사회계층은 구성원끼리의 접촉빈도나 친밀감이 높아 의사결정에 가장 큰 영향을 미친다.
④ 소비자는 실제 사회계층의 이동이 일어나지 않아도 소비를 통해 상위계층으로의 이동에 대한 욕구를 충족시킨다.

80 **소비자불만호소행동에 대한 설명으로 옳지 않은 것은?**

① 제품의 성과가 기대보다 못한 부정적 불일치의 상태를 의미한다.
② 소비자가 제품 구매 후 갖게 되는 불만족을 해결하려는 일련의 과정을 의미한다.
③ 불만족을 경험한 후 행동에 아무런 변화가 없는 것을 무행동이라고 한다.
④ 제조자 및 판매자로부터 직접 보상으로 요구하는 행위를 공적 행동이라고 한다.

81 **시장의 형태를 결정하는 요인과 가장 거리가 먼 것은?**

① 기업의 수
② 시장가격의 지배능력
③ 비가격경쟁의 존재
④ 기업의 자체 생산능력

82 **우리나라 소비문화의 특징으로 볼 수 없는 것은?**

① 생활이 기본적 욕구충족 시대에서 여가생활 중시 시대로 이행되고 있다.
② 새로운 서비스 산업이 등장하여 간편 소비가 점차 감소하고 있다.
③ 과소비적 소비문화가 만연되고 있다.
④ 생활양식과 가치관의 변화가 비교적 급속히 이루어져 왔다.

83 **시장에서 공정한 거래를 저해할 우려가 있는 불공정거래행위에 해당하지 않는 것은?**

① 불만처리에 필요한 인력 또는 설비의 부족을 부당하게 상당기간 방치하는 행위
② 부당하게 거래를 거절하거나 거래의 상대방을 차별하여 취급하는 행위
③ 자기의 거래상 지위를 부당하게 이용하여 상대방과 거래하는 행위
④ 부당하게 상대방의 고객을 자기와 거래하도록 유인하거나 강제하는 행위

84 **소비자가 지각하는 식역(Threshold)에 대한 설명으로 옳지 않은 것은?**

① 식역은 감각을 활성화시키는 데 필요한 자극에너지의 강도를 말한다.
② 차별식역이란 사람들이 변화를 지각 또는 감지할 수 있는 최소치를 말한다.
③ 상대적 식역은 보통 사람들이 자극을 지각하는 데 필요한 최소치를 말한다.
④ 절대식역은 동일한 자극에 노출되는 횟수가 많아질수록 민감도가 떨어진다.

85 **정보사회에서 나타나는 다양한 소비자 가치관의 변화경향으로 틀린 것은?**

① 소비의 다양화, 개성화, 고도화 추구
② 레저형 여가생활의 비중 증가
③ 소비자의 상품사용주기 단축
④ 탈물질적 가치관이 단일화된 가치관으로 변화

86 **유통경로의 기능과 가장 거리가 먼 것은?**

① 생산자와 소비자 연결
② 거래의 표준화
③ 제품조합과 제품라인 수정
④ 제품구색 불일치 완화

87 **다양한 소비자유형 중 온라인상의 의견선도자(Opinion Leader)의 특성에 대한 설명으로 옳지 않은 것은?**

① 혁신적이고 새로운 방법으로 인터넷을 활용한다.
② 인터넷에 자주 접속하며 활동시간이 일반인보다 길다.
③ 인터넷에 대한 많은 지식을 갖고 숙련되게 사용할 줄 안다.
④ 인터넷을 통해 제품을 가장 먼저 구입하고 평가한 후 주변에 제품에 대한 정보를 알려준다.

88 **소비자의 정보탐색 정도에 따른 의사결정과정에 대한 설명으로 적합하지 않은 것은?**

① 제품에 대한 지식은 물론 상표, 스타일, 가격대 등에 대한 전반적 지식이 결여되어 있는 경우는 제한적인 의사결정과정을 거치게 된다.
② 정보탐색과 대안평가를 거쳐 꼼꼼하고 신중하게 내리는 의사결정을 포괄적 의사결정이라 한다.
③ 평소 자주 구매했던 제품을 구매할 때는 일상적인 의사결정과정을 거치게 된다.
④ 소비자가 한 번도 구매한 적이 없는 제품구매 시에는 일상적인 의사결정보다는 포괄적인 의사결정과정을 거치게 된다.

89 **마케팅 관리자가 활용할 수 있는 촉진수단에 대한 설명으로 옳은 것은?**

① 판촉에는 단기적 구매유도를 위한 샘플, 쿠폰 증정 등이 사용된다.
② PR(Public Relation)은 소비자를 설득하기 위해 유료로 대중매체를 이용하는 활동을 말한다.
③ 판촉은 판매원을 매개로 직접 고객과 대면하여 설득하는 커뮤니케이션 수단이다.
④ PR(Public Relation)은 생산전략의 일환으로 낮은 가격에 기초한 박리다매 전략이다.

90 **다음에서 설명하는 것은?**

> 소비자의 마음 속에서 특정 상표가 경쟁상표와 비교하여 상대적으로 적절한 위치를 차지하도록 하는 전략

① 포지셔닝
② 마케팅 믹스
③ 표적시장의 결정
④ 프로모션 믹스

91 **생태학적 입장에서 행할 수 있는 소비자 행동은?**

① 비물질주의적 추구 및 환경적 소비의 문화적 접근
② 지속가능한 발전과 성장 우선
③ 무조건적 소비 절제
④ 저가제품 구매

92 **소비자가 제품 구매 후 부조화를 일으키는 상황에 대한 설명으로 옳지 않은 것은?**

① 구매결정을 취소할 수 없을 때
② 선택한 대안이 장점을 가지고 있을 때
③ 선택하고 싶은 대안이 여러 개 있을 때
④ 소비자가 심리적 중요성을 갖고 구매결정을 했을 때

93 **자발적으로 간소한 소비생활양식을 실천하는 소비자들이 추구하는 가치가 아닌 것은?**

① 환경인식
② 물질적 간소화
③ 종교적 사고인식
④ 자기 스스로의 결정방식

94 **단위당 원가에 일정률의 마진을 더해 판매가를 결정하는 가격결정방식은?**

① 단수가격 정책
② 원가중심적 가격결정
③ 소비자중심 가격결정
④ 오픈가격 정책

95 가치소비를 추구하는 소비자의 특성과 거리가 먼 것은?

① 제품을 구매할 때 감성 중심의 제품이나 서비스에 관심을 갖는다.
② 제품에 담긴 이야기나 자신만의 감성을 자극하는 제품을 선택한다.
③ 소비에서 얻는 만족과 기회비용을 비교해서 가장 큰 만족을 가져오는 선택을 한다.
④ 소비의 다양화·개성화·분산화 경향에 따라 선택하는 행동을 보인다.

96 다음 ( ) 안에 들어갈 내용을 순서대로 옳게 나열한 것은?

TV, 냉장고, 승용차, 주택 등의 내구재와 의복, 신발, 액세서리 등 개인의 이미지 구축과 관련된 제품은 일반적으로 소비자의 ( )이/가 높은 제품으로 분류되고 있으며 이들 제품과 관련한 문제해결 방식은 ( ) 문제해결 방식을 취한다.

① 소비자주의, 저관여
② 소비자주권, 배타적
③ 소비자충성도, 일상적
④ 관여도, 포괄적

97 준거집단에 대한 설명으로 틀린 것은?

① 한 개인이 자신의 신념, 태도, 가치 및 행동성향을 결정하는 기준이 된다.
② 개인 행위기준을 설명할 뿐 아니라 자신 및 타인 행위를 평가하는 기준을 제공한다.
③ 열망집단은 언젠가 자신이 닮고 싶고 본받기를 원하는 집단을 의미한다.
④ 회피집단은 개인이 속해 있으면서 자신이 그 집단에 있다는 것을 부인하는 집단이다.

98 소비자의사결정과정에서 구매 후 평가에 관한 설명으로 틀린 것은?

① 사전 기대수준과 실제 성과와의 비교를 통해 구매 후 평가가 좌우된다.
② 선택되지 않은 대안에 대한 심리적 불안감인 구매 후 부조화가 구매 후 평가에 영향을 미친다.
③ 불만호소행동 중 공적 행동에는 보상요구, 법적 행동 등이 있다.
④ 구매 후 평가는 재구매에 영향을 미치지만 불만호소행동에 대한 결과는 재구매와 상관이 없다.

99 **한계효용체감의 법칙에 해당하는 사례는?**

① 나는 아이스크림이 좋아서 아무리 먹어도 질리지 않는다.
② 부모님께 받은 용돈 내에서 합리적이고 효율적으로 구매하였다.
③ 짬뽕도 먹고 싶었지만 자장면이 더 먹고 싶었으므로 자장면을 먹었다.
④ 배가 너무 고파서 세 그릇이라도 먹을 수 있을 것 같았지만 두 그릇을 먹으니 더 이상 먹고 싶지 않았다.

100 **전자상거래의 특징으로 옳지 않은 것은?**

① 전자상거래는 도매상과 소매상을 거치지 않고 인터넷을 통해 직접 소비자에게 쌍방향적 의사소통을 통해 거래가 성립되므로 유통구조가 단순하다.
② 인터넷은 24시간 접속이 가능하며 전 세계와 연결되어 있어 언제 어느 때라도 전 세계의 제품을 거래할 수 있다.
③ 인터넷상거래에서는 소비자불만에 즉시 대응할 수 있을 뿐만 아니라 소비자의 욕구를 신속하게 파악할 수 있다.
④ 전자상거래는 홈페이지 구축 등 비교적 낮은 비용으로 영업활동이 시작될 수 있는 대신 진입장벽이 높다.

제 3 회 2018년 2급 필기 기출문제

소비자전문상담사 Consumer Adviser Junior

제1과목 소비자상담 및 피해구제

01 전화상담 시 필요한 말하기 기법에 관한 설명으로 틀린 것은?

① 전화로 이야기할 때에도 미소를 지으며 필요한 단어에 강세를 두어 말한다.
② 소비자가 말하는 속도에 보조를 맞추되 상담사는 되도록 천천히 말하는 습관을 갖는 것이 좋다.
③ 어조를 과장하여 억양에 변화를 주는 연습은 소비자의 집중력을 약화시키므로 이를 훈련하지 않도록 한다.
④ 명확한 발음을 하기 위해 큰 소리로 반복해서 연습해 두는 것이 필요하다.

02 소비자가 상품 및 용역에 대한 구매 전 상담 시 얻을 수 있는 이득이 아닌 것은?

① 소비자의 구매 의사결정을 위한 정보 습득
② 합리적, 현명한 소비를 위한 다양한 상품정보 습득
③ 상품, 용역의 품질, 기능, 장단점에 대한 정보 습득
④ 정보 분석을 통한 직접적인 구매 권유로 소비자의 효율적인 의사결정에 기여

03 품질보증과 하자담보책임에 대한 설명으로 틀린 것은?

① 제품의 하자발생 시 품질보증서 내용에 따라 품질보증을 요구할 수 있으며 품질보증서는 품질보증기간 및 피해보상 내용을 포함한다.
② 품질보증기간은 소비자가 물품을 구입 또는 용역을 제공받은 날부터 인정되며 계약일과 인도일이 다를 경우에는 계약일이 기준이 된다.
③ 민법상 하자담보책임은 소비자가 하자발생을 알게 된 날로부터 6개월 안에 행사하여야 한다.
④ 신용카드 할부로 구입한 경우 발생한 하자에 대해 판매업자가 하자담보책임을 이행하지 않는다면 잔여 할부금 지급을 거부할 수 있다.

04 **소비자상담사의 의사소통능력을 제고하기 위한 잘 듣기 기술에 방해가 되는 것은?**

① 피드백
② 명료화하기
③ 바꾸어 말하기
④ 마음 읽기

05 **회사에서 근무하는 중 텔레마케터의 끈질긴 권유로 3년간 월간지를 구독하기로 계약하였으나 하루가 지난 후 가격이 너무 비싸고 충동적으로 계약한 것 같아 구입의사를 철회하는 소비자의 상담전화를 받았다. 이에 대한 바람직하지 않은 상담내용은?**

① 방문판매 등에 관한 법률상 전화권유판매에 해당된다고 설명한다.
② 청약철회를 할 경우에는 계약서를 교부받은 날로부터 14일 이내에 하여야 한다는 사실을 알린다.
③ 아직까지 물품배송이 이루어지지 않은 경우에는 제품을 받지 말고 수취인거절로 돌려보내도록 안내한다.
④ 어떠한 포장도 훼손하면 청약철회를 할 수 없음을 안내한다.

06 **소비자가 적절한 보상을 받을 수만 있다면 가장 바람직한 피해구제 방법으로서의 소비자상담은?**

① 사업자에 의한 소비자상담
② 소비자단체에 의한 소비자상담
③ 행정기관에 의한 소비자상담
④ 한국소비자원에 의한 소비자상담

07 **일반적 소비자분쟁해결기준에 관한 설명으로 틀린 것은?**

① 품질보증기간 동안의 수리비용은 사업자가 부담한다.
② 불가피하게 수리가 지연될 경우는 그 사유를 소비자에게 통보한다.
③ 환급금액은 거래 시에 교부된 영수증 등의 가격을 기준으로 한다.
④ 할인판매된 물품의 교환은 정상가와의 차액을 지급하고 교환한다.

08 **구매단계별 소비자상담의 내용으로 가장 거리가 먼 것은?**

① 구매 전 소비자상담은 소비자의 합리적 선택을 도와주므로 중요하다.
② 구매 시 소비자상담은 소비자접점에서 소비자문제 및 피해를 예방할 수 있다는 측면에서 매우 중요하다.
③ 구매 시 소비자상담의 성패는 기업의 이익창출 여부를 결정하므로 소비자상담사의 역할이 중요하다.
④ 구매 전 상담을 활성화하기 위해 소비자상담사 스스로가 정보를 수집, 정리하여 상담하고 상담자료를 구축한다.

09 **사업자의 채무불이행이나 불법행위로 인하여 손해배상책임이 발생할 때 소비자에게 손해발생 또는 확대에 대한 과실이 있는 경우 이 사실을 참작하여 사업자의 손해배상책임을 감면해주기 위한 제도는?**

① 위약금
② 손익상계
③ 과실상계
④ 손해배상

10 **인터넷을 통한 소비자상담에 대한 설명으로 가장 거리가 먼 것은?**

① 데이터베이스 상담은 자료의 업데이트가 중요하다.
② 일반게시판 상담은 상담내용의 비밀성이 보장된다.
③ 이메일 상담은 1:1 상담 형식으로 이루어진다.
④ FAQ는 데이터베이스 상담의 종류이다.

11 **구매 후 소비자상담과 관련이 없는 것은?**

① 세탁소에 맡긴 코트의 손상에 대한 보상요구
② 방문판매로 충동구매한 공기청정기의 계약해제요구
③ 휴대전화의 제조에 관한 기술, 노하우 등에 관한 정보요구
④ 모델하우스와 상이한 안방 장식장의 옵션계약 취소요구

12 **민간 소비자단체에서의 소비자상담사의 역할과 가장 거리가 먼 것은?**

① 소비생활에 관련된 정보제공자로서의 역할
② 소비자를 만족시켜 재구매를 창조하는 역할
③ 소비자피해 등 소비자문제 해결자로서의 역할
④ 소비자행정의 문제점에 관한 정보수집 및 소비자정책 수립에 반영시키는 역할

13 **행정기관에서 수행하는 소비자상담 관련 활동으로 가장 적합한 것은?**

① 소비자보호시책 수립 및 활동 지원
② 제품에 대한 애프터서비스 제공
③ 특정 기업제품에 대한 사전 정보 제공
④ 제품에 대한 고객만족도 조사 실시

14 **다음 사례에서 적용되는 거래형태와 청약철회기간이 바르게 연결된 것은?**

> "경품당첨! 확인하세요."
> 000-××××라는 휴대폰 문자를 받고 안내된 번호로 전화를 하였다. 회원에 가입하면 다양한 서비스를 제공받을 수 있다는 안내를 받고 유료회원에 가입하였으나 충동구매로 청약철회를 원한다.

① 직접판매 - 7일
② 통신판매 - 14일
③ 전화권유판매 - 7일
④ 전화권유판매 - 14일

15 기업의 소비자상담실에 대한 설명으로 옳은 것은?

① 고객만족경영을 위한 접점부서로서 중요한 역할을 수행한다.
② 기업에서 소비자상담실의 역할은 축소되고 있는 추세이다.
③ 기업에서 소비자상담실은 비용을 발생시키는 부서이지 수익창출부서는 아니다.
④ 기업의 소비자상담은 오프라인을 통한 활동만으로도 충분하다.

16 인터넷 상담의 장점을 전화 상담과 비교한 설명으로 가장 적합한 것은?

① 장소에 구애받지 않고 상담이 가능하다.
② 상담내용의 공개가 가능하여 유사한 상담의 반복을 피할 수 있다.
③ 누구나 쉽게 이용할 수 있어 접근성이 높다.
④ 대부분의 경우 신속한 상담이 가능하다.

17 소비자의 욕구를 파악하기 위한 질문에 대한 설명으로 가장 거리가 먼 것은?

① 구체적으로 질문을 한다.
② 똑같은 정보라도 긍정적으로 질문할 수 있어야 한다.
③ 소비자의 질문에 대해 비판적으로 표현해야 한다.
④ 좀 더 좋은 서비스를 제공하기 위해 소비자가 원하는 바를 밝히는 데 중점을 둔다.

18 기업의 고객만족경영에 대한 설명으로 가장 거리가 먼 것은?

① 신용카드사는 고객만족경영을 위해 비용이 유발되므로 기업 경영의 성과를 장기적인 관점에서만 고려하고 있다.
② 홈쇼핑업체는 소비자들의 구매위험도를 낮추기 위해 30일 이내에 조건 없는 환불시스템을 운영하고 있다.
③ 대형 쇼핑몰에서는 입주상인을 대상으로 불친절한 상점에 대해 서비스 개선을 권고하는 제도를 운영하고 있다.
④ 특정한 모델의 컴퓨터를 사면 2년 후 무상으로 업그레이드를 시켜주는 시스템을 운영하고 있다.

19 **효과적인 의사소통을 위한 상담자의 태도와 가장 거리가 먼 것은?**

① 언어에 나타난 것 이외의 내용도 이해한다.
② 적극적인 경청자세를 취하며 열심히 듣는다.
③ 어려운 주제를 피하고 쉽고 가벼운 주제 위주로 대화한다.
④ 감정적인 말들에 얽매이지 않도록 중심을 잡고 소통한다.

20 **소비자분쟁해결기준상 다음 사례에서 A씨가 환급받을 수 있는 금액은?**

> A씨는 2017년 1월 결혼정보회사와 1년에 5회의 만남을 약정하고 가입비로 300,000원을 지급했다. 2017년 6월까지 2회 만남을 주선 받은 후 계약을 해지하고 대금환급을 요구하였으나 결혼정보회사는 원래 가입비가 600,000원인데 할인하여 주었으므로 환급할 수 없다고 한다.

① 90,000원
② 144,000원
③ 180,000원
④ 288,000원

21 **기업의 소비자상담사에게 요구되는 전문적인 역량과 가장 거리가 먼 것은?**

① 기업경영에 대한 전반적인 이해와 마케팅 지식
② 불만을 제기하는 소비자의 상황에 대한 공감능력
③ 자사 상품 및 새로운 상품 거래방법에 대한 지식
④ 기업과 소비자의 의사소통을 통한 소비자욕구의 반영

22 **인바운드 소비자상담의 일반적인 순서를 바르게 나열한 것은?**

① 고객 문의내용 파악 → 고객 상황 탐색 → 해결방안 제시 → 요약 및 종결
② 고객 상황 탐색 → 고객 문의내용 파악 → 해결방안 제시 → 요약 및 종결
③ 해결방안 제시 → 고객 문의내용 파악 → 고객 상황 탐색 → 요약 및 종결
④ 고객 문의내용 파악 → 해결방안 제시 → 고객 상황 탐색 → 요약 및 종결

23 제3자의 개입강도를 기준으로 봤을 때 강제성의 강도가 낮은 것부터 순서대로 나열된 것은?

① 협상 - 중재 - 조정 - 판결
② 조정 - 협상 - 중재 - 판결
③ 협상 - 조정 - 중재 - 판결
④ 중재 - 조정 - 협상 - 판결

24 (　　) 안에 들어갈 내용으로 옳은 것은?

> 소비자분쟁해결기준상 보일러의 품질보증기간은 (A)이고 부품보유기간은 (B)이다.

① A - 3년, B - 5년
② A - 2년, B - 5년
③ A - 3년, B - 8년
④ A - 2년, B - 8년

25 소비자상담 시 전화응대의 3요소로 옳게 구성된 것은?

① 친절성, 신속성, 정확성
② 친절성, 신속성, 소극성
③ 신속성, 정확성, 부정성
④ 친절성, 정확성, 단호성

제2과목 소비자관련법

26 전자상거래 등에서의 소비자보호에 관한 법률상 청약철회에 대한 설명으로 틀린 것은?

① 계약내용에 관한 서면을 받은 날부터 7일 이내에 청약을 철회할 수 있다.
② 재화의 내용을 확인하기 위하여 포장 등을 훼손한 경우 청약철회를 할 수 없다.
③ 서면을 받은 때보다 재화 등의 공급이 늦은 경우에는 재화 등을 공급받은 날로부터 7일 이내에 청약을 철회할 수 있다.
④ 복제가 가능한 컴퓨터 소프트웨어의 경우 포장이 훼손되면 청약철회를 할 수 없다.

27 **할부거래에 관한 법률의 적용에 관한 설명으로 옳은 것은?**

① 농산물 · 수산물 · 축산물의 거래에는 어떠한 경우에도 적용되지 않는다.
② 보험업법에 의한 보험거래에는 어떠한 경우에도 적용되지 않는다.
③ 고등학생이 독서실 이용권을 구입하는 경우에는 적용될 수 없다.
④ 상행위 목적의 할부계약에는 어떠한 경우에도 적용되지 않는다.

28 **다음의 경우와 관련한 설명으로 옳은 것은?**

> 甲은 친구 乙로부터 1억원을 차용하고 3개월 후에 갚기로 약속하였다. 그런데 甲은 기일이 도과되어도 돈을 갚지 않았다.

① 乙은 기일 도과 후에 甲에 대하여 이행최고를 하여야 비로소 지연이자를 청구할 권리를 가지게 된다.
② 乙이 무이자로 대여한 것이었다면 기일이 도과되어도 지연이자를 청구할 수 없다.
③ 乙은 甲이 돈을 갚지 않음으로 말미암아 어떠한 손해가 발생하였는지 증명하지 아니하더라도 甲에 대하여 지연이자를 청구할 수 있다.
④ 乙이 이자 월 2%로 대여한 것이었더라도 기일 도과 후부터는 연 5%의 법정이율에 따른 지연이자만을 청구할 수 있다.

29 **약관의 규제에 관한 법률에 의해 무효가 되는 불공정약관조항이 아닌 것은?**

① 신용카드 부정사용과 관련한 모든 손실을 회원이 비밀번호 유출이나 카드 도난에 있어 아무런 고의 또는 과실이 없는 경우에까지 회원에게 부담하도록 하는 조항
② 유료 주차장 내에서 일어나는 도난, 파손, 분실, 화재 등의 모든 사고에 대한 책임을 지지 않는다는 조항
③ 스포츠클럽 회원가입계약에서 납입된 입회비는 사유를 불문하고 일체 반환하지 않는다는 조항
④ 소비자의 취급 잘못이나 천재지변으로 고장이나 손상이 발생한 경우에는 사업자가 비용을 부담하지 않는다는 조항

30 다음에서 설명하는 약관에 대한 규제 유형은?

> 약관조항의 내용이 고객에게 부당한 불이익을 주고 있는가를 심사하여 그 조항의 효력유무를 결정하는 것으로 신의성실의 원칙, 비례의 원칙이 적용된다.

① 편입 통제
② 해석 통제
③ 불공정성 통제
④ 작성 통제

31 다음의 상황에 대한 설명으로 틀린 것은?

> 백화점 할인판매 기간에 40% 할인가격으로 소비자가 의류를 구입할 당시 '할인기간 판매 의류는 교환이나 환급이 안 됩니다.'라는 사전고지가 있었다.

① 할인판매 제품이라고 하더라도 품질에 하자가 있다면 사업자가 책임져야 한다.
② 할인판매 제품이라도 하자로 인하여 동일제품으로 교환 시 할인판매가격을 정상가격으로 인정하여 추가부담 없이 교환해 주어야 한다.
③ 하자로 인하여 환급 시에는 판매할 때 받은 할인가격을 환급하는 것이 원칙이다.
④ 교환, 환급이 안 된다는 내용을 고지하였더라도 소비자분쟁해결기준에 따라 소비자의 단순변심에 대해서도 교환, 환급해 주어야 한다.

32 약관과 개별약정이 다를 경우 약관의 규제에 관한 법률에서 정한 적용에 관한 설명으로 옳은 것은?

① 약관에 따른다.
② 약관과 개별약정 모두가 적용된다.
③ 개별약정이 약관보다 우선한다.
④ 고객에게 유리한 내용을 따른다.

33 **제조물의 결함으로 인한 손해발생 시 제조물 책임법상 제조물을 공급할 당시 해당 제조물에 결함이 있었고 그 제조물의 결함으로 인하여 손해가 발생한 것으로 추정할 수 있는 요건이 아닌 것은?**

① 해당 제조물이 정상적으로 사용되는 상태에서 피해자의 손해가 발생하였다는 사실
② 제조업자가 해당 제조물을 공급한 당시의 과학·기술 수준으로는 결함의 존재를 발견할 수 없었다는 사실
③ 손해가 제조업자의 실질적인 지배영역에 속한 원인으로부터 초래되었다는 사실
④ 손해가 해당 제조물의 결함 없이는 통상적으로 발생하지 아니한다는 사실

34 **소비자기본법상 소비자의 피해구제에 관련된 설명 중 (　　) 안에 들어갈 내용으로 옳은 것은?**

- 한국소비자원장은 피해구제의 신청을 받은 날부터 (A) 이내에 합의가 이루어지지 않으면 (B) 소비자분쟁조정위원회에 분쟁조정을 신청하여야 한다.
- 소비자분쟁조정위원회가 분쟁조정을 신청 받은 때에는 그 신청을 받은 날부터 (A) 이내에 분쟁조정을 마쳐야 한다.

① A : 30일, B : 30일 이내에
② A : 30일, B : 지체 없이
③ A : 10일, B : 30일 이내에
④ A : 10일, B : 지체 없이

35 **표시·광고의 공정화에 관한 법률에 따른 부당한 표시·광고에 관한 설명 중 옳은 것은?**

① 거짓·과장의 표시·광고는 부당광고의 유형은 아니나 사실을 은폐하거나 사실을 축소하는 등의 방법으로 표시·광고하는 것을 말한다.
② 기만적인 표시·광고는 사실과 약간만 다르게 표시·광고하거나 사실을 지나치게 부풀려 표시·광고하는 것을 말한다.
③ 비방적인 표시·광고는 다른 사업자 등 또는 다른 사업자 등의 상품 등에 관하여 객관적인 근거가 없는 내용으로 표시·광고하여 비방하거나 불리한 사실만을 표시·광고하여 비방하는 것을 말한다.
④ 부당하게 비교하는 표시·광고는 비교 대상 및 기준을 제시하고 객관적인 근거에 따라 자기 또는 자기의 상품이나 용역을 다른 사업자 또는 다른 사업자 등의 상품 등과 비교하여 우량 또는 유리하다고 표시·광고하는 것을 말한다.

36 소비자의 청약철회 행사기간이 7일 이내인 것으로만 묶인 것은?

① 통신판매, 할부거래
② 할부거래, 방문판매
③ 방문판매, 통신판매
④ 할부거래, 다단계판매

37 할부거래에 관한 법률상 청약철회에 관한 설명 중 틀린 것은?

① 청약의 철회는 서면을 발송한 날에 그 효력이 발생한다.
② 계약서의 발급사실에 다툼이 있을 경우 할부거래업자가 이를 입증하여야 한다.
③ 재화의 반환에 필요한 비용은 할부거래업자가 부담한다.
④ 할부거래업자는 소비자의 청약철회에 대하여 손해배상을 청구할 수 있다.

38 다음 ( ) 안에 들어갈 말로 옳은 것은?

- (㉠)이란 계약의 명칭, 형식이 어떠하든 소비자가 사업자로부터 장례 또는 혼수를 위한 용역(제공시기가 확정된 경우는 제외)에 해당하는 재화 등의 대금을 2개월 이상의 기간에 걸쳐 2회 이상 나누어 지급함과 동시에 또는 지급한 후에 재화 등의 공급을 받기로 한 계약을 말한다.
- (㉡)이란 소비자가 사업자에게 재화 등의 대금이나 용역의 대가를 2개월 이상의 기간에 걸쳐 3회 이상 나누어 지급하고 재화 등의 대금을 완납하기 전에 재화의 공급이나 용역의 제공을 받기로 한 계약을 말한다.
- (㉢)이란 소비자가 신용제공자에게 재화 등의 대금을 2개월 이상 기간에 걸쳐 3회 이상 나누어 지급하고 재화 등의 대금을 완납하기 전에 재화의 공급이나 용역의 제공을 받기로 한 계약을 말한다.

	㉠	㉡	㉢
①	직접할부계약	간접할부계약	선불식 할부계약
②	간접할부계약	직접할부계약	선불식 할부계약
③	선불식 할부계약	직접할부계약	간접할부계약
④	선불식 할부계약	간접할부계약	직접할부계약

39 **표시 · 광고의 공정화에 관한 법률상 사업자가 부당한 표시 · 광고행위를 하는 경우에 공정거래위원회가 명할 수 있는 시정조치가 아닌 것은?**

① 사과광고
② 정정광고
③ 해당 위반행위의 중지
④ 시정명령을 받은 사실의 공표

40 **전자상거래 등에서 소비자보호에 관한 법률상 청약철회 등에 관하여 사업자에게 입증책임이 있는 것이 아닌 것은?**

① 재화 등의 훼손에 대하여 소비자의 책임이 있는지 여부
② 재화 등의 구매에 관한 계약이 체결된 사실 및 그 시기
③ 재화 등의 공급사실 및 그 시기
④ 소비자가 청약철회를 한 사실 및 그 시기

41 **민법상 계약 무효사유가 아닌 것은?**

① 당사자의 궁박, 경솔 또는 무경험으로 인하여 현저하게 공정을 잃은 법률행위
② 상대방의 의사표시가 진실이 아님을 알았거나 알 수 있었음에도 이에 응하여 체결한 계약
③ 강행법규를 위반한 계약
④ 행위무능력자가 체결한 계약

42 **다음 (　　) 안에 들어갈 내용으로 옳은 것은?**

> 방문판매 등에 관한 법률상 후원방문판매업자가 후원방문판매원에게 공급한 재화 등의 (　　) 이상을 판매원 아닌 소비자에게 판매한 경우에는 소비자피해보상보험계약의 체결이 강제되어 있지 않다.

① 100분의 50
② 100분의 60
③ 100분의 70
④ 100분의 80

43 방문판매 등에 관한 법률상 소비자피해보상보험 등에 관한 내용이 아닌 것은?

① 공정거래위원회는 방문판매 및 계속거래 등에서의 소비자보호를 위하여 소비자피해보상보험계약 등을 체결하도록 권장할 수 있다.
② 소비자피해보상보험계약 등은 이 법 위반행위로 인한 소비자피해의 보상에 적절한 수준이어야 한다.
③ 소비자피해보상보험계약 등에 의하여 소비자피해보상금을 지급할 의무가 있는 자는 그 지급사유가 발생한 경우 3영업일 이내에 이를 지급하여야 한다.
④ 소비자피해보상보험계약 등을 체결한 자는 그 사실을 나타내는 표지를 사용할 수 있다.

44 소비자기본법상 소비자단체에 관한 설명으로 틀린 것은?

① 물품 등의 거래조건이나 거래방법에 관한 조사·분석으로 하고 그 결과를 공표할 수 있다.
② 소비자의 불만 및 피해를 처리하기 위한 상담·정보제공 및 당사자 사이의 합의의 권고를 할 수 있다.
③ 국가 또는 지방자치단체는 모든 소비자단체에 대하여 그 업무수행에 필요한 최소한의 보조금을 지급할 의무가 있다.
④ 소비자단체는 업무상 알게 된 정보를 소비자의 권익을 증진하기 위한 목적 이외의 용도에 사용할 수 없다.

45 민법상 권리능력에 관한 설명으로 틀린 것은?

① 모든 사람은 성, 나이, 계급의 구별 없이 권리능력을 가진다.
② 미성년자의 권리능력은 성년에 달할 때까지 제한된다.
③ 사람은 생존하는 동안 권리와 의무의 주체가 된다.
④ 법인은 권리능력을 가진다.

46 **전자상거래 등에서의 소비자보호에 관한 법률상 통신판매업자의 의무가 아닌 것은?**

① 재화 등에 대한 사항의 표시·광고 및 고지 의무
② 청약을 받은 재화 등의 공급이 곤란한 경우 지체 없이 통지할 의무
③ 계약내용에 관한 서면 교부 의무
④ 판매원 명부 작성 의무

47 **다음의 (   ) 안에 들어갈 내용으로 옳은 것은?**

> 할부금을 다음 지급기일까지 연속하여 (A)회 이상 지급하지 아니하고 그 지급하지 아니한 금액이 할부가격의 (B)을(를) 초과하는 경우에는 할부금의 지급에 대한 기한의 이익을 주장하지 못한다.

① A – 3, B – 100분의 1
② A – 2, B – 100분의 5
③ A – 2, B – 100분의 10
④ A – 3, B – 100분의 5

48 **전자상거래 등에서의 소비자보호에 관한 법률상 공정거래위원회의 시정조치의 내용이 아닌 것은?**

① 위반행위의 중지명령
② 시정조치를 받은 사실의 공표
③ 의무의 이행명령
④ 소비자피해분쟁조정의 요청

49 **소비자기본법 제4조에 규정되어 있는 소비자의 기본적 권리가 아닌 것은?**

① 물품을 선택함에 있어서 필요한 지식 및 정보를 제공받을 권리
② 물품의 사용으로 인하여 입은 피해에 대하여 신속·공정한 절차에 따라 적절한 보상을 받을 권리
③ 물품을 구입함에 있어서 소비생활정보를 보호받을 권리
④ 합리적인 소비생활을 위하여 필요한 교육을 받을 권리

50 **표시 · 광고의 공정화에 관한 법률에 따라 표시 · 광고 행위가 다음 모두에 해당하는 경우에 사업자 등에 대하여 공정거래위원회가 취할 수 있는 조치는?**

- 표시 · 광고 행위가 부당한 표시 · 광고행위의 금지조항에 위반된다고 명백하게 의심되는 경우
- 그 표시 · 광고 행위로 인하여 소비자나 경쟁사업자에게 회복하기 어려운 손해가 발생할 우려가 있어 이를 예방하기 위하여 긴급히 필요하다고 인정되는 경우

① 동의의결
② 임시중지명령
③ 이행강제금의 부과
④ 표시 · 광고내용의 실증

제 3과목 소비자교육 및 정보제공

51 **다음의 설명에 해당하는 온라인상의 소비자정보획득 원천으로 가장 적합한 것은?**

일반인들이 자신의 관심사에 따라 일기 · 칼럼 · 기사 등을 자유롭게 올릴 수 있을 뿐 아니라 개인 방송 · 커뮤니티까지 다양한 형태를 취하는 일종의 1인 미디어

① 웹사이트
② 블로그
③ 댓글과 리뷰
④ 홈페이지

52 **소비자교육에 대한 설명으로 틀린 것은?**

① 소비자에게 생산자로서의 역할을 인식시키고 역할수행에 필요한 지식을 전달하는 것이다.
② 소비자의 권리와 책임을 이해하고 시민으로서의 역할수행을 잘하게 하는 것이다.
③ 현명한 소비자로서의 역할을 수행할 수 있는 소비자능력을 양성하기 위한 것이다.
④ 소비자가 스스로 선택해서 행동할 수 있는 능력을 길러 주는 것으로 행동을 변화시키는 데 목적이 있다.

53 **성인 소비자교육의 원리와 가장 거리가 먼 것은?**

① 자발학습의 원리
② 상호학습의 원리
③ 반복학습의 원리
④ 다양성의 원리

54 **보편적인 대다수의 소비자들에게 공통적으로 필요한 소비자정보의 내용과 가장 거리가 먼 것은?**

① 재화를 선택할 때 가격을 중요한 판단기준으로 사용하므로 사업자로 하여금 정확하게 표시하게 하는 것은 가격정보이다.
② 소비자들이 안전하고 품질이 좋은 상품을 고를 수 있도록 제공되는 것은 품질정보이다.
③ 소비자의 생명과 신체 및 재산상의 위해를 방지하기 위하여 제공되는 것은 위해정보이다.
④ 소비자의 신뢰를 높이기 위하여 상품비교테스트 등을 실시하여 제공되는 정보는 환경관련정보이다.

55 **소비자교육 프로그램 실행방법 선정 시 우선적으로 고려해야 할 사항으로 가장 거리가 먼 것은?**

① 현실과의 관련성이 높은지 여부
② 시간적·경제적으로 적당한 선에서의 적절한지 여부
③ 동기유발이나 활동의욕을 불러일으킬 수 있는지 여부
④ 학습자 개개인의 문제를 해결해 줄 수 있는지 여부

56 **소비자의 권익을 증진시키기 위한 소비자들의 조직화된 노력 또는 소비자의 권리를 보호하기 위해 전개되는 소비자단체, 정부, 기업의 활동을 포함하는 의미로 가장 적합한 것은?**

① 소비자운동
② 소비자주의
③ 소비자정의
④ 소비자보호

57 **소비자와의 전화모니터링을 위한 상담원 교육프로그램의 내용으로 가장 거리가 먼 것은?**

① 전화상담의 듣기 기법
② 비언어적 의사소통 기법
③ 전화상담의 말하기 기법
④ 전화상담의 단계별 상담전략

58 **소비자교육 내용구성을 위해 사용하는 요구분석방법과 가장 거리가 먼 것은?**

① 질문지를 통해 소비자들의 의견, 기호도, 사실에 대한 지각 등을 수집하는 질문지법
② 개인적으로 요구를 결정하고 기록하는 데 이용되는 개별적 소개법
③ 관찰자가 관찰대상의 행동이나 사회현상을 현장에서 직접 보거나 듣고 필요한 정보나 상황을 알아내는 관찰법
④ 주어진 실험실 내 상황에서 소비자의 의견, 선호 등을 파악하는 실험실 조사법

59 **소비자정보에 대한 설명으로 가장 거리가 먼 것은?**

① 일반적으로 미분석, 미처리된 사실 등을 모두 모아 놓은 데이터와 지식이다.
② 의사결정 하는 데 사용할 수 있도록 의미 있고 유용한 형태로 가공된 내용이다.
③ 개인의 행동, 의사결정 시 미래의 불확실성을 감소시키는 데 필요한 직접적인 자료이다.
④ 데이터로부터 반드시 필요한 사항만을 뽑아내어 자신에게 필요한 형태로 전환시킨 것이다.

60 **소비자전문상담사 대상 교육내용으로 가장 거리가 먼 것은?**

① 전화상담 시스템 개발업무 교육
② 소비자불만 사전예방 교육
③ 소비자불만 및 피해구제 규정 관련 교육
④ 리콜제도, 제조물 책임법, 집단소송제도 등 소비자관련법 교육

61 **가정에서의 소비자교육에 대한 설명으로 가장 거리가 먼 것은?**

① 아동의 소비자능력에 영향을 미치는 중요한 변수가 가정 내에서의 소비경험이다.
② 부모의 자녀에 대한 소비자교육 내용 중 주된 부분은 용돈관리 및 구매행동지도이다.
③ 한국사회의 물질중시 풍조에 의해 화폐에 대한 철저한 교육이 이루어져 왔다.
④ 가정에서의 소비생활은 습관적 지출, 충동구매 등의 비합리적인 성향을 보여 자녀에 대한 소비자교육의 효과를 기대하기 어려운 경우가 있다.

62 **소비자가 사회의 구성원으로서 효과적으로 참여할 수 있게 하는 지식, 기능, 성향을 획득하는 과정을 의미하는 것은?**

① 소비자능력
② 소비자역량
③ 소비자사회화
④ 프로슈머

63 **아동을 위한 소비자교육 프로그램의 내용 선정준거인 학습자, 학문, 사회를 고려하는 선정원칙으로 가장 거리가 먼 것은?**

① 경제적 인지발달 단계에 맞게 이해 가능하도록 구체적이어야 한다.
② 구매자로서의 관심, 요구 및 문제와 관련이 있는 내용을 다루어 능동적으로 학습에 참여하도록 한다.
③ 미래사회에 맞는 소비자의식을 가질 수 있도록 과거의 구매형태나 소비자활동 자료가 제시되어야만 한다.
④ 소비자교육의 근간이 되는 핵심적인 내용에 초점을 맞추어 전이효과가 높고 지속되도록 구성되어야 한다.

64 **현대에 포괄적으로 정의된 소비자의 역할과 가장 거리가 먼 것은?**

① 획득자
② 배분자
③ 전달자
④ 처분자

65 **시장의 상황을 파악할 수 있게 해 주는 소비자정보는?**

① 평가기준에 관한 정보
② 사용방법에 관한 정보
③ 대체안의 존재에 관한 정보
④ 상표의 특징에 관한 정보

66 **소비자가 상품구매 시 필요로 하는 주요 소비자정보 유형과 가장 거리가 먼 것은?**

① 제품정보
② 품질정보
③ 가격정보
④ 기업정보

67 **전자상거래의 거래 주체별 유형에 대한 설명으로 틀린 것은?**

① B to C – 기업과 소비자 간의 거래관계
② B to B – 기업과 기업 간의 거래관계
③ C to C – 소비자 간의 경매 중고물품 교환
④ C to B – 농수산업 기업 간 거래 종합사이트

68 **소비자정보시스템에 대한 설명으로 옳은 것은?**

① 소비자정보시스템은 판촉전개 중심의 정보관리에만 초점을 두고 구성되어야 한다.
② 소비자정보시스템 구축 시 자사의 경쟁자가 누구이며 그들이 무엇을 하고 있는지 알아낼 필요가 없다.
③ 소비자정보시스템은 고정 고객화에만 초점을 두어 고객행태 속성의 단위별로 데이터베이스를 구축하는 것이다.
④ 소비자정보시스템은 소비자들에 관한 정보를 효율적으로 통합 관리하여 고객충성도를 높이는 전략을 세우고 실행하기 위한 것이다.

69 **소비자교육의 필요성에 대한 설명으로 틀린 것은?**

① 소비자주권을 실현하기 위해
② 시장경제 체제의 변화를 유도하기 위해
③ 글로벌 소비환경의 변화에 대응하기 위해
④ 환경소비자로서 지속가능한 소비생활을 하기 위해

70 **소비자교육 프로그램의 실행방법을 선정할 때 고려해야 할 원리 중 다음의 내용에 해당하는 것은?**

> 교육방법은 지역, 시대, 사회문화적 현실에 맞는 것이어야 한다. 특히 소비자교육에서는 구체적으로 실생활에 적용할 수 있는 방법이어야 하며 활동의 결과 또는 실생활에 즉각적으로 적용할 수 있는 것이어야 한다.

① 구체성의 원리
② 다양성의 원리
③ 적절성의 원리
④ 현실성의 원리

71 **중 · 고등학교단계에서의 소비자교육에 대한 설명으로 틀린 것은?**

① 소비생활을 적극적으로 영위해 나갈 수 있는 힘을 기르고 구체적인 처리능력을 갖출 수 있도록 지도해야 한다.
② 인지발달의 미성숙과 생활주체로서의 제약을 고려하여 소비생활 환경에 대한 초보적인 체험적 이해에 중점을 둔 교육목표를 설정해야 한다.
③ 간단한 생활문제는 스스로 의사결정을 하도록 하며 제한된 범위에서 사회적으로 합의된 가치의 실현을 위한 행동 동기화가 이루어지도록 한다.
④ 소비생활에 대한 총체적이고 체계적인 이해에 중점을 두고 응용적인 행동기능의 숙달을 목표로 비판적인 사고와 행동의지를 갖출 수 있도록 한다.

72 **소비자교육 프로그램에 관한 설명으로 가장 적합한 것은?**

① 프로그램의 목적을 설정할 때는 활용자원의 가용성, 교육자의 품성과 능력 등을 고려하여야 한다.
② 프로그램의 내용은 구체적으로 설정한 목표에 도달할 수 있도록 선정되어야 한다.
③ 프로그램의 실행은 학습자들의 개인적 요구나 필요를 반영하지 않고 획일적으로 진행한다.
④ 프로그램의 평가는 학생들의 적응능력과 학습가능성만을 고려한다.

73 **고령 소비자의 특성으로 가장 거리가 먼 것은?**

① 그동안의 경험을 바탕으로 한 정보처리능력이 높다.
② 신체적 노화로 인해 활발한 정보탐색활동이 어렵다.
③ 새로운 시장환경에의 적응력이 감퇴된다.
④ 경험에 의존한 내적 정보로 인해 정보탐색을 상대적으로 적은 시간 동안 한다.

74 **소비자정보로서 기능을 다하기 위해서 갖추어야 할 바람직한 특성이 아닌 것은?**

① 정보의 적시성
② 정보의 성장성
③ 정보의 경제성
④ 의사소통의 명확성

75 **인터넷 사이트를 활용한 정보탐색 시 가격비교 사이트 활용법으로 가장 거리가 먼 것은?**

① 사이트를 검색하기 전 구입 상품을 먼저 정한다.
② 가격 외의 구매조건을 가격정보와 함께 검토해 본다.
③ 여러 곳의 가격비교 사이트 중 유명한 사이트만 검색한다.
④ 가격비교 사이트에서의 가격과 실제 해당 쇼핑몰에서의 가격이 동일한지 확인한다.

제4과목 소비자와 시장

76 과시소비와 관련된 현상이 아닌 것은?

① 톱니 효과
② 베블렌 효과
③ 스놉 효과
④ 밴드웨건 효과

77 상표가 소비자에게 부여하는 기능과 가장 거리가 먼 것은?

① 철저한 애프터서비스를 보장한다.
② 구매를 원하는 상품을 식별할 수 있게 한다.
③ 쇼핑시간과 노력을 단축시킨다.
④ 구매 시 심리적 부담을 감소시킨다.

78 기업의 가격전략 중 그 내용이 틀린 것은?

① 가격품질 연상심리는 소비자가 제품의 품질 차이를 쉽게 알 수 없을 경우 질과 상관없이 높은 가격을 통해 소비자에게 좋은 품질의 제품인 것으로 느끼게 하는 전략이다.
② 단수가격 정책은 가격을 현재의 화폐단위에 맞게 채워서 정하지 않고 1,000원보다는 990원 등과 같이 책정하여 소비자가 싸게 느끼게 하는 것이다.
③ 전환상술은 일단 상품을 저렴하게 판다고 고객을 끌어 들인 후 상품의 재고가 떨어졌다면서 비싼 제품을 구매하도록 유도하는 합법적인 기만행위이다.
④ 공격적 가격은 대형할인점이 제품을 원가 이하에 팔고 소매업체들이 도산한 후 시장을 장악하는 방법에 해당된다.

79 관여도가 높은 제품 구매 시 과거의 만족스러웠던 구매 경험에 비추어 동일한 상표를 구매하는 의사결정방식은?

① 복잡한 의사결정
② 제한적 의사결정
③ 상표애호적 의사결정
④ 관성적 의사결정

80 **유통은 소비와 생산의 중간적 위치에서 가교역할을 하며 각종 사회적 변화로 인하여 많은 변화를 해 왔다. 다음 중 유통환경의 변화에 대한 설명으로 틀린 것은?**

① 가계소득 수준의 향상과 소비자의 가치관 변화에도 불구하고 거의 유사한 소비패턴을 보이고 있다.
② 컴퓨터의 발전과 각종 통신기술의 발전은 전화, TV, 각종 공중파, 유선, 인터넷 등을 사용한 홈쇼핑을 증가시켰다.
③ 유통시장이 개방되면서 영세소매상 및 재래시장이 경쟁력 약화로 붕괴되는 현상을 가져왔다.
④ 유통시장의 개방은 가격경쟁 이외에 서비스 경쟁을 촉진하는 계기가 되었다.

81 **환경친화적 사용행동과 가장 거리가 먼 것은?**

① 에너지 절약적 행동
② 수질오염 방지적 행동
③ 대기오염 방지적 행동
④ 경제성을 고려한 합리적 행동

82 **제품의 상징성을 통해 자신의 지위를 획득하거나 타인에게 부를 보여주기 위한 구매는?**

① 충동소비 ② 모방소비
③ 과시소비 ④ 중독소비

83 **중독소비에 관한 설명으로 틀린 것은?**

① 강박적 소비라고도 한다.
② 소비자들의 상위지향적 욕망 때문에 꼭 필요하지도 않은 소비를 하는 것을 말한다.
③ 소비를 통해 불만을 해소하거나 대리만족을 느낀다.
④ 병적으로 습관적인 구매를 하는 것을 말한다.

84 소비자의사결정단계의 문제인식 중 ㉠에 들어가야 할 문제는?

문제발생의 예상여부 \ 해결의 긴급성	즉각적 해결이 요구됨	즉각적 해결이 요구되지 않음
예상된 문제발생		㉠
예상치 않은 문제발생		

① 일상적인 문제
② 긴급한 문제
③ 계획적인 문제
④ 점진적인 문제

85 다음에서 과점시장의 특성이 아닌 것은?

① 새로운 기업의 시장진입에 장벽이 존재한다.
② 기업들 사이에서 강한 상호의존성이 존재한다.
③ 소비자나 기업이 그들과 관계된 모든 경제적, 기술적 정보를 가지고 있다.
④ 가격경쟁보다는 비가격경쟁이 일어난다.

86 시장형태를 결정하는 요인이 아닌 것은?

① 진입장벽
② 판매자의 수
③ 제품의 동질성
④ 제품의 품질

87 제품수명주기에 관한 설명으로 옳은 것은?

① 제품은 도입기, 성숙기, 성장기, 쇠퇴기의 단계를 거친다.
② 도입기에 가장 저렴한 가격으로 살 수 있다.
③ 성숙기에는 판매성장률이 감소하고 생산능력은 최대인 시기이므로 광고와 판매촉진 경쟁이 치열해진다.
④ 제품에 대한 안목이 높은 사람들은 주로 쇠퇴기에 상품을 구매한다.

88 소비자의사결정에 대한 심리학적 접근에 대한 설명으로 가장 적합한 것은?

① 논리적 이론, 명확한 예측력을 제공한다.
② 예산선과 무차별곡선의 개념을 사용한다.
③ 효율곡선과 무차별곡선의 개념을 사용한다.
④ 소비자의 욕구, 동기 등을 강조한다.

89 서비스의 특성에 대한 설명으로 틀린 것은?

① 서비스는 재고형태로 보존할 수 없다.
② 서비스는 동질적이다.
③ 서비스 생산에는 고객이 참여하게 된다.
④ 서비스를 제공받기 전에는 서비스의 품질을 인식할 수 없다.

90 소비자정보 획득의 장애요인이 아닌 것은?

① 소비자정보의 불확실성
② 중립적 정보원천의 활성화
③ 소비자정보 처리능력의 한계
④ 소비자정보의 중요성에 대한 인식의 부족

91 **다음 설명 중 틀린 것은?**

① 구매의사결정 시 가족 간 영향에 관한 정보는 기업에게 있어서 매우 중요하다.
② 가족은 그 자체가 하나의 소비단위이다.
③ 소비자는 공식집단보다 비공식적인 집단으로부터 많은 영향을 받는다.
④ 부모가 자녀보다, 남편이 부인보다 구매의사결정에 상당한 결정권이 있다.

92 **소비자의사결정과정에서 대안 평가기준의 특성이 아닌 것은?**

① 평가기준은 제품유형과 소비자가 처한 상황에 따라 달라진다.
② 평가기준은 객관적일 수도 있고 주관적일 수도 있다.
③ 평가기준의 수는 일정하게 정해져 있다.
④ 평가기준은 제품 구매동기에 따라 다르게 작용한다.

93 **후기 자본주의사회에서 소비에 대한 설명으로 옳은 것은?**

① 소비자 사용가치를 의미한다.
② 인간의 소비욕구는 특정한 사물에 대한 욕구보다 이미지에 대한 욕구로 변하고 있다.
③ 소비자 사물에 대한 욕구를 충족시키는 것이다.
④ 소비란 개인적인 교환가치를 산출하는 것이다.

94 **시대변화에 따른 소비 의미의 변화와 관련한 내용으로 가장 거리가 먼 것은?**

① 전통사회에서는 존재실현을 위한 물품의 사용이 소비에 해당하며 사용가치를 창출하기 위한 것이었다.
② 전통사회에서의 교환은 다른 사람들의 사용가치를 충족시키기 위한 것이었다.
③ 산업자본주의사회에서 새롭게 제시된 소비의 의미는 기본적인 욕구충족을 위한 사회적 상호작용을 의미한다.
④ 후기 자본주의사회에서 소비는 이미지를 산출하는 것으로 자신을 타인과 구별하는 사회적 행위이다.

95 **한 가지 상품군을 방대하게 갖추고 할인점보다 훨씬 낮은 가격에 판매하는 점포의 유형은?**

① 카테고리 킬러(Category Killer)
② 쇼핑센터(Shopping Center)
③ 테마파크(Theme Park)
④ 전문점

96 **정보탐색을 많이 하는 경우와 가장 거리가 먼 것은?**

① 가계예산에서 상대적으로 비중이 큰 품목일 때
② 시간과 노력을 포함한 탐색비용이 적을 때
③ 일상적으로 자주 구입하는 품목일 때
④ 가격에서 기대되는 차이가 클 때

97 **소비자의사결정에 영향을 미치는 개인적 요인이 아닌 것은?**

① 지 식
② 개 성
③ 가 족
④ 라이프스타일

98 **광고의 부정적 기능 즉, 광고가 소비자에게 미치는 부정적인 영향이 아닌 것은?**

① 소비자윤리 악화
② 비합리적 소비행동 유발
③ 충동구매
④ 과잉구매 유도

99 **자동차, 가전제품 등과 같이 소비자가 제품을 사용한 후에만 제품의 품질이나 성능에 관한 정보를 얻을 수 있는 재화유형은?**

① 탐색재
② 경험재
③ 신용재
④ 정보재

100 **소비자의사결정에 영향을 미치는 요인 중 개인적 요인의 역할에 대한 설명으로 틀린 것은?**

① 소비자는 광고 등의 외부자극에 대해 자신이 필요로 하는 부분만 선택적으로 지각한다.
② 구매한 제품에 대한 소비자의 만족도가 높을수록 그 제품에 대한 학습은 긍정적으로 강화되며 반복구매의 가능성이 높아진다.
③ 합리적인 구매동기는 소비자 스스로 필요성을 인식하는 것보다 기업의 판매전략에 의해서 유발된다.
④ 소비자 자원은 일반적으로 소득과 시간으로 구성되며 구매 대체안 결정 시 예산제약 및 시간제약으로 작용하게 된다.

소비자전문상담사

PART 6

정답 및 해설

제1회 2021년 정답 및 해설

소비자전문상담사 Consumer Adviser Junior

2021년 제1회 정답 및 해설

01	02	03	04	05	06	07	08	09	10	11	12	13	14	15
②	②	④	④	②	②	②	③	④	①	②	③	④	①	③
16	17	18	19	20	21	22	23	24	25	26	27	28	29	30
④	④	②	②	③	③	정답 없음	④	④	④	④	①	④	④	③
31	32	33	34	35	36	37	38	39	40	41	42	43	44	45
③	②	④	②	②	④	①	①	③	①	②	③	③	④	④
46	47	48	49	50	51	52	53	54	55	56	57	58	59	60
①	①	①	①	①	③	②	③	①	②	③	④	②	①	④
61	62	63	64	65	66	67	68	69	70	71	72	73	74	75
③	③	②	①	③	②	④	②	①	③	①	②	①	③	④
76	77	78	79	80	81	82	83	84	85	86	87	88	89	90
②	④	①	②	①	③	②	①	③	④	②	②	④	④	②
91	92	93	94	95	96	97	98	99	100					
①	①	③	②	④	②	②	③	②	④					

제1과목 소비자상담 및 피해구제

01

② 국가 또는 지방자치단체는 등록소비자단체의 건전한 육성·발전을 위하여 필요하다고 인정될 때에는 보조금을 지급할 수 있다(소비자기본법 제32조).

02

② 구매 후 소비자 문제나 피해를 해결하기 위한 상담이 필요하다. 소비자의 불만 접수와 구제방법을 제시하는 것이 중요하지만, 무상으로 모든 것을 제공할 필요는 없다.

불만족한 소비자상담의 상담기법
- 소비자가 만족할 수 있는 방법 및 대체안 제시
- 소비자 불만에 대한 공감적 경청
- 개방형 질문
- 충분한 배려
- 전문기관 알선
- Yes, but 화법으로 말하기
- 미소와 낮은 목소리

04

④ 소비자와 사업자 간의 상호교섭에 의한 소비자피해 구제는 자율적 피해구제에 해당한다.

더 알아보기

피해구제는 소비자가 일상생활에서 제품서비스를 구매한 후 신체적·정신적·경제적 피해를 입었을 경우 해당 기업체와 소비자 간에 합의하여 해결하거나 합의가 되지 않을 경우 피해보상기준과 관련법규에 따라 합의권고(중재)하여 소비자피해를 금전적·물질적으로 구제해 주는 것이다.

05

② 기업 소비자상담실에서는 고객 관련 정보를 수집·분석하여 기업 경영에 반영하도록 하는 업무를 수행한다. 홍보 및 여론몰이는 해당 업무에 포함되지 않는다.

더 알아보기

소비자상담실의 업무내용

- 제품정보 및 각종 정보의 제공
- 소비자불만의 접수와 해결
- 소비자상담 자료의 정리·분석·보고
- 소비자만족도 조사
- 고객 관련 정보 수집 및 분석
- 고객관리와 사내·외 소비자교육
- 소비자단체·소비자정책의 동향 파악 및 대응책 마련

06

고객의 소리(VOC)의 운영절차

- 수집·분류 : 고객들로부터 다양한 건의사항이나 문제점을 받는 단계
- 처리 : 해당 문제나 건의사항을 해결하고 처리하는 단계
- 분석·활용 : 다양한 문제점이나 건의사항을 몇 개의 유형으로 나누는 단계
- 활성화 : 기존에 고객들로부터 받은 다양한 문제점이나 건의사항을 실제 기업경영 및 고객서비스에 적용하는 단계

07

② 소비자행동을 단순한, 호기심 많은, 합리적인, 표현적인 등의 유형으로 나누는 접근법은 심리학적 접근과 행동과학적 접근이다.

더 알아보기

의사결정이론 중 행동과학적 접근

- 행동주의적 접근방법은 인구증감, 사회환경, 상황변수, 심리적 변화, 정보처리과정, 의사결정과정 등 인문사회과학의 여러 개념을 종합적으로 통합·발전시켜 소비자의 행동패턴에 관한 모델을 도출하는 이론이다.
- 소비자 선택을 행동주의적 관점으로 파악한 이론에는 하워드-셰드(Howard-Sheth) 모델, 니코시아(Nicosia) 모델, 엥겔(Engel) 모델, 소비자정보처리 모델, 쾌락적·경험적 모델 등이 있다.
- 행동적 관점의 소비자 심리의 특성과 행동의 패턴연구로서 행동모델이 도출되는 이론이다.

08

1372 소비자상담센터는 전국 단일 상담 대표번호(국번 없이 1372)를 이용하여 전국에 소재한 상담기관들을 네트워크화하여 소비자가 전화를 걸면 신속한 전화연결로 상담 편의성을 높였다. 모범상담 답변과 상담정보 관리를 통해 질 높은 상담서비스 및 정보를 제공한다. 내용증명우편제도 및 인터넷을 이용한 24시간 상담접수 서비스(www.ccn.go.kr)도 실시하고 있다.

09

④ 구매 후 상담에 관한 설명이다.

더 알아보기

구매 전 소비자상담의 주요내용

- 대체안의 제시와 특성의 비교
- 가격과 판매방법에 관한 정보제공
- 대체안 평가방법에 대한 정보제공
- 다양한 구매방법에 대한 정보제공
- 사용방법·관리방법에 대한 정보제공
- 소비자교육 프로그램 운영·구매 시 상담
- 소비자의 구매계획과 예산·목표 파악
- 효과적인 대화과정 조절
- 구매대안 제시
- 구매결정과 계약서 작성·구매 후 상담
- 불만처리
- 피해구제
- 기타 상담

10

소비자상담을 진행하면서 자연스럽게 소비자가 인식하고 있는 문제와 원하는 해결책을 이야기할 수 있도록 유도하는 방법을 의견구하기 기법이라고 한다.

더 알아보기

상담기술

- 말하기를 통한 상담기술
  - 질문과 답변을 하는 데 있어 간결하고 정확하게 질문해야 한다.
  - 높고 낮은 억양으로 소비자의 의견에 공감하는 태도를 취한다.
  - 소비자가 사용하는 언어수준으로 대화를 하는 것이 좋으며 긍정적인 단어를 많이 사용하고 부정적인 언어는 삼가야 한다.
  - 대화는 상대를 존중하는 경어를 사용하고 소비자가 자연스럽게 대화를 풀어갈 수 있도록 유도한다.
  - 표준말을 사용하고 명확하게 발음하면서 대화하고 음성의 크기와 고저를 상황에 맞추어 사용한다.
- 효과적인 경청
  - 상대의 말을 경청하고 있다는 것을 행동으로 표시를 해주면서 대화한다.
  - 소비자의 말을 기초로 해서 이를 소비자가 말한 것을 기초로 상담사가 부연해서 설명하는 것이 좋다.
  - 소비자 말의 의미를 파악하여 이를 대화에 반영하도록 한다.
  - 열린 자세로 소비자의 말을 들으면서 소비자가 상담자에게 호감을 갖도록 한다.
  - 소비자의 말에 반박하지 말고 최대한 그 의견들을 수용하도록 한다.

11

② 구매 시 상담에 관한 설명이다.

더 알아보기

구매단계별 소비자상담의 의의

- 구매 전 상담 : 소비자들에게 기업과 제품정보 · 구매방법 등을 조언하여 소비자들이 합리적으로 제품과 서비스를 구매할 수 있도록 돕는다. 소비자에게 정보와 조언을 제공하고 소비자의 제품구매나 문제해결을 도움으로써 궁극적으로 판매증대의 효과를 가져올 수 있는 것이며, 직접적으로 구매를 권유하는 것은 아니다.
- 구매 시 상담 : 소비자가 상점을 찾을 때 소비자와 직접 접촉하여 정보를 제공하고 설득하여 구체적으로 소비자의 욕구와 기대에 맞는 상품과 상표를 선택할 수 있도록 도와주는 일이다.
- 구매 후 상담 : 소비자가 재화와 서비스를 사용하고 이용하는 과정에서 소비자의 욕구와 기대에 어긋났을 때 발생하는 모든 일들을 도와주는 상담을 말한다.

12

③ 사업자는 물품 등의 판매 시 품질보증기간, 부품보유기간, 수리 · 교환 · 환급 등 보상방법, 그 밖의 품질보증에 관한 사항을 표시한 품질보증서를 교부하거나 그 내용을 물품 등에 표시하여야 한다.

더 알아보기

소비자분쟁해결기준에는 대상품목, 품목별 분쟁해결기준, 품목별 품질보증기간 및 부품보유기간, 품목별 내용연수표 등이 각각 별표로 첨부되어 있다.

13

④ 품질보증기간은 감가상각을 구하는 공식에 들어가지 않는다.

더 알아보기

감가상각방법(소비자분쟁해결기준 별표 II 참조)

- 정액법에 의하되 내용연수(월할계산)를 적용한다.
- 감가상각비 계산은 (사용연수/내용연수) × 구입가(필수제비용 포함 : 등록세, 취득세, 교육세, 번호판대 등)로 한다.
- 감가상각한 잔여금의 계산은 구입가 − 감가상각비이다.

14

전화상담에서 소비자상담사가 부재중인 경우 불가피한 상황에서 소비자상담사가 자리에 없음을 알려 소비자가 평정을 유지할 수 있도록 유도하는 것이 중요하다.

더 알아보기

전화상담의 상담기술

- 목소리 톤에 변화를 주어 소비자의 관심을 유도하고 상담에 집중시킨다.
- 메시지가 정확하게 전달되도록 말의 속도에 유의하여야 한다.
- 상대방이 화가 나 있을 경우에 적당한 음량과 차분한 어조로 대화를 하여 화내는 소비자가 평정을 찾을 수 있도록 유도하는 것이 좋다.
- 정확한 메시지 전달을 위하여 정확한 발성을 하는 것이 필요하다.
- 소비자의 말을 듣는 것에 신경을 집중시켜야 한다. 상담자가 말을 많이 하기보다는 소비자가 말을 많이 하도록 배려한다.

• 소비자가 자신의 말을 경청하고 있음을 인식시킨다.
• 소비자로부터 받은 중요한 용건이나 숫자를 복창하여 소비자에게 확인을 시켜주어야 한다.

15

언어적 요소만으로 의사소통을 하는 것보다는 상담자와 눈을 마주치거나 손짓이나 표정 등 비언어적 요소를 활용하여 상담하는 경우에 상담효과를 극대화할 수 있다.

더 알아보기

비언어적 의사소통의 유형

• 신체 각 부위를 통한 비언어적 의사소통 : 눈 마주침, 눈, 피부, 자세, 얼굴표정, 손과 팔, 자아징벌적 행위, 반복적 행위, 신호나 명령, 접촉, 성적 표현 등
• 음성을 통한 비언어적 의사소통 : 음조의 음색, 말의 속도, 음성의 강도, 말씨 등
• 환경을 통한 비언어적 의사소통 : 거리, 물리적 환경 구성, 의복, 실내에서의 위치 등
• 사건을 통한 비언어적 의사소통 : 지속시간, 시간의 양 등

16

④ 기업 소비자상담실에서는 고객들에 대한 지속적인 관리를 통하여 시장의 수요를 유지하고, 차별적인 고객 관리전략을 통하여 시장의 수요를 개발하는 역할을 담당한다. 따라서 소비자가 문제를 제기할 때 주의깊게 경청하고 있음을 알리고 공감하며, 이후 불만을 제기한 부분에 대해 적절한 해결방안 및 대안을 제시하는 것이 적절하다.

더 알아보기

기업에서 소비자상담실을 운영하는 목적은 소비자상담을 통해 고객만족경영을 실현하기 위함이다. 기업은 다음의 내용들을 통해 고객만족경영을 실현할 수 있다.

• 소비자상담을 통하여 고객의 불만을 신속하게 처리한다.
• 고객의 불만을 데이터베이스화하여 분석·평가하여 피드백시킴으로써 제품의 질을 제고한다.
• 불만을 가진 고객과의 긍정적인 의사소통을 통하여 분쟁을 회피 또는 최소화하고, 이를 통해 고정고객을 획득하고 유지한다.
• 고객의 소리를 체계적으로 경청함으로써 아이디어를 얻고, 고객정보를 회사의 소중한 자원으로 여긴다.

17

시정조치(표시·광고의 공정화에 관한 법률 제7조)
공정거래위원회는 사업자 등이 부당한 표시·광고 행위를 하는 경우에는 그 사업자 등에 대하여 그 시정을 위한 다음의 조치를 명할 수 있다.

• 해당 위반행위의 중지
• 시정명령을 받은 사실의 공표
• 정정광고
• 그 밖에 위반행위의 시정을 위하여 필요한 조치

손해배상책임(표시·광고의 공정화에 관한 법률 제10조)
사업자 등은 부당한 표시·광고 행위를 함으로써 피해를 입은 자가 있는 경우에는 그 피해자에 대하여 손해배상의 책임을 진다. 손해배상의 책임을 지는 사업자 등은 고의 또는 과실이 없음을 들어 그 피해자에 대한 책임을 면할 수 없다.

18

구매 시 상담원에게 요구되는 능력

• 업계의 동향 및 일반경제와 상품의 유통에 관한 일반적 지식
• 상품에 관한 지식
• 상품시장에 대한 지식
• 소비자의 구매심리에 대한 지식

19

② 다음의 사람은 약관 조항이 법에 위반되는지 여부에 관한 심사를 공정거래위원회에 청구할 수 있다(약관의 규제에 관한 법률 제19조).
  • 약관의 조항과 관련하여 법률상의 이익이 있는 자
  • 소비자기본법에 따라 등록된 소비자단체
  • 소비자기본법에 따라 설립된 한국소비자원
  • 사업자단체

20

③ 사용자가 품질보증기간 경과 후 수리 의뢰한 제품을 사업자가 분실했을 경우 정액감가상각한 금액을 10%를 가산하여 환급한다. 최고한도는 구입가격이다.

21

③ 소비자와 전화모니터링을 하는 경우 주로 듣기와 말하기 기법을 익히는 것이 중요하다. 또한 다른 매체별 상담과 달리 전화상담만의 단계별 상담전략이 존재하므로 이를 따로 숙지하는 것이 중요하다. 비언어적 의사소통 기법은 주로 표정이나 몸짓으로 이루어지므로 전화모니터링 교육프로그램의 내용으로는 적절하지 않다.

22

해당 법령은 보험업법 제102조의4에 해당되는 내용으로 2021년 3월 25일에 삭제되었다.

23

소비자의 항변권(할부거래에 관한 법률 제16조)

- 할부계약이 불성립·무효인 경우
- 할부계약이 취소·해제 또는 해지된 경우
- 재화 등의 전부 또는 일부가 재화 등의 공급 시기까지 소비자에게 공급되지 아니한 경우
- 할부거래업자가 하자담보책임을 이행하지 아니한 경우
- 그 밖에 할부거래업자의 채무불이행으로 인하여 할부계약의 목적을 달성할 수 없는 경우
- 다른 법률에 따라 정당하게 청약을 철회한 경우

24

효과적인 경청방법

- 적극적으로 경청한다.
- 인식하면서 경청한다.
- 가끔 눈맞춤을 유지한다.
- 몸을 소비자 쪽으로 기울인다.
- 소비자의 말에 고개를 끄덕이거나 바꿔 말하면서 관심을 보인다.
- 명료화하고 피드백하는 방법으로 상담한다.
- 화가 나거나 기분이 나쁘더라도 상대방과의 대화에 성의를 보인다.

25

④ 기업 소비자상담실에서는 고객 관련 정보를 수집·분석하여 기업 경영에 반영하도록 하는 업무를 수행한다. 따라서 출판물 발간을 위한 체계 구축은 필수조건에 해당되지 않는다.

제 2과목 소비자관련법

26

권리의 일부가 타인에게 속한 경우와 매도인의 담보책임(민법 제572조)

매매의 목적이 된 권리의 일부가 타인에게 속함으로 인하여 매도인이 그 권리를 취득하여 매수인에게 이전할 수 없는 때에는 매수인은 그 부분의 비율로 대금의 감액을 청구할 수 있다(②). 잔존한 부분만이면 매수인이 이를 매수하지 아니하였을 때에는 선의의 매수인은 계약전부를 해제할 수 있다(①). 선의의 매수인은 감액청구 또는 계약해제 외에 손해배상을 청구할 수 있다(③).

27

신용카드회원과 신용카드가맹점 간의 간접할부계약의 필수 표시사항(할부거래에 관한 법률 제5조)

- 재화 등의 종류 및 내용
- 현금가격
- 할부수수료의 실제연간요율

28

중대한 결함의 내용을 보고하여야 할 사업자(소비자기본법 제47조 제3항)

- 물품 등을 제조·수입 또는 제공하는 자
- 물품에 성명·상호 그 밖에 식별 가능한 기호 등을 부착함으로써 자신을 제조자로 표시한 자
- 유통산업발전법에 따른 대규모점포 중 대통령령이 정하는 대규모점포를 설치하여 운영하는 자
- 그 밖에 소비자의 생명·신체 및 재산에 위해를 끼치거나 끼칠 우려가 있는 물품 등을 제조·수입·판매 또는 제공하는 자로서 대통령령이 정하는 자

29

적용제외(할부거래에 관한 법률 제3조 및 동법 시행령 제4조 참조)

- 사업자가 상행위를 위하여 재화 등의 공급을 받는 거래. 다만, 사업자가 사실상 소비자와 같은 지위에서 다른 소비자와 같은 거래조건으로 거래하는 경우는 적용한다.
- 성질상 이 법을 적용하는 것이 적합하지 아니한 것으로서 대통령령으로 정하는 다음 재화 등의 거래
  - 농산물 · 수산물 · 축산물 · 임산물 · 광산물로서 통계법에 따라 작성한 한국표준산업분류표상의 제조업에 의하여 생산되지 아니한 것
  - 약사법에 따른 의약품
  - 보험업법에 따른 보험
  - 자본시장과 금융투자업에 관한 법률에 따른 증권 및 어음
  - 부동산

30

③ 전자상거래 또는 통신판매에서의 소비자보호에 관하여 이 법과 다른 법률이 경합하는 경우에는 이 법을 우선 적용한다. 다만, 다른 법률을 적용하는 것이 소비자에게 유리한 경우에는 그 법을 적용한다(전자상거래 등에서의 소비자보호에 관한 법률 제4조).

31

소비자의 항변권(할부거래에 관한 법률 제16조 제1항)
소비자는 다음의 어느 하나에 해당하는 사유가 있는 경우에는 할부거래업자에게 그 할부금의 지급을 거절할 수 있다.

- 할부계약이 불성립 · 무효인 경우
- 할부계약이 취소 · 해제 또는 해지된 경우
- 재화 등의 전부 또는 일부가 재화 등의 공급시기까지 소비자에게 공급되지 아니한 경우
- 할부거래업자가 하자담보책임을 이행하지 아니한 경우
- 그 밖에 할부거래업자의 채무불이행으로 인하여 할부계약의 목적을 달성할 수 없는 경우
- 다른 법률에 따라 정당하게 청약을 철회한 경우

32

사행적 판매원 확장행위 등의 금지(방문판매 등에 관한 법률 제24조 제1항)

- 재화 등의 거래 없이 금전거래를 하거나 재화 등의 거래를 가장하여 사실상 금전거래만을 하는 행위로서 다음에 해당하는 행위
  - 판매원에게 재화 등을 그 취득가격이나 시장가격보다 10배 이상과 같이 현저히 높은 가격으로 판매하면서 후원수당을 지급하는 행위
  - 판매원과 재화 등의 판매계약을 체결한 후 그에 상당하는 재화 등을 정당한 사유 없이 공급하지 아니하면서 후원수당을 지급하는 행위
  - 그 밖에 판매업자의 재화 등의 공급능력, 소비자에 대한 재화 등의 공급실적, 판매업자와 소비자 사이의 재화 등의 공급계약이나 판매계약, 후원수당의 지급조건 등에 비추어 그 거래의 실질이 사실상 금전거래인 행위
- 판매원 또는 판매원이 되려는 자에게 하위판매원 모집 자체에 대하여 경제적 이익을 지급하거나 정당한 사유 없이 후원수당 외의 경제적 이익을 지급하는 행위
- 후원수당의 지급을 약속하여 판매원을 모집하거나 가입을 권유하는 행위
- 판매원 또는 판매원이 되려는 자에게 가입비, 판매 보조 물품, 개인 할당 판매액, 교육비 등 그 명칭이나 형태와 상관없이 10만원 이하로서 대통령령으로 정하는 수준을 초과한 비용 또는 그 밖의 금품을 징수하는 등 의무를 부과하는 행위
- 판매원에 대하여 상품권을 판매하는 행위로서 판매업자가 소비자에게 판매한 상품권을 다시 매입하거나 다른 자로 하여금 매입하도록 하는 행위 혹은 발행자 등의 재화 등의 공급능력, 소비자에 대한 재화 등의 공급실적, 상품권의 발행규모 등에 비추어 그 실질이 재화 등의 거래를 위한 것으로 볼 수 없는 수준의 후원수당을 지급하는 행위
- 사회적인 관계 등을 이용하여 다른 사람에게 판매원으로 등록하도록 강요하거나 재화 등을 구매하도록 강요하는 행위
- 판매원 또는 판매원이 되려는 사람에게 본인의 의사에 반하여 교육 · 합숙 등을 강요하는 행위
- 판매원을 모집하기 위한 것이라는 목적을 명확하게 밝히지 아니하고 취업 · 부업 알선, 설명회, 교육회 등을 거짓 명목으로 내세워 유인하는 행위

33

시정조치(전자상거래 등에서의 소비자보호에 관한 법률 제32조 제2항)
- 해당 위반행위의 중지
- 이 법에 규정된 의무의 이행
- 시정조치를 받은 사실의 공표
- 소비자피해 예방 및 구제에 필요한 조치
- 그 밖에 위반행위의 시정을 위하여 필요한 조치

34

수거 · 파기 등의 권고 등(소비자기본법 제49조)
- 중앙행정기관의 장은 사업자가 제공한 물품 등의 결함으로 인하여 소비자의 생명 · 신체 또는 재산에 위해를 끼치거나 끼칠 우려가 있다고 인정되는 경우에는 그 사업자에 대하여 당해 물품 등의 수거 · 파기 · 수리 · 교환 · 환급 또는 제조 · 수입 · 판매 · 제공의 금지 그 밖의 필요한 조치를 권고할 수 있다.
- 권고를 받은 사업자는 그 권고의 수락 여부를 소관 중앙행정기관의 장에게 통지하여야 한다.
- 사업자는 권고를 수락한 경우에는 대통령령이 정하는 바에 따라 조치를 취하여야 한다.
- 중앙행정기관의 장은 권고를 받은 사업자가 정당한 사유 없이 그 권고를 따르지 아니하는 때에는 사업자가 권고를 받은 사실을 공표할 수 있다.
- 권고, 권고의 수락 및 공표의 절차에 관하여 필요한 사항은 대통령령으로 정한다.

35

고객에게 상당한 기한 내에 의사표시를 하지 아니하면 의사표시가 표명되거나 표명되지 아니한 것으로 본다는 뜻을 명확하게 따로 고지한 경우이거나 부득이한 사유로 그러한 고지를 할 수 없는 경우에는 무효로 보지 아니하다(약관의 규제에 관한 법률 제12조).

36

상대방과 통정한 허위의 의사표시는 무효로 한다. 전항의 의사표시의 무효는 선의의 제3자에게 대항하지 못한다(민법 제108조). 따라서 절대적 무효에 해당된다고 볼 수 없다.

37

약관의 작성 및 설명의무 등(약관의 규제에 관한 법률 제3조 제2항)
사업자는 계약을 체결할 때에는 고객에게 약관의 내용을 계약의 종류에 따라 일반적으로 예상되는 방법으로 분명하게 밝히고 고객이 요구할 경우 그 약관의 사본을 고객에게 내주어 고객이 약관의 내용을 알 수 있게 하여야 한다. 다만, 다음의 어느 하나에 해당하는 업종의 약관에 대하여는 그러하지 아니하다.
- 여객운송업
- 전기 · 가스 및 수도사업
- 우편업
- 공중전화 서비스 제공 통신업

38

표준약관(약관의 규제에 관한 법률 제19조의3 제3항)
공정거래위원회는 다음의 어느 하나에 해당하는 경우에 사업자 및 사업자단체에 대하여 표준이 될 약관의 제정 · 개정안을 마련하여 심사 청구할 것을 권고할 수 있다.
- 소비자단체 등의 요청이 있는 경우
- 일정한 거래 분야에서 여러 고객에게 피해가 발생하거나 발생할 우려가 있는 경우에 관련 상황을 조사하여 약관이 없거나 불공정약관조항이 있는 경우
- 법률의 제정 · 개정 · 폐지 등으로 약관을 정비할 필요가 발생한 경우

39

중요정보의 고시 및 통합공고(표시 · 광고의 공정화에 관한 법률 제4조)
- 표시 · 광고를 하지 아니하여 소비자 피해가 자주 발생하는 사항
- 표시 · 광고를 하지 아니하면 다음의 어느 하나에 해당하는 경우가 생길 우려가 있는 사항
  - 소비자가 상품 등의 중대한 결함이나 기능상의 한계 등을 정확히 알지 못하여 구매 선택을 하는 데에 결정적인 영향을 미치게 되는 경우
  - 소비자의 생명 · 신체 또는 재산에 위해를 끼칠 가능성이 있는 경우
  - 그 밖에 소비자의 합리적인 선택을 현저히 그르칠 가능성이 있거나 공정한 거래질서를 현저히 해치는 경우

40

목적(소비자기본법 제1조)
소비자의 권익을 증진하기 위하여 소비자의 권리와 책무, 국가·지방자치단체 및 사업자의 책무, 소비자단체의 역할 및 자유시장경제에서 소비자와 사업자 사이의 관계를 규정함과 아울러 소비자정책의 종합적 추진을 위한 기본적인 사항을 규정함으로써 소비생활의 향상과 국민경제의 발전에 이바지함을 목적으로 한다.

41

전자적 대금지급의 신뢰 확보(전자상거래 등에서의 소비자보호에 관한 법률 제8조)

- 사업자가 대통령령으로 정하는 전자적 수단에 의한 거래대금의 지급(전자적 대금지급이라 한다)방법을 이용하는 경우 사업자와 전자결제수단 발행자, 전자결제서비스 제공자 등 대통령령으로 정하는 전자적 대금지급 관련자(전자결제업자 등이라 한다)는 관련 정보의 보안 유지에 필요한 조치를 하여야 한다.
- 사업자와 전자결제업자 등은 전자적 대금지급이 이루어지는 경우 소비자의 청약의사가 진정한 의사 표시에 의한 것인지를 확인하기 위하여 재화 등의 내용 및 종류, 재화 등의 가격, 용역의 제공기간에 대하여 명확히 고지하고, 고지한 사항에 대한 소비자의 확인절차를 대통령령으로 정하는 바에 따라 마련하여야 한다.
- 사업자와 전자결제업자 등은 전자적 대금지급이 이루어진 경우에는 전자문서의 송신 등 총리령으로 정하는 방법으로 소비자에게 그 사실을 알리고, 언제든지 소비자가 전자적 대금지급과 관련한 자료를 열람할 수 있게 하여야 한다.
- 사이버몰에서 사용되는 전자적 대금지급 방법으로서 재화 등을 구입·이용하기 위하여 미리 대가를 지불하는 방식의 결제수단의 발행자는 총리령으로 정하는 바에 따라 그 결제수단의 신뢰도 확인과 관련된 사항, 사용상의 제한이나 그 밖의 주의사항 등을 표시하거나 고지하여야 한다.
- 사업자와 소비자 사이에 전자적 대금지급과 관련하여 다툼이 있는 경우 전자결제업자 등은 대금지급 관련 정보의 열람을 허용하는 등 대통령령으로 정하는 바에 따라 그 분쟁의 해결에 협조하여야 한다.

42

③ 단체소송을 허가하거나 불허가하는 결정에 대하여는 즉시 항고할 수 있다.

43

재화 등의 공급 등(전자상거래 등에서의 소비자보호에 관한 법률 제15조)
통신판매업자는 소비자가 청약을 한 날부터 7일 이내에 재화 등의 공급에 필요한 조치를 하여야 하고, 소비자가 재화 등을 공급받기 전에 미리 재화 등의 대금을 전부 또는 일부 지급하는 통신판매(선지급식 통신판매라 한다)의 경우에는 소비자가 그 대금을 전부 또는 일부 지급한 날부터 3영업일 이내에 재화 등의 공급을 위하여 필요한 조치를 하여야 한다.

44

변경을 가한 승낙(민법 제534조)
승낙자가 청약에 대하여 조건을 붙이거나 변경을 가하여 승낙한 때에는 그 청약의 거절과 동시에 새로 청약한 것으로 본다.

45

제조물 책임(제조물 책임법 제3조 제2항)
제조업자가 제조물의 결함을 알면서도 그 결함에 대하여 필요한 조치를 취하지 아니한 결과로 생명 또는 신체에 중대한 손해를 입은 자가 있는 경우에는 그 자에게 발생한 손해의 3배를 넘지 아니하는 범위에서 배상책임을 진다. 이 경우 법원은 배상액을 정할 때 다음 사항을 고려하여야 한다.

- 고의성의 정도
- 해당 제조물의 결함으로 인하여 발생한 손해의 정도
- 해당 제조물의 공급으로 인하여 제조업자가 취득한 경제적 이익
- 해당 제조물의 결함으로 인하여 제조업자가 형사처벌 또는 행정처분을 받은 경우 그 형사처벌 또는 행정처분의 정도
- 해당 제조물의 공급이 지속된 기간 및 공급 규모
- 제조업자의 재산상태
- 제조업자가 피해구제를 위하여 노력한 정도

46

목적(방문판매 등에 관한 법률 제1조)

이 법은 방문판매, 전화권유판매, 다단계판매, 후원방문판매, 계속거래 및 사업권유거래 등에 의한 재화 또는 용역의 공정한 거래에 관한 사항을 규정함으로써 소비자의 권익을 보호하고 시장의 신뢰도를 높여 국민경제의 건전한 발전에 이바지함을 목적으로 한다.

47

손해배상책임(표시·광고의 공정화에 관한 법률 제10조)

사업자 등은 부당한 표시·광고 행위를 함으로써 피해를 입은 자가 있는 경우에는 그 피해자에 대하여 손해배상의 책임을 진다. 손해배상의 책임을 지는 사업자 등은 고의 또는 과실이 없음을 들어 그 피해자에 대한 책임을 면할 수 없다.

48

공정거래위원회는 부당한 표시·광고 행위를 한 사업자 등에 대하여는 대통령령으로 정하는 매출액(대통령령으로 정하는 사업자의 경우에는 영업수익을 말한다)에 100분의 2를 곱한 금액을 초과하지 아니하는 범위에서 과징금을 부과할 수 있다. 다만, 그 위반행위를 한 자가 매출액이 없거나 매출액을 산정하기 곤란한 경우로서 대통령령으로 정하는 사업자 등인 경우에는 5억원을 초과하지 아니하는 범위에서 과징금을 부과할 수 있다(표시·광고의 공정화에 관한 법률 제9조 제1항).

49

거래유형별 청약철회기한

- 통신판매 7일
- 선불식 할부거래 14일
- 방문판매 14일
- 전자상거래 30일

50

소비자의 기한의 이익 상실(할부거래에 관한 법률 제13조 제1항)

- 할부금을 다음 지급기일까지 연속하여 2회 이상 지급하지 아니하고 그 지급하지 아니한 금액이 할부가격의 100분의 10을 초과하는 경우
- 국내에서 할부금 채무이행 보증이 어려운 경우로서 대통령령으로 정하는 경우
  - 생업에 종사하기 위하여 외국에 이주하는 경우
  - 외국인과의 혼인 및 연고관계로 인하여 외국에 이주하는 경우

제3과목 소비자교육 및 정보제공

51

교육수준이 낮은 소비자에 대한 소비자교육방법은 상호신뢰를 바탕으로 비교적 단순하고 쉬운 내용으로 시각·청각적 자료를 적절히 배합하여 자료에 대한 소비자의 흥미를 유발할 수 있어야 한다.

52

소비자들은 구매력을 가지고 기업들의 주요 의사결정 사항인 가격, 품질 등의 결정에 영향을 미치게 되는데 이 같은 권한이 실현되는 경우 소비자주권이 실현된 것이라 한다.

53

한국소비자원 홈페이지에서는 소비자 법령, 피해구제 절차, 분야별 위해정보 등 다양한 소비자정보를 제공한다. 하지만 안티사이트는 따로 제공하지 않는다.

54

소비자정보 평가기준의 유형으로 적합성(적절성), 정확성(명료성), 적시성, 관련성, 진실성(신뢰성), 검증가능성, 최신성, 의사소통의 명확성을 들 수 있다.

55

소비자정보관리의 과정

- 전략의 수립 : 기업이 고객관계에 효과적으로 활용하기 위해 고객정보의 필요성을 느끼게 되면 고객정보 수집을 위한 정보가 필요한데 여기에는 기존의 사실, 현재의 시장상황, 고객의 욕구, 경쟁적인 위협에 대한 이해와 기업의 미래에 대한 기대를 결합한 것으로 미래지향적인 정보를 포함한다.
- 노력의 집중 : 고객정보 전략이 세워졌으면 비용보다 이익이 크거나 거의 같은 한도 내에서 고객을 알기 위한 노력의 집중이 요구된다.
- 정보의 생성 : 노력을 통해 수집된 고객에 관한 정보를 기업의 활동이나 다양한 목적에 맞는 자료로 만드는 것을 정보의 생성이라 한다.

• 정보의 축적과 공유 : 생성된 고객정보는 정보시스템 등에 축적하였다가 필요한 때 적절하게 사용할 수 있도록 하는 것이 필요하다.
• 정보의 활용 : 축적된 고객정보는 고객의 불만처리 뿐 아니라 새로운 제품의 개발, 제품판매, 더 나아가서는 고객서비스에서도 활용되어 고객만족을 향상시키는 데 기여할 때에 비로소 그 정보는 가치가 있는 것이다.

56

소비자안전교육 시 고려사항
• 대상과 목표를 분명히 한다.
• 소비자안전규제와 병행되어야 한다.
• 모든 연령집단을 대상으로 실시해야 한다.
• 예방적 차원의 교육이 중요하다.
• 환경교육과 관련을 가지고 교육해야 한다.

57

소비자단체를 통한 소비자 고발의 상담 및 처리는 소비자들이 스스로의 권익보호를 위해 자주적으로 결성된 단체에 잘못된 상품서비스 제도 등에 대한 상담 및 도움을 요청하고 소비자단체가 소비자문제에 여론을 조성하여 해당 기업에 적극적으로 시정을 요구한다.

58

소비자정보의 특성
• 적시성 : 소비자가 정보를 필요로 할 때에 짧은 시간에 얻을 수 있고 구매의사결정에 도움이 될 만한 최근의 정보를 얻어낼 수 있어야 한다.
• 신뢰성 : 정보가 사실에 근거한 것으로 정확한 것이어야 하고 의도적이든 비의도적이든 왜곡하거나 편파적으로 제공해서는 안 된다.
• 의사소통의 명확성 : 정보가 명확하고 쉽게 이해될 수 있으며 정보제공자와 소비자 간에 명확한 의사전달이 이루어져야 한다.
• 경제성 : 정보획득에 드는 비용에 관한 것으로 적은 비용으로 획득이 가능해야 한다.
• 접근가능성 : 필요로 할 때 획득이 가능해야 하고 누구든지 획득할 수 있어야 한다.
• 저장가능성 : 보관해 두었다가 필요할 때 다시 사용할 수 있으며 재사용 시 처음과 같은 효용을 얻을 수 있어야 한다.

59

화폐투표는 민주주의 사회의 시민이 투표권을 행사하듯이, 자유시장 경제하의 소비자가 자신이 좋아하는 브랜드나 회사의 제품을 선택하고, 부도덕하거나 불공정한 행위를 일삼는 회사의 제품은 불매하는 것이다. 이런 화폐투표의 영향력은 소비자주권으로 직결된다.

60

소비자사회화란 개인이 소비자역할을 수행하는 데에 필요한 소비자능력(지식 · 기능 · 태도 등)을 학습하는 과정으로서, 부모 · 동료집단 · 대중매체 · 학교(교육기관)의 영향에 의해 이루어진다. 대개 연령이 증가하면서 부모보다는 대중매체 · 동료집단 · 학교의 영향을 많이 받게 된다.

61

관찰법은 조사대상인 개인 또는 사회집단의 행동이나 사회현상을 현장에서 직접 보거나 들어서 필요한 정보나 상황을 정확히 알아내려는 방법이다. 따라서 의사소통이 어려운 응답자를 대상으로 소비자 조사방법을 실시하기에 적절하다.

62

디지털사회에서 소비자가 자신의 다양한 욕구와 욕망을 충족시키기 위해서는 매우 다양한 제품과 서비스를 필요로 한다. 그 결과 다양하고 광범위한 거래를 해야 하는 소비자는 제한된 범위의 제품과 서비스에서 전문성과 조직력을 발휘하는 사업자에 비해 매우 비전문적인 입장이 되고, 정보의 양과 질, 공유 정도에 따라 소비자 간의 격차가 생기게 된다. 뿐만 아니라 급속한 기술혁신으로 과다한 정보가 쏟아지면서 결함이 있는 정보 역시 늘어나고 이로 인한 피해가 발생한다. 통신망을 이용해 누구나 쉽게 정보를 전송하고 활용할 수 있는 멀티미디어 위주의 매체가 영향력을 가지나 이를 악용한 신종 범죄도 발생한다.

63

② 단위당 가격표시에 해당한다. 즉, 객관적 소비자정보에 포함된다.

64

교육내용설계 시 고려해야 할 원리(타일러, 1949)

- 계속성 : 학습경험의 수직적 조직에 요구되는 원리로서 중요한 경험요소가 어느 정도 계속해서 반복되도록 조직하는 것이다.
- 계열성 : 학습경험의 수직적 조직에 요구되는 원리로서 계속성과 관계가 있기는 하지만 학습내용의 단순한 반복이 아니라 점차로 경험의 수준을 높여서 더욱 깊이 있고 다양한 학습경험을 할 수 있도록 조직하는 것이다.
  - 단순함 → 복잡함
  - 구체적 → 개념적
  - 부분 → 전체
- 통합성 : 학습경험의 수평적 조직에 요구되는 원리로 각 학습경험을 제각기 단편적으로 구획하는 것이 아니라 횡적으로 상호보충·보강되도록 조직해야 학습효과를 높일 수 있으며 종합적이고 전체적인 안목을 가질 수 있다.

여러 소비자교육 프로그램의 내용이 중복되거나 누락될 수 있고, 교육내용의 불균형이나 상반된 가치를 전달하는 프로그램이 될 수 있으므로 유의해야 한다.

65

소비자교육 프로그램 내용의 선정준거

- 합목적성(목표의 일관성)
- 수준의 적절성, 흥미성 및 참신성
- 현실성 및 지도 가능성
- 일목적 다경험과 일경험 다목적 원리
- 교육적 효용성 및 실효성

66

소비자교육 프로그램의 목적과 목표

- 프로그램의 계획과정에서 목적과 목표가 혼동되는 경우가 있으나 엄밀한 의미에서 목적과 목표는 다르다.
- 프로그램의 일반 목적은 최종적으로 도달하여야 할 장기적이고 광범위한 교육활동의 방향성을 제시하는 것이다.
- 프로그램의 목표는 목적을 달성하기 위하여 단계별로 성취하여야 할 단기간의 소범위 교육활동을 의미한다.
- 목표는 수업의 절차나 방법을 기술하는 것이 아니라 의도한 결과를 진술해야 한다.

더 알아보기

소비자교육 프로그램의 설계와 실제

- 소비자의 특성 및 학습능력분석 : 소비자의 수준, 흥미 및 배경 조사
- 수업목표진술
  - 교육프로그램의 목표를 진술, 교육프로그램을 통해 도달하고자 하는 목표지점을 제시
  - 교육대상인 소비자가 중심, 성취수준의 하한선 명시
- 교수방법, 매체, 자료의 선정
  - 각종 자료, 관련인사의 소개 및 서평을 참고하여 교수매체를 대여 및 구매함
  - 교육대상자의 수준과 선호를 고려하여 교수방법, 매체, 자료를 선정하고 교육프로그램의 대상자 또는 교육프로그램에 참가하는 소비자의 일상생활에서 얻을 수 있는 자료를 활용하는 것은 교육프로그램의 효과를 높일 수 있는 방법
- 선정한 매체와 자료의 활용
  - 교재를 활용하기 전에 사전시사를 하고 프레젠테이션 연습을 함
  - 교육자는 가능하면 교육에서 제시될 내용, 용어 및 목표를 소비자들에게 미리 제공하여 동기를 유발시키고 쇼맨십을 발휘하여 교육내용을 효과적으로 제시
- 학습자의 참여요구 : 교육대상인 소비자와의 관계를 형성하고 소비자들의 교육참여를 요구
- 평가 및 수정 : 교육프로그램을 수행한 후에 비교, 평가하여 교육프로그램을 수정함. 이미 수행된 교육프로그램을 평가함으로써 프로그램의 계획, 개선, 정당화를 위한 결정을 하는 데 필요한 정보를 얻음

67

소비자교육 프로그램 평가
- 소비자교육 프로그램의 목적
  - 교육의 목표가 명확히 드러나는가?
  - 교육대상이 되는 소비자의 수준에 적당한가?
  - 교육내용이 교육목표와 부합하는가?
  - 교육내용이 필요하다고 생각되는가?
  - 교육목적을 위해 다른 내용이 포함되어야 한다면 구체적으로 무엇인가?
- 소비자교육 프로그램의 구성
  - 참신하면서도 실용성이 있는 내용인가?
  - 교육내용에 비추어 교육기간이 적절한가?
  - 교육내용 간에 시간이 적절하게 배분되었는가?
  - 적절한 교육방법이 활용되었는가?
- 소비자교육 프로그램의 진행
  - 교육내용이 잘 전달되는가?
  - 교육자의 진행이 적절한가?
  - 자료의 준비와 활용이 잘 되었는가?
  - 교육방법의 개선점은 없는가?
  - 교육시설의 가장 불편한 점은 무엇인가?
  - 교육장소로서 가장 적합한 곳은 어디라고 생각하는가?
- 소비자의 반응
  - 소비자가 흥미를 가지고 참여하는가?
  - 직면한 구체적인 문제해결에 도움이 되는가?
  - 배운 것에 근거하여 소비자 지식, 소비자 태도, 소비자 행동에 변화를 가져 왔는가?
  - 교육을 받기 위해 사용한 실제 비용과 기회비용은 얼마인가?
  - 교육의 효과를 금전적으로 계산한다면 얼마 정도라고 생각하며 그 이유는 무엇인가?

69

노인 소비자의 소비행동에 따른 소비자교육의 주의사항
- 노인 소비자의 정보처리 수행능력은 성인 소비자에 비해 떨어진다. 정보처리과정의 속도가 느리기 때문에 학습능력이 감퇴되고 같은 양의 정보를 제공하여도 성인 소비자에 비해 보유하고 있는 정보의 양이 적게 된다. 그러나 이것은 노인 소비자의 개인적 인지능력 차이에 따라 큰 차이를 보인다.
- 노인 소비자의 경우 매스미디어에 대한 노출이 증가하고 가족이나 친지 등 대인적 정보에 의존하는 경우가 많다.
- 노인 소비자의 경우 일반 소비자의 지식과는 다르기 때문에 정보처리의 구체적인 내용이 달라질 수 있다.
- 노인 소비자의 경우 이미 구매하고 있는 제품에 대해서는 높은 수준의 지식을 갖고 있으나 새로운 제품의 경우 정보수집의 비용이 커 정보의 수집에 적극적이지 않기 때문이다.

70

합리적인 소비를 위해서는 단순 상품 가격 외에 배송비를 포함해 다른 구매조건도 비교해야 한다.

71

상업적 정보원천은 기업(사업자)이 상품판매를 목적으로 상품 정보를 제공하는 것으로 사업자의 편견이 게재될 가능성이 높다.

72

4대 소비자 권리
- 안전할 권리 : 소비자가 상품을 올바르게 사용할 때 생명이나 건강에 해가 되지 않아야 한다는 것이다. 안전에 대한 욕구는 소비자의 기본적인 욕구로써 소비자들이 소비하는 재화와 서비스로부터 생명과 신체상의 안전을 기대하는 것은 당연한 권리이다.
- 알 권리 : 정보화시대에 접어들면서 더욱 중요한 권리가 되고 있으며 정보를 받아들이거나 수집하는 권리에 그치지 아니하고 국가나 사회에 대하여 보유한 정보를 공개하도록 요구할 수 있는 권리, 즉 정보공개청구권을 포함한다.
- 선택할 권리 : 소비자가 다양한 제품과 서비스를 원하는 대로 선택할 수 있어야 하고 경쟁가격으로 구입할 수 있어야 하며 독점상품의 경우에는 공정한 가격으로 만족할 만한 품질과 서비스를 보장받을 수 있어야 함을 의미한다.
- 의사를 반영할 권리 : 경제정책의 계획과 시행에 있어서 소비자의 의사가 반영될 수 있어야 함을 의미한다.

73

③ 공급망관리. 제품이 생산되어 소비자에게 도착할 때까지의 모든 과정을 기업이 한 번에 통제할 수 있도록 만든 시스템이다.

④ 기업의 사회적 책임. 기업이 수익을 창출하면서 동시에 그만큼 사회에 어떤 형태로든 긍정적인 역할을 수행하는 모든 행위를 말한다. 여기에는 고용창출, 환경보호, 사회적 약자 돕기 등이 있다.

더 알아보기

고객관계관리(CRM)의 특징

고객관계관리는 고객 데이터의 세분화를 실시하여 신규고객 획득, 우수고객 유지, 고객가치 증진, 잠재고객 활성화, 평생고객화와 같은 순환을 통하여 고객을 적극적으로 관리・유도하며 고객의 가치를 극대화시킬 수 있는 전략을 통하여 마케팅을 실시한다. 그리고 고객정보를 적극적으로 활용한 수익성을 강조하며 콜센터, 캠페인과 같은 관리도구와 결합하여 기업 내의 사고를 변혁하자는 업무재설계(BPR)적인 측면을 내포하고 있다.

74

저소득층 소비자는 상대적으로 양질의 다양한 정보획득의 기회가 적으며 시간적, 비용적 여유가 없기에 정보원으로서 문서를 잘 활용하지 못 한다. 따라서 문서자료보다는 구두설명을 하거나 실제 자료를 활용하는 것이 좋다.

75

④ 아동은 그들 부모의 구매에 있어 결정적인 영향을 미치는 영향력 있는 소비자이다.

더 알아보기

아동 소비자의 특성

- 자유재량 소비액이 증가하는 추세
- 소비욕구 절제력의 부족
- 대중매체에 과다 노출
- 가계구매행위에 영향력 행사
- 소비자교육 기회의 부족

제4과목 소비자와 시장

76

구매의사결정단계

- 문제의 인식 : 소비자가 의사결정과정을 바라는 상태와 실제의 상태 간의 차이를 지각하는 단계
- 정보의 탐색 : 소비자가 기억에 저장된 정보를 탐색하거나 환경으로부터 의사결정과 관련된 정보를 습득하는 단계
- 대안의 평가 : 기대한 이익에 대하여 대안을 평가하고 선택의 기준을 마련하는 단계
- 구매 : 소비자가 선호하는 대안・대체안을 획득하는 단계
- 결과(구매 후 평가) : 선택된 대안을 소비자가 선택대안의 요구와 기대에 적합한지 평가하는 단계

77

충동구매

- 충동구매란 자극에 의한 구매를 뜻한다.
- 충동구매란 소비자가 상점에 들어간 후에 구매를 결정하는 것이다.
- 베링거는 충동구매에 대한 실용적 개념 개발의 중요성을 강조하였다.
- 충동구매는 비계획적으로 제품구매를 즉석에서 결정하는 것이기는 하나 구매상황, 즉 상품이 상점에 노출될 때까지는 구매의도를 결론짓지 않고 이것저것 여러 비슷한 제품을 직접 비교해 보고 구매를 결정짓는 것이다.

78

최근 1인 가구의 증가, 지구온난화 및 기상이변과 같은 환경오염 등이 이슈가 되면서 물질주의적 생활양식에 대한 대안으로 간소한 소비생활을 추구하는 소비자들이 늘고 있다. 이들은 누가 시켜서 하는 것이 아니라 본인들의 자발적인 의사에 의해 실천하며 실생활에 반드시 필요한 최소한의 물품만을 구매한다. 대표적인 예로 미니멀 라이프를 들 수 있다.

79

처분활동에 대한 이론(비어크, 1978)
- 제품폐기
- 판 매
- 아무에게나 줌
- 친구 또는 가까운 사람에게 줌
- 당분간 보관
- 새 상품 구입 시 헌 것을 주고 그 값을 인정받음

80

① 시장에 상품을 공급하는 기업의 종류는 단순히 기업의 종류를 나열한 것으로 시장형태를 구분하는 기준에 해당하지 않는다.

더 알아보기

시장형태의 결정요인

시장의 구분요인으로서 제품, 거래장소, 경쟁관계 등에 따라 형태를 구분할 수 있다. 제품의 종류에 따라 청과물시장, 어시장, 자동차시장, 금융시장, 부동산시장, 방문판매시장, 화장품시장 등으로 구분하고 제품의 거래장소에 따라 남대문시장, 동대문시장, 가락동 농수산시장, 중부시장 등으로 구분된다. 경쟁상태에 따라 시장을 자유경쟁시장, 불완전경쟁시장, 독점시장 등으로 구분할 수 있다. 불완전 경쟁시장은 다시 과점시장과 독점적 경쟁시장으로 구분한다

81

정보탐색의 최적량(최적정보량과 정보탐색)

정보탐색에 있어서 필히 비용이 수반되므로 무조건 정보만 많이 탐색할 수는 없는 것이며 알맞은 비용을 들여서 최대의 효과를 거둘 수 있는 정보탐색이 바람직한 것이다.

82

상표의 정의와 일반적 특성 및 형태
- 상표라 함은 상품을 표시하는 것으로 생산, 제조, 가공, 증명 또는 판매자가 자기의 상품을 타 업자의 상품과 식별시키기 위하여 사용하는 기호, 문자, 도형 또는 그 결합체의 특별히 현저한 것을 말한다.
- 상표는 상표, 상표마크, 상표명, 트레이드마크 등 여러 가지로 불리고 있다.
- 상표명은 단어, 문자 혹은 숫자로 구성되어 있어 발음이 가능한 것을 말한다.
- 상표마크는 상표의 일부이긴 하지만 상징, 디자인, 색채 혹은 독특한 문자로 되어 있어 형태를 인식할 수 있으나 발음이 불가능한 것을 말한다.
- 등록상표는 법에 의해 어느 한 판매자에게만 사용권이 부여되어 타인이 이를 침해하지 못하도록 법률적 보호가 주어진 것을 말한다.
- 식별, 출처, 신용의 기능을 정확하고 객관적으로 판단할 능력이 부족할 때에 상표는 유익한 정보 및 품질보증의 역할을 한다.
- 기업에게는 상표유지 기능보다 더 큰 이익을 얻음으로써 판매촉진 전략의 역할을 한다.
- 신용을 상징하는 상표는 오늘날 소비자와 기업 양쪽의 시장체계하에서 중요한 매체 역할을 한다.

83

비이성적 소비행동
- 충동구매
- 중독구매
- 과시소비
- 보상구매
- 모방구매

84

③ 결과(구매 후 평가)에 해당한다. 나머지 보기는 문제의 인식 단계에 해당한다.

더 알아보기

구매의사결정단계
- 문제의 인식 : 소비자가 의사결정과정을 바라는 상태와 실제의 상태 간의 차이를 지각하는 단계
- 정보의 탐색 : 소비자가 기억에 저장된 정보를 탐색하거나 환경으로부터 의사결정과 관련된 정보를 습득하는 단계
- 대안의 평가 : 기대한 이익에 대하여 대안을 평가하고 선택의 기준을 마련하는 단계
- 구매 : 소비자가 선호하는 대안·대체안을 획득하는 단계
- 결과(구매 후 평가) : 선택된 대안을 소비자가 선택대안의 요구와 기대에 적합한지 평가하는 단계

85

마케팅으로 인한 기업의 사적 재화 판매가 증가할수록 일반 소비자의 구매 욕구가 증가하게 되고 수요의 증가로 이어진다. 따라서 수요의 증가로 공공재가 더 많이 필요하다.

86

시장구조의 결정요인

- 재화의 공급자 및 수요자의 수
- 상품의 동질성 여부
- 시장진입과 탈퇴의 장벽
- 정보보유 정도

87

합리적 구매란 개인의 주관적 가치관, 기호를 바탕으로 논리적이고 계획적으로 구매했는지 여부에 의해서 결정된다. 따라서 소비자가 시장 활동을 할 때 개인의 선호에 따라 일관성 있는 행동을 한다면 그 결과는 소비자에게 가장 큰 이익을 준다.

88

문제인식의 정의

- 의사결정의 첫 번째 단계 : 문제인식은 소비자가 해결해야 할 문제 또는 충족해야 할 요구를 인식함으로써 시작되는 것으로 의사결정의 첫 번째 단계로 소비자의 문제인식(Problem Recognition)이라고 한다. 어떤 바람(희망)이나 불편함 등을 소비자가 감지함으로써 이러한 것들을 자기 자신이 바라는 이상적인 상태로 만들기 위해서이다.
- 현재상태와 문제해결 : 구매의 필요성을 실감하는 '컴퓨터 활용능력을 키워야겠다', '신발이 닳았다', '배가 고프다' 등의 예를 들 수가 있다. 자신이 바라는 상태와 차이가 크다는 것은 문제인식의 정도로 현재의 상태와 그 문제가 해결되었을 때 나타난다.

89

밴드웨건 효과

- 소비자 자신의 구매스타일보다 다른 사람들이 많이 선택하는 소비패턴에 따르는 현상이다.
- 각 수요자가 비슷한 가격조건에서 다른 사람들이 많이 구매하는 상품을 선택하려는 현상이다.
- 개인의 욕구와 다양한 개성으로 뚜렷한 자기 스타일을 나타내기보다 남의 이목과 체면을 중시하는 소비자는 소비에 있어서 행동을 삼가는 습성이 있기 때문에 밴드웨건 효과의 선택을 따르는 경향이 있다.
- 소비자선택 관점에서 주택의 환경을 선택할 때 같은 값이면 사람들이 많이 찾는 쾌적한 주거환경을 선택하게 된다. 이 쾌적한 주거 주변환경은 가격을 더 주고라도 구매하고자 한다.
- 소비자는 주로 제품의 성능과 질, 기능을 분석하여 구매선택하는 것이 아니라 지출 패턴에 따라 지출한다.
- 비교 효용과 값의 고저에 대한 비교과정이 생략되는 현상이다.

90

② 서비스는 그 필요성에 의해 제품사용과 사후 처리를 행한 후 사라진다. 이를 소멸성이라고 한다.

91

효율적인 의사결정

- 의사결정을 효율적으로 하기 위해서는 어느 정도의 노력과 훈련이 요망된다. 소비자로서 합리적인 생활을 유지하기 위해서는 의사결정을 위한 기술을 개발하고 연마해서 좋은 결과를 가져오도록 해야 할 것이다.
- 효율적인 의사결정은 품질은 동일하면서도 가격이 가장 저렴한 제품을 선택하게 함으로써 실제 구매력을 향상시킨다.
- 이 과정에 절약된 돈은 세금이 부과되지 않기 때문에 그만큼의 돈을 번 것보다 더 큰 효과가 있다.
- 효율적인 의사결정을 하는 것은 기업의 자율경쟁을 촉진시킴으로써 사회경제발전에 기여하게 된다. 더 좋은 조건에서 더 좋은 상품을 생산하는 기업은 경쟁에서 우위를 차지하여 계속 발전할 것이다.

92

합리성과 효율성

합리적 구매란 개인의 주관적 가치관, 기호를 바탕으로 논리적이고 계획적으로 구매했는지 여부에 의해서 결정된다. 반면에 효율적 구매란 구매결과 경제적 이득은 물론 심리적 만족도 수반되는지의 여부에 의해서 결정된다. 따라서 소비자가 합리적 구매를 했을 경우 효율적 구매일 가능성은 높지만 반드시 효율적 구매를 했다고 볼 수는 없다. 왜냐하면 소비자가 구매에 관한 정보, 기술 등의 부족으로 인하여 논리적으로 구매했음에도 불구하고 구매결과 경제적 손실이나 혹은 심리적으로 불만족할 수 있기 때문이다.

93

편의품은 소비자에게 필요하긴 하지만 구매를 위해 많은 시간과 노력을 기울일 용의를 보이지 않는 상품으로 일상적 문제해결과정을 거치지 않는다.

94

① 소비자 자신의 구매스타일보다 다른 사람들이 많이 선택하는 소비패턴에 따르는 현상이다.

④ 소비자들에게 아직 보편화되지 않은 상태의 제품이 있을 경우 문화적 습성과 사회적으로 터부시하는 경향 때문에 구매를 보류하는 현상을 말한다.

95

인적판매와 다른 판매촉진 수단

구 분	인적판매	판 촉	광 고
범 위	개 별	개 별	대 중
비 용	고 가	고 가	보 통
장 점	정보의 양과 질	주의집중, 즉각적 효과	신속, 메시지 통제 기능
단 점	비용과다, 속도 완만	모방 용이	효과측정 곤란, 정보량의 제한

96

마케팅 전략

- 광고 : 소비자에게 광고되는 제품을 구매하여 소유 또는 소비함으로써 더 행복해질수 있다는 적극적 광고전략으로 소비자의 물질주의적 생활방식을 촉진시키고 새로운 욕구를 창출하고 있다.
- 제품 : 기본적 욕구 또는 2차적 욕구를 충족시켜 줄 수 있는 것으로 시장에 출시되어 관심이나 취득, 사용 또는 소비의 대상이 될 수 있는 유형·무형의 일련의 속성을 뜻한다. 제품에는 물리적 대상물, 서비스, 사람, 장소, 조직, 아이디어 등이 포함된다.
- 가격 : 가격을 활용한 판매촉진수단으로는 유인가격, 보상판매, 세일행사, 수량할인 등을 하고 있다.
- 촉진(판촉) : 사은품이나 경품을 통한 마케팅활동을 말한다.
- 상표 : 제품, 서비스를 소비자에게 식별시키고 차별화를 위해 독특한 이름이나 상징물의 결합체로 기업에게 판매촉진 전략으로 활용된다.
- 인적 판매전략 : 판매원을 매개로 직접 고객과 대면하여 구매를 설득하는 커뮤니케이션 수단이다.

97

② 설명하고 있는 것은 휴리스틱(Heuristic)에 대한 것이다.

98

제품의 속성

- 경험재 : 자동차, 가전제품 등과 같이 소비자가 제품을 사용한 후에만 제품의 품질이나 성능에 관한 정보를 얻을 수 있는 재화유형으로 어떤 제품을 사용해보기 전에는 그 제품에 대한 특성이나 품질을 평가할 수 없는 제품
- 신용재 : 상품을 구매한 후에도 품질을 쉽게 알 수 없는 재화나 서비스
- 신뢰재 : 사용 후에도 그 특성이나 질을 평가하기 어려운 제품
- 편의품 : 소비자에게 필요하긴 하지만 구매를 위해 많은 시간과 노력을 기울일 용의를 보이지 않는 상품
- 탐색재 : 소비자가 어떤 제품을 구매하기 전에 제품의 특성이나 질을 평가할 수 있는 제품

99

② 최근에는 제조업체와 유통업체 간의 역할분담이 많이 사라졌다. 즉, 생산에서 소비에 이르기까지 유통과정을 체계적으로 통합 조정하여 하나의 체제를 유지하는 것이다. 대표적인 예로 대형마트에서 자체적으로 생산한 식료품 및 공산품을 자체 매장에서 판매하는 것을 들 수 있다.

100

④ 독점시장에 대한 설명이다.

더 알아보기

과점시장

- 소수업체의 공급을 통하여 제품이 시장에 나온다.
- 제품가격은 비교적 안정적이다. 각 기업이 타 기업의 행동을 고려하여 행동하게 되므로 가격인하를 통한 경쟁은 별로 일어나지 않는다.
- 소비자는 생산자들의 홍보와 선전에 따라 선택기준을 잡는다.
- 동종제품의 과점기업이 독점화하는 것을 카르텔이라 한다.
- 독점화의 담합인 카르텔의 목적은 가격결정 또는 최저가격설정 등과 생산량의 조절, 판매 등의 협약일 수 있다.
- 국제시장화와 국내시장개방, 소비자의 의식변화 등으로 과점시장의 형태가 경쟁시장 형태화되고 있다. 시장의 진입장벽은 완전경쟁시장보다는 높지만 독점시장보다는 낮다. 또한 소비자들이 시장에 대한 완전정보를 가지기 어렵다.

제 2 회

2021년 정답 및 해설

소비자전문상담사 Consumer Adviser Junior

2021년 제2회 정답 및 해설

01	02	03	04	05	06	07	08	09	10	11	12	13	14	15
③	④	④	②	③	②	②	④	①	③	④	④	③	②	④
16	17	18	19	20	21	22	23	24	25	26	27	28	29	30
③	②	④	②	③	①	④	③	④	④	④	②	③	③	①
31	32	33	34	35	36	37	38	39	40	41	42	43	44	45
①	②	④	①	④	④	④	①	④	④	④	④	③	①	④
46	47	48	49	50	51	52	53	54	55	56	57	58	59	60
②	①	①	④	③	④	③	④	②	②	④	②	④	④	②
61	62	63	64	65	66	67	68	69	70	71	72	73	74	75
①	③	①	③	②	③	②	④	①	②	①	④	③	②	②
76	77	78	79	80	81	82	83	84	85	86	87	88	89	90
④	④	④	④	④	③	③	③	①	④	④	③	①	④	③
91	92	93	94	95	96	97	98	99	100					
②	①	②	④	③	④	④	①	④	②					

제1과목 소비자상담 및 피해구제

01

고객관계관리(CRM)의 특징

고객관계관리는 고객 데이터의 세분화를 실시하여 신규고객 획득, 우수고객 유지, 고객가치 증진, 잠재고객 활성화, 평생고객화와 같은 순환을 통하여 고객을 적극적으로 관리·유도하며 고객의 가치를 극대화시킬 수 있는 전략을 통하여 마케팅을 실시한다. 그리고 고객정보를 적극적으로 활용한 수익성을 강조하며 콜센터, 캠페인과 같은 관리도구와 결합하여 기업 내의 사고를 변혁하자는 업무재설계(BPR)적인 측면을 내포하고 있다.

02

정부기관의 소비자상담

정부기관은 기업과 소비자 사이의 중재자(법 제3자)로서 소비자상담을 수행한다. 소비생활 전반에 관련된 다양한 정보 제공, 소비자 불만해결, 소비자피해구제 및 생애학습으로 연결되는 소비자교육 실시 등 소비자의 권리를 실현하기 위한 각 지역을 중심으로 다양한 형태의 소비자상담을 수행하고 있다.

04

미용분야에서 소비자의 귀책사유로 인한 계약 해지 시 비용을 사업자가 이미 수수한 경우에 사업자는 이미 수수한 비용에서 소비자 부담액을 공제한 나머지 금액을 소비자에게 환급한다. 개시일 이전의 경우 소비자는 총 이용금액의 10% 부담한다.

05

소비자분쟁해결기준은 분쟁당사자 사이에 분쟁해결방법에 관한 별도의 의사표시가 없는 경우에 한하여 분쟁해결을 위한 합의 또는 권고의 기준이 된다(소비자기본법 제16조).

06

② 기업 소비자상담실에서는 고객 관련 정보를 수집·분석하여 기업 경영에 반영하도록 하는 업무를 수행한다. 따라서 기업은 일반적으로 독립된 부서에 전담인력을 두고 적극적으로 소비자상담을 운영하고 있다.

더 알아보기

소비자상담실의 업무내용

- 제품정보 및 각종 정보의 제공
- 소비자불만의 접수와 해결
- 소비자상담 자료의 정리·분석·보고
- 소비자만족도 조사
- 고객 관련 정보 수집 및 분석
- 고객관리와 사내·외 소비자교육
- 소비자단체·소비자정책의 동향 파악 및 대응책 마련

07

② 구매 전 상담에 해당한다.

더 알아보기

구매 후 상담의 필요성

- 구매 후 소비자상담은 소비자피해구제 및 소비자 문제 해결과 같은 소비자의 이익 보호를 위한 직접적인 필요성이 있다.
- 구매 후 소비자상담이 이루어지지 않은 경우 법적 해결과 같은 다음 단계의 소비자 불만해결책을 찾으므로 사회적 비용을 증대시키고 소비자의 불만이 누적되어 기업이미지의 타격으로 이어질 수 있으므로 효과적인 소비자상담이 필요하다.
- 구매 후 상담은 혹시 발생할지도 모르는 소비자 불만을 사전에 예방하는 차원에서도 대단히 효과적인 방법이기도 하다.

08

④ 구매 후 소비자상담에 해당한다.

더 알아보기

구매 시 상담의 주요내용

- 소비자의 구매계획과 예산·목표를 파악한다.
- 효과적인 대화 과정을 조절한다.
- 구매대안을 제시한다.
- 구매결정과 계약서를 작성한다.

09

① 자율상담처리는 상담을 신청한 소비자가 동의할 경우, 사업자(피신청인)에게 일차적인 소비자불만 해결을 의뢰하는 절차이다.

10

③ 소비자는 다양하고 다원화되어 있는 복잡한 경제구조 속에서 소비자로서의 선택과 의사결정을 도와주고, 문제가 발생했을 때 문제해결의 조력자로서 소비자상담을 요구한다.

11

④ 소비자는 계약서를 받은 날부터 7일 이내에 할부계약에 관한 청약을 철회할 수 있다(할부거래에 관한 법률 제8조).

①·③ 방문판매 또는 전화권유판매의 방법으로 재화 등의 구매에 관한 계약을 체결한 소비자는 계약서를 받은 날부터 14일. 다만, 그 계약서를 받은 날보다 재화 등이 늦게 공급된 경우에는 재화 등을 공급받거나 공급이 시작된 날부터 14일 이내에 그 계약에 관한 청약철회 등을 할 수 있다(방문판매 등에 관한 법률 제8조).

② 청약철회는 특별히 소비자를 보호할 필요가 있는 특수한 거래 분야 즉, 방문판매·전자상거래판매·전화권유판매·다단계판매·할부거래에만 적용된다.

12

소비자상담의 특성
- 객관적이고 정확한 정보전달이 요구되는 상담이다.
- 구매 전의 소비자상담은 합리적 소비자선택을 지원하기 위한 소비자정보의 제공이 필요하다.
- 구매 후의 소비자상담은 소비자문제나 피해를 해결하기 위한 상담이 필요하다.
- 소비자상담은 방문, 전화, 인터넷, FAX 등 다양한 매체를 통하여 상담할 수 있어 특별한 절차나 형식을 필요로 하지 않는다.

13

한국소비자원의 피해구제 제외대상
- 사업자의 부도, 폐업 등으로 연락이 불가능하거나 소재파악이 안 되는 경우
- 신청인(소비자)의 주장을 입증(입증서류 미제출 포함)할 수 없는 경우
- 영리활동과 관련하여 발생한 분쟁, 임금 등 근로자와 고용인 사이의 분쟁, 개인간 거래 등 소비자와 사업자 사이의 분쟁이 아닌 경우
- 국가 또는 지방자치단체가 제공한 물품 등으로 인하여 발생한 피해인 경우
- 소비자분쟁조정위원회에 준하는 분쟁조정기구에 피해구제가 신청되어 있거나 피해구제 절차를 거친 경우
- 법원에 소송 진행 중인 경우 등

14

② 품질보증기간은 소비자가 물품 등을 구입하거나 제공받은 날부터 기산한다.

15

전화상담의 상담기술
- 목소리 톤에 변화를 주어 소비자의 관심을 유도하고 상담에 집중시킨다.
- 메시지가 정확하게 전달되도록 말의 속도에 유의하여야 한다.
- 상대방이 화가 났을 경우에 목소리를 크게 하지 말고 차분한 어조의 적당한 음량으로 대화를 하여 화내는 소비자가 평정을 찾을 수 있도록 유도하는 것이 좋다.
- 정확한 메시지 전달을 위하여 정확한 발성을 하는 것이 필요하다.
- 소비자의 말을 듣는 것에 신경을 집중시켜야 한다. 상담자가 말을 많이 하기보다는 소비자가 말을 많이 하도록 배려한다.
- 소비자가 자신의 말을 경청하고 있음을 인식시킨다.
- 소비자로부터 받은 중요한 용건이나 숫자를 복창하여 소비자에게 확인을 시켜주어야 한다.

16

에스크로(Escrow) 제도

구매자와 판매자 간 신용관계가 불확실할 때 제3자가 상거래가 원활히 이루어질 수 있도록 중개를 하는 매매 보호 서비스를 말한다. 본래 에스크로는 법률적인 용어로 '조건부 양도증서'를 의미한다. 즉 특정물을 제3자에게 기탁하고 일정 조건이 충족된 경우 상대방에게 교부할 것을 약속하는 문서로, 주로 부동산 거래에서 사용돼왔다.

17

② 기업의 입장에서 소비자상담이 필요한 이유이다.

더 알아보기

소비자입장에서의 필요성
- 소비자는 정보와 지식이 부족
- 소비자는 기업에 비하여 약자의 위치
- 대량생산체제에 따른 불량품 증가 및 소비자피해의 증가
- 소비확대와 구매량의 증가
- 법규위반과 사기행위의 증가

19

과거 구매한 제품에 대한 불만족스러운 정보는 소비자의 구매 욕구를 저하시킨다. 따라서 기업이 제공해야 하는 소비자정보에는 포함되지 않는다. 소비자의 정보에는 대체안의 존재에 관한 정보, 가격의 분포상태, 상점의 분포상태, 정보의 이용가능성 등이 있다.

20

③ 고객의 취향이나 요구사항, 현재 상황 등을 연구 · 분석하여 고객이 필요로 하는 상품과 서비스를 고객의 욕구에 맞게 새로운 정보를 제공한다.

더 알아보기

아웃바운드 상담기법

- 기존 고객이나 가망고객에게 발신하여 소비자에 대한 시장조사, 자사상품의 정보수집, 경쟁사의 정보수집, 소비자의 요구사항 등 의견을 듣는다.
- 제품이나 서비스를 구매한 후 어떤 불만은 없는지 등을 기업체 주관으로 조사하여 마케팅 전략에 활용하는 역할을 수행한다.
- 콜센터에서 소비자에게 전화를 걸어서 제품, 서비스 사용상의 애로사항이나 문제점을 서비스 차원에서 확인하는 것이 바로 아웃바운드 텔레마케팅의 대표적인 기법이다.

21

소비자상담의 전개과정

문제 직시 및 상담의 필요성에 대한 인식 → 촉진적 관계의 형성 → 문제해결의 노력 → 사고, 감정 및 태도의 변화

22

④ 불만을 가진 소비자는 자신의 구매행위 실수에 대한 자책감이 있으며 보상거절에 관한 불안함을 갖고 있다. 따라서 문제해결 및 손해 보상에 관해 상담원에게 의지하는 상태이므로 상담원은 소비자의 의견에 적극적인 태도로 반응하는 것이 좋다.

더 알아보기

불만족한 소비자상담의 상담기법

- 소비자가 만족할 수 있는 방법을 제시한다.
- 전문기관을 알선해 준다.
- 개방형 질문을 한다.
- 충분히 배려해 준다.
- 보상받기를 원하는 것이 무엇인지 질문한다(즉, 대체안으로서 1안, 2안을 질문한다).
- 공감을 하면서 경청한다(상대방의 화난 상태를 공감하고 이해하는 마음으로 듣는다).
- 긍정하면서 이쪽의 이야기를 한다(Yes, but 화법이다. 꼭 미소를 지으며 목소리를 낮춘다).

23

소비자상담사의 기본적 태도

- 언어적 · 비언어적 의사소통기술, 대화기술, 상담의 기본원리와 진행요령 숙지
- 관심 기울이기 : 당면한 문제의 해결에 도움이 되고자 하는 마음과 표정
- 경청 : 소비자의 요구사항, 문제에 대하여 감정적인 면까지도 진지하게 경청
- 공감적 이해 : 상담사가 이해한 상담의 핵심을 확인하고 그 내용을 소비자와 함께 대화하고 의존
- 진실성 : 상담의 진행과정에서 소비자와 상담내용에 대해 느낀대로 진솔하게 표현

24

④ 폐쇄형 질문은 주로 짧은 답변만을 이끌어내어 새로운 정보를 얻기 어렵다. 따라서 질문형태보다는 자연스럽게 대화를 풀어갈 수 있는 의견구하기 기법을 사용하는 것이 좋다.

더 알아보기

말하기를 통한 상담기술

- 질문과 답변을 하는 데 있어 간결하고 정확하게 질문해야 한다.
- 높고 낮은 억양으로 소비자의 의견에 공감하는 태도를 취한다.
- 소비자가 사용하는 언어수준으로 대화를 하는 것이 좋으며 긍정적인 단어를 많이 사용하고 부정적인 언어는 삼가야 한다.
- 대화는 상대를 존중하는 경어를 사용하고 소비자가 자연스럽게 대화를 풀어갈 수 있도록 유도한다.
- 표준말을 사용하고 명확하게 발음하면서 대화하고 음성의 크기와 고저를 상황에 맞추어 사용한다.

25

상담자의 태도

- 일에 대한 열정을 가져야 한다.
- 긍정적인 태도와 상담자세를 가져야 한다.
- 인내심을 가지고 상담에 임해야 한다.
- 공감대(Rapport)를 형성해야 한다.
- 제1인자 의식 또는 전문가적 정신자세를 가진다.
- 공유의식을 가져야 한다.

제2과목 소비자관련법

26

④ "고객"이란 계약의 한쪽 당사자로서 사업자로부터 약관을 계약의 내용으로 할 것을 제안받은 자를 말한다(약관의 규제에 관한 법률 제2조).

27

통신판매업자는 청약을 받은 재화 등을 공급하기 곤란하다는 것을 알았을 때에는 지체없이 그 사유를 소비자에게 알려야 하고, 선지급식 통신판매의 경우에는 소비자가 그 대금의 전부 또는 일부를 지급한 날부터 3영업일 이내에 환급하거나 환급에 필요한 조치를 하여야 한다(전자상거래 등에서 소비자보호에 관한 법률 제15조 제2항).

28

소비자의 항변권(할부거래에 관한 법률 제16조 제1항)
- 할부계약이 불성립 · 무효인 경우
- 할부계약이 취소 · 해제 또는 해지된 경우
- 재화 등의 전부 또는 일부가 재화 등의 공급 시기까지 소비자에게 공급되지 아니한 경우
- 할부거래업자가 하자담보책임을 이행하지 아니한 경우

29

③ 피해자의 손해배상 청구권은 공정거래위원회의 시정조치가 확정된 후가 아니더라도 이를 재판상에 주장할 수 있다.

30

제조상의 결함이란 제조업자가 제조물에 대하여 제조상 · 가공상의 주의의무를 이행하였는지에 관계없이 제조물이 원래 의도한 설계와 다르게 제조 · 가공됨으로써 안전하지 못하게 된 경우를 말한다(제조물 책임법 제2조 제2호).

31

약관의 심사청구(약관의 규제에 관한 법률 제19조)
다음의 자는 약관 조항이 이 법에 위반되는지 여부에 관한 심사를 공정거래위원회에 청구할 수 있다.
- 약관의 조항과 관련하여 법률상의 이익이 있는 자
- 소비자기본법에 따라 등록된 소비자단체
- 소비자기본법에 따라 설립된 한국소비자원
- 사업자단체

32

- 소비자는 계약서에 청약의 철회에 관한 사항이 적혀 있지 아니한 경우에는 청약을 철회할 수 있음을 안 날 또는 알 수 있었던 날부터 7일, 할부거래업자가 청약의 철회를 방해한 경우에는 그 방해 행위가 종료한 날부터 7일 이내에 할부계약에 관한 청약을 철회할 수 있다(할부거래에 관한 법률 제8조).
- 소비자는 계약서에 청약의 철회에 관한 사항이 적혀 있지 아니한 경우에는 청약을 철회할 수 있음을 안 날 또는 알 수 있었던 날부터 14일, 선불식 할부거래업자가 청약의 철회를 방해한 경우에는 그 방해행위가 종료한 날부터 14일 이내에 선불식 할부계약에 관한 청약을 철회할 수 있다(할부거래에 관한 법률 제24조).

33

④ 전자상거래를 하는 사업자 또는 통신판매업자는 소비자의 청약이 없음에도 불구하고 일방적으로 재화 등을 공급하고 그 대금을 청구하거나 재화 등의 공급 없이 대금을 청구하는 행위를 하여서는 아니 된다(전자상거래 등에서의 소비자보호에 관한 법률 제21조 제1항 제4호).
① 전자상거래 등에서의 소비자보호에 관한 법률 제21조 제1항 제1호
② 전자상거래 등에서의 소비자보호에 관한 법률 제21조 제1항 제2호
③ 전자상거래 등에서의 소비자보호에 관한 법률 제21조 제1항 제3호

34

품질보증기간과 하자담보책임

- 품목별 소비자분쟁해결기준에 품질보증기간과 부품보유기간이 정하여져 있지 아니한 품목의 경우에는 유사품목의 품질보증기간과 부품보유기간에 따르며 유사품목의 품질보증기간과 부품보유기간에 따를 수 없는 경우에는 품질보증기간은 1년, 부품보유기간은 해당 품목의 생산을 중단한 때부터 기산하여 내용연수에 해당하는 기간으로 한다(일반적 소비자분쟁해결기준).
- 매도인의 하자담보책임, 종류매매와 매도인의 담보책임 등은 매수인이 그 사실을 안 날로부터 6월 내에 행사하여야 한다(민법 제582조).

35

소비자의 항변권 제한(할부거래에 관한 법률 제16조 제2항, 시행령 제11조)

소비자는 간접할부계약인 경우 할부가격이 10만원, 신용카드를 사용하여 할부거래를 하는 경우에는 20만원 이상인 경우에만 신용제공자에게 할부금의 지급을 거절하는 의사를 통지한 후 할부금의 지급을 거절할 수 있다.

36

통신판매중개자는 소비자에게 정보 또는 정보를 열람할 수 있는 방법을 제공하지 아니하거나 제공한 정보가 사실과 달라 소비자에게 발생한 재산상 손해에 대하여 통신판매중개의뢰자와 연대하여 배상할 책임을 진다(전자상거래 등에서 소비자보호에 관한 법률 제20조의2 제2항).

37

부당한 표시·광고의 내용(표시·광고의 공정화에 관한 법률 시행령 제3조)

- 거짓·과장의 표시·광고 : 사실과 다르게 표시·광고하거나 사실을 지나치게 부풀려 표시·광고하는 것
- 기만적인 표시·광고 : 사실을 은폐하거나 축소하는 등의 방법으로 표시·광고하는 것
- 부당하게 비교하는 표시·광고 : 비교 대상 및 기준을 분명하게 밝히지 아니하거나 객관적인 근거 없이 자기 또는 자기의 상품이나 용역을 다른 사업자 또는 사업자단체나 다른 사업자 등의 상품 등과 비교하여 우량 또는 유리하다고 표시·광고하는 것
- 비방적인 표시·광고 : 다른 사업자 등 또는 다른 사업자 등의 상품 등에 관하여 객관적인 근거가 없는 내용으로 표시·광고하여 비방하거나 불리한 사실만을 표시·광고하여 비방하는 것

38

② 원장은 공공기관의 운영에 관한 법률에 따른 임원추천위원회가 복수로 추천한 사람 중에서 공정거래위원회 위원장의 제청으로 대통령이 임명한다(소비자기본법 제38조 제3항).

③ 감사는 임원추천위원회가 복수로 추천하여 공공기관의 운영에 관한 법률에 따른 공공기관운영위원회의 심의·의결을 거친 사람 중에서 기획재정부장관의 제청으로 대통령이 임명한다(소비자기본법 제38조 제10항).

④ 부원장은 원장을 보좌하며, 원장이 부득이한 사유로 직무를 수행할 수 없는 경우에 그 직무를 대행한다(소비자기본법 제39조 제2항).

39

방문판매 또는 전화권유판매의 방법으로 재화 등의 구매에 관한 계약을 체결한 소비자는 계약서를 받은 날부터 14일. 다만, 그 계약서를 받은 날보다 재화 등이 늦게 공급된 경우에는 재화 등을 공급받거나 공급이 시작된 날부터 14일 이내에 그 계약에 관한 청약철회 등을 할 수 있다(방문판매 등에 관한 법률 제8조).

40

④ 약관은 신의성실의 원칙에 따라 공정하게 해석되어야 하며 고객에 따라 다르게 해석되어서는 아니 된다. 약관의 뜻이 명백하지 아니한 경우에는 고객에게 유리하게 해석되어야 한다(약관의 규제에 관한 법률 제5조).

더 알아보기

약관의 해석에 있어서 작성자불이익의 원칙

약관의 해석은 신의성실의 원칙에 따라 당해 약관의 목적과 취지를 고려하여 공정하고 합리적으로 해석하되, 개개 계약 당사자가 기도한 목적이나 의사를 참작함이 없이 평균적 고객의 이해가능성을 기준으로 객관적·획일적으로 해석하여야 하며, 위와 같은 해석을 거친 후에도 약관 조항이 객관적으로 다의적으로 해석되고 그 각각의 해석이 합리성이 있는 등 당해 약관의 뜻이 명백하지 아니한 경우에는 고객에게 유리하게 해석하여야 한다(대판 2020.12.9. 선고2009다60305).

41

사업자의 금지행위(전자상거래 등에서의 소비자보호에 관한 법률 제21조 제1항)

- 거짓 또는 과장된 사실을 알리거나 기만적 방법을 사용하여 소비자를 유인 또는 소비자와 거래하거나 청약철회 등 또는 계약의 해지를 방해하는 행위
- 청약철회 등을 방해할 목적으로 주소, 전화번호, 인터넷도메인 이름 등을 변경하거나 폐지하는 행위
- 분쟁이나 불만처리에 필요한 인력 또는 설비의 부족을 상당기간 방치하여 소비자에게 피해를 주는 행위
- 소비자의 청약이 없음에도 불구하고 일방적으로 재화 등을 공급하고 그 대금을 청구하거나 재화 등의 공급 없이 대금을 청구하는 행위
- 소비자가 재화를 구매하거나 용역을 제공받을 의사가 없음을 밝혔음에도 불구하고 전화, 팩스, 컴퓨터통신 또는 전자우편 등을 통하여 재화를 구매하거나 용역을 제공받도록 강요하는 행위
- 본인의 허락을 받지 아니하거나 허락받은 범위를 넘어 소비자에 관한 정보를 이용하는 행위. 다만, 다음의 어느 하나에 해당하는 경우는 제외한다.
  - 재화 등의 배송 등 소비자와의 계약을 이행하기 위하여 불가피한 경우로서 대통령령으로 정하는 경우
  - 재화 등의 거래에 따른 대금정산을 위하여 필요한경우
  - 도용방지를 위하여 본인 확인에 필요한 경우로서 대통령령으로 정하는 경우
  - 법률의 규정 또는 법률에 따라 필요한 불가피한 사유가 있는 경우
- 소비자의 동의를 받지 아니하거나 총리령으로 정하는 방법에 따라 쉽고 명확하게 소비자에게 설명·고지하지 아니하고 컴퓨터프로그램 등이 설치되게 하는 행위

42

물건의 하자담보책임

- 물건의 하자담보책임의 효과
  - 매매의 목적물에 하자가 있는 때에는 매수인은 일정한 요건하에 계약을 해제하고 손해배상을 청구할 수 있으며, 경우에 따라서는 흠이 없는 완전물의 급부를 청구할 수 있는데, 이는 매수인이 선의이고 또한 선의인데 과실이 없어야 함
- 특정물매매의 경우
  - 특정물매매에 있어서는 목적물의 하자로 말미암아 매매의 목적을 달성할 수 없는 때에 매수인은 계약을 해제하고 아울러 손해의 배상을 청구할 수 있음
  - 다만, 목적물의 하자가 계약의 목적을 달성할 수 없을 정도로 중대한 것이 아닌 때에는 매수인은 손해배상을 청구할 수 있을 뿐이고 계약을 해제하지는 못하며, 이 경우 매수인의 계약해제 및 손해배상의 청구는 매수인이 목적물의 하자를 발견한 때로부터 6개월 내에 하여야 함

43

③ 미성년자나 피한정후견인이 속임수로써 법정대리인의 동의가 있는 것으로 믿게 한 경우에는 그 행위를 취소할 수 없다(민법 제17조).

44

개별약정의 우선(약관의 규제에 관한 법률 제4조)
약관에서 정하고 있는 사항에 관하여 사업자와 고객이 약관의 내용과 다르게 합의한 사항이 있을 때에는 그 합의 사항은 약관보다 우선한다.

45

목적(방문판매 등에 관한 법률 제1조)

이 법은 방문판매, 전화권유판매, 다단계판매, 후원방문판매, 계속거래 및 사업권유거래 등에 의한 재화 또는 용역의 공정한 거래에 관한 사항을 규정함으로써 소비자의 권익을 보호하고 시장의 신뢰도를 높여 국민경제의 건전한 발전에 이바지함을 목적으로 한다.

46

할부계약은 2개월 이상의 기간에 걸쳐 3회 이상 나누어 지급하는 경우이다(할부거래에 관한 법률 제2조 참조).

47

표시·광고 내용의 실증 등(표시·광고의 공정화에 관한 법률 제5조)

- 사업자 등은 자기가 한 표시·광고 중 사실과 관련한 사항에 대하여는 실증할 수 있어야 한다.
- 공정거래위원회는 사업자 등이 실증이 필요하다고 인정하는 경우에는 그 내용을 구체적으로 밝혀 해당 사업자 등에게 관련 자료를 제출하도록 요청할 수 있다.
- 실증자료 제출을 요청받은 사업자 등은 요청받은 날부터 15일 이내에 그 실증자료를 공정거래위원회에 제출하여야 한다. 다만, 공정거래위원회는 정당한 사유가 있다고 인정하는 경우에는 그 제출기간을 연장할 수 있다.
- 공정거래위원회는 상품 등에 관하여 소비자가 잘못 아는 것을 방지하거나 공정한 거래질서를 유지하기 위하여 필요하다고 인정하는 경우에는 사업자 등이 제출한 실증자료를 갖추어 두고 일반이 열람할 수 있게 하거나 그 밖의 적절한 방법으로 이를 공개할 수 있다. 다만, 그 자료가 사업자 등의 영업상 비밀에 해당하여 공개하면 사업자 등의 영업활동을 침해할 우려가 있는 경우에는 그러하지 아니하다.
- 공정거래위원회는 사업자 등이 실증자료의 제출을 요구받고도 제출기간 내에 이를 제출하지 아니한 채 계속하여 표시·광고를 하는 경우에는 실증자료를 제출할 때까지 그 표시·광고 행위의 중지를 명할 수 있다.

48

소비자단체의 업무(소비자기본법 제28조 제1항)

- 국가 및 지방자치단체의 소비자의 권익과 관련된 시책에 대한 건의
- 물품 등의 규격·품질·안정성·환경성에 관한 시험·검사 및 가격 등을 포함한 거래조건이나 거래방법에 관한 조사·분석
- 소비자 문제에 관한 조사·연구
- 소비자의 교육
- 소비자의 불만 및 피해를 처리하기 위한 상담·정보제공 및 당사자 사이의 합의의 권고

49

전화권유판매란 전화를 이용하여 소비자에게 권유를 하거나 전화회신을 유도하는 방법으로 재화 등을 판매하는 것을 말한다(방문판매 등에 관한 법률 제2조 제3호).

50

한국소비자원의 업무(소비자기본법 제35조 제1항)

- 소비자의 권익과 관련된 제도와 정책의 연구 및 건의
- 소비자의 권익증진을 위하여 필요한 경우 물품 등의 규격·품질·안전성·환경성에 관한 시험·검사 및 가격 등을 포함한 거래조건이나 거래방법에 대한 조사·분석
- 소비자의 권익증진·안전 및 소비생활의 향상을 위한 정보의 수집·제공 및 국제협력
- 소비자의 권익증진·안전 및 능력개발과 관련된 교육·홍보 및 방송사업
- 소비자의 불만처리 및 피해구제
- 소비자의 권익증진 및 소비생활의 합리화를 위한 종합적인 조사·연구
- 국가 또는 지방자치단체가 소비자의 권익증진과 관련하여 의뢰한 조사 등의 업무
- 그 밖에 소비자의 권익증진 및 안전에 관한 업무

제3과목 소비자교육 및 정보제공

51

제품사용설명서의 제작원칙
- 제품의 구조와 성능에 대한 이해를 극대화
- 사용자의 입장에서 제작
- 기획, 집필, 그래픽, 편집, 인쇄의 모든 과정을 일관되게 유지
- 쉽고도 정확하게 저술
- 간결하고도 전달력이 뛰어난 그래픽처리
- 편집과 인쇄질을 높여 제품에 대한 이미지를 제고

52

광고가 아동 소비자에게 미치는 영향
- 아동 소비자들의 광고에 대한 반응은 인지발달단계를 반영한다.
- 아동 소비자에 대한 TV광고의 영향은 부모의 중재 정도에 따라 달라진다.
- 경품이나 사은품은 아동 소비자들의 소비성향을 자극하기 때문에 경품과 사은품 제공에 관한 광고는 아동 소비자들의 건전한 소비행동에 문제를 일으키기도 한다.
- 부모는 아동 소비자와 광고의 관계를 약간 부정적으로 간주하고 있고 이들 사이의 중재역할을 맡고 있다.
- 아동 소비자들이 광고에 대하여 즉각적인 반응을 일으켜 사달라고 조르는 상품은 간식이나 음료수 등 식품 종류인 것으로 밝혀졌다.

53

④ 상황의 특성으로는 시간, 매장의 위치, 매장 내 복잡한 정도 등을 들 수 있다.

더 알아보기

소비자는 누구나 먼저 내부적으로 자기가 알고 있는 지식을 근거로 하여 상품선택을 하기 위해 구매와 관련된 정보를 찾게 되고 여기에 부족한 것은 어떤 외부 정보원에서 찾아보게 되는데 이와 같이 일어나는 정보행동의 내·외적 행동을 정보탐색행동이라고 말할 수 있다.

54

② 짧은 키워드를 사용하여 소비자정보를 검색할 경우 키워드가 포함된 정보가 지나치게 많이 검색될 수 있어 적절한 정보를 찾는 데 시간이 더 많이 걸린다.

더 알아보기

인터넷을 통한 정보의 검색 시 고려사항
- 국내·외의 인터넷 검색엔진(Naver, Yahoo, Google 등)에서 제공하는 검색서비스를 활용한다.
- 검색서비스를 이용할 때에는 주제어를 구체적으로 분류하며 검색식(&, + 등)을 사용하거나 문장 전체를 입력해 찾으면 보다 효율적일 수 있다.
- 각 검색엔진에서 제공하는 다양한 부가기능을 통해 보다 효과적인 검색을 수행한다.
- 일반적인 검색엔진 외에도 국가기관, 공·사기업, 대학 등에서 제공하는 전문적 검색서비스를 활용한다.
- 검색옵션을 확인해 적절한 옵션을 선택한다.

55

② 1962년 케네디 대통령은 소비자권리를 담은 특별교서를 연방의회에 보냈다.

더 알아보기

미국의 소비자교육
- 미국은 소비자교육에 가장 먼저 관심을 가지고 활동한 나라이다.
- 1930년대 소비자교육에 대한 정규과정이 중·고등학교 수준에서 개설되었다.
- 1950년대에 소비자생활이라는 중·고등학교 교과서가 발행되었다.
- 1962년 케네디 대통령은 소비자의 4대 권리(안전할 권리, 알 권리, 선택할 권리, 의견을 반영할 권리 등)를 담은 소비자 보호에 관한 특별교서를 연방의회에 보냈다. 또한 1960년대 닉슨 대통령의 구매자권리 개념을 반영한 소비자교육이 자리잡게 되었다.
- 바니스터와 몬스마(R. Bannister & C. Monsma)는 1978년 소비자교육 개발프로그램에서 소비자교육의 주요 범주로 의사결정, 자원관리, 시민참여라는 개념을 제시하였다.
- 바니스터와 윌리암슨(R. Bannister & I.Williamson)은 1990년에 소비자의사결정, 개인 재무, 소비자권리와 책임, 자원관리를 포함하는 경제학 개념을 소비자교육의 주요 개념으로 제시하였다.
- 재무관리를 중시한다.

56

④ 재무계획에 해당한다.
①·②·③ 소비자의사결정에 영향을 미치는 개인적 요인에 해당한다.

57

소비자교육 프로그램 설계의 과정
교육대상 선정 → 교육주체 선정 → 교육요구도 분석 → 교육목적 및 기대효과 진술 → 교육내용 설계 → 교육과정모델 설계

58

④ 비활동적 측정에 해당하며 이는 비형식적 분석방법에 속한다.
①·②·③ 소비자교육 요구조사 분석법 중 형식적 분석방법에 속한다.

더 알아보기

요구분석
교육적 요구들을 확인하고 그것들의 우선순위를 결정하기 위해서 사용하는 방법으로 핵심적인 요구들을 확인할 수 있고 통일된 견해가 없을 경우 공유된 가치를 전달할 수 있기 때문에 자주 사용된다.

59

④ 지시적 학습은 성인 소비자교육과는 거리가 멀다.

더 알아보기

성인 소비자교육의 원리
- 자발학습의 원리
- 자기주도적 학습의 원리
- 상호학습의 원리
- 현실성의 원리
- 다양성의 원리
- 능률성의 원리
- 참여 교육의 원리
- 유희 및 오락성의 원리

60

정보선정 시 주의해야 할 사항
- 정보제공의 중요성 : 소비자의 생활향상을 위해 제공되는 정보는 실질적으로 소비자의 생활과 관련하여 중요한 정보이어야 한다.
- 정보의 흥미성과 참신성 : 제공되는 정보는 소비자에게 흥미 있고 참신해야 한다. 소비자에게 재미있는 내용은 소비자로 하여금 정보에 쉽게 접근하도록 한다.
- 교육적 효용성 : 제공되는 정보는 교육적으로 유용성이 있어야 한다.
- 수준의 적절성 : 정보제공의 대상인 소비자의 수준에 적합한 내용으로 소비자가 쉽게 이해하고 수용할 수 있어야 한다.
- 현실성 : 제공되는 정보는 사실에 토대를 둔 내용이어야 한다.

61

① 청소년 소비자는 최근 소비를 확대하는 주도적인 연령층으로 부상하였다.

62

③ 성인을 위한 소비자교육 프로그램의 내용선정 기준에 해당한다.

더 알아보기

프로그램 내용선정 시 고려해야 할 기준
- 타당성과 중요성으로 당대의 과학적 지식을 반영하며 탐구방법과 정신을 전달하여야 한다.
- 사회적 실재와의 일치성으로 변화하는 세상을 이해하고 그에 대처할 수 있는 합리적 기술을 개발하게 하며 새로운 상황에 전이될 수 있어야 한다.
- 넓이와 깊이의 균형으로 각 지식의 역할에 따라 필요한 깊이와 범위의 균형을 취하여야 한다.
- 광범위한 목표를 위한 준비로 학습자가 여러 유형의 학습에 능동적으로 참여할 수 있는 기회를 증진시킬 수 있어야 한다.
- 학생들의 적응능력과 학습자가 내면화하는 데에 도움을 줄 수 있는 경험으로 옮겨야 한다.
- 학생들의 욕구와 흥미에 대한 적절성으로 학습내용과 방법에서 학습자의 관심, 장점, 욕구, 흥미 등을 충족시키거나 개발할 수 있는 것으로 선정해야 한다.

63

② 애프터서비스는 기업의 소비자책임에 해당하지 않는다.
③ 안전할 권리에 해당한다.
④ 알 권리에 해당한다.

더 알아보기

4대 소비자권리

- 안전할 권리 : 소비자가 상품을 올바르게 사용할 때 생명이나 건강에 해가 되지 않아야 한다는 것이다. 안전에 대한 욕구는 소비자의 기본적인 욕구로써 소비자들이 소비하는 재화와 서비스로부터 생명과 신체상의 안전을 기대하는 것은 당연한 권리이다.
- 알 권리 : 정보화시대에 접어들면서 더욱 중요한 권리가 되고 있으며 정보를 받아들이거나 수집하는 권리에 그치지 아니하고 국가나 사회에 대하여 보유한 정보를 공개하도록 요구할 수 있는 권리, 즉 정보공개청구권을 포함한다.
- 선택할 권리 : 소비자가 다양한 제품과 서비스를 원하는 대로 선택할 수 있어야 하고 경쟁가격으로 구입할 수 있어야 하며 독점상품의 경우에는 공정한 가격으로 만족할 만한 품질과 서비스를 보장받을 수 있어야 함을 의미한다.
- 의견을 반영할 권리 : 경제정책의 계획과 시행에 있어서 소비자의 의견이 반영될 수 있어야 함을 의미한다.

64

소비자능력의 구성요인

- 소비자지식 : 소비자능력을 구성하는 인지적 영역으로서 가장 큰 비중을 차지하는 요소이다.
- 소비자기능 : 실천적 영역으로서 지식의 응용 및 실제행위에 해당하는 개념이다.
- 소비자역할 태도 : 개인의 신념과 감정을 반영하며 종종 개인의 가치체계와 생활양식을 표현한다.

65

② 소비자정보는 정보이용자의 능력에 따라 그 효용성에 차이가 발생한다. 따라서 정보에 대한 사전지식 정도에 따라 정보의 가치가 달라진다. 예를 들어 카메라에 대한 정보가 있을 때, 카메라에 대한 정보를 잘 아는 사람과 모르는 사람에 따라 정보의 가치가 다르다.

66

정보의 이용료의 상승은 소비자 간에 정보격차를 증가의 주요 원인이다. 정보 이용료를 낮추거나 공공재로 공급하여 수요자 간의 정보격차 문제를 해소시킨다.

67

고객콜센터(Call Center)시스템

- 고객의 주문과 불만이나 의견 등을 처리하고 데이터화·관리하며, 텔레마케팅과 사후 마케팅(After Marketing)을 수행한다.
- 고객의 관리는 물론 의사결정을 지원하는 역할도 담당하므로 차후 그 중요성이 증가하고 있다.
- 고객콜센터시스템은 고객 설문조사·분석, 인바운드·아웃바운드 성과, 콜(Call)관리·분석, 부서별 고객만족도 조사 등 활동폭이 매우 넓다.

68

④ 통합성의 원리는 소비자교육프로그램 내용설계 시 고려해야 할 원리 중 하나이다.

더 알아보기

교육내용설계 시 고려해야 할 원리(타일러, 1949)

- 계속성 : 학습경험의 수직적 조직에 요구되는 원리로서 중요한 경험요소가 어느 정도 계속해서 반복되도록 조직하는 것이다.
- 계열성 : 학습경험의 수직적 조직에 요구되는 원리로서 계속성과 관계가 있기는 하지만 학습내용의 단순한 반복이 아니라 점차로 경험의 수준을 높여서 더욱 깊이 있고 다양한 학습경험을 할 수 있도록 조직하는 것이다.
- 통합성 : 학습경험의 수평적 조직에 요구되는 원리로 각 학습경험을 제각기 단편적으로 구획하는 것이 아니라 횡적으로 상호보충·보강되도록 조직해야 학습효과를 높일 수 있으며 종합적이고 전체적인 안목을 가질 수 있다.

69

① 사회의 입장에서 본 소비자교육의 실시효과이다.
②·③·④ 기업의 입장에서 본 소비자교육의 실시효과이다.

더 알아보기

사회의 입장에서 본 소비자교육의 실시효과

- 소비자의 입장과 관점에서 문제를 인식할 수 있는 능력을 개발하고 소비자보호 관련법을 효과적으로 시행하게 하는 원동력을 제공한다.
- 생활인의 입장과 관점에서 생활을 우선시하는 사회의 실현을 도모한다.
- 공익에 대한 관심을 불러 일으켜서 사회적 비용을 감소시킨다.
- 소비자와 사업자 사이에 힘의 균형을 이루게 함으로써 시장경제체제의 기능을 제고시킨다.
- 성실하고 질이 좋은 사업자에게 호의를 가지도록 유도한다.
- 경제시스템에 대한 만족을 증가시킨다.
- 세계화 시대에 균형 잡힌 경제인과 생활인을 육성한다.
- 평생교육과 시민교육에 능동적으로 참가하는 인재를 양성한다.
- 국민생활, 교육, 경제, 산업 등의 국가정책이 효과적으로 시행되게 한다.

70

② 소비자와 전화모니터링을 하는 경우 주로 듣기와 말하기 기법을 익히는 것이 중요하다. 또한 다른 매체별 상담과 달리 전화상담만의 단계별 상담전략이 존재하므로 이를 따로 숙지하는 것이 중요하다. 비언어적 의사소통 기법은 주로 표정이나 몸짓으로 이루어지므로 전화모니터링 교육프로그램의 내용으로는 적절하지 않다.

더 알아보기

비언어적 의사소통의 유형

- 신체 각 부위를 통한 비언어적 의사소통 : 눈 마주침, 눈, 피부, 자세, 얼굴표정, 손과 팔, 자아징벌적 행위, 반복적 행위, 신호나 명령, 접촉, 성적 표현 등
- 음성을 통한 비언어적 의사소통 : 음조의 음색, 말의 속도, 음성의 강도, 말씨 등
- 환경을 통한 비언어적 의사소통 : 거리, 물리적 환경구성, 의복, 실내에서의 위치 등
- 사건을 통한 비언어적 의사소통 : 지속시간, 시간의 양 등

71

① 델파이법은 전문가의 진단이나 판단이 미래사건 또는 사건의 발생가능성들을 예견하는 데에 효과적일 수 있다는 인식에 기초한 것으로 목적, 관심사항, 잠재적인 요구들의 일치점을 얻기 위해 교육요구분석에 가장 많이 이용되는 방법이다.
② 요구를 파악하는 데 가장 널리 쓰이는 방법이며 대규모 집단의 특성을 기술하는 데 유용하다.
③ 관찰자가 조사대상인 개인 또는 사회집단의 행동이나 사회현상을 현장에서 직접 보거나 들어서 필요한 정보나 상황을 정확히 알아내려는 방법이다.
④ 개인적으로 요구를 결정하고 기록하는 데에 이용되는 방법으로 분석자료들이 여러 전문직에 이용될 수 있고, 여러 가지 주제와 내용 영역에서 다양한 분석자료들을 얻을 수 있다.

72

소비자정보관리의 과정

- 전략의 수립 : 기업이 고객관계에 효과적으로 활용하기 위해 고객정보의 필요성을 느끼게 되면 고객정보 수집을 위한 정보가 필요한데 여기에는 기존의 사실, 현재의 시장상황, 고객의 욕구, 경쟁적인 위협에 대한 이해와 기업의 미래에 대한 기대를 결합한 것으로 미래지향적인 정보를 포함한다.
- 노력의 집중 : 고객정보 전략이 세워졌으면 비용보다 이익이 크거나 거의 같은 한도 내에서 고객을 알기 위한 노력의 집중이 요구된다.
- 정보의 생성 : 노력을 통해 수집된 고객에 관한 정보를 기업의 활동이나 다양한 목적에 맞는 자료로 만드는 것을 정보의 생성이라 한다.
- 정보의 축적과 공유 : 생성된 고객정보는 정보시스템 등에 축적하였다가 필요한 때 적절하게 사용할 수 있도록 하는 것이 필요하다.
- 정보의 활용 : 축적된 고객정보는 고객의 불만처리뿐 아니라 새로운 제품의 개발, 제품판매, 더 나아가서는 고객서비스에서도 활용되어 고객만족을 향상시키는 데 기여할 때에 비로소 그 정보는 가치가 있는 것이다.

73

③ 카탈로그 제작 시 기업의 방침 및 기업의 제품에 대해 충분히 검토하여 이해를 마친 상태에서 제작되어야 하며, 디자인에도 상당히 신중을 기해야 한다.

더 알아보기

카탈로그

- 상품이나 기업소개를 위해 만든 인쇄물로서 목록, 요람, 편람, 안내서 등
- 제품의 사양 및 제품의 특징을 나열하여 소비자가 제품에 대해 쉽게 이해하게끔 제작
- 제품의 특징뿐 아니라 제품을 사용하였을 때 소비자가 얻을 수 있는 이익까지도 나타내 주어 제품의 충분한 이해를 돕는 기능
- 예상고객에게 제품의 기능, 특징, 가격, 디자인 등을 설명하여 판매촉진에 도움을 줌
- 유형과 때에 맞춰 점차 고급화되어 가는 경향을 고려하여 그 형식도 폴더, 리플릿 등의 간단한 것에서 호화스러운 체제를 갖춘 것으로 옮겨가고 있으며 백화점, 슈퍼마켓, 출판사, 부동산업체, 레저업체 등에서 많이 만들어 사용
- 카탈로그에 의한 직접판매가 발달된 미국에서는 다이렉트 메일이나 신문에 끼워넣는 광고와 함께 널리 쓰이며, 오늘날 박람회, 전시회, 견본시장, 직매장, 요리교실 등의 이벤트가 많아짐에 따라 각 기업의 판매전략을 위한 도구로 많이 사용되고 있음

75

② 아동 소비자교육에 대한 설명이다.

더 알아보기

청소년 소비자

- 소비자 발달단계에서 보면 아동 소비자와 성인 소비자의 중간에 위치하며 그들과는 구별되는 생활양식과 소비특성을 갖는 소비자이다.
- 인지발달에 있어서 결정적 시기이며 개인의 사회화에 있어서 매우 중요한 시기로 사회참여에 필요한 가치, 태도, 기능을 개발해 나가게 된다.
- 청소년은 가장 타당한 해결방안을 찾기 위하여 모든 가능한 대안을 검토해 본 후에 추상적으로 가능한 대안을 찾으려고 모색한다.
- 아동은 귀납적 사고를 하는데 반하여 형식적 조작기에 속하는 청소년은 연역적 사고를 한다.

제4과목 소비자와 시장

76

④ 의견 선도자의 특성이라기보다 체험단의 특성에 더 가깝다.

더 알아보기

체험단

어떤 신제품이 출시되었을 때 기업에서 무작위로 뽑은 소비자들이 해당 제품을 먼저 사용하고 평가한 후 그 장단점 및 제품에 대한 정보를 다른 소비자들에게 알려주는 역할을 하는 사람들이다. 체험단의 운용은 기업 입장에서도 신제품에 대해 일종의 광고역할도 되고 해당 제품에 대한 피드백도 얻을 수 있어 긍정적으로 활용하는 편이다.

77

④ 부유층의 경우 자신의 구매력과 사회적 지위를 과시하기 위해 이러한 소비패턴을 많이 보인다. 외국제품 및 명품 등 고가 브랜드의 선호는 바로 스놉 효과에서 비롯되며 소비자의 차별성과 우월성 추구는 다른 소비자의 스놉 효과를 유발시키고 또한 모방소비를 갖게 하기도 한다.

① 과시적인 동기를 가지고 소비하는 성향을 말한다.

② 자신의 구매스타일보다 다른 사람들이 많이 선택하는 소비패턴에 따르는 현상이다.

78

- 관여도 : 어떤 개인과 관련된 정보를 뜻하는 것으로 정보탐색의 양을 결정짓는 변수로 작용하며 고관여 제품은 내구재인 승용차, 주택, 냉장고 등과 개인의 이미지 구축과 관련된 제품으로 신발, 장갑, 악세서리 등 일반적으로 소비자와 관련이 높은 것을 말한다. 이때 고관여 제품의 구매는 전체적, 포괄적 문제해결 방식이 적용된다.
- 포괄적 문제해결 방식 : 전체적 문제해결 방식이라고도 한다. 소비자입장에서 이런 문제는 매우 중요하며 어떤 위험한 문제가 생길 때에 이를 극복하기 위하여 소비자는 끝없는 노력을 다하게 된다. 내부적 구매와 연관 있는 의사결정은 대부분 이와 같은 문제해결의 방식을 생각하게 한다.

79

- 베블렌 효과 : 과시적인 동기를 가지고 소비하는 성향을 말한다. 즉, 소비자들의 소비가 자신의 진정한 필요와 욕구의 충족을 위해서가 아니라 자신의 위신을 과시하기 위한 점이 있으며 다른 사람들도 과시구매를 모방한다는 이론이다.
- 밴드웨건 효과 : 소비자 자신의 구매스타일보다 다른 사람들이 많이 선택하는 소비패턴에 따르는 현상으로, 개인의 욕구와 다양한 개성으로 뚜렷한 자기 스타일을 나타내기보다 남의 이목과 체면을 중시하는 소비자들에게서 많이 나타난다.
- 스놉 효과 : 다른 사람과 차별화된 소비성향을 통해 자신의 사회적 지위가 높아진다고 생각하여 다른 사람들이 많이 소비하는 물건은 기피하는 경향을 말한다. 특히 부유층의 경우 자신의 구매력과 사회적 지위를 과시하기 위해 이러한 소비패턴을 많이 보인다.

80

④ 성장기는 소비자들에게 카테고리 및 제품에 대한 인지도가 형성되면서 매출이 빠르게 올라간다. 순수입이 급상승하며, 경쟁자들이 속속 나타나기 시작하는 시점이다. 이때 가격은 경쟁자들이 나타나기 전까지는 Skimming pricing(신상품이 처음 나왔을 때, 아주 높은 가격을 매긴 다음, 시간이 흐름에 따라 점차 가격을 낮추는 가격정책) 가격을 유지하는 것이 좋을 수 있으며 시장 선도자의 경우 경험곡선(학습효과)이나 규모의 경제에 의해 원가가 낮아지므로 가격인하를 실시할 수도 있다.

더 알아보기

제품수명주기 이론(PLC ; Product Life Cycle)

제품에는 일정한 수명이 있고 이러한 수명은 새로운 제품이 등장할 때마다 반복적인 형태로 나타난다는 것을 의미하는데 크게 '도입 – 성장 – 성숙 – 쇠퇴'의 단계를 거치게 된다.

81

시장의 개념과 시장구조

- 의의 : 전통적 의미에서 시장이란 다중 간에 제품과 서비스의 거래가 이루어지는 장소이다. 사회가 발전하고 기술이 발달함에 따라 오늘날의 시장은 장소적 측면뿐만 아니라 기능적・추상적 측면이 점점 부각되고 있다.
- 수요자와 공급자 간의 수요・공급 : 시장은 공급자와 구매자 그리고 제품이 서로 교류・교환되는 곳으로 공급자와 필요한 제품을 사려는 구매자 간에 수요・공급이 계속적으로 발생하고 제품가격이 형성되며 제품의 매매가 거래・유통되는 장소이다. 아담 스미스는 '보이지 않는 손'이란 개념을 통해 시장에서 경쟁을 통한 배분이 다른 어떤 배분방법보다 사회적 비용이 적게 든다고 주장하였다.
- 판매집단과 소비자집단 : 재화는 판매자와 소비자 간의 매매거래로 유통되며, 두 집단은 이해관계와 경쟁관계를 가지고 있다. 장기적으로는 거래・유통되므로써 판매자와 소비자에게 상호이익을 가져다 준다. 한편 소비자 또는 판매자 상호간에도 반드시 이해관계가 일치하는 것은 아니며 서로 경쟁관계를 형성하기도 한다.

82

문제인식의 정의

- 의사결정의 첫 번째 단계 : 문제인식은 소비자가 해결해야 할 문제 또는 충족해야 할 요구를 인식함으로써 시작되는 것으로 의사결정의 첫 번째 단계로 소비자의 문제인식이라고 한다. 어떤 바람(희망)이나 불편함 등을 소비자가 감지함으로써 이러한 것들을 자기 자신이 바라는 이상적인 상태로 만들기 위해서이다.
- 현재상태와 문제해결 : 구매의 필요성을 실감하는 '컴퓨터 활용능력을 키워야겠다', '신발이 닳았다', '배가 고프다' 등의 예를 들 수가 있다. 자신이 바라는 상태와 차이가 크다는 것은 문제인식의 정도로 현재의 상태와 그 문제가 해결되었을 때 나타난다.

83

③ 소비자 의사결정의 영향요인 중 가족에 대한 설명이다.

더 알아보기

사회계층

- 사회계층이란 서로 비슷한 가치관, 흥미, 라이프스타일과 행동패턴을 지니고 있는 비교적 영속적·동질적 집단이다.
- 사회계층의 측정기준에는 교육수준, 주거지역, 직업, 소득, 재산 등이 있다.
- 사회계층은 시간의 경과에 따라 이동이 가능하다.
- 하위계층은 상위계층의 소비행태를 모방함으로써 소비욕구를 충족시킨다.
- 소비자는 실제 사회계층의 이동이 일어나지 않아도 소비를 통해 상위계층으로의 이동에 대한 욕구를 충족시킨다.

84

계획된 진부화
새 품종의 판매를 위해 구 품종의 상품을 계획적으로 진부화시키는 기업행동이다. 신 품종을 개발하고 모델을 변경하여, 기존 제품의 수명을 단축시키고 대체수요의 증가를 통해 기업의 이익을 추구하는 기업정책이다.

85

내구재는 냉장고, 의류와 같이 여러 회에 걸쳐 반복 사용될 수 있는 유형재이다. 따라서 가격, 제품차별화, 제품군의 안정성 등 제품의 특성을 파악하기 위해서 광고, 소비자, 판매원, 중립적 매체, 제품자체로부터 얻은 정보인 외적 탐색이 효과적이다.

86

④ 가처분소득(Disposable Income)이란 개인가처분소득이라고도 하며 개인의 소득 중 소비나 저축을 자유롭게 할 수 있는 소득을 말한다. 신용카드로 대금을 지불한다고 해서 가처분소득이 증가하는 것은 아니므로 신용카드 사용 시에는 계획에 따른 합리적인 소비가 요구된다.

88

서비스는 판매의 대상으로 제공되고 제반활동과 편익 또는 만족, 서비스는 무형이고 분리가 불가능하며, 변동성과 소모성이 높다. 따라서 높은 수준의 품질관리와 공급자의 신뢰성 및 적응성이 요구된다.

89

④ 과점시장이란 소수업체의 공급을 통하여 제품이 유통되는 시장을 말하므로 상품의 완전한 차별과는 거리가 멀다. 과점시장하에서는 동종제품을 생산하는 과점기업이 독점화하는 현상을 뜻하는 카르텔(독점화의 담합) 현상이 나타날 수 있다.

90

환경문제의 특징
- 인과관계의 시차성
- 문제의 자기증식성
- 오염요인 간의 상승작용

91

② 시장에서 제품의 공급자와 수요자를 비교하여 그 수가 많으면 그 시장은 경쟁적이라 할 수 있고, 적으면 비경쟁적이다.

92

일반적으로 가정 내 구매보다는 매장에서 구매계획을 가지고 일시불 현금 거래를 하는 경우에 충동구매를 할 확률이 가장 낮다.

93

유통경로
제품을 제조업자로부터 최종소비자에게 이동·전달시키는 일련의 활동과 과정을 시스템적으로 제도화한 방법이다. 유통경로에는 생산자나 중간상으로부터 구매자에게로 제품이나 서비스가 제공되고 제품이나 서비스의 권리가 이전되는 과정에서 발생하는 유용성이 있다. 즉, 유통경로는 시간, 장소, 형태, 소유의 유용성을 부가하여 제품의 부가가치를 찾아내는 역할을 말한다.

95

③ 효율성에 관한 설명이다.

더 알아보기

합리성과 효율성

합리적 구매란 개인의 주관적 가치관, 기호를 바탕으로 논리적이고 계획적으로 구매했는지 여부에 의해서 결정된다. 반면에 효율적 구매란 구매결과 경제적 이득은 물론 심리적 만족도 수반되는지의 여부에 의해서 결정된다. 따라서 소비자가 합리적 구매를 했을 경우 효율적 구매일 가능성은 높지만 반드시 효율적 구매를 했다고 볼 수는 없다. 왜냐하면 소비자가 구매에 관한 정보, 기술 등의 부족으로 인하여 논리적으로 구매했음에도 불구하고 구매결과 경제적 손실이나 혹은 심리적으로 불만족할 수 있기 때문이다.

96

④ 상품정보가 충분할 때는 점포의 특성이 소비자의 선택에 미치는 영향이 미비하다.

더 알아보기

상표 및 점포의 선택

- 소비자는 특정 상표를 결정한 다음 선택한 상표에 따라 상점을 선택하게 된다(판매 대리점 보다는 승용차의 상표를 먼저 선택).
- 상표선택이 먼저 일어나는 경우
  - 상표애호도가 높을 때 : 좋아하는 상표에 따라 상점이 결정된다.
  - 상점애호도가 낮을 때 : 특정상점에 대한 선호성이 없는 소비자는 필요한 품목의 상표에 근거하여 상점을 선택하는 경향이 높다.
  - 제품정보가 충분할 때 : 충분한 제품경험과 제품 정보를 가진 소비자들은 판매원의 도움이 필요없다.
  - 제품관여 및 지각된 위험이 높을 때 : 제품이 소비자에게 중요한 경우 구매결정이 상점 내에서 이루어지기 보다는 사전에 미리 계획될 가능성이 크다.

97

신세대 소비문화의 의의

- 청소년들의 즉흥적, 감각적, 충동적, 개인주의적 성향과 함께 그들의 독특한 라이프 스타일을 말한다.
- 소비를 확대하는 주도적인 역할을 한다.
- 영상매체, 특정 브랜드의류, 신발, 음료 등의 특정 소비재와 관련하여 소비가 연결된다.
- 시장세분화의 목표물로서 광고나 매체의 상업적 목적으로 만들어졌거나, 적어도 그 생활양식이 특정 소비재와 관련하여 과장되어 있다.
- X세대, Y세대, Z세대, N세대로까지 표현된다.
- 소비주의적 생활양식을 부추기고 예찬하는 소비주의 문화가 활성화되어 있다.
- 또래집단에 의한 소비행위의 영향을 대단히 크게 받으며 유행에 민감하고, 광고에 현혹되기 쉬우며 신체적, 심리적 변화에 의한 가치관의 혼란과 그들의 사회적 위치와 역할이 불분명함으로 인한 갈등을 겪고 있으며 이것이 소비행동에서 나타나고 있다.

98

소비자의사결정의 영향요인

- 개인적 영향요인 : 지각, 학습, 동기, 개성, 라이프스타일, 태도 등
- 사회(환경)적 영향요인 : 문화, 사회계층, 준거집단, 가족 등

99

① 상설염가판매 : 제조업체가 유통업체를 거치지 않고 상설매장을 운영하는 Factoring Outlet 시스템 등을 이용하여 염가판매하는 시스템
② 균일가판매 : 판매업자 등이 정한 범위 내에서 품질이나 품종과 상관없이 동일하게 매긴 가격으로 판매하는 형태
③ 오픈프라이스 : 제조업체가 제품 겉포장에 권장이나 희망 가격을 표시하는 것을 금지하고 판매업자가 실제 판매 가격을 정하여 표시하도록 하는 형태

100

제품의 속성
- 경험재 : 자동차, 가전제품 등과 같이 소비자가 제품을 사용한 후에만 제품의 품질이나 성능에 관한 정보를 얻을 수 있는 재화유형으로 어떤 제품을 사용해보기 전에는 그 제품에 대한 특성이나 품질을 평가할 수 없는 제품
- 신용재 : 상품을 구매한 후에도 품질을 쉽게 알 수 없는 재화나 서비스
- 신뢰재 : 사용 후에도 그 특성이나 질을 평가하기 어려운 제품
- 편의품 : 소비자에게 필요하긴 하지만 구매를 위해 많은 시간과 노력을 기울일 용의를 보이지 않는 상품
- 탐색재 : 소비자가 어떤 제품을 구매하기 전에 제품의 특성이나 질을 평가할 수 있는 제품

제 3 회 2021년 정답 및 해설

소비자전문상담사 Consumer Adviser Junior

2021년 제3회 정답 및 해설

01	02	03	04	05	06	07	08	09	10	11	12	13	14	15
②	③	①	③	①	④	④	④	④	②	②	④	②	③	②
16	17	18	19	20	21	22	23	24	25	26	27	28	29	30
④	④	③	②	②	①	③	①	③	②	③	④	③	①	③
31	32	33	34	35	36	37	38	39	40	41	42	43	44	45
②	②	④	③	②	②	③	②	①	②	④	③	①	③	②
46	47	48	49	50	51	52	53	54	55	56	57	58	59	60
④	①	④	④	④	③	④	②	④	③	④	①	③	①	②
61	62	63	64	65	66	67	68	69	70	71	72	73	74	75
①	①	①	①	④	④	③	①	④	③	①	①	②	①	④
76	77	78	79	80	81	82	83	84	85	86	87	88	89	90
③	②	③	④	④	③	③	④	③	④	①	③	③	③	①
91	92	93	94	95	96	97	98	99	100					
④	③	③	④	④	③	③	②	③	③					

제1과목 소비자상담 및 피해구제

01

② 불만족한 소비자는 공격적인 상태인 경우가 많으므로 상담사는 소비자의 이야기에 긍정하면서 Yes, but 화법으로 말하는 것이 좋으며 꼭 미소를 지으며 목소리를 낮춘다.

더 알아보기

불만족한 소비자상담의 상담기법

- 소비자가 만족할 수 있는 방법 및 대체안 제시
- 소비자 불만에 대한 공감적 경청
- 개방형 질문
- 충분한 배려
- 전문기관 알선
- Yes, but 화법으로 말하기
- 미소와 낮은 목소리

02

③ 교환은 같은 종류의 물품 등으로 하되, 같은 종류의 물품 등으로 교환하는 것이 불가능한 경우에는 같은 종류의 유사물품 등으로 교환한다.

더 알아보기

일반적 소비자분쟁해결기준(소비자기본법 시행령 제8조 제2항 관련)

- 품질보증기간 동안의 수리·교환·환급에 드는 비용은 사업자가 부담한다.
- 소비자가 수리를 의뢰한 날부터 1개월이 지난 후에도 사업자가 수리된 물품 등을 소비자에게 인도하지 못할 경우 품질보증기간 이내일 때는 같은 종류의 물품 등으로 교환하되 같은 종류의 물품 등으로 교환하거나 환급한다.

- 교환은 같은 종류의 물품 등으로 하되, 같은 종류의 물품 등으로 교환하는 것이 불가능한 경우에는 같은 종류의 유사물품 등으로 교환한다. 다만, 소비자가 같은 종류의 유사물품 등으로 교환하는 것을 원하지 아니하는 경우에는 환급한다.
- 환급금액은 거래 시 교부된 영수증 등에 적힌 물품 등의 가격을 기준으로 한다. 다만, 실제 거래가격을 입증할 수 없는 경우에는 그 지역에서 거래되는 통상적인 가격을 기준으로 한다.

03

소비자지향적 상담에서 소비자 만족이 가장 중요하다. 따라서 전문성을 갖춘 친절하고 적극적인 고객중심적·고객지향적 상담이 이루어져야 하며 소비자의 편리성을 우선하여 소비자와 기업 간의 통로기능을 할 수 있어야 한다.

04

③ 고객만족경영을 위해 기존의 프로세스를 유지하기보다는 고객만족지수의 평가와 결과에 맞춰 프로세스를 변화

더 알아보기

고객만족경영

- 고객의 만족을 기업의 최고 경영철학으로, 고객서비스를 최고의 자산으로 인식
- 기업의 최고경영자가 강력한 리더십을 발휘
- 고객을 대면하는 부서의 근무자를 중시하고 관리자에게 문제해결의 권한위임을 통해 신속한 보상을 제도화
- 기업의 간부, 핵심리더를 육성하여 새로운 구심력의 고객만족 기업문화를 조성
- 소비자만족지수의 개발을 통하여 정기적 측정 및 평가와 결과를 활용
- 기업 내 직원을 대상으로 고객만족 서비스교육을 실시
- 기업 내에 고객만족 전담조직을 설치하여 운영

05

① 행정기관, 소비자단체, 기업 등의 기관에 따라 소비자상담의 내용과 목적에 있어 차이가 있다. 국내 민간 소비자단체에서의 소비자상담은 소비자교육이나 소비자운동과 밀접한 관계가 있다.

②·③ 정부에 의한 소비자상담과 관련이 있다.

④ 기업에 의한 소비자상담과 관련이 있다.

06

소비자분쟁의 해결기준은 일반적 소비자분쟁해결기준과 품목별 소비자분쟁해결기준으로 나눈다. ④는 품목별 분쟁해결기준에 해당한다.

07

내용증명은 발신인이 수신인에게 어떤 내용의 문서를 언제 발송했다는 사실을 우체국이 증명하는 우편제도이다. 즉, 내용증명 자체로는 어떤 법률적 효력도 가지지 않으며 법률적 분쟁이 발생한 경우 공신력이 있는 문서로서 입증자료로 사용된다.

08

가전제품의 경우 품질보증기간 이내에 하자발생 시 무상수리, 수리불가능 시 제품교환 또는 구입가 환급, 교환불가능 또는 교환된 제품이 1개월 이내에 중요한 수리를 요할 때 구입가 환급을 실시하고 있다. 품질보증기간 이내에 동일하자에 대해 2회까지 수리하였으나 하자가 재발하는 경우 또는 여러 부위 하자에 대해 4회까지 수리하였으나 하자가 재발하는 경우는 수리 불가능한 것으로 본다.

09

④ 한국소비자원의 주요기능에 해당한다.

더 알아보기

소비자상담실의 업무내용

- 제품정보 및 각종 정보의 제공
- 소비자불만의 접수와 해결
- 소비자상담 자료의 정리·분석·보고
- 소비자만족도 조사
- 고객 관련 정보 수집 및 분석
- 고객관리와 사내·외 소비자교육
- 소비자단체·소비자정책의 동향 파악 및 대응책 마련

10

의복류의 치수(사이즈)가 맞지 않거나 디자인, 색상에 불만이 있을 경우에 제품구입 후 7일 이내로서 제품에 손상이 없는 경우 교환 또는 환급이 가능하다.

11

② 기업의 소비자상담사의 역할과 관련이 있다.

더 알아보기

민간 소비자단체의 소비자상담사의 역할

- 소비생활에 관련된 정보, 서비스를 제공
- 소비자피해 등 소비자문제 해결
- 소비자행정의 문제점에 관한 정보수집 및 소비자정책수립에 반영
- 기업과 소비자 사이의 의사소통
- 소비자교육기능 부분 수행
- 소비자 욕구를 기업에 반영

12

법정대리인의 동의 없는 미성년자의 계약은 조건 없이 계약을 취소할 수 있으며 위약금에 대한 청구행위를 금지한다.

13

② 소비자상담사의 일반적인 능력에 해당한다.

더 알아보기

기업의 소비자상담사에게 요구되는 전문적 능력

- 기업경영에 대한 전반적 이해와 마케팅지식
- 자사상품 및 상품 거래방법 등에 대한 지식
- 소비자보호제도 및 관련 법규에 대한 지식
- 기업과 소비자 의사소통을 통한 소비자 행동, 소비자 욕구의 반영
- 기업의 시장활동 및 시장환경 파악

14

구매 전의 소비자상담은 합리적 소비자선택을 지원하기 위한 소비자 정보의 제공이 필요하다. 구매 후의 소비자상담은 소비자 문제나 피해를 해결하기 위한 상담이 필요하다. 소비자상담은 상담사의 주관이나 의견보다는 객관적이고 정확한 정보전달이 요구된다.

15

② 소비자문제 및 피해를 예방은 구매 전 소비자상담의 내용에 해당한다.

더 알아보기

구매 전후 소비자상담

구매 전 소비자상담은 소비자 정보의 제공을 통해 합리적인 소비자 선택을 도와준다. 구매 시 소비자상담은 소비자의 선호, 기대를 파악하여 신제품의 개발 및 영업정보를 획득할 수 있어 기업의 판매수익과 직결된다.

16

④ 마음 읽기는 경청방해요인으로, 내담자의 마음을 미리 짐작하거나 읽으려고 할 때 내담자가 당황하거나 불쾌감을 갖게 되기도 한다.

더 알아보기

효과적인 경청방법

- 적극적으로 경청한다.
- 인식하면서 경청한다.
- 가끔 눈맞춤을 유지한다.
- 몸을 소비자 쪽으로 기울인다.
- 소비자의 말에 고개를 끄덕이거나 바꿔 말하면서 관심을 보인다.
- 명료화하고 피드백하는 방법으로 상담한다.
- 화가 나거나 기분이 나쁘더라도 상대방과의 대화에 성의를 보인다.

17

④ 공감적 경청(적극적 경청)은 소비자상담 시 효율적인 경청방법에 해당한다.

① 평가적 경청은 비효율적인 경청의 주 원인이다.

② 여과적 경청은 상담사가 자신도 모르게 작용하는 다양한 형태의 편견을 주입시키기도 한다.

③ 동정적 경청은 상담자에게 동정심을 불러일으켜 소비자가 하는 이야기를 왜곡시켜 듣게 하기 쉽다.

18

③ 구매 시 소비자상담에 해당된다.

더 알아보기

구매 전 상담의 주요 내용

- 대체안의 제시와 특성의 비교
- 가격과 판매방법에 관한 정보제공
- 대체안 평가방법에 대한 정보제공
- 다양한 구매방법에 대한 정보제공
- 사용방법 · 관리방법에 대한 정보제공
- 소비자교육 프로그램 운영

19

② 100만원 − 5만원 − (10만원 × 0.75 + 10만원 × 0.25 × 100만원/100만원) = 85만원

더 알아보기

부정기형 상조상품 해약환급금 계산식

- 해약환급금 = 납입금 누계 − 관리비 누계 − 모집수당 공제액
- 모집수당 공제액 = 모집수당 × 0.75 + 모집수당 × 0.25 × 기 납입 선수금액/총 계약대금
- 납입금 누계가 관리비 누계와 모집수당 공제액의 합보다 적은 경우에는 해약환급금을 0으로 한다.
- 모집수당은 총 계약대금 대비 최대 10%로 하되, 500,000원을 초과할 수 없다.
- 관리비는 납입금 누계의 최대 5%로 하되, 관리비의 합계는 500,000원을 초과할 수 없다.
- 단, 총 계약대금의 일부를 재화 등의 제공 후에 납기하기로 약정하는 경우(소비자가 재화 등의 제공을 요청하여 남은 계약대금을 납부하게 되는 경우는 제외한다)에는 모집수당 및 모집수당 공제액 산정 시 "총 계약대금"을 "재화 등의 제공 전 납부하기로 약정한 금액"으로 한다.

20

개방형 질문법은 문제해결에 도움을 줄 수 있는 방법을 구상하면서 소비자의 욕구사항을 파악하는 질문방법이다. 질문내용은 소비자의 욕구 확인하기, 많은 정보 모으기, 배경자료 발견하기(관련 자료의 탐색) 등이 있다.

21

① 내용증명 자체로는 어떤 법률적 효력도 가지지 않으나, 법률적 분쟁이 발생한 경우 공신력이 있는 문서로서 입증자료로 사용될 수 있다.
② 발신인이 수신인에게 어떤 내용의 문서를 언제 발송했다는 사실을 우체국이 증명하는 우편제도이다.
③ 발신인의 주소와 성명을 편지의 봉투는 물론 본문 내용에도 기재하고, 내용문서의 서두나 끝부분에는 발송인 및 수취인의 주소 · 성명을 반드시 기재한다.
④ 내용증명우편을 분실한 경우에는 발송한 다음 날로부터 3년까지는 발송우체국에서 내용증명의 열람이나 재증명을 청구할 수 있다.

22

③ 기업의 소리를 직접 소비자에게 전달하여 소비자 반응을 파악하는 상담은 아웃바운드 상담에 해당한다.
① 인바운드 상담은 일반적으로 고객으로부터 전화가 와서 상담한다. 상품수주, 상품개발이나 서비스 개선을 위한 고객의 의견과 제안 등을 얻을 수 있으며, 고객 불만이나 문제해결을 도와주는 여러 가지 역할을 한다.
② · ④ 아웃바운드 상담은 기존 · 잠재 고객에게 전화를 걸어 소비자에 대한 시장조사, 자사상품의 정보수집, 경쟁사의 정보수집, 소비자의 요구사항 등 의견을 듣는다. 제품이나 서비스를 구매한 후 어떤 불만은 없는지 등을 기업체 주관으로 조사하여 마케팅 전략에 활용하는 역할을 수행한다. 제품, 서비스 사용상의 애로사항이나 문제점을 서비스 차원에서 확인한다.

23

① 차량인도일로부터 1개월 이내에 주행 및 안전도 등과 관련한 중대한 결함이 2회 이상 발생하였을 경우 차량교환 또는 필수제비용을 포함한 구입가 환급이 가능하다.

24

단호한 유형의 소비자와의 상담전략
- 질문에 직접적이고 간결하며 사실적인 대답을 한다.
- 변명하지 말고 설명을 간결하게 하고 해결책을 제공한다.
- 목표를 향해 똑바로 나아가고 적절하게 상호작용의 결론을 내림으로써 시간을 의식시킨다.
- 대안적으로 적은 양의 정보를 제공한다.
- 상황의 해결을 목표로 한 구체적인 질문을 하고 서비스한다.
- 고객이 말할 기회를 제공한다.

25

② 청중이 사전 정보를 많이 가지고 있을수록 일면적 주장에 의하여 설득될 가능성은 낮아지고 양면적 주장에 의하여 설득될 가능성은 증가한다.
① 상황에 따라 달라질 수 있으므로 논리적 호소와 정서적인 호소 중에서 어느 것이 더 효과적인 설득방법인가에 관해서는 분명한 결론을 내리기 어렵다.
③ 소비자의 사전태도가 설득자의 주장과 같은 방향일 때 설득자의 설득이 더 효과적일 수 있다.
④ 구매상담의 경우 소비자에게 영향을 미칠 수 있는 개인의 경험을 말해주는 것이 통계자료를 제시하는 것보다 효과적일 수 있다.

더 알아보기

의사소통의 효과를 증대시키는 요인
- 의사소통의 원천 : 신뢰성, 매력도 등
- 설득 표현의 구성방법 : 정서적인 호소, 개인적 경험, 양면적 주장, 의견 제시의 순서, 의견 차이의 정도 등
- 소비자 특성 : 자존심, 설득메시지를 접할 때의 소비자의 마음 상태, 소비자의 자유감 등

제2과목 소비자관련법

26

부당한 표시 · 광고 행위의 금지(표시 · 광고의 공정화에 관한 법률 제3조)
- 거짓 · 과장의 표시 · 광고
- 기만적인 표시 · 광고
- 부당하게 비교하는 표시 · 광고
- 비방적인 표시 · 광고

27

소비자의 범위(소비자기본법 제2조 및 동법 시행령 제2조)
- 사업자가 제공하는 물품 또는 용역(시설물을 포함한다)을 소비생활을 위하여 사용(이용을 포함한다)하는 자
- 제공된 물품 또는 용역을 최종적으로 사용하는 자. 다만, 제공된 물품 등을 원재료(중간재를 포함한다), 자본재 또는 이에 준하는 용도로 생산활동에 사용하는 자는 제외한다.
- 제공된 물품 등을 농업(축산업을 포함한다) 및 어업활동을 위하여 사용하는 자. 다만, 원양산업발전법에 따라 해양수산부장관의 허가를 받아 원양어업을 하는 자는 제외한다.

28

개별 약정의 우선(약관의 규제에 관한 법률 제4조)
약관에서 정하고 있는 사항에 관하여 사업자와 고객이 약관의 내용과 다르게 합의한 사항이 있을 때에는 그 합의 사항은 약관보다 우선한다.

29

약관의 작성 및 설명의무 등(약관의 규제에 관한 법률 제3조 제2항)
사업자는 계약을 체결할 때에는 고객에게 약관의 내용을 계약의 종류에 따라 일반적으로 예상되는 방법으로 분명하게 밝히고 고객이 요구할 경우 그 약관의 사본을 고객에게 내주어 고객이 약관의 내용을 알 수 있게 하여야 한다. 다만, 다음의 어느 하나에 해당하는 업종의 약관에 대하여는 그러하지 아니하다.
- 여객운송업
- 전기 · 가스 및 수도사업
- 우편업
- 공중전화 서비스 제공 통신업

30

③ 정책위원회의 사무를 처리하기 위하여 공정거래위원회에 사무국을 두고 그 조직 · 구성 및 운영 등에 필요한 사항은 대통령령으로 정한다(소비자기본법 제24조 제7항)

31

② 소비자는 소비자에게 책임이 있는 사유로 재화 등이 멸실되거나 훼손된 경우에는 통신판매업자의 의사에 반하여 청약철회 등을 할 수 없다. 다만, 재화 등의 내용을 확인하기 위하여 포장 등을 훼손한 경우는 제외한다(전자상거래 등에서의 소비자보호에 관한 법률 제17조 제2항 제1호).

32

적용제외(할부거래에 관한 법률 제3조 및 동법 시행령 제4조)

- 사업자가 상행위를 위하여 재화 등의 공급을 받는 거래. 다만, 사업자가 사실상 소비자와 같은 지위에서 다른 소비자와 같은 거래조건으로 거래하는 경우는 적용한다.
- 성질상 이 법을 적용하는 것이 적합하지 아니한 것으로서 대통령령으로 정하는 다음 재화 등의 거래
  - 농산물 · 수산물 · 축산물 · 임산물 · 광산물로서 통계법에 따라 작성한 한국표준산업분류표상의 제조업에 의하여 생산되지 아니한 것
  - 약사법에 따른 의약품
  - 보험업법에 따른 보험
  - 자본시장과 금융투자업에 관한 법률에 따른 증권 및 어음
  - 부동산

33

방문판매자 등은 이미 재화 등이 사용되거나 일부 소비된 경우에는 그 재화 등을 사용하거나 일부 소비하여 소비자가 얻은 이익 또는 그 재화 등의 공급에 든 비용에 상당하는 금액으로서 대통령령으로 정하는 범위의 금액을 지급할 것을 소비자에게 청구할 수 있다(방문판매 등에 관한 법률 제9조 제8항).

34

방문판매자 등으로부터 재화 등의 대금을 환급받은 결제업자는 지체 없이 소비자에게 이를 환급하거나 환급에 필요한 조치를 하여야 한다(방문판매 등에 관한 법률 제9조 제4항).

35

② 소비자기본법에 따라 등록된 소비자단체 또는 같은 법에 따라 설립된 한국소비자원은 소비자 피해가 자주 일어나는 거래 분야에서 표준이 될 약관을 제정 또는 개정할 것을 공정거래위원회에 요청할 수 있다(약관의 규제에 관한 법률 제19조의3 제2항).

① 약관의 규제에 관한 법률 제19조의3 제1항

③ 약관의 규제에 관한 법률 시행령 제7조 제1항

④ 약관의 규제에 관한 법률 제19조의3 제8항

36

소비자는 재화 등의 내용이 표시 · 광고의 내용과 다르거나 계약내용과 다르게 이행된 경우에는 그 재화 등을 공급받은 날부터 3개월 이내, 그 사실을 안 날 또는 알 수 있었던 날부터 30일 이내에 청약철회 등을 할 수 있다(전자상거래 등에서의 소비자 보호에 관한 법률 제17조 제3항, 방문판매 등에 관한 법률 제8조 제3항).

37

국가 또는 지방자치단체는 등록소비자단체의 건전한 육성 · 발전을 위하여 필요하다고 인정될 때에는 보조금을 지급할 수 있다(소비자기본법 제32조).

38

할부거래에 관한 법률 제16조(소비자의 항변권) 제2항에서 "대통령령으로 정한 금액"이란 10만원을 말한다. 다만, 여신전문금융업법에 따른 신용카드를 사용하여 할부거래를 하는 경우에는 20만원을 말한다[할부거래에 관한 법률 시행령 제11조(소비자의 항변권 제한)].

39

할부거래업자는 할부계약을 체결하기 전에 소비자가 할부계약의 내용을 이해할 수 있도록 총리령으로 정하는 바에 따라 재화 등의 종류 및 내용, 현금가격, 할부가격, 각 할부금의 금액 · 지급횟수 및 지급시기, 할부수수료의 실제연간요율, 계약금, 지연손해금 산정 시 적용하는 비율을 표시하여야 한다(할부거래에 관한 법률 제5조).

40

무효인 법률행위는 추인하여도 그 효력이 생기지 아니한다. 그러나 당사자가 그 무효임을 알고 추인한 때에는 새로운 법률행위로 본다(민법 제139조).

41

할부거래에 관한 법률에서 사용 또는 소비에 의하여 그 가치가 현저히 낮아질 우려가 있는 것으로서 대통령령으로 정하는 재화 등을 사용 또는 소비한 경우 소비자는 청약의 철회를 할 수 없다고 명시되어 있는데, 여기서 말하는 '대통령령으로 정하는 재화 등'이란 선박법에 따른 선박, 항공안전법에 따른 항공기, 철도사업법 및 도시철도법에 따른 궤도를 운행하는 차량, 건설기계관리법에 따른 건설기계, 자동차관리법에 따른 자동차, 고압가스 안전관리법에 따른 냉동기, 전기냉방기, 보일러 등을 말한다.

42

후원방문판매업자가 후원방문판매원에게 공급한 재화 등의 100분의 70 이상을 판매원이 아닌 소비자에게 판매한 경우에는 대통령령으로 정하는 바에 따라 제20조(후원수당의 지급기준 등) 제3항, 제23조(금지행위) 제1항 제8호 · 제9호 및 제37조(소비자피해보상보험계약 등)를 적용하지 아니한다.

43

시정조치(표시 · 광고의 공정화에 관한 법률 제7조 제1항)
공정거래위원회는 사업자 등이 부당한 표시 · 광고 행위를 하는 경우에는 그 사업자 등에 대하여 그 시정을 위한 다음의 조치를 명할 수 있다.

- 해당 위반행위의 중지
- 시정명령을 받은 사실의 공표
- 정정광고
- 그 밖에 위반행위의 시정을 위하여 필요한 조치

44

면책사유(제조물 책임법 제4조 제1항)
손해배상책임을 지는 자가 다음의 어느 하나에 해당하는 사실을 입증한 경우에는 이 법에 따른 손해배상책임을 면한다.

- 제조업자가 해당 제조물을 공급하지 아니하였다는 사실
- 제조업자가 해당 제조물을 공급한 당시의 과학 · 기술 수준으로는 결함의 존재를 발견할 수 없었다는 사실
- 제조물의 결함이 제조업자가 해당 제조물을 공급한 당시의 법령에서 정하는 기준을 준수함으로써 발생하였다는 사실
- 원재료나 부품의 경우에는 그 원재료나 부품을 사용한 제조물 제조업자의 설계 또는 제작에 관한 지시로 인하여 결함이 발생하였다는 사실

45

실증자료 제출을 요청받은 사업자 등은 요청받은 날부터 15일 이내에 그 실증자료를 공정거래위원회에 제출하여야 한다. 다만, 공정거래위원회는 정당한 사유가 있다고 인정하는 경우에는 그 제출기간을 연장할 수 있다(표시 · 광고의 공정화에 관한 법률 제5조 제3항).

46

① 통신판매업자는 소비자가 계약체결 전에 재화 등에 대한 거래조건을 정확하게 이해하고 실수나 착오 없이 거래할 수 있도록 관련 사항을 적절한 방법으로 표시・광고하거나 고지하여야 한다(전자상거래 등에서의 소비자보호에 관한 법률 제13조 제2항 전단 참조).
② 통신판매업자는 청약을 받은 재화 등을 공급하기 곤란하다는 것을 알았을 때에는 지체 없이 그 사유를 소비자에게 알려야 하고, 선지급식 통신판매의 경우에는 소비자가 그 대금의 전부 또는 일부를 지급한 날부터 3영업일 이내에 환급하거나 환급에 필요한 조치를 하여야 한다(전자상거래 등에서의 소비자보호에 관한 법률 제15조 제2항).
③ 통신판매업자는 계약이 체결되면 계약자에게 관련 사항이 기재된 계약내용에 관한 서면을 재화 등을 공급할 때까지 교부하여야 한다(전자상거래 등에서의 소비자보호에 관한 법률 제13조 제2항 후단 참조).

47

① 통신판매란 우편・전기통신, 그 밖에 총리령으로 정하는 방법으로 재화 또는 용역(일정한 시설을 이용하거나 용역을 제공받을 수 있는 권리를 포함)의 판매에 관한 정보를 제공하고 소비자의 청약을 받아 재화 또는 용역을 판매하는 것을 말한다. 다만, 방문판매 등에 관한 법률에 따른 전화권유판매는 통신판매의 범위에서 제외한다(전자상거래 등에서의 소비자보호에 관한 법률 제2조 제2호).
② 전자상거래 등에서의 소비자보호에 관한 법률 제2조 제1호
③ 전자상거래 등에서의 소비자보호에 관한 법률 제2조 제5호
④ 전자상거래 등에서의 소비자보호에 관한 법률 제2조 제6호

48

당사자의 일방 또는 쌍방이 수인인 경우에는 계약의 해지나 해제는 그 전원으로부터 또는 전원에 대하여 하여야 한다(민법 제547조 제1항).

49

전자상거래를 하는 사이버몰의 운영자는 소비자가 사업자의 신원 등을 쉽게 알 수 있도록 상호 및 대표자 성명, 영업소가 있는 곳의 주소, 전화번호・전자우편주소, 사업자등록번호, 사이버몰의 이용약관, 그 밖에 소비자보호를 위하여 필요한 사항으로서 대통령령으로 정하는 사항을 총리령으로 정하는 바에 따라 표시하여야 한다(전자상거래 등에서의 소비자보호에 관한 법률 제10조 제1항).

50

부부는 일상의 가사에 관하여 서로 대리권이 있다(민법 제827조 제1항). 일상적인 가사란 부부의 공동생활에 통상적으로 필요한 쌀과 부식 등 식료품 구입, 생활용품 등 일용품 구입, 의복 및 침구류 구입, 가옥의 월세 지급 등과 같은 의식주에 관한 사무, 교육비・의료비나 자녀 양육비의 지출에 관한 사무 등이 그 범위에 속한다. 일상생활비로서 객관적으로 타당한 범위를 넘어선 금전 차용이나 가옥 임대, 어음 배서 행위, 근저당 설정 채무보증 행위, 부동산 처분 행위 등은 일상적인 가사의 범위에 속하지 않는다.

제3과목 소비자교육 및 정보제공

51

일대일 심층면접법은 어떤 주제에 대해 응답자의 생각이나 느낌을 자유롭게 이야기하게 함으로써 응답자의 내면 깊숙히 자리잡고 있는 욕구・태도・감정 등을 발견하는 소비자면접조사이다. 소비자가 이미 잘 알고 있는 문제에 대한 조사를 하는 데에 더 적합하다.

52

소비자정보의 유용성 평가기준
- 적합성(적절성)
- 정확성(명료성)
- 적시성
- 관련성
- 진실성(신뢰성)
- 검증가능성
- 최신성

53

델파이법
- 전문가의 진단이나 판단이 미래사건 또는 사건의 발생가능성들을 예견하는 데에 효과적일 수 있다는 인식에 기초한 것으로 목적, 관심사항, 잠재적인 요구들의 일치점을 얻기 위해 교육요구분석에 가장 많이 이용되는 방법이다.
- 주관적인 응답에 의해 도출되므로 다른 자료로부터 객관적인 정보를 얻을 수 없는 상황에 적합하다.
- 지리적 · 시간적 한계로 일정한 장소에 모일 수 없는 사람들이 참여할 수 있다.
- 의견개진 시 타인의 영향을 받지 않으며 동등한 의견제시가 가능하다.
- 구두가 아니라 자필 형식으로 응답하므로 아이디어의 양과 질을 높일 수 있다.
- 비용과 시간이 많이 소요되며, 명료화하는 기회가 적고, 즉각적인 강화가 어렵다.

54

소비자정보는 보편적인 대다수의 소비자들에게 공통적으로 필요한 정보와 특정한 목적을 가진 특정한 소비자에 의하여 특정한 상황하에서 유용하게 사용되는 개별적인 성격이 강한 정보로 나뉜다. 보편적인 대다수의 소비자들에게 공통적으로 필요한 정보는 가격정보, 품질정보, 환경관련 정보, 신용정보, 위해정보가 있다. ④ 구매후기 정보는 특정한 목적을 가진 특정한 소비자에 의하여 특정한 상황하에서 유용하게 사용되는 개별적인 성격이 강한 정보이다.

55

기업의 입장에서 본 소비자교육의 실시효과
- 충분하고 적절한 정보를 소비자에게 제공함으로써 소비자로 하여금 더 만족하게 할 수 있다.
- 상품을 구매하거나 사용함으로써 만족한 소비자는 구전으로 그 상품과 기업의 이름을 널리 알린다.
- 기업 이미지와 로열티를 높일 수 있다.
- 소비자불만을 감소시킬 수 있다.
- 시장 메커니즘을 통하여 기업이 발전한다.
- 건전한 기업이 생존하는 시장환경이 마련되고 기업의 자율규제가 지원됨으로써 각종 소비자보호정책을 시행하는 데에 드는 비용을 감소시킬 수 있다.

56

④ 참기름의 내용량, 판매가격과 함께 10mL당 가격을 제시하여 단위가격을 표시하였다.

57

총인구 중 65세 이상 인구가 차지하는 비율이 7% 이상일 때 고령화 사회, 14% 이상일 때 고령사회, 20% 이상일 때 초고령사회로 분류한다. 우리나라는 2000년에 노인 인구가 전체 인구의 7%를 넘어서면서 고령화 사회에 진입하였으며, 2017년에는 노인 인구가 전체 인구의 14%를 넘어서면서 고령사회에 진입했다.

58

소비자교육의 구체적인 실행방법에는 소비자정보 제공, 소비자운동, 소비자상담 등이 있다.

59

① 소비자지식은 소비자역량을 구성하는 요소 중 인지적 영역에 해당한다.

더 알아보기

소비자 능력

개인이 다양한 소비활동의 장에서 적절하게 역할수행을 할 수 있게 하는 역량 또는 능력으로서 소비자역할을 현명하게, 효율적으로 수행하기 위하여 필요한 소비자지식, 소비자태도, 소비자기능의 총체이다. 그리고 일반적인 능력의 구성요소인 인지적 영역, 정의적 영역, 실천적 영역을 포함하는 포괄적인 개념이다.

60

소비자정보의 유용성 평가기준

- 적합성(적절성)
- 정확성(명료성)
- 적시성
- 관련성
- 진실성(신뢰성)
- 검증가능성
- 최신성

61

청소년들은 미래의 소비자로서 자신의 가치관이나 신념, 생활양식 등을 형성하는 과정에 있고, 다양한 소비경험이나 나름대로의 확립된 소비형태를 갖추고 있지 못하다. 가치관이 명확하게 정립되어 있지 않은 상황에서 소비를 조장하는 내적·외적 환경에 너무 쉽게 노출되어 있다. 소비자지식과 경험이 부족하여 상품의 올바른 효용가치를 파악하지 못하고 있다.

62

요구분석의 계획(요구분석의 6단계 절차)

- 상황평가 : 특히 학습자와 지역사회에 대한 충분한 정보를 파악
- 요구분석의 목적 및 결정
- 목적에 입각한 교육기법과 도구의 선정 : 요구분석에 영향을 미치는 가장 적절한 기법과 도구를 선정
- 전체 요구분석을 위한 사안과 계획의 개발
- 단계별 계획의 개발 : 단계별로 해야 할 것을 정확하게 이해하고, 실행할 수 있도록 세부적으로 계획하고 개발
- 요구분석 결과에 대한 커뮤니케이션 : 요구분석을 실시하는 과정 및 실시한 뒤의 결과, 두 가지 수준을 모두 고려

63

요구분석의 계획(요구분석의 6단계 절차)

- 상황평가
- 요구분석의 목적 결정
- 목적에 입각한 교육기법과 도구의 선정
- 전체 요구분석을 위한 사안과 계획의 개발
- 단계별 계획의 개발
- 요구분석 결과에 대한 커뮤니케이션

64

공업진흥청장은 공산품의 품질향상을 위하여 품질관리의 등급을 사정할 필요가 있는 상품 또는 가공기술을 정하여 고시하여야 한다. 등급사정상품 또는 등급사정가공기술을 변경한 때에도 또한 같다. 등급사정상품의 제조업자 또는 등급사정가공기술을 사용하는 자는 품질관리등급사정이 된 등급에 따른 표시를 상품·포장·용기 또는 송장에 할 수 있다.(공산품품질관리법 제10조 제1항 제6항, 1987)

※ 공산품품질관리법은 1994년 품질경영촉진법, 2001년 품질경영 및 공산품안전관리법으로 변경되었으며 이후 2017년 품질경영 및 공산품안전관리법은 폐지되었다.

65

소비자요구분석법은 형식적 분석방법과 비형식적 분석방법으로 나누어진다. 이때 특정한 행동에 대한 기록은 형식적 분석방법 중 개별적 소개법(사례조사법)을 통해 얻을 수 있는 자료이다.

66

최근 소비생활의 변화로 뉴디지털 소비정보가 증가하고 있다. 디지털 소비자정보는 뉴미디어를 통해 시공의 제약 없이 자유롭게 소비자에게 전달될 수 있게 됨으로써 소비자의 정보력을 획기적으로 높이는 효과를 가져온다. 디지털 소비자정보는 그 형태와 존재방식이 다양하고 유연하며 컴퓨터와 커뮤니케이션 기기를 통해 디지털 소비자정보는 시간과 공간을 자유롭게 이동할 수 있다. 특히 정보의 물리적 양뿐만 아니라 처리속도와 능력이 증대되어 정보처리비용이 획기적으로 감소됨으로써 디지털 소비자정보의 순환성과 소통성은 증가하였다.

67

③ 데이터베이스는 한 번 구축하면 끝나는 것이 아니기 때문에 발생되는 데이터를 추가하고 수정해 나가야 한다.

68

사회의 입장에서 본 소비자교육의 실시효과

- 소비자의 입장과 관점에서 문제를 인식할 수 있는 능력을 개발하고 소비자보호 관련법을 효과적으로 시행하게 하는 원동력을 제공한다.
- 생활인의 입장과 관점에서 생활을 우선시하는 사회의 실현을 도모한다.
- 공익에 대한 관심을 불러 일으켜서 사회적 비용을 감소시킨다.
- 소비자와 사업자 사이에 정보, 경제에 대한 힘의 균형을 이루게 한다.
- 경제시스템에 대한 만족을 증가시킨다.
- 세계화 시대에 균형 잡힌 경제인과 생활인을 육성한다.
- 평생교육과 시민교육에 능동적으로 참가하는 인재를 양성한다.
- 국민생활, 교육, 경제, 산업 등의 국가정책이 효과적으로 시행되게 한다.

69

④ 라이프스타일이란 사회 전체적으로 또는 일부계층이 가지고 있는 고유하고 특징적인 생활양식으로, 장애인 소비자교육 고려사항에서 라이프스타일은 다른 보기에 비해 거리가 멀다.

71

청소년들은 합리적인 소비와 관련된 지식 및 경험이 부족하고 소비를 조장하는 내적·외적 환경, 특히 대중매체와 준거집단으로부터 큰 영향을 받게 되지만, 형식적 조작기에 속하는 청소년은 아동과는 달리 어느 정도 연역적 사고를 하기 시작하는 단계이다. 따라서 청소년 소비자는 TV 광고 등에 대해 무방비적인 상태로 무조건·무비판적으로 영향을 받기보다는 성장 과정에 있지만 나름의 미완성된 나름의 가치관을 바탕으로 그 선호에 대해 어느 정도 독자적이고 독립적인 판단이 가능하다.

72

소비자교육 프로그램의 평가

- 소비자교육 프로그램의 평가는 프로그램 실시로 인한 소비자지식, 소비자태도, 소비자기능으로 구성된 소비자능력의 변화를 기초로 이루어져야 한다.
- 소비자교육 프로그램이 소비자의 인지적 향상에 얼마나 기여하였는지뿐 아니라 그것을 실제 생활에 얼마나 적용하게 하였는지의 여부를 파악하는 것도 중요하다.
- 소비자교육 프로그램의 평가는 평가계획의 수립 후 그 계획에 적합한 평가도구를 개발하고 이에 따른 적절한 평가를 실행하여 도출된 결과를 분석하고 활용하는 일련의 절차에 따른다.

73

② 중립적 정보원천은 마케팅이나 소비자로부터 직접적인 영향을 받는 것이 아니며 공정하고 사실적인 면이 있고 신문, 잡지의 기사를 비롯하여 소비자단체와 같은 중립적인 단체의 상품리스트를 포함한다. 연구기관의 간행물 등도 중립적인 매체정보가 되며 소비자에 의한 정보와 중립적 정보를 합하여 준거집단 정보원이라고 한다. 정보가 불완전하고 시간이 너무 많이 소요되거나 비싸며 정보의 최신성이 결여될 가능성이 매우 높다.

더 알아보기

소비자정보의 원천 중 중립적 정보원천

구 분	기존의 소비자정보	디지털 소비자정보
예 시	신문, 잡지, 간행물	소비자단체사이트
장 점	공정하고 사실적인 보도	공정함, 신속함
단 점	불완전한 정보, 시간소요	정보과다, 분류의 부족

74

ISO

International Organization for Standardization, International Standardization Organization의 약어로, 표준화를 위한 국제 위원회이다. 각종 분야의 제품 및 서비스의 국제적 교류를 용이하게 하고, 상호 협력을 증진시키는 것을 목적으로 하고 있다.

75

IOCU의 5원칙

- 비판적 자각 : 우리가 사용하는 재화와 서비스의 가격과 질에 대하여 보다 경계하고 의문을 가질 책임
- 능동적 행동 : 우리 자신을 주장할 책임과 우리가 공정하게 대우를 받고 있음을 확신하기 위한 행동
- 사회적 관심 : 다른 시민들, 특히 불이익을 받는 집단이나 약자집단을 위한 소비자 영향을 인식하는 책임
- 환경적 책임 : 우리 자신의 소비가 환경에 미칠 결과를 이해하는 능력, 즉 미래세대를 위한 지구 보호에 대한 개인적·사회적 책임 인식
- 연대 : 소비자들이 권익을 촉진시키고 보호할 힘과 영향력을 개발하기 위하여 함께 연대할 책임 인식

제4과목 소비자와 시장

77

계획된 진부화

새 품종의 판매를 위해 구품종의 상품을 계획적으로 진부화시키는 기업행동이다. 신품종을 개발하고 모델을 변경하여, 기존 제품의 수명을 단축시키고 대체수요의 증가를 꾀하는 기업정책이다.

78

③ 소비자의 의사결정과정에서는 제품 구입을 위한 금적적인 비용뿐만 아니라 시간·탐색·심리비용 등의 비금전적 비용 및 기회비용이 수반된다. 반면 고정자산 등의 유지를 위한 비용인 유지비용은 구매를 위해 수반되는 문제해결 비용의 항목과는 거리가 멀다.

79

4대 소비자권리

- 안전할 권리 : 소비자가 상품을 올바르게 사용할 때 생명이나 건강에 해가 되지 않아야 한다는 것이다. 안전에 대한 욕구는 소비자의 기본적인 욕구로써 소비자들이 소비하는 재화와 서비스로부터 생명과 신체상의 안전을 기대하는 것은 당연한 권리이다.
- 알 권리 : 정보화시대에 접어들면서 더욱 중요한 권리가 되고 있으며 정보를 받아들이거나 수집하는 권리에 그치지 아니하고 국가나 사회에 대하여 보유한 정보를 공개하도록 요구할 수 있는 권리, 즉 정보공개청구권을 포함한다.
- 선택할 권리 : 소비자가 다양한 제품과 서비스를 원하는 대로 선택할 수 있어야 하고 경쟁가격으로 구입할 수 있어야 하며 독점상품의 경우에는 공정한 가격으로 만족할 만한 품질과 서비스를 보장받을 수 있어야 함을 의미한다.
- 의사를 반영할 권리 : 경제정책의 계획과 시행에 있어서 소비자의 의사가 반영될 수 있어야 함을 의미한다.

80

④ 특성이론은 소비자가 개인의 경제적 용인(소득, 가격)뿐만 아니라 그 제품의 속성을 고려해 선택을 결정한다는 경제이론이다.

81

③ 마케팅 믹스를 구성하는 4P로는 가격결정(Price), 제품개발(Product), 유통관리(Place), 광고 및 판매촉진(Promotion) 등이 있다.

더 알아보기

마케팅 믹스

소비자의 욕구를 충족시키기 위해 기업이 수행하는 많은 마케팅 활동의 수단이 되는 것으로 제품, 가격, 유통, 마케팅 커뮤니케이션을 통칭한다.

83

④ 경제발전으로 인한 풍요는 생존을 위한 소비의 비중이 지속적으로 감소하고 있음을 나타낸다.

더 알아보기

소비문화의 특성

- 산업구조의 변화
- 물질주의 지향
- 물질에 대한 가치의식 변화
- 소비문화의 변화

84

③ 정보탐색은 소비자가 기억에 저장된 정보를 탐색하거나 환경으로부터 의사결정과 관련된 정보를 습득하는 과정으로, 탐색비용이 탐색의 가치보다 적다고 인식할 때 외부탐색을 실시한다.

85

④ 회피집단은 개인이 소속되기를 원하지 않는 집단이다.

더 알아보기

열망집단(Aspirational Group)

개인이 그 집단 구성원의 가치, 규범 또는 행동을 본받기를 원하는 집단이다.

- 기대열망집단 : 개인이 장래 어느 시점에 참여하리라고 기대되는 집단
- 상징열망집단 : 개인이 속하리라고 기대하지 않은 집단

– 회피집단(Dissociative Group) : 개인이 소속되기를 원하지 않는 집단

– 부인집단(Disclaimant Group) : 개인이 어떤 집단에 속해 있지만 그 집단의 가치나 규범을 인정하지 않고 자기가 그 집단에 속한다는 것을 부인하는 경우

86

① 상류층을 모방한 소비는 낭비적 소비에 해당하며 이는 바람직한 소비문화 형성을 위한 노력으로 적절하지 않다.

87

③ 합리적 소비에 해당한다.

더 알아보기

가치소비

자신이 원하는 가치에 걸맞은 제품을 구입하되 가격이나 현재 필요여부 등을 낱낱이 살펴 불필요한 소비를 지양하는 소비행태를 말한다.

88

③ 일반적으로 금리 하락기에는 장기 변동금리 상품을, 상승기에는 단기 확정금리 상품을 선택하는 것이 유리하다.

89

독점적 경쟁시장

완전경쟁시장과 유사하지만 공급되는 재화 등의 품질에 차이가 있는 시장형태이다. 예를 들면, 이용원이나 미용실, 커피점, 자동차 메이커 등은 각자 제품의 특색을 부각시킨다. 독점적 경쟁시장은 유사제품이라 하더라도 가격경쟁보다는 비가격경쟁을 통해 제품의 수요를 증대키는 경향이 강하다.

90

시장구조의 결정요인

- 재화의 공급자와 수요자의 수
- 상품의 동질성 정도
- 시장진입과 탈퇴의 장벽
- 정보보유 정도
- 정부의 역할

91

지속가능한 소비의 기본원칙

- 사전예방 원칙 : 환경오염 발생 이후 대응하고 처리하는 것이 아니라 환경오염을 미리 예상하고 방지하는 것이다.
- 공동책임 원칙 : 정부, 기업, 가계가 공동으로 협조하고 참여해야 한다.
- 오염자부담 원칙 : 환경을 파괴한 사람이 파괴한 몫만큼 부담해야 한다.

92

③ 법률상담이나 의학적 소견 등과 같은 전문서비스 및 자동차에 관한 지식은 개별 소비자별로 그 관련 배경지식에 큰 차이가 있으므로 내적 정보원천에 따른 구매의사결정 비율이 상대적으로 낮다. 그러나 화장품 등과 같이 실제 생활에서 자주 이용하는 제품의 경우 제품에 대한 관여도가 상대적으로 낮아 제품속성에 관한여 구체적인 신념을 형성하지 않은 상황에서 샘플 등에 의하여 특정제품을 사용해 본 후 그 제품을 평가할 수 있다. 즉, 과거에 실시해 보았던 실제 경험을 기반으로 어디서, 얼마의 양을 얼마의 값으로 구매할 것인가를 결정할 수 있게 된다. 따라서 ③처럼 화장품의 성분은 잘 모르지만 평소에 피부에 잘 맞았던 화장품을 선택하여 구매할 수 있는 것이다.

93

③ 상품선택을 위해 소비자의 개인 특성에 맞춰 외부탐색을 한다.

더 알아보기

정보탐색행동

소비자는 누구나 먼저 내부적으로 자기가 알고 있는 지식을 근거로 하여 상품선택을 하기 위해 구매와 관련된 정보를 찾게 되고 여기에 부족한 것은 어떤 외부정보원에서 찾아보게 되는데 이와 같이 일어나는 정보 행동의 내·외적 행동을 정보탐색행동이라고 말할 수 있다.

94

④ 사람들은 첫 번째 그릇에서 포만감과 맛을 느낄 수 있다. 두 번째 그릇까지는 어느 정도 효과가 있다. 세 번째 그릇부터는 포만감과 맛의 느낌이 떨어지고 계속 먹으면 더 이상 먹고 싶지 않은 상태에 이르게 된다. 그 한계효용은 점점 떨어져 0이나 (−)까지 된다. 이와 같이 재화를 한 단위 추가로 소비함에 따라 한계효용은 감소하는 경향을 한계효용체감의 법칙이라 한다.

더 알아보기

한계효용

재화를 소비함에 따라 얻어지는 욕구충족을 효용이라고 한다. 같은 재화를 여러 단위 소비할 경우 재화 한 단위를 추가로 소비함에 따라 얻어지는 총 효용의 증가분을 한계효용이라고 한다. 예를 들어 냉수를 한 잔 먹었을 때 얻은 효용이 100이고 두 잔째 먹었을 때 얻은 효용이 80, 세 잔째의 효용은 60이라고 가정하자. 이 경우 냉수 세 잔을 소비함으로써 얻은 총 효용은 240이고 냉수 한 잔을 소비한 데 따른 한계효용은 100, 두 잔째는 80, 세 잔째는 60이다.

95

④ 경제적 가치의 교환은 산업자본주의사회에서의 특징에 해당한다.

더 알아보기

시대에 따른 소비 의미의 변화

- 전통사회에서의 소비 : 인간의 기초적인 욕구를 충족시키기 위하여 물품을 사용하거나 소모하는 것을 의미(존재실현을 위해 제품을 사용하여 사용가치를 창출)
- 산업자본주의사회에서의 소비 : 상품을 구매하는 행위를 의미(상품생산의 목표는 사용가치의 창조가 아니라 교환가치의 창조)
- 후기 자본주의사회에서의 소비 : 스스로를 다른 사람과 구별 짓는 기호(상품을 단순한 기호로서 현실에 의하여 그 영향력이 증명된 이미지로 소비)

97

③ 소비자로서의 권리실현보다는 사회공동체에서의 책임 행사를 우선하도록 노력한다.

더 알아보기

바람직한 소비문화의 형성

- 소비의 합리화를 위하여 충동구매, 중독구매, 과시구매 등의 이상소비행동을 자제하도록 하는 소비자 교육을 통한 건전한 소비문화 형성이 필요하다.
- 아동기부터 소비자교육 프로그램의 시행이 필요하다.
- 식생활 관습이나 의복, 주거생활 등 모든 일상생활에서 사고의 대전환이 필요하다.

98

ㄴ·ㄹ. 도매상과 소매상을 거치지 않고 인터넷을 통해 직접 소비자와 쌍방향적 의사소통을 통한 거래가 성립되므로 보수적이고 복잡한 유통과정이 축소되었다. 또한 판매방법 및 마케팅 전략에 있어서 기존의 상거래와는 달리 네트워크상에서 다양한 소비자정보를 제공하고 또한, 소비자정보를 온라인으로 쉽게 그리고 수시로 수집이 가능하다.

99

③ 독점시장에 대한 설명이다.

더 알아보기

과점시장

- 소수업체의 공급을 통하여 제품이 시장에 나온다.
- 제품가격은 비교적 안정적이다. 각 기업이 타 기업의 행동을 고려하여 행동하게 되므로 가격인하를 통한 경쟁은 별로 일어나지 않는다.
- 소비자는 생산자들의 홍보와 선전에 따라 선택기준을 잡는다.
- 동종제품의 과점기업이 독점화하는 것을 카르텔이라 한다.
- 독점화의 담합인 카르텔의 목적은 가격결정 또는 최저가격설정 등과 생산량의 조절, 판매 등의 협약일수 있다.
- 국제시장화와 국내시장개방, 소비자의 의식변화 등으로 과점시장의 형태가 경쟁시장 형태화되고 있다. 시장의 진입장벽은 완전경쟁시장보다는 높지만 독점시장보다는 낮다. 또한 소비자들이 시장에 대한 완전정보를 가지기 어렵다.

100

③ 시업가의 판매전략은 소비자의사결정의 영향요인 중 사회(환경)적 영향용인에 해당한다.

더 알아보기

소비자의사결정의 영향요인

- 개인적 영향요인 : 소비자자원(금전, 시간, 정보수용과 처리능력), 동기와 몰입, 개성, 지식, 라이프스타일, 태도, 인구통계적 요인
- 사회(환경)적 영향요인 : 문화, 사회계층, 준거집단, 가족

제1·2회

2020년 정답 및 해설

소비자전문상담사 Consumer Adviser Junior

2020년 제1·2회 정답 및 해설

01	02	03	04	05	06	07	08	09	10	11	12	13	14	15
②	①	③	④	④	②	②	④	①	①	②	②	③	①	④
16	17	18	19	20	21	22	23	24	25	26	27	28	29	30
④	①	④	④	④	①	③	④	④	②	①	②	④	③	③
31	32	33	34	35	36	37	38	39	40	41	42	43	44	45
④	③	②	③	④	②	②	③	②	②	③	②	④	①	④
46	47	48	49	50	51	52	53	54	55	56	57	58	59	60
④	③	①	④	②	②	①	④	①	①	④	①	②	③	①
61	62	63	64	65	66	67	68	69	70	71	72	73	74	75
④	①	①	③	④	④	④	②	④	②	②	①	④	①	②
76	77	78	79	80	81	82	83	84	85	86	87	88	89	90
③	②	②	①	②	①	④	②	②	①	④	①	④	③	①
91	92	93	94	95	96	97	98	99	100					
①	②	①	②	③	①	④	④	③	②					

제1과목 소비자상담 및 피해구제

01

② 상담사는 소비자의 말을 경청하고 있다는 것을 고개를 끄덕이는 등의 행동으로 표시를 해주면서 대화해야 한다.

02

② 수동적 경청 : 상대에게 주의를 기울이거나 공감해주지 않고 그저 말하도록 놓아두는 것을 의미한다.
③ 동정적 경청 : 소비자가 서비스·상품을 이용하는 도중 피해를 입은 경우에 생겨날 수 있다. 이러한 소비자는 상담자에게 동정심을 불러 일으켜 소비자가 하는 이야기를 왜곡시켜 듣게 하기 쉽다.
④ 평가적 경청 : 상대방의 말을 주의 깊게 경청하지만 옳다, 그르다, 좋다, 맞다, 나쁘다 등 판단을 하며 평가적 자세를 취하는 경우를 의미한다.

03

③ 한국소비자원에 피해구제를 신청할 수 있는 대상은 소비자, 국가 및 지방자치단체, 소비자단체, 사업자이다. 따라서 소비자단체를 거치지 않고도 피해구제를 신청할 수 있다.

04

④ 사전고지하지 않은 4시간 이상의 서비스 중지·장애로 인한 피해를 입었을 때에는 서비스 중지·장애시간의 3배를 무료로 연장해야 한다(공정거래위원회고시 제2019-3호 별표Ⅱ).

05

소비자의 일반적인 욕구 파악
- 소비자는 관심과 정성을 원한다.
- 소비자는 적시에 서비스를 제공받길 원한다.
- 소비자는 자신의 문제에 대해 공감받고 공정하게 처리되길 원한다.
- 소비자는 유능하고 책임 있는 일처리를 원한다.

06

② 도전적인 고객을 상대할 때에는 문제를 명료화하고 개방형 질문을 사용해 적절한 해결책을 도모해야 한다.

07

② 중고물품 등에 대한 품질보증기간은 품목별 분쟁해결기준에 따른다.

08

④ 한국소비자원과 소비자단체에서의 소비자상담은 주로 불만처리 및 피해구제 관련 상담이다.

09

최근 기업의 소비자상담부서는 콜관리에서 조금 더 넓은 개념인 고객관계관리(CRM)를 통한 마케팅을 실시한다. 또한, 상품이나 서비스에 중점하던 과거와는 달리 소비자불만을 적극적으로 반영하고 소비자단체, 소비자정책의 동향을 파악하고 대응책을 마련하는 등의 고객중심의 마케팅을 펼치고 있다.

10

① 기업의 소비자상담기구를 의무적으로 설치할 필요는 없다.

11

소비자분쟁해결기준에는 대상품목, 품목별 분쟁유형 및 해결기준(③), 품목별 품질보증기간 및 부품보유기간(④), 품목별 내용연수표(①) 등이 각각 별표로 첨부되어 있다.

12

② 소비자중심경영의 운영기관은 한국소비자원이며, 인증기관은 공정거래위원회이다.

13

① 제품에 대한 지식과 관련된 설명이다.
② 소비자의 구매심리에 대한 지식과 관련된 설명이다.
④ 일반적 지식과 관련된 설명이다.

14

① 공공기관은 체계적이고 전문적인 소비자상담기구를 만들어 운영하고 있다.

15

④ 품목별 소비자분쟁해결기준에서 동일한 피해에 대한 분쟁해결기준을 두 가지 이상 정하고 있는 경우에는 소비자가 선택하는 분쟁해결기준에 따른다(소비자기본법 시행령 제9조 제3항).

16

소비자입장에서의 소비자상담의 필요성
- 소비자의식의 향상
- 소비자는 정보와 지식이 부족
- 소비자는 기업에 비하여 약자의 위치
- 대량생산체제에 따른 불량품 증가 및 소비자 피해의 증가
- 소비확대와 구매량의 증가
- 법규위반과 사기행위의 증가

17

①은 개방형 질문이고, ②·③·④는 폐쇄형 질문이다.

18

④ 게시판을 이용한 상담 또는 채팅상담 등은 집단상담도 가능하다.

19

④ 기업의 소비자상담에 대한 설명이다.

20

④ 상담자는 주관적 지지보다는 합리적인 평가의 기준 제시와 이 기준에 맞는 대안들의 객관적 평가정보를 제공하여 합리적인 의사결정에 도움을 주는 것이 필요하다.

22

③ 사업자는 소비자로부터 피해구제의 신청을 받은 날부터 30일이 경과하여도 합의에 이르지 못하는 경우 한국소비자원에 그 처리를 의뢰할 수 있다(소비자기본법 제55조 제3항 제1호).

23

④ 전화상담 시에는 발음, 강세, 억양 등 반언어적 요소에 주의하여야 한다.

24

④ 20만원 이상의 할부 결제 후 항변권을 행사하였으나 거절하는 경우에는 카드사에 할부금 지급거절 의사를 통지한 시점 이후에 도래하는 할부금에 대한 지급거절을 시행한다.

25

② 고객의 욕구를 파악하고 현재 회사의 상태를 비교하여 기업의 추진과제와 목표를 최고경영자에게 투입하여 하부조직이 그 목표를 달성하도록 해야 한다.

제2과목 소비자관련법

26

방문판매 등에 관한 법률에서 규정하고 있는 판매방법은 방문판매, 전화권유판매(④), 다단계판매(②), 후원방문판매, 계속거래(③) 및 사업권유거래 등이 있다.

27

다단계판매원으로 등록할 수 없는 자(방문판매 등에 관한 법률 제15조 제2항)

- 국가공무원 · 지방공무원, 교육공무원 및 사립학교법에 따른 교원
- 미성년자. 다만, 다단계판매업자의 지배주주 또는 임직원, 시정조치를 2회 이상 받은 자에 해당하지 아니하는 법정대리인의 동의를 받은 경우에는 제외한다.
- 법 인
- 다단계판매업자의 지배주주 또는 임직원
- 법 제49조(시정조치 등)에 따른 시정조치를 2회 이상 받은 자. 다만, 마지막 시정조치에 대한 이행을 완료한 날부터 3년이 지난 자는 제외한다.
- 이 법을 위반하여 징역의 실형을 선고받고 그 집행이 종료되거나(집행이 종료된 것으로 보는 경우를 포함한다) 집행이 면제된 날부터 5년이 지나지 아니한 자
- 이 법을 위반하여 형의 집행유예를 선고받고 그 유예기간 중에 있는 자

28

④ 협의회는 조정을 신청 또는 의뢰받은 날부터 60일(분쟁당사자 쌍방이 기간연장에 동의한 경우에는 90일로 한다)이 경과하여도 조정이 성립되지 아니한 경우 조정절차를 종료하여야 한다(약관의 규제에 관한 법률 제27조의2 제4항 제2호).

29

소비자의 기본적 권리(소비자기본법 제4조)

- 물품 또는 용역(물품 등이라 한다)으로 인한 생명 · 신체 또는 재산에 대한 위해로부터 보호받을 권리(①)
- 물품 등을 선택함에 있어서 필요한 지식 및 정보를 제공받을 권리(②)
- 물품 등을 사용함에 있어서 거래상대방 · 구입장소 · 가격 및 거래조건 등을 자유로이 선택할 권리(③)
- 소비생활에 영향을 주는 국가 및 지방자치단체의 정책과 사업자의 사업활동 등에 대하여 의견을 반영시킬 권리(④)
- 물품 등의 사용으로 인하여 입은 피해에 대하여 신속 · 공정한 절차에 따라 적절한 보상을 받을 권리
- 합리적인 소비생활을 위하여 필요한 교육을 받을 권리
- 소비자 스스로의 권익을 증진하기 위하여 단체를 조직하고 이를 통하여 활동할 수 있는 권리
- 안전하고 쾌적한 소비생활 환경에서 소비할 권리

30

시정조치의 내용(전자상거래 등에서의 소비자보호에 관한 법률 제32조 제2항)

- 해당 위반행위의 중지(①)
- 이 법에 규정된 의무의 이행(②)
- 시정조치를 받은 사실의 공표(④)
- 소비자피해 예방 및 구제에 필요한 조치
- 그 밖에 위반행위의 시정을 위하여 필요한 조치

31

소비자는 할부금을 다음 지급기일까지 연속하여 2회 지급하지 아니하고 그 지급하지 아니한 금액이 할부가격의 10%를 초과하는 경우 할부금의 지급에 대한 기한의 이익을 주장하지 못한다(할부거래에 관한 법률 제13조 제1항 제1호).

32

권리만을 얻거나 의무만을 면하는 행위는 법정대리인의 동의가 필요하지 않다(민법 제5조 제1항 단서). 따라서 의무를 부담하는 계약은 법정대리인의 동의가 필요한 법률행위에 해당한다.

33

공정거래위원회는 전자상거래 또는 통신판매에서의 건전한 거래질서의 확립 및 소비자보호를 위하여 사업자의 자율적 준수를 유도하기 위한 지침(소비자보호지침)을 관련 분야의 거래당사자, 기관 및 단체의 의견을 들어 정할 수 있다(전자상거래 등에서의 소비자보호에 관한 법률 제23조 제2항).

34

③ 실증자료 제출을 요청받은 사업자 등은 요청받은 날부터 15일 이내에 그 실증자료를 공정거래위원회에 제출하여야 한다. 다만, 공정거래위원회는 정당한 사유가 있다고 인정하는 경우에는 그 제출기간을 연장할 수 있다(표시·광고의 공정회에 관한 법률 제5조 제3항).

35

약관의 규제에 관한 법률의 목적은 사업자가 그 거래상의 지위를 남용하여 불공정한 내용의 약관을 작성하여 거래에 사용하는 것을 방지하고 불공정한 내용의 약관을 규제함으로써 건전한 거래질서를 확립(③)하고 이를 통하여 또한 소비자를 보호(①)하고 국민생활을 균형 있게 향상시키는 것(②)이다.

36

② 사람은 19세로 성년에 이르게 된다(민법 제4조).

37

② 할부계약에 의한 할부대금채권은 3년간 행사하지 않으면 소멸시효가 된다(할부거래에 관한 법률 제15조).

38

다단계판매원으로 등록할 수 없는 자(방문판매 등에 관한 법률 제15조 제2항)

- 국가공무원·지방공무원, 교육공무원 및 사립학교법에 따른 교원(②)
- 미성년자. 다만, 다단계판매업자의 지배주주 또는 임직원, 시정조치를 2회 이상 받은 자에 해당하지 아니하는 법정대리인의 동의를 받은 경우에는 제외한다.
- 법인(①)
- 다단계판매업자의 지배주주 또는 임직원(④)
- 법 제49조(시정조치 등)에 따른 시정조치를 2회 이상 받은 자. 다만, 마지막 시정조치에 대한 이행을 완료한 날부터 3년이 지난 자는 제외한다.
- 이 법을 위반하여 징역의 실형을 선고받고 그 집행이 종료되거나(집행이 종료된 것으로 보는 경우를 포함한다) 집행이 면제된 날부터 5년이 지나지 아니한 자
- 이 법을 위반하여 형의 집행유예를 선고받고 그 유예기간 중에 있는 자

39

사업자단체는 법령에 따르지 아니하고는(①) 그 사업자단체에 가입한 사업자에 대하여 표시·광고를 제한하는 행위를 하여서는 아니 된다. 다만, 공정거래위원회가 소비자의 이익을 보호(④)하거나 공정한 거래질서를 유지하기 위하여 필요하다고 인정하는 경우(③)에는 그러하지 아니하다(표지·광고의 공정화에 관한 법률 제6조 제1항).

40

① 계약내용에 관한 서면을 받은 날부터 7일 이내에 행사해야 한다. 다만, 그 서면을 받은 때보다 재화 등의 공급이 늦게 이루어진 경우에는 재화 등을 공급받거나 재화 등의 공급이 시작된 날부터 7일 이내에 행사해야 한다(전자상거래 등에서의 소비자보호에 관한 법률 제17조 제1항 제1호).

③ 통신판매업자의 주소 등이 적혀 있지 아니한 서면을 받은 경우에는 통신판매업자의 주소를 안 날 또는 알 수 있었던 날부터 7일 이내에 행사하여야 한다(전자상거래 등에서의 소비자보호에 관한 법률 제17조 제1항 제2호).

④ 재화 등의 내용이 표시·광고 내용과 다르거나 계약내용과 다르게 이행된 경우에는 그 재화 등을 공급받은 날부터 3개월 이내, 그 사실을 안 날 또는 알 수 있었던 날부터 30일 이내에 청약철회 등을 할 수 있다(전자상거래 등에서의 소비자보호에 관한 법률 제17조 제3항).

41

③ 제조물 책임법상 손해배상책임을 지는 자는 제조물의 결함이 제조업자가 해당 제조물을 공급할 당시의 법령이 정하는 기준으로 준수함으로써 발생한 사실에 대해서는 손해배상책임을 면할 수 있다(제조물 책임법 제4조 제1항).

42

② 집단분쟁조정에 이해관계가 있는 당사자들은 그중 3명 이하를 대표당사자로 선임할 수 있다(소비자 기본법 제68조의2 제1항).

43

④ 여신전문금융법에 따른 신용카드회원과 신용카드가맹점 간의 간접할부계약의 경우 할부가격, 각 할부금의 지급시기, 지연손해금 산정 시 적용하는 비율의 사항을 적지 아니할 수 있다(할부거래에 관한 법률 제6조 제1항).

44

여관, 음식점의 대가, 연예인의 임금, 등록금 등의 채권에 대한 소멸시효기간은 1년이다(민법 제164조).

45

법률상 또는 사실상 동일한 침해를 입은 50인 이상의 피해자모임은 비영리민간단체 지원법 제2조의 규정에 따른 비영리민간단체로서 다음의 요건을 모두 갖춘 단체에게 단체소송의 제기를 요청할 수 있다(소비자 기본법 제70조).

- 정관에 소비자의 권익증진을 단체의 목적으로 명시한 후 최근 3년 이상 이를 위한 활동실적이 있을 것
- 단체의 상시 구성원수가 5천명 이상일 것
- 중앙행정기관에 등록되어 있을 것

46

영업장소의 요건(방문판매 등에 관한 법률 시행규칙 제2조)

- 소유 또는 임차하거나 점용허가를 받은 고정된 장소에서 3개월 이상 계속적으로 영업할 것(①). 다만, 천재지변 등 불가피한 사유로 영업을 계속할 수 없는 기간은 산입하지 않는다.
- 판매에 필요한 시설을 갖출 것(②)
- 영업 중에는 소비자가 자유의사에 따라 출입할 수 있을 것(③)
- 영업장소 내에서 소비자가 자유의사에 따라 재화 또는 용역을 선택할 수 있는 상태를 유지할 것

47

③ 임시중지명령을 받은 자가 그 명령에 불복하고자 할 경우, 그 명령을 받은 날부터 7일 이내에 공정거래위원회에 이의를 제기할 수 있다(표시·광고의 공정화에 관한 법률 제8조 제3항).

48

통신판매업자는 선지급식 통신판매를 할 때 소비자가 결제대금예치의 이용 또는 통신판매업자의 소비자피해보상보험계약 등의 체결을 선택한 경우에는 체결하여야 한다. 다만, 다음의 어느 하나에 해당하는 거래를 하는 경우에는 적용하지 않는다(전자상거래 등에서의 소비자보호에 관한 법률 제24조 제2항 및 제3항).

- 여신전문금융법에 따른 신용카드로 재화 등의 대금을 지급하는 거래(②)
- 정보통신망으로 전송(③)되거나 제3자가 배송을 확인할 수 없는 재화 등을 구매하는 거래
- 일정기간에 걸쳐 분할되어 공급되는 재화 등을 구매하는 거래(④)

• 다른 법률에 따라 소비자의 구매안전이 충분히 갖추어진 경우 또는 위의 규정과 유사한 사유로 결제대금예치 또는 소비자피해보상보험계약 등의 체결이 필요하지 않거나 곤란하다고 공정거래위원회가 정하여 고시하는 거래

49

소비자단체의 업무(소비자기본법 제28조 제1항)
• 국가 및 지방자치단체의 소비자의 권익과 관련된 시책에 대한 건의(②)
• 물품 등의 규격 · 품질 · 안정성 · 환경성에 관한 시험 · 검사 및 가격 등을 포함한 거래조건이나 거래방법에 관한 조사 · 분석(③)
• 소비자문제에 관한 조사 · 연구
• 소비자의 교육(①)
• 소비자의 불만 및 피해를 처리하기 위한 상담 · 정보제공 및 당사자 사이의 합의의 권고

50

② 상당한 이유 없이 사업자가 이행하여야 할 급부를 일방적으로 중지할 수 있게 하거나 제3자에게 대행할 수 있게 하는 조항은 무효로 한다(약관의 규제에 관한 법률 제10조).

제3과목 소비자교육 및 정보제공

51

② 현대의 산업사회에서 소비자와 생산자의 비대칭적 관계로 인해 소비자는 생산자에게 종속되기 쉬우며, 이러한 단점을 기업이 이용할 경우 소비자피해가 발생하는 등 소비자는 불리한 입장에 놓이게 된다. 그러므로 소비자교육은 상대적 약자인 소비자를 보호하고 소비자 능력을 개발하는 것을 그 기본 취지로 삼는다.

52

① 소비자주권은 법률상의 권리이기보다는 경제구조상 정해진 개념으로 자본주의 경제구조에 있어서 양 주체인 소비자, 생산자의 상호관계에서 최종적인 의사결정의 힘이 소비자에게 있다는 것을 의미한다.

53

소비자시민성
일상적 소비 과정에서 이기심을 버리고 공공선을 추구하며 사회적 책임을 다하기 위한 지식과 태도를 습득해 실천하는 것이다. 소비자권리와 책임, 환경 및 제품안전문제는 소비자 개인보다 공공을 위하는 요소들이다.

54

① 사이트 내에서의 정보탐색을 용이하게 하는 것은 소비자들의 접근성을 높이는 방법이다.

55

① 노인이 될수록 새로움에 대한 적응력은 급속히 줄어들기 때문에 새로운 정보를 잘 알기 쉽지 않다.

56

소비자교육 프로그램의 평가요소는 소비자교육 프로그램의 목적(ㄱ, ㄷ), 소비자교육 프로그램의 구성, 소비자교육 프로그램의 진행(ㄴ), 소비자의 반응(ㄹ)으로 크게 네 가지이다.

57

소비자정보의 특성
• 비소비성과 비이전성
• 비배타성과 비경합성
• 정보의 비대칭성(③)
• 비귀속성(②)
• 결합성(누적효과성)(④)
• 정보이용자의 능력에 따른 효용성

58

② 청소년 소비자는 최근 소비를 확대하는 주도적인 연령층으로 부상하였다.

더 알아보기

청소년 소비자의 특성
• 부모로부터 독립된 소비자 행동
• 또래집단의 영향력
• 성인 소비자 행동으로의 이행과정
• 가치관 혼란에서 오는 소비행동

59

③ 또래집단의 영향력이 가장 큰 소비자 유형은 청소년 소비자이다.

60

② 조사연구는 조사대상을 피상적으로밖에 관찰할 수밖에 없다.
③ 다른 방법에 비하여 조사결과를 일반화할 가능성이 높고 비용도 저렴하게 든다.
④ 어린이나 장애자를 대상으로는 참여관찰법이 적합하다.

61

④ 소비자의 지적 수준이 적절하였는지 평가하는 요소는 소비자교육 프로그램의 목표와 관련이 있다.

62

① 추적과정은 찾고자 하는 정보가 소재해 있는 곳, 즉 필요한 정보가 집합되어 있는 시스템이나 데이터베이스까지 연결해 나가는 것을 의미한다.

63

① 아동 소비자의 용돈이 너무 적은 경우나 너무 많은 경우 모두 문제가 될 수 있다.

64

③ 소비자를 위한 정보제공 자료는 자료를 접하는 소비자의 수준에 맞게 구성하여야 한다.

65

④ 메이어의 능력에 기초한 소비자교육모델은 학습자를 완전히 개별화시키는 것이며 융통성 있는 시간의 틀 속에서 자신에게 적절하게 소비자능력개발이 이루어지도록 하는 모델이다.

66

요구분석을 위한 체제접근방법(Kaufman & English, 1972)
요구에 기초한 문제의 파악 → 해결사항 대안 파악 → 해결 전략의 설정 → 실행 → 성과와 효율성 평가

67

소비자정보 제작 정보선정 시 주의해야 할 사항 5가지
- 정보제공의 중요성(①)
- 정보의 흥미성과 참신성(②)
- 교육적 효용성(③)
- 수준의 적절성
- 현실성

68

소비자정보관리의 과정
- 고객정보 전략의 수립 : 기업이 고객관계에 효과적으로 활용하기 위해 고객정보의 필요성을 느끼게 되면 고객정보 수집을 위한 정보가 필요한데 여기에는 기존의 사실, 현재의 시장상황, 고객의 욕구, 경쟁적인 위협에 대한 이해와 기업의 미래에 대한 기대를 결합한 것으로 미래지향적인 정보를 포함한다.
- 노력의 집중 : 고객정보 전략이 세워졌으면 비용보다 이익이 크거나 거의 같은 한도 내에서 고객을 알기 위한 노력의 집중이 요구된다.
- 정보의 생성 : 노력을 통해 수집된 고객에 관한 정보를 기업의 활동이나 다양한 목적에 맞는 자료로 만드는 것을 정보의 생성이라 한다.
- 정보의 축적과 공유 : 생성된 고객정보는 정보시스템 등에 축적하였다가 필요한 때 적절하게 사용할 수 있도록 하는 것이 필요하다.
- 정보의 활용 : 축적된 고객정보는 고객의 불만처리뿐 아니라 새로운 제품의 개발, 제품판매, 더 나아가서는 고객서비스에서도 활용되어 고객만족을 향상시키는 데 기여할 때에 비로소 그 정보는 가치가 있는 것이다.

69

④ 소비자교육 프로그램은 한 가지 목표를 달성하기 위하여 몇 가지 내용과 연관지어 선정할 수 있어야 하며 또 반대로 한 가지 내용이 두 개 이상의 목표와 관련되어 동시학습이 이루어질 수 있도록 선정되어야 한다.

70

① 형식적 분석 방법인 개별적 소개법(사례조사법)에 관한 설명이다.
③ 형식적 분석 방법인 면접법에 관한 설명이다.
④ 형식적 분석 방법인 조사연구법에 관한 설명이다.

71

② 소비자교육은 소비행위의 가치기준을 스스로 형성하는 과정이다.

72

소비자사회화
개인이 소비자역할을 수행하는 데에 필요한 소비자능력(지식·기능·태도 등)을 학습하는 과정으로서, 부모·동료집단·대중매체·학교(교육기관)의 영향에 의해 이루어진다. 대개 연령이 증가하면서 부모보다는 대중매체·동료집단·학교의 영향을 많이 받게 된다.

73

④ 소비자정보를 통해 기업의 광고 효과를 측정하기보다는 소비자정보를 소비자에게 제공함으로써 기업의 광고 효과를 얻을 수 있다.

74

보완재
두 재화를 동시에 소비할 때 효용이 증가하는 재화를 의미한다. 소비자정보를 토대로 소비자교육을 실시하며 소비자교육을 실시했을 때 소비자정보를 축적할 수 있기에 둘의 관계는 보완재의 관계라고 할 수 있다.

75

계열성
학습경험의 수직적 조직에 요구되는 원리로서 계속성과 관계가 있기는 하지만 학습내용의 단순한 반복이 아니라 점차로 경험의 수준을 높여서 더욱 깊이 있고 다양한 학습경험을 할 수 있도록 조직하는 것이다.

제4과목 소비자와 시장

76

묶음가격
여러 개의 상품을 하나로 묶어 상품화한 후 부여한 가격이다. 묶음가격의 목적은 높은 가격으로 제품 또는 서비스를 제공하는 것이 아니라 판매촉진에 그 목적이 있다.

77

① 미끼상품을 통해 보완상품의 판매를 활성화시키는 판매방식이다.
③ 여러 개의 상품을 하나로 묶어 상품화한 후 가격을 부여하는 판매방식이다.
④ 동일 상품을 동일한 수량으로 구입할지라도 고객에 따라서 다른 판매가격으로 판매하는 판매방식이다.

78

② 산업혁명이 이후 제품의 생산이 대량생산으로 바뀌면서 공급부족이 해결되었다. 이와 함께 개인소득의 증가와 개인의 기호와 취향이 다양해짐에 따라 단순한 생산이 아닌 판매의 개념이 등장하면서 개별 기업들은 소비자 지향적 전략으로 전환하였다.

79

② 두 개의 자극이 구분될 수 있는 최소한의 차이이다.
③ 자극을 감지할 수 있는 최소한의 강도를 의미한다.
④ 자극이 존재한다는 것을 아는 데 필요한 최소한의 자극 강도를 의미한다.

80

① 완전경쟁시장이란 기업과 제품의 자유로운 진입·탈퇴가 보장된 시장이다.
③ 과점시장은 소수업체의 공급을 통하여 제품이 시장에 나오는 것을 말한다.
④ 독점적 경쟁시장이란 완전경쟁시장과 유사하지만 공급되는 재화 등의 품질에 차이가 있는 시장형태이다. 예를 들면, 이용원이나 미용실, 커피점, 자동차 메이커 등은 각자 제품의 특색을 부각시킨다.

81

② 네거티브 옵션이란 제품 구입 결정과 관계없이 일단 제품을 모든 대상에 발송 또는 배포한 후 거절하지 않으면 모두 구입하는 것으로 간주하여 대금을 청구하는 것이다.
③ 홈파티는 어떤 가정을 택하여 사람을 모으고 요리를 시연해 보인다든가 하면서 제품의 구입을 권유하는 것을 의미한다.
④ 피라미드상술(MLM ; Multi-Level Marketing)이란 특별한 이윤 창출의 수단 없이 계속해 신규 회원을 모집하는 방식으로만 이윤을 창출하는 사업 방식을 일컫는다.

82

④ 상품수명주기가 단축되면 전체 주기에서 도입기와 성장기의 비중이 높아진다. 따라서 소비를 촉진시키게 된다.

83

소비자는 개개인의 소유를 중요하게 여김과 동시에 공유의식을 강조하는 공동체 지향적인 소비문화 및 의식을 고취시켜 나가야 한다. 이에 미래의 소비자는 원칙적으로 안전에 대한 필요와 환경오염의 방지, 삶의 질 유지 및 향상에 대한 욕구를 가지고 환경문제를 개선하는 데에 힘을 써야한다. 따라서 과소비를 제한하여 오랫동안 사용하는 소비문화(지속가능한 소비)를 가지고, 구매나 사용, 처분 등의 행동에서 소비자가 자신의 사적인 욕구나 시장효율성뿐만 아니라 자신의 소비의 결과가 사회와 환경에 미치는 영향을 고려하며 행동(환경친화적 소비자행동)을 해야 한다.

84

인지부조화
소비자가 자신이 구매를 선택한 대안에 대해 부정적(혹은 긍정적)인 정보만 얻으려 하고 긍정적(혹은 부정적)인 정보는 회피하려는 심리를 의미한다. 이때 마케터들이 소비자의 구매 후 강화광고나 구매에 대한 감사의 뜻을 담은 자료 등을 제공하게 되면 긍정적인 정보를 회피하려는 인지부조화를 감소시킬 수 있다.

85

가격분산
여러 판매자가 동일한 제품을 서로 다른 가격으로 판매하여 가격이 다르게 나는 정도를 의미한다. 실제적 가격분산과 인지적 가격분산이 모두 클 경우에는 비교쇼핑을 했을 때 기대되는 한계보상과 한계비용이 높기에 비교쇼핑에 많은 시간과 에너지를 투입할 것이다. 이때 개인의 능력이나 시간부족 등의 이유로 이익 또는 손해를 볼 수 있다.

86

①·② 소비자에게 더 많은 정보가 제공되므로 합리적인 의사결정을 하게 된다. 따라서 그에 맞춰 판매자는 가격의 균형을 맞출 수밖에 없다.
③ 시장의 존재가 불안정하므로 수요와 공급의 변동에 따라 시장의 가격조정 메커니즘은 시장으로 하여금 항상 새로운 균형가격을 향해 움직이게 한다.

87

① 한국소비문화는 자본주의 사회로 소비나 소유를 삶의 주된 관심으로 여겨 기쁨의 원천이 되므로 물질주의를 지향함으로써 지나친 소비생활을 추구하고 있다.

88

소비자의사결정의 개인적 영향 요인은 소비자 자원(시간, 금전, 정보수용과 처리능력), 동기와 몰입, 지식, 태도, 개성, 라이프스타일, 인구통계적 요인 등이 있다.

89

한계효용체감의 법칙에 의하면 재화를 한 단위 추가로 소비함에 따라 한계효용은 감소한다.

90

① 공정무역은 최저 가격을 두고 시장가격이 이 수준 이하로 떨어질 경우에도 농민들이 지속가능한 생산을 위한 비용을 지불할 수 있도록 보장해준다.

91

- 접근–접근 갈등 : 두 가지 이상의 목표가 모두 긍정적인 결과를 가져다주지만 그러한 목표들이 상호 배타적일 때 선택에 곤란을 느끼는 갈등 상황을 말한다.
- 접근–회피 갈등 : 선택하고자 하는 특정 대안이 긍정적인 속성과 부정적인 속성을 모두 가지고 있어 곤란을 느끼는 갈등 상황을 말한다.
- 회피–회피 갈등 : 제시된 대안들이 모두 기대 수준에 미치지 못하는 경우에 겪게 되는 갈등 상황을 말한다.

92

② 소비자가 자기의 경험이나 자기가 갖고 있는 정보를 회상하여 검토하는 과정을 거치게 되는 것을 내적 정보탐색이라고 한다.

93

① 등기부등본과 실제 현장은 다를 수 있으므로 반드시 현장조사를 할 필요가 있다.

94

① 라이프사이클 효과는 개인의 일생에 있어서 경제활동이 왕성한 시기인 청·장년기에는 저축을 하고 노년기에는 소비에 비해 소득이 작아 축적된 자산을 소비에 사용하게 되는 현상을 의미한다.

③ 칵테일 효과는 시끄러운 파티장의 소음 속에서도 자신에게 의미 있는 정보에 집중하는 현상을 일컬으며 수용자가 자신에게 의미 있는 정보에 주의를 기울여 받아들이는 현상을 의미한다.

④ 스놉 효과는 다른 사람과 차별화된 소비성향을 통해 자신의 사회적 지위가 높아진다고 생각하여 다른 사람들이 많이 소비하는 물건은 기피하는 경향을 말한다.

95

③ 소비의 합리화를 위해서는 절약 우선원칙보다는 충동구매, 중독구매, 과시구매 등의 이상소비행동을 자제하도록 하는 소비자교육이 더욱 절실하다.

96

② 합리적 구매를 했을 경우 효율적 구매일 가능성은 높지만 반드시 효율적 구매를 했다고 볼 수는 없다.

③ 합리적 구매 후에도 소비자가 구매에 관한 정보, 기술 등의 부족으로 인하여 논리적으로 구매했음에도 불구하고 구매결과 경제적 손실이나 혹은 심리적으로 불만족할 수 있다.

④ 합리적 구매에 관한 설명이다.

97

④ 일반적인 구매의 최적기는 성숙기이다.

98

④ 관성적 의사결정은 소비자가 구매한 상표에 어느 정도 만족해 복잡한 의사결정을 피하기 위해 동일 상표를 반복 구매하는 결정을 의미한다. 관성적 구매를 하는 소비자들은 특정 상표를 인지하면, 인지만으로 그 상표를 바로 구매하게 된다. 따라서 경쟁 상표가 반복광고를 통해 친숙도를 높이게 되면 상표전환을 할 수도 있다.

99

③ 중독구매에 관한 설명이다. 충동구매는 자극에 의한 구매를 의미한다.

100

외부탐색 시 외적 탐색의 정도나 양은 시장의 특성, 제품의 특성(①), 소비자의 특성(④), 상황적 특성(③) 등으로 구분할 수가 있다.

제 3 회

2020년 정답 및 해설

소비자전문상담사 Consumer Adviser Junior

2020년 제3회 정답 및 해설

01	02	03	04	05	06	07	08	09	10	11	12	13	14	15
④	②	②	②	③	③	①	③	②	③	①	①	①	①	①
16	17	18	19	20	21	22	23	24	25	26	27	28	29	30
①	①	①	③	②	④	①	④	③	②	④	④	③	④	④
31	32	33	34	35	36	37	38	39	40	41	42	43	44	45
②	③	①	③	①	①	④	①	①	①	①	③	①	③	③
46	47	48	49	50	51	52	53	54	55	56	57	58	59	60
②	④	③	④	②	③	②	①	①	③	④	②	①	④	④
61	62	63	64	65	66	67	68	69	70	71	72	73	74	75
④	③	③	②	①	①	④	④	②	④	③	②	②	②	①
76	77	78	79	80	81	82	83	84	85	86	87	88	89	90
②	③	①	②	④	①	④	③	②	①	④	②	①	②	①
91	92	93	94	95	96	97	98	99	100					
③	②	④	④	③	②	②	③	①	③					

제1과목 소비자상담 및 피해구제

01

소비자상담사는 소비자를 도우려는 노력이 있어야 하므로 소비자중심의 사고를 해야 한다.

02

② 소비자와 공감을 갖기 위해서는 말을 적게 하는 것이 효과적이다.

03

② 국가고객만족지수(NCSI)는 구성요소 간의 인과관계를 종합적으로 분석할 수 있어 신뢰도와 완성도가 매우 높으며 고객만족도의 변화가 수익성에 어떤 영향을 미치고 있는지 NCSI 분석 소프트웨어를 통해 알아볼 수 있다.

04

소비자기본법에 따르면 지방자치단체는 기본적으로 소비자보호를 추구하기 위한 조례를 제정하여야 하며, 필요한 행정조직을 정비하여 소비자 지원활동을 펼쳐야 한다.

05

③ 콜센터는 고객의 요구수준에 부합되는 서비스를 제공해야 한다. 따라서 콜센터의 질 향상을 위해서는 인건비나 유통망의 구축비용을 절감해서는 안 된다.

06

①, ②, ④는 인바운드 상담활동이다.

07

① 소비자가 재화 등을 사용하거나 일부 소비하여 그 가치가 현저히 낮아진 경우에는 청약철회를 할 수 없다(방문판매 등에 관한 법률 제8조 제4항 제2호).

08

국내 콜센터는 조직의 유연성을 위해 아웃소싱하고 있는 경우가 많으며, 대부분 불만상담, 서비스 문의응대, 상품상담, 클레임 제기 등의 인바운드 콜이 정보제공 서비스 등의 아웃바운드보다 많다.

09

② 소비자전담부서는 설정된 사회적 목표에 따라 자사의 활동과 실적을 평가해야 한다.

10

신체 각 부위를 통한 비언어적 의사소통의 유형에는 눈 마주침, 눈, 피부, 자세, 얼굴표정 등이 있다.

11

① 계약 또는 법률의 규정에 의하여 당사자의 일방이나 쌍방이 해지 또는 해제의 권리가 있는 때에는 그 해지 또는 해제는 상대방에 대한 의사표시로 한다(민법 제543조 제1항).

12

① 다단계판매업자가 소비자단체에 등록할 의무는 없다.

13

① 소비자가 한 벌 옷 중 일부만을 세탁업자에게 세탁 의뢰하였을 경우에는 그 일부에 대하여만 배상한다.

14

부품보유기간은 해당 제품의 제조일자(제조연도 또는 제조연월만 기재된 경우 제조연도 또는 제조월의 말일을 제조일자로 봄)를 기산점으로 한다. 다만, 자동차는 동일한 형식의 자동차를 최종 판매한 날부터 기산한다.

15

공정거래위원회는 일반적 소비자분쟁해결기준에 따라 품목별 소비자분쟁해결기준을 제정하여 고시할 수 있다(소비자기본법 시행령 제8조 제3항).

16

① 구매 시 상담의 내용이다.

17

해외구매 대행 사이버몰은 국제법이 아닌 공정거래위원회가 고시한 해외구매(쇼핑몰형 구매대행) 표준약관이 적용되므로 사전 고지했더라도 다음 사항에 해당하지 않으면 청약철회가 인정된다.

- 청약철회 등의 제한(해외구매 표준약관 제12조)
  - 이용자에게 책임 있는 사유로 재화 등이 분실 또는 파손된 경우
  - 이용자의 사용 또는 일부 소비에 의하여 재화 등의 가치가 현저히 감소한 경우
  - 시간의 경과에 의하여 재판매가 곤란할 정도로 재화 등의 가치가 현저히 감소한 경우
  - 같은 성능을 지닌 재화 등으로 복제가 가능한 경우 그 원본인 재화 등의 포장을 훼손한 경우
  - 그 밖에 이용자의 주문에 따라 개별적으로 생산되는 재화 등 또는 이와 유사한 재화 등에 대하여 청약철회를 인정하는 경우 쇼핑몰형 구매대행업체에게 회복할 수 없는 중대한 피해가 예상되는 경우로서 사전에 해당 거래에 대하여 별도로 그 사실을 고지하고 이용자의 서면에 의한 동의를 받은 경우

18

① 법원은 마지막 피해구제를 받을 수 있는 곳으로 소송을 통한 해결방법을 모색한다.

19

③ 법원에 대한 설명이다.

20

② 합리적인 행동스타일에 대한 설명이다.

21

기업 측면에서는 소비자와 기업 간의 통로기능을 할 수 있는 새로운 역할에 대한 수요가 발생해 소비자상담의 필요성이 대두되었다.

22

소비자상담사에게 요구되는 전문적인 능력

- 소비자문제해결에 필요한 지식을 갖추어야 한다.
- 커뮤니케이션과 상담능력이 있어야 한다.
- 상담의 핵심원리를 이해하여야 한다.
- 소비자를 도우려는 노력이 있어야 한다.
- 소비자보호제도와 관련 법률에 대한 지식이 있어야 한다.
- 관련 기관과의 교섭능력이 있어야 한다.
- 고객만족경영을 추구하여야 한다.

23

인터넷 소비자상담의 활성화 방안

- 편리성과 효율성을 뒷받침해 줄 상담기관의 구축 및 인력 확충(①·②)
- 상담기관의 전문화
- 상담기관 간의 네트워크 구축(③)
- 데이터베이스화
- 전문상담사의 육성
- 구매 전 상담에 비중
- 적극적인 홍보활동

24

기업은 고객만족조사를 통해 고객(소비자)만족지수를 측정해 직원의 동기화에 이용하지만 이는 본질적인 목적은 아니다.

25

② 차량인도일로부터 1개월 이내에 중대한 결함이 2회 이상 발생하였을 경우 차량을 교환하거나 필수제비용을 포함한 구입가를 환급하여야 한다.

제2과목 소비자관련법

26

표준약관을 사용하지 않는 사업자가 표준약관 표지를 사용하는 경우 표준약관의 내용보다 고객에게 더 불리한 약관의 내용은 무효로 한다(약관의 규제에 관한 법률 제19조의3 제9항).

27

어린이를 대상으로 하는 표시·광고에 관한 심사지침은 없다.

28

선량한 풍속 기타 사회질서에 위반한 사항을 내용으로 하는 법률행위는 무효로 한다(민법 제103조).

29

통신판매중개자가 아닌 통신판매업자의 성명 및 주소, 전화번호, 전자우편주소 등을 고지하여야 한다(전자상거래 등에서의 소비자보호에 관한 법률 제13조 제2항 참조).

30

소비자의 기본적 권리(소비자기본법 제4조)

- 물품 또는 용역으로 인한 생명·신체 또는 재산에 대한 위해로부터 보호받을 권리
- 물품 등을 선택함에 있어서 필요한 지식 및 정보를 제공받을 권리
- 물품 등을 사용함에 있어서 거래상대방·구입장소·가격 및 거래조건 등을 자유로이 선택할 권리
- 소비생활에 영향을 주는 국가 및 지방자치단체의 정책과 사업자의 사업활동 등에 대하여 의견을 반영시킬 권리
- 물품 등의 사용으로 인하여 입은 피해에 대하여 신속·공정한 절차에 따라 적절한 보상을 받을 권리
- 합리적인 소비생활을 위하여 필요한 교육을 받을 권리

- 소비자 스스로의 권익을 증진하기 위하여 단체를 조직하고 이를 통하여 활동할 수 있는 권리
- 안전하고 쾌적한 소비생활 환경에서 소비할 권리

31

청약의 철회는 계약서를 받은 날부터 7일 이내에 가능하지만 재화 등의 공급이 늦게 이루어진 경우에는 재화 등을 공급받은 날부터 7일 이내에 가능하다(할부거래에 관한 법률 제8조 제1항 제1호).

32

통신판매중개자는 고지를 하지 아니한 경우 통신판매중개의뢰자의 고의 또는 과실로 소비자에게 발생한 재산상 손해에 대하여 통신판매중개의뢰자와 연대하여 배상할 책임을 진다(전자상거래 등에서의 소비자보호에 관한 법률 제20조의2 제1항).

33

방문판매원 또는 전화권유판매원을 두지 아니하는 소규모 방문판매업자 등 대통령령으로 정하는 방문판매업자 등은 공정거래위원회 또는 특별자치시장·특별자치도지사·시장·군수·구청장에게 신고하지 않아도 된다(방문판매 등에 관한 법률 제5조 제1항 제1호).

34

소비자권익의 보호 장치는 소비자보호지침, 특수판매업자의 입증책임, 소비자피해보상보험계약, 공제조합, 전화권유판매 수신거부의사 등록시스템 등이 있다.

35

제조물 책임법상 제조업자는 제조물 책임에 대해 손해배상책임을 지고 제조물 책임법에 규정된 것을 제외하고는 민법에 따르기 때문에 일반적 불법행위책임이 아니다.

36

약관이란 그 명칭이나 형태 또는 범위에 상관없이 계약의 한쪽 당사자가 여러 명의 상대방과 계약을 체결하기 위하여 일정한 형식으로 미리 마련한 계약의 내용을 말한다(약관의 규제에 관한 법률 제2조 제1호).

37

계약내용에 관한 서면의 교부의무에 관한 규정은 다른 법률에 이 법의 규정과 다른 방법으로 하는 계약서 교부의무 등이 규정되어 있는 거래의 경우 적용하지 않으나 민법과 방문판매 등에 관한 법률은 제외한다(전자상거래 등에서의 소비자보호에 관한 법률 제3조 제2항 참조).

38

① 한국공정거래조정원은 소비자단체가 아닌 공공기관이다. 공정거래위원회에 등록한 소비자단체로서 정관에 따라 상시적으로 소비자의 권익 증진을 목적으로 하면서, 등록 후 3년이 경과한 정회원수 1천명 이상의 소비자단체는 단체소송을 제기할 수 있다.

39

여신전문금융법에 따른 신용카드회원과 신용카드가맹점 간의 간접할부계약 체결 시 서면에 포함하지 않아도 되는 사항은 다음과 같다.

- 할부가격
- 각 할부금의 금액·지급횟수·지급기간 및 지급시기
- 지연손해금 산정 시 적용하는 비율

40

방문판매자는 본인의 허락을 받지 아니하거나 허락 받은 범위를 넘어 소비자에 관한 정보를 이용(제3자에게 제공하는 경우를 포함한다)하는 행위를 하여서는 아니된다(방문판매 등에 관한 법률 제11조 제1항 제9호).

41

② 사실을 은폐하거나 축소하는 등의 방법으로 표시·광고하는 것(표시·광고의 공정회에 관한 법률 시행령 제3조 제2항)

③ 비교 대상 및 기준을 분명하게 밝히지 아니하거나 객관적인 근거 없이 자기 또는 자기의 상품이나 용역을 다른 사업자 또는 사업자단체나 다른 사업자 등의 상품 등과 비교하여 우량 또는 유리하다고 표시·광고하는 것(표시·광고의 공정회에 관한 법률 시행령 제3조 제3항)

④ 다른 사업자 등 또는 다른 사업자 등의 상품 등에 관하여 객관적인 근거가 없는 내용으로 표시·광고하여 비방하거나 불리한 사실만을 표시·광고하여 비방하는 것(표시·광고의 공정회에 관한 법률 시행령 제3조 제4항)

42

① 대리권이 없음에도 불구하고 마치 대리권이 있는 것과 같은 외관이 있고 그러한 외관의 발생에 관하여 본인이 어느 정도 원인이 있는 경우의 대리
② 대리권이 없는 경우의 대리
④ 대리인이 본인 대신 적극적으로 의사표시를 하는 경우의 대리

43

과징금 부여 고려사항(표시 · 광고의 공정화에 관한 법률 제9조 제3항)

- 위반행위의 내용 및 정도
- 위반행위의 기간 및 횟수(③)
- 위반행위로 인하여 취득한 이익의 규모(④)
- 사업자 등이 소비자의 피해를 예방하거나 보상하기 위하여 기울인 노력의 정도(②)

44

① 계약서에 청약의 철회에 관한 사항이 적혀 있지 아니한 경우에는 청약을 철회할 수 있음을 안 날 또는 알 수 있었던 날부터 7일 이내에 청약을 철회할 수 있다(할부거래에 관한 법률 제8조 제1항 제3호).
② 할부거래업자 또는 신용제공자가 소비자로부터 한꺼번에 지급받을 금액은 나머지 할부금에서 나머지 기간에 대한 할부수수료를 공제한 금액으로 한다. 이 경우 할부수수료는 일단위로 계산한다(할부거래에 관한 법률 제13조 제2항).
④ 소비자는 신용카드를 이용한 할부계약의 경우 항변권이 성립되는 경우 할부가격이 20만원 이상인 경우에만 신용제공자에게 할부금의 지급을 거절하는 의사를 통지한 후 할부금의 지급을 거절할 수 있다(할부거래에 관한 법률 제16조 제2항 참조).

45

소비자분쟁조정위원회는 소비자와 사업자 사이에 이미 발생한 분쟁을 조정하기 위하여 한국소비자원에 설치한 기관으로 분쟁조정제도는 소비자피해의 사전예방기능이 아닌 사후예방기능을 강화하기 위한 제도이다(소비자기본법 제60조 제1항 참조).

47

소비자의 항변사유(할부거래에 관한 법률 제16조)

- 할부계약이 불성립 · 무효인 경우
- 할부계약이 취소 · 해제 또는 해지된 경우
- 재화 등의 전부 또는 일부가 재화 등의 공급 시기까지 소비자에게 공급되지 아니한 경우
- 할부거래업자가 하자담보책임을 이행하지 아니한 경우
- 그 밖에 할부거래업자의 채무불이행으로 인하여 할부계약의 목적을 달성할 수 없는 경우
- 다른 법률에 따라 정당하게 청약을 철회한 경우

48

약관은 신의성실의 원칙에 따라 공정하게 해석되어야 하며 고객에 따라 다르게 해석되어서는 아니 된다. 약관의 뜻이 명백하지 아니한 경우에는 고객에게 유리하게 해석되어야 한다(약관의 규제에 관한 법률 제5조).

49

전자상거래를 하는 사업자 또는 통신판매업자의 금지행위(전자상거래 등에서의 소비자보호에 관한 법률 제21조)

- 거짓 또는 과장된 사실을 알리거나 기만적 방법을 사용하여 소비자를 유인 또는 소비자와 거래하거나 청약철회 등 또는 계약의 해지를 방해하는 행위(①)
- 청약철회 등을 방해할 목적으로 주소, 전화번호, 인터넷도메인 이름 등을 변경하거나 폐지하는 행위(②)
- 분쟁이나 불만처리에 필요한 인력 또는 설비의 부족을 상당기간 방치하여 소비자에게 피해를 주는 행위(③)
- 소비자의 청약이 없음에도 불구하고 일방적으로 재화 등을 공급하고 그 대금을 청구하거나 재화 등의 공급 없이 대금을 청구하는 행위
- 소비자가 재화를 구매하거나 용역을 제공받을 의사가 없음을 밝혔음에도 불구하고 전화, 팩스, 컴퓨터통신 또는 전자우편 등을 통하여 재화를 구매하거나 용역을 제공받도록 강요하는 행위
- 본인의 허락을 받지 아니하거나 허락받은 범위를 넘어 소비자에 관한 정보를 이용하는 행위
- 소비자의 동의를 받지 아니하거나 총리령으로 정하는 방법에 따라 쉽고 명확하게 소비자에게 설명 · 고지하지 아니하고 컴퓨터프로그램 등이 설치되게 하는 행위

50

① 피성년후견인과 미성년자의 법률행위는 둘 다 취소할 수 있지만 피성년후견인은 가정법원이 정한 법률행위의 범위 및 대가가 과도하지 아니한 법률행위는 취소할 수 없다(민법 제10조 단서).
③ 미성년자가 법률행위를 함에는 법정대리인의 동의를 얻어야 한다(민법 제5조 제1항 전단).
④ 상대방이 있는 의사표시는 상대방에게 도달한 때에 그 효력이 생긴다(민법 제111조 제1항).

제3과목 소비자교육 및 정보제공

51

기업은 소비자 입장에서 적절한 정보를 제공함으로써 소비자로 하여금 더 만족하게 할 수 있다.

52

② 소비자재무관리와 관련된 정보는 각 소비자의 상황에 맞게 재무 설계 및 실행, 금융거래, 재산보존 및 축적 등의 종합적인 맞춤서비스로 제공되어야 한다.

53

① 직접구매 활동과 관련된 정보는 기업경영보다 기업 마케팅 측면에서 필요한 소비자정보이다.

54

약관이란 그 명칭이나 형태 또는 범위에 상관없이 계약의 한쪽 당사자가 여러 명과 계약을 체결하기 위하여 일정한 형식으로 미리 마련한 내용을 말한다(약관의 규제에 관한 법률 제2조).

55

델파이법
전문가의 진단이나 판단이 미래사건 또는 사건의 발생 가능성들을 예견하는 데에 효과적일 수 있다는 인식에 기초한 것으로 목적, 관심사항, 잠재적인 요구들의 일치점을 얻기 위해 교육요구분석에 가장 많이 이용되는 방법이다.

56

- 정보 : 포털사이트가 소비자에게 필요한 정보를 제공하는지 등을 평가하는 평가차원
- 안정성 : 포털사이트가 안정적으로 운영되고 있는지 등을 평가하는 평가차원
- 의사소통 : 포털사이트가 소비자의 요구에 신속하고 정확하게 응답해 의사소통이 이루어지는지 등을 평가하는 평가차원

57

고객으로 하여금 필요한 소비자정보를 제공하면서 소비자의 합리적인 선택을 돕고, 제품의 사용 및 관리방법을 전달해 줌으로써 사후에 소비자 불만족이 발생할 가능성을 사전에 방지할 수 있으며, 장기적으로 기업의 이익증대 측면에서도 매우 중요하다.

59

④ 노인 소비자가 스스로 소비자교육 장소를 찾아오기를 기대하기보다는 그들이 있는 현장에서 소비자교육이 실시되도록 고려해야 한다.

60

소비자교육 프로그램의 평가는 프로그램 실시로 인한 소비자지식, 소비자태도, 소비자기능으로 구성된 소비자능력의 변화를 기초로 이루어져야 한다.

61

④ 성인 소비자교육의 주제에 더 알맞다.

62

소비자교육 프로그램 내용 선정의 준거기준
- 합목적성(목표의 일관성)
- 수준의 적절성, 흥미성 및 참신성
- 현실성 및 지도 가능성
- 일목적 다경험과 일경험 다목적 원리
- 교육적 효용성 및 실효성

63

① 조사연구법에 대한 설명이다.
② 개별적 소개법에 대한 설명이다.
④ 참여관찰법에 대한 설명이다.

64

① 선망집단의 소비행동을 따라하거나 유행에 지나치게 집착하는 소비형태를 말한다.
③ 불필요하거나 경제력을 초과하는 물건을 반복적으로 구매하는 행동을 말한다.
④ 자극에 의한 구매를 뜻하며 소비자가 상점에 들어간 후에 구매를 결정하는 것을 의미한다.

65

① 구매기간의 범위, 구매의 빈도, 구매한 금액의 정도를 뜻한다.

66

정보관리시스템의 데이터베이스는 편리하게 검색하기 위하여 조직된 관련 데이터의 포괄적인 수집체로서 컴퓨터를 이용하여 검색할 수 있도록 체계적으로 구성한 것이라고 할 수 있다. 따라서 정보를 체계적으로 구성하기 위해 수집한 정보를 축적하고 정리해서 편리하게 검색하기 위한 시스템의 구비가 필요하다.

67

기업의 입장에서 본 소비자교육의 실시효과
- 충분하고 적절한 정보를 소비자에게 제공함으로써 소비자로 하여금 더 만족하게 할 수 있다.
- 상품을 구매하거나 사용함으로써 만족한 소비자는 구전으로 그 상품과 기업의 이름을 널리 알린다.
- 기업 이미지와 로열티를 높일 수 있다.
- 소비자불만을 감소시킬 수 있다.
- 시장 메커니즘을 통하여 기업이 발전한다.
- 건전한 기업이 생존하는 시장환경이 마련되고 기업의 자율규제가 지원됨으로써 각종 소비자보호정책을 시행하는 데에 드는 비용을 감소시킬 수 있다.

68

신소비문화의 형성을 위한 소비자교육에서는 실생활에서 실천할 수 있는 지속가능한 소비생활에 대해 각인시켜야 한다.

69

① 단계적으로 실시할 수 있으나 체계적, 조직적으로 실시하기는 어렵다.
③ · ④ 체계적, 조직적으로 실시할 수 있으나 단계적으로 실시하기는 어렵다.

71

③ 프로그램의 평가는 활동의 과정 속에서 일어난 여러 다양한 시장 또는 상태들이 바람직한지를 필연적으로 평가하게 된다.

72

② 노인 소비자의 소비자교육 프로그램은 에너지 절약, 세금, 주택유지와 관련된 서비스 등과 같은 문제에 초점을 맞추어야 한다.

73

타인 소비자 개인의 소비경험이므로 주관적 소비자정보이다.

74

① 틈새 광고는 요청된 페이지가 다운로드되는 동안 갑자기 스크린에 나타나 인터넷 이용자를 방해하는 광고 유형이다.
③ 고객에게 이메일을 발송하면서 광고하는 인터넷 광고로써 크게 스팸메일, 옵트인 메일, 그리고 옵트아웃 메일로 구분할 수 있다.
④ 크라우드 펀딩이라고도 하며 소셜 네트워크 서비스 등을 이용해 소규모 후원을 받거나 투자 등의 목적으로 인터넷과 같은 플랫폼을 통해 다수의 개인들로부터 자금을 모으는 행위를 의미한다.

75

① 미국의 소비자교육은 연방 정부, 주 정부, 지역 당국에서 제공하고 있다.

제4과목 소비자와 시장

76

①·③·④는 비이성적 소비행동으로 인한 폐기물로 녹색소비를 방해하는 요소이다.

77

③ 소비자행동의 동기나 소비자의 심리를 이해하기보다는 소비자의 행동을 파악하고 분석·가공·평가할 수 있게 하는 종합 지원도구로 사용 가능한 이론이다.

78

비이성적 소비행동
- 충동구매
- 중독구매
- 과시소비
- 보상구매
- 모방구매

79

합리적인 의사결정을 위한 고려사항
- 소비자선호에 따른 일관성 있는 선택
- 소비자의사결정을 위한 정보수집
- 소비자구매 이득
- 특정 소비자와 다른 소비자의 차별화
- 더 낮은 가격에 더 높은 품질
- 가격흥정과 가격차별화

80

환경 친화적 소비를 위해서는 구매대상품목을 결정함에 있어 환경친화형 상품, 이른바 '녹색상품'을 구매할 필요가 있다.

81

공리주의적 입장에서 살펴보면 효용의 극대화는 최대다수의 최대 행복을 위한 사회 주체들의 개인 효용 극대화를 뜻한다. 또한 일반적으로 소비자들은 소비에 들어가는 비용이나 자신의 취향 또는 기회비용 등 개인적 측면에서 최대의 효용극대화를 추구하지만 자신들의 소비로 인한 사회적 비용까지 고려하여 효용의 극대화를 고려하지는 않는다.

82

④ 결합적 원칙이란 소비자는 각 상품기준에 대해서 최소한의 수용수준을 설정해 놓고 그 이하의 상품은 생각할 필요가 없다는 것이다.

83

거래 장소에 따라서는 시장의 구조가 아닌 시장형태가 결정된다.

84

② 기만적인 판매상술은 경제적인 이득을 획득하고자 하는 집착에서 의도적으로 부당한 방법으로 소비자에게 상품을 팔아 이익을 얻고자 하는 행위를 의미한다.

85

준거집단의 구성원은 지속적으로 구성원으로 인정받기 위해 그 집단의 지배적인 기준이나 규범에 따라야 한다. 따라서 주위 사람들의 평가에 민감할 수 있는 사치품이 가장 큰 영향력을 나타낸다.

86

④ 전자상거래에서 사업자에 대한 정보는 제한적이므로 필요한 만큼 탐색하기 어렵다.

87

② 공급자 및 수요자가 시장에 대한 완전정보를 보유한 시장이다.

88

경험상품, 탐색상품, 저관여상품과 비교했을 때 신용상품은 한계효용의 측정이 불가능하므로 구매의 적합성을 측정하는 것도 어렵거나 불가능하다. 따라서 많은 소비자정보를 필요로 하게 된다.

89

자신의 능력을 남들이 알아줄 기회가 별로 없는 경우나 보이지 않는 경쟁이 치열한 사회일수록 전시적이고 과시적인 소비를 자주하게 된다.

90

각종 매체 및 신문기사는 중립적 정보원천이다.

91

③ 시장이 개방되면 공급자가 많아져 높은 시장가격을 채택하기 어려워진다. 따라서 소비자에게는 긍정적인 영향을 주게 된다.

92

소매업은 도매업과 비교했을 때 주 고객층에 맞춰 상품을 선별하고 다양한 구색을 갖추어 소량의 제품만 판매가 가능하다.

93

④ 동종의 제품을 생산하는 경쟁자가 없는 공급독점시장의 경우 공급자가 수량을 조절하고 가격을 유리하게 책정하기 때문에 초기 고가전략이 효과가 있을 수 있다.

94

건전한 소비문화 정착을 위해서는 지속가능한 소비생활을 해야 한다. 그를 위해서 합리적인 소비를 하고 비이성적 소비행동을 하지 않기 위해 자아정체감의 확립이 필요하다.

95

① 전혀 새로운, 혹은 진보적인 제품이 출시되었다. 즉, 시장을 새롭게 만들어 가는 것인데 이때는 경쟁자도 없고 독점의 상태에 놓인다.
② 소비자들에게 카테고리 및 제품에 대한 인지도가 형성되면서 매출이 빠르게 올라간다. 순수입이 급상승하며, 경쟁자들이 속속 나타나기 시작하는 시점이다.
④ 기술적으로 노화가 되고, 구매자들의 구매도 서서히 줄어들게 된다. 대부분 새로운 기술의 제품이 등장하는 시점이다.

96

② 시장세분화란 전체시장을 구성하는 잠재고객들을 동질적인 하위시장들로 나누어 분리하는 과정으로 정의할 수 있다.

97

② 내적 정보탐색
①·③·④ 외적 정보탐색

98

비보상적 결정원칙(Non-Compensatory Decision Rules)

- 사전편찬식 원칙(PBA방법 적용)
- 순차제거식 원칙
- 결합적 원칙(PBB방법 적용)

99

같은 제품을 구매할 때 자신이 사용하는 상황과 남에게 선물하는 상황을 나누어서 평가하므로 상황적 요인으로 평가했다고 볼 수 있다.

100

③ 저관여도 제품인 경우 대안선택과정 없이 바로 구매하기도 하므로 외적 정보탐색보다 내적 정보탐색이 자주 일어난다.

제 1 회

2019년 정답 및 해설

소비자전문상담사 Consumer Adviser Junior

2019년 제1회 정답 및 해설

01	02	03	04	05	06	07	08	09	10	11	12	13	14	15
②	④	④	②	③	③	②	④	③	②	④	①	①	④	③
16	17	18	19	20	21	22	23	24	25	26	27	28	29	30
②	④	①	①	②	③	③	③	③	③	②	②	③	③	②
31	32	33	34	35	36	37	38	39	40	41	42	43	44	45
②	②	②	②	③	①	④	④	②	①	②	③	④	④	③
46	47	48	49	50	51	52	53	54	55	56	57	58	59	60
③	④	①	②	②	④	④	④	④	①	①	②	②	①	③
61	62	63	64	65	66	67	68	69	70	71	72	73	74	75
②	②	①	①	④	②	③	①	③	④	②	②	②	④	④
76	77	78	79	80	81	82	83	84	85	86	87	88	89	90
④	④	①	④	④	②	④	①	③	①	②	④	④	②	③
91	92	93	94	95	96	97	98	99	100					
④	③	④	④	③	①	②	①	③	③					

제1과목 소비자상담 및 피해구제

01

② 적절한 수식어구의 사용은 의사소통을 이어가는 데 긍정적인 효과를 주지만 빈번하게 사용할 경우 효율적인 의사소통에 방해가 될 수 있다.

더 알아보기

언어적 의사소통을 잘하기 위해서는 먼저 소비자의 말을 잘 듣고 이해하여야 한다. 이러한 기술은 상담을 잘하기 위한 첫째 조건이기도 하다.

효과적인 경청방법은 다음과 같다.

- 적극적으로 경청한다.
- 인식하면서 경청한다.
- 가끔 눈맞춤을 유지한다.
- 몸을 소비자 쪽으로 기울인다.
- 소비자의 말에 고개를 끄덕이거나 바꿔 말하면서 관심을 보인다.
- 명료화하고 피드백하는 방법으로 상담한다.
- 화가 나거나 기분이 나쁘더라도 상대방과의 대화에 성의를 보인다.

02

④ 소비자상담실에서는 고객들에 대한 지속적인 관리를 통하여 시장의 수요를 유지하고, 차별적인 고객관리전략을 통하여 시장의 수요를 개발하는 역할을 담당한다. 시장의 수요를 개발하기 위해 일부 마케팅 비용이 들 수 있지만 이것이 기업의 소비자상담실 운영의 장점이라고 볼 수는 없다.

더 알아보기

기업에서 소비자상담실을 운영하는 목적은 소비자상담을 통해 고객만족경영을 실현하기 위함이다. 기업은 다음의 내용들을 통해 고객만족경영을 실현할 수 있다.
- 소비자상담을 통하여 고객의 불만을 신속하게 처리한다.
- 고객의 불만을 데이터베이스화하여 분석·평가하여 피드백시킴으로써 제품의 질을 제고한다.
- 불만을 가진 고객과의 긍정적인 의사소통을 통하여 분쟁을 회피 또는 최소화하고, 이를 통해 고정고객을 획득하고 유지한다.
- 고객의 소리를 체계적으로 경청함으로써 아이디어를 얻고, 고객정보를 회사의 소중한 자원으로 여긴다.

03

전화응대의 장점 중 하나는 소비자문제가 발생하면 언제, 어디서나 즉시 상담할 수 있다는 점이다. 따라서 ④번은 잘못된 보기이다.

더 알아보기

전화상담의 장점
- 소비자문제가 발생하면 언제, 어디서나 즉시 상담할 수 있다.
- 문제해결방법을 신속하게 얻을 수 있다.
- 문제해결방법에 불만족할 때 또는 소비자 피해보상이 어려운 때에는 다른 전문 상담기관을 즉시 알선받을 수 있다.
- 시간절약과 신속해결의 효과가 있다.

전화상담의 단점
- 소비자상담내용이 복잡한 경우 전화상담으로 이해하고 설득시키는 방법이 쉽지 않다.
- 전화상담은 의사소통상의 애로가 있는 경우 오류를 범하기 쉽다.
- 전화상담이 많을 경우 통화연결이 어렵다.
- 의사소통의 장애로 잘못 전해질 수 있다.
- 소비자의 상담시간에 의사소통의 잘못으로 언쟁을 벌이고 큰 싸움이 발생할 수 있다.
- 특히 말할 때 예의, 발음, 강세 등 상대를 배려하는 것이 중요하다.

04

② 정부 및 행정기관 또한 소비생활과 관련된 소비자상담을 실시하고 있지만 소비생활 태도 개선을 위한 캠페인 업무에 주력하는 것은 소비자단체가 수행하는 소비자상담의 특성에 더 가깝다.

더 알아보기

정부 및 행정기관은 기업과 소비자 사이의 중재자(제3자)이자 최종 해결자로서 소비자상담을 수행하는 또 다른 주체이다. 즉, 중앙행정기관, 지방자치단체, 금융감독원, 법률구조공단 등에서도 소비생활 전반에 관련된 다양한 정보 제공, 소비자 불만해결, 소비자 피해구제 및 생애학습으로 연결되는 소비자교육 실시 등 소비자의 권리를 실현하기 위한 다양한 형태의 소비자상담을 수행하고 있다.

05

③ 일반적인 심리상담은 문제해결을 위해 우선 내담자와 상담자 간의 신뢰구축이 중요하다. 이와 함께 내담자의 자기이해는 내담자가 현재 자신의 상태 및 상황을 이해함으로써 좀 더 효과적으로 문제를 해결하는 데 중요한 역할을 한다.

더 알아보기

소비자상담의 특성
- 객관적이고 정확한 정보전달이 요구되는 상담이다.
- 구매 전의 소비자상담은 합리적 소비자선택을 지원하기 위한 소비자정보의 제공이 필요하다.
- 구매 후의 소비자상담은 소비자문제나 피해를 해결하기 위한 상담이 필요하다.
- 소비자상담은 방문, 전화, 인터넷, FAX 등 다양한 매체를 통하여 상담할 수 있어 특별한 절차나 형식을 필요로 하지 않는다.

06

③ 소비자는 재화 등의 내용이 표시·광고의 내용과 다르거나 계약내용과 다르게 이행된 경우에는 그 재화 등을 공급받은 날부터 3개월 이내에, 그 사실을 안 날 또는 알 수 있었던 날부터 30일 이내에 청약철회 등을 할 수 있다(방문판매 등에 관한 법률 제8조 제3항).

더 알아보기

① 소비자에게 책임이 있는 사유로 재화 등이 멸실되거나 훼손된 경우 소비자는 청약철회 등을 할 수 없다. 다만, 재화 등의 내용을 확인하기 위하여 포장 등을 훼손한 경우는 제외한다(방문판매 등에 관한 법률 제8조 제2항 제1호 참조).
② 방문판매자 등의 금지행위에 해당한다.
④ 품목별 분쟁해결기준에서 문화용품·기타 품목 중 도서·음반의 경우 청약철회기간 이후 계약해제 시 통상사용률 또는 사용손해율에 의한 손율공제 후 물품의 계약해제가 가능하다.

07

② 우리나라의 소비자상담은 1999년까지는 전화를 통한 상담이 주류를 이루었으나 2000년 이후 인터넷을 통한 상담이 증가하고 있는 실정이다.

더 알아보기

소비자단체의 인터넷 소비자상담

한국 YWCA 연합회, 한국부인회, (사)소비자시민모임, 소비자공익네트워크, 한국소비자연맹, 한국 YMCA 전국연맹 시민중계실, 한국소비자교육원, 소비자교육중앙회, 한국여성소비자연합, 녹색소비연대 등의 소비자단체들이 인터넷을 통하여 소비자상담활동을 하고 있다.

08

통신판매업자는 선지급식 통신판매를 할 때 소비자가 결제대금예치의 이용 또는 통신판매업자의 소비자피해보상보험계약 등의 체결을 선택한 경우에는 소비자가 결제대금예치를 이용하도록 하거나 소비자피해보상보험계약 등을 체결하여야 한다(전자상거래 등에서의 소비자보호에 관한 법률 제24조 제2항).

더 알아보기

소비자피해보상보험계약 등

- 보험업법에 따른 보험계약
- 소비자피해보상금의 지급을 확보하기 위한 금융위원회의 설치 등에 관한 법률에 따른 기관과의 채무지급보증계약
- 공제조합과의 공제계약

09

소비자 입장에서의 소비자상담의 필요성

- 소비자는 정보와 지식이 부족
- 소비자는 기업에 비하여 약자의 위치
- 대량생산체제에 따른 불량품 증가 및 소비자 피해의 증가
- 소비확대와 구매량의 증가
- 법규위반과 사기행위의 증가

더 알아보기

소비자 측면에서 소비자상담은 다양하고 다원화되어 있는 복잡한 경제구조 속에서 소비자로서의 선택과 의사결정을 도와주고, 문제가 발생했을 때 문제해결의 조력자로서 기능할 수 있는 새로운 역할에 대한 필요성이 강력하게 대두되면서 발생하였다.

10

② 방문판매자 등(소비자로부터 재화 등의 대금을 지급받은 자 및 소비자와 방문판매 등에 관한 계약을 체결한 자)은 재화 등을 반환받은 날부터 3영업일 이내에 이미 지급받은 재화 등의 대금을 환급하여야 한다. 이 경우 방문판매자 등이 소비자에게 재화 등의 대금의 환급을 지연하면 그 지연기간에 따라 연 100분의 40 이내의 범위에서 은행법에 따른 은행이 적용하는 연체금리 등 경제사정을 고려하여 대통령령으로 정하는 이율을 곱하여 산정한 지연이자(지연배상금)를 지급하여야 한다(방문판매 등에 관한 법률 제9조 제2항).

① 계약서를 받은 날부터 14일. 다만, 그 계약서를 받은 날보다 재화 등이 늦게 공급된 경우에는 재화 등을 공급받거나 공급이 시작된 날부터 14일 이내에 그 계약에 관한 청약철회 등을 할 수 있다(방문판매 등에 관한 법률 제8조 제1항 제1호).

③ 청약철회 등의 경우 공급받은 재화 등의 반환에 필요한 비용은 방문판매자 등이 부담하며 방문판매자 등은 소비자에게 청약철회 등을 이유로 위약금 또는 손해배상을 청구할 수 없다(방문판매 등에 관한 법률 제9조 제9항).

④ 복제할 수 있는 재화 등의 포장을 훼손한 경우 방문판매자 등의 의사와 다르게 청약철회 등을 할 수 없다(방문판매 등에 관한 법률 제8조 제2항 제4호).

11

④ 물론 전화상담 시 상담자가 말을 많이 하기보다는 소비자가 말을 많이 하도록 배려해야 하는 것은 맞다. 하지만 그렇다고 계속 침묵으로 일관하는 것은 문제해결에 도움이 되지 않는다. 소비자와의 적절한 의사소통을 통해 불만을 해소해 나가는 것이 중요하다.

더 알아보기

전화상담의 기술

- 목소리 톤에 변화를 주어야 한다.
- 메시지가 정확하게 전달되도록 말의 속도에 유의하여야 한다.
- 적절한 음량을 낼 수 있도록 해야 한다.
- 정확한 메시지 전달을 위하여 정확한 발성을 하는 것이 필요하다.
- 소비자의 말을 듣는 것에 신경을 집중시켜야 한다.
- 소비자가 자신의 말을 경청하고 있음을 인식시키는 것이 필요하다.

- 소비자로부터 받은 중요한 용건이나 숫자를 복창하여 소비자에게 확인을 시켜주어야 한다.
- 통화 중에 필기가 가능하도록 해야 한다.
- 전화 받는 주위를 깨끗하게 정리하여 소비자의 말에 집중할 수 있도록 한다.

12

① 할부거래에 관한 법률에는 소비자의 항변권에 대한 조항이 명시되어 있다.

더 알아보기

소비자의 항변권(할부거래에 관한 법률 제16조 제1항)

소비자는 다음의 어느 하나에 해당하는 사유가 있는 경우에는 할부거래업자에게 그 할부금의 지급을 거절할 수 있다.

- 할부계약이 불성립·무효인 경우
- 할부계약이 취소·해제 또는 해지된 경우
- 재화 등의 전부 또는 일부가 재화 등의 공급시기까지 소비자에게 공급되지 아니한 경우
- 할부거래업자가 하자담보책임을 이행하지 아니한 경우
- 그 밖에 할부거래업자의 채무불이행으로 인하여 할부계약의 목적을 달성할 수 없는 경우
- 다른 법률에 따라 정당하게 청약을 철회한 경우

13

① 일차적으로 부품교환을 원칙으로 하되 결함잔존 시 관련 기능장치를 교환한다(예 원동기, 동력전달장치 등).

② 탁송과정 중 발생한 차량하자를 포함하여 차량 인도 시 이미 하자가 있는 경우에 해당한다.

③ 옵션용품이 품질보증기간 이후에 하자가 발생한 경우 유상수리가 가능하다.

④ 해당 경우 구입가에서 정액감가상각비를 공제 후 환급 또는 차량 교환이 가능하다.

14

④ 적절한 절차를 거쳐 불만을 제기하였으므로 악덕 소비자로 보기 어렵다.

더 알아보기

악덕 소비자

상담원에게 신체적·정신적인 피해를 주고 고의로 피해를 입어 손해 및 불만을 주장하는 소비자를 말한다.

15

③ 할부가격이 10만원 미만인 할부계약(여신전문금융업법에 따른 신용카드를 사용하여 할부거래를 하는 경우 할부가격이 20만원 미만인 할부계약)의 경우 청약철회를 제한받는다.

더 알아보기

청약철회의 제한(할부거래에 관한 법률 제8조 제2항 및 동법 시행령 제6조)

- 소비자에게 책임 있는 사유로 재화 등이 멸실되거나 훼손된 경우. 다만, 재화 등의 내용을 확인하기 위하여 포장 등을 훼손한 경우는 제외한다.
- 사용 또는 소비에 의하여 그 가치가 현저히 낮아질 우려가 있는 것으로서 대통령령으로 정하는 재화 등을 사용 또는 소비한 경우. 대통령령으로 정하는 재화 등이란 선박, 항공기, 궤도를 운행하는 차량, 건설기계, 자동차, 설치에 전문인력 및 부속자재 등이 요구되는 냉동기, 전기냉방기(난방 겸용인 것을 포함한다), 보일러 등을 말한다.
- 시간이 지남으로써 다시 판매하기 어려울 정도로 재화 등의 가치가 현저히 낮아진 경우
- 복제할 수 있는 재화 등의 포장을 훼손한 경우
- 그 밖에 거래의 안전을 위하여 대통령령으로 정하는 경우. 대통령령으로 정하는 경우란 할부가격이 10만원 미만인 할부계약(여신전문금융업법에 따른 신용카드를 사용하여 할부거래를 하는 경우 할부가격이 20만원 미만인 할부계약)과 소비자의 주문에 따라 개별적으로 제조되는 재화 등의 공급을 목적으로 하는 할부계약을 말한다.

16

② 관심은 상담을 필요로 하는 소비자를 이해하기 위해 필요한 기술이다. 왜냐하면 상담자가 소비자와 함께 있다는 사실을 인식하는 친밀한 관계를 형성해 주고 또한 소비자의 말을 주의 깊게 경청할 수 있는 자세를 갖게 해 준다. 상담자가 따뜻한 관심을 가지고 소비자를 대할 때 소비자는 상담자를 신뢰하여 마음을 개방하고 자기가 처한 문제상황을 탐색할 수 있게 될 것이다.

더 알아보기

상담의 핵심원리

- 관 심
- 경 청
- 공감적 이해
- 존 중
- 진실성

17

④ 공정거래위원회는 물품의 제조・수입・판매 또는 용역의 제공의 모든 과정이 소비자 중심으로 이루어지는 경영(소비자중심경영이라 한다)을 하는 사업자에 대하여 소비자중심경영에 대한 인증(소비자중심경영인증이라 한다)을 할 수 있다(소비자기본법 제20조의2 제1항).

더 알아보기

소비자중심경영의 인증(소비자기본법 제20조의2)

- 공정거래위원회는 물품의 제조・수입・판매 또는 용역의 제공의 모든 과정이 소비자 중심으로 이루어지는 경영(소비자중심경영이라 한다)을 하는 사업자에 대하여 소비자중심경영에 대한 인증(소비자중심경영인증이라 한다)을 할 수 있다.
- 소비자중심경영인증을 받으려는 사업자는 대통령령으로 정하는 바에 따라 공정거래위원회에 신청하여야 한다.
- 소비자중심경영인증을 받은 사업자는 대통령령으로 정하는 바에 따라 그 인증의 표시를 할 수 있다.
- 소비자중심경영인증의 유효기간은 그 인증을 받은 날부터 2년으로 한다.
- 공정거래위원회는 소비자중심경영을 활성화하기 위하여 대통령령으로 정하는 바에 따라 소비자중심경영인증을 받은 기업에 대하여 포상 또는 지원 등을 할 수 있다.
- 공정거래위원회는 소비자중심경영인증을 신청하는 사업자에 대하여 대통령령으로 정하는 바에 따라 그 인증의 심사에 소요되는 비용을 부담하게 할 수 있다.
- 위의 규정 외에 소비자중심경영인증의 기준 및 절차 등에 필요한 사항은 대통령령으로 정한다.

18

① 방문상담은 소비자가 상담원을 직접 대면하기 때문에 심각한 소비자문제의 상세한 사건경위를 전달받을 수 있다.

19

② 구매계획 파악은 구매 시 상담에 관한 내용이다.
③ 다른 상품들과의 비교평가는 구매 시 상담에 관한 내용이다.
④ 지급수단에 대한 장단점 설명은 구매 시 상담에 관한 내용이다.

더 알아보기

구매단계별 소비자상담의 주요내용

- 구매 전 상담
  - 대체안의 제시와 특성의 비교
  - 가격과 판매방법에 관한 정보제공
  - 대체안 평가방법에 대한 정보제공
  - 다양한 구매방법에 대한 정보제공
  - 사용방법・관리방법에 대한 정보제공
  - 소비자 교육 프로그램 운영
- 구매 시 상담
  - 소비자의 구매계획과 예산・목표 파악
  - 효과적인 대화과정 조절
  - 구매대안 제시
  - 구매결정과 계약서 작성
- 구매 후 상담
  - 불만처리
  - 피해구제
  - 기타 상담

20

② 계약해제의 경우 소비자가 선급한 금액에 대한 환급은 해제일로부터 3일 이내에 실시한다.

더 알아보기

인터넷 쇼핑몰업 분쟁유형에 대한 해결기준

- 허위・과장광고에 의한 계약체결 : 계약해제
- 물품이나 용역의 미인도 : 계약해제 및 손해배상
- 지연인도 : 계약해제 및 손해배상
- 기타 사업자의 귀책사유로 인한 계약 미이행 : 계약이행 또는 계약해제 및 손해배상

21

③ 기업 측면에서 소비자가 제품이나 서비스로 인해 피해를 입을 경우 해당 기업에 대해 나쁜 이미지를 갖게 되고 이는 곧 제품이나 서비스의 판매감소로 이어져 기업 매출에 영향을 미친다. 따라서 상담을 통해 이를 제거한다.

22

소비자의 구체적 욕구를 파악하기 위한 질문기법

- 상대방의 말을 비판하지 않을 것
- 가능하면 긍정적인 질문을 할 것
- 구체적으로 질문할 것
- 더 좋은 서비스를 제공하기 위해 소비자가 확실히 원하는 것을 찾아내는 질문을 할 것 등

23

고객 유지의 중요성

- 새로운 고객을 끌어오는 것에 비해 기존고객을 유지하는 것이 비용절감에 유리하다.
- 기업의 제품에 만족한 소비자가 반복하여 제품을 구매하므로 수익의 안정성을 누릴 수 있다.
- 구전효과를 통한 제품의 홍보효과를 볼 수 있으며 이를 통한 기업의 신뢰성을 높일 수 있다.

더 알아보기

고객애호도 향상을 위한 프로그램

- 자주 구매하는 고객에게 보상을 제공하고 재구매에 대한 인센티브를 제공하는 방법 등으로 단골 고객 만들기
- 각 개인의 정보를 데이터베이스화하여 피드백하는 차별화된 마케팅
- 고객과의 상호의존도를 높여 동반자관계를 형성하는 관계 마케팅
- 자사 제품에 국한하지 않고 필요한 서비스를 추가적으로 제공하는 하나 더 서비스(Plus-One Service) 제공

24

① 구매 후 상담에 관한 설명이다.
② 구매 시 상담에 관한 설명이다.
④ 구매 전 상담에 관한 설명이다.

더 알아보기

구매단계별 소비자상담의 의의

- 구매 전 상담 : 소비자들에게 기업과 제품정보 · 구매방법 등을 조언하여 소비자들이 합리적으로 제품과 서비스를 구매할 수 있도록 돕는다. 소비자에게 정보와 조언을 제공하고 소비자의 제품구매나 문제해결을 도움으로써 궁극적으로 판매증대의 효과를 가져올 수 있는 것이며, 직접적으로 구매를 권유하는 것은 아니다.
- 구매 시 상담 : 소비자가 상점을 찾을 때 소비자와 직접 접촉하여 정보를 제공하고 설득하여 구체적으로 소비자의 욕구와 기대에 맞는 상품과 상표를 선택할 수 있도록 도와주는 일이다.
- 구매 후 상담 : 소비자가 재화와 서비스를 사용하고 이용하는 과정에서 소비자의 욕구와 기대에 어긋났을 때 발생하는 모든 일들을 도와주는 상담을 말한다.

25

③ 구매 시 소비자상담에 대한 설명이다.

더 알아보기

구매 시 소비자에게 요구되는 상담내용으로는 구매계획과 목표의 파악, 능동적 대화과정 조절, 구매대안의 제시, 계약서 작성과 지불방법의 결정 등을 들 수 있다.

제2과목 소비자관련법

26

② 사기나 강박에 의한 의사표시는 취소할 수 있다(민법 제110조 제1항).

27

① 계약의 나머지 부분만으로 유효하게 존속한다(약관의 규제에 관한 법률 제16조 참조).
③ · ④ 유효한 부분만으로는 계약의 목적달성이 불가능하거나 그 유효한 부분이 한쪽 당사자에게 부당하게 불리한 경우에 한해 그 계약은 무효로 한다(약관의 규제에 관한 법률 제16조 단서 참조).

28

③ 공정거래위원회는 소비자중심경영인증이 취소된 사업자에 대하여 그 인증이 취소된 날부터 3년 이내의 범위에서 대통령령으로 정하는 기간 동안에는 소비자중심경영인증을 하여서는 아니 된다(소비자기본법 제20조의4 제2항).

29

③ 정책위원회의 사무를 처리하기 위하여 공정거래위원회에 사무국을 두고 그 조직 · 구성 및 운영 등에 필요한 사항은 대통령령으로 정한다(소비자기본법 제24조 제7항).

30

① 거래 당사자 사이에 방문판매 등에 관한 법률에서 정한 기간보다 긴 기간으로 약정한 경우에는 그 기간을 우선 적용한다(방문판매 등에 관한 법률 제8조 제1항 참조).

③ 청약철회 등을 서면으로 하는 경우에는 청약철회 등의 의사를 표시한 서면을 발송한 날에 그 효력이 발생한다(방문판매 등에 관한 법률 제8조 제4항).
④ 청약철회 등의 경우 공급받은 재화 등의 반환에 필요한 비용은 방문판매자 등이 부담하며 방문판매자 등은 소비자에게 청약철회 등을 이유로 위약금 또는 손해배상을 청구할 수 없다(방문판매 등에 관한 법률 제9조 제9항).

31

약관의 작성 및 설명의무 등(약관의 규제에 관한 법률 제3조 제2항)
사업자는 계약을 체결할 때에는 고객에게 약관의 내용을 계약의 종류에 따라 일반적으로 예상되는 방법으로 분명하게 밝히고 고객이 요구할 경우 그 약관의 사본을 고객에게 내주어 고객이 약관의 내용을 알 수 있게 하여야 한다. 다만, 다음의 어느 하나에 해당하는 업종의 약관에 대하여는 그러하지 아니하다.

- 여객운송업
- 전기 · 가스 및 수도사업
- 우편업
- 공중전화 서비스 제공 통신업

32

② 소비자가 항변권의 행사를 서면으로 하는 경우 그 효력은 서면을 발송한 날에 발생한다(할부거래에 관한 법률 제16조 제4항).

33

② 소비자는 재화 등의 내용이 계약내용과 다르게 이행된 경우에는 그 재화 등을 공급받은 날부터 3개월 이내에 청약철회가 가능하다(방문판매 등에 관한 법률 제8조 제3항 참조).

34

② 소비자가 청약을 철회할 경우 해당 기간 이내에 할부거래업자에게 청약을 철회하는 의사표시가 적힌 서면을 발송하여야 한다(할부거래에 관한 법률 제8조 제3항 참조). 청약의 철회는 서면을 발송한 날에 그 효력이 발생한다(할부거래에 관한 법률 제8조 제4항).

35

① 공정거래위원회는 표시 · 광고 행위가 다음 모두(표시 · 광고 행위가 부당하다고 명백하게 의심되는 경우, 그 표시 · 광고 행위로 인하여 소비자나 경쟁사업자에게 회복하기 어려운 손해가 발생할 우려가 있어 이를 예방하기 위하여 긴급히 필요하다고 인정되는 경우)에 해당하는 경우에는 사업자 등에 대하여 그 표시 · 광고 행위를 일시 중지할 것을 명할 수 있다(표시 · 광고의 공정화에 관한 법률 제8조 제1항).
② 공정거래위원회는 사업자 등이 부당한 표시 · 광고 행위를 하는 경우에는 그 사업자 등에 대하여 그 시정을 위한 다음의 조치(해당 위반행위의 중지, 시정명령을 받은 사실의 공표, 정정광고, 그 밖에 위반행위의 시정을 위하여 필요한 조치)를 명할 수 있다(표시 · 광고의 공정화에 관한 법률 제7조 제1항).
④ 공정거래위원회는 부당한 표시 · 광고 행위를 한 사업자 등에 대하여는 대통령령으로 정하는 매출액(대통령령으로 정하는 사업자의 경우에는 영업수익을 말한다)에 100분의 2를 곱한 금액을 초과하지 아니하는 범위에서 과징금을 부과할 수 있다. 다만, 그 위반행위를 한 자가 매출액이 없거나 매출액을 산정하기 곤란한 경우로서 대통령령으로 정하는 사업자 등인 경우에는 5억원을 초과하지 아니하는 범위에서 과징금을 부과할 수 있다(표시 · 광고의 공정화에 관한 법률 제9조 제1항).

36

소비자피해 분쟁조정기구(전자상거래 등에서의 소비자보호에 관한 법률 시행령 제35조)

- 소비자분쟁조정위원회
- 전자거래분쟁조정위원회
- 콘텐츠분쟁조정위원회
- 그 밖에 소비자보호 관련 법령에 따라 설치 · 운영되는 분쟁조정기구

37

④ 법률에 따른 고객의 해제권 또는 해지권을 배제하거나 그 행사를 제한하는 조항은 무효이다(약관의 규제에 관한 법률 제9조 제1호).

38

소비자의 항변권(할부거래에 관한 법률 제16조 제1항)
소비자는 다음의 어느 하나에 해당하는 사유가 있는 경우에는 할부거래업자에게 그 할부금의 지급을 거절할 수 있다.

- 할부계약이 불성립·무효인 경우
- 할부계약이 취소·해제 또는 해지된 경우
- 재화 등의 전부 또는 일부가 재화 등의 공급시기까지 소비자에게 공급되지 아니한 경우
- 할부거래업자가 하자담보책임을 이행하지 아니한 경우
- 그 밖에 할부거래업자의 채무불이행으로 인하여 할부계약의 목적을 달성할 수 없는 경우
- 다른 법률에 따라 정당하게 청약을 철회한 경우

39

이 법은 제조물의 결함으로 발생한 손해에 대한 제조업자 등의 손해배상책임을 규정함으로써 피해자 보호를 도모하고 국민생활의 안전 향상과 국민경제의 건전한 발전에 이바지함을 목적으로 한다(제조물 책임법 제1조).

40

사업자의 금지행위(전자상거래 등에서의 소비자보호에 관한 법률 제21조 제1항)

- 거짓 또는 과장된 사실을 알리거나 기만적 방법을 사용하여 소비자를 유인 또는 소비자와 거래하거나 청약철회 등 또는 계약의 해지를 방해하는 행위
- 청약철회 등을 방해할 목적으로 주소, 전화번호, 인터넷도메인 이름 등을 변경하거나 폐지하는 행위
- 분쟁이나 불만처리에 필요한 인력 또는 설비의 부족을 상당기간 방치하여 소비자에게 피해를 주는 행위
- 소비자의 청약이 없음에도 불구하고 일방적으로 재화 등을 공급하고 그 대금을 청구하거나 재화 등의 공급 없이 대금을 청구하는 행위
- 소비자가 재화를 구매하거나 용역을 제공받을 의사가 없음을 밝혔음에도 불구하고 전화, 팩스, 컴퓨터통신 또는 전자우편 등을 통하여 재화를 구매하거나 용역을 제공받도록 강요하는 행위
- 본인의 허락을 받지 아니하거나 허락받은 범위를 넘어 소비자에 관한 정보를 이용하는 행위. 다만, 다음의 어느 하나에 해당하는 경우는 제외한다.
  - 재화 등의 배송 등 소비자와의 계약을 이행하기 위하여 불가피한 경우로서 대통령령으로 정하는 경우
  - 재화 등의 거래에 따른 대금정산을 위하여 필요한 경우
  - 도용방지를 위하여 본인 확인에 필요한 경우로서 대통령령으로 정하는 경우
  - 법률의 규정 또는 법률에 따라 필요한 불가피한 사유가 있는 경우
- 소비자의 동의를 받지 아니하거나 총리령으로 정하는 방법에 따라 쉽고 명확하게 소비자에게 설명·고지하지 아니하고 컴퓨터프로그램 등이 설치되게 하는 행위

41

계약의 의미와 성립요건

- 계약의 의미
  - 광의의 의미 : 사법상의 일정한 법률효과의 발생을 목적으로 하는 2인 이상 당사자의 대립된 의사표시의 합치
  - 협의의 의미 : 일정한 채권의 발생을 목적으로 하는 복수 당사자의 서로 대립하는 의사표시의 합치로 성립하는 법률행위
- 계약의 성립요건
  - 당사자의 서로 대립하는 수 개의 의사표시의 합치, 즉 합의에 의하여 성립
  - 합의라 함은 객관적 합의와 주관적 합의를 포함하는 말
    - ⓐ 주관적 합의 : 의사표시의 내용이 객관적으로 일치하는 것을 말하며 이는 표시행위로부터 추단되는 효과의사의 내용이 실질적으로 일치하는 것
    - ⓑ 객관적 합의 : 당사자의 의사표시가 상대방의 의사표시와 결합해서 계약을 성립시키려는 의지를 말하며 상대방이 누구냐에 관하여 잘못이 없는 것

42

금지행위(방문판매 등에 관한 법률 제11조)

- 재화 등의 판매에 관한 계약의 체결을 강요하거나 청약철회 등 또는 계약해지를 방해할 목적으로 소비자를 위협하는 행위
- 거짓 또는 과장된 사실을 알리거나 기만적 방법을 사용하여 소비자를 유인 또는 거래하거나 청약철회 등 또는 계약해지를 방해하는 행위

- 방문판매원 등이 되기 위한 조건 또는 방문판매원 등의 자격을 유지하기 위한 조건으로서 방문판매원 등 또는 방문판매원 등이 되려는 자에게 가입비, 판매 보조 물품, 개인 할당 판매액, 교육비 등 그 명칭이나 형태와 상관없이 대통령령으로 정하는 수준을 초과한 비용 또는 그 밖의 금품을 징수하거나 재화 등을 구매하게 하는 등 의무를 지게 하는 행위
- 방문판매원 등에게 다른 방문판매원 등을 모집할 의무를 지게 하는 행위
- 청약철회 등이나 계약해지를 방해할 목적으로 주소·전화번호 등을 변경하는 행위
- 분쟁이나 불만처리에 필요한 인력 또는 설비가 부족한 상태를 상당 기간 방치하여 소비자에게 피해를 주는 행위
- 소비자의 청약 없이 일방적으로 재화 등을 공급하고 재화 등의 대금을 청구하는 행위
- 소비자가 재화를 구매하거나 용역을 제공받을 의사가 없음을 밝혔음에도 불구하고 전화, 팩스, 컴퓨터 통신 등을 통하여 재화를 구매하거나 용역을 제공받도록 강요하는 행위
- 본인의 허락을 받지 아니하거나 허락받은 범위를 넘어 소비자에 관한 정보를 이용(제3자에게 제공하는 경우를 포함한다)하는 행위. 다만, 다음의 어느 하나에 해당하는 경우는 제외한다.
  - 재화 등의 배송 등 소비자와의 계약을 이행하기 위하여 불가피한 경우로서 대통령령으로 정하는 경우
  - 재화 등의 거래에 따른 대금을 정산하기 위하여 필요한 경우
  - 도용을 방지하기 위하여 본인임을 확인할 때 필요한 경우로서 대통령령으로 정하는 경우
  - 법률의 규정 또는 법률에 따라 필요한 불가피한 사유가 있는 경우

43

④ 소비자중심경영인증의 유효기간은 그 인증을 받은 날부터 2년으로 한다(소비자기본법 제20조의2 제4항).

44

부당한 표시·광고행위의 금지(표시·광고의 공정화에 관한 법률 제3조 제1항)

사업자 등은 소비자를 속이거나 소비자로 하여금 잘못 알게 할 우려가 있는 표시·광고행위로서 공정한 거래질서를 해칠 우려가 있는 다음의 행위를 하거나 다른 사업자 등으로 하여금 하게 하여서는 아니 된다.

- 거짓·과장의 표시·광고
- 기만적인 표시·광고
- 부당하게 비교하는 표시·광고
- 비방적인 표시·광고

45

③ 전자상거래 또는 통신판매에서의 소비자보호에 관하여 이 법과 다른 법률이 경합하는 경우에는 이 법을 우선 적용한다. 다만, 다른 법률을 적용하는 것이 소비자에게 유리한 경우에는 그 법을 적용한다(전자상거래 등에서의 소비자보호에 관한 법률 제4조).

46

③ 격지자 간의 계약은 승낙의 통지를 발송한 때에 성립한다(민법 제531조).

47

손해배상청구권은 이 법에 의한 시정조치가 확정된 후가 아니면 이를 재판상 주장할 수 없다고 규정한 취지는 조문의 문리해석에 의하거나 위 법의 목적, 소송경제의 이념 등에 비추어 보더라도 이는 소의 제기에 앞선 전치절차를 규정한 것에 불과한 것으로서 일단 전치절차를 거친 당사자로서는 확정된 시정조치의 실현을 방해하는 상대방의 행위에 대하여 그 행위가 위 법상의 불공정거래행위에 해당됨을 재판상 자유롭게 주장·입증함으로써 그로 인한 손해의 배상을 구할 수 있다고 봄이 정당하고 따라서 시정조치의 대상이 된 불공정거래행위에 국한하여 그로 인한 손해의 배상을 구하여야 하는 것으로 한정 해석할 수는 없다(대판 1997.4.22. 선고96다54195).

48

① 소비자는 할부거래업자의 승인 없이 기한이 되기 전이라도 나머지 할부금을 한꺼번에 지급할 수 있다(할부거래에 관한 법률 제14조 제1항 참조).

49

② 다단계판매의 경우 방문판매 및 전화권유판매 등과 같이 계약서를 받은 날로부터 14일. 다만, 그 계약서를 받은 날보다 재화 등이 늦게 공급된 경우에는 재화 등을 공급받거나 공급이 시작된 날부터 14일이 청약철회기간이다.

50

신원 및 거래조건에 대한 정보의 제공(전자상거래 등에서의 소비자보호에 관한 법률 제13조 제2항 내지 제3항)

- 통신판매업자는 소비자가 계약체결 전에 재화 등에 대한 거래조건을 정확하게 이해하고 실수나 착오 없이 거래할 수 있도록 다음의 사항을 적절한 방법으로 표시・광고하거나 고지하여야 하며 계약이 체결되면 계약자에게 다음의 사항이 기재된 계약내용에 관한 서면을 재화 등을 공급할 때까지 교부하여야 한다. 다만, 계약자의 권리를 침해하지 아니하는 범위에서 대통령령으로 정하는 사유가 있는 경우에는 계약자를 갈음하여 재화 등을 공급받는 자에게 계약내용에 관한 서면을 교부할 수 있다.
  - 재화 등의 공급자 및 판매자의 상호, 대표자의 성명・주소 및 전화번호 등
  - 재화 등의 명칭・종류 및 내용
  - 재화 등의 정보에 관한 사항. 이 경우 제품에 표시된 기재로 계약내용에 관한 서면에의 기재를 갈음할 수 있다.
  - 재화 등의 가격(가격이 결정되어 있지 아니한 경우에는 가격을 결정하는 구체적인 방법)과 그 지급방법 및 지급시기
  - 재화 등의 공급방법 및 공급시기
  - 청약의 철회 및 계약의 해제(청약철회 등)의 기한・행사방법 및 효과에 관한 사항(청약철회 등의 권리를 행사하는 데에 필요한 서식을 포함)
  - 재화 등의 교환・반품・보증과 그 대금 환불 및 환불의 지연에 따른 배상금 지급의 조건・절차
  - 전자매체로 공급할 수 있는 재화 등의 전송・설치 등을 할 때 필요한 기술적 사항
  - 소비자피해보상의 처리, 재화 등에 대한 불만처리 및 소비자와 사업자 사이의 분쟁처리에 관한 사항
  - 거래에 관한 약관(그 약관의 내용을 확인할 수 있는 방법을 포함)
  - 소비자가 구매의 안전을 위하여 원하는 경우에는 재화 등을 공급받을 때까지 대통령령으로 정하는 제3자에게 그 재화 등의 결제대금을 예치하는 것(결제대금예치)의 이용을 선택할 수 있다는 사항 또는 통신판매업자의 소비자피해보상보험계약 등의 체결을 선택할 수 있다는 사항(선지급식 통신판매의 경우에만 해당)
  - 그 밖에 소비자의 구매 여부 판단에 영향을 주는 거래조건 또는 소비자피해의 구제에 필요한 사항으로서 대통령령으로 정하는 사항
- 통신판매업자는 미성년자와 재화 등의 거래에 관한 계약을 체결할 때에는 법정대리인이 그 계약에 동의하지 아니하면 미성년자 본인 또는 법정대리인이 그 계약을 취소할 수 있다는 내용을 미성년자에게 고지하여야 한다.

제3과목 소비자교육 및 정보제공

51

① 프로그램 평가 시 가치판단을 배제해서는 안 된다.
② 프로그램 평가 시 수행된 각 활동을 통합해야 한다.
③ 프로그램 평가는 현재 실천되고 있는 교육활동상황 속에서 문제를 발견・진단・치료는 물론 문제를 예방하는 활동까지 포함한다.

더 알아보기

소비자교육 프로그램의 평가설계가 올바르게 이루어질 수 있기 위한 고려사항

- 프로그램의 평가는 활동의 과정 속에서 일어난 여러 다양한 시장 또는 상태들이 바람직한지를 필연적으로 평가하게 된다.
- 프로그램 평가는 현재 실천되고 있는 교육활동상황 속에서 문제를 발견・진단・치료는 물론 문제를 예방하는 활동까지 포함한다.
- 프로그램의 평가는 차후의 의사결정 또는 정책수립을 촉진하기 위한 출발점이 되므로 프로그램의 진행이 어떻게, 언제, 어느 방향으로 이루어져 가고 있는가를 분명히 밝혀야 한다.
- 프로그램 평가는 지속적이고 종합적으로 전개되어야 평가목적을 성취할 수 있다.

52

① 피해자에게 전화를 걸어 중요한 정보를 알아내거나 돈을 갈취하는 금융사기수법 중 하나
② 정보통신망을 활용해 피해자에게 지속적으로 공포심 및 불안심리를 야기시키는 행위
③ 문자메시지(다양한 쿠폰 및 초대장 발급을 미끼로 특정 인터넷 주소로의 접속을 유도하는 내용)를 이용해 피해자의 정보 및 돈이 빠져나가도록 하는 행위

53

소비자정보시스템의 구성

고객욕구의 다양화, 데이터베이스 마케팅의 확대, 고객관계 마케팅의 강화 등은 소비자정보시스템 구축의 필요성을 증가시켰다.

- 고객콜센터(Call Center)시스템 : 고객의 주문과 불만이나 의견 등을 처리하고 데이터화·관리하며, 텔레마케팅과 사후 마케팅(After Marketing)을 수행한다. 고객관리는 물론 의사결정을 지원하는 역할도 담당하므로 점점 그 중요성이 증가하고 있다. 고객콜센터 시스템은 고객 설문조사·분석, 인바운드·아웃바운드 성과, 콜(Call)관리·분석, 부서별 고객만족도 조사 등 활동 폭이 매우 넓다.
- 고객정보관리시스템 : 새로운 고객의 정보를 입력하는 데서 출발해서 데이터베이스 마케팅 관리, 고객응대의 처리, 주문 및 콜의 처리, 고객의 이탈 방지와 중요도 체크 등의 활동을 통해 양질의 마케팅활동을 수행한다.
- 성과분석시스템 : 조직의 생산성, 효율성, 활동의 수익성, 고객만족도 등을 측정한다. 근래에 들어서 성과분석시스템은 분석의 측면을 탈피해 차별적 방법들이 시도되고 있다. 성과분석시스템은 활동결과를 수치화하고 분석하여 앞으로의 활동전략을 개선할 수 있는 기능을 담당한다.

54

④ 청소년 소비자의 소비자교육에 해당한다.

더 알아보기

청소년 소비자 교육방법

- 교수-학습방법의 기본원칙 : 해당 교육과정에서 교육목표와 유관 적합성을 가져야 한다.
- 교육내용을 고려하여 선정하여야 한다.
- 교육여건을 감안하여 교수-학습방법을 선택하여야 한다.
- 학생의 학습능력 발달단계를 고려하여 교수-학습방법을 선택하여야 한다.
- 교수-학습방법 적용 시의 전체 소요시간을 고려하여야 한다.
- 학습자가 참여할 때 교육효과는 더 커지므로 청소년 소비자들의 흥미를 유발시키고 소비자교육활동에 대한 동기를 부여하여 적극적으로 참여를 유도하는 것이 중요하며, 학습능력이 뛰어난 일부 학생들에 의해 학습활동이 독점되지 않고 가능한 한 전체 학생 모두가 참여할 수 있도록 기회를 마련해 주어야 한다.

55

① 소비자교육 프로그램은 특정 소비자나 소비자 집단에 대한 소비자교육요구분석을 바탕으로 부족한 소비자능력을 신장시키기 위한 의도적인 학습으로 소비자의 지식, 태도, 기능 등에 긍정적인 변화를 가져오게 하는 것을 목표로 한다. 따라서 소비자교육의 기본 영역과 관련된 이론을 중시하는 것은 옳지 않다.

더 알아보기

교육훈련프로그램의 개발원칙

- 목적 : 프로그램을 통해서 얻고자 하는 것은 무엇인가?
- 흥미욕구 : 소비자의 흥미, 관심
- 사회욕구 : 가정, 지역사회 등 소비자소속집단의 요구와 기대
- 인적 자원 : 지도력, 소비자의 능력, 경험도, 자발적 선택능력, 소비자의 참여도, 상호작용, 책임분담
- 물적 자원 : 프로그램의 수행과 관련된 시설여건, 재정여건, 대외협력관계
- 새 아이디어 : 프로그램의 목적달성에 이미 사용되었던 방법이 아닌 새로운 아이디어

56

① 고객정보관리시스템 : 새로운 고객의 정보를 입력하는 데서 출발해서 데이터베이스 마케팅 관리, 고객응대의 처리, 주문 및 콜의 처리, 고객의 이탈 방지와 중요도 체크 등의 활동을 통해 양질의 마케팅 활동을 수행한다.

더 알아보기

- 고객콜센터(Call Center)시스템 : 고객의 주문과 불만이나 의견 등을 처리하고 데이터화·관리하며 텔레마케팅과 사후 마케팅(After Marketing)을 수행한다. 고객의 관리는 물론 의사결정을 지원하는 역할도 담당하므로 점점 그 중요성이 증가하고 있다. 고객콜센터 시스템은 고객 설문조사·분석, 인바운드·아웃바운드 성과, 콜(Call)관리·분석, 부서별 고객만족도 조사 등 활동 폭이 매우 넓다.
- 성과분석시스템 : 조직의 생산성, 효율성, 활동의 수익성, 고객만족도 등을 측정한다. 근래에 들어서 성과분석 시스템은 분석의 측면을 탈피해 차별적 방법들이 시도되고 있다. 성과분석시스템은 활동결과를 수치화하고 분석하여 앞으로의 활동전략을 개선할 수 있는 기능을 담당한다.

57

② 개발단계 – 교육훈련

더 알아보기

교수설계안은 설계단계에서 이루어지는 결과물로서 보통 소비자의 특성 및 학습능력분석, 수업목표진술, 교수방법・매체・자료의 선정, 선정한 매체와 자료의 활용, 학습자의 참여요구, 평가 및 수정 등에 관한 내용으로 구성되어 있다.

58

② 노인 소비자가 스스로 소비자교육장소로 찾아오기를 기대하기보다는 그들이 있는 현장에서 소비자교육이 실시되도록 고려해야 한다.

더 알아보기

노인 소비자교육을 위한 효과적인 방법

- 장소이동의 불편이 없는 대중매체를 통해 소비자교육을 실시한다.
- 각종 시청각자료를 적극 활용하고 사용이 간편한 수단 및 교수방법을 개발한다.
- 노인의 학습속도를 충분히 감안해 일정한 기간 동안에는 새로운 자료의 제한된 양만 제공한다.
- 노인 학습자의 참여를 적극 권장하고 제시하는 사례나 예시물은 일상생활에 근거한 것으로 한다.

59

② 파워포인트 자료는 보조적인 시각자료 중 하나로 교수자의 일방적인 교육에 주로 활용되므로 학습 시 쌍방 간의 상호작용이 이루어지기 힘들다.
③ 인쇄 자료는 경제적이며 일상생활에서 쉽게 구할 수 있고 직・간접적으로 소비생활과 관련된 기사와 내용이 풍부하게 게재되어 있어 다양한 방법으로 활용이 가능하다.
④ 파워포인트 자료는 반복 사용이 가능하고 제작비용도 거의 들지 않는다.

60

소비자 환경교육 시 고려사항

- 모든 연령집단을 대상으로 실시한다.
- 정의적 차원을 강조한다.
- 일차적 경험을 중시한다.
- 학제적으로 접근한다.

더 알아보기

소비자 환경교육의 목표

- 지식 : 개인과 사회집단으로 하여금 전체 환경과 그와 관련된 문제점 그리고 인간의 절실한 책임의 소재와 역할을 파악하도록 한다.
- 태도 : 개인과 사회집단으로 하여금 환경의 사회적 가치에 대한 큰 관심 그리고 환경의 보호와 개선에 적극 참여하려는 동기를 부여한다.
- 기능 : 개인과 사회집단으로 하여금 환경문제를 해결하려는 기능을 습득하도록 돕는다.
- 평가능력 : 개인과 사회집단으로 하여금 생태학적・사회적・정치적・미학적 및 교육적 여러 요인들에 비추어 환경에 대한 조처와 교육프로그램을 평가할 수 있도록 돕는다.
- 참여 : 개인과 사회집단으로 하여금 이러한 환경문제의 해결을 위한 적절한 행동을 할 수 있도록 책임감과 절박함을 개발하는 데에 도움을 준다.

61

② 기업 입장에서 본 소비자교육의 실시효과에 해당한다.

더 알아보기

개인(소비자)의 입장에서 본 소비자교육의 실시효과

- 선택에 관한 비판적 사고능력을 개발하고 촉진시킨다.
- 질 높은 소비생활을 할 수 있는 기능을 준비시킨다.
- 현대 경제사회에서 생활하는 인간으로서 자신감과 자립심을 고양할 수 있는 준비를 하게 한다.
- 다양한 가치를 받아들일 수 있는 능력을 개발시킨다.
- 개인과 가족의 생활양식이 균형을 이루도록 할 수 있다.
- 각자의 가치에 따라 생활문화를 창조할 수 있는 능력을 준비시킨다.
- 효율적인 구매기능 뿐 아니라 지구촌의 하나의 시민으로서 함께 살아가는 데 동참할 수 있는 능력을 개발시킨다.
- 현재의 자신과 미래의 후손들을 위하여 생활의 질을 개선시키고 향상시킨다.

62

② 용돈이 너무 적은 경우나 너무 많은 경우 모두 문제가 될 수 있다.

더 알아보기

아동 소비자의 용돈관리

- 규칙적인 화폐의 소비는 자녀의 화폐에 대한 실질적 욕구 뿐만 아니라 독립을 위한 정서적 욕구를 충족시킬 수 있는 좋은 방법이다.

- 아동의 용돈주기는 아동의 연령이 4세 또는 5세부터 시작할 수 있고 늦어도 7세에는 시작하는 것이 좋다.
- 아동 소비자의 용돈이 너무 적은 경우나 너무 많은 경우 모두 문제가 될 수 있다.
- 용돈은 아동 소비자가 화폐를 관리하는 것을 배우는 학습도구이므로 자녀의 소비자교육을 위해서 필수적인 것이다.

63

① 데이터 마이닝(Data Mining)의 기법을 마케팅에 다양하게 활용할 수 있는 만큼 적정량의 신뢰도 높은 정보는 필수적이다. 과도한 정보는 최적의 데이터를 구하는데 역효과를 주기 때문이다.

더 알아보기

- OLAP : 정보 위주의 분석처리로써 다양한 비즈니스 관점에서 쉽고 빠르게 다차원적인 데이터에 접근하여 의사결정에 활용할 수 있는 정보를 얻을 수 있게 해주는 기술이다.
- CTI(컴퓨터 전화통합) : 인바운드 서비스와 아웃바운드 서비스를 모두 통합 관리하는 것이 일반적이며 여기에는 전화요청 서비스, 음성통화 서비스, 웹 콜백 서비스 등이 있다.

64

소비자교육 프로그램 내용설계 시 고려해야 할 원리(타일러, 1949)

- 계속성 : 학습경험의 수직적 조직에 요구되는 원리로써 중요한 경험요소가 어느 정도 계속해서 반복되도록 조직하는 것이다.
- 계열성 : 학습경험의 수직적 조직에 요구되는 원리로서 계속성과 관계가 있기는 하지만 학습내용의 단순한 반복이 아니라 점차로 경험의 수준을 높여서 더욱 깊이 있고 다양한 학습경험을 할 수 있도록 조직하는 것이다.
  - 단순함 → 복잡함
  - 구체적 → 개념적
  - 부분 → 전체
- 통합성 : 학습경험의 수평적 조직에 요구되는 원리로 각 학습경험을 제각기 단편적으로 구획하는 것이 아니라 횡적으로 상호보충·보강되도록 조직해야 학습효과를 높일 수 있으며 종합적이고 전체적인 안목을 가질 수 있다. 여러 소비자교육 프로그램의 내용이 중복되거나 누락될 수 있고 교육내용의 불균형이나 상반된 가치를 전달하는 프로그램이 될 수 있으므로 유의한다.

65

④ 성인 소비자는 그 범위가 넓은 만큼 연령에 따라 나눌 수 있는데 대학생 소비자의 경우 성인 전기에 해당하며 이들은 다른 성인 소비자 및 노인 소비자에 비해 물질적 풍요 속에서 성장하였다.

더 알아보기

성인 소비자의 개념

- 성인기를 하위집단으로 세분할 때 가장 보편적인 기준이 되는 것은 연령이다.
- 성인 전기는 연령상으로는 18세에서 35세 정도로 청년기와 성인기를 포함하는 연령대를 지칭한다.
- 성인 전기는 출산율 저하와 핵가족화로 인해 소규모 가족에서 사회화되었으며 정치·경제·문화 각 부문의 급변을 경험한 세대이다.
- 성인 후기는 보통 중년기에서 장년기에 해당되는 시기이다.
- 성인 후기는 이전 시기에서의 개척에서 얻어진 부산물을 향유하는 시기로 자신에 대한 신뢰감이 성숙되고 자유로운 자아의식을 발달시키므로 개방적이고 다양성을 인정하고 편견이 적어진다.
- 성인 후기는 사회적으로 젊은 세대를 지도할 연령으로 사회변화 특히 가치관의 변화를 주도하게 되며 젊은 세대에게는 모델로서 지각되고 평가받게 된다.

66

② 검색엔진 선택에 있어서 광범위한 검색옵션보다는 자신에게 적절한 검색옵션을 제공하는 검색엔진을 선택하는 것이 좋다.

더 알아보기

인터넷을 통한 정보의 검색

- 국내·외의 인터넷 검색엔진(Naver, Yahoo, Google 등)에서 제공하는 검색서비스를 활용한다.
- 검색서비스를 이용할 때에는 주제어를 구체적으로 분류하며 검색식(&, + 등)을 사용하거나 문장 전체를 입력해 찾으면 보다 효율적일 수 있다.
- 각 검색엔진에서 제공하는 다양한 부가기능을 통해 보다 효과적인 검색을 수행한다.
- 일반적인 검색엔진 외에도 국가기관, 공·사기업, 대학 등에서 제공하는 전문적 검색서비스를 활용한다.
- 검색옵션을 확인해 적절한 옵션을 선택한다.

67

일반적인 고객정보관리 과정

• 전략의 수립 : 기업이 고객관계에 효과적으로 활용하기 위해 고객정보의 필요성을 느끼게 되면 고객정보 수집을 위한 정보가 필요한데 여기에는 기존의 사실, 현재의 시장상황, 고객의 욕구, 경쟁적인 위협에 대한 이해와 기업의 미래에 대한 기대를 결합한 것으로 미래지향적인 정보를 포함한다.
• 노력의 집중(소비자정보의 수집) : 고객정보 전략이 세워졌으면 비용보다 이익이 크거나 거의 같은 한도 내에서 고객을 알기 위한 노력의 집중이 요구된다.
• 소비자정보의 생성 : 노력을 통해 수집된 고객에 관한 정보를 기업의 활동이나 다양한 목적에 맞는 자료로 만드는 것을 정보의 생성이라 한다.
• 정보의 축적과 공유 : 생성된 고객정보는 정보시스템 등에 축적하였다가 필요한 때 적절하게 사용할 수 있도록 하는 것이 필요하다.
• 정보의 활용 : 축적된 고객정보는 고객의 불만처리뿐 아니라 새로운 제품의 개발, 제품판매, 더 나아가서는 고객서비스에서도 활용되어 고객만족을 향상시키는 데 기여할 때에 비로소 그 정보는 가치 있는 것이다.

68

② 소비자정보 평가기준의 유형 중 적시성에 해당한다.
③ 소비자정보 평가기준의 유형 중 정확성(명료성)에 해당한다.
④ 소비자정보 평가기준의 유형 중 적합성(적절성)에 해당한다.

더 알아보기

정보 평가기준의 유형

• 적합성(적절성) : 정보를 필요로 하는 소비자 대상에 따라 적절한 정보가 주어져야 한다. 따라서 정보가 그 역할을 하기 위해서는 소비자의 상황과 특성에 맞게 적절하게 제공되어야 한다.
• 정확성(명료성) : 정보는 올바른 해석과 정확한 선택을 할 수 있는 것이어야만 소비자에게 필요한 정보가 되는 것이다. 여기서 정보제공의 형태로 명백해야만 하지만 정보 자체도 진실하고 허위가 없어야 한다. 소비자의 최적정 구매를 저해하는 것으로는 중요한 내용이나 조건이 소비자가 이해하지 못하는 어려운 부호나 외국문자, 전문용어로 표시된 정보 등이 있다. 일반 소비자들이 정보를 정확하게 이해하거나 소화하지 못할 때에는 제품구매나 제품평가 또는 제품선택을 잘못하여 제품 자체와는 아무런 관련이 없는 왜곡된 정보를 사용하게 되어 곤란한 문제를 발생시키게 된다.
• 적시성 : 정보도 그 정보가 발생되는 시점이 중요한 것이다. 일반인에게 아무리 내용이 좋고 유용한 정보라 할지라도 그것을 사용하는 소비자가 필요성을 느끼지 못한다면 그 정보는 가치 없는 정보로서 활용성이 없는 것이 된다.
• 관련성 : 특별한 상황 및 그 제품속성에 맞는 정보로서 이러한 상황은 소비자의 구매의사결정 단계에서도 파악될 수 있다. 정보를 획득하는 과정의 상황이 변함에 따라 정보추구 형태는 여러 가지 양상을 띠게 된다.
• 진실성(신뢰성) : 정보는 진실해야 한다. 진실성은 정보원이 정보를 사용하려는 소비자의 목적에 부합하는지에 대한 소비자의 판단에 관계되고 또는 정보원이 오도시키려는 의도가 있는지 여부와 관련된다.
• 검증가능성 : 소비자정보가 유용성을 갖기 위해서는 이미 정확하다고 알려져 있는 정보와 비교하거나 데이터로부터 정보를 추적하여 정보의 정확성을 확인할 수 있어야 한다.

69

소비자역량이란 소비자가 사회의 구성원으로서 효과적으로 참여할 수 있게 하는 지식, 기능, 성향을 획득하는 과정을 의미한다.

더 알아보기

소비자역량지수는 크게 내용영역과 구성요인으로 나뉘며 내용영역은 다시 3개의 대영역(소비자재무역량·소비자거래역량·소비자시민역량)과 7개의 중영역(재무설계역량·재무관리역량·정보이해 및 활용역량·구매의사결정역량·사용 및 분재해결역량·권리주장역량·책임수용역량) 등으로 나뉘고 구성요인은 다시 지식·태도·실천(기능) 등으로 나뉜다.

70

소비자교육 프로그램 설계단계

교육대상의 선정 → 교육주체 선정 → 교육요구도 분석 → 교육목적 및 기대효과의 진술

더 알아보기

소비자교육 프로그램의 설계와 실제

• 소비자의 특성 및 학습능력분석 : 소비자의 수준, 흥미 및 배경 조사
• 수업목표진술
  – 교육프로그램의 목표를 진술, 교육프로그램을 통해 도달하고자 하는 목표지점을 제시
  – 교육대상인 소비자가 중심, 성취수준의 하한선이 명시

- 교수방법, 매체, 자료의 선정
  - 각종 자료, 관련 인사의 소개 및 서평을 참고하여 교수매체를 대여, 구매함
  - 교육대상자의 수준과 선호를 고려하여 교수방법, 매체, 자료를 선정하고 교육프로그램의 대상자 또는 교육프로그램에 참가하는 소비자의 일상생활에서 얻을 수 있는 자료를 활용하는 것은 교육프로그램의 효과를 높일 수 있는 방법
- 선정한 매체와 자료의 활용
  - 교재를 활용하기 전에 사전시사를 하고 프레젠테이션 연습을 함
  - 교육자는 가능하면 교육에서 제시될 내용, 용어 및 목표를 소비자들에게 미리 제공하여 동기를 유발시키고 쇼맨십을 발휘하여 교육내용을 효과적으로 제시
- 학습자의 참여요구
  교육대상인 소비자와의 관계를 형성하고 소비자들의 교육 참여를 요구함
- 평가 및 수정
  교육프로그램을 수행한 후에 비교, 평가하여 교육프로그램을 수정함. 이미 수행된 교육프로그램을 평가함으로써 프로그램의 계획, 개선, 정당화를 위한 결정을 하는 데 필요한 정보를 얻음

71

홈페이지 제작과정

- 홈페이지 기획 : 목적이나 특성에 맞는 홈페이지 제작을 기획하는 단계
- 웹문서 내용구축 : 홈페이지상에 들어갈 내용을 구성·정리하는 단계
- 웹문서 디자인 : 홈페이지의 내용이나 목적·특성에 맞는 디자인을 제작하는 단계
- 웹 관련 프로그래밍 : 홈페이지 이용에 기본이 되는 각종 프로그램들을 제작하는 단계
- 서버 업로드 : 상위 서버에 해당 홈페이지를 업로드하는 단계
- 도메인 등록 : 도메인 등록대행업체를 통해 해당 홈페이지의 도메인을 등록하는 단계

72

② 안전에 대한 욕구는 소비자의 기본적인 욕구로서 소비자들이 소비하는 재화와 서비스로부터 생명과 신체상의 안전을 기대하는 것은 당연한 권리이다.

더 알아보기

4대 소비자 권리

- 안전할 권리 : 소비자가 상품을 올바르게 사용할 때 생명이나 건강에 해가 되지 않아야 한다는 것이다. 안전에 대한 욕구는 소비자의 기본적인 욕구로써 소비자들이 소비하는 재화와 서비스로부터 생명과 신체상의 안전을 기대하는 것은 당연한 권리이다.
- 알 권리 : 정보화시대에 접어들면서 더욱 중요한 권리가 되고 있으며 정보를 받아들이거나 수집하는 권리에 그치지 아니하고 국가나 사회에 대하여 보유한 정보를 공개하도록 요구할 수 있는 권리, 즉 정보공개청구권을 포함한다.
- 선택할 권리 : 소비자가 다양한 제품과 서비스를 원하는 대로 선택할 수 있어야 하고 경쟁가격으로 구입할 수 있어야 하며 독점상품의 경우에는 공정한 가격으로 만족할 만한 품질과 서비스를 보장받을 수 있어야 함을 의미한다.
- 의사를 반영할 권리 : 경제정책의 계획과 시행에 있어서 소비자의 의사가 반영될 수 있어야 함을 의미한다.

73

소비자교육은 쌍방통행적이고 연역적이며 주체적이다.

더 알아보기

소비자교육의 필요성

소비자는 생산자(기업)에 비해 약자이지만 능력개발의 가능성을 지니고 있다. 현대의 산업사회에서 소비자와 생산자의 비대칭적 관계로 인해 소비자는 생산자에게 종속되기 쉬우며 이러한 단점을 기업이 이용할 경우 소비자피해가 발생하는 등 소비자는 불리한 입장에 놓이게 된다. 그러므로 소비자교육은 상대적 약자인 소비자를 보호하고 소비자 능력의 개발을 그 기본취지로 삼는다.

74

A. 소비자정보제공을 위한 자료 설계 시 한 가지 색을 사용하거나 연한 색체를 사용하는 것보다 중요한 내용에 한해 진한 색체를 넣는 것이 좋다.

더 알아보기

자료설계의 기본요소

- 계열성 : 순서와 분량의 문제이다. 즉, 어떤 순서로 어느 정도의 양을 제공할 것인지를 결정하여야 한다.
- 고려되어야 할 사항
  - 단순한 내용에서부터 복잡한 내용 순으로 제작한다.
  - 쉬운 내용에서부터 어려운 내용 순으로 제작한다.

- 일반적인 내용에서부터 예외적인 특수한 내용 순으로 제작한다.

• 소비자 위주의 내용구성
  - 제공하는 자료를 소비자가 간과하지 않고 스스로 활용하려는 동기를 부여하는 것이 무엇보다도 중요하다.
  - 시각·청각적 자료를 적절히 배합하여 자료에 대한 소비자의 흥미를 유발할 수 있어야 한다.
  - 내용은 자료를 접하는 소비자의 수준에 맞게 구성하여야 한다.

75

④ 사회의 입장에서 본 소비자교육의 효과이다.

더 알아보기

개인의 입장에서 본 소비자교육의 효과

• 선택에 관한 비판적 사고능력을 개발하고 촉진시킨다.
• 질 높은 소비생활을 할 수 있는 기능을 준비시킨다.
• 현대 경제사회에서 생활하는 인간으로서 자신감과 자립심을 고양할 수 있는 준비를 하게 한다.
• 다양한 가치를 받아들일 수 있는 능력을 개발시킨다.
• 개인과 가족의 생활양식이 균형을 이루도록 할 수 있다.
• 각자의 가치에 따라 생활문화를 창조할 수 있는 능력을 준비시킨다.
• 효율적인 구매기능 뿐 아니라 지구촌의 하나의 시민으로 함께 살아가는 데 동참할 수 있는 능력을 개발시킨다.
• 현재의 자신과 미래의 후손들을 위하여 생활의 질을 개선시키고 향상시킨다.

제4과목 소비자와 시장

76

① 번화한 역이나 터미널 등에서 독서실태 조사 또는 마사지 무료제공 등을 빌미로 소비자를 일정장소로 유인하여 물품의 구입을 권유하는 것이다.
② 취미는 물론 경제적 이익까지 모두 얻을 수 있는 높은 수입의 부업을 선전하면서 강연회비 및 입회비 등의 이유로 금품을 요구하거나 고가의 장비를 판매하는 것이다.
③ 소비자들이 추첨에 당첨되는 것을 좋아하는 심리를 이용하여 당첨을 빙자하여 품질이 조악한 제품을 판매하는 상술이다.

더 알아보기

다양한 악덕상술

• 허위상술 : 신분을 사칭하여 제품판매를 권유하는 수법이다. 즉, 정부기관의 설문조사원이나 대학 선배 등이라 하면서 소비자의 경계심을 늦추고 신뢰를 이용하여 물건의 구입을 권유하는 경우이다.
• 홈파티(Home Party)상술 : 어떤 가정을 택하여 사람을 모으고 요리를 시연해 보인다든가 하면서 제품의 구입을 권유한다.
• 네거티브옵션(Negative Option)상술 : 제품 구입 결정과 관계없이 일단 제품을 모든 대상에 발송 또는 배포한 후 거절하지 않으면 모두 구입하는 것으로 간주하여 대금을 청구하는 것이다.
• 유인상술 : 일단 상품을 저렴하게 판다고 고객을 끌어들인 후 상품의 재고가 떨어졌다면서 비싼 제품을 구매하도록 유도하는 상술이다.
• 이 외에도 악덕상술의 예로는 회원권상술, 자격증 빙자상술, 피라미드상술 등이 있다.

77

④ 독점시장의 특징 중 하나이다.

더 알아보기

완전경쟁시장의 특징 및 조건

• 완전경쟁시장이란 기업과 제품의 자유로운 진입·탈퇴가 보장된 시장이다.
• 공급자 및 소비자가 시장에 대한 완전정보를 보유한 시장을 말한다.
• 동일한 동급의 제품에 대한 공급자와 소비자가 있다.
• 공급자가 충분히 다수이므로 이들은 시장에 대한 영향력이 거의 없고 시장에서 결정된 가격을 수용한다. 따라서 소비자에게 매우 유리한 형태의 시장이다.

78

베블렌 효과는 과시적인 동기를 가지고 소비하는 성향을 말한다. 즉, 소비자들의 소비가 자신의 진정한 필요와 욕구의 충족을 위해서가 아니라 자신의 위신을 과시하기 위한 점에 있으며 다른 사람들도 과시구매를 모방한다는 이론이다.

더 알아보기

• 밴드웨건 효과 : 소비자 자신의 구매스타일보다 다른 사람들이 많이 선택하는 소비패턴에 따르는 현상으로 각 수요자가 비슷한 가격조건에서 다른 사람들이 많이 구매하는 상품을 선택하려는 현상이다.

- 스놉 효과 : 다른 사람과 차별화된 소비성향을 통해 자신의 사회적 지위가 높아진다고 생각하여 다른 사람들이 많이 소비하는 물건은 기피하는 경향을 말한다. 특히 부유층의 경우 자신의 구매력과 사회적 지위를 과시하기 위해 이러한 소비패턴을 많이 보이며 외국제품 및 명품 등 고가 브랜드의 선호는 바로 스놉 효과에서 비롯된다.
- 터부 효과 : 소비자들에게 아직 보편화되지 않은 상태의 제품이 있을 경우 문화적 습성과 사회적으로 터부시하는 경향 때문에 구매를 보류하는 현상을 말한다. 그러다가 그 제품에 대한 터부경향이 없어지기 시작하면 너나 할 것 없이 구매하게 되는 것이다.
- 트리클다운 효과(낙수 효과) : 고소득층의 소비나 대기업의 성장 등이 저소득층의 소비 또는 중・소기업의 성장 등으로 이어져 전체적으로 경제가 좋아지는 현상이다.

79

④ 역쇼루밍이란 웹루밍과 비슷한 의미로 온라인을 통해 상품의 정보를 파악한 후 오프라인 매장에 가서 직접 상품을 구매하는 행위이다.

더 알아보기

모루밍(Morooming)이란 오프라인 매장에서 상품을 보고 모바일(스마트폰)로 구매하는 행위이다. 따라서 ④번은 모루밍에 대한 설명이다.

80

④ 타인의 소비성향은 제품 선정의 기준으로 작용하는 요인 중 하나이다.

더 알아보기

제품구매 시 상점 선정의 기준

- 접근편의성 : 소비자는 교통이 편리한 곳에 있거나 주거지에서 가까운 상점을 우선 선정한다.
- 제품구색 : 소비자는 다양한 종류와 가격의 제품을 구비한 상점은 우선 선정한다.
- 라이프스타일 : 소비자는 자신의 취향이나 욕구를 충족시키는 상점을 우선 선정한다.

81

② 완전경쟁시장에서는 유휴시설이 존재하지 않고 생산비용도 일정하다.

더 알아보기

완전경쟁시장은 동종동질의 상품에 대한 소비자와 판매자가 다수 존재하고 있어 가격수용적(순응적)이어야 한다. 또한 기업이나 상품 및 자원의 자유로운 이동이 보장되며 가격형성에 인위적인 제한이 없고 소비자와 판매자가 시장에 대한 완전한 정보를 가지고 있는 시장을 의미한다. 이러한 완전경쟁시장의 경우 소비자 주권이 실현될 수 있어 소비자에게는 가장 이상적인 시장형태이나 현실적으로 존재 불가능한 시장형태이다.

82

불공정거래행위는 공정한 거래를 저해할 우려가 있는 행위를 말한다. ④번은 백화점에서 상시적으로 최저가격을 보증한다고 했으므로 불공정거래행위에 속한다고 볼 수 없다.

더 알아보기

불공정거래행위의 유형

- 일반불공정거래행위 : 거래거절, 차별적 취급, 경쟁사업자 배제, 부당한 고객유인, 거래강제, 거래상 지위의 남용, 구속조건부거래, 사업활동 방해, 부당한 지원행위
- 특수불공정거래행위 : 대규모소매업에 있어서의 특수불공정거래행위, 신문업에 있어서의 특수불공정거래행위

83

① 제품 디스플레이는 소비자로 하여금 해당 제품을 구매하도록 하는 데 영향을 미치는 요인이다.

더 알아보기

가격결정에 영향을 미치는 요인으로는 크게 생산비용, 경쟁기업의 반응, 시장가격, 목표시장 점유율, 브랜드와 재화의 품질, 제품에 대한 시장수요 등을 들 수 있다.

84

③ 할부구매 시 수수료 및 이자의 개념이 포함되는 것은 사실이나 고가의 제품을 구매할 경우 한 번에 고액을 지불하지 않아도 되는 만큼 소비자 입장에서 비용부담을 줄일 수 있고 비교적 소득이 낮은 소비자들도 고가의 제품을 구입할 수 있다는 점에서 할부구매 역시 어느 정도 필요하다고 볼 수 있다.

더 알아보기

신용카드가 현금과 다른 점

- 배타성 : 신용카드는 사용자가 정해져 있어서 타인에게 양도하거나 대여할 수 없다.

- 반복성 : 신용카드는 제시한 후 다시 소지하므로 반복사용이 가능하다.
- 증표성 : 신용카드는 그것을 소지한 사람이 적정한 신용을 갖추었다는 증표로서의 역할을 한다.
- 제도성 : 신용카드는 그것을 상대방에게 제시함으로써 물품이나 용역, 시설이용 등의 제공을 받을 수 있도록 제도적으로 만든 것이다.
- 활용성 : 신용카드는 가계의 입장에서 보면 사회・경제적인 자원으로 활용할 수 있는 도구라고 할 수 있다.

85

소비자의사결정의 영향요인

- 개인적 영향요인 : 지각, 학습, 동기, 개성, 라이프스타일, 태도 등
- 사회(환경)적 영향요인 : 문화, 사회계층, 준거집단, 가족 등

86

② 그린워싱이란 실제 환경친화적 행위와는 상관이 없지만 환경친화적인 것처럼 보이도록 꾸민 것을 말한다.

더 알아보기

구매행동 단계별 지속가능한 소비

- 구매 시 환경친화적 행동
  - 구매대상품목을 결정함에 있어 환경친화형 상품 이른바 '녹색상품'을 구매할 필요가 있다.
  - 환경친화형 상품이란 구체적으로 환경 오염도를 낮추는 상품, 자원 및 에너지를 절약하는 상품, 폐기물 발생량을 감소시키는 상품 등을 들 수 있다.
- 사용 시 환경친화적 행동
  - 사용단계에서 제품의 소비 혹은 사용 중에 환경보전을 고려한 소비행위를 하는 것이다.
  - 환경친화적 사용행동은 제품의 장기적 사용, 자원 및 에너지의 절약과 환경오염 감소를 위한 절약적 사용으로 나누어 볼 수 있다.
  - 소비단계에서 될 수 있으면 아껴 쓰는 자세가 필요하다.
  - 제품을 소비, 사용하는 데 필요한 전기・가스와 같은 에너지 혹은 물과 같은 자원을 절약하는 자세가 필요하다.
- 처분 시 환경친화적 행동
  - 폐기물 발생량을 줄이거나 폐기물을 분리배출하여 재활용이 가능하도록 하는 것이다.

87

④ 합리성과 효율성의 판단은 소비자 개개인에 따라 다르므로 주관적으로 이루어진다.

더 알아보기

합리성과 효율성

합리적 구매란 개인의 주관적 가치관, 기호를 바탕으로 논리적이고 계획적으로 구매했는지 여부에 의해서 결정된다. 반면에 효율적 구매란 구매결과 경제적 이득은 물론 심리적 만족도 수반되는지의 여부에 의해서 결정된다. 따라서 소비자가 합리적 구매를 했을 경우 효율적 구매일 가능성은 높지만 반드시 효율적 구매를 했다고 볼 수는 없다. 왜냐하면 소비자가 구매에 관한 정보, 기술 등의 부족으로 인하여 논리적으로 구매했음에도 불구하고 구매결과 경제적 손실이나 혹은 심리적으로 불만족할 수 있기 때문이다.

88

④ 예산제약은 소비자들이 제품을 구매할 때 한정적인 예산(자원)을 가지고 있다는 의미로 신고전경제학파에서 설명하는 소비자선택이나 소비자행동 이론의 전제조건 중 하나이다.

더 알아보기

신고전경제학파에서는 소비자들이 한정적인 예산(자원)을 가지고 효용을 극대화한 합리적 소비를 한다고 주장한다. 이러한 신고전경제학파의 이론은 명쾌하고 뛰어난 내용체계와 추측력을 가지고 있어 소비자선택 및 소비자행동을 설명하는 데 큰 영향을 미치고 있지만 소비자들의 소비에 대한 단일 효용주의・합리주의・개인주의에 대해 비현실적이라는 한계점을 가지고 있다.

89

엥겔-블랙웰-미니아드(Engel-Blackwell-Miniard) 모델의 소비자의사결정과정

문제인식 → 정보탐색 → 대안평가 → 구매 → 결과

더 알아보기

엥겔-블랙웰-미니아드(Engel-Blackwell-Miniard) 모델

이 모델은 관여에 따라 소비자의 행동이 달라진다고 가정하고 저관여와 고관여 각각에 다른 의사결정모형 과정을 제시하였다. 이 모형은 투입자극, 정보처리, 의사결정과정, 의사결정과정변수, 외부영향요인의 다섯 가지 구성요소로 이루어져 있다. 이 모형에서 말하는 관여 또는 몰입(Involvement)이란 소비자의 구매 및

소비행동에 관한 의사결정의 복잡성 정도를 나타내는 심리적 상태를 말한다.

90

① 각각의 제품가격을 소비자가 내고자 하는 최대 가격으로 책정하는 것
② 소비자의 제품 구매수량에 따라 가격의 범위를 차등적으로 책정하는 것
④ 기본요금과 실제 사용요금을 함께 책정하는 것

91

④ 인적판매는 판매원을 매개로 직접 고객과 대면하여 구매를 설득하는 커뮤니케이션 수단이다.

92

소비자들은 (구매력)을 가지고 기업들의 주요 의사결정 사항인 가격, 품질 등의 결정에 영향을 미치게 되는데 이 같은 권한이 실현되는 경우 (소비자주권)이 실현된 것이라 한다.

93

④ 식료품, 생필품, 공산품 등 각종 물품들을 대량으로 구비해 시중가보다 할인된 금액에 판매한다. 우리나라에서는 이마트, 롯데마트, 홈플러스 등이 대표적이다.

94

④ 대부분의 광고는 소비자에게 광고되는 제품을 구매하여 소유 또는 소비함으로써 더 행복해질 수 있다는 적극적 광고전략으로 소비자의 물질주의적 생활방식을 촉진시키고 새로운 욕구를 창출하고 있다.

더 알아보기

과시소비의 특징
과시소비에 있어서 소비자는 재화와 용역의 경제적 효용보다 사회적 효용을 더 중시하며 따라서 과시적인 소비를 위해 구매하는 상품이라면 비쌀수록 그 효용가치가 더 크다고 할 수 있다. 한때는 부의 상징으로 크게 유행했던 상품이라도 모든 사람이 소비할 수 있을 정도로 값이 내리면 이제 과시를 위해서는 더 이상 쓸모가 없다. 값이 너무나 비싸 아무나 감히 사려 들지 못하는 것이라야만 과시적 소비의 효과를 크게 거둘 수 있다. 따라서 이러한 성격을 갖는 상품의 경우에는 그 가격이 비싸면 비쌀수록 더욱 잘 팔리는 경향이 생길 수 있다. 가격이 올라가면 수요가 감소하는 수요의 법칙에 하나의 예외가 되는 셈이다.

95

③ 프레이밍효과라고도 한다.

더 알아보기

- 피크엔드효과 : 특정 경험을 평가할 때 가장 좋았던 기억과 가장 마지막의 기억이 해당 경험에 대한 전체 평가를 좌우하는 현상
- 보유효과 : 소비자 자신이 소유한 물건의 가치를 소유하지 않을 때보다 더 높게 평가하는 현상

96

① 충동구매에 대한 설명이다.

더 알아보기

과시소비
- 자기가 경제적 또는 사회적으로 남보다 앞선다는 것을 여러 사람들 앞에서 보여주려는 본능적 욕구에서 나오는 소비를 말한다. 결국 과시소비란 돈을 가지고 남들 앞에서 자신의 신분을 높게 보이도록 하기 위한 소비이다.
- 인간이 무엇을 창조하고 약탈하고 지배하려는 본능적 욕구의 발현으로 '지배본능'과 '존재가치의 과시'라는 인간의지의 내면의 측면에서 이를 파악할 수 있다.
- 자신의 능력을 남들이 알아줄 기회가 별로 없는 경우나 보이지 않는 경쟁이 치열한 사회일수록 전시적이고 과시적인 소비를 자주하게 된다.

97

마케팅 믹스를 구성하는 4P로는 가격결정(Price), 제품개발(Product), 유통관리(Place), 광고 및 판매촉진(Promotion) 등이 있다.

더 알아보기

마케팅 믹스
소비자의 욕구를 충족시키기 위해 기업이 수행하는 많은 마케팅 활동의 수단이 되는 것으로 제품, 가격, 유통, 마케팅 커뮤니케이션을 통칭한다.

98

① 유통은 생산자로부터 소비자까지의 일련의 활동으로 제품수명주기와는 무관하다.

더 알아보기

제품수명주기 이론(PLC ; Product Life Cycle)

제품에는 일정한 수명이 있고 이러한 수명은 새로운 제품이 등장할 때마다 반복적인 형태로 나타난다는 것을 의미하는데 크게 '도입 – 성장 – 성숙 – 쇠퇴'의 단계를 거치게 된다.

99

① 소비자 자신의 구매스타일보다 다른 사람들이 많이 선택하는 소비패턴에 따르는 현상이다.
② 어떤 제품을 구매한 후 주변 물건들을 그 제품에 맞게 새로 다시 구매하는 현상이다.
④ 과시적인 동기를 가지고 소비하는 성향을 말한다. 즉, 소비자들의 소비가 자신의 진정한 필요와 욕구의 충족을 위해서가 아니라 자신의 위신을 과시하기 위한 점이 있으며 다른 사람들도 과시구매를 모방한다는 이론이다.

더 알아보기

비이성적 소비행동

- 충동구매 : 자극에 의한 구매를 뜻하며 소비자가 상점에 들어간 후에 구매를 결정하는 것이다. 충동구매는 비계획적으로 제품구매를 즉석에서 결정하는 것이기는 하나 구매상황, 즉 상품이 상점에 노출될 때까지는 구매의도를 결론짓지 않고 이것저것 여러 비슷한 제품을 직접 비교해 보고 구매를 결정짓는 것이다.
- 중독구매 : 충동구매와 함께 구매행동 특성상 공통적인 현상이 있을 수도 있지만 그 개념상 차이는 일반 소비자를 대상으로 연구할 때에 지나치게 구매에 이끌리고 이러한 욕구를 억제 못하는 특성을 가진 구매행동으로 소비자 내면의 구매욕구가 수시로 바뀌어 반복적으로 그 욕구를 억제하지 못하는 특성을 가진 소비행동을 말한다.
- 과시소비 : 어떤 상품을 소비함으로써 그 사람이 풍부한 경제적 능력을 갖추었다는 사실을 알리려고 하는 의도로 구매하는 것이다.
- 보상구매 : 주로 스트레스, 실망, 좌절, 자율성 상실, 자아존중감 결핍 등에 대한 보상으로 소비를 하게 되는 것이다.
- 모방구매 : 선망집단의 소비행동을 따라하거나 유행에 지나치게 집착하는 소비형태를 말한다.

100

③ 현대사회로 올수록 단순한 관람보다는 다양한 체험이나 참여를 중심으로 하는 소비가 확대되고 있다.

더 알아보기

소비의 의의

- 소비란 인간의 욕구를 충족시키기 위하여 필요한 물자 또는 용역을 이용하거나 소모하는 일이다.
- 소비의 개념이 현대에 와서는 소비의 동태적 측면이나 문화적 측면을 강조하는 새로운 접근으로 대두되었다.
- 소비를 경제활동으로만 보는 시각에서 벗어나 사회·문화적 활동으로 보려고 하는 폭넓은 관점이 일고 있다.
- 소비개념에 대한 새로운 접근은 소비자의 특성과 문화형성에 대한 주체적 역할을 이해하는 데에도 새로운 시각을 제공하게 될 것이다.
- 구매를 위해서 화폐를 지출하는 것을 소비지출이라고 하는데 소비와 소비지출이 반드시 일치하지는 않는다.
- 근대적인 소비란 결국 역사적인 산물이며 오늘날의 소비는 수세기에 걸쳐서 일어난 사회적·문화적·경제적 변화의 결과로 파악되었다.
- 보드리야르는 현대사회가 시작되기 이전에는 축제를 주최하거나 위신을 나타내기 위한 지출을 소비로 보지 않았다.
- 매크래켄은 한 사회의 소비는 문화의 영향을 받으며 문화적 의미와 깊이 관계된다고 하였다.
- 일부 학자들은 소비의 역사와 근대 서양사에서 소비의 역할에 대한 이해에 관심을 기울였다.

제2회 2019년 정답 및 해설

소비자전문상담사 Consumer Adviser Junior

2019년 제2회 정답 및 해설

01	02	03	04	05	06	07	08	09	10	11	12	13	14	15
①	③	②	④	②	②	④	①	②	②	④	②	①	①	①
16	17	18	19	20	21	22	23	24	25	26	27	28	29	30
③	①	③	④	③	①	③	④	①	④	②	③	④	②	①
31	32	33	34	35	36	37	38	39	40	41	42	43	44	45
③	④	③	③	③	②	④	②	③	④	③	④	③	④	②
46	47	48	49	50	51	52	53	54	55	56	57	58	59	60
④	①	④	④	②	③	②	③	②	④	④	③	③	④	③
61	62	63	64	65	66	67	68	69	70	71	72	73	74	75
③	③	②	③	③	②	①	③	①	②	②	③	②	①	④
76	77	78	79	80	81	82	83	84	85	86	87	88	89	90
②	④	④	④	④	④	④	④	③	①	①	②	①	④	②
91	92	93	94	95	96	97	98	99	100					
④	④	③	③	④	①	③	①	③	③					

제1과목 소비자상담 및 피해구제

01

소비자상담사의 요구능력

- 인간적 능력
  - 상담과 관련된 풍부한 지식을 갖추어야 한다.
  - 이해심이 풍부해야 한다.
  - 올바른 판단력을 갖추어야 한다.
- 전문적인 능력
  - 소비자문제해결에 필요한 지식을 갖추어야 한다.
  - 커뮤니케이션과 상담능력이 있어야 한다.
  - 상담의 핵심원리를 이해하여야 한다.
  - 소비자를 도우려는 노력이 있어야 한다.
  - 소비자보호제도 관련 법률에 대한 지식이 있어야 한다.
  - 관련 기관과의 교섭능력이 있어야 한다.
  - 고객만족경영을 추구하여야 한다.

더 알아보기

소비자상담사의 업무내용

- 소비자불만처리
- 소비자정보제공
- 소비자교육
- 타 소비자기관과의 업무연락
- 소비자정보수집 및 분석
- 시장에서의 조사 · 감시활동
- 소비자 이용자료의 개발
- 판매촉진 및 홍보활동 등

02

③ 인바운드 상담기법에 해당한다.

인바운드 및 아웃바운드 상담기법

- 인바운드 상담기법
  - 일반적으로 전화통화로 이루어지며 고객으로부터 전화가 와서 상담한다.

- 인바운드 텔레마케팅은 상품수주, 상품개발이나 서비스 개선을 위한 고객의 의견과 제안 등을 얻을 수 있으며, 고객 불만이나 문제해결을 도와주는 여러 가지 역할을 한다.
- 기업의 고객상담실에서의 전화상담이 바로 인바운드 텔레마케팅의 대표적인 기법이다.

• 아웃바운드 상담기법
- 기존 고객이나 가망고객에게 발신하여 소비자에 대한 시장조사, 자사상품의 정보수집, 경쟁사의 정보수집, 소비자의 요구사항 등 의견을 듣는다.
- 제품이나 서비스를 구매한 후 어떤 불만은 없는지 등을 기업체 주관으로 조사하여 마케팅 전략에 활용하는 역할을 수행한다.
- 콜센터에서 소비자에게 전화를 걸어서 제품, 서비스 사용상의 애로사항이나 문제점을 서비스 차원에서 확인하는 것이 바로 아웃바운드 텔레마케팅의 대표적인 기법이다.

03

② 환급금액은 거래 시 교부된 영수증 등에 적힌 물품 등의 가격을 기준으로 한다.

더 알아보기

일반적 소비자분쟁해결기준 중 환급금액 기준

환급금액은 거래 시 교부된 영수증 등에 적힌 물품 등의 가격을 기준으로 한다. 다만, 영수증 등에 적힌 가격에 대하여 다툼이 있는 경우에는 영수증 등에 적힌 금액과 다른 금액을 기준으로 하려는 자가 그 다른 금액이 실제 거래가격임을 입증하여야 하며 영수증이 없는 등의 사유로 실제 거래가격을 입증할 수 없는 경우에는 그 지역에서 거래되는 통상적인 가격을 기준으로 한다.

04

④ 언어적 의사소통 요소 중 말하기에 해당한다.

더 알아보기

몸짓언어(바디랭귀지)

• 신체 움직임이 의사소통을 강조한다.
• 악수는 첫 만남에서 대단히 중요한 의사소통방법이다.
• 얼굴을 만지는 표현은 흥미의 정도를 나타낸다.
• 날카로운 모습이 강조효과를 나타낸다.
• 시선처리에 주의해야 한다.
• 눈 마주침은 관심 여부를 나타낸다.
• 신체적 접촉은 상담효과를 향상시킬 수 있다.
• 자세와 호흡도 영향을 미친다.

05

② 기업의 소비자상담 역할에 해당한다.

더 알아보기

정부 및 행정기관의 소비자상담 역할

중앙행정기관, 지방자치단체, 금융감독원, 법률구조공단 등에서도 소비생활 전반에 관련된 다양한 정보 제공, 소비자 불만해결, 소비자 피해 구제 및 생애학습으로 연결되는 소비자교육 실시 등 소비자의 권리를 실현하기 위한 다양한 형태의 소비자 상담을 수행한다.

06

② 인간은 다른 사람에 의하여 영향을 받을 수 있고 암시적인 사회적 압력에 동조한다. 그러나 이러한 사회적 압력이 너무 명백하게 현실적으로 표현되어 개인의 자유감을 위협하게 되면 압력에 저항할 뿐만 아니라 설득 메시지의 내용과 정반대의 방향으로 행동하는 경향이 있다. 그러므로 소비의 자유감을 위협하게 되면 소비자를 설득할 수 없다.

더 알아보기

소비자 설득전략

소비자를 설득하는 과정은 기본적으로 의사소통과정이라고 볼 수 있다. 그러므로 의사소통의 효과를 증대시키는 요인을 의사소통의 원천, 의사소통의 성격, 청중의 특성으로 분류한다.

• 의사소통의 원천 : 신뢰성, 매력도
• 의사소통의 성격(설득표현의 구성방법) : 정서적 호소, 개인적 실례, 양면적 주장, 의견제시의 순서, 의견 차이의 정도
• 청중소비자의 특성 : 자존심, 설득메시지를 접할 때의 소비자의 마음 상태, 소비자의 자유감

07

④ 구매정보의 전산화로 정보의 과잉화가 일어나 소비자들은 다양한 정보들 가운데 자신에게 맞는 정보를 찾아야 하며 정보 취득비용 또한 감소하고 있다.

더 알아보기

구매 시 상담의 필요성

• 고도의 신기술제품에 대한 정보 및 지식부족으로 발생하는 선택의 문제를 해소한다.
• 구매 시 상담은 기업의 판매수익과 직결되어 중요하다.
• 구매 시 상담으로 소비자와 접촉하여 소비자의 선호, 소비자의 기대 등을 파악할 수 있고 신제품의 개발 및 영업정보를 획득할 수 있다.

• 구매 당시 상품에 대한 전문적인 상담, 생산부서와의 연결을 통한 신속한 정보제공으로 기업의 이미지를 향상시켜 고객을 유지하는 것은 물론 새로운 고객을 확보할 수 있게 해준다.

08

한국소비자원에 따른 피해구제 절차
소비자 상담 → 피해구제 신청 → 사업자 통보 → 사실조사 → 합의권고 → 소비자분쟁조정위원회의 분쟁조정 → 소송 등

더 알아보기

피해구제

• 소비자피해를 원만하게 구제하기 위해 관련 법률이나 규정에 따라 소비자 및 사업자에게 공정한 합의를 권유하는 제도이다.
• 한국소비자원에 의한 피해구제는 강제력은 없으나 비용이 들지 않고 빠른 시일 내에 분쟁해결이 가능하다.
• 피해구제 제외 대상
  – 사업자의 부도, 폐업 등으로 연락이 불가능하거나 소재 파악이 안 되는 경우
  – 신청인(소비자)의 주장을 입증(입증서류 미제출 포함)할 수 없는 경우
  – 영리활동과 관련하여 발생한 분쟁, 임금 등 근로자와 고용인 사이의 분쟁, 개인 간 거래 등 소비자와 사업자 사이의 분쟁이 아닌 경우
  – 국가 또는 지방자치단체가 제공한 물품 등으로 인하여 발생한 피해인 경우
  – 소비자분쟁조정위원회에 준하는 분쟁조정기구에 피해구제가 신청되어 있거나 피해구제절차를 거친 경우
  – 법원에 소송 진행 중인 경우 등

09

① 제품의 특성은 구매 시 상담내용에 해당한다.
③ 대금의 지불방법 및 배송 관련 내용은 구매 시 상담내용에, 제품의 불만사항에 대한 접수는 구매 후 상담내용에 해당한다.
④ 제품의 불만사항에 대한 처리는 구매 후 상담내용에 해당한다.

더 알아보기

구매 전 상담의 주요내용

• 대체안의 제시와 특성의 비교
• 가격과 판매점에 관한 정보제공
• 대체안 평가방법에 대한 정보제공
• 다양한 구매방법에 대한 정보제공
• 사용방법·관리방법에 대한 정보제공
• 소비자교육 프로그램 운영

10

부품보유기간 이내에 수리용 부품을 보유하고 있지 않아 발생한 피해 중 품질보증기간 경과 후의 해결기준은 정액감가상각한 잔여금액에 구입가의 10%를 가산하여 환급하는 것이다.

더 알아보기

• 정액감가상각한 잔여금 = 구입가 − 감가상각비
• 감가상각비 = (사용연수/내용연수) × 구입가

11

④ 기업 소비자상담실에서는 고객 관련 정보를 수집·분석하여 기업 경영에 반영하도록 하는 업무를 수행한다.

더 알아보기

소비자상담실의 업무내용

• 제품정보 및 각종 정보의 제공
• 소비자불만의 접수와 해결
• 소비자상담 자료의 정리·분석·보고
• 소비자만족도 조사
• 고객 관련 정보 수집 및 분석
• 고객관리와 사내·외 소비자교육
• 소비자단체·소비자정책의 동향 파악 및 대응책 마련

12

② 사업자의 귀책사유로 인한 운송계약의 해제 시 약정된 운송일 당일에 통보할 경우 사업자는 계약금 환급 및 계약금의 6배액을 배상하여야 한다.

더 알아보기

이사화물취급사업서비스에서 사업자의 귀책사유로 인한 운송계약의 해제 시 해결기준

• 약정된 운송일의 2일 전까지 통보 시 : 계약금 환급 및 계약금의 2배액 배상
• 약정된 운송일의 1일 전에 통보 시 : 계약금 환급 및 계약금의 4배액 배상
• 약정된 운송일의 당일에 통보 시 : 계약금 환급 및 계약금의 6배액 배상
• 약정된 당일에 통보가 없는 경우 : 계약금 환급 및 계약금의 10배액 배상 또는 실손해액 배상

13

소비자 태도의 구성요소는 인지적 요소, 감성적 요소, 행동의욕적 요소로 구분된다.

더 알아보기

소비자의사결정의 영향요인
- 개인적 영향요인
  - 지 각
  - 학 습
  - 동 기
  - 개 성
  - 라이프스타일
  - 태도 : 인지적 요소, 감성적 요소, 행동의욕적 요소
- 사회(환경)적 영향요인
  - 문화 : 문화적 신념, 문화적 가치, 문화적 규범
  - 사회계층 : 교육수준, 주거지역, 직업, 소득, 재산 등
  - 준거집단
  - 가 족

14

① 일반적 소비자분쟁해결기준에 따라 품목별 소비자분쟁해결기준을 정함으로써 소비자와 사업자 간에 발생한 분쟁이 원활하게 해결될 수 있도록 구체적인 합의 또는 권고의 기준을 제시하는 데 그 목적이 있다.

더 알아보기

소비자분쟁해결기준에는 대상품목, 품목별 분쟁해결기준, 품목별 품질보증기간 및 부품보유기간, 품목별 내용연수표 등이 각각 별표로 첨부되어 있다.

15

① 구매 전 상담의 역할에 해당한다.

더 알아보기

구매 시 상담의 역할
- 소비자 측면
  - 소비자의 구매의사결정을 도와주는 역할
  - 소비자에게 필요한 정보를 제공하는 역할
  - 소비자에게 친절한 서비스를 제공하는 역할
  - 소비자문제·불만사항 해결을 돕는 역할
- 기업 측면
  - 소비자의 정보제공
  - 이윤창출에 기여
  - 기존 소비자 유지
  - 새로운 소비자 확보 창출

16

① 구매가능자에 대한 설명이다.
② 비활동고객에 대한 설명이다.
④ 최초구매고객에 대한 설명이다.

더 알아보기

충성고객형성 7단계
- 1단계(구매용의자) : 자사의 제품이나 용역을 구매할 능력이 있는 모든 사람을 포함한다.
- 2단계(구매가능자) : 자사의 제품이나 용역을 필요로 할 수 있고 구매능력이 있는 사람을 가리킨다. 이들은 자사의 제품에 대한 정보를 알고 있다.
- 3단계(비자격 잠재자) : 구매가능자 중에서 제품에 대한 필요를 느끼지 않거나 구매할 능력이 없다고 확실하게 판단이 되는 사람으로 목표고객에서 제외시킬 수 있다.
- 4단계(최초구매고객) : 자사의 제품을 1회 구매한 사람을 말한다. 이들은 자사의 고객이 될 수도 있고 경쟁사의 고객이 될 수도 있다.
- 5단계(반복구매고객) : 자사의 제품을 적어도 2회 이상 구매한 사람들이다. 이들은 같은 제품을 2번 구매한 사람일 수도 있고 다른 제품이나 용역을 번갈아 구매한 사람일 수도 있다.
- 6단계(단골고객) : 자사가 파는 제품 중에서 사용할 수 있는 모든 제품을 자사로부터 구매하는 사람이다. 이들은 자사와 지속적이고 강한 유대관계를 형성하고 있어 경쟁사의 유인전략에도 동요되지 않을 사람들이다.
- 7단계(지지고객) : 단골고객 중에서도 다른 사람들에게 자사의 제품을 사서 쓰도록 권유하는 사람들이다.

17

① 부재중 방문표를 투입하고 송하인에게 연락하는 등 충분한 후속조치를 취한 경우에는 면책한다.

더 알아보기

(퀵서비스) 사업자 귀책의 배달지연으로 인한 피해 시 해결기준
- 배송물이 인도예정시간의 50% 이상을 초과하여 수하인에게 인도될 경우 : 고객에게 배송비용의 100%에 해당되는 금액을 환급
- 특정시각에 사용할 배송물이 인도예정시간을 초과하여 수하인에게 인도됨으로써 특정 시각에 사용할 수 없게 된 경우 : 배송장에 기재된 배송비용의 200%를 지급

18

③ 계약해제를 요구할 수 있는 피해유형이다.

더 알아보기

인터넷쇼핑몰업에서 손해배상을 청구할 수 있는 피해유형

- 물품이나 용역의 미인도(계약해제 및 손해배상)
- 지연인도로 당해 물품이나 용역이 본래의 구매목적을 달성하지 못한 경우(계약해제 및 손해배상)
- 지연인도로 인한 불편 야기 등(계약해제 또는 손해배상)
- 기타 사업자의 귀책사유로 인한 계약 미이행(계약이행 또는 계약해제 및 손해배상)

19

④ 설명은 가능하면 고객이 쉽게 이해할 수 있는 용어를 사용한다.

더 알아보기

효과적인 경청방법

- 적극적으로 경청한다.
- 인식하면서 경청한다.
- 가끔 눈맞춤을 유지한다.
- 몸을 소비자쪽으로 기울인다.
- 소비자의 말에 고개를 끄덕이거나 바꿔 말하면서 관심을 보인다.
- 명료화하고 피드백하는 방법으로 상담한다.
- 화가 나거나 기분이 나쁘더라도 상대방과의 대화에 성의를 보인다.

20

③ 보편타당한 것으로 개성을 나타낸다.

더 알아보기

소비자상담자의 복장과 태도

- 복장과 용모의 기준
  - 항상 단정하고 청결해야 한다.
  - 업무관리에 효율적인 용모와 복장이 좋다.
  - 보편타당한 것으로 개성을 나타낸다.
  - 지나치게 화려하거나 유행하는 의상은 오히려 품위를 떨어지게 한다.
  - 자신의 인격과 근무하는 기관의 이미지를 나타낸다.
- 태 도
  - 일에 대한 열정을 가져야 한다.
  - 긍정적인 태도와 상담 자세를 가져야 한다.
  - 인내심을 가지고 상담에 임해야 한다.
  - 공감대(Rapport)를 형성해야 한다.
  - 제1인자 의식 또는 전문가적 정신자세를 가져야 한다.
  - 공유의식을 가져야 한다.

21

① 이미 납부한 할부금에 대한 반환을 요청하는 경우에는 항변권을 행사할 수 없다.

더 알아보기

카드사에 항변권을 행사할 수 있는 사유

- 할부계약이 성립되지 않았거나 무효인 경우
- 착오, 사기, 강박, 법정대리인의 동의 없는 미성년자 계약 등으로 할부거래계약을 취소한 경우
- 상품에 결함이 있거나 카탈로그 및 견본과 분명한 차이가 있는 경우로서 가맹점의 하자담보책임을 이행토록 청구했으나 이를 이행하지 않는 경우
- 계속적 거래계약에서 가맹점의 귀책사유로 인해 계약해지를 요청하였으나 이를 거부하는 경우
- 물품 또는 용역의 전부 또는 일부가 회원에게 인도 또는 제공되지 아니한 경우
- 가맹점의 도산 등 기타 채무불이행으로 인하여 할부거래의 목적을 달성할 수 없는 경우

22

① 조정요청에 대한 설명이다.
② 중지에 대한 설명이다.
④ 취하에 대한 설명이다.

더 알아보기

피해구제처리

- 수리 : 해당 건에 대하여 수리를 요구
- 교환 : 해당 건에 대하여 교환을 요구
- 환불 : 해당 건에 대하여 환불을 요구
- 배상 : 해당 건에 대하여 손해금의 배상을 요구
- 취하 : 소비자가 피해구제 중지를 요청한 경우, 피해구제를 포기한 경우, 청구인 스스로 해결하려는 경우
- 중지 : 한국소비자원에서의 처리가 부적합하다고 판단될 경우(소비자기본법 제55조 제4항)
- 처리불능 : 청구인 또는 피청구인의 소재파악 불능, 당사자 쌍방의 귀책사유 규명의 불분명, 전문가의 자문결과 사업자의 귀책사유라고 판단하기 곤란한 경우
- 조정요청 : 사업자의 귀책사유 또는 개연성이 일부 인정되는 경우

23

④ 청소년이나 어린 소비자를 대할 때에도 친절하게 도와준다.

더 알아보기

미성년소비자에 대한 상담원의 대응자세와 상담기법

- 올바른 언행을 보여준다.
- 부모소비자를 대하듯 인격체로 인정해 준다.
- 친자녀 · 형제처럼 따뜻하게 응대한다.
- 그 연령에 맞는 용어 · 어휘를 사용한다.
- 친절하게 도와준다. 그러면 그 감사함을 어른이 되어서도 기억할 수 있다.
- 제품을 판매할 때는 상품지식과 주의사항을 잘 일러준다.
- 안전한 길로 안내해 준다.

24

① 상품검사 및 정보제공 – 소비자의 제품에 대한 피해 최소화

더 알아보기

소비자상담실의 업무내용

- 제품정보 및 각종 정보의 제공
- 소비자불만 접수 · 해결
- 소비자상담 자료 정리 · 분석 · 보고
- 소비자만족도 조사
- 고객 관련 정보 수집 · 분석
- 고객관리와 사내 · 외 소비자교육
- 소비자단체 · 소비자정책의 동향 파악 및 대응책 마련

25

④ 경청을 방해하는 요인 중 하나이다.

더 알아보기

경청을 방해하는 요인

- 다른 사람을 계속 비교하려고 할 때
- 내담자의 마음을 미리 짐작하거나 읽으려고 할 때
- 다음에 자신이 말할 내용 준비하기
- 걸러 듣기
- 미리 판단하기
- 공상하기
- 자기 경험과 관련짓기
- 충고하기
- 언쟁하기
- 자기만 옳다고 주장하기
- 주제 이탈하기
- 비위맞추기

제2과목 소비자관련법

26

시정조치(표시 · 광고의 공정화에 관한 법률 제7조 제1항)
공정거래위원회는 사업자 등이 부당한 표시 · 광고행위를 하는 경우에는 그 사업자 등에 대하여 그 시정을 위한 다음의 조치를 명할 수 있다.

- 해당 위반행위의 중지
- 시정명령을 받은 사실의 공표
- 정정광고
- 그 밖에 위반행위의 시정을 위하여 필요한 조치

27

③ 전자상거래 또는 통신판매에서의 소비자보호에 관하여 이 법과 다른 법률이 경합하는 경우에는 이 법을 우선 적용한다. 다만, 다른 법률을 적용하는 것이 소비자에게 유리한 경우에는 그 법을 적용한다(전자상거래 등에서의 소비자보호에 관한 법률 제4조).

28

약관이란 그 명칭이나 형태 또는 범위에 상관없이 계약의 한쪽 당사자가 여러 명의 상대방과 계약을 체결하기 위하여 일정한 형식으로 미리 마련한 계약의 내용을 말한다(약관의 규제에 관한 법률 제2조 제1호).

29

① 특정인이 상대방에 대하여 취소의 의사표시를 하면 이미 발생하고 있는 법률행위의 효력이 처음부터 무효이었던 것으로 되는 효과를 가져오는 것을 말한다. 취소권은 형성권의 일종이다.
③ 서로 대립하지 않고 방향을 같이 하는 2개 이상의 의사표시의 합치로 성립하는 법률행위이다. 사단법인의 설립행위가 대표적인 예이다.
④ 계약해제 중 하나로 당사자가 계약에 의하여 해제권을 유보하는 행위를 말한다.

30

② 채권이 성립한 후에 채무자에게 책임 있는 사유로 이행이 불능으로 되는 것이다.
③ 적극적 채권침해라고도 하며 채무자가 채무의 이행으로써 이행행위를 하였으나 그것이 채무의 내용에 좇은 완전한 이행이 아니라 하자 있는 불완전한 이

행이었기 때문에 채권자에게 손해가 생기는 경우의 채무불이행을 말한다.

④ 쌍무계약의 당사자들이 각자의 채무를 동시에 이행하는 행위를 말한다. 이때 당사자 일방은 상대방이 그 채무이행을 제공할 때까지 자기의 채무이행을 거절할 수 있는데 이를 '동시이행의 항변권(민법 제536조 제1항 전단 참조)'이라 한다.

31

전자적 대금지급의 신뢰 확보(전자상거래 등에서의 소비자보호에 관한 법률 제8조 제2항)

사업자와 전자결제업자 등은 전자적 대금지급이 이루어지는 경우 소비자의 청약의사가 진정한 의사표시에 의한 것인지를 확인하기 위하여 다음의 사항에 대하여 명확히 고지하고 고지한 사항에 대한 소비자의 확인절차를 대통령령으로 정하는 바에 따라 마련하여야 한다.

- 재화 등의 내용 및 종류
- 재화 등의 가격
- 용역의 제공기간

32

소비자의 항변권(할부거래에 관한 법률 제16조 제1항)

소비자는 다음의 어느 하나에 해당하는 사유가 있는 경우에는 할부거래업자에게 그 할부금의 지급을 거절할 수 있다.

- 할부계약이 불성립 · 무효인 경우
- 할부계약이 취소 · 해제 또는 해지된 경우
- 재화 등의 전부 또는 일부가 재화 등의 공급시기까지 소비자에게 공급되지 아니한 경우
- 할부거래업자가 하자담보책임을 이행하지 아니한 경우
- 그 밖에 할부거래업자의 채무불이행으로 인하여 할부계약의 목적을 달성할 수 없는 경우
- 다른 법률에 따라 정당하게 청약을 철회한 경우

33

할부거래업자의 할부계약 해제(할부거래에 관한 법률 제11조 제1항)

할부거래업자는 소비자가 할부금 지급의무를 이행하지 아니하면 할부계약을 해제할 수 있다. 이 경우 할부거래업자는 그 계약을 해제하기 전에 14일 이상의 기간을 정하여 소비자에게 이행할 것을 서면으로 최고하여야 한다.

34

부당한 표시 · 광고의 내용(표시 · 광고의 공정화에 관한 법률 시행령 제3조 제1항 내지 제4항)

- 거짓 · 과장의 표시 · 광고는 사실과 다르게 표시 · 광고하거나 사실을 지나치게 부풀려 표시 · 광고하는 것으로 한다(제1항).
- 기만적인 표시 · 광고는 사실을 은폐하거나 축소하는 등의 방법으로 표시 · 광고하는 것으로 한다(제2항).
- 부당하게 비교하는 표시 · 광고는 비교대상 및 기준을 분명하게 밝히지 아니하거나 객관적인 근거 없이 자기 또는 자기의 상품이나 용역(이하 "상품 등"이라 한다)을 다른 사업자 또는 사업자단체(이하 "사업자 등"이라 한다)나 다른 사업자 등의 상품 등과 비교하여 우량 또는 유리하다고 표시 · 광고하는 것으로 한다(제3항).
- 비방적인 표시 · 광고는 다른 사업자 등 또는 다른 사업자 등의 상품 등에 관하여 객관적인 근거가 없는 내용으로 표시 · 광고하여 비방하거나 불리한 사실만을 표시 · 광고하여 비방하는 것으로 한다(제4항).

35

③ 피해자의 손해배상 청구권은 공정거래위원회의 시정조치가 확정된 후가 아니더라도 이를 재판상에 주장할 수 있다.

36

② 소비자가 방문판매자 등의 의사와 다르게 청약철회 등을 할 수 없는 경우에 해당한다.

더 알아보기

청약철회 등(방문판매 등에 관한 법률 제8조 제1항)

방문판매 또는 전화권유판매(이하 "방문판매 등"이라 한다)의 방법으로 재화 등의 구매에 관한 계약을 체결한 소비자는 다음의 기간(거래 당사자 사이에 다음의 기간보다 긴 기간으로 약정한 경우에는 그 기간) 이내에 그 계약에 관한 청약철회 등을 할 수 있다.

- 계약서를 받은 날부터 14일. 다만, 그 계약서를 받은 날보다 재화 등이 늦게 공급된 경우에는 재화 등을 공급받거나 공급이 시작된 날부터 14일
- 다음의 어느 하나의 경우에는 방문판매자 등의 주소를 안 날 또는 알 수 있었던 날부터 14일
  - 계약서를 받지 아니한 경우
  - 방문판매자 등의 주소 등이 적혀 있지 아니한 계약서를 받은 경우
  - 방문판매자 등의 주소변경 등의 사유로 해당 기간(14일) 이내에 청약철회 등을 할 수 없는 경우

- 계약서에 청약철회 등에 관한 사항이 적혀 있지 아니한 경우에는 청약철회 등을 할 수 있음을 안 날 또는 알 수 있었던 날부터 14일
- 방문판매업자 등이 청약철회 등을 방해한 경우에는 그 방해 행위가 종료한 날부터 14일

37

④ 후원방문판매에 대한 설명이다(방문판매 등에 관한 법률 제2조 제7호 참조).

더 알아보기

다단계판매(방문판매 등에 관한 법률 제2조 제5호)
"다단계판매"란 다음의 요건을 모두 충족하는 판매조직(다단계판매조직이라 한다)을 통하여 재화 등을 판매하는 것을 말한다.

- 판매업자에 속한 판매원이 특정인을 해당 판매원의 하위 판매원으로 가입하도록 권유하는 모집방식이 있을 것
- 위에 따른 판매원의 가입이 3단계(다른 판매원의 권유를 통하지 아니하고 가입한 판매원을 1단계 판매원으로 한다) 이상 단계적으로 이루어질 것. 다만, 판매원의 단계가 2단계 이하라고 하더라도 사실상 3단계 이상으로 관리·운영되는 경우로서 대통령령으로 정하는 경우 포함
- 판매업자가 판매원에게 후원수당을 지급하는 방식을 가지고 있을 것

38

공정거래위원회는 소비자정책위원회의 심의·의결을 거쳐 소비자정책에 관한 기본계획을 3년마다 수립하여야 한다(소비자기본법 제21조 제1항).

39

③ 사용 또는 소비에 의하여 그 가치가 현저히 낮아질 우려가 있는 것으로서 대통령령으로 정하는 재화 등[선박, 항공기, 궤도를 운행하는 차량, 건설기계, 자동차, 냉동기, 전기냉방기(난방 겸용인 것을 포함), 보일러 등]을 사용 또는 소비한 경우 청약의 철회를 할 수 없다(할부거래에 관한 법률 제8조 제2항 제2호 및 동법 시행령 제6조 제1항 참조).

40

① 청약자(甲)가 연착의 통지를 하지 아니한 때에는 승낙의 통지는 연착되지 아니한 것으로 보고 이 경우 승낙의 기간을 정한 계약의 청약은 청약자가 그 기간 내에 승낙의 통지를 받지 못한 때에는 그 효력을 잃으므로 甲과 乙의 계약은 성립하지 못한다(민법 제528조 제1항 및 제3항 참조).

② 승낙의 통지가 정해진 기간 후에 도달한 경우에 보통 그 기간 내에 도달할 수 있는 발송인 때에는 청약자(甲)는 지체 없이 상대방에게 그 연착의 통지를 하여야 한다(민법 제528조 제2항 전단).

③ 연착된 승낙은 청약자(甲)가 이를 새 청약으로 볼 수 있다(민법 제530조).

41

약관의 해석(약관의 규제에 관한 법률 제5조)

- 약관은 신의성실의 원칙에 따라 공정하게 해석되어야 하며 고객에 따라 다르게 해석되어서는 아니 된다.
- 약관의 뜻이 명백하지 아니한 경우에는 고객에게 유리하게 해석되어야 한다.

42

조정위원회의 위원장은 분쟁조정을 마친 때에는 지체 없이 당사자에게 그 분쟁조정의 내용을 통지하여야 하고 통지를 받은 당사자는 그 통지를 받은 날부터 15일 이내에 분쟁조정의 내용에 대한 수락 여부를 조정위원회에 통보하여야 한다. 이 경우 15일 이내에 의사표시가 없는 때에는 수락한 것으로 본다(소비자기본법 제67조 제1항 내지 제2항).

43

할부거래에 관한 법률에서 사용 또는 소비에 의하여 그 가치가 현저히 낮아질 우려가 있는 것으로서 대통령령으로 정하는 재화 등을 사용 또는 소비한 경우 소비자는 청약의 철회를 할 수 없다고 명시되어 있는데, 여기서 말하는 '대통령령으로 정하는 재화 등'이란 선박법에 따른 선박, 항공안전법에 따른 항공기, 철도사업법 및 도시철도법에 따른 궤도를 운행하는 차량, 건설기계관리법에 따른 건설기계, 자동차관리법에 따른 자동차, 고압가스 안전관리법에 따른 냉동기, 전기냉방기, 보일러 등을 말한다.

44

④ 소비자는 재화 등의 내용이 표시·광고의 내용과 다르거나 계약내용과 다르게 이행된 경우에는 그 재화 등을 공급받은 날부터 3개월 이내, 그 사실을 안 날 또는 알 수 있었던 날부터 30일 이내에 청약

철회 등을 할 수 있다(전자상거래 등에서의 소비자 보호에 관한 법률 제17조 제3항).

45

② 소비자단체는 물품 등의 품질·성능 및 성분 등에 관한 시험·검사로서 전문적인 인력과 설비를 필요로 하는 시험·검사인 경우에는 대통령령이 정하는 시험·검사기관의 시험·검사를 거친 후 공표하여야 한다(소비자기본법 제28조 제2항).

46

일부 무효의 특칙(약관의 규제에 관한 법률 제16조)
약관의 전부 또는 일부의 조항이 계약의 내용이 되지 못하는 경우나 무효인 경우 계약은 나머지 부분만으로 유효하게 존속한다. 다만, 유효한 부분만으로는 계약의 목적달성이 불가능하거나 그 유효한 부분이 한쪽 당사자에게 부당하게 불리한 경우에는 그 계약은 무효로 한다.

47

② 손해배상책임을 배제하거나 제한하는 특약은 무효로 한다(제조물 책임법 제6조 전단).
③ 손해배상의 청구권은 제조업자가 손해를 발생시킨 제조물을 공급한 날부터 10년 이내에 행사하여야 한다(제조물 책임법 제7조 제2항 전단).
④ 손해배상의 청구권은 피해자 또는 그 법정대리인이 손해 및 손해배상책임을 지는 자를 모두 알게 된 날부터 3년간 행사하지 아니하면 시효의 완성으로 소멸한다(제조물 책임법 제7조 제1항).

48

본인의 허락을 받지 아니하거나 허락받은 범위를 넘어 소비자에 관한 정보를 이용(제3자에게 제공하는 경우를 포함)하는 행위는 방문판매 등에 관한 법률에 따른 방문판매자 등의 금지행위 중 하나이다. 하지만 다음의 어느 하나에 해당하는 경우는 제외한다.

- 재화 등의 배송 등 소비자와의 계약을 이행하기 위하여 불가피한 경우로서 대통령령으로 정하는 경우
- 재화 등의 거래에 따른 대금을 정산하기 위하여 필요한 경우
- 도용을 방지하기 위하여 본인임을 확인할 때 필요한 경우로서 대통령령으로 정하는 경우
- 법률의 규정 또는 법률에 따라 필요한 불가피한 사유가 있는 경우

49

법률행위의 효력요건

- 일반적인 효력발생 요건
  - 당사자에게 의사능력·행위능력이 있을 것
  - 목적(내용)이 확정할 수 있고 또한 가능·적법·사회적 타당성이 있을 것
  - 의사표시에 있어서 의사와 표시가 일치하고 또 의사표시에 하자가 없을 것
- 특별 효력발생 요건
  - 대리행위에 있어서의 대리권의 존재
  - 조건부 법률행위에 있어서의 조건의 성취
  - 기한부 법률행위에 있어서의 기한의 도래
  - 유언에 있어서의 유언자의 사망
  - 물권변동에 있어서의 등기 또는 인도 등

50

② 소비자기본법에 따라 등록한 소비자단체나 그 밖에 대통령령으로 정하는 기관·단체는 전자상거래를 하는 사업자 또는 통신판매업자가 임시중지명령 사유에 해당한다고 인정될 때에는 서면(전자문서를 포함)으로 공정거래위원회에 그 전자상거래 또는 통신판매의 전부 또는 일부에 대하여 일시중지를 명하도록 요청할 수 있다(전자상거래 등에서의 소비자보호에 관한 법률 제32조의2 제3항).

제3과목 소비자교육 및 정보제공

51

③ 사용설명서는 사용자가 제품을 가장 효율적으로 사용할 수 있도록 사용자 위주로 만들어져야 한다.

더 알아보기

제품사용설명서의 작성원칙

- 사용설명서는 '사용자'를 위해 만들어져야 한다.
- 사용설명서는 제품을 사용하는 소비자들이 제품 관련 용어와 기능을 쉽게 이해하고 제품을 간편하게 제대로 조작할 수 있도록 쉽게 작성되어야 한다.
- 단순한 기능의 나열, 어려운 용어, 복잡한 구성은 사용자들이 사용설명서를 외면하게 하는 요인이 된다.

- 사용설명서는 사용자가 제품을 가장 효율적으로 사용할 수 있도록 사용자 위주로 만들어져야 한다.
- 제품설명서에 기재해야 하는 제품용도는 최종소비자에 근거하여 결정되어야 하므로 제품의 소비자계층을 정확하게 파악하여 그들의 수준에서 쉽게 이해할 수 있도록 작성되어야 한다.
- 제품사용설명서는 결국 제품에 관한 정확하고 과학적인 기초정보를 제공하고 소비자가 제품의 특성을 완전히 이해할 수 있도록 작성되어야 한다.

52

① 자기에게 피해만 안 생긴다면 공익에 반하더라도 무관심한 태도를 갖는 현상

③ · ④ 자신의 거주지에 긍정적인 영향을 주는 시설이나 기관을 적극적으로 받아들이려는 현상

더 알아보기

지역이기주의

과거 지역이기주의는 님비(NIMBY ; Not In My Back Yard)현상만을 주로 꼽았지만 최근에 와서는 임피(IMFY ; IN My Front Yard) · 핌피(PIMFY ; Pleas IN My Front Yard)현상 등으로 확대되고 있다. 지역이기주의는 보통 여러 가지 사회문제를 낳는 부정적인 의미로 인식되지만 한편으로는 보다 높은 수준의 민주주의를 이루기 위한 한 과정이라고 볼 수 있다. 자신이 살고 있는 지역 및 거주지의 이익을 도모하는 것은 민주주의가 발달된 나라에서는 흔히 있는 현상이기 때문이다.

53

소비자교육 프로그램의 목적과 목표

- 프로그램의 계획과정에서 목적과 목표가 혼동되는 경우가 있으나 엄밀한 의미에서 목적과 목표는 다르다.
- 프로그램의 일반 목적은 최종적으로 도달하여야 할 장기적이고 광범위한 교육활동의 방향성을 제시하는 것이다.
- 프로그램의 목표는 목적을 달성하기 위하여 단계별로 성취하여야 할 단기간의 소범위 교육활동을 의미한다.
- 목표는 수업의 절차나 방법을 기술하는 것이 아니라 의도한 결과를 진술해야 한다.

더 알아보기

소비자교육 프로그램의 설계와 실제

- 소비자의 특성 및 학습능력분석 : 소비자의 수준, 흥미 및 배경 조사
- 수업목표진술
  - 교육프로그램의 목표를 진술. 교육프로그램을 통해 도달하고자 하는 목표지점을 제시
  - 교육대상인 소비자가 중심, 성취수준의 하한선 명시
- 교수방법, 매체, 자료의 선정
  - 각종 자료, 관련인사의 소개 및 서평을 참고하여 교수매체를 대여 및 구매함
  - 교육대상자의 수준과 선호를 고려하여 교수방법, 매체, 자료를 선정하고 교육프로그램의 대상자 또는 교육프로그램에 참가하는 소비자의 일상생활에서 얻을 수 있는 자료를 활용하는 것은 교육프로그램의 효과를 높일 수 있는 방법
- 선정한 매체와 자료의 활용
  - 교재를 활용하기 전에 사전시사를 하고 프레젠테이션 연습을 함
  - 교육자는 가능하면 교육에서 제시될 내용, 용어 및 목표를 소비자들에게 미리 제공하여 동기를 유발시키고 쇼맨십을 발휘하여 교육내용을 효과적으로 제시
- 학습자의 참여요구 : 교육대상인 소비자와의 관계를 형성하고 소비자들의 교육참여를 요구함
- 평가 및 수정 : 교육프로그램을 수행한 후에 비교, 평가하여 교육프로그램을 수정함. 이미 수행된 교육프로그램을 평가함으로써 프로그램의 계획, 개선, 정당화를 위한 결정을 하는 데 필요한 정보를 얻음

54

① 관찰자가 조사대상인 개인 또는 사회집단의 행동이나 사회현상을 현장에서 직접 보거나 들어서 필요한 정보나 상황을 정확히 알아내려는 방법이다.

③ 전문직업인들이 가져야 하는 바람직한 혹은 최소한의 능력을 확인하기 위해서 그 분야의 전문가로부터 정보를 얻은 후 대상 집단들의 능력수준을 결정하기 위해 시험을 본다. 전문가들이 필요하다고 확인한 것과 결정된 능력수준 사이의 차이가 내용을 선정하고 프로그램 설계를 개발하는 데에 필요한 기초가 된다.

④ 필요한 관찰과 평가를 하기 위해 가장 적절한 지위에 있는 사람들로부터 특정한 행동과 그렇지 못한 행동들을 잘 판별해줄 수 있는 결정적인 사건들이 수집될 수만 있다면 교육문제에 있어서 매우 유용한 방법으로 교육행정가나 교사의 자질문제 평가에 적합하다.

더 알아보기

그 외 형식적 분석방법

• 조사연구법
 – 일반적 의미로서의 조사는 질문지와 면접을 통해서 의견, 기호도, 사실에 대한 지각 등을 수집하는 것을 말한다.
 – 요구를 파악하는 데 가장 널리 쓰이는 방법이며 대규모 집단의 특성을 기술하는 데 유용하다.
 – 다른 방법에 비하여 조사결과를 일반화할 가능성이 높고 비용도 저렴하게 든다.
 – 비교적 짧은 시간에 많은 변수를 다룰 수 있다.
 – 단점으로는 조사 대상을 피상적으로 관찰할 수밖에 없다는 점과 문제의 원인 및 가능한 해결책을 얻는 데에 제한적 효과를 갖는다는 점을 들 수 있다.
• 면접법
 – 서로 얼굴을 맞대고 직접 자료를 수집·평가하는 방법으로 대면조사라고도 하는데 행동특성이 사적인 성격의 문제를 밝혀낼 때 매우 효과적이다.
 – 피험자와 직접 대면하여 자료를 수집하므로 자료의 진실성 여부를 쉽게 가릴 수 있으며 최대한 자유로운 의견표현의 기회를 제공한다.
 – 아무나 면접자가 되기 어려우며 시간이나 경비 등이 질문지법에 비해 과다한 경우가 많다.
 – 면접자의 주관적 해석이나 편견이 작용할 우려가 있으며 결과를 수량화하기 어렵다.

55

교육훈련의 평가원칙

• 타당도(Validity) : 평가목적을 정확히 측정하고 있는 정도
 – 무엇을 평가하고 있는가?
 – 평가할 것을 어느 정도 충실하게 평가하고 있는가?
• 신뢰도(Reliability) : 정확성과 일관성 유무
 – 어떻게 평가하고 있는가?
 – 평가의 오차가 적어야 함
 – 정확하게 평가하고 있는가?
• 객관도(Objectivity) : 철저한 채점기준
 – 평가자의 편견이나 감정에 좌우되고 있지 않은가?
 – 평가자의 주관적 판단의 오류를 범하지 않도록 과학적인가?
• 변별도(Discrimination)
 – 잘하고 있는 교육생을 가려내고 있는가?
• 실용도(Usability)
 – 시간과 비용 및 인력을 적게 들이고 쓸 수 있는가?
 – 과중한 부담과 복잡한 절차가 있는가?

더 알아보기

소비자교육 프로그램 평가

• 소비자교육 프로그램의 목적
 – 교육의 목표가 명확히 드러나는가?
 – 교육대상이 되는 소비자의 수준에 적당한가?
 – 교육내용이 교육목표와 부합하는가?
 – 교육내용이 필요하다고 생각되는가?
 – 교육목적을 위해 다른 내용이 포함되어야 한다면 구체적으로 무엇인가?
• 소비자교육 프로그램의 구성
 – 참신하면서도 실용성이 있는 내용인가?
 – 교육내용에 비추어 교육기간이 적절한가?
 – 교육내용 간에 시간이 적절하게 배분되었는가?
 – 적절한 교육방법이 활용되었는가?
• 소비자교육 프로그램의 진행
 – 교육내용이 잘 전달되는가?
 – 교육자의 진행이 적절한가?
 – 자료의 준비와 활용이 잘 되었는가?
 – 교육방법의 개선점은 없는가?
 – 교육시설의 가장 불편한 점은 무엇인가?
 – 교육장소로서 가장 적합한 곳은 어디라고 생각하는가?
• 소비자의 반응
 – 소비자가 흥미를 가지고 참여하는가?
 – 직면한 구체적인 문제해결에 도움이 되는가?
 – 배운 것에 근거하여 소비자 지식, 소비자 태도, 소비자 행동에 변화를 가져 왔는가?
 – 교육을 받기 위해 사용한 실제 비용과 기회비용은 얼마인가?
 – 교육의 효과를 금전적으로 계산한다면 얼마 정도라고 생각하며 그 이유는 무엇인가?

56

④ 아동 소비자가 합리적이고 건전한 소비자 역할을 수행하기 위해서 소비자능력의 향상이 필수적인데 이러한 소비자능력은 소비자 사회화를 통해 개발되고 향상될 수 있다.

더 알아보기

아동 소비자의 역할행동 습득단계

• 1단계 : 부모를 따라다니면서 관찰하는 시기
• 2단계 : 부모를 따라가서 구매를 요구하는 시기(2~3세)
• 3단계 : 아동이 부모와 함께 상점에 가서 부모의 허락 아래 물건을 선택해 보는 시기(3~4세)

- 4단계 : 아동이 부모를 따라서 혼자 구매하는 시기(5~6세)
- 5단계 : 소비자로서 독자적인 행동을 하는 시기(7~8세)

57

① 팸플릿은 단순히 정보를 나열하기보다는 소비자에게 중요한 제품의 속성을 충분히 강조하여 전달할 수 있도록 제작되어야 한다.

② 소비자들이 보다 쉽게 이해할 수 있도록 제작해야 하고 다른 제품과 차별화될 수 있고 소비자들이 보다 쉽게 대상제품에 접근할 수 있도록 해야 한다.

④ 제품팸플릿은 손쉽고 빠르게 보다 많이 보다 넓은 범위의 소비자에게 전해지는 인쇄물이다.

더 알아보기

제품팸플릿

제품팸플릿은 제작비용이 상대적으로 저렴하고 고객에게 큰 부담 없이 접근하기에 용이하여 초기사업시행시 적합하다. 단일상품소개, 기업홍보용, DM발송용으로 사용하는 대량인쇄물로 책자형식으로 되어 있으며 특정 사업내용이나 상품 등에 대한 소개를 집중적으로 조명하여 부각시키는 데 많이 사용된다. 이것은 소비자에게 제품의 존재를 시각적으로 쉽게 알릴 수 있는 수단일 뿐만 아니라 쉽게 기억을 상기시켜 주므로 소비자의 행동과정에서 고려하게 되는 대체안이 될 확률을 증가시켜 준다.

58

요구분석의 단계

문제의 파악 → 해결사항 대안파악 → 해결전략의 설정 → 실행 → 성과의 효율성 평가

더 알아보기

요구분석

교육적 요구들을 확인하고 그것들의 우선순위를 결정하기 위해서 사용하는 방법으로 핵심적인 요구들을 확인할 수 있고 통일된 견해가 없을 경우 공유된 가치를 전달할 수 있기 때문에 자주 사용된다.

59

① 정보가 구매하고자 하는 제품과 관련되어 있어야 한다.

② 소비자가 정보를 필요로 할 때에 짧은 시간에 얻을 수 있고 구매의사결정에 도움이 될 만한 최근의 정보를 얻어낼 수 있어야 한다.

③ 정보가 사실에 근거한 것으로 정확한 것이어야 하고 의도적이든 비의도적이든 왜곡하거나 편파적으로 제공해서는 안 된다.

더 알아보기

소비자정보의 특성

- 적시성 : 소비자가 정보를 필요로 할 때에 짧은 시간에 얻을 수 있고 구매의사결정에 도움이 될 만한 최근의 정보를 얻어낼 수 있어야 한다.
- 신뢰성 : 정보가 사실에 근거한 것으로 정확한 것이어야 하고 의도적이든 비의도적이든 왜곡하거나 편파적으로 제공해서는 안 된다.
- 의사소통의 명확성 : 정보가 명확하고 쉽게 이해될 수 있으며 정보제공자와 소비자 간에 명확한 의사전달이 이루어져야 한다.
- 경제성 : 정보획득에 드는 비용에 관한 것으로 적은 비용으로 획득이 가능해야 한다.
- 접근가능성 : 필요로 할 때 획득이 가능해야 하고 누구든지 획득할 수 있어야 한다.
- 저장가능성 : 보관해 두었다가 필요할 때 다시 사용할 수 있으며 재사용 시 처음과 같은 효용을 얻을 수 있어야 한다.

60

① 1987년 7월 1일 소비자보호법에 의하여 한국소비자보호원으로 설립된 후 2007년 3월 28일 소비자기본법에 의해 한국소비자원으로 기관명이 변경되었다. 한국소비자원은 소비자의 권익을 증진하고 소비생활의 향상을 도모하며 국민경제의 발전에 이바지하기 위하여 국가에서 설립한 전문기관이다.

② 소비자주권을 확립하고 소비자의 삶의 질을 향상시키는 데 기여하고자 1982년 11월 창립총회를 개최, 1983년 1월 20일 김동환 변호사를 초대 회장으로 하여 발족된 이래 자발적·비영리적·비정치적 전문 소비자단체로서 약 39년간 꾸준히 소비자운동을 전개해 왔다.

④ 소비자의 건전하고도 자주적인 조직활동을 촉진하고 권익을 보호하기 위하여 소비자보호활동을 하고 있는 단체를 결합, 협의회를 구성하여 회원단체의 발전을 도와 소비자보호운동을 효과적으로 전개하기 위한 목적으로 설립되었다. 1976년 4개의 발기단체를 시작으로 현재는 10개의 회원단체와 전국 255개 지역단체들이 함께 하고 있다.

61

③ 기업에서는 소득수준의 증가와 더불어 소비자의 높은 기대수준 및 까다로움을 충족시키기 위해 소비자정보시스템을 구축하여 운용하고 있다.

62

③ 소비자교육과 관련된 개념을 완벽하게 이해하는 것보다 실제 소비생활을 할 수 있는 여건을 만들어 주는 것이 아동 소비자들에게 있어 중요한 소비자교육이라 할 수 있다.

더 알아보기

아동에게 실질적이며 직접적인 경험을 주기 위한 교육방법

- 교사는 직접적이고 개별적인 경험을 하게 함으로써 아동이 경제체제에 대해 더 구체적인 정보를 갖도록 도울 수 있다.
- 교사는 사회극 놀이를 통해 아동이 자세하고 확실하게 이해하도록 도와줄 수 있다.
- 개발된 모든 자료는 컴퓨터에 입력하여 정보화하는 것이 좋다.

63

② 기업은 다양한 수단을 동원해 상품과 기업명을 홍보한다. 소비자의 구전도 그중 하나로 신뢰도 측면에서는 다른 홍보수단에 비해 높은 편이지만 파급력 및 전파속도 측면에서 여타 홍보수단에 비해 떨어지므로 가장 효율적인 홍보수단이라 보기 어렵다.

더 알아보기

기업의 입장에서 본 소비자교육의 실시효과

- 충분하고 적절한 정보를 소비자에게 제공함으로써 소비자로 하여금 더 만족하게 할 수 있다.
- 상품을 구매하거나 사용함으로써 만족한 소비자는 구전으로 그 상품과 기업의 이름을 널리 알린다.
- 기업 이미지와 로열티를 높일 수 있다.
- 소비자 불만을 감소시킬 수 있다.
- 시장 메커니즘을 통하여 기업이 발전한다.
- 건전한 기업이 생존하는 시장 환경이 마련되고 기업의 자율규제가 지원됨으로써 각종 소비자보호정책을 시행하는 데 드는 비용을 감소시킬 수 있다.

64

③ 소비자주권은 법률상의 권리이기보다는 경제구조상 정해진 개념으로서 자본주의 경제구조에 있어서 양 주체인 소비자, 생산자의 상호관계에서 최종적인 의사결정의 힘이 소비자에게 있다는 것을 의미한다.

더 알아보기

소비자주권

- 소비자주권의 개념은 규범적 개념이다.
- 소비자주권은 법률상의 권리이기보다는 경제구조상 정해진 개념으로서 자본주의 경제구조에 있어서 양 주체인 소비자, 생산자의 상호관계에서 최종적인 의사결정의 힘이 소비자에게 있다는 것을 의미한다.
- 소비자의 행동(소비수요)은 자원배분의 방향을 결정하고 기업의 생산과 시장가격에도 영향을 준다.
- 소비자가 구입하지 않으면 기업도 상품 생산을 중지해야 한다는 점에서 상품의 생산과 유통에 관한 모든 권한은 정부나 기업에 있는 것이 아니라 소비자로부터 나온다고 할 수 있다.
- 소비자의 주권이란 경제학적인 개념으로서 자원배분의 결정에 관한 소비자의 권한을 의미한다.

65

③ 평가도구분석은 평가단계에서 이루어진다.

66

② 정보제공의 자료형태로는 서지(팸플릿 등)자료, 오디오자료, 비디오자료, 전자자료 등 여러 가지가 있으며 이들은 제공되는 순서가 따로 정해져 있는 것이 아니라 각각의 특성에 따라 적절하게 제공되는 것이 중요하다.

더 알아보기

자료설계의 기본요소

- 계열성
  - 단순한 내용에서부터 복잡한 내용 순으로 제작한다.
  - 쉬운 내용에서부터 어려운 내용 순으로 제작한다.
  - 일반적인 내용에서부터 예외적인 특수한 내용 순으로 제작한다.
- 소비자 위주의 내용구성
  - 제공하는 자료를 소비자가 간과하지 않고 스스로 활용하려는 동기를 부여하는 것이 무엇보다도 중요하다.
  - 시각・청각적 자료를 적절히 배합하여 자료에 대한 소비자의 흥미를 유발할 수 있어야 한다.
  - 내용은 자료를 접하는 소비자의 수준에 맞게 구성하여야 한다.

67

②・③・④ 데이터베이스 관리시스템에 대한 설명이다.

더 알아보기

OLAP

정보 위주의 분석처리로서 다양한 비즈니스 관점에서

쉽고 빠르게 다차원적인 데이터에 접근하여 의사결정에 활용할 수 있는 정보를 얻을 수 있게 해주는 기술이다.

68

② 소비자의 건강, 생명, 재산 등을 위협하는 상품과 서비스로부터 보호받을 수 있어야 함을 의미한다.
④ 경제정책의 계획과 시행에 있어서 소비자의 의사가 반영될 수 있어야 함을 의미한다.

더 알아보기

소비자기본법상의 소비자의 8대 법적 권리

- 안전할 권리 : 소비자의 건강, 생명, 재산 등을 위협하는 상품과 서비스로부터 보호받을 수 있어야 함을 의미한다.
- 알 권리 : 소비자가 상품을 선택하거나 의사결정을 할 때 필요로 하는 정보를 제공받아야 함을 의미한다.
- 선택할 권리 : 소비자들은 무엇을 구매하며 어떻게 사용할지를 결정하는 자유를 갖는다.
- 의사를 반영할 권리 : 경제정책의 계획과 시행에 있어서 소비자의 의사가 반영될 수 있어야 함을 의미한다.
- 보상을 받을 권리 : 소비자가 재화를 사용하고 서비스를 이용함에 있어서 받은 피해를 보상받을 권리를 의미한다.
- 소비자교육을 받을 권리 : 소비자로서의 자각과 힘을 키우고 생애를 통해 소비자 지식과 기능을 중심으로 한 소비자능력을 습득할 수 있어야 함을 의미한다.
- 단결권 및 단체행동권 : 소비자문제를 효율적으로 해결하기 위하여 단체를 조직하고 집단으로 행동할 수 있는 권리를 말한다.
- 쾌적한 환경에서 살 권리 : 소비자의 생활의 질을 향상시키기 위한 물리적 환경에 대한 권리이다.

69

소비자정보관리의 과정

- 고객정보 전략수립 : 기업은 고객과의 관계에 효과적으로 활용하기 위해 고객정보 수집을 위한 정보가 필요한데, 여기에는 기존의 사실, 현재 시장상황, 고객의 욕구, 경쟁적인 위협에 대한 이해와 기업의 미래에 대한 기대를 결합한 것으로 미래지향적인 정보를 포함한다.
- 노력의 집중 : 고객정보전략이 세워졌으면 비용보다 이익이 크거나 거의 같은 한도 내에서 고객을 알기 위한 노력의 집중이 요구된다.
- 정보의 생성 : 노력을 통해 수집된 고객에 관한 정보를 기업의 활동이나 다양한 목적에 맞는 자료로 만드는 것을 정보의 생성이라 한다.
- 정보의 축적과 공유 : 생성된 고객정보는 정보시스템 등에 축적하였다가 필요한 때 적절하게 사용할 수 있도록 하는 것이 필요하다.
- 정보의 활용 : 축적된 고객정보는 고객의 불만처리뿐 아니라 새로운 제품의 개발, 제품판매, 더 나아가서는 고객서비스에서도 활용되어 고객만족을 향상시키는 데에 기여할 때에 그 가치가 있는 것이다.

더 알아보기

소비자정보관리

정보분석 시 여러 가지 자료나 데이터들로부터 정보를 가공하고 수반된 정보들과의 비교분석을 통해 실제로 요구하는 정보로, 재가공하지 않는다면 정보의 신뢰성을 담보할 수 없다.

70

소비자교육프로그램 내용설계 시 고려해야 할 원리

- 계속성 : 학습경험의 수직적 조직에 요구되는 원리로서 중요한 경험요소가 어느 정도 계속해서 반복되도록 조직하는 것이다.
- 계열성 : 학습경험의 수직적 조직에 요구되는 원리로서 계속성과 관계가 있기는 하지만 학습내용의 단순한 반복이 아니라 점차로 경험의 수준을 높여서 더욱 깊이 있고 다양한 학습경험을 할 수 있도록 조직하는 것이다.
  - 단순함 → 복잡함
  - 구체적 → 개념적
  - 부분 → 전체
- 통합성 : 학습경험의 수평적 조직에 요구되는 원리로 각 학습경험을 제각기 단편적으로 구획하는 것이 아니라 횡적으로 상호보충·보강되도록 조직해야 학습효과를 높일 수 있으며 종합적이고 전체적인 안목을 가질 수 있다. 여러 소비자교육프로그램의 내용이 중복되거나 누락될 수 있고 교육내용의 불균형이나 상반된 가치를 전달하는 프로그램이 될 수 있으므로 유의한다.

더 알아보기

소비자교육프로그램 내용의 선정준거

- 합목적성(목표의 일관성)
- 수준의 적절성, 흥미성 및 참신성
- 현실성 및 지도 가능성
- 일목적 다경험과 일경험 다목적 원리
- 교육적 효용성 및 실용성
- 교육내용의 중요성

71

70번 문제 해설 참고

72

홀랜더의 소비자주의 발생원인
- 위생상태의 불량
- 불충분한 쇼핑정보
- 가격 상승
- 부당한 신용관행
- 수선 및 보증서비스의 부족

더 알아보기

소비자주의의 유형
- 자유주의적 소비자주의 : 생산을 궁극적으로 결정하는 주체는 소비자 자신이므로 되도록 정부의 간섭이나 법적인 개입은 피하고 소비자교육과 같은 방법으로 소비자의 주권을 확립해 나가도록 하는 것이다. 그러므로 정부의 간섭이나 기타 외적인 개입은 소비자가 스스로 문제해결을 해 나갈 수 없을 때에 필요하다는 관점에서 이루어져야 한다는 것이다.
- 간섭주의적 소비자주의 : 무능력한 소비자를 보호하기 위하여 정부라든가 법적인 기구들이 생산자와 소비자의 사이에 개입을 해야만 힘의 균형상태가 만들어질 수 있다는 것이다.
- 사회주의적 소비자주의 : 소비자주의를 사회운동과 같은 맥락에서 이해하고 있다.

73

② 기업은 새로운 자료가 첨부된 소비자정보를 지속적으로 제공하여야 한다.

더 알아보기

제공되는 소비자정보의 주요내용
- 평가기준(속성)의 개발, 가중에 관한 정보
- 각 상표의 특징 및 장단점에 관한 정보
- 가격 및 구매방법에 관한 정보
- 재화의 사용 및 관리방법에 관한 정보

74

① 노인 소비자는 성인 소비자에 비해 정보처리 수행능력이 떨어지기 때문에 학습에 필요한 시간을 충분히 여유 있게 잡아야 한다.

더 알아보기

노인 소비자교육을 위한 효과적인 방법
- 장소이동의 불편이 없는 대중매체를 통해 소비자교육을 실시한다.
- 각종 시청각 자료를 적극 활용하고 사용이 간편한 수단 및 교수방법을 개발한다.
- 노인의 학습속도를 충분히 감안해 일정한 기간 동안에는 새로운 자료의 제한된 양만 제공한다.
- 노인 학습자의 참여를 적극 권장하고 제시하는 사례나 예시물은 일상생활에 근거한 것으로 한다.

75

④ 지방자치단체는 소비자정책의 실현수단으로 소비자문제 관련 부서를 설치·운영하고 있지만 소비자에게 직접적으로 정보를 제공하지는 않는다.

더 알아보기

소비자기본법에 따르면 지방자치단체는 기본적으로 소비자보호를 추구하기 위한 조례를 제정하여야 하며 필요한 행정조직을 정비하여 소비자 지원활동을 펼쳐야 한다. 또한 소비자정책을 수립하여야 하며 소비자단체들의 활동을 지원하고 육성할 책임이 있다.

제4과목 소비자와 시장

76

사전편찬식 원칙(PBA방법 적용)
가장 중요한 기준으로 평가해서 고를 수가 없을 때에는 기준의 중요성의 순서에 따라 다른 기준을 적용해서 평가한다(PBA, Processing By Attribute 방법 : 한 속성에 의하여 여러 상표를 비교하는 속성에 의한 처리).

더 알아보기

소비자의 의사결정 원칙 중 비보상적 의사결정 원칙 (Non-Compensatory Decision Rules)
- 사전편찬식 원칙(PBA 방법 적용) : 가장 중요한 기준으로 평가해서 고를 수가 없을 때에는 기준의 중요성의 순서에 따라 다른 기준을 적용해서 평가한다 (PBA, Processing By Attribute 방법 : 한 속성에 의하여 여러 상표를 비교하는 속성에 의한 처리).
- 순차제거 원칙 : 가장 중요한 속성에 대해서 먼저 상표 등을 평가한다는 면에서 사전편찬식 원칙에 거의 같은 것 같지만, 허용하는 속성의 가치에 제한을 둔다는 점

에서 서로 다르다. 예를 들어 가장 중요한 기준이 품질이라면 일정 품질 이하의 대안은 제거한다. 그 후 복수의 대안이 남으면 다시 다음 기준에 의해 대안을 제거하여 하나의 대안이 남을 때까지 계속한다.

- 결합적 원칙(PBB 방법 사용) : 소비자는 각 상품기준에 대해서 최소한의 수용수준을 설정해 놓고 그 수준 이하의 상품은 생각할 필요가 없다는 것이다(PBB, Processing By Brand 방법 : 각 상표가 동시에 비교된다는 점에서 상표에 의한 처리).

77

④ 시장진입과 퇴출 전략은 마케팅 믹스를 구성하는 4P에 해당하지 않는다.

더 알아보기

마케팅 믹스는 가격결정(Price), 제품개발(Product), 유통관리(Place), 광고 및 판매촉진(Promotion) 등 4P로 구성되어 있다.

78

④ 라이프스타일이란 사회 전체적으로 또는 일부계층이 가지고 있는 고유하고 특징적인 생활양식으로 소비자의 규범은 소비자의 라이프스타일을 측정하는 변수로 보기 어렵다.

더 알아보기

라이프스타일에 의한 소비자 유형으로는 크게 개성적 현대인형 소비자, 소극적 소시민형 소비자, 전통적 한국인형 소비자, 절충적 현실중시형 소비자, 충동적 현실중시형 소비자 등으로 나눌 수 있다.

79

① 가장 이상적인 경쟁형태이지만 현실적으로 이루어지기 힘들다.

② 공급자가 다른 경쟁 유형에 비해 적으므로 상대 공급자의 행위가 다른 공급자에게 큰 영향을 미친다.

③ 현실적으로 이루어지기 힘든 완전경쟁을 대체한 개념이다.

더 알아보기

독점적 경쟁시장과 소비자주권

가격경쟁과 더불어 품질, 디자인의 개선, 광고 등의 수단으로 자기 제품에 대한 수요를 늘리기 위한 비가격경쟁이 나타난다. 독점적 경쟁시장에서는 판매비용의 부담이 크므로 이 판매비용은 대부분 소비자에게 전가된다.

80

④ 가족은 사회(환경)적 영향요인에 속한다

더 알아보기

소비자 의사결정의 영향요인

- 개인적 영향요인 : 지각, 학습, 동기, 개성, 라이프스타일, 태도
- 사회(환경)적 영향요인 : 문화, 사회계층, 준거집단, 가족

81

지각적 판단은 소비자가 구매의사를 결정할 때 작용하는 심리적 요인인 내적 변동요인 중 하나이다. 주택은 구입 시 비교적 큰 돈이 들어가기 때문에 소비자는 의사결정에 있어 지각적 판단을 하게 된다. 이때 재무적 위험, 사회적 위험, 심리적 위험 등의 위험요인이 뒤따른다.

더 알아보기

하워드-셰드 행동주의적 접근이론의 구성요인 중 내적 변동요인

내적 변동요인은 소비자가 구매의사를 결정할 때 작용하는 심리적 요인으로 주의, 지각적 판단, 정보탐색, 자극교란, 확신, 동기, 선별기준, 상표, 이해충족도 등이 있다. 내적 변동요인은 다른 부분에서 얻어지는 정보의 수용여부 및 처리절차에 매우 중요한 영향을 미친다.

82

일반적인 유통경로의 설계과정

고객욕구의 분석 → 유통경로의 목표설정 → 주요 경로 대안의 식별 → 경로 대안의 평가

더 알아보기

유통경로는 소비자들이 편리한 시간과 장소에서 구매할 수 있도록 도와줌으로써 생산자와 소비자 간의 시간적·지리적 제약을 제거하고 소유효용을 증가시킨다. 또한 재화의 구입과 관련된 제조건을 표준화하여 쉽게 거래할 수 있도록 하는 기능을 한다.

83

④ 기후변화협약, 생물다양성협약, 산림원칙성명은 모두 1992년 6월 브라질 리우에서 열린 유엔환경개발회의에서 합의되었다.

더 알아보기

2012년 지속가능발전 세계정상회의(RIO+20)

1992년 브라질에서 개최된 유엔환경개발회의(리우선

언)는 이후 10년마다 개최되었고 2012년 브라질 리우에서 다시 개최되었다. 1992년 리우선언 이후 20년 만에 열린 회의라 하여 'RIO+20'이라고도 하며 최종 성명서에 사막화, 지구온난화, 어류자원 고갈 등을 명시하고 녹색경제로의 이행을 주장하였다.

84

③ 보상구매에 해당한다.

더 알아보기

과시소비

- 자신이 경제적 또는 사회적으로 남보다 앞선다는 것을 여러 사람들 앞에서 보여주려는 본능적 욕구에서 나오는 소비를 말한다.
- 인간이 무엇을 창조하고 약탈하고 지배하려는 본능적 욕구의 발현으로 '지배본능'과 '존재가치의 과시'라는 인간의지의 내면적 측면에서 이를 파악할 수 있다.
- 자신의 능력을 남들이 알아줄 기회가 별로 없는 경우나 보이지 않는 경쟁이 치열한 사회일수록 전시적이고 과시적인 소비를 자주하게 된다.

85

① 수임사무에 대한 보고는 매년 1월 말까지 전년도에 처리한 수임사건의 건수와 수임액에 한해 소속 지방변호사회에 해야 한다(변호사법 제28조의2 참조).

더 알아보기

석명의무(석명권)

법원에서 사건 당사자에게 해당 사건에 대한 구체적인 사실을 밝힐 수 있도록 하고 그에 대해 증명할 수 있도록 하는 의무

86

① 시장은 기업들로 하여금 경쟁을 일으키고 기업은 이러한 경쟁을 통해 발전한다.

더 알아보기

아담 스미스는 '보이지 않는 손'이란 개념을 통해 시장에서 경쟁을 통한 배분이 다른 어떤 배분방법보다 사회적 비용이 적게 든다고 주장하였다.

87

② 구매 후 부조화는 소비자의 결정과 사전 평가간의 차이로 인해 일어난다. 따라서 선택되지 않은 대안이 바람직한 특성을 지니고 있을 때 구매 후 부조화가 일어나지만 단순히 단종되었다면 구매 후 부조화는 일어나지 않는다.

88

① 전자상거래는 도매상과 소매상을 거치지 않고 인터넷을 통해 직접 소비자와 쌍방향적 의사소통을 통한 거래가 성립되므로 유통구조가 단순하며 복잡한 유통과정의 축소로 인해 소비자는 저렴한 가격으로 제품을 구입할 수 있다.

89

④ 가격을 더 이상 올릴 수 없는 최고 가격선

더 알아보기

변동비

특정 물품의 최초가격(원가)이 제작·생산 환경에 따라 변하는 것

90

② 차별화 마케팅전략의 특징이다.

더 알아보기

제품차별화의 방법

- 기능적 차별화 : 기존제품의 품질 또는 기능을 실질적으로 개선하여 차별화
- 외관적 차별화 : 제품의 디자인, 색채, 포장 등과 같이 실제 성능과는 관계없는 품질요인을 개선하여 차별화
- 심리적 차별화 : 광고를 통해 타사의 제품과는 다른 상품 이미지를 갖게 하여 차별화
- 서비스 차별화 : 판매되는 제품과 함께 제공되는 부대 서비스를 차별화

91

④ 노인 소비자의 소비문화 특성에 해당한다.

더 알아보기

성인 소비자

성인기를 하위집단으로 세분할 때 가장 보편적인 기준이 되는 것은 연령이다. 성인 전기는 연령상으로는 18세에서 35세 정도로 청년기와 성인기를 포함하는 연령대를 지칭하며 성인 후기는 보통 중년기에서 장년기에 해당되는 시기이다.

92

합리성과 효율성
합리적 구매란 개인의 주관적 가치관, 기호를 바탕으로 논리적이고 계획적으로 구매했는지 여부에 의해서 결정된다. 반면에 효율적 구매란 구매결과 경제적 이득은 물론 심리적 만족도 수반되는지의 여부에 의해서 결정된다. 따라서 소비자가 합리적 구매를 했을 경우 효율적 구매일 가능성은 높지만 반드시 효율적 구매를 했다고 볼 수는 없다. 왜냐하면 소비자가 구매에 관한 정보, 기술 등의 부족으로 인하여 논리적으로 구매했음에도 불구하고 구매결과 경제적 손실이나 혹은 심리적으로 불만족할 수 있기 때문이다.

더 알아보기

효율적인 의사결정(Maynes, 1969)

- 효율적인 의사결정은 품질은 동일하면서도 가격이 가장 저렴한 제품을 선택하게 함으로써 실제 구매력을 향상시킨다. 이 과정에 절약된 돈은 세금이 부과되지 않기 때문에 그만큼의 돈을 번 것보다 더 큰 효과가 있다.
- 의사결정기술은 어느 누구나 배울 수 있다.
- 의사결정을 잘하는 사람은 사기나 기만에 희생당하지 않게 되므로 기만에 의한 소비자 손실을 줄일 수 있다.
- 효율적인 의사결정을 하는 것은 기업의 자율경쟁을 촉진시킴으로써 사회경제발전에 기여하게 된다.

93

① 현금지불은 물건을 구입함과 동시에 지불하기 때문에 과소비를 줄일 수 있다.
② 할부구입이란 구매 시 계약금과 상품을 교환하고 잔액을 2개월 이상의 기간 동안 3회 이상으로 나누어 지불하는 방법이다.
④ 일반적으로 일시불로 구입하는 것이 할부구입보다 더 유리하다.

94

① 주로 스트레스, 실망, 좌절, 자율성 상실, 자아존중감 결핍 등에 대한 보상으로 소비를 하게 되는 것이다.
② 자신의 소비능력을 넘어 무리하게 소비하는 행위이다.
④ 지나치게 구매에 이끌리고 이러한 욕구를 억제 못하는 특성을 가진 구매행동으로 소비자 내면의 구매욕구가 수시로 바뀌어 반복적으로 그 욕구를 억제하지 못하는 특성을 가진 소비행동이다.

더 알아보기

과시소비의 특징

과시소비에 있어서 소비자는 재화와 용역의 경제적 효용보다 사회적 효용을 더 중시한다. 따라서 과시적인 소비를 위해 구매하는 상품이라면 비쌀수록 그 효용가치가 더 크다고 할 수 있다. 이러한 성격을 갖는 상품의 경우에는 그 가격이 비싸면 비쌀수록 더욱 잘 팔리는 경향이 생길 수 있으며, 가격이 올라가면 수요가 감소하는 수요의 법칙에 하나의 예외가 된다.

95

④ 폐쇄형 개인주의란 다른 사람에게 불편을 끼치지 않고 꼭 필요한 경우에 한해서만 상호 간에 관여하는 개인주의 유형 중 하나이다.

더 알아보기

에고노믹스는 내가 타인과 다름을 보여주고 사람들로부터 그렇게 대우받기를 원하는 행위를 말한다. 대표적인 예로 특정 물품을 튜닝하는 현상을 들 수 있다.

96

② 특정 물품이 생산자로부터 구매자에게까지 전달되는 모든 과정을 효과적으로 관리·감독할 수 있다.
③ 성공한 대형 유통업체가 자사의 시스템을 사용하는 각각의 하위업체를 관리·감독하며 정해진 커미션을 받는 조직형태이다.
④ 중간 유통과정을 생략하고 생산자와 소비자가 직접 거래하는 형태이다.

97

③ 부유층의 경우 자신의 구매력과 사회적 지위를 과시하기 위해 이러한 소비패턴을 많이 보인다. 외국제품 및 명품 등 고가 브랜드의 선호는 바로 스놉효과에서 비롯되며 소비자의 차별성과 우월성 추구는 다른 소비자의 스놉 효과를 유발시키고 또한 모방소비를 갖게 하기도 한다.
① 과시적인 동기를 가지고 소비하는 성향을 말한다.
② 자신의 구매스타일보다 다른 사람들이 많이 선택하는 소비패턴에 따르는 현상이다.
④ 소비자들에게 아직 보편화되지 않은 상태의 제품이 있을 경우 문화적 습성과 사회적으로 터부시하는 경향 때문에 구매를 보류하는 현상을 말한다.

98

① 전체적 문제해결방식이라고도 한다. 소비자 입장에서 이런 문제는 매우 중요하며 어떤 위험한 문제가 생길 때 이를 극복하기 위하여 소비자는 끝없는 노력을 다하게 된다. 내부적 구매와 연관 있는 의사결정은 대부분 이와 같은 문제해결의 방식을 생각하게 한다.
②·④ 문제해결을 위한 노력을 부분적으로 수행하면서 문제를 해결하려고 하는 방식이다. 소비자가 문제해결과 관련하여 어느 정도의 정보를 보유하고 있거나 문제 자체가 그리 복잡하지 않을 때에 나타난다. 상표나 스타일, 가격 등에 대한 지식은 부족하지만 제품에 대한 지식은 어느 정도 있을 때나 과거에 구매해 본 경험이 있을 때에 나타나는 현상이다.
③ 일상적 문제해결방식이라고도 하며 소비자가 어떤 내부적 정보를 가지고 습관적·일상적으로 문제를 해결하고자 할 때에 등장하는 것이다.

99

② 고객이 빈번하게 그리고 즉시 구매하며 구매에 있어서 최소한의 노력을 투입하는 제품
④ 대다수 구매자들이 습관적으로 상당한 구매노력을 기울이며 독특한 특성을 보유하고 있거나 상표식별이 가능한 제품으로 스테레오, 카메라, 고급의류 등이 속한다.

더 알아보기

제품의 분류

- 내구성 또는 유형성에 의한 분류 : 비내구재, 내구재, 서비스 등
- 소비자의 쇼핑습성에 따른 분류 : 편의품, 선매품, 전문품, 미탐색품 등

100

① 1980년대에 등장한 정서적 관점으로 소비자는 정서적 동기에서 구매행동을 하며 소비과정에서 즐거움·판타지와 같은 좋은 느낌을 경험하고자 한다고 가정한다. 소비자정보처리적 관점에서는 효용적 가치를 중시하는 반면 쾌락적·경험적 관점에서는 상징적 가치를 중시한다.
② 마케팅의 내용과 의사소통, 소비자의 특성과 소비의사결정론 등을 고려하고 특히 소비자와 기업 상호 간의 반응을 참고하여 소비자 선택에 관해 파악하고 있다.
④ 처음으로 도출된 종합적 소비자행동 모델로서 개인 단위의 소비자의 행동패턴을 연구하는 데 도움이 되는 이론이다. 그러나 집단으로서 소비자의 행동패턴은 설명하기가 어려워 소비경제를 예측하거나 진단하기는 어렵다. 하워드-셰드 모델에서는 소비행위는 여러 변동요인의 영향을 받기는 하지만 일종의 행동패턴이므로 합리적으로 설명될 수 있다고 보았다.

더 알아보기

의사결정이론 중 행동과학적 접근

- 행동주의적 접근방법은 인구증감, 사회환경, 상황변수, 심리적 변화, 정보처리과정, 의사결정과정 등 인문사회과학의 여러 개념을 종합적으로 통합·발전시켜 소비자의 행동패턴에 관한 모델을 도출하는 이론이다.
- 소비자 선택을 행동주의적 관점으로 파악한 이론에는 하워드-셰드(Howard-Sheth) 모델, 니코시아(Nicosia) 모델, 엥겔(Engel) 모델, 소비자정보처리모델, 쾌락적·경험적 모델 등이 있다.
- 행동적 관점의 소비자 심리의 특성과 행동의 패턴연구로서 행동모델이 도출되는 이론이다.

제1회 2018년 정답 및 해설

소비자전문상담사 Consumer Adviser Junior

2018년 제1회 정답 및 해설

01	02	03	04	05	06	07	08	09	10	11	12	13	14	15
②	②	②	③	④	③	①	④	②	③	③	①	②	④	①
16	17	18	19	20	21	22	23	24	25	26	27	28	29	30
④	③	②	④	②	④	③	④	③	③	①	②	④	③	④
31	32	33	34	35	36	37	38	39	40	41	42	43	44	45
②	②	③	②	④	④	②	③	③	①	②	②	③	②	③
46	47	48	49	50	51	52	53	54	55	56	57	58	59	60
④	③	③	③	③	③	②	④	②	③	②	②	①	②	④
61	62	63	64	65	66	67	68	69	70	71	72	73	74	75
③	②	③	④	④	③	④	②	③	①	②	③	①	②	②
76	77	78	79	80	81	82	83	84	85	86	87	88	89	90
①	①	③	③	①	④	②	①	③	④	③	④	①	①	①
91	92	93	94	95	96	97	98	99	100					
①	②	③	②	③	④	④	④	④	④					

제1과목 소비자상담 및 피해구제

01

사회적 증거의 법칙 : 한 개인이 어떤 행동을 하는 데 있어 그 행동에 대한 다수의 선택에 영향을 받는다는 법칙

더 알아보기

설득기법(사회적 증거의 법칙)

- 다수의 행동으로 설득하기(예 수십억 명이 먹는다는 것을 강조하는 맥도날드)
- 편승효과(예 사용 후기)
- 관행을 파괴하는 메시지의 설득효과(예 회의 참석률이 저조한 경우 불참에 대한 비난보다 참석자의 수가 더 많다는 것을 알린다)

이외에 '평균의 자석'을 피하라, 옵션의 두 얼굴, 공짜일수록 더욱 포장하라, 소비자는 항상 타협안을 찾는다, 구체적이고 명확하게 하라 등이 있다.

※ 「설득의 심리학2-로버트 치알디니 저」 참조

02

② 소비자는 서비스가 완벽하더라도 서비스를 적시에 제공받길 원한다.

더 알아보기

소비자의 일반적 욕구 파악

- 소비자는 관심과 정성을 원한다.
- 소비자는 적시에 서비스를 제공받길 원한다.
- 소비자는 자신의 문제에 대해 공감받고 공정하게 처리되길 원한다.
- 소비자는 유능하고 책임 있는 일처리를 기대한다.

03

① 피해구제는 물론이고 제품의 유통과 올바른 사용방법·구매방법 등 각종 정보를 소비자들에게 신속하고 정확하게 제공해야 한다.

③ 소비자의 보상수준을 높이는 방향으로 상담한다.

④ 소비자상담원은 적절한 피해구제를 해주어야 한다.

더 알아보기

소비자상담사의 역할

- 소비생활에 관련된 다양한 정보제공
- 소비자에게 서비스를 제공
- 소비자 문제의 해결
- 소비자 교육기능의 부분적 수행
- 기업과 소비자 사이의 의사소통
- 소비자 욕구를 기업에 반영
- 소비자 행정의 문제점에 관한 정보수집(정책수립 시 반영)

04

③ 구매 시 상담에 해당한다.

구매 전 상담이란 소비자들에게 기업과 제품정보·구매방법 등을 조언하여 소비자들이 합리적으로 제품과 서비스를 구매할 수 있도록 돕는 것이다.

더 알아보기

구매 전 상담의 역할

- 구매에 관한 상담과 조언제공의 역할을 한다.
- 합리적인 소비촉진과 교육역할을 한다.
- 제품이나 서비스에 대한 정보제공의 역할을 한다.

05

고객의 소리(VOC)는 해당 기업이나 제품에 대해 고객들이 불편한 점이나 건의사항 등을 알리면 그 내용을 수집하여 처리·해결하고 각각의 내용을 분석하여 차후 고객서비스에 활용하는 시스템이다.

더 알아보기

고객의 소리(VOC)의 운영절차

- 수집 : 고객들로부터 다양한 건의사항이나 문제점을 받는 단계
- 처리 : 해당 문제나 건의사항을 해결하고 처리하는 단계
- 분석 : 다양한 문제점이나 건의사항을 몇 개의 유형으로 나누는 단계
- 활용 : 기존에 고객들로부터 받은 다양한 문제점이나 건의사항을 실제 기업경영 및 고객서비스에 적용하는 단계

06

③ 아웃바운드 상담에 속한다.

07

② 전원의무 : 만약 해당 병원이 환자의 병을 치료할 능력(의료기기의 설치나 전문의의 존재 등)이 없는 경우 즉각 환자를 치료할 능력을 갖춘 상급병원으로 환자를 옮겨야 함을 의무화한 것

③ 설명의무 : 의사가 환자나 그 가족 등 보호자에게 현재 환자의 상태 및 치료과정 등을 설명해야 함을 의무화한 것

④ 명시·교부의무 : 의사가 환자나 그 가족 등 보호자에게 진료확인서 등을 반드시 명시·교부해야 함을 의무화한 것

더 알아보기

의사의 주의의무란 의사가 환자를 치료함에 있어 주의를 기울여야 함을 의무화한 것이다.

08

① 평가적 경청 : 상대방의 말을 주의 깊게 경청하더라도 옳다, 그르다, 좋다, 맞다, 나쁘다, 호감 간다, 아니다 등의 판단은 접어두는 것이 바람직하다.

② 여과적 경청 : 우리들은 사회화 과정을 통하여 개인적, 가족적, 사회적 및 문화적 여과장치들을 발달시켜 왔으므로 상담사가 경청하고 행동하는 데 그들도 모르게 작용하는 다양한 형태의 편견을 주입시키기도 한다.

③ 동정적 경청 : 소비자가 서비스·상품을 이용하는 도중 피해를 입은 경우 소비자는 상담사에게 동정심을 불러 일으켜 소비자가 하는 이야기를 왜곡시켜 듣게 하기 쉽다.

더 알아보기

공감적 경청

소비자에게 관심을 기울이고 '함께 하는' 것을 의미한다. 상담사가 소비자의 내부세계로 들어가 그와 똑같이 경험한다는 것은 불가능한 일이지만 여기에 근접할 수는 있다.

09

결혼중개업의 분쟁해결기준(품목별 소비자분쟁해결기준 2021.05.25. 개정)

- 사업자의 귀책사유로 인한 계약 해제 및 해지
  - 회원가입계약 성립 후 정보(프로필) 제공 전에 해지된 경우 : 가입비 환급 및 가입비의 10% 배상
  - 정보(프로필) 제공 후 만남일자 확정 전에 해지된 경우 : 가입비 환급 및 가입비의 15% 배상

- 만남일자 확정 후에 해지 된 경우 : 가입비 환급 및 가입비의 20% 배상
- 1회 만남 후 해지된 경우 : 가입비 × (잔여 횟수/총 횟수) + 가입비의 20% 환급
- 첫 번째 만난 상대방이 계약서상 기재된 소비자의 우선 희망 조건에 부합하지 않아 해지된 경우 : 가입비 환급 및 가입비의 20% 배상

• 소비자의 계약해제 및 해지
- 회원가입계약 성립 후 정보(프로필) 제공 전에 해지된 경우 : 가입비의 90% 환급
- 정보(프로필) 제공 후 만남일자 확정 전에 해지된 경우 : 가입비의 85% 환급
- 만남일자 확정 후에 해지된 경우 : 가입비의 80% 환급
- 1회 만남 후 해지된 경우 : 가입비의 80% × (잔여 횟수/총횟수)환급

10

③은 아웃바운드 상담 시 유의사항이다.

더 알아보기

인바운드 상담기법

일반적으로 전화통화로 이루어지며 고객으로부터 전화가 와서 상담한다. 인바운드 텔레마케팅은 상품수주, 상품개발이나 서비스 개선을 위한 고객의 의견과 제안 등을 얻을 수 있으며 고객 불만이나 문제해결을 도와주는 여러 가지 역할을 한다. 기업의 고객상담실에서의 전화상담이 바로 인바운드 텔레마케팅의 대표적인 기법이다.

11

③ 발급카드 수령 전 제3자에게 전달되어 부정 사용된 경우 전액보상 받을 수 있다. 다만, 회원이 카드 미수령에 따른 사고발생 사실(타인수령 등)을 인지하였으나 카드사에 신고를 지연함으로써 부정사용대금이 발생한 경우 과실상계가 가능하다.

더 알아보기

신용카드업 해결기준 중 예외사항

• 분실 · 도난신고를 통지한 날로부터 60일 전 이후에 제3자가 부정사용한 경우 소비자 귀책사유 시 과실상계가 가능하다.
• 발급카드 수령 전 제3자에게 전달되어 부정 사용된 경우 회원이 카드 미수령에 따른 사고발생 사실(타인수령 등)을 인지하였으나 카드사에 신고를 지연함으로써 부정사용대금이 발생했다면 과실상계가 가능하다.
• 명의도용에 따른 신용카드 부정발급, 카드의 위 · 변조에 의해 제3자가 부정사용한 경우 소비자의 고의 또는 중대한 과실이 있었다면 보상하지 않는다.
• 지급거절은 할부가격이 20만원 이상인 경우에 한하며 할부기간 이내에 카드사에 당해 사유를 통지한다.

12

② 기업이 고객의 니즈를 파악하여 이를 해결해주고 이를 마케팅으로 활용함으로써 기업은 이익을 창출하는 경영방법이다.
③ 기업이 수익을 창출하면서 동시에 그만큼 사회에 어떤 형태로든 긍정적인 역할을 수행하는 모든 행위를 말한다. 여기에는 고용창출, 환경보호, 사회적 약자 돕기 등이 있다.
④ 단순히 기업이 사회에 무언가를 기부 또는 제공하는 것이 아니라 기업과 사회가 서로 상생하며 가치를 창출하는 경영방식이다.

더 알아보기

고객(소비자)만족지수

고객만족의 전반적인 수준을 하나의 통계치로 나타내어 서비스 및 제품에 대한 개선 여부의 모니터와 직원 동기화에 이용되는 지수

13

② 품질보증연수는 감가상각을 구하는 공식에 들어가지 않는다.

더 알아보기

감가상각방법(소비자분쟁해결기준 별표 II 참조)

• 정액법에 의하되 내용연수(월할계산)를 적용한다.
• 감가상각비 계산은 (사용연수/내용연수) × 구입가(필수제비용 포함 : 등록세, 취득세, 교육세, 번호판 대 등)로 한다.
• 감가상각한 잔여금의 계산은 구입가 – 감가상각비이다.

14

④ 문서상담의 장점이다.

더 알아보기

방문상담

• 장 점
- 대면성으로 인한 많은 내용의 상담을 들 수 있다. 또한 소비자가 상담원을 직접 대면하면 심각한 소비자문제의 상세한 사건의 경위를 전달받을 수 있다.
- 상담원이 특히 바쁘지 않은 한 즉시 상담에 임할 수 있다.

- 상담원이 문제해결에 필요한 자료, 사례, 법규를 신속하게 찾아서 해결하고 소비자의 동의나 협조를 구하기 쉽다.
- 상담시간 절약의 효과가 있다.

• 단 점
- 방문 · 대면상담은 상담원이 다른 계획된 업무를 처리하는 데 지장을 줄 수 있다.
- 상담원에게 여러 사람의 소비자가 와서 상담할 때 시간소비가 많아질 수 있다.
- 신속하게 처리하다가 문제해결에 오류를 범할 수도 있다.
- 소비자가 먼 거리를 방문하는 데 시간, 노력, 경비 지출이 많아진다.

문서상담

• 장 점
- 소비자문제의 내용을 간단명료하게 요약정리해서 접수시킬 수 있다.
- 접수된 소비자문제의 내용을 분류하여 보존하기에 편리하다.
- 상담원이 소비자문제의 내용을 이해하기 쉽다.
- 상담원이 문제해결에 관한 대체안을 기존자료에서 찾아내기 쉽다.
- 문제해결방법을 요약 · 정리, 근거를 제시하여 정확하게 회신할 수 있다.
- 자체에서 해결하지 못하는 경우 다른 기관의 알선을 정확하게 할 수 있다.

• 단 점
- 전화, FAX, E-mail 등에 비해 상담접수시간이 길어진다.
- 때로는 상담원에게 정확하게 전달되지 않고 분실되는 경우가 있다.
- 상담원이 개인적으로 바쁠 경우 문제분석, 해결대체안 작성을 지연시킬 때가 있다.
- 문제해결대체안, 피해보상내용, 다른 기관 알선 등을 전해주는 데 시간이 오래 걸릴 수 있다.

15

② 능력에 따라 직급을 정하는 제도
③ 실적에 따라 급여를 받는 시스템
④ 특정 직무에 대해 직원의 자율성을 높여줌으로써 직무에 대한 직원들의 사기 및 역량을 극대화하는 방법

더 알아보기

총체적 품질관리(TQM)

• 고객중심적인 관리체계로 조직의 목표가 고객의 욕구에 따라 설정됨
• 품질향상, 품질보장 등 품질관리 방식으로 고안됨
• 품질에 중점을 둔 관리기법으로 조직운영, 제품, 서비스의 지속적인 개선을 통해 고품질과 경쟁력을 확보하기 위한 전 종업원의 체계적인 노력이 필요함
• 작업시간 단축이 아닌 고객서비스 시간 단축, 즉 고객이 필요로 하는 서비스를 가능한 한 빠른 시간 내에 제공함으로써 고객만족에 도달하는 것을 목표로 함

16

④ 영수증 등에 적힌 가격에 대하여 다툼이 있는 경우에는 영수증 등에 적힌 금액과 다른 금액을 기준으로 하려는 자가 그 다른 금액이 실제 거래가격임을 입증하여야 한다(소비자기본법 시행령 별표 1 제1호 바목 참조).

더 알아보기

소비자기본법상의 소비자분쟁해결기준

• 국가는 소비자와 사업자 사이에 발생하는 분쟁을 원활하게 해결하기 위하여 대통령령이 정하는 바에 따라 소비자분쟁해결기준을 제정할 수 있다. 소비자분쟁해결기준은 일반적 소비자분쟁해결기준과 품목별 소비자분쟁해결기준으로 구분한다.
• 소비자분쟁해결기준은 분쟁당사자 사이에 분쟁해결방법에 관한 별도의 의사표시가 없는 경우에 한하여 분쟁해결을 위한 합의 또는 권고의 기준이 된다.

17

③ 상담 시 내담자에 대한 수용적 존중은 필요하나 무조건적인 수용적 존중보다 내담자와 의견이 일치하지 않는 부분에 대해서는 분명하게 말하고 두 의견 사이의 최적의 접점을 찾으려 노력해야 한다.

더 알아보기

소비자상담의 특성

• 객관적이고 정확한 정보전달이 요구되는 상담이다.
• 구매 전의 소비자상담은 합리적 소비자선택을 지원하기 위한 소비자정보의 제공이 필요하다.
• 구매 후의 소비자상담은 소비자문제나 피해를 해결하기 위한 상담이 필요하다.
• 소비자상담은 방문, 전화, 인터넷, FAX 등 다양한 매체를 통하여 상담할 수 있어 특별한 절차나 형식을 필요로 하지 않는다.

18

② 화내는 이야기에 공감하면서 경청한다.

더 알아보기

화난 소비자와 상담 시 상담원의 대응자세와 상담기법

- 우리 회사 제품에 대해 불만이나 화를 내더라도 같이 화를 내서는 안 된다.
- Yes, but 화법으로 정중히 사과한다.
- 화내는 이야기에 공감하면서 경청한다.
- 원인을 정확하게 분석·규명한다. 질문·불만을 종합적으로 분석하고 원인에 대한 책임소재를 파악한다.
- 침착하고 차분하게 응대한다.
- 긍정적 자세로 소비자를 안심시키도록 노력한다.
- 전화상담에서 너무 오래 기다리게 하지 않는다.
- 불만을 줄이도록 노력해야 한다.
- 사후 확인, 사과 및 감사를 표한다.
- 동의를 구한다.
- 해결방법을 협의한다.

19

④ 품질보증서에 판매일자가 적혀 있지 아니한 경우, 품질보증서 또는 영수증을 받지 아니하거나 분실한 경우 또는 그 밖의 사유로 판매일자를 확인하기 곤란한 경우에는 해당 물품 등의 제조일이나 수입통관일부터 3월이 지난 날부터 품질보증기간을 기산하여야 한다. 다만, 물품 등 또는 물품 등의 포장에 제조일이나 수입통관일이 표시되어 있지 아니한 물품 등은 사업자가 그 판매일자를 입증하여야 한다(소비자기본법 시행령 별표1 제4호 마목).

20

② 품질보증기간은 소비자가 물품 등을 구입하거나 제공받은 날부터 기산한다. 다만, 계약일과 인도일(용역의 경우에는 제공일을 말한다)이 다른 경우에는 인도일을 기준으로 하고 교환받은 물품 등의 품질보증기간은 교환받은 날부터 기산한다(소비자기본법 시행령 별표1 제4호 라목).

더 알아보기

소비자분쟁해결기준의 적용(소비자기본법 시행령 제9조)

- 다른 법령에 근거한 별도의 분쟁해결기준이 본법 시행령의 소비자분쟁해결기준보다 소비자에게 유리한 경우에는 그 분쟁해결기준을 본법 시행령의 소비자분쟁해결기준에 우선하여 적용한다.
- 품목별 소비자분쟁해결기준에서 해당 품목에 대한 분쟁해결기준을 정하고 있지 아니한 경우에는 같은 기준에서 정한 유사품목에 대한 분쟁해결기준을 준용할 수 있다.
- 품목별 소비자분쟁해결기준에서 동일한 피해에 대한 분쟁해결기준을 두 가지 이상 정하고 있는 경우에는 소비자가 선택하는 분쟁해결기준에 따른다.

21

① 소비자와 사업자 사이에 발생한 분쟁에 관하여 법에 따라 설치된 기구에서 소비자분쟁이 해결되지 아니하거나 합의권고에 따른 합의가 이루어지지 아니한 경우 당사자나 그 기구 또는 단체의 장은 조정위원회에 분쟁조정을 신청할 수 있다(소비자기본법 제65조 제1항).

② 조정위원회는 분쟁조정을 신청받은 때에는 그 신청을 받은 날부터 30일 이내에 그 분쟁조정을 마쳐야 한다(소비자기본법 제66조 제1항).

③ 분쟁조정 내용의 통지를 받은 당사자는 그 통지를 받은 날부터 15일 이내에 분쟁조정의 내용에 대한 수락 여부를 조정위원회에 통보하여야 한다. 이 경우 15일 이내에 의사표시가 없는 때에는 수락한 것으로 본다(소비자기본법 제67조 제2항).

더 알아보기

한국소비자원의 소비자분쟁조정위원회

소비자기본법 제60조에 근거하고 있으며 소비자분쟁에 대한 조정요청 사건을 심의하여 조정결정을 하는 준사법적인 기구이다. 소비자분쟁조정위원회의 분쟁조정은 법원에 의한 사법적 구제 절차 진행 이전에 당사자 간의 분쟁해결을 위한 마지막 수단이다.

22

③ 어느 단계에서든 소비자상담 시 상담사의 주관이나 의견을 제시해서는 안 된다. 구매 전 상담에서 다양한 정보를 제공할 때에는 객관적인 입장에서 상담을 진행해야 한다.

더 알아보기

구매 시 상담의 주요내용

- 소비자의 구매계획과 예산·목표를 파악한다.
- 효과적인 대화과정을 조절한다.
- 구매대안을 제시한다.
- 구매결정과 계약서를 작성한다.

23

④ 기업이 이윤 추구를 위한다면 우선 고객의 욕구를 충족시키고 고객에게 신뢰를 받아야 한다. 그렇기 때문에 기업에서는 별도의 소비자 전담부서를 설치해 고객들의 다양한 목소리에 귀를 기울이고 있다. 결국 기업이 소비자 전담부서를 설치해 운영하는 것은 오직 이윤만을 추구하기 위해서가 아니라 이윤 추구를 포함한 다양한 목적을 달성하기 위함이다.

더 알아보기

소비자상담을 통한 고객만족으로 고객만족경영의 실현

- 소비자상담을 통하여 고객의 불만이 신속하게 처리되어야 한다.
- 고객의 불만을 데이터베이스화하여 분석·평가하여 피드백시킴으로써 제품의 질을 제고한다.
- 불만을 가진 고객과의 긍정적인 의사소통을 통하여 분쟁을 회피 또는 최소화할 수 있으며 이를 통해 고정고객을 획득하고 유지할 수 있다.
- 고객의 소리를 체계적으로 경청함으로써 아이디어를 얻을 수 있으며 고객정보가 회사의 소중한 자원이 될 수 있다.

24

③ 소비자 연락처가 없으면 안내문 발송 등의 방법으로 연락처를 수집한다.

더 알아보기

문서상담 시 상담기술

- 문서에 도착일, 이름, 연락처, 이메일 주소 등을 확인하고 기록을 체계적으로 정리한다. 상담할 때 필요한 자료나 부족한 부분을 체크하고 목록을 만들어서 다음 상담에 활용하도록 한다. 상담 시 필요한 자료나 부족한 부분을 체크하여 리스트를 작성한다.
- 소비자 연락처가 없으면 안내문 발송 등의 방법으로 연락처를 수집한다.
- 반드시 처리하여야 할 중요사항은 기록을 통하여 체크되어야 한다.
- 상담처리결과가 길어질 수 있으므로 이를 단축하기 위한 노력을 해야 한다. 담당자에게 소비자의 상담내용이 바로 전달될 수 있도록 해야 하며, 의무적인 처리시한을 두는 것이 좋다.
- 처리경과에 대하여 소비자와 자주 연락을 취하여 환류되도록 하여야 한다.

25

기업은 다양한 고객들의 정보를 바탕으로 각각의 고객들에게 맞는 상품을 개발하고 홍보하며 판매한다. 따라서 고객관계가치를 향상시키기 위해 제품의 품질 및 규격 등을 표준화하는 것은 바람직하지 않다.

더 알아보기

기업의 고객관계관리

고객정보를 분석하여 해당 고객의 입맛에 맞는 상품이나 서비스를 제공하는 일종의 맞춤식 마케팅을 말한다. 주로 기업의 마케팅 부서에서 최고의 고객을 식별하고 명확한 목표설정을 통한 마케팅을 추진할 수 있도록 하는 한편 판매를 높이기 위한 품질개선에 앞장설 수 있다.

제2과목 소비자관련법

26

한국소비자원은 업무수행과정에서 취득한 사실 중 소비자의 권익증진, 소비자피해의 확산 방지, 물품 등의 품질향상 그 밖에 소비생활의 향상을 위하여 필요하다고 인정되는 사실은 이를 공표하여야 한다. 다만, 사업자 또는 사업자단체의 영업비밀을 보호할 필요가 있다고 인정되거나 공익상 필요하다고 인정되는 때에는 그러하지 아니하다(소비자기본법 제35조 제3항).

27

② 소비자는 할부금을 다음 지급기일까지 연속하여 2회 이상 지급하지 아니하고 그 지급하지 아니한 금액이 할부가격의 100분의 10을 초과하는 경우 할부금의 지급에 대한 기한의 이익을 주장하지 못한다(할부거래에 관한 법률 제13조 제1항 제1호 참조).

28

④ 공정거래위원회는 표준약관의 사용을 활성화하기 위하여 표준약관 표지를 정할 수 있고 사업자 및 사업자단체는 표준약관을 사용하는 경우 공정거래위원회가 고시하는 바에 따라 표준약관 표지를 사용할 수 있다(약관의 규제에 관한 법률 제19조의3 제7항).

29

③ 품목별 소비자분쟁해결기준에서 동일한 피해에 대한 분쟁해결기준을 두 가지 이상 정하고 있는 경우에는 소비자가 선택하는 분쟁해결기준에 따른다(소비자기본법 시행령 제9조 제3항).

30

④ 계약내용에 관한 서면을 받지 아니한 경우, 통신판매업자의 주소 등이 적혀 있지 아니한 서면을 받은 경우 또는 통신판매업자의 주소 변경 등의 사유로 제1호의 기간(계약내용에 관한 서면을 받은 날부터 7일. 다만, 그 서면을 받은 때보다 재화 등의 공급이 늦게 이루어진 경우에는 재화 등을 공급받거나 재화 등의 공급이 시작된 날부터 7일)에 청약철회 등을 할 수 없는 경우에는 통신판매업자의 주소를 안 날 또는 알 수 있었던 날부터 7일(전자상거래 등에서의 소비자보호에 관한 법률 제17조 제1항 제2호 참조)

31

약관의 심사청구(약관의 규제에 관한 법률 제19조 제1항)
다음의 자는 약관 조항이 이 법에 위반되는지 여부에 관한 심사를 공정거래위원회에 청구할 수 있다.
- 약관의 조항과 관련하여 법률상의 이익이 있는 자
- 소비자기본법에 따라 등록된 소비자단체
- 소비자기본법에 따라 설립된 한국소비자원
- 사업자단체

32

② 손해배상청구권은 이 법에 의한 시정조치가 확정된 후가 아니면 이를 재판상 주장할 수 없다고 규정한 취지는 조문의 문리해석에 의하거나 위 법의 목적, 소송경제의 이념 등에 비추어 보더라도 이는 소의 제기에 앞선 전치절차를 규정한 것에 불과한 것으로서 일단 전치절차를 거친 당사자로서는 확정된 시정조치의 실현을 방해하는 상대방의 행위에 대하여 그 행위가 위 법상의 불공정거래행위에 해당됨을 재판상 자유롭게 주장·입증함으로써 그로 인한 손해의 배상을 구할 수 있다고 봄이 정당하다(대판 1997.4.22. 선고96다54195).

33

③ 신용제공자가 7영업일 이내에 서면으로 소비자의 항변권을 수용할 수 없다는 의사와 항변권 행사요건에 해당하지 아니한다는 사실을 통지하지 아니한 경우에는 소비자의 할부금 지급 거절의사를 수용한 것으로 본다(할부거래에 관한 법률 제16조 제5항 내지 제6항 참조).

34

적용범위(방문판매 등에 관한 법률 제3조 및 동법 시행령 제6조 참조)
이 법은 다음의 거래에는 적용하지 아니한다.
- 사업자(다단계판매원, 후원방문판매원 또는 사업권유거래의 상대방은 제외한다)가 상행위를 목적으로 재화 등을 구입하는 거래. 다만, 사업자가 사실상 소비자와 같은 지위에서 다른 소비자와 같은 거래조건으로 거래하는 경우는 제외한다.
- 금융소비자 보호에 관한 법률에 따른 금융상품판매업자와 예금성 상품, 대출성 상품, 투자성 상품 및 보장성 상품에 관한 계약을 체결하기 위한 거래
- 개인이 독립된 자격으로 공급하는 재화 등의 거래로서 대통령령으로 정하는 거래(방문판매원을 두지 아니하는 방문판매업자가 가공되지 아니한 농산물·수산물·축산물·임산물 등을 방문판매하는 거래, 방문판매자가 직접 생산한 재화 등을 방문판매하는 거래)

※ 보기 ③번의 내용은 법령 개정 전의 내용입니다. 당시 시험기준으로 볼 때 적용을 받지 않는 범위에 해당됩니다.

35

④ 신용카드로 재화 등의 대금을 지급하는 거래, 정보통신망으로 전송되거나 제3자가 배송을 확인할 수 없는 재화 등을 구매하는 거래, 일정기간에 걸쳐 분할되어 공급되는 재화 등을 구매하는 거래, 다른 법률에 따라 소비자의 구매안전이 충분히 갖추어진 경우 또는 앞의 거래들과 유사한 사유로 결제대금예치 또는 소비자피해보상보험계약 등의 체결이 필요하지 아니하거나 곤란하다고 공정거래위원회가 정하여 고시하는 거래 등에는 소비자피해보상보험계약을 적용하지 아니한다(전자상거래 등에서의 소비자보호에 관한 법률 제24조 제3항 참조).

36

① 청약철회 등의 경우 공급받은 재화 등의 반환에 필요한 비용은 방문판매자 등이 부담한다(방문판매 등에 관한 법률 제9조 제9항 전단).
② 할부거래업자는 소비자가 청약을 철회한 경우 공급받은 재화 등의 반환에 필요한 비용을 부담한다(할부거래에 관한 법률 제10조 제10항 전단).
③ 청약철회 등의 경우 공급받은 재화 등의 반환에 필요한 비용은 다단계판매자가 부담한다(방문판매 등에 관한 법률 제18조 제8항 전단).

37

금지행위(방문판매 등에 관한 법률 제11조 제1항)

- 재화 등의 판매에 관한 계약의 체결을 강요하거나 청약철회 등 또는 계약 해지를 방해할 목적으로 소비자를 위협하는 행위
- 거짓 또는 과장된 사실을 알리거나 기만적 방법을 사용하여 소비자를 유인 또는 거래하거나 청약철회 등 또는 계약 해지를 방해하는 행위
- 방문판매원 등이 되기 위한 조건 또는 방문판매원 등의 자격을 유지하기 위한 조건으로서 방문판매원 등 또는 방문판매원 등이 되려는 자에게 가입비, 판매 보조 물품, 개인 할당 판매액, 교육비 등 그 명칭이나 형태와 상관없이 대통령령으로 정하는 수준을 초과한 비용 또는 그 밖의 금품을 징수하거나 재화 등을 구매하게 하는 등 의무를 지게 하는 행위
- 방문판매원 등에게 다른 방문판매원 등을 모집할 의무를 지게 하는 행위
- 청약철회 등이나 계약 해지를 방해할 목적으로 주소·전화번호 등을 변경하는 행위
- 분쟁이나 불만처리에 필요한 인력 또는 설비가 부족한 상태를 상당기간 방치하여 소비자에게 피해를 주는 행위
- 소비자의 청약 없이 일방적으로 재화 등을 공급하고 재화 등의 대금을 청구하는 행위
- 소비자가 재화를 구매하거나 용역을 제공받을 의사가 없음을 밝혔음에도 불구하고 전화, 팩스, 컴퓨터통신 등을 통하여 재화를 구매하거나 용역을 제공받도록 강요하는 행위
- 본인의 허락을 받지 아니하거나 허락받은 범위를 넘어 소비자에 관한 정보를 이용(제3자에게 제공하는 경우를 포함한다)하는 행위. 다만, 다음의 어느 하나에 해당하는 경우는 제외한다.
  - 재화 등의 배송 등 소비자와의 계약을 이행하기 위하여 불가피한 경우로서 대통령령으로 정하는 경우
  - 재화 등의 거래에 따른 대금을 정산하기 위하여 필요한 경우
  - 도용을 방지하기 위하여 본인임을 확인할 때 필요한 경우로서 대통령령으로 정하는 경우
  - 법률의 규정 또는 법률에 따라 필요한 불가피한 사유가 있는 경우

38

③ 제한능력자가 맺은 계약은 추인이 있을 때까지 상대방이 그 의사표시를 철회할 수 있다(민법 제16조 제1항 전단).

39

- 계약의 해제 : 계약이 체결되어 일단 효력이 발생한 후에 그 일방당사자의 의사표시로 계약의 효력을 소급적으로 소멸시키는 것을 말한다.
- 계약의 해지 : 계속적 채권관계에 있어서 계약의 효력을 장래에 향하여 소멸케 하는 일방적 행위를 말한다. 해지권은 일방적 의사표시에 의하여 현존하는 법률관계를 장래에 향하여 종료케 하는 것으로 해제권과 마찬가지로 형성권이라는 특성을 가진다.

40

① 격지자간의 계약은 승낙의 통지를 발송한 때에 성립한다(민법 제531조).

41

목적(방문판매 등에 관한 법률 제1조)
이 법은 방문판매, 전화권유판매, 다단계판매, 후원방문판매, 계속거래 및 사업권유거래 등에 의한 재화 또는 용역의 공정한 거래에 관한 사항을 규정함으로써 소비자의 권익을 보호하고 시장의 신뢰도를 높여 국민경제의 건전한 발전에 이바지함을 목적으로 한다.

42

② 청약의 철회는 서면을 발송한 날에 그 효력이 발생한다(할부거래에 관한 법률 제8조 제4항).

43

③ 약관의 뜻이 명백하지 아니한 경우에는 고객에게 유리하게 해석되어야 한다(약관의 규제에 관한 법률 제5조 제2항).

44

소비자의 항변권(할부거래에 관한 법률 제16조 제1항)
소비자는 다음의 어느 하나에 해당하는 사유가 있는 경우에는 할부거래업자에게 그 할부금의 지급을 거절할 수 있다.

- 할부계약이 불성립·무효인 경우
- 할부계약이 취소·해제 또는 해지된 경우
- 재화 등의 전부 또는 일부가 재화 등의 공급 시기까지 소비자에게 공급되지 아니한 경우
- 할부거래업자가 하자담보책임을 이행하지 아니한 경우
- 그 밖에 할부거래업자의 채무불이행으로 인하여 할부계약의 목적을 달성할 수 없는 경우
- 다른 법률에 따라 정당하게 청약을 철회한 경우

45

청약철회 등(전자상거래 등에서의 소비자보호에 관한 법률 제17조 제2항)
소비자는 다음의 어느 하나에 해당하는 경우에는 통신판매업자의 의사에 반하여 청약철회 등을 할 수 없다. 다만, 통신판매업자가 청약철회 등이 불가능한 재화 등의 경우 그 사실을 재화 등의 포장이나 그 밖에 소비자가 쉽게 알 수 있는 곳에 명확하게 표시하거나 시험사용 상품을 제공하는 등의 방법으로 청약철회 등의 권리 행사가 방해받지 아니하도록 조치를 하지 아니하는 경우에는 제2호부터 제5호까지의 규정에 해당하는 경우에도 청약철회 등을 할 수 있다.

- 소비자에게 책임이 있는 사유로 재화 등이 멸실되거나 훼손된 경우. 다만, 재화 등의 내용을 확인하기 위하여 포장 등을 훼손한 경우는 제외함(제1호)
- 소비자의 사용 또는 일부 소비로 재화 등의 가치가 현저히 감소한 경우(제2호)
- 시간이 지나 다시 판매하기 곤란할 정도로 재화 등의 가치가 현저히 감소한 경우(제3호)
- 복제가 가능한 재화 등의 포장을 훼손한 경우(제4호)
- 용역 또는 문화산업진흥 기본법의 디지털콘텐츠의 제공이 개시된 경우. 다만, 가분적 용역 또는 가분적 디지털콘텐츠로 구성된 계약의 경우에는 제공이 개시되지 아니한 부분에 대하여는 그러하지 아니함(제5호)
- 그 밖에 거래의 안전을 위하여 대통령령으로 정하는 경우(제6호)

46

소비자의 범위(소비자기본법 제2조 및 동법 시행령 제2조 참조)

- 사업자가 제공하는 물품 또는 용역(시설물을 포함한다)을 소비생활을 위하여 사용(이용을 포함한다)하는 자
- 제공된 물품 또는 용역을 최종적으로 사용하는 자. 다만, 제공된 물품 등을 원재료(중간재를 포함한다), 자본재 또는 이에 준하는 용도로 생산활동에 사용하는 자는 제외한다.
- 제공된 물품 등을 농업(축산업을 포함한다) 및 어업활동을 위하여 사용하는 자. 다만, 원양산업발전법에 따라 해양수산부장관의 허가를 받아 원양어업을 하는 자는 제외한다.

47

③ 사업자란 독점규제 및 공정거래에 관한 법률에 따른 사업자를 말한다(표시·광고의 공정화에 관한 법률 제2조 제3호).

48

원심은 이 사건 상품의 안내전단에 적힌 문구가 전체적으로 보아 전문가라면 그 내용을 어렵지 않게 짐작할 수 있을 것이나, 복잡한 금융상품의 운용방식에 관하여 알지 못하는 일반 소비자에게는 이 사건 상품을 매입할 경우 원고가 자신들에게 운용수익과 무관하게 연 15%의 이자를 지급하는 것처럼 오인시킬 우려가 있다는 취지로 판단하였다. 광고가 일반 소비자를 대상으로 하는 경우 소비자를 오인시킬 우려가 있는지 여부는 전문가가 아닌 보통의 주의력을 가진 일반 소비자가 당해 광고를 받아들이는 전체적·궁극적 인상을 기준으로 하여 객관적으로 판단되어야 한다고 봄이 상당하다(대판 2003.2.28. 선고2002두6170).

49

면책사유(제조물 책임법 제4조 제1항)
손해배상책임을 지는 자가 다음의 어느 하나에 해당하는 사실을 입증한 경우에는 이 법에 따른 손해배상책임을 면한다.

- 제조업자가 해당 제조물을 공급하지 아니하였다는 사실

- 제조업자가 해당 제조물을 공급한 당시의 과학·기술 수준으로는 결함의 존재를 발견할 수 없었다는 사실
- 제조물의 결함이 제조업자가 해당 제조물을 공급한 당시의 법령에서 정하는 기준을 준수함으로써 발생하였다는 사실
- 원재료나 부품의 경우에는 그 원재료나 부품을 사용한 제조물 제조업자의 설계 또는 제작에 관한 지시로 인하여 결함이 발생하였다는 사실

50

사이버몰의 운영(전자상거래 등에서의 소비자보호에 관한 법률 제10조 제1항)

전자상거래를 하는 사이버몰의 운영자는 소비자가 사업자의 신원 등을 쉽게 알 수 있도록 다음의 사항을 총리령으로 정하는 바에 따라 표시하여야 한다.

- 상호 및 대표자 성명
- 영업소가 있는 곳의 주소(소비자의 불만을 처리할 수 있는 곳의 주소를 포함한다)
- 전화번호·전자우편 주소
- 사업자등록번호
- 사이버몰의 이용약관
- 그 밖에 소비자보호를 위하여 필요한 사항으로서 대통령령으로 정하는 사항

제3과목 소비자교육 및 정보제공

51

③ 빅데이터는 정형·비정형 데이터들로 이루어져 있으며 엄청난 양의 데이터를 짧은 시간 안에 처리할 수 있다.

더 알아보기

빅데이터는 활용범위가 넓어 현재 사회 각 분야에서 골고루 활용되고 있다. 하지만 수많은 정보를 다양한 곳에서 활용하는 만큼 정보관리 및 정보유출에 대한 대비에 신경 써야 하는 과제도 안고 있다.

52

② 비형식적 분석방법에 속하며 여기에는 비활동측정 방법 외에도 비형식적 대화가 있다.

①·③·④ 형식적 분석방법에 속하며 여기에는 조사연구법, 결정적 사건접근법, 능력분석접근법 외에 면접법, 델파이법, 참여관찰법, 개별적 소개법(사례조사법) 등이 있다.

더 알아보기

비형식적 분석방법

- 비형식적 대화 : 일상적인 접촉과정을 통해 요구에 관한 정보를 수집할 수 있다. 예를 들면 참여자들의 모임 후 반응, 투서함 그리고 모임에서 제기된 문제들은 요구를 파악할 수 있는 좋은 기회가 된다.
- 비활동적 측정 : 면접법이나 질문지법에 의해서는 얻을 수 없는 이용 가능한 자료가 상당히 많다. 물리적 흔적, 기록물, 관찰 등이 그 예인데 각각의 실례를 들어보면 다음과 같다.
  - 과거의 행동을 조사하는 물리적 흔적(예 도서관 책이 닳아 해짐은 그 책의 주제에 대한 관심도를 나타낸다)
  - 기록물(예 출생기록은 신설 학교나 기타 사회교육 시설의 필요성을 나타낸다)
  - 관찰(예 청소년들이 지루함 또는 피로 등의 표정을 짓는 것은 오락활동에 대한 요구를 나타낸다)

53

④ 데이터웨어하우징을 통해 소비자는 기업의 다양한 정보를 쉽고 빠르게 접할 수 있다.

① 리엔지니어링은 경영성과를 이루는 각각의 요인들을 획기적으로 업그레이드시키기 위해 기존의 시스템을 완전히 새로 바꾸는 작업이다.

② 리스트럭처링은 빠르게 변화하는 시장에 적응하기 위해 기업이 본래 가지고 있던 사업구조 및 내용을 버리고 새로운 방향으로 변화를 꾀하는 작업이다.

③ ERP는 전사적 자원관리를 뜻하는 말로 기업이 효율적인 경영활동을 하기 위해 기업 내 존재하는 모든 경영시스템을 하나로 통합하는 작업이다.

54

② 1962년 케네디 대통령은 소비자권리를 담은 특별교서를 연방의회에 보냈다.

더 알아보기

미국의 소비자교육

- 미국은 소비자교육에 가장 먼저 관심을 가지고 활동한 나라이다.
- 1930년대 소비자교육에 대한 정규과정이 중·고등학교 수준에서 개설되었다.
- 1950년대에 소비자생활이라는 중·고등학교 교과서가 발행되었다.

- 1962년 케네디 대통령은 소비자의 4대 권리(안전할 권리, 알 권리, 선택할 권리, 의견을 반영할 권리 등)를 담은 소비자 보호에 관한 특별교서를 연방의회에 보냈다. 또한 1960년대 닉슨 대통령의 구매자권리 개념을 반영한 소비자교육이 자리 잡게 되었다.
- 바니스터와 몬스마(R. Bannister & C. Monsma)는 1978년 소비자교육 개발프로그램에서 소비자교육의 주요 범주로 의사결정, 자원관리, 시민참여라는 개념을 제시하였다.
- 바니스터와 윌리암슨(R. Bannister & I. Williamson)은 1990년에 소비자의사결정, 개인 재무, 소비자권리와 책임, 자원관리를 포함하는 경제학 개념을 소비자교육의 주요 개념으로 제시하였다.
- 재무관리를 중시한다.

55

③ 아동기는 상표에 대한 선호도나 인지가 형성되는 시기이므로 아동은 미래시장의 소비자로서도 중요한 존재가 된다.

더 알아보기

기업이 생각하는 아동 소비자의 중요성

- 아동은 다양한 재화나 서비스에 대한 기존 시장을 형성하고 있는 소비자이며 자신들의 욕구와 그 욕구를 충족시킬 수 있는 재화를 구매할 화폐도 가지고 있을 뿐만 아니라 그 화폐를 사용하려는 의사도 가지고 있는 현재의 소비자이다.
- 아동기는 상표에 대한 선호도나 인지가 형성되는 시기이므로 아동은 미래시장의 소비자로서도 중요한 존재가 된다.
- 아동은 그들 부모의 구매에 있어 결정적인 영향을 미치는 영향력 있는 소비자이다.

56

② 정보의 비배타성과 비경합성으로 인해 많은 소비자들은 적극적으로 비용을 지불하면서 정보획득에 나서지 않고 다른 소비자가 정보를 획득하여 제공해 주기를 원할 뿐 자기 스스로 정보를 획득하기 위하여 시간과 비용을 들이려 하지 않는 무임승차자의 성향을 나타낸다.

더 알아보기

소비자정보는 하나의 용역이라는 생산물로서 사유재보다는 공공재적인 성격을 띠고 있다. 그 이유는 일반적으로 소비자정보를 최초로 획득하는 데에는 인적·물적 자원을 사용하게 되므로 비용이 들지만 일단 획득한 후에는 정보의 비소비성과 비이전성으로 인해 다수의 소비자가 추가적인 비용 없이 정보를 공유할 수 있기 때문이다.

57

② 도덕적 윤리는 소비자능력의 구성요소에 해당하지 않는다.

더 알아보기

소비자능력의 구성요소

- 소비자지식 : 소비자능력을 구성하는 인지적 영역으로서 가장 큰 비중을 차지하는 요소이다.
- 소비자기능 : 실천적 영역으로서 지식의 응용 및 실제행위에 해당하는 개념이다.
- 소비자태도 : 개인의 신념과 감정을 반영하며 종종 개인의 가치체계와 생활양식을 표현한다.

58

③ 공급망관리. 제품이 생산되어 소비자에게 도착할 때까지의 모든 과정을 기업이 한 번에 통제할 수 있도록 만든 시스템이다.

④ 기업의 사회적 책임. 기업이 수익을 창출하면서 동시에 그만큼 사회에 어떤 형태로든 긍정적인 역할을 수행하는 모든 행위를 말한다. 여기에는 고용창출, 환경보호, 사회적 약자 돕기 등이 있다.

더 알아보기

고객관계관리(CRM)의 특징

고객관계관리는 고객 데이터의 세분화를 실시하여 신규고객 획득, 우수고객 유지, 고객가치 증진, 잠재고객 활성화, 평생고객화와 같은 순환을 통하여 고객을 적극적으로 관리·유도하며 고객의 가치를 극대화시킬 수 있는 전략을 통하여 마케팅을 실시한다. 그리고 고객정보를 적극적으로 활용한 수익성을 강조하며 콜센터, 캠페인과 같은 관리도구와 결합하여 기업 내의 사고를 변혁하자는 업무재설계(BPR)적인 측면을 내포하고 있다.

59

② 소비자주권이 실현된 사회에서는 소비자의 행동(소비수요)이 자원배분의 방향을 결정하고 기업의 생산과 시장가격에도 영향을 준다. 또한 소비자가 구입하지 않으면 기업도 상품 생산을 중지해야 한다는 점에서 상품의 생산과 유통에 관한 모든 권한이 소비자로부터 나온다고 할 수 있다.

더 알아보기

소비자주권

- 소비자 개개인의 자유롭고 자주적인 선택권으로 시장구조를 통해서 궁극적으로 생산자들에게 어떤 제품을 생산하게 할 것인가를 결정하는 개념이다.
- 소비자는 모든 생산의 유일한 목적이며 생산자의 이익은 소비자의 이익을 증진시키는 범위 안에서 고려되어야 한다.
- 소비자의 선택이 시장을 통하여 사회 전체의 자원배분을 결정한다.

60

④ 청소년 소비자의 교육방법에 해당한다.

더 알아보기

성인 소비자의 교육방안

- 평생교육으로서 성인 소비자교육의 기회가 다수에게 주어져야 한다.
- 소비자교육의 과제와 필요를 파악하기 위한 조사를 함으로써 정확한 성인 소비자의 소비자 학습 요구에 대해 적절한 대응을 하고 이를 평생교육의 관점에서 체계적으로 정비해야 한다.
- 대학의 공개강좌를 제도화하여 연구 및 교육과 함께 시스템화 함으로써 성인 소비자를 교육하는 방법이 효과적이다.
- 소비자교육을 받은 사람이면 누구든지 지도자가 되고 서로 학습하는 가운데 지도자로 성장해 간다는 사고방식이 성인 소비자를 위한 평생교육적 태도이다.

61

① 데이터베이스에 저장된 고객의 정보를 통해 각각의 고객에게 맞는 맞춤형 서비스를 제공하는 마케팅
② 기업이 고객에게 단순히 물건을 팔기만 하는 것이 아니라 끊임없는 상호 소통을 함으로써 유대감을 쌓고 기존 고객을 고정적으로 확보하는 마케팅 전략
④ 기업이 소매상, 도매상 등 중간과정을 거치지 않고 직접 소비자로부터 주문을 받아 제품을 파는 마케팅 전략

더 알아보기

텔레마케팅의 장점

- 전화라는 통신수단의 보급률이 매우 높다.
- 비용이 매우 절감된다.
- 1:1 쌍방향 커뮤니케이션이기 때문에 인간적 관계형성이 될 수 있다.
- 타 매체와의 연동성을 통하면 더욱 효율적이다.
- 고객에 대한 지속적인 신뢰관계를 구축할 수 있다.
- 텔레마케팅은 즉각적인 고객의 반응을 알 수 있으며 불평불만을 처리할 수 있다.

62

② 미국 전 지역에서 전기 및 전자제품을 판매하기 위해 반드시 획득해야 하는 인증마크이다.

더 알아보기

현재 우리나라에서 두루 쓰이는 품질인증으로는 KS규격, 검마크, Q마크, 열마크, 전마크, GD마크, GP마크, EMI마크, 환경마크, 태극마크 등이 있다.

63

③ 소비자 정보원에 대한 설명이다.

64

④ 상황의 특성으로는 시간, 매장의 위치, 매장 내 복잡한 정도 등을 들 수 있다.

더 알아보기

소비자는 누구나 먼저 내부적으로 자기가 알고 있는 지식을 근거로 하여 상품선택을 하기 위해 구매와 관련된 정보를 찾게 되고 여기에 부족한 것은 어떤 외부 정보원에서 찾아보게 되는데 이와 같이 일어나는 정보행동의 내·외적 행동을 정보탐색행동이라고 말할 수 있다.

65

④ 아동은 그들 부모의 구매에 있어 결정적인 영향을 미치는 영향력 있는 소비자이다.

더 알아보기

아동 소비자의 특성

- 자유재량 소비액의 증가
- 소비욕망 절제력의 부족
- 대중매체에의 과다 노출
- 가계구매행위에 영향력 행사
- 소비자교육 기회의 부족

66

③ 무조건 양적으로 많은 정보를 확보하기보다 소비자에게 꼭 필요한 정보를 확보하여 활용하는 것이 중요하다.

더 알아보기

소비자정보의 특성

- 비소비성과 비이전성
- 비배타성과 비경합성(공공재적 특성)
- 정보의 비대칭성
- 비귀속성
- 결합성(누적효과성)
- 정보이용자의 능력에 따른 효용성

67

④ 성인 소비자교육의 목표에 해당한다.

더 알아보기

아동 소비자를 위한 학교교육

- 학교는 체계적인 소비자교육을 통하여 아동의 소비자 능력을 개발할 수 있는 가장 중요한 기관이다.
- 소비자교육은 가치체계의 발전과 건전한 의사결정 능력을 키우기 위하여 필요하며 나아가 아동들이 직접 경험하는 금전적인 피해를 구제하고 그들의 생명과 안전을 직·간접적으로 보호하기 위해서 일찍부터 시작되어야 한다.
- 합리적인 의사결정을 키우는 소비자교육의 목적을 가장 효과적으로 달성하기 위해서는 조기 소비자교육이 필요하다.
- 학교에서 실시해야 할 아동 소비자교육의 내용은 주제별 영역과 요소로 나누어 구성할 수 있다.
- 일반적으로 학교 소비자교육의 추진방법으로는 독립교과로서 행하는 경우, 특정교과 중심으로 행하는 경우, 전 교과의 일부로 행하는 경우, 학교교육 전체에서 행하는 경우 등 여러 가지가 있다.

68

② 교육프로그램의 설계 시 고려하여야 할 사항이다.

더 알아보기

소비자교육 프로그램 목표 설정 시 고려사항

- 학습자의 교육적 요구를 정확히 파악하여 충족시킬 수 있도록 해야 한다.
- 지역사회나 국가 사회적 요구에 합치될 수 있어야 한다.
- 모든 프로그램의 목표는 학습자들의 개인적 요구나 필요를 충족시킬 수 있도록 반영하여야 한다.
- 사회적 목표를 설정할 때 사회적 변화의 흐름을 파악하여 최소한도의 사회적 요구를 반영시킬 수 있도록 하여야 한다.

69

① 학습자들이 교육프로그램의 모든 구성요소에 대해 어떤 반응을 보이는지 평가하는 단계
② 학습자들이 교육프로그램에서 무엇을 배웠고 얼마나 이해했는지 평가하는 단계
④ 학습자들의 행동을 통해 해당 교육프로그램이 실제 현장에 어떤 영향을 끼치는지 평가하는 단계

더 알아보기

Kirkpatrick의 4단계 평가모형은 크게 반응평가(1단계) – 학습평가(2단계) – 행동평가(3단계) – 결과평가(4단계)로 나눌 수 있다.

70

① 사회의 입장에서 본 소비자교육의 실시효과이다.
②·③·④ 기업의 입장에서 본 소비자교육의 실시효과이다.

더 알아보기

사회의 입장에서 본 소비자교육의 실시효과

- 소비자의 입장과 관점에서 문제를 인식할 수 있는 능력을 개발하고 소비자보호 관련법을 효과적으로 시행하게 하는 원동력을 제공한다.
- 생활인의 입장과 관점에서 생활을 우선시하는 사회의 실현을 도모한다.
- 공익에 대한 관심을 불러 일으켜서 사회적 비용을 감소시킨다.
- 소비자와 사업자 사이에 힘의 균형을 이루게 함으로써 시장경제체제의 기능을 제고시킨다.
- 성실하고 질이 좋은 사업자에게 호의를 가지도록 유도한다.
- 경제시스템에 대한 만족을 증가시킨다.
- 세계화 시대에 균형 잡힌 경제인과 생활인을 육성한다.
- 평생교육과 시민교육에 능동적으로 참가하는 인재를 양성한다.
- 국민생활, 교육, 경제, 산업 등의 국가정책이 효과적으로 시행되게 한다.

71

② 용돈은 아동 소비자가 화폐를 관리하는 것을 배우는 학습도구이므로 자녀의 소비자교육을 위해서 필수적이지만 그것이 가정에서의 소비자교육의 주요 목표는 아니다.

더 알아보기

아동 소비자의 생활교육

- 아동 소비자의 소비자 기능은 어머니의 소비자 행동을 관찰·모방함으로써 향상될 수 있다.
- 아동 소비자가 합리적이고 건전한 소비자 역할을 수행하기 위해서도 소비자 능력의 향상이 필수적인데 이러한 소비자 능력은 소비자 사회화를 통해 개발되고 향상될 수 있다.
- 아동 소비자에게 소비자 기능의 수행경험을 쌓게 하는 것도 중요한데 특히 용돈은 정기적으로 주어 금전관리 경험을 가지게 하는 것이 효과적이다.
- 아동 소비자에게 금전관리나 화폐의 구매력을 배우게 만드는 유일한 방법은 실제 생활에서 스스로 행하게 하는 것이다.

72

① 학습경험의 수직적 조직에 요구되는 원리로서 중요한 경험요소가 어느 정도 계속해서 반복되도록 조직하는 것이다.

④ 학습경험의 수평적 조직에 요구되는 원리로 각 학습경험을 제각기 단편적으로 구획하는 것이 아니라 횡적으로 상호보충·보강되도록 조직해야 학습효과를 높일 수 있으며 종합적이고 전체적인 안목을 가질 수 있다. 여러 소비자교육 프로그램의 내용이 중복되거나 누락될 수 있고 교육내용의 불균형이나 상반된 가치를 전달하는 프로그램이 될 수 있으므로 유의한다.

더 알아보기

계열성

학습경험의 수직적 조직에 요구되는 원리로서 계속성과 관계가 있기는 하지만 학습내용의 단순한 반복이 아니라 점차로 경험의 수준을 높여서 더욱 깊이 있고 다양한 학습경험을 할 수 있도록 조직하는 것이다.

- 단순함 → 복잡함
- 구체적 → 개념적
- 부분 → 전체

73

③ 미국의 유명한 소비자 평가매체이다.

④ 행복드림 열린소비자포털이라고도 하며 우리나라 소비자피해 예방 및 구제를 지원하는 사이트이다. 여기에는 정부 및 여러 공공기관과 민간기관 등이 참여하고 있으며 상담/피해구제 안내에서부터 상품안전정보, 소비자정보, 실제 상담 및 피해/분쟁사례 등을 확인할 수 있다.

더 알아보기

Consumer Report

매달 다양한 분야의 제품정보들을 소개하고 있어 미국의 소비자들 사이에서 높은 신뢰도를 갖고 있다. 미국 내에서 높은 신뢰도를 갖고 있는 까닭에 미국으로 물건을 파는 해외 다른 기업들에게도 큰 영향을 끼친다.

74

소비자교육 프로그램의 설계

- 소비자의 특성 및 학습능력분석
  소비자의 수준, 흥미 및 배경 조사
- 수업목표진술
  - 교육프로그램의 목표를 진술, 교육프로그램을 통해 도달하고자 하는 목표지점을 제시
  - 교육대상인 소비자가 중심, 성취수준의 하한선이 명시
- 교수방법, 매체, 자료의 선정
  - 각종 자료, 관련 인사의 소개 및 서평을 참고하여 교수매체를 대여, 구매함
  - 교육대상자의 수준과 선호를 고려하여 교수방법, 매체, 자료를 선정하고 교육프로그램의 대상자 또는 교육프로그램에 참가하는 소비자의 일상생활에서 얻을 수 있는 자료를 활용하는 것은 교육프로그램의 효과를 높일 수 있는 방법
- 선정한 매체와 자료의 활용
  - 교재를 활용하기 전에 사전시사를 하고 프레젠테이션 연습을 함
  - 교육자는 가능하면 교육에서 제시될 내용, 용어 및 목표를 소비자들에게 미리 제공하여 동기를 유발시키고 쇼맨십을 발휘하여 교육내용을 효과적으로 제시
- 학습자의 참여요구
  교육대상인 소비자와의 관계를 형성하고 소비자들의 교육 참여를 요구함
- 평가 및 수정
  교육프로그램을 수행한 후에 비교, 평가하여 교육프로그램을 수정함. 이미 수행된 교육프로그램을 평가함으로써 프로그램의 계획, 개선, 정당화를 위한 결정을 하는 데 필요한 정보를 얻음

75

소비자정보관리의 과정

- 전략의 수립 : 기업이 고객관계에 효과적으로 활용하기 위해 고객정보의 필요성을 느끼게 되면 고객정보 수집을 위한 정보가 필요한데 여기에는 기존의 사실, 현재의 시장상황, 고객의 욕구, 경쟁적인 위협에 대한 이해와 기업의 미래에 대한 기대를 결합한 것으로 미래지향적인 정보를 포함한다.
- 노력의 집중 : 고객정보 전략이 세워졌으면 비용보다 이익이 크거나 거의 같은 한도 내에서 고객을 알기 위한 노력의 집중이 요구된다.
- 정보의 생성 : 노력을 통해 수집된 고객에 관한 정보를 기업의 활동이나 다양한 목적에 맞는 자료로 만드는 것을 정보의 생성이라 한다.
- 정보의 축적과 공유 : 생성된 고객정보는 정보시스템 등에 축적하였다가 필요한 때 적절하게 사용할 수 있도록 하는 것이 필요하다.
- 정보의 활용 : 축적된 고객정보는 고객의 불만처리 뿐 아니라 새로운 제품의 개발, 제품판매, 더 나아가서는 고객서비스에서도 활용되어 고객만족을 향상시키는 데 기여할 때에 비로소 그 정보는 가치가 있는 것이다.

제4과목 소비자와 시장

76

① 최근에는 제조업체와 유통업체 간의 역할분담이 많이 사라졌다. 즉, 생산에서 소비에 이르기까지 유통 과정을 체계적으로 통합 조정하여 하나의 체제를 유지하는 것이다. 대표적인 예로 대형마트에서 자체적으로 생산한 식료품 및 공산품을 자체 매장에서 판매하는 것을 들 수 있다.

더 알아보기

유통환경의 변화

- 소매유통기구의 5대 환경인자 : 전반적인 사회환경, 마케팅 시스템의 변화, 일반적인 소비자행동, 지역환경, 기업환경 등
- 환경변화의 요인 : 소비변화, 지역구조의 변화, 경쟁구조의 변화, 노동시장의 변화 등
- 환경변화의 경향 : 유통경로의 단순화, 소매상의 대형화·다양화, 유통영역의 확대·복합화, 유통기구의 다국적화, 전자상거래의 발달 등

77

라이프스타일, 개성, 연령은 개인적 영향요인에 속한다.

더 알아보기

소비자의사결정의 영향요인

- 개인적 영향요인 : 지각, 학습, 동기, 개성, 라이프스타일, 태도 등
- 사회(환경)적 영향요인 : 문화, 사회계층, 준거집단, 가족 등

78

- 사전편찬식 원칙 : 가장 중요한 기준으로 평가해서 고를 수가 없을 때에는 기준의 중요성의 순서에 따라 다른 기준을 적용해서 평가한다.
- 순차제거 원칙 : 가장 중요한 속성에 대해서 먼저 상표 등을 평가한다는 면에서 사전편찬식 원칙과 거의 같은 것 같지만 허용하는 속성의 가치에 제한을 둔다는 점에서 서로 다르다. 예를 들어 가장 중요한 기준이 품질이라면 일정 품질 이하의 대안은 제거한다. 그 후 복수의 대안이 남으면 다시 다음 기준에 의해 대안을 제거하여 하나의 대안이 남을 때까지 계속한다.

더 알아보기

보상·비보상의 의사결정 원칙

구매대안을 평가할 경우 소비자들이 이용하는 의사결정 원칙은 비보상적 의사결정 원칙과 보상적 의사결정 원칙으로 구분된다.

- 비보상적 결정원칙(Non-Compensatory Decision Rules)
  어떤 한 속성의 약점이 다른 속성에서의 강점으로 상쇄될 수 없다는 것이다. 비보상적 의사결정에는 사전편찬식 원칙(Lexicographic Rule), 순차제거 원칙(Elimination by Aspect), 결합적 원칙(Conjunctive Rule)의 세 가지 방법이 있다.
- 보상적 결정원칙(Compensatory Decision Rules)
  한 속성의 약점이 다른 속성의 강점으로 상쇄될 수 있다는 것이다. 이에 속하는 것으로 피쉬바인 태도모델과 피쉬바인 행위-의도모델이 있다.

79

③ 소비자의사결정의 영향요인 중 가족에 대한 설명이다.

더 알아보기

사회계층

- 사회계층이란 서로 비슷한 가치관, 흥미, 라이프스타일과 행동패턴을 지니고 있는 비교적 영속적·동질적 집단이다.
- 사회계층의 측정기준에는 교육수준, 주거지역, 직업, 소득, 재산 등이 있다.
- 사회계층은 시간의 경과에 따라 이동이 가능하다.
- 하위계층은 상위계층의 소비행태를 모방함으로써 소비욕구를 충족시킨다.
- 소비자는 실제 사회계층의 이동이 일어나지 않아도 소비를 통해 상위계층으로의 이동에 대한 욕구를 충족시킨다.

80

소비자불만호소행동(Consumer Complaining Behavior) 소비자가 구매 후 불만족을 표현하는 행동을 마케팅 분야에서 지칭하는 용어이다. 그렇지만 적극적이고 긍정적인 표현도 소비자가 제품구매 후 갖게 되는 불만족을 해결해보려는 노력으로 소비자가 자신이 취한 행동을 유익하게 해결하려는 행동이라고 할 수 있다.

더 알아보기

소비자의 불만호소행동에 대한 데이와 랜던의 분류

- 무행동(No Action) : 불만족을 경험한 후 행동에 아무런 변화가 없음
- 사적 행동(Private Action)
  - 개인적으로 그 제품 종류를 거절
  - 개인적으로 그 상표를 거절
  - 개인적으로 판매자를 거절
  - 나쁜 경험에 대해 가족·친구·친지에게 이야기 및 경고함
- 공적 행동(Public Action)
  - 판매자로부터 직접 보상을 구함(환불 또는 다른 금전적 정산, 무료 수선 등의 보상)
  - 제조업자로부터 직접 보상을 구함
  - 보상을 위해 소비자단체·소비자보호기관과 연결함
  - 보상을 위해 법적 행동을 취함

81

시장의 구분요인으로서 제품, 거래장소, 경쟁관계 등에 따라 형태를 구분할 수 있다. 제품의 종류에 따라 청과물시장, 어시장, 자동차시장 등으로 구분하고 제품의 거래장소에 따라 남대문시장, 동대문시장 등으로 구분하며 경쟁상태에 따라 자유경쟁시장, 불완전경쟁시장, 독점시장 등으로 구분할 수 있다. 불완전경쟁시장은 다시 과점시장과 독점적 경쟁시장 등으로 구분한다.

더 알아보기

시장의 경쟁성

- 수요자와 공급자의 비교 : 시장에서 제품의 공급자와 수요자를 비교하여 그 수가 많으면 그 시장은 경쟁적이라 할 수 있고 적으면 비경쟁적이다.
- 공급과 수요의 빈도 : 제품과 서비스의 공급과 수요의 빈도에 따라 제품의 수요가 많을수록 공급자의 시장가격에 대한 영향력이 커진다. 즉, 수요자가 많으면 많을수록 시장경쟁이 치열해지지만 수요자의 시장가격결정에 대한 영향력은 오히려 줄어든다.
- 시장진입장벽 : 기업의 시장진출과 퇴출이 자유로이 되고 있는가의 여부이다. 특히 특정 시장에 진입하고자 할 때 쉽게 진입할 수 있는가의 여부와 자유롭게 탈퇴할 수 있는가에 따라 시장의 형태가 달라진다.
- 정보보유 정도 : 시장에 참여하는 수요자와 공급자의 정보보유 여부에 따라 가격차별화가 이루어져 판매자가 동종의 상품을 지역에 따라 다른 값으로 받게 되기도 하는데 이런 요인은 시장형태를 결정하는 데 영향을 준다.

82

② 1인 가구, 맞벌이가구의 증가로 간편 소비는 점점 늘어나고 있는 추세이다.

더 알아보기

한국 소비문화의 특성

- 산업구조의 변화
- 물질주의 지향
- 물질에 대한 가치의식 변화
- 소비문화의 변화

83

① 전자상거래 등에서의 소비자보호에 관한 법률에 규정된 전자상거래를 하는 사업자 또는 통신판매업자의 금지행위에 해당할 뿐 불공정거래행위에 해당하는 것은 아니다(전자상거래 등에서의 소비자보호에 관한 법률 제21조 제1항 참조).

더 알아보기

불공정거래행위의 금지(독점규제 및 공정거래에 관한 법률 제45조 제1항)

- 부당하게 거래를 거절하는 행위
- 부당하게 거래의 상대방을 차별하여 취급하는 행위
- 부당하게 경쟁자를 배제하는 행위
- 부당하게 경쟁자의 고객을 자기와 거래하도록 유인하는 행위
- 부당하게 경쟁자의 고객을 자기와 거래하도록 강제하는 행위
- 자기의 거래상의 지위를 부당하게 이용하여 상대방과 거래하는 행위
- 거래의 상대방의 사업활동을 부당하게 구속하는 조건으로 거래하는 행위
- 부당하게 다른 사업자의 사업활동을 방해하는 행위
- 부당하게 다음 각 목의 어느 하나에 해당하는 행위를 통하여 특수관계인 또는 다른 회사를 지원하는 행위
  - 특수관계인 또는 다른 회사에 가지급금 · 대여금 · 인력 · 부동산 · 유가증권 · 상품 · 용역 · 무체재산권 등을 제공하거나 상당히 유리한 조건으로 거래하는 행위
  - 다른 사업자와 직접 상품#용역을 거래하면 상당히 유리함에도 불구하고 거래상 실질적인 역할이 없는 특수관계인이나 다른 회사를 매개로 거래하는 행위
- 그 밖의 행위로서 공정한 거래를 해칠 우려가 있는 행위

84

③ 상대적 식역은 두 자극의 차이를 변별할 수 있는 최소치를 말한다.

더 알아보기

절대식역은 보통 사람들이 자극을 지각하는 데 필요한 최소치를 말한다. 대표적인 예로 불빛이 없는 밤에 약 50km 밖에서 초에 켠 불을 볼 수 있는 정도, 약 60야드 밖에서 시계의 초침이 움직이는 소리를 들을 수 있는 정도 등을 들 수 있다.

85

④ 단일화된 가치관에서 탈물질적 가치관으로 변화하였다.

더 알아보기

미래사회의 변화

미래사회에는 다양한 정보가 공개되고 규제가 완화되며 관료의 힘이 약해지면서 기존의 가치관과 패러다임이 서서히 변화하고 와해될 것이다. 또한 기업 우선적인 풍토가 붕괴되고 소비자가 중요시되어 소비자의 힘이 더욱 증가할 것으로 보인다.

86

유통경로란 제품을 제조업자로부터 최종소비자에게 이동 · 전달시키는 일련의 활동과 과정을 시스템적으로 제도화한 방법이다. 유통경로에는 생산자나 중간상으로부터 구매자에게로 제품이나 서비스가 제공되고 제품이나 서비스의 권리가 이전되는 과정에서 발생하는 유용성이 있다. 즉, 유통경로는 시간, 장소, 형태, 소유의 유용성을 부가하여 제품의 부가가치를 찾아내는 역할을 말한다.

87

④ 의견선도자의 특성이라기보다 체험단의 특성에 더 가깝다.

더 알아보기

체험단

어떤 신제품이 출시되었을 때 기업에서 무작위로 뽑은 소비자들이 해당 제품을 먼저 사용하고 평가한 후 그 장단점 및 제품에 대한 정보를 다른 소비자들에게 알려주는 역할을 하는 사람들이다. 체험단의 운용은 기업 입장에서도 신제품에 대해 일종의 광고역할도 되고 해당 제품에 대한 피드백도 얻을 수 있어 긍정적으로 활용하는 편이다.

88

① 상표, 스타일, 가격대 등에 대한 전반적 지식이 결여되어 있더라도 제품에 대한 지식이 어느 정도 있을 경우 제한적인 의사결정과정을 거치게 된다.

더 알아보기

문제해결방식

- 부분적 문제해결 방식(LPS ; Limited Problem Solving)
  부분적 문제해결 방식은 제한적 문제해결 방식이라고도 하며 문제해결을 위한 노력을 부분적으로 수행하면서 문제를 해결하려고 하는 방식이다. 소비자가 문제해결과 관련하여 어느 정도의 정보를 보유하고 있거나 문제 자체가 그리 복잡하지 않을 때에 나타나게 된다. 상표나 스타일, 가격 등에 대한 지식은 부족하지만 제품에 대한 지식은 어느 정도 있을 때나 과거에 구매해 본 경험이 있을 때에 나타나는 현상이다.
- 전체적 문제해결 방식(EPS ; Extended Problem Solving)
  전체적 문제해결 방식은 포괄적 문제해결 방식이라고도 한다. 소비자 입장에서 어떤 위험한 문제가 생길 때에 이를 극복하기 위하여 소비자는 끝없는 노력을 다하게 된다. 내부적 구매와 연관 있는 의사결정은 대부분 이와 같은 문제해결의 방식을 생각하게 한다.
- 습관적 문제해결 방식(RPS ; Routinized Problem Solving)
  습관적 문제해결 방식은 일상적 문제해결 방식이라고도 하며 소비자가 어떤 내부적 정보를 가지고 습관적·일상적으로 문제를 해결하고자 할 때에 등장하는 것이다.

89

②·④ PR은 보통 상대방에게 양해와 협조를 구하기 위해 다양한 수단으로 자신을 알리는 행위로 상대방에게 무료로 전달되며 본인은 물론 상대방의 이익까지 추구하는 활동이다.

더 알아보기

판 촉

사은품이나 경품을 통한 마케팅활동을 말한다. 사은품이란 일정액 이상 구매자에게는 모두 제공하는 무료 상품을 의미하며 구매하는 제품이 아닌 다른 것을 제공하는 것이 일반적이다. 또한 경품은 일정 조건에 의해 응모한 소비자를 대상으로 추첨을 통해 일부에게만 해당 상품을 제공하는 방식이다.

90

② 마케팅 목표를 효과적으로 달성하기 위하여 마케팅 활동에 사용되는 다양한 방법들을 균형 있게 조정·구성하는 행위이다.
③ 표적시장은 자사의 제품을 판매하기 위해 마케팅 목표로 선택한 시장을 말한다.
④ 자사의 제품을 판매하기 위해 다양한 프로모션들을 균형 있게 조정·구성하는 행위이다.

더 알아보기

포지셔닝 전략

자사제품이 경쟁제품보다 우월한 품질과 성능 등을 가지고 있어 소비자들의 욕구를 보다 효율적으로 잘 충족시켜 줄 수 있다는 것을 소비자에게 인식시켜 주는 과정으로 세분화된 많은 시장들에 대한 자사의 경쟁력을 평가하여 우위에 있다고 판단되는 표적시장을 결정하고 경쟁 기업들과 효과적으로 경쟁하기 위하여 마케팅 믹스를 사용하여 소비자의 의식에 바람직한 위치를 심어주는 과정을 말한다.

91

소비생활 중 생태학적 입장은 환경문제와 연관되어 있다. 보기 ②·③·④는 환경보호와 직접적인 관련이 없다.

더 알아보기

소비자로서의 환경보호 개념

소비자는 제품을 사용하고 욕구를 충족한 후 처분하기 마련인데 이때 부산물을 폐기하게 된다. 바로 이 폐기물이 지구환경을 오염시키는 문제가 된다. 따라서 과소비를 제한하여 오래도록 사용하는 소비문화를 가지는 것이 중요하다. 이것이 환경보호에 도움이 되는 가장 기본적인 소비문화이다.

92

② 소비자가 자신의 대안에 대해 만족하므로 구매 후 부조화를 일으키지 않는다.

93

③ 종교적 사고인식과는 관계가 없다.

더 알아보기

최근 1인 가구의 증가, 지구온난화 및 기상이변과 같은 환경오염 등이 이슈가 되면서 점차 간소한 소비생활을 추구하는 소비자들이 늘고 있다. 이들은 누가 시켜서 하는 것이 아니라 본인들의 자발적인 의사에 의해 실천하며 실생활에 반드시 필요한 최소한의 물품만을 구매한다. 대표적인 예로 미니멀 라이프를 들 수 있다.

94

① 단수가격 정책 : 50,000원짜리 상품을 49,900원에 파는 것과 같이 기존 가격에서 100원 정도 깎아 팔아서 소비자들로 하여금 해당 제품이 싸도록 느끼게 하는 가격결정방식이다.

③ 소비자중심 가격결정 : 소비자가 특정 제품을 사용하면서 갖게 되는 해당 제품의 가치를 반영한 가격결정방식이다.

④ 오픈가격 정책 : 최종 판매업자가 실제 판매가격을 정하고 이를 표시하는 가격 제도를 말한다.

더 알아보기

가격결정방식

- 원가 기준 가격결정방식
  - 원가가산가격결정방식(원가중심적 가격결정)
  - 목표가격결정방식
- 수요 기준 가격결정방식
  - 원가차별방식
  - 명성가격결정방식
  - 단수가격결정방식
- 경쟁 기준 가격결정방식
  - 경쟁대응가격결정방식
  - 경쟁수준 이하의 가격결정방식
  - 경쟁수준 이상의 가격결정방식

95

③ 합리적 소비에 해당한다.

더 알아보기

가치소비

자신이 원하는 가치에 걸맞은 제품을 구입하되 가격이나 현재 필요여부 등을 낱낱이 살펴 불필요한 소비를 지양하는 소비행태를 말한다.

96

- 관여도 : 어떤 개인과 관련된 정보를 뜻하는 것으로 정보탐색의 양을 결정짓는 변수로 작용하며 고관여 제품은 내구재인 승용차, 주택, 냉장고 등과 개인의 이미지 구축과 관련된 제품으로 신발, 장갑, 액세서리 등 일반적으로 소비자와 관련이 높은 것을 말한다. 이때 고관여 제품의 구매는 전체적, 포괄적 문제해결 방식이 적용된다.
- 포괄적 문제해결 방식 : 전체적 문제해결 방식(EPS ; Extended Problem Solving)이라고도 한다. 소비자 입장에서 이런 문제는 매우 중요하며 어떤 위험한 문제가 생길 때에 이를 극복하기 위하여 소비자는 끝없는 노력을 다하게 된다. 내부적 구매와 연관 있는 의사결정은 대부분 이와 같은 문제해결의 방식을 생각하게 한다.

97

④ 회피집단은 개인이 소속되기를 원하지 않는 집단이다.

더 알아보기

열망집단(Aspirational Group)

개인이 그 집단 구성원의 가치, 규범 또는 행동을 본받기를 원하는 집단이다.

- 기대열망집단 : 개인이 장래 어느 시점에 참여하리라고 기대되는 집단
- 상징열망집단 : 개인이 속하리라고 기대하지 않은 집단
  - 회피집단(Dissociative Group) : 개인이 소속되기를 원하지 않는 집단
  - 부인집단(Disclaimant Group) : 개인이 어떤 집단에 속해 있지만 그 집단의 가치나 규범을 인정하지 않고 자기가 그 집단에 속한다는 것을 부인하는 경우

98

④ 불만호소행동은 크게 무행동, 사적 행동, 공적 행동으로 나눌 수 있다. 소비자는 이들 행동을 통해 특별한 행동을 하지 않거나 해당 제품 및 상표 그리고 판매자 등을 거절할 수도 있고 직접적인 보상이나 법적 조치를 취하는 등의 활동을 하는데 이는 모두 해당 상품의 재구매와 연관되어 있다.

더 알아보기

구매 후 평가

구매 전 기대와 구매 후 성능평가와의 비교과정을 통해서 기대불일치가 일어나면 불만족이 발생하고 기대가 일치되면 만족이 된다고 볼 수 있다. 기본적으로 소비자들의 구매 후에 나타나는 행동을 보면 제품이나 서비스의 사용경험 그리고 소비한 경험과 상관관계에 있을 수 있지만 심리적으로 소비자가 구매 전에 가지고 있던 선입관과 밀접하게 관련이 있다. 소비자가 구매 후 느낄 수 있었던 만족이나 불만족은 소비자가 그 제품에 대해서 기대했던 생각과 실제로 그 제품을 사용해 본 후 느끼는 생각이 어느 정도 근접하느냐에 달려 있다.

99

한계효용체감의 법칙

사람들은 첫 번째 냉수에서 시원하고 상쾌한 맛을 느낄 수 있다. 두 번째 잔까지는 어느 정도 효과가 있다. 세 번째 잔부터는 시원하고 상쾌한 맛의 느낌이 떨어지고 계속 마시면 더 이상 마시고 싶지 않은 상태에 이르게 된다. 그 한계효용은 점점 떨어져 0이나 (−)까지 된다. 이와 같이 재화를 한 단위 추가로 소비함에 따라 한계효용은 감소하는 경향을 한계효용체감의 법칙이라 한다.

더 알아보기

한계효용

재화를 소비함에 따라 얻어지는 욕구충족을 효용이라고 한다. 같은 재화를 여러 단위 소비할 경우 재화 한 단위를 추가로 소비함에 따라 얻어지는 총 효용의 증가분을 한계효용이라고 한다. 예를 들어 냉수를 한 잔 먹었을 때 얻은 효용이 100이고 두 잔째 먹었을 때 얻은 효용이 80, 세 잔째의 효용은 60이라고 가정하자. 이 경우 냉수 세 잔을 소비함으로써 얻은 총 효용은 240이고 냉수 한 잔을 소비한 데 따른 한계효용은 100, 두 잔째는 80, 세 잔째는 60이다.

100

④ 전통적인 상거래에서는 토지나 건물들의 구입이나 임대에서부터 상점 인테리어, 디스플레이 등 영업활동을 시작하는 데 거액의 자금이 필요한 반면 인터넷상거래는 누구나 인터넷 서버에 가입, 홈페이지 구축에 필요한 비교적 적은 비용으로 쉽게 영업활동을 시작할 수 있다. 사업비용의 감소는 제품가격을 낮추는 데 긍정적인 영향을 미쳐 소비자들은 양질의 제품을 보다 저렴하게 구입할 수 있다. 또한 진입장벽 역시 인터넷상거래가 전통적인 상거래보다 낮은 편이다.

더 알아보기

인터넷을 통한 전자상거래 시 주의사항

- 믿을 수 있는 기업과 거래한다.
- 광고의 내용을 확실히 이해한다.
- 신용정보나 개인적 정보를 제공할 때는 신중히 한다.
- 결정하기 전에 충분히 생각할 시간을 갖는다.
- 대금결제 시에는 현금·수표보다는 신용카드를 이용한다.
- 반드시 가격과 제품 상태를 확인한다.

제3회 2018년 정답 및 해설

소비자전문상담사 Consumer Adviser Junior

2018년 제3회 정답 및 해설

01	02	03	04	05	06	07	08	09	10	11	12	13	14	15
③	④	②	④	④	①	④	②	③	②	③	②	①	④	①
16	17	18	19	20	21	22	23	24	25	26	27	28	29	30
②	③	①	③	②	②	①	③	④	①	②	②	③	④	③
31	32	33	34	35	36	37	38	39	40	41	42	43	44	45
④	③	②	②	③	①	④	③	①	④	④	③	③	③	②
46	47	48	49	50	51	52	53	54	55	56	57	58	59	60
④	③	④	③	②	②	①	③	④	④	②	②	④	①	①
61	62	63	64	65	66	67	68	69	70	71	72	73	74	75
③	③	③	③	③	④	④	④	②	④	②	②	①	②	③
76	77	78	79	80	81	82	83	84	85	86	87	88	89	90
①	①	③	③	①	④	③	②	③	③	④	③	④	②	②
91	92	93	94	95	96	97	98	99	100					
④	③	②	③	①	③	③	①	②	③					

제1과목 소비자상담 및 피해구제

01

③ 상담사는 목소리 톤에 변화를 주어야 한다. 목소리 톤에 변화를 주는 것은 소비자의 관심을 유도하고 상담에 집중시킬 수 있다.

더 알아보기

전화상담기술

- 목소리 톤에 변화를 주어야 한다.
- 상담자는 메시지가 정확하게 전달되도록 말의 속도에 유의하여야 한다.
- 상담자는 자신의 목소리의 크기를 알 수 없으므로 이를 특별히 신경 써서 적절한 음량을 내야 해야 한다.
- 정확한 메시지 전달을 위하여 정확한 발성을 해야한다.
- 소비자의 말을 듣는 것에 신경을 집중시켜야 한다.
- 소비자가 자신의 말을 경청하고 있음을 인식시키는 것이 필요하다.
- 소비자로부터 받은 중요한 용건이나 숫자를 복창하여 소비자에게 확인을 시켜주어야 한다.
- 오른손으로 글을 쓰는 사람은 왼손으로 전화를 받고 왼손으로 글을 쓰는 사람은 그 반대로 전화를 받아 통화 중에 필기가 가능하도록 해야 한다.
- 전화 받는 주위를 깨끗하게 정리하여 소비자의 말에 집중할 수 있도록 한다.

02

④ 구매 시 상담에 해당하는 내용이다.

더 알아보기

구매 전 상담의 필요성

- 현대는 기업이 소비를 활성화하고 구매를 유도해야 할 때이다. 그러므로 소비생활의 전반에 관련된 다양한 정보와 조언을 제공함으로써 소비자의 질적 향상을 도모하여야 한다.

- 기술적으로 복잡한 제품이 계속적으로 쏟아져 나오고 쇼핑문화도 빠르게 변화하고 있다. 이러한 제품의 홍수 속에서 현명한 소비생활을 영위할 수 있도록 소비자에게 올바른 정보를 제공해야 한다.
- 소비자들이 지불한 화폐가치를 획득하는 것이 어려운 경우가 많으므로 구매 전 상담을 통해서 정보를 제공받아야 한다.

03

② 품질보증기간은 소비자가 물품 등을 구입하거나 제공받은 날부터 기산한다. 다만, 계약일과 인도일(용역의 경우에는 제공일을 말함)이 다른 경우에는 인도일을 기준으로 하고 교환받은 물품 등의 품질보증기간은 교환받은 날부터 기산한다(소비자기본법 시행령 제4호 라목).

더 알아보기

매도인의 담보책임

- 매도인이 매매의 목적물에 하자가 있어서 재산권의 전부 또는 일부를 매수인에게 이전할 수 없거나 재산권의 객체인 물건에 하자가 있는 경우에 매수인에 대하여 부담하는 책임을 말한다.
- 매도인이 부담하여야 할 담보책임과 관련해 매수인에게 일정한 요건하에서 계약해제권・대금감액청구권・손해배상청구권・완전물급부청구권 등이 주어진다.

04

④ 내담자의 마음을 미리 짐작하거나 읽으려고 할 때 내담자가 당황하거나 불쾌감을 갖기도 한다.

더 알아보기

경청을 방해하는 요인으로 다른 사람과의 비교, 내담자의 마음 읽기, 다음에 자신이 말할 내용 준비하기, 걸러듣기, 미리 판단하기, 공상하기, 자기 경험과 관련짓기, 충고하기, 언쟁하기, 자기만 옳다고 주장하기, 주제 이탈하기, 비위맞추기 등이 있다.

05

④ 재화 등의 내용을 확인하기 위하여 포장 등을 훼손한 경우에 한하여 청약철회를 할 수 있다(방문판매 등에 관한 법률 제8조 제2항 제1호 단서).

더 알아보기

청약철회 등(방문판매 등에 관한 법률 제8조 제2항)

소비자는 다음의 어느 하나에 해당하는 경우에는 방문판매자 등의 의사와 다르게 청약철회 등을 할 수 없다. 다만, 방문판매자 등이 청약철회 등을 할 수 없는 재화 등의 경우 그 사실을 재화 등의 포장이나 그 밖에 소비자가 쉽게 알 수 있는 곳에 분명하게 표시하거나 시용(試用) 상품을 제공하는 등의 방법으로 청약철회 등의 권리행사가 방해받지 아니하도록 조치를 하지 아니한 경우에는 제2호부터 제4호까지의 규정에 해당하더라도 청약철회 등을 할 수 있다.

- 소비자에게 책임이 있는 사유로 재화 등이 멸실되거나 훼손된 경우. 다만, 재화 등의 내용을 확인하기 위하여 포장 등을 훼손한 경우는 제외(제1호)
- 소비자가 재화 등을 사용하거나 일부 소비하여 그 가치가 현저히 낮아진 경우(제2호)
- 시간이 지남으로써 다시 판매하기 어려울 정도로 재화 등의 가치가 현저히 낮아진 경우(제3호)
- 복제할 수 있는 재화 등의 포장을 훼손한 경우(제4호)
- 그 밖에 거래의 안전을 위하여 대통령령으로 정하는 경우(제5호)

06

① 소비자와 사업자 간의 상호교섭에 의한 소비자 피해구제는 가장 많이 이용되고 있는 것으로 소비자가 적절한 보상을 받을 수만 있다면 가장 바람직한 피해구제 방법이라고 할 수 있다.

더 알아보기

피해구제의 처리로는 수리, 교환, 환불, 배상, 취하, 중지 등이 있다.

07

④ 할인판매된 물품 등을 교환하는 경우에는 그 정상가격과 할인가격의 차액에 관계없이 교환은 같은 종류의 물품 등으로 하되 같은 종류의 물품 등으로 교환하는 것이 불가능한 경우에는 같은 종류의 유사물품 등으로 교환한다. 다만, 같은 종류의 물품 등으로 교환하는 것이 불가능하고 소비자가 같은 종류의 유사물품 등으로 교환하는 것을 원하지 아니하는 경우에는 환급한다(소비자기본법 시행령 제1호 마목).

더 알아보기

소비자분쟁해결기준은 크게 일반적 소비자분쟁해결기준과 품목별 소비자분쟁해결기준으로 구분하는데 공정거래위원회는 일반적 소비자분쟁해결기준에 따라 품목별 소비자분쟁해결기준을 제정하여 고시할 수 있다.

08

② 구매 후 소비자상담에 대한 설명으로 구매 후 소비자상담은 혹시 발생할지도 모르는 소비자 불만을 사전에 예방하는 차원에서 대단히 효과적인 방법이다.

더 알아보기

상담내용에 따른 구매 후 상담의 분류

- 불만처리 상담 : 소비자의 불만제기·처리요구에 대한 관련 정보, 상품이나 서비스 정보, 불만처리 방법이나 보상절차 등을 사실대로 사례를 제시하여 설명해 주고 피해보상기구나 전문기관을 안내해서 소비자 스스로 해결하거나 외부전문가의 도움을 받아 해결하도록 상담해 주는 것이다.
- 피해구제 : 소비자가 일상생활에서 제품·서비스를 구매한 후 신체적·정신적·경제적 피해를 입었을 경우 해당 기업체와 소비자 간에 합의하여 해결하거나 합의가 되지 않을 경우 피해보상기준과 관련 법규에 따라 합의권고(중재)하여 소비자피해를 금전적·물질적으로 구제해 주는 것이다.
- 기타 상담 : 한국소비자원의 경우 대부분 직접 상담처리해 주는데 처리가 어려운 미묘한 사건들, 법률적 문제들은 외부전문기관을 알선해 주는 등 접수된 불만은 어떠한 형태로든지 해결해 주고 있다.

09

③ 소비자분쟁해결기준에 명시된 내용 중 신용카드와 관련하여 신용카드 분실·도난신고를 통지한 날로부터 60일 전 이후에 제3자가 부정사용한 경우, 발급카드 수령 전 제3자에게 전달되어 부정사용된 경우에 한해 과실상계가 적용된다.

더 알아보기

- 신용카드 분실·도난신고를 통지한 날로부터 60일 전 이후에 제3자가 부정사용한 경우에는 소비자에게 귀책사유가 있는 경우(신용카드회원 약관에 규정) 과실상계가 가능하다.
- 발급카드 수령 전 제3자에게 전달되어 부정사용된 경우에는 회원이 카드 미수령에 따른 사고발생 사실(타인수령 등)을 인지하였으나 카드사에 신고를 지연함으로써 부정사용대금이 발생한 경우 과실상계가 가능하다.

10

② 일반게시판을 이용한 상담은 공개적으로 이루어진다.

더 알아보기

게시판을 이용한 상담의 특성

- 공개적으로 이루어진다.
- 다른 소비자들도 게시판 내용을 읽고 유사한 자신의 문제를 해결할 수 있다.
- 상담원이 아닌 인터넷상담실을 찾는 다른 참여자들도 자신들의 의견을 올릴 수 있다.
- 상담 시 소비자의 신원이나 얼굴이 밝혀지지 않는다.

11

③ 일반적으로 제품의 제조에 관한 기술, 노하우 등에 관한 정보는 기업 기밀과 관련이 있기 때문에 함부로 요구할 수 없다.

더 알아보기

구매 후 소비자상담

소비자가 재화와 서비스를 사용하고 이용하는 과정에서 소비자의 욕구와 기대에 어긋났을 때 발생하는 모든 일들을 도와주는 상담을 말한다.

12

② 기업의 소비자상담실에서의 소비자상담사의 역할이다.

더 알아보기

현재 대표적인 민간소비자단체로는 한국소비자단체협의회, 한국 YWCA 연합회, 한국부인회, (사)소비자시민모임, 소비자공익네트워크, 한국소비자연맹, 한국 YMCA 전국연맹 시민중계실, 한국소비자교육원, 소비자교육중앙회, 한국여성소비자연합, 녹색소비자연대 등이 있다.

13

②·③·④ 기업에서 수행하는 소비자상담 관련 활동이다.

더 알아보기

소비자기본법에 따르면 지방자치단체는 기본적으로 소비자보호를 추구하기 위한 조례를 제정하여야 하며 필요한 행정조직을 정비하여 소비자 지원활동을 펼쳐야 한다. 또한 소비자정책을 수립하여야 하며 소비자단체들의 활동을 지원하고 육성할 책임이 있다. 따라서 지방자치단체는 소비자정책의 실현수단으로 소비자문제 관련 부서를 설치·운영하고 있다.

14

① 직접판매의 경우 따로 청약철회제도가 없다.
② 통신판매 – 7일
③ 전화권유판매 – 14일

더 알아보기

청약철회 등(방문판매 등에 관한 법률 제8조 제1항)

방문판매 또는 전화권유판매(이하 "방문판매 등"이라 한다)의 방법으로 재화 등의 구매에 관한 계약을 체결한 소비자는 다음의 기간(거래 당사자 사이에 다음의 기간보다 긴 기간으로 약정한 경우에는 그 기간) 이내에 그 계약에 관한 청약철회 등을 할 수 있다.

- 계약서를 받은 날부터 14일. 다만, 그 계약서를 받은 날보다 재화 등이 늦게 공급된 경우에는 재화 등을 공급받거나 공급이 시작된 날부터 14일
- 다음의 어느 하나의 경우에는 방문판매자 등의 주소를 안 날 또는 알 수 있었던 날부터 14일
  - 계약서를 받지 아니한 경우
  - 방문판매자 등의 주소 등이 적혀 있지 아니한 계약서를 받은 경우
  - 방문판매자 등의 주소 변경 등의 사유로 14일 이내에 청약철회 등을 할 수 없는 경우
- 계약서에 청약철회 등에 관한 사항이 적혀 있지 아니한 경우에는 청약철회 등을 할 수 있음을 안 날 또는 알 수 있었던 날부터 14일
- 방문판매업자 등이 청약철회 등을 방해한 경우에는 그 방해 행위가 종료한 날부터 14일

15

② 기업에서 소비자상담실의 역할은 확대되고 있는 추세이다.
③ 기업에서 소비자상담실은 수익을 창출하는 데 어느 정도 역할을 한다.
④ 기업의 소비자상담은 오프라인 뿐만 아니라 온라인을 통해서도 많은 활동을 해야 한다.

더 알아보기

기업의 소비자상담부서의 개선방향

- 상담실 부서의 배치나 권한 그리고 업무종사자들의 회사 내에서의 위치가 보장되어야 한다.
- 최고경영자의 전폭적인 지지를 통하여 상담실 업무가 체계적으로 수행되고 최고경영자에게로 보고단계가 축소되어 고객들의 소리가 여과 없이 전달되는 구조가 되어야 한다.
- 소비자만족경영을 위한 사내・외 교육이 활성화되어 소비자의 만족이 기업의 수익에 직결된다는 풍토가 조직문화로 수용되어야 한다.
- 소비자의 근접성을 위하여 상담실은 건물의 저층에 위치하여야 한다. 그리고 고객들이 쉬어갈 수 있는 편의시설이 갖추어져야 한다.
- 소비자의 불만이 개선될 수 있도록 모든 것이 기록되어 관리되어야 하며 소비자불만의 개선여부가 항시 평가되고 환류되는 시스템을 갖추어야 한다.

16

① 인터넷 상담의 경우 인터넷이 연결된 장소에서만 상담이 가능한 반면 전화 상담의 경우에는 휴대전화를 이용해 장소의 제한 없이 어디서든 상담이 가능하다.
③ 인터넷 상담의 경우 인터넷을 이용할 줄 모르면 상담이 불가능하지만 전화 상담의 경우에는 남녀노소 누구나 상담이 가능하다.
④ 인터넷 상담의 경우 답변이나 처리의 결과에 수일이 걸릴 수 있지만 전화 상담의 경우 대부분 신속한 상담이 가능하다.

더 알아보기

인터넷 상담의 특성

- 제1설 : 독특성, 익명성, 통신언어의 특수성, 상담의 용이성, 복수상담의 가능, 상담의 경제성, 소비자의 상담주도성, 방대한 정보제공 기능 등을 든다.
- 제2설 : 편리성, 효율성, 익명성, 정보축적의 용이성, 정보제공상담이나 구매 전 상담에 효과적이다.

17

③ 소비자의 질문에 대해 비판하지 않는다.

더 알아보기

소비자의 구체적 욕구를 파악하기 위한 질문기법

- 상대방의 말을 비판하지 않을 것
- 가능하면 긍정적인 질문을 할 것
- 구체적으로 질문할 것
- 더 좋은 서비스를 제공하기 위해 소비자가 확실히 원하는 것을 찾아내는 질문을 할 것

18

① 신용카드사의 경우 매달 다양한 혜택을 주거나 할인 이벤트 등을 함으로써 고객만족경영을 하고 있고 이는 단기적인 관점에서 기업 경영의 성과를 높여주는 요인이 되기도 한다.

더 알아보기

고객만족경영

고객만족경영은 어디까지나 고객의 입장에서 경영을 객관적으로 보고 고객의 만족을 추구하는 경영이므로 회사의 입장에서 경영의 수단으로 고객을 보는 것이 아니다. 기업은 지속적인 이윤창출을 위해서 신규고객을 유치하고 붙잡은 고객의 만족수준을 높여 고객의 애호도를 증가시켜야 한다.

19

③ 어려운 주제에 대해 상담해야 하는 경우 소비자의 수준에 맞는 어휘를 사용하여 대화한다.

더 알아보기

효과적인 의사소통 중 말하기기술

- 부드러운 인사말로 시작한다.
- 경어를 사용한다.
- 표준말을 사용한다.
- 명확하게 발음한다.
- 단정적인 말은 삼가는 것이 좋다.
- 소비자 수준에 맞는 어휘를 사용해야 한다.
- 말을 적게 하는 것이 효과적이다.
- 말의 속도를 잘 조절해야 한다.
- 음성의 크기와 고저를 조절해야 한다.
- 긍정적인 말을 하는 것이 좋다.
- 말하면서 참고자료를 충분히 활용한다.

20

② 300,000원 × 0.8 × (3 / 5) = 240,000 × 0.6 = 144,000원

더 알아보기

결혼중개업의 분쟁해결기준(품목별 소비자분쟁해결기준 2021.05.26. 개정)

- 사업자의 귀책사유로 인한 계약 해제 및 해지
  - 회원가입계약 성립 후 정보(프로필) 제공 전에 해지된 경우 : 가입비 환급 및 가입비의 10% 배상
  - 정보(프로필) 제공 후 만남일자 확정 전에 해지된 경우 : 가입비 환급 및 가입비의 15% 배상
  - 만남일자 확정 후에 해지 된 경우 : 가입비 환급 및 가입비의 20% 배상
  - 1회 만남 후 해지된 경우 : 가입비 × (잔여 횟수/총횟수) + 가입비의 20% 환급
  - 첫 번째 만난 상대방이 계약서상 기재된 소비자의 우선 희망 조건에 부합하지 않아 해지된 경우 : 가입비 환급 및 가입비의 20% 배상
- 소비자의 계약해제 및 해지
  - 회원가입계약 성립 후 정보(프로필) 제공 전에 해지된 경우 : 가입비의 90% 환급
  - 정보(프로필) 제공 후 만남일자 확정 전에 해지된 경우 : 가입비의 85% 환급
  - 만남일자 확정 후에 해지된 경우 : 가입비의 80% 환급
  - 1회 만남 후 해지된 경우 : 가입비의 80% × (잔여 횟수/총횟수)환급

21

② 기업의 소비자상담사에게 요구되는 일반적인 역량에 해당한다.

더 알아보기

소비자상담사의 전문적인 능력

- 소비자 문제해결에 필요한 지식을 갖추어야 한다.
- 커뮤니케이션과 상담능력이 있어야 한다.
- 상담의 핵심원리를 이해하여야 한다.
- 소비자를 도우려는 노력이 있어야 한다.
- 소비자보호제도와 관련 법률에 대한 지식이 있어야 한다.
- 관련 기관과의 교섭능력이 있어야 한다.
- 고객만족경영을 추구하여야 한다.

22

인바운드 소비자상담의 일반적인 순서

- 고객 문의내용 파악 : 고객으로부터 상담전화를 받는 단계로 고객이 무슨 이유로 상담을 원하는지 파악하는 단계이다.
- 고객 상황 탐색 : 해당 이유로 인해 현재 고객이 어떤 피해를 당했고 감정이 어떤 상태이며 어떤 해결책을 원하는지 다양한 측면에서 고객의 상황을 탐색하는 단계이다.
- 해결방안 제시 : 각각의 고객 상황에 맞는 해결책을 제시해 주는 단계이다.
- 요약 및 종결 : 고객의 문제가 해결되어 모든 상담이 완료된 단계이다.

더 알아보기

인바운드 상담기법

일반적으로 전화통화로 이루어지며 고객으로부터 전화가 와서 상담한다. 인바운드 텔레마케팅은 상품수주, 상품개발이나 서비스 개선을 위한 고객의 의견과 제안 등을 얻을 수 있으며 고객 불만이나 문제해결을 도와주는 여러 가지 역할을 한다. 기업의 고객상담실에서

의 전화상담이 바로 인바운드 텔레마케팅의 대표적인 기법이다.

23

- 협상 : 당사자 간에 대화를 통해 서로의 요구를 충족시키고 문제를 해결해 나가는 행위
- 조정 : 제3자가 나서 당사자 간의 요구나 문제를 해결하고 풀도록 돕는 행위
- 중재 : 조정과 비슷하지만 구속력을 갖고 당사자 간의 요구나 문제를 해결하도록 돕는 행위
- 판결 : 법원에서 당사자 간의 문제에 대해 잘잘못을 따지고 해결하는 행위

24

소비자분쟁해결기준상 제시된 품목별 품질보증기간 및 부품보유기간(소비자분쟁해결기준 별표Ⅲ)에 의하면 보일러의 품질보증기간은 2년, 부품보유기간은 8년으로 명시되어 있다.

더 알아보기

부품보유기간의 기산

해당 제품의 제조일자(제조연도 또는 제조연월만 기재된 경우 제조연도 또는 제조월의 말일을 제조일자로 봄)를 기산점으로 한다. 다만, 자동차는 동일한 형식의 자동차를 최종 판매한 날부터 기산한다.

25

① 소비자상담 시 전화응대를 할 경우 상담사는 최대한 친절하게 소비자의 문제 및 불만에 대해 신속하면서도 정확한 안내 및 상담을 해야 한다.

제2과목 소비자관련법

26

② 소비자는 소비자에게 책임이 있는 사유로 재화 등이 멸실되거나 훼손된 경우에는 통신판매업자의 의사에 반하여 청약철회 등을 할 수 없다. 다만, 재화 등의 내용을 확인하기 위하여 포장 등을 훼손한 경우는 제외한다(전자상거래 등에서의 소비자보호에 관한 법률 제17조 제2항 제1호 참조).

27

적용제외(할부거래에 관한 법률 제3조 및 동법 시행령 제4조 참조)

이 법은 다음의 거래에는 적용하지 아니한다.

- 사업자가 상행위를 위하여 재화 등의 공급을 받는 거래. 다만, 사업자가 사실상 소비자와 같은 지위에서 다른 소비자와 같은 거래조건으로 거래하는 경우는 적용한다.
- 성질상 이 법을 적용하는 것이 적합하지 아니한 것으로서 대통령령으로 정하는 다음 재화 등의 거래
  - 농산물 · 수산물 · 축산물 · 임산물 · 광산물로서 통계법에 따라 작성한 한국표준산업분류표상의 제조업에 의하여 생산되지 아니한 것
  - 약사법에 따른 의약품
  - 보험업법에 따른 보험
  - 자본시장과 금융투자업에 관한 법률에 따른 증권 및 어음
  - 부동산

28

금전채무불이행에 대한 특칙(민법 제397조)

- 금전채무불이행의 손해배상액은 법정이율에 의한다. 그러나 법령의 제한에 위반하지 아니한 약정이율이 있으면 그 이율에 의한다.
- 위의 손해배상에 관하여는 채권자는 손해의 증명을 요하지 아니하고 채무자는 과실없음을 항변하지 못한다.

29

① 고객에게 부당하게 과중한 지연 손해금 등의 손해배상 의무를 부담시키는 약관 조항은 무효로 한다(약관의 규제에 관한 법률 제8조).

② 상당한 이유 없이 사업자의 손해배상 범위를 제한하거나 사업자가 부담하여야 할 위험을 고객에게 떠넘기는 조항은 무효로 한다(약관의 규제에 관한 법률 제7조 제2호).

③ 법률에 따른 고객의 해제권 또는 해지권을 배제하거나 그 행사를 제한하는 조항은 무효로 한다(약관의 규제에 관한 법률 제9조 제1호).

30

③ 위의 내용은 공정거래위원회의 불공정약관조항에 대한 심사 및 조사와 관련된 설명이다.

31

① 품질에 하자가 있을 경우 사업자는 무상수리 → 교환 → 환급의 순으로 해결을 하고 수리가 불가능할 경우 교환을 해 주어야 한다. 맞춤복의 원부자재 불량 시에는 수리, 재맞춤, 환급 등을 해 주어야 하며 이 경우 원부자재를 선정한 맞춤업자는 원부자재업자와 연대하여 책임을 져야 한다. 배상 시에는 맞춤복 원부자재 불량의 경우 공임까지 배상한다.

② 교환 시에는 동일가격, 동일제품 교환을 원칙으로 하며 상하 일착인 경우 한쪽에만 이상이 있어도 일착으로 처리한다.

③ 교환 또는 환급은 구입가격기준을 원칙으로 한다. 단 품질보증기간 이내 제품은 구입가 환급, 품질보증기간 경과 제품은 감가(세탁업배상비율표 적용)한다.

32

개별 약정의 우선(약관의 규제에 관한 법률 제4조)

약관에서 정하고 있는 사항에 관하여 사업자와 고객이 약관의 내용과 다르게 합의한 사항이 있을 때에는 그 합의 사항은 약관보다 우선한다.

33

면책사유(제조물 책임법 제4조 제1항)

제조물 책임에 따라 손해배상책임을 지는 자가 다음의 어느 하나에 해당하는 사실을 입증한 경우에는 이 법에 따른 손해배상책임을 면한다.

- 제조업자가 해당 제조물을 공급하지 아니하였다는 사실
- 제조업자가 해당 제조물을 공급한 당시의 과학·기술 수준으로는 결함의 존재를 발견할 수 없었다는 사실
- 제조물의 결함이 제조업자가 해당 제조물을 공급한 당시의 법령에서 정하는 기준을 준수함으로써 발생하였다는 사실
- 원재료나 부품의 경우에는 그 원재료나 부품을 사용한 제조물 제조업자의 설계 또는 제작에 관한 지시로 인하여 결함이 발생하였다는 사실

34

- 원장은 피해구제의 신청 규정에 따라 피해구제의 신청을 받은 날부터 30일 이내에 합의권고의 규정에 따른 합의가 이루어지지 아니하는 때에는 지체 없이 소비자분쟁조정위원회의 설치 규정에 따른 소비자분쟁조정위원회에 분쟁조정을 신청하여야 한다. 다만, 피해의 원인규명 등에 상당한 시일이 요구되는 피해구제신청사건으로서 대통령령이 정하는 사건에 대하여는 60일 이내의 범위에서 처리기간을 연장할 수 있다(소비자기본법 제58조 참조).
- 조정위원회는 처리기간 또는 분쟁조정의 규정에 따라 분쟁조정을 신청 받은 때에는 그 신청을 받은 날부터 30일 이내에 그 분쟁조정을 마쳐야 한다. 조정위원회는 정당한 사유가 있는 경우로서 30일 이내에 그 분쟁조정을 마칠 수 없는 때에는 그 기간을 연장할 수 있다. 이 경우 그 사유와 기한을 명시하여 당사자 및 그 대리인에게 통지하여야 한다(소비자기본법 제66조 참조).

35

① 거짓·과장의 표시·광고는 사실과 다르게 표시·광고하거나 사실을 지나치게 부풀려 표시·광고하는 것으로 한다(표시·광고의 공정화에 관한 법률 시행령 제3조 제1항).

② 기만적인 표시·광고는 사실을 은폐하거나 축소하는 등의 방법으로 표시·광고하는 것으로 한다(표시·광고의 공정화에 관한 법률 시행령 제3조 제2항).

④ 부당하게 비교하는 표시·광고는 비교 대상 및 기준을 분명하게 밝히지 아니하거나 객관적인 근거 없이 자기 또는 자기의 상품이나 용역(상품 등이라 한다)을 다른 사업자 또는 사업자단체(사업자 등이라 한다)나 다른 사업자 등의 상품 등과 비교하여 우량 또는 유리하다고 표시·광고하는 것으로 한다(표시·광고의 공정화에 관한 법률 시행령 제3조 제3항).

36

할부거래와 통신판매의 경우 청약철회 행사기간은 7일이고 방문판매와 다단계판매의 경우 청약철회 행사기간은 14일이다.

37

④ 할부거래업자는 소비자가 청약을 철회한 경우 공급받은 재화 등의 반환에 필요한 비용을 부담하며 소비자에게 청약의 철회를 이유로 위약금 또는 손해배상을 청구할 수 없다(할부거래에 관한 법률 제10조 제10항).

38

• 선불식 할부계약이란 계약의 명칭・형식이 어떠하든 소비자가 사업자로부터 다음의 어느 하나에 해당하는 재화 등의 대금을 2개월 이상의 기간에 걸쳐 2회 이상 나누어 지급하고 재화 등의 공급은 대금의 전부 또는 일부를 지급한 후에 받기로 하는 계약을 말한다(할부거래에 관한 법률 제2조 제2호).
  – 장례 또는 혼례를 위한 용역(제공시기가 확정된 경우는 제외한다) 및 이에 부수한 재화
  – 위에 준하는 소비자피해가 발생하는 재화 등으로서 소비자의 피해를 방지하기 위하여 대통령령으로 정하는 재화 등

• 할부계약이란 계약의 명칭・형식이 어떠하든 재화나 용역(일정한 시설을 이용하거나 용역을 제공받을 수 있는 권리를 포함한다. 이하 재화 등이라 한다)에 관한 다음의 계약(선불식 할부계약에 해당하는 경우는 제외한다)을 말한다(할부거래에 관한 법률 제2조 제1호).
  – 소비자가 사업자에게 재화의 대금이나 용역의 대가(재화 등의 대금이라 한다)를 2개월 이상의 기간에 걸쳐 3회 이상 나누어 지급하고 재화 등의 대금을 완납하기 전에 재화의 공급이나 용역의 제공(재화 등의 공급이라 한다)을 받기로 하는 계약(직접할부계약이라 한다)
  – 소비자가 신용제공자에게 재화 등의 대금을 2개월 이상의 기간에 걸쳐 3회 이상 나누어 지급하고 재화 등의 대금을 완납하기 전에 사업자로부터 재화 등의 공급을 받기로 하는 계약(이하 간접할부계약이라 한다)

39

시정조치(표시・광고의 공정화에 관한 법률 제7조 제1항)
공정거래위원회는 사업자 등이 부당한 표시・광고 행위를 하는 경우에는 그 사업자 등에 대하여 그 시정을 위한 다음의 조치를 명할 수 있다.

• 해당 위반행위의 중지
• 시정명령을 받은 사실의 공표
• 정정광고
• 그 밖에 위반행위의 시정을 위하여 필요한 조치

40

재화 등의 훼손에 대하여 소비자의 책임이 있는지 여부, 재화 등의 구매에 관한 계약이 체결된 사실 및 그 시기, 재화 등의 공급사실 및 그 시기 등에 관하여 다툼이 있는 경우에는 통신판매업자가 이를 증명하여야 한다(전자상거래 등에서의 소비자보호에 관한 법률 제17조 제5항).

41

④ 행위무능력자가 체결한 계약은 취소사유가 된다. 다만 행위무능력자가 속임수로써 자기를 능력자로 믿게 한 경우나 속임수로써 법정대리인의 동의가 있는 것으로 믿게 한 경우 그 행위를 취소할 수 없다.

42

후원방문판매업자가 후원방문판매원에게 공급한 재화 등의 100분의 70 이상을 판매원이 아닌 소비자에게 판매한 경우에는 대통령령으로 정하는 바에 따라 제20조(후원수당의 지급기준 등) 제3항, 제23조(금지행위) 제1항 제8호・제9호 및 제37조(소비자피해보상보험계약 등)를 적용하지 아니한다(방문판매 등에 관한 법률 제29조 제2항).

43

③ 소비자피해보상보험계약 등에 따라 소비자피해보상금을 지급할 의무가 있는 자는 그 지급사유가 발생한 경우에는 지체 없이 이를 지급하여야 하고 이를 지연한 경우에는 지연배상금을 지급하여야 한다(방문판매 등에 관한 법률 제37조 제4항).

44

③ 국가 또는 지방자치단체는 등록 소비자단체의 건전한 육성・발전을 위하여 필요하다고 인정될 때에는 보조금을 지급할 수 있다(소비자기본법 제32조).

45

② 미성년자가 법률행위를 함에는 법정대리인의 동의를 얻어야 한다. 그러나 권리만을 얻거나 의무만을 면하는 행위는 그러하지 아니하다(민법 제5조 제1항).

46

① 통신판매업자는 소비자가 계약체결 전에 재화 등에 대한 거래조건을 정확하게 이해하고 실수나 착오 없이 거래할 수 있도록 관련 사항을 적절한 방법으로 표시・광고하거나 고지하여야 한다(전자상거래 등에서의 소비자보호에 관한 법률 제13조 제2항 전단 참조).

② 통신판매업자는 청약을 받은 재화 등을 공급하기 곤란하다는 것을 알았을 때에는 지체 없이 그 사유를 소비자에게 알려야 하고, 선지급식 통신판매의 경우에는 소비자가 그 대금의 전부 또는 일부를 지급한 날부터 3영업일 이내에 환급하거나 환급에 필요한 조치를 하여야 한다(동법 제15조 제2항).
③ 통신판매업자는 계약이 체결되면 계약자에게 관련 사항이 기재된 계약내용에 관한 서면을 재화 등을 공급할 때까지 교부하여야 한다(동법 제13조 제2항 후단 참조).

47

소비자의 기한의 이익 상실(할부거래에 관한 법률 제13조 제1항)
- 할부금을 다음 지급기일까지 연속하여 2회 이상 지급하지 아니하고 그 지급하지 아니한 금액이 할부가격의 100분의 10을 초과하는 경우
- 국내에서 할부금 채무이행 보증이 어려운 경우로서 대통령령으로 정하는 경우

48

시정조치 등(전자상거래 등에서의 소비자보호에 관한 법률 제32조 제2항)
- 해당 위반행위의 중지
- 이 법에 규정된 의무의 이행
- 시정조치를 받은 사실의 공표
- 소비자피해 예방 및 구제에 필요한 조치
- 그 밖에 위반행위의 시정을 위하여 필요한 조치

49

소비자의 기본적 권리(소비자기본법 제4조)
소비자는 다음의 기본적 권리를 가진다.
- 물품 또는 용역(이하 물품 등이라 한다)으로 인한 생명·신체 또는 재산에 대한 위해로부터 보호받을 권리
- 물품 등을 선택함에 있어서 필요한 지식 및 정보를 제공받을 권리
- 물품 등을 사용함에 있어서 거래상대방·구입장소·가격 및 거래조건 등을 자유로이 선택할 권리
- 소비생활에 영향을 주는 국가 및 지방자치단체의 정책과 사업자의 사업활동 등에 대하여 의견을 반영시킬 권리
- 물품 등의 사용으로 인하여 입은 피해에 대하여 신속·공정한 절차에 따라 적절한 보상을 받을 권리
- 합리적인 소비생활을 위하여 필요한 교육을 받을 권리
- 소비자 스스로의 권익을 증진하기 위하여 단체를 조직하고 이를 통하여 활동할 수 있는 권리
- 안전하고 쾌적한 소비생활 환경에서 소비할 권리

50

임시중지명령(표시·광고의 공정화에 관한 법률 제8조 제1항)
공정거래위원회는 표시·광고 행위가 다음 모두에 해당하는 경우에는 사업자 등에 대하여 그 표시·광고행위를 일시 중지할 것을 명할 수 있다.
- 표시·광고 행위가 제3조(부당한 표시·광고행위의 금지) 제1항을 위반한다고 명백하게 의심되는 경우
- 그 표시·광고 행위로 인하여 소비자나 경쟁사업자에게 회복하기 어려운 손해가 발생할 우려가 있어 이를 예방하기 위하여 긴급히 필요하다고 인정되는 경우

제3과목 소비자교육 및 정보제공

51

① 특정 제품에 대한 내용이나 정보를 모아 놓고 그것을 필요로 하는 소비자들이 언제든지 접속하여 확인할 수 있도록 만들어 놓은 웹상의 정보 집합체
③ 어떤 제품 및 내용이나 정보에 대해 각각의 소비자들이 표현하는 간략한 입장이나 후기 등
④ 소비자가 어떤 정보를 얻기 위해 해당 사이트를 접속했을 때 가장 먼저 보이는 웹상의 페이지

더 알아보기

소비자정보의 원천

소비자정보를 획득하는 방법은 크게 정보탐색에 의한 방법과 정보흡수에 의한 방법으로 구분할 수 있고 소비자정보가 제공되는 원천으로 광고나 제품 자체 또는 판매원과 같은 마케터들이 있다. 하지만 최근 디지털 사회에 접어들어 인터넷이라는 새로운 매체가 등장함에 따라 이러한 소비자정보제공의 제공·획득·활용의 방식이 혁명적으로 변화할 수 있게 되었다. 유용한 소비자의 정보를 제공하는 영리·비영리의 인터넷 홈페이지들이 하루가 다르게 생겨나고 있기 때문이다.

52

① 소비자에게는 소비자로서의 역할을 인식시켜야 한다.

더 알아보기

일리노이주 교육위원회에서 발표한 소비자교육의 목표

- 자신의 의견을 표현할 수 있는 소비자가 되는 것
- 사회에서 소비자로서 수행해야만 하는 책임과 권리를 이해하는 것
- 자원을 이용할 때 깊은 통찰력을 가지게 하는 것
- 개개인의 가치관과 목표를 바탕으로 하여 의사결정을 할 수 있는 능력을 익히는 것
- 의사결정을 할 때 비판적 사고를 근거로 하여 여러 가지 정보를 이용할 수 있는 것
- 현대 경제사회에서의 개인에게는 소비자, 노동자, 시민으로서의 역할이 있다는 점을 이해할 수 있도록 하는 것
- 가정생활에서도 소비자–시민임을 자각하고 행동할 수 있도록 하는 것

53

③ 반복학습은 성인 소비자교육과는 거리가 멀다.

더 알아보기

성인 소비자교육의 원리

- 자발학습의 원리
- 자기주도적 학습의 원리
- 상호학습의 원리
- 현실성의 원리
- 다양성의 원리
- 능률성의 원리
- 참여 교육의 원리
- 유희 및 오락성의 원리

54

④ 품질정보에 대한 설명이다.

더 알아보기

환경관련정보

최근 환경보전에 대한 사회적 관심의 증가와 소비자들의 힘으로 환경을 지키려는 노력들로 인해 과거에는 그다지 관심을 끌지 못했던 상품의 환경관련정보에 대한 중요성이 점점 커지고 있다. 이를 위하여 상품의 환경마크표시를 강조하여 구매를 촉진하기도 하며 리필제품의 소비도 늘어나고 있다.

55

④ 학습자 개개인의 문제해결보다 대다수 소비자들이 가질 수 있는 전반적인 문제를 해결해 줄 수 있는지 여부가 중요하다.

더 알아보기

소비자교육 프로그램 실행방법 선정 시 고려해야 할 원리

- 다양성의 원리 : 소비자교육은 동기를 유발시키고 주의를 집중시키며 계속적인 흥미와 관심을 끌고 적극적인 참여와 긍정적인 태도를 유지하기 위하여 다양한 방법을 도입하거나 조화와 균형을 이루도록 변화를 주는 것이 필요하다.
- 적절성과 효율성의 원리 : 시간적·경제적으로 적정한 선에서 최적성과 효율성을 찾아 여러 방법을 선택해야 한다.
- 현실성의 원리 : 교육방법은 지역·시대·사회·문화적 현실에 맞는 것이어야 한다. 특히 소비자교육에 있어서는 현실과의 관련성이 높으므로 구체적으로 실생활에 적용할 수 있는 방법이어야 하며 활동의 결과 또한 실생활에 즉각적으로 적용할 수 있는 것이어야 한다.

56

② 역사적으로 볼 때 소비자운동이 출현하고 랄프 네이다를 비롯한 소비자주의자들의 적극적인 노력의 성과로 정치적인 맥락에서 소비자 권리가 국민의 기본권으로 규정되었다.

더 알아보기

소비자주의의 유형

- 자유주의적 소비자주의 : 생산을 궁극적으로 결정하는 주체는 소비자 자신이므로 되도록 정부의 간섭이나 법적인 개입은 피하고 소비자교육과 같은 방법으로 소비자의 주권을 확립해 나가도록 하는 것이다. 그러므로 정부의 간섭이나 기타 외적인 개입은 소비자가 스스로 문제해결을 해 나갈 수 없을 때에 필요하다는 관점에서 이루어져야 한다는 것이다.
- 간섭주의적 소비자주의 : 무능력한 소비자를 보호하기 위하여 정부라든가 법적인 기구들이 생산자와 소비자의 사이에 개입을 해야만 힘의 균형상태가 만들어질 수 있다는 것이다.
- 사회주의적 소비자주의 : 소비자주의를 사회운동과 같은 맥락에서 이해하고 있다.

57

② 소비자와 전화모니터링을 하는 경우 주로 듣기와 말하기 기법을 익히는 것이 중요하다. 또한 다른 매체별 상담과 달리 전화상담만의 단계별 상담전략이 존재하므로 이를 따로 숙지하는 것이 중요하다. 비언어적 의사소통기법은 주로 표정이나 몸짓으로 이루어지므로 전화모니터링 교육프로그램의 내용으로는 적절하지 않다.

더 알아보기

비언어적 의사소통의 유형

- 신체 각 부위를 통한 비언어적 의사소통 : 눈 마주침, 눈, 피부, 자세, 얼굴표정, 손과 팔, 자아징벌적 행위, 반복적 행위, 신호나 명령, 접촉, 성적 표현 등
- 음성을 통한 비언어적 의사소통 : 음조의 음색, 말의 속도, 음성의 강도, 말씨 등
- 환경을 통한 비언어적 의사소통 : 거리, 물리적 환경 구성, 의복, 실내에서의 위치 등
- 사건을 통한 비언어적 의사소통 : 지속시간, 시간의 양 등

58

④ 비활동적 측정이며 비형식적 분석방법에 속한다. ①·②·③ 요구분석방법 중 형식적 분석방법에 속한다.

더 알아보기

요구분석

교육적 요구들을 확인하고 그것들의 우선순위를 결정하기 위해서 사용하는 방법으로 핵심적인 요구들을 확인할 수 있고 통일된 견해가 없을 경우 공유된 가치를 전달할 수 있기 때문에 자주 사용된다.

59

① 일반적으로 소비자 개개인의 정보와 자료를 분석하고 처리하여 모두 모아 놓은 데이터와 지식이다.

더 알아보기

소비자정보

소비자 의사결정 시 불확실 정도를 감소시키며 현재 및 미래의 의사결정에서 소비자 자신의 욕망충족 및 기타 목표달성에 유용하고 유의성 있는 가치를 지니는 것이라고 정의내릴 수 있다. 가격, 품질, 판매점, 제품의 평가기준 및 대체안의 장·단점, 사용방법 및 관리요령 등을 알려주는 소비자정보는 소비자의 선택, 사용, 처분행동을 바람직하게 이끈다.

60

① 시스템 개발자 대상 교육내용에 해당한다.

더 알아보기

소비자상담사의 요구능력 중 전문적인 능력

- 소비자 문제해결에 필요한 지식을 갖추어야 한다.
- 커뮤니케이션과 상담능력이 있어야 한다.
- 상담의 핵심원리를 이해하여야 한다.
- 소비자를 도우려는 노력이 있어야 한다.
- 소비자보호제도와 관련 법률에 대한 지식이 있어야 한다.
- 관련 기관과의 교섭능력이 있어야 한다.
- 고객만족경영을 추구하여야 한다.

61

③ 한국사회는 전통사회에서 현대사회로 오면서 물질중시 풍조가 강해졌고 이로 인해 철저한 화폐교육이 이루어지지 못했다.

더 알아보기

한국소비문화의 물질에 대한 가치의식의 변화

- 전통적으로 과거 우리 선조들은 물질에 대한 가치교육으로 분수에 넘치지 않게 생활하고 물건을 귀히 여기며 아끼고 보존하는 데 열중하였다.
- 우리나라의 물질주의적 가치는 산업화와 더불어 경제적 합리주의와 함께 도입되어 자본주의 경제의 근간을 이루며 일정부분 순기능을 담당하고 있지만 물질만능주의 등 역기능도 만만치 않다.

62

소비자 사회화

개인이 소비자 역할을 수행하는 데에 필요한 소비자 능력(지식·기능·태도 등)을 학습하는 과정으로서 부모·동료집단·대중매체·학교(교육기관)의 영향에 의해 이루어진다. 대개 연령이 증가하면서 부모보다는 대중매체·동료집단·학교의 영향을 많이 받게 된다.

더 알아보기

프로슈머 마케팅

소비자가 상품 개발에 직접적으로 참여하여 의견을 제시하고 상품 개발을 요구하면 기업이 이를 받아들여 신제품을 개발하는 방법으로 고객의 만족을 최대화시키는 전략이다.

63

③ 성인을 위한 소비자교육 프로그램의 내용선정 기준에 해당한다.

더 알아보기

프로그램 내용선정 시 고려해야 할 기준

- 타당성과 중요성으로 당대의 과학적 지식을 반영하며 탐구방법과 정신을 전달하여야 한다.
- 사회적 실재와의 일치성으로 변화하는 세상을 이해하고 그에 대처할 수 있는 합리적 기술을 개발하게 하며 새로운 상황에 전이될 수 있어야 한다.
- 넓이와 깊이의 균형으로 각 지식의 역할에 따라 필요한 깊이와 범위의 균형을 취하여야 한다.
- 광범위한 목표를 위한 준비로 학습자가 여러 유형의 학습에 능동적으로 참여할 수 있는 기회를 증진시킬 수 있어야 한다.
- 학생들의 적응능력과 학습자가 내면화하는 데에 도움을 줄 수 있는 경험으로 옮겨야 한다.
- 학생들의 욕구와 흥미에 대한 적절성으로 학습내용과 방법에서 학습자의 관심, 장점, 욕구, 흥미 등을 충족시키거나 개발할 수 있는 것으로 선정해야 한다.

64

현대에 포괄적으로 정의된 소비자의 역할로는 획득자, 배분자, 처분자 외에도 구매자, 사용자 등이 있다.

더 알아보기

소비자의 역할과 활동범위

- 획득자 : 소비자의 기본 권리나 책임의식에 작용
- 배분자 : 개인의 욕구충족이 우선순위
- 구매자 : 어떤 구매방식으로 어떤 재화·용역을 구매하고 어떻게 정보를 수집해서 구매의사를 결정할 것인가 하는 문제, 과거 소비자의 역할과 동일시할 정도의 비중을 차지
- 사용자 : 사용자의 역할에서는 자원과 상품의 유효성과 아울러 상품의 상징성을 잘 인식하고 사용하는 문제가 중요
- 처분자 : 자원·상품의 효용가치를 극대화시켜 지구환경과 생태계를 보호. 처분자의 역할에서는 상품이나 자원의 효용가치를 최대화시켜 사용함으로써 환경오염이나 지구생태계의 파괴를 최소화시키는 문제가 주요한 이슈로 대두됨

65

③ 시장의 상황을 파악할 수 있게 해 주는 소비자정보에는 대체안의 존재에 관한 정보 외에도 가격의 분포상태, 상점의 분포상태, 정보의 이용가능성 등이 있다.

더 알아보기

시장의 특성

- 대체안의 수 : 시장에 존재하는 제품, 상표, 상점 등과 같은 대체안의 수가 많을수록 외부 탐색량은 증가하게 된다. 극단적 독점으로 인하여 선택 가능한 제품이 한 가지 밖에 없을 경우에 외적 탐색이 불필요하게 된다.
- 가격의 분포상태 : 비슷한 속성을 가진 상표의 제품들이 다양한 가격대를 형성하고 있을 경우 외적 탐색량이 증가한다. 저렴한 가격의 제품을 탐색하는 데 양의 상관관계를 나타낼 것이다.
- 상점의 분포상태 : 상점의 수가 많고 상점 간의 거리 등이 짧을수록 외적 탐색량은 증가한다. 상점 간의 근접성으로 인하여 추가적인 탐색에 소요되는 시간, 돈, 에너지 등이 절약되므로 외적 탐색량이 감소한다.
- 정보의 이용가능성 : 정보의 접근과 이용가능성이 많으면 외적 탐색량은 일반적으로 증가하게 된다. 소비자는 정보탐색량이 너무 많으면 포기한다. 이용 가능한 정보가 많으면 정보탐색량이 감소한다.

66

④ 기업정보는 상품구매 시 직접적으로 필요한 주요 소비자정보 유형에 해당하지 않는다.

더 알아보기

소비자정보의 유형

가격정보, 품질정보, 환경 관련 정보, 신용정보, 위해정보, 제품정보

67

전자상거래의 거래 주체별 유형으로는 B to B, B to C, C to C 외에도 B to G, C to G 등이 있다.

- B to G(기업과 정부 간 전자상거래) : 기업과 정부조직 간의 모든 거래를 포함하는 유형으로 정부의 조달업무에 관한 분야가 가장 중요하다.
- C to G(개인과 정부 간 전자상거래) : 개인과 정부(행정기관) 간의 거래로 정부는 생활보호지원금이나 자진신고세금환불 등을 전자적으로 수행한다.

68

① 소비자정보시스템은 다양한 홍보 전략 중심의 정보 관리에 초점을 두고 구성되어야 한다.
② 소비자정보시스템 구축 시에는 경쟁사는 물론 현재 경쟁사의 동향 등을 자세히 파악하여야 한다.
③ 소비자정보시스템은 고정 고객은 물론, 잠재 고객에 대한 다양한 정보의 데이터베이스를 구축해야 한다.

69

② 소비자교육이 시장경제 체제의 변화를 유도하기 위해 필요한 것은 아니다.

더 알아보기

소비자교육의 필요성

소비자는 생산자(기업)에 비해 약자이지만 능력개발의 가능성을 지니고 있다. 현대의 산업사회에서 소비자와 생산자의 비대칭적 관계로 인해 소비자는 생산자에게 종속되기 쉬우며 이러한 단점을 기업이 이용할 경우 소비자피해가 발생하는 등 소비자는 불리한 입장에 놓이게 된다. 그러므로 소비자교육은 상대적 약자인 소비자를 보호하고 소비자 능력을 개발하는 것을 그 기본취지로 삼는다.

70

- 다양성의 원리 : 소비자교육은 동기를 유발시키고 주의를 집중시키며 계속적인 흥미와 관심을 끌고 적극적인 참여와 긍정적인 태도를 유지하기 위하여 다양한 방법을 도입하거나 조화와 균형을 이루도록 변화를 주는 것이 필요하다.
- 적절성과 효율성의 원리 : 시간적 · 경제적으로 적정한 선에서 최적성과 효율성을 찾아 여러 방법을 선택해야 한다.

71

② 아동 소비자교육에 대한 설명이다.

더 알아보기

청소년 소비자

- 소비자 발달단계에서 보면 아동 소비자와 성인 소비자의 중간에 위치하며 그들과는 구별되는 생활양식과 소비특성을 갖는 소비자이다.
- 인지발달에 있어서 결정적 시기이며 개인의 사회화에 있어서 매우 중요한 시기로 사회참여에 필요한 가치, 태도, 기능을 개발해 나가게 된다.
- 청소년은 가장 타당한 해결방안을 찾기 위하여 모든 가능한 대안을 검토해 본 후에 추상적으로 가능한 대안을 찾으려고 모색한다.
- 아동은 귀납적 사고를 하는데 반하여 형식적 조작기에 속하는 청소년은 연역적 사고를 한다.

72

① 프로그램의 목적 설정 시 최종적으로 도달하여야 할 장기적이고 광범위한 교육활동의 방향성을 제시하여야 한다.
③ 소비자교육은 동기를 유발시키고 주의를 집중시키며 계속적인 흥미와 관심을 끌고 적극적인 참여와 긍정적인 태도를 유지하기 위하여 다양한 방법을 도입하거나 조화와 균형을 이루도록 변화를 주는 것이 필요하다.
④ 소비자교육 프로그램의 평가는 프로그램 실시로 인한 소비자 지식, 소비자 태도, 소비자 기능으로 구성된 소비자 능력의 변화를 기초로 이루어져야 한다.

더 알아보기

소비자교육 프로그램 목표 설정 시 고려사항

- 학습자의 교육적 요구를 정확히 파악하여 충족시킬 수 있도록 해야 한다.
- 지역사회나 국가 사회적 요구에 합치될 수 있어야 한다.
- 모든 프로그램의 목표는 학습자들의 개인적 요구나 필요를 충족시킬 수 있도록 반영하여야 한다.
- 사회적 목표를 설정할 때 사회적 변화의 흐름을 파악하여 최소한도의 사회적 요구를 반영시킬 수 있도록 하여야 한다.

73

① 노인 소비자들은 노화에 따라 사물을 분석 · 추리 · 기억 · 해결하는 정보처리능력이 낮아진다.

더 알아보기

노인 소비자의 특성

- 노인 소비자는 태도측면에서 위험을 회피하고 안전과 보장을 받고자 하는 욕구가 강하며 대개의 경우 노화에 따른 스트레스와 소외 · 고독을 느낀다.
- 행동측면에서는 소극적 · 수동적 · 내향적이며 경직성이 강하여 안전한 방법을 찾는다.
- 신체의 노화로 말미암아 여러 가지 유혹에 이끌리기 쉬우며 자연히 사기 범죄의 피해자가 되는 경우가 많다.
- 노화에 따른 신체기능의 저하, 다양한 인생경험, 시장환경의 변화 등이 있다.

74

정보가 소비자정보로서 기능을 다하기 위해서는 적시성, 신뢰성, 의사소통의 명확성, 경제성, 접근가능성, 저장가능성 등의 특성을 갖추어야 한다.

더 알아보기

소비자정보의 특성

- 적시성 : 소비자가 정보를 필요로 할 때에 짧은 시간에 얻을 수 있고 구매의사결정에 도움이 될 만한 최근의 정보를 얻어낼 수 있어야 한다.
- 신뢰성 : 정보가 사실에 근거한 것으로 정확한 것이어야 하고 의도적이든 비의도적이든 왜곡하거나 편파적으로 제공해서는 안 된다.
- 의사소통의 명확성 : 정보가 명확하고 쉽게 이해될 수 있으며 정보제공자와 소비자 간에 명확한 의사전달이 이루어져야 한다.
- 경제성 : 정보획득에 드는 비용에 관한 것으로 적은 비용으로 획득이 가능해야 한다.
- 접근가능성 : 필요로 할 때 획득이 가능해야 하고 누구든지 획득할 수 있어야 한다.
- 저장가능성 : 보관해 두었다가 필요할 때 다시 사용할 수 있으며 재사용 시 처음과 같은 효용을 얻을 수 있어야 한다.

75

③ 최근에는 무수히 많은 가격비교 사이트들이 새로 생기고 각각의 사이트마다 동일 제품이라도 가격이 다른 경우가 많으므로 유명한 몇몇 사이트만을 검색하기보다 최대한 여러 곳의 가격비교 사이트를 검색하는 것이 좀 더 효과적인 정보탐색 방법이다.

더 알아보기

인터넷을 통한 정보의 검색 시 고려사항

- 국내・외의 인터넷 검색엔진(naver, yahoo, google 등)에서 제공하는 검색서비스를 활용한다.
- 검색서비스를 이용할 때에는 주제어를 구체적으로 분류하며 검색식(&, + 등)을 사용하거나 문장 전체를 입력해 찾으면 보다 효율적일 수 있다.
- 각 검색엔진에서 제공하는 다양한 부가기능을 통해 보다 효과적인 검색을 수행한다.
- 일반적인 검색엔진 외에도 국가기관, 공・사기업, 대학 등에서 제공하는 전문적 검색서비스를 활용한다.
- 검색옵션을 확인해 적절한 옵션을 선택한다.

제4과목 소비자와 시장

76

① 처음 어느 상태에 이른 이후에는 다시 원래의 상태로 돌이키기 어려운 현상을 말한다.
② 과시적인 동기를 가지고 소비하는 성향을 말한다. 즉, 소비자들의 소비가 자신의 진정한 필요와 욕구의 충족을 위해서가 아니라 자신의 위신을 과시하기 위한 것으로 다른 사람들도 과시구매를 모방한다는 이론이다.
③ 다른 사람과 차별화된 소비성향을 통해 자신의 사회적 지위가 높아진다고 생각하여 다른 사람들이 많이 소비하는 물건은 기피하는 경향을 말한다.
④ 소비자 자신의 구매스타일보다 다른 사람들이 많이 선택하는 소비패턴에 따르는 현상으로 각 수요자가 비슷한 가격조건에서 다른 사람들이 많이 구매하는 상품을 선택하려는 현상이다. 비교 효용과 값의 고저에 대한 비교과정이 생략된다.

77

① 상표 자체가 철저한 애프터서비스를 보장하지는 않는다.

더 알아보기

상표란 제품의 좋고 나쁨을 평가할 수 있는 기준으로 삼을 수 있으며 상표가 풍기는 인상은 그 제품을 대변하는 기능을 수행한다. 상표에는 생산, 제조, 가공, 증명 또는 기호, 문자, 도형 그리고 판매자가 자신의 제품을 타 업자의 제품과 식별하기 위하여 사용하는 제품의 브랜드가 담겨져 있다.

78

③ 유인상술에 대한 설명으로, 유인상술은 기업이 행하는 악덕상술 중 하나이다.

더 알아보기

악덕상술의 일반적 유형으로는 유인상술 외에도 허위상술, 추첨상술, 홈파티(Home Party)상술, 네거티브옵션(Negative Option)상술, 캐치세일상술, 최면상술, 부업상술, 회원권상술, 자격증 빙자상술, 피라미드상술 등이 있다.

79

③ 과거의 만족스러웠던 구매 경험에 비추어 동일한 상표를 구매하는 의사결정방식은 상표애호적 의사결정방식이다.

더 알아보기

관여도

어떤 개인과 관련된 정보를 뜻하는 것으로 정보탐색의 양을 결정짓는 변수로 작용하며 고관여 제품은 내구재인 승용차, 주택, 냉장고 등과 개인의 이미지 구축과 관련된 제품으로 신발, 장갑, 액세서리 등 일반적으로 소비자와 관련이 높은 것을 말한다. 이때 고관여 제품의 구매는 전체적, 포괄적 문제해결방식이 적용된다.

80

① 가계소득 수준의 향상과 소비자 가치관의 변화로 인해 다양한 소비패턴이 생겨났다.

더 알아보기

유통환경의 변화

- 소매유통기구의 5대 환경인자
  - 전반적인 사회환경
  - 마케팅 시스템의 변화
  - 일반적인 소비자행동
  - 지역환경
  - 기업환경
- 환경변화의 요인
  - 소비변화
  - 지역구조의 변화
  - 경쟁구조의 변화
  - 노동시장의 변화
- 환경변화의 경향
  - 유통경로의 단순화
  - 소매상의 대형화·다양화
  - 유통영역의 확대·복합화
  - 유통기구의 다국적화
  - 전자상거래의 발달

81

④ 경제성을 고려한 합리적 행동은 환경친화적 사용행동과 직접적인 관련이 없다.

더 알아보기

환경친화적 소비자행동

구매, 사용, 처분의 행동에서 소비자가 자신의 사적인 욕구나 시장효율성 뿐만 아니라 자신의 소비의 결과가 사회와 환경에 미치는 영향을 고려하는 행동이다.

82

① 충동소비란 자극에 의한 구매를 뜻한다. 충동소비는 비계획적으로 제품구매를 즉석에서 결정하는 것이기는 하나 구매상황, 즉 상품이 상점에 노출될 때까지는 구매의도를 결론짓지 않고 이것저것 여러 비슷한 제품을 직접 비교해 보고 구매를 결정짓는 것이다.

② 모방소비는 선망집단의 소비행동을 따라하거나 유행에 지나치게 집착하는 소비형태를 말한다.

④ 중독소비는 소비자가 지나치게 구매에 이끌리고 이러한 욕구를 억제하지 못하는 특성을 가진 구매행동으로 소비자 내면의 구매욕구가 수시로 바뀌어 반복적으로 그 욕구를 억제하지 못하는 특성을 가진 소비행동을 말한다.

더 알아보기

과시소비의 특징

과시소비에 있어서 소비자는 재화와 용역의 경제적 효용보다 사회적 효용을 더 중시하며, 따라서 과시적인 소비를 위해 구매하는 상품이라면 비쌀수록 그 효용가치가 더 크다고 할 수 있다. 따라서 이러한 성격을 갖는 상품의 경우에는 그 가격이 비싸면 비쌀수록 더욱 잘 팔리는 경향이 생길 수 있다. 가격이 올라가면 수요가 감소하는 수요의 법칙에 하나의 예외가 되는 셈이다.

83

② 과시소비에 관한 설명이다. 과시소비란 자기가 경제적 또는 사회적으로 남보다 앞선다는 것을 여러 사람들 앞에서 보여주려는 본능적 욕구에서 나오는 소비로 결국 돈을 가지고 남들 앞에서 자신의 신분을 높게 보이도록 하기 위해 행하는 소비이다.

더 알아보기

중독소비

소비자가 지나치게 구매에 이끌리고 이러한 욕구를 억제하지 못하는 특성을 가진 구매행동으로 소비자 내면의 구매욕구가 수시로 바뀌어 반복적으로 그 욕구를 억제하지 못하는 특성을 가진 소비행동을 말한다.

84

문제인식의 4가지 문제

해결의 긴급성 / 문제발생의 예상여부	즉각적 해결이 요구됨	즉각적 해결이 요구되지 않음
예상된 문제발생	일상적인 문제	계획적인 문제
예상치 않은 문제발생	긴급한 문제	점진적인 문제

더 알아보기

문제인식을 일으키는 요인

문제인식을 일으키는 요인을 분석해 보면 크게 두 가지로 나눌 수 있다. 첫째는 내적 자극요인이고 둘째는 외적 자극요인이다. 내적 요인이란 소비자 스스로 배고픔, 외로움, 피곤함 등 신체적·정신적으로 괴로움을 뜻하며 외적 요인이란 외부로부터 초래되는 것으로 신문, 광고, TV 선전 등과 같이 소비자로 하여금 문제를 인식하도록 유인하는 것을 뜻한다.

85

③ 독점시장에 대한 설명이다.

더 알아보기

과점시장

- 소수업체의 공급을 통하여 제품이 시장에 나온다.
- 제품가격은 비교적 안정적이다. 각 기업이 타 기업의 행동을 고려하여 행동하게 되므로 가격인하를 통한 경쟁은 별로 일어나지 않는다.
- 소비자는 생산자들의 홍보와 선전에 따라 선택기준을 잡는다.
- 동종제품의 과점기업이 독점화하는 것을 카르텔이라 한다.
- 독점화의 담합인 카르텔의 목적은 가격결정 또는 최저가격설정 등과 생산량의 조절, 판매 등의 협약일 수 있다.
- 국제시장화와 국내시장개방, 소비자의 의식변화 등으로 과점시장의 형태가 경쟁시장 형태화되고 있다.
- 시장의 진입장벽은 완전경쟁시장보다는 높지만 독점시장보다는 낮다. 또한 소비자들이 시장에 대한 완전정보를 가지기 어렵다.

86

④ 제품의 품질은 말 그대로 제품의 질 나아가 기업의 이미지에 대한 결정 요인은 될 수 있지만 시장의 형태를 결정하는 요인에 해당하지는 않는다.

더 알아보기

시장형태의 결정요인

시장의 구분요인으로서 제품, 거래장소, 경쟁관계 등에 따라 형태를 구분할 수 있다. 제품의 종류에 따라 청과물시장, 어시장, 자동차시장, 금융시장, 부동산시장, 방문판매시장, 화장품시장 등으로 구분하고 제품의 거래장소에 따라 남대문시장, 동대문시장, 가락동 농수산시장, 중부시장 등으로 구분된다. 경쟁상태에 따라 자유경쟁시장, 불완전경쟁시장, 독점시장 등으로 구분할 수 있다. 불완전경쟁시장은 다시 과점시장과 독점적 경쟁시장으로 구분한다.

87

① 제품은 도입 – 성장 – 성숙 – 쇠퇴의 단계를 거치게 된다.

② 도입기에는 주로 스키밍가격(신상품이 처음 나왔을 때 아주 높은 가격을 매긴 다음 시간이 흐름에 따라 점차 가격을 낮추는 가격정책)이나 침투가격(신상품이 처음 나왔을 때 매우 낮은 가격을 매긴 다음 시간이 흐름에 따라 점차 가격을 높여 나가는 가격정책)의 방법을 통해 잠재적 경쟁자의 진입을 막거나 소비자의 진입을 효과적으로 유도할 수 있다.

더 알아보기

제품수명주기 4단계

- 도입기 : 시장을 새롭게 만들어 가는 단계로 이때는 경쟁자도 없고 독점의 상태에 놓인다.
- 성장기 : 소비자들에게 카테고리 및 제품에 대한 인지도가 형성되면서 매출이 빠르게 올라간다. 순수입이 급상승하며 경쟁자들이 속속 나타나기 시작하는 시점이다.
- 성숙기 : 경쟁자들이 많이 생기며 업계에서 각 제품들의 판매량이나 인지도 등에서 순위가 결정되는 시점이다. 제품 판매는 극에 달해 있으며 치열한 경쟁으로 인해 가격 인하가 시작되어 이익이 감소하기 시작한다.
- 쇠퇴기 : 기술적으로 노화가 되고 구매자들의 구매도 서서히 줄어들게 된다. 대부분 새로운 기술의 제품이 등장하는 시점이다.

88

①·②·③ 소비자의사결정에 대한 경제학적 접근에 대한 설명이다.

더 알아보기

심리학적 접근의 대표적인 유형으로 밴드웨건 효과, 스놉 효과, 베블렌 효과, 터부 효과, 카토나 행동경제학 이론, 외부 효과 등이 있다.

89

② 서비스는 그것이 언제, 누구에게, 어떻게 제공되느냐에 따라 매번 달라지므로 비동질적이다.

더 알아보기

서비스의 본질

- 무형성 : 서비스는 형체가 없는 무형의 성질을 가진다.
- 소멸성 : 필요성에 의해 제품사용과 사후 처리를 행한 후 그 서비스는 사라진다.
- 비분리성 : 서비스는 서비스 원천과 분리되어 제공될 수 없는 성질을 가지고 있다. 즉, 서비스는 제공과 소비가 동시에 이루어진다.
- 변동성 : 서비스의 내용이 동일하다고 하더라도 언제 그리고 누구에 의해서 제공되느냐에 따라 질은 달라진다.
- 비보존성 : 일정한 형식을 갖추어 행사를 치를 경우 기업의 목적, 생산증가를 위하여 서비스를 가하더라도 결국 그 서비스는 남지 않는다. 즉, 서비스는 기업의 목적달성을 위한 지원을 하더라도 보존이 불가능하다.
- 소비자의 참여 : 소비자는 서비스를 본인이 직접 경험하게 되므로 서비스의 본질과 품질을 결정하는 데 결정적인 역할을 하게 된다.

90

② 중립적 정보원천은 마케팅이나 소비자로부터 직접적인 영향을 받는 것이 아니며 공정하고 사실적인 면이 있고 신문, 잡지의 기사를 비롯하여 소비자단체와 같은 중립적인 단체의 상품리스트를 포함한다. 연구기관의 간행물 등도 중립적인 매체정보가 되며 소비자에 의한 정보와 중립적 정보를 합하여 준거집단 정보원이라고 한다. 정보가 불완전하고 시간이 너무 많이 소요되거나 비싸며 정보의 최신성이 결여될 가능성이 매우 높다.

더 알아보기

소비자정보의 원천 중 중립적 정보원천

구 분	기존의 소비자정보	디지털 소비자정보
예 시	신문, 잡지, 간행물	소비자단체 사이트
장 점	공정하고 사실적인 보도	공정함, 신속함
단 점	불완전한 정보, 시간소요	정보과다, 분류의 부족

91

④ 과거 전통적인 유교사회와는 달리 현대사회에서는 가족 내 누구나 공평하게 구매의사결정권을 가지고 있다.

92

③ 평가기준의 수는 의사결정과정마다 매번 바뀔 수 있다.

더 알아보기

평가기준의 특징
- 평가기준은 절대적이 아니다.
- 평가기준의 중요성은 변화한다.
- 평가기준은 주관적인 기능일 수도 있다.
- 평가기준은 소비자에 따라 다르게 작용한다.

93

①·③ 전통사회에서의 소비에 대한 설명이다.
④ 산업자본주의사회에서의 소비에 대한 설명이다.

더 알아보기

후기 자본주의사회의 소비
후기 자본주의사회에서 교환가치는 하나의 이미지에 불과하다. 현대의 소비자들은 자신이 구입하고 소비하는 상품의 이미지 속에서 자기 자신을 투영하므로 상품의 이미지 속에 표현되고 소비되는 것은 결국 소비자들의 환상이다. 우리는 상품을 단순한 기호로서 현실에 의하여 그 영향력이 증명된 이미지로 소비한다.

94

③ 산업자본주의사회에서의 소비는 상품을 구매하는 행위를 의미한다. 즉, 기존의 사용가치를 교환가치에 예속시켜 상품생산의 목표는 사용가치의 창조가 아니라 교환가치의 창조라고 해석한다.

더 알아보기

시대에 따른 소비 의미의 변화
- 전통사회에서의 소비 : 인간의 기초적인 욕구를 충족시키기 위하여 물품을 사용하거나 소모하는 것을 의미(존재실현을 위해 제품을 사용하여 사용가치를 창출)
- 산업자본주의사회에서의 소비 : 상품을 구매하는 행위를 의미(상품생산의 목표는 사용가치의 창조가 아니라 교환가치의 창조)
- 후기 자본주의사회에서의 소비 : 스스로를 다른 사람과 구별 짓는 기호(상품을 단순한 기호로서 현실에 의하여 그 영향력이 증명된 이미지로 소비)

95

② 하나의 건물 안에 음식점, 백화점, 옷가게, 놀이시설, 휴게시설 등 다양한 매장과 시설이 들어서 있어 소비자들이 한 곳에서 이 모든 것을 즐길 수 있도록 만든 점포
③ 하나의 테마를 정해 소비자들이 그곳에서 해당 테마와 관련된 체험 및 소비 등을 할 수 있도록 마련한 점포
④ 여러 품종의 상품이 아닌 특정 품종의 상품만을 전문적으로 취급하는 점포

더 알아보기

이 외 다양한 점포 유형
- 하이퍼마켓(Hypermarket) : 슈퍼마켓과 백화점이 결합된 형태의 대형 소매점
- 회원제 도매클럽(Membership Warehouse Club) : 회원제로 운영되는 창고형 할인매장

96

③ 내적 정보에 해당하며 이러한 내적 정보는 시간이나 비용, 심리적 스트레스 등 정보탐색에 따른 희생이 비교적 적기 때문에 소비자 자신에게는 아주 중요한 정보원이 된다.

더 알아보기

정보탐색

소비자가 어느 정도의 정보를 탐색해야 하는가는 소비자가 지닌 욕구의 강도, 상품에 대한 관심, 자기가 알고 있는 정보의 양, 정보를 추가로 모을 수 있는 가능성, 정보의 가치, 탐색의 만족도 등에 따라 상이하다. 일반적으로 교육수준이 높고 젊은 소비자일수록 그리고 고관여도 제품일수록 정보탐색량이 증가한다.

97

③ 사회(환경)적 영향요인이다.

더 알아보기

사회(환경)적 영향요인

가족 이외에도 문화, 사회계층, 준거집단 등이 있다.

98

광고의 부정적 기능

광고 속에는 소비자를 설득하기 위한 방법이 숨어 있으며 이러한 설득을 목적으로 하였을 때에 소비자의 합리적 선택을 방해하여 과다소비 또는 잘못된 소비나 구매를 유도하는 결과를 가져오기도 한다.

더 알아보기

광 고

광고란 시장에 정보를 제공하고 설득하는 특정 기업에 의한 아이디어 상품, 서비스의 촉진과 매체에 의한 통제된 형태이다. 과거 광고는 기업이 소비자에게 제공하는 일방적인 커뮤니케이션이었으나 시대의 흐름과 더불어 변화되었다. 특히 오늘날 광고는 기업에 있어서 판매촉진의 주요한 수단이며 무엇보다도 소비자에게 정보를 제공하는 고지의 기능만이 아니라 소비자에 대해서 가능한 선택의 여지를 제공하지 않고 구입결정을 하게 하는 설득기능을 행사하고 있다.

99

① 소비자가 어떤 제품을 구매하고자 할 때에 이미 구매하기 전에 제품의 특성이나 질을 평가할 수 있는 제품

③ 어떤 제품을 믿고서 그대로 구매하는 것으로 제품을 사용해 본 후에도 그 특성과 질을 평가할 수는 없지만 그와 관련된 여건으로 인해 신뢰하는 제품

더 알아보기

경험재의 특성

- 한계효용의 평가 : 경험재란 돈을 지불하고 사용한 후에야 한계효용을 평가할 수 있기 때문에 청량음료를 예로 들면 소비자가 실제로 그 음료를 먹어보기 전에는 알 수가 없다. 또 침대의 경우 구조, 재료, 견고성 등에 대한 정보는 구매 전에 조사할 수 있지만 그 침대가 얼마나 편안하고 잠이 잘 오는지는 그 침대에서 잠을 자본 사람만이 알 수가 있다.
- 자신이 사용한 후 평가 : 소비자는 자기가 직접 사용해 보기 전에는 그 제품을 평가할 수 없기 때문에 한계효용을 과대 혹은 과소평가하게 되어 결국 최적구매를 하기가 어렵다.
- 신제품 사용의 기대이익 : 소비자가 어떤 상품을 구매할 때 생기는 이득과 손실을 비교해서 현재 사용하고 있는 것보다 신제품의 이득이 더 많을 때 구매가 발생하게 되는 것이다. 다시 말해서 소비자는 신제품 사용의 기대이익이 소비자가격보다 더 클 때에만 제품을 구매하게 되는 것이다.

100

③ 합리적인 구매동기는 소비자 스스로 필요성에 의해 유발된다.

좋은 책을 만드는 길
독자님과 함께하겠습니다.

도서나 동영상에 궁금한 점, 아쉬운 점, 만족스러운 점이
있으시다면 어떤 의견이라도 말씀해 주세요.
SD에듀는 독자님의 의견을 모아 더 좋은 책으로 보답하겠습니다.

www.sdedu.co.kr

1+1=2

소비자전문상담사 2급 필기 기출문제해설

개정3판1쇄	2023년 01월 05일 (인쇄 2022년 11월 16일)
초 판 발 행	2020년 04월 03일 (인쇄 2020년 02월 18일)
발 행 인	박영일
책 임 편 집	이해욱
저 자	SD문제출제연구소
편 집 진 행	노윤재 · 한주승
표지디자인	박수영
편집디자인	박서희 · 김보미
발 행 처	(주)시대고시기획
출 판 등 록	제 10-1521호
주 소	서울시 마포구 큰우물로 75 [도화동 538 성지 B/D] 9F
전 화	1600-3600
팩 스	02-701-8823
홈 페 이 지	www.sdedu.co.kr
I S B N	979-11-383-3808-0 (13330)
정 가	22,000원

모든 자격증·공무원·취업의 합격정보

합격을 구독 하세요!

SD에듀 합격의 공식! SD에듀

합격 구독 과 좋아요! 정보 알림설정까지!

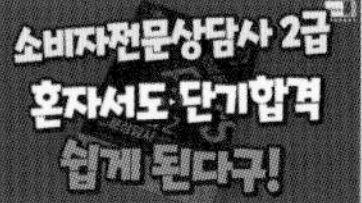

소비자전문상담사란?

소비자전문상담사란 소비자관련법과 보호제도를 토대로 물품 · 용역 등에 관한 소비자의 불만을 상담, 해결하고 물품 · 서비스 등의 구매 · 사용 · 관리방법을 상담하며 모니터링, 시장조사 및 각종 정보를 수집 · 분석 · 가공 · 제공하고 소비자교육용 자료를 수집, 제작, 시행하는 직무를 수행하는 전문가를 말한다.